LY WATCH WORN ON THE MOON.   CHOICES.

Ω
OMEGA

ttinger; **St. Pölten:** Hasenzagl; **Linz:** Böheim, Hübner; **Wels:** Hübner; **Ried:** Desch; **Salzburg:**
z: Weikhard; **Hartberg:** Igler; **Leoben:** Wieser; **Klagenfurt:** O. & M. Habenicht; **Villach:** Kobler

Mit Ihrer **AMERICAN EXPRESS GOLD CARD** liegen Sie immer richtig. Denn egal was Ihnen auch immer passiert, American Express steht Ihnen mit der bewährten Reiseversicherung, dem exklusiven GlobalAssist-Service und einer kostenlosen Ersatzkarte innerhalb von 24 Stunden weltweit rund um die Uhr zur Seite, falls etwas passiert. Wenn nicht, genießen Sie doch einfach weiter das Meer, den Sand und die Sonne. Mehr zur **AMERICAN EXPRESS GOLD CARD** unter **0800 900 940** oder **WWW.AMERICANEXPRESS.AT**

ÖSTERREICHS GOURMET-FÜHRER

Die *750* besten Restaurants
Die *999* besten Weine
Die *333* besten Destillate

DIE PERFEKTION

Schlumberger DOM. Er besi_
die Magie des Außergewöh_
lichen. Entstanden aus de_
Streben, Neues zu entdecke_
Geboren aus der eng_
Zusammenarbeit der berühm_
sten Winzerpersönlichkeit_
Österreichs, Manfred Teme_
F. X. Pichler, Illa Szemes u_
dem Haus Schlumberger. _
legendären Dom-Keller gere_
von Hand gerüttelt und mit de_
Kellereipunkt signiert. Erhältli_
in der Top-Gastronomie und a_
gewählten Vinotheken.
www.schlumberger.at/dom

*Schlumberge_*
seit 1842
METHODE TRADITIONNELLE

A LA CARTE 2005

ÖSTERREICHS GOURMET-FÜHRER

HERAUSGEGEBEN VON
HANS SCHMID UND CHRISTIAN GRÜNWALD

Eine Publikation des
GASTRONOMIEFÜHRER VERLAGES
D+R Verlag, a3-Verlag
ISBN 3-9500856-6-1

www.alacarte.at

Inhalt

Österreichs 750 beste Restaurants

> **DIE BESTEN RESTAURANTS**
> **DIE BESTEN KELLER**
> **DIE AUFSTEIGER**
> **DIE BESTEN WEINE**
> **DIE BESTEN DESTILLATE**
>
> **AB SEITE 12**

Wien	19
Niederösterreich	99
Burgenland	157
Steiermark	175
Oberösterreich	221
Salzburg	255
Tirol	297
Vorarlberg	333
Kärnten	359

Österreichs 999 beste Weine

EINLEITUNG	394
Wachau	395
Kamptal	403
Kremstal	409
Traisental	414
Donauland	416
Carnuntum	420
Weinviertel	423
Thermenregion	428

Wien	432
Neusiedlersee	434
Neusiedlersee-Hügelland	446
Mittelburgenland	454
Südburgenland	460
Süd-Oststeiermark	462
Südsteiermark	464
Weststeiermark	470

VINOTHEKEN, IMPORTEURE UND GROSSHÄNDLER ... 471

Österreichs 333 beste Destillate

EINLEITUNG	484
DIE BESTEN EDELBRÄNDE	485
SORTENSIEGER	512

Register

Brenner	513
Winzer	514
Essen im Freien	518
Essen am Sonntag	525
Lokale von A bis Z	531

> **VORWORT** 7
> **SYMBOLERKLÄRUNG** 10
> **IMPRESSUM** 540

ÖSTERREICH- UND WIENKARTE – am Ende dieses Buches

Genußmomente

à la carte

Vorwort

Auf der Suche nach der neuen Mitte

Gute Gastronomie hat es derzeit nicht leicht. Zwar boomt die Branche in Form von Neugründungen, allerdings haben viele Projekte eine ziemlich kurze Lebensdauer. So gehörte es bei der Produktion dieses Buches fast schon zum Alltag, die eine oder andere Adresse wieder aus dem Listing zu entfernen. Während in urbanen Bereichen die Lokalszene floriert, ist im ländlichen Bereich selbst in der touristischen Hochsaison oft Flaute angesagt. So verirren sich beispielsweise in Teilen von Kärnten oder etwa Tirol in anerkannte Landgasthäuser phasenweise kaum noch Gäste. – Und das trotz guter Küche und attraktivem Preis-Leistungs-Verhältnis.

Mehr als 50 Tester waren ein ganzes Jahr lang für diesen Guide unterwegs, haben die bewerteten Lokale sowie viele als Tipp klassifizierte Adressen besucht. Wie immer waren unsere Mitarbeiter kritische Gäste, aber keine „Haar in der Suppe"-Sucher. Die „A la Carte"-Testmaxime funktioniert nach dem Grundsatz „unbestechlich, aber nicht unmenschlich". Dass es dieses Mal sehr viele neue Lokale sowie jede Menge Aufwertungen gegeben hat, spricht jedenfalls für die Vitalität der Branche.

Die Testbesuche sind ein guter Spiegel der aktuellen Gastronomiesituation. Die traditionelle Luxusgastronomie alter Prägung hat in den letzten Jahren allmählich ausgedient und wurde von moderner Küche in einem ebensolchen Ambiente abgelöst. Die Umgangsformen sind zunehmend lockerer, auf die sachliche Kompetenz hat das aber zum Glück kaum Einfluss. Was den Küchenstil anlangt, macht sich eine gewisse Uniformität breit. Lammrücken, Saibling und Bärlauchpesto wohin man blickt. Gut soll es sein, aber bitte ja nicht zu teuer. Ein Hauptgericht, das mehr als 20 Euro kostet, wird hierzulande von der Bevölkerungsmehrheit immer noch als fragwürdige Dekadenz angesehen. Insofern sind Köche, die auf erlesene 1 A-Zutaten setzen wollen, arm dran.

So sind wir also nach wie vor auf der Suche nach der neuen Mitte. Fragt sich nur: Mitte als Kompromiss? Oder Mitte als „Best of" aller Möglichkeiten?

Die so genannte Renaissance der österreichischen Hausmannskost wird wohl noch auf Jahre andauern. Jeder Gastronom träumt vom perfekten Wirtshaus, nur wenige bringen es zusammen. Jeder visioniert von ofenfrischen gefüllten Kalbsbrüsten und Nierenbraten, die nur zu Mittag superfrisch serviert werden, fataleweise gibt es oft auch am Abend noch jede Menge Bratenreste im Angebot.

Für die große Gourmetsensation, die auch international Aufsehen erregen würde, braucht es andere Konzepte. Der bis zum Abwinken zitierte Feinkostladen Österreichs ist in dieser Hinsicht auch nicht hilfreich. Man kann nicht immer vom großen Markt der EU und dem wirtschaftlichen Globalismus reden und dann verzopften Regionalismus servieren.

Die Macher der kulinarischen Trends sitzen nach wie vor im kulinarischen Triangel Italien-Frankreich-Spanien. Sie leben vor, wie man Regionalität mit Internationalität verbindet. Wer von den dreien tatsächlich den Ton angibt, ist individuelle Ansichtssache. Mutiger und versierter als die spanischen Spitzenköche agiert jedenfalls kaum wer.

Wien – rund um die Uhr:
Lifestyle pur ...

Eine Stadt mit vielen Facetten. Überzeugender Lebensart. Und Offenheit für viele Lebensformen. Langeweile? In Wien unbekannt. Bunte Vielfalt lockt. Flair, Charme und die sprichwörtliche Gemütlichkeit dominieren. Tauchen Sie ein ...

Mehr Info: www.wien.at

StaDt✚Wie
Wien ist and

Vorwort

Welchen Platz hat Österreich in diesem Zusammenhang? Den des Preis-Leistungs-Siegers? Besser und zugleich preisgünstiger als hierzulande isst man jedenfalls kaum wo auf der Welt.

Aber bei aller Liebe zur perfekten Hausmannskostkulinarik: Mit Schnitzeln, Knödeln, Braten und gekochtem Rindfleisch kann man nun einmal keine unverwechselbare Gourmetnation aufbauen, sehr wohl aber das wirtschaftliche und unverwechselbare Fundament dafür.

Kein Wunder, dass sich zunehmend mehr Köche auf mediterrane Elemente stützen. Thunfisch und Wolfsbarsch statt Saibling und Karpfen. Basilikum schlägt Zitronengras. Allein die Sojasauce bleibt uns als Resultat des Asia-Booms der letzten Jahre nachhaltig erhalten.

Die Jahresbesten in unserem Guide haben die Entwicklung schon vor Jahren geahnt. Lisl Wagner-Bacher kocht in der Wachau eine wunderbar mediterran geprägte Küche, die sich mit der Landschaft zu einem Gesamtkunstwerk verknüpft. Gleiches gelingt Walter Eselböck im Burgenland und den Obauers in Werfen, die es – geographisch gesehen – ja im Grunde am nähesten zum Meer haben. Letztere sind mit Johanna Maier und Heinz Hanner sozusagen die Vertreter der frankophilen Fraktion der österreichischen Spitzenköche, die ihre prägendsten Vorbilder ebendort gefunden haben und dadurch vielleicht den traditionellsten Zugang zur Topgastronomie besitzen.

Die langjährigen Spitzenreiter sämtlicher Gourmet-Bestenlisten, das „Steirereck", könnte mit dem neuen Projekt im Wiener Stadtpark der gesamtösterreichischen Entwicklung einen neuen Impuls geben. Seit Jahren plant die Familie Reitbauer die Neukonzeption ihres Restaurants, das nun aller Voraussicht nach irgendwann zur Jahreswende 2004/2005 komplett eröffnen wird. Diese Vorgänge sind auch der Grund, warum wir das „Steirereck" dieses Mal aus der Wertung genommen haben und es trotzdem – an der alten wie neuen Adresse – mit gutem Gewissen empfehlen können.

Wir hoffen, Ihnen mit der 14. Ausgabe dieses Guides jede Menge Anregungen für kulinarische Neuentdeckungen geben zu können und wünschen dabei viel Vergnügen und einen guten Appetit.

Hans Schmid
Herausgeber

Christian Grünwald
Herausgeber und Chefredakteur

Die Symbole

★ Ambitionierte, solide Küchenleistung./*Ambitious and sound work on the part of the chef de cuisine./Bonne table sûre ambitionnée./Cucina ambiziosa, dai risultati convincenti.*

★★ Perfekte bodenständige Küche; beachtliches kreatives Potenzial./*Local cuisine at its best; considerable creative potential./Cuisine du terroir parfaite; remarquable potentiel créatif./Perfetta cucina locale; considerevoli capacità creative.*

★★★ Sehr gute Küche; einfallsreiche, kreative Leistungen mit vielen Höhen./*Superb cuisine; imaginative and creative cooking with numerous highlights./Réalisations inspirées au nombre de réussites remarquables./Creatività e ricchezza d'idee in cucina con parecchi punti forti.*

★★★★ Kreative Küche für höchste Ansprüche. Ein Restaurant, das in allen Kriterien höchsten internationalen Ansprüchen genügt./*Creative cuisine catering to the most discerning diner. A restaurant which meets the most exacting international standards in every respect./Cuisine créative satisfaisant aux plus hautes exigences. Restaurant satisfaisant à tous les critères aux plus hautes exigences de qualité./Cucina creativa per le esigenze più esclusive. Ristorante che in tutti i criteri soddisfa le massime esigenze a livello internazionale.*

★★★★★ Österreichs beste Küchen. Österreichs beste Restaurants./*Austria's premium cuisines. Austria's foremost restaurants./Les meilleures cuisines d'Autriche. Les meilleurs restaurants d'Autriche./Le migliori cucine dell'Austria. I migliori ristoranti dell'Austria.*

🍷 Seriöses, ausgewogenes Weinprogramm mit ausgesuchten Flaschen aus dem In- und Ausland, guter Weinkultur und gepflegtem Weinservice./*Perceptively compiled, well-balanced selection of wines with a range of choice domestic and foreign vintages, maintaining high standards of wine culture and service./Programme de vins sérieux et équilibre avec des bouteilles choisies autrichiennes et étrangères, bonne culture du vin et service soigné./Scelta di vini seria ed equilibrata, con bottiglie ricercate austriache ed estere, con buone conoscenze enologiche ed accurato servizio del vino.*

🍷🍷 Erstklassige Glas- und Weinkultur, repräsentative Weinauswahl in Breite und Tiefe. Perfekter Service und entsprechende Beratung./*First-class glassware and wine culture, good horizontal and vertical selection of wines. Impeccable service and wine recommendations of matching standards./Culture excellente du vin et du verre, un choix représentatif de vins autant pour la qualité que la quantité. Service parfait et conseils adéquats./Eccellente conoscenza dei bicchieri e del vino; assortimento di vini pienamente rappresentativo. Servizio perfetto e consiglio adeguato.*

Die Symbole

🍷 Weinkarte und Glaskultur von internationalem Format, dazu ein Service, der keine Wünsche offen lässt./*Wine list and glassware meet top international standards; excellent service all-round.*/Carte des vins et culture du verre de niveau international et un service, qui ne laisse rien à désirer./*Una lista dei vini ed una conoscenza dei bicchieri a livello internazionale; inoltre, un servizio che soddisfa qualsiasi desiderio.*

🥂 Besonders umfangreiches und hochwertiges Angebot an Digestifs./*Very extensive and first-class range of digestifs.*/Une offre de digestifs particulièrement volumineuse et riche./*Ampia scelta di digestivi di alta qualità.*

Tipp Lokale, die unsere Testkriterien zwar nicht ausreichend erfüllen, aber auf jeden Fall einen Besuch wert sind./*Restaurants which do not meet our test criteria but which are nevertheless worth to visit.*/Des restaurants, qui n'ont pas pu être classés, mais qui valent une visite./*Ristoranti che non soddisfano a pieno i criteri del nostro test tanto da essere classificati.*

VipTipp Geheimtipps prominenter Feinschmecker./*Special tips of high society gourmets.*/Tuyaux secrets des gourmets connus./*Suggerimenti confidenziali di buongustai notabili.*

☺ Besonders gutes Preis-Leistungs-Verhältnis./*Very reasonable value-for-money ratio in terms of standard and quality.*/Relation très sympathique entre prix et efficacité./*Rapporto molto conveniente tra prezzi e prestazioni.*

100 Die Höchstnote beträgt 100 Punkte. Die Wertung berücksichtigt Küche, Getränkeangebot, Service, Tischkultur und Ambiente, wobei natürlich die Küchenleistung im Vordergrund steht./*The maximum number of points is 100. The assessment takes account of cuisine, range of beverages, service, table settings and ambience. The emphasis is obviously on the quality of cooking.*

50–60	Ambitioniertes, solides Angebot.
61–70	Gutes Restaurant mit beachtlichem Angebot.
71–80	Bemerkenswertes Haus mit außergewöhnlichem Angebot.
81–90	Ein Restaurant, das auch höchsten Ansprüchen standhält.
91–100	Eines der besten Restaurants Österreichs.

ORT | G2 Koordinaten für die Landkarte./*Coordinates of the map.*/Coordonnées sur la carte routière./*Coordinate per la carta geografica.*

Die besten Restaurants

 99–97 Punkte

Lisl Wagner-Bacher
99 **LANDHAUS BACHER**
Mautern (NÖ)

Rudolf und Karl Obauer
98 **OBAUER**
Werfen (S)

Walter Eselböck
98 **TAUBENKOBEL**
Schützen (B)

Heinz Hanner
97 **HANNER**
Mayerling (NÖ)

Johanna Maier
97 **HUBERTUSSTUBE**
Filzmoos (S)

Joachim Gradwohl
97 **MEINL AM GRABEN**
Wien

Die besten Restaurants

96	**KORSO** *Wien* Reinhard Gerer
95	**PAZNAUNER STUBE** *Ischgl (T)* Martin Sieberer
94	**MÖRWALD IM AMBASSADOR** *Wien* Christian Domschitz
94	**MRAZ & SOHN** *Wien* Markus Mraz
94	**PFEFFERSCHIFF** *Salzburg-Hallwang* Klaus Fleischhaker
94	**POST** *Lech am Arlberg (V)* Christian Gölles
93	**PALAIS COBURG** *Wien* Christian Petz
91	**A LA CARTE** *Lech am Arlberg (V)* Franz Riedler
91	**BAUER** *Wien* Günther Maier
91	**IKARUS** *Salzburg (S)* Roland Trettl
91	**SAZIANI-STUB'N** *Straden (ST)* Gerhard Fuchs
91	**VERDI** *Linz (OÖ)* Erich Lukas
89	**HIRSCH'N WIRT** *Irdning (ST)* Dietmar Dorner
89	**TANGLBERG** *Vorchdorf (OÖ)* Martina Eitzinger
87	**EDEL-WEISS** *Schruns (V)* Rudolf Grabner

Die besten Keller

Deuring Schlössle *Bregenz (V)*
Döllerer *Golling (S)*
Floh *Langenlebarn (NÖ)*
Hanner *Mayerling (NÖ)*
Hospiz-Alm *St. Christoph (T)*
Korso *Wien*
Landhaus Bacher *Mautern (NÖ)*
Le Ciel *Wien*
Magazin *Salzburg (S)*
Meinl am Graben *Wien*
Mörwald im Ambassador *Wien*
Mraz & Sohn *Wien*
Niky's Kuchlmasterei *Wien*
Obauer *Werfen (S)*
Palais Coburg *Wien*
Palais Schwarzenberg *Wien*
Paznauner Stube *Ischgl (T)*
Post *Lech am Arlberg (V)*
Schwarz *Nöhagen (NÖ)*
Sinohaus *Dornbirn (V)*
Skiclub Arlberg Stube *St. Christoph (T)*
Sodoma *Tulln (NÖ)*
Stüberl *Hermagor (K)*
Taubenkobel *Schützen (B)*
Tulbingerkogel *Mauerbach (NÖ)*
Vogelkäfig *Linz (OÖ)*
Waldschänke *Grieskirchen (OÖ)*
Walserstube *Lech am Arlberg (V)*
Wein & Co *Wien*
Wirt am Berg *Wels (OÖ)*

Die Aufsteiger

- 97 **Meinl am Graben** *Wien*
- 94 **Mörwald im Ambassador** *Wien*
- 94 **Mraz & Sohn** *Wien*
- 93 **Palais Coburg** *Wien*
- 91 **Ikarus** *Salzburg*
- 91 **Saziani-Stub'n** *Straden (ST)*
- 91 **Verdi** *Linz (OÖ)*
- 87 **Edel-Weiß** *Schruns (V)*
- 87 **Walserstube** *Lech am Arlberg (V)*
- 85 **Riedenburg** *Salzburg*
- 84 **Der Bleibergerhof** *Bad Bleiberg (K)*
- 84 **Jeitler** *Bromberg (NÖ)*
- 84 **Palais Schwarzenberg** *Wien*
- 84 **Stüberl** *Hermagor (K)*
- 83 **Bordeaux** *Wien*
- 82 **fabios** *Wien*
- 81 **Bergdiele** *Leonding (OÖ)*
- 81 **Brunners Vienna** *Wien*
- 81 **Gannerhof** *Innervillgraten (T)*
- 81 **Lercher's Panorama** *Murau (ST)*
- 81 **Mesnerhaus – Gugg** *Mauterndorf (S)*
- 81 **Mühltalhof** *Neufelden (OÖ)*
- 81 **Ötztaler Stube** *Sölden (T)*
- 81 **Rosengarten** *Kirchberg in Tirol (T)*
- 81 **Vincent** *Wien*
- 79 **Castelvecchio** *Grieskirchen (OÖ)*
- 79 **Schwedenkapelle** *Kitzbühel (T)*
- 77 **Hirschen** *Schwarzenberg (V)*
- 76 **Culinarium** *Salzburg (S)*
- 76 **Erlhof** *Zell am See (S)*
- 76 **Fritzenwallner** *Köstendorf (S)*
- 76 **Holzer** *Neuberg an der Mürz (ST)*
- 76 **Mod** *Graz (ST)*
- 76 **Salzburgerstube** *Zell am See (S)*
- 76 **Schloß Aigen** *Salzburg (S)*
- 76 **Tom's Restaurant** *Melk (NÖ)*
- 76 **Unkai** *Wien*
- 75 **Lackner** *Mondsee (OÖ)*
- 75 **Timbale** *St. Gilgen (S)*
- 75 **Zur Dankbarkeit** *Podersdorf am See (B)*
- 74 **Floh** *Langenlebarn (NÖ)*
- 73 **1er Beisl** *Nußdorf am Attersee (OÖ)*
- 72 **Presshaus** *Illmitz (B)*
- 72 **Rusterhof** *Rust (B)*
- 72 **Zur Plainlinde** *Salzburg*
- 71 **Der Reisinger** *Pöttsching (B)*
- 71 **Finkwirt** *Riegersburg (ST)*
- 71 **Fux** *Lech am Arlberg (V)*
- 71 **Inamera** *Rust (B)*
- 71 **Mörwald – Zur Traube** *Feuersbrunn (NÖ)*
- 71 **Pan e Vin** *Salzburg*
- 71 **Salut** *Wien*
- 71 **Schlosswirt zu Anif** *Anif (S)*
- 71 **Schönblick** *Eichenberg (V)*
- 71 **Stockerwirt** *Sulz im Wienerwald (NÖ)*
- 71 **Taverne am Sachsengang** *Groß Enzersdorf (NÖ)*
- 71 **Zu den drei Hacken** *Wien*
- 71 **Zum Kaiser von Österreich** *Krems (NÖ)*
- 71 **Zur Traube** *St. Veit am Vogau (ST)*
- 70 **Martinelli** *Wien*
- 70 **Neuwirt** *Kitzbühel (T)*
- 70 **Yohm** *Wien*
- 69 **Auerhahn** *Salzburg*
- 69 **Rahofer** *Kronstorf (OÖ)*
- 69 **Steirer Stub'n** *Wien*
- 68 **Gaumenspiel** *Wien*
- 68 **Mörwald – Schloss Grafenegg** *Grafenegg (NÖ)*
- 68 **Primavera** *Baden (NÖ)*
- 68 **Tabor Turm** *Steyr (OÖ)*
- 67 **Cantinetta Antinori** *Wien*
- 67 **Hirlanda** *Zürs am Arlberg (V)*
- 67 **Krone** *Maria Taferl (NÖ)*
- 67 **La Scala** *Wien*

Die Aufsteiger

- 67 **Mörwald Kloster Und** Krems-Stein *(NÖ)*
- 67 **Pukelsheim** *St. Veit an der Glan (K)*
- 67 **'s Schulhus** *Krumbach (V)*
- 67 **Traube** *Bad Tatzmannsdorf (B)*
- 67 **Tulbingerkogel** *Mauerbach (NÖ)*
- 67 **Vestibül** *Wien*
- 67 **Wein & Co** *Wien*
- 67 **Weinwirt** *Bachmanning (OÖ)*
- 66 **Almrestaurant Stölzl** *St. Wolfgang bei Obdach (ST)*
- 66 **Altes Gericht** *Sulz (V)*
- 66 **Bauböck** *Gurten (OÖ)*
- 66 **Gusto** *Rauris-Wörth (S)*
- 66 **Königsberghof** *Tieschen (ST)*
- 66 **Kristian's Monastiri** *Wien*
- 66 **Montafoner Stube** *Tschagguns (V)*
- 66 **Paris Lodron** *Salzburg (S)*
- 66 **Rauhenstein** *Baden (NÖ)*
- 66 **Salieri** *Salzburg (S)*
- 66 **Schatzbichl** *Saalfelden (S)*
- 66 **Schloß Moosburg** *Moosburg (K)*
- 66 **Villa Nova** *Baden (NÖ)*
- 66 **Vinum – Das Weinrestaurant** *Feld am See (K)*
- 66 **Zur Kanne** *Lech am Arlberg (V)*
- 65 **Dengg** *Innsbruck (T)*
- 64 **Herzog's Wirtshaus** *Wien*
- 64 **Holzapfels Prandtauerhof** *Joching (NÖ)*
- 64 **Kellerwirt** *Schwanenstadt (OÖ)*
- 64 **Paierl** *Bad Waltersdorf (ST)*
- 64 **Sinohaus** *Dornbirn (V)*
- 64 **Theatercafé** *Wien*
- 64 **Zum Forsthaus** *Fischbach (ST)*
- 63 **Hofkeller** *Graz (ST)*
- 63 **Pomodoro** *Salzburg (S)*
- 63 **Zur Bierquelle** *Pinkafeld (B)*
- 62 **Gussmack** *Voitsberg (ST)*
- 62 **Krone** *Hittisau (V)*
- 62 **Moser** *Neuhofen an der Krems (OÖ)*
- 62 **Pannonia** *Pamhagen (B)*
- 62 **Santa Clara** *Graz (ST)*
- 62 **Schicker** *Kapfenberg (ST)*
- 62 **Zum Dorfschmied** *Klein St. Paul (K)*
- 61 **151** *Klagenfurt (K)*
- 61 **Dannerbauer** *Eferding (OÖ)*
- 61 **Grünes Türl** *Bad Schallerbach (OÖ)*
- 61 **im Esterházy** *Eisenstadt (B)*
- 61 **Zur Linde** *Laaben (NÖ)*
- 60 **Donaurestaurant Tuttendörfl** *Korneuburg (NÖ)*
- 60 **Kramer & Gutiérrez** *Wien*
- 60 **Oswald & Kalb** *Wien*
- 60 **Pußwald** *Hartberg (ST)*
- 60 **Wintergarten** *Graz (ST)*
- 59 **Himmelsstube** *Wien*
- 58 **Blaue Gans** *Salzburg*
- 57 **Marktwirt** *Pöllau (ST)*
- 57 **Steirerstöckl** *Wien*
- 56 **Kollerwirt** *Maria Saal (K)*

Die besten Weine

WEISS TROCKEN

96 **2003 Riesling Smaragd Singerriedel**
Hirtzberger, Spitz
96 **2003 Riesling Smaragd Kellerberg**
F.X. Pichler, Loiben
95 **2003 Grüner Veltliner Smaragd Kellerberg**
F.X. Pichler, Loiben
95 **2003 Sauvignon Blanc Zieregg**
Tement, Berghausen
94 **2003 Grüner Veltliner Reserve**
Alzinger, Loiben
94 **2003 Riesling Smaragd Steinertal**
Alzinger, Loiben
94 **2003 Riesling Zöbinger Heiligenstein Alte Reben**
W. Bründlmayer, Langenlois
94 **2003 Grüner Veltliner Smaragd Honivogl**
Hirtzberger, Spitz
94 **2003 Riesling Smaragd Hochrain**
Hirtzberger, Spitz
94 **2003 Riesling Privat**
Nigl, Priel
94 **2003 Grüner Veltliner Smaragd Hochrain**
Rudi Pichler, Wösendorf
94 **2003 Riesling Smaragd Achleiten**
Rudi Pichler, Wösendorf
94 **2003 Grüner Veltliner Smaragd Achleiten**
Prager, Weißenkirchen
94 **2003 Riesling Smaragd Achleiten**
Prager, Weißenkirchen
94 **2003 Sauvignon Blanc Kranachberg**
Sattlerhof, Gamlitz
94 **2003 Sauvignon Blanc Hochsulz**
Skoff, Gamlitz
94 **2002 Morillon Zieregg**
Tement, Berghausen

ROT

96 **2002 Blaufränkisch Mariental**
E. Triebaumer, Rust
94 **2000 „G"**
Gesellmann, Deutschkreutz
94 **2002 Gabarinza (ZW, BF, ME, SL)**
G. Heinrich, Gols
94 **2002 Pinot Noir**
G. Heinrich, Gols
94 **2000 Cuvée Kerschbaum rot**
Paul Kerschbaum, Deutschkreutz
94 **2002 Impresario rot**
Paul Kerschbaum, Deutschkreutz
94 **2002 Das Phantom**
Kirnbauer, Deutschkreutz
94 **2002 Merlot**
Kirnbauer, Deutschkreutz

EDELSÜSS

97 **2001 TBA No 8 Welschriesling**
Kracher, Illmitz
96 **2002 Ausbruch Essenz**
Feiler-Artinger, Rust
96 **2001 Ausbruch Satz**
Wenzel, Rust
95 **2000 Eiswein Sämling**
Gesellmann, Deutschkreutz
95 **2001 TBA Scheurebe**
Steindorfer, Illmitz
94 **2001 TBA No 6 Grande Cuvée**
Kracher, Illmitz
94 **2002 Schilfwein „Schilfmandl"**
Opitz, Illmitz
94 **2002 TBA Welschriesling**
Steiner, Podersdorf
94 **2002 TBA Sämling**
Tschida Angerhof, Illmitz

Die besten Destillate

94 Quitte 2003
Josef Hochmair, Wallern

94 Elsbeerbrand 2002
Hans Reisetbauer, Thening

94 Apfel im Kastanienfass 1998
Destillerie Schosser, Buchkirchen

93 Alte Reserve 1989
Alois Gölles, Riegersburg

92 Bio-Marille 2003
Josef Hochmair, Wallern

92 Ingwer 2003
Hans Reisetbauer, Thening

90 Kirsche 2000
Josef Hochmair, Wallern

90 Quitte 2000
Josef Hochmair, Wallern

90 Traubenkirsche 2002
Josef Hochmair, Wallern

90 Vogelbeere 2002
Josef Hochmair, Wallern

90 Kaiserholzbirn 2003
Landgasthof Peilsteinblick, Yspertal

90 Rote Williams 2002
Destillerie Schosser, Buchkirchen

89 Quitte 2003
Gusti & Hubert Hirtner, St. Lorenzen

89 Bio-Karotte 2003
Josef Hochmair, Wallern

89 Elsbeere 2002
Josef Hochmair, Wallern

89 Wildkirsche 2002
Josef Hochmair, Wallern

89 Schwarze Ribisel 2001
Karl Holzapfel, Joching

89 Bramburius 2003
Pfau, Klagenfurt

89 Himbeerbrand 2003
Hans Reisetbauer, Thening

89 Williamsbrand 2002
Hans Reisetbauer, Thening

88 Muskateller Trester 2003
Rupert Adam, Gamlitz

88 Quitte 2003
Alois Gölles, Riegersburg

88 Apfel Barrique 2000
Josef Hochmair, Wallern

88 Holunder 2000
Josef Hochmair, Wallern

88 Single Malt Whisky 1999
Josef Hochmair, Wallern

88 Spezialbier 2003
Josef Hochmair, Wallern

88 Quitte 2001
Karl Holzapfel, Joching

88 Mehlbeere 2003
Jakobenhof, Imsterberg

88 Apfel-Trester 2000
Waltraud Jöbstl, Wernersdorf

88 Birnen-Cuvée fassgelagert 2002
Waltraud Jöbstl, Wernersdorf

88 McIntosh 2002
Waltraud Jöbstl, Wernersdorf

88 Himbeer 2003
Oberhofer, Mils

88 Limonera 2003
Oberhofer, Mils

88 Schlehe 2003
Landgasthof Peilsteinblick, Yspertal

88 Limonera 2003
Pirker – Mariazellerhof, Mariazell

88 Magna Mater 2003
Pirker – Mariazellerhof, Mariazell

88 Mispel 2003
Pirker – Mariazellerhof, Mariazell

88 Single Malt Whisky 1996
Hans Reisetbauer, Thening

88 Vogelbeerbrand 2003
Hans Reisetbauer, Thening

88 Brombeere 2003
Destillerie Schosser, Buchkirchen

88 Erdbeere 1999
Destillerie Schosser, Buchkirchen

88 Olivin 2002
Weingut Winkler-Hermaden, Kapfenstein

Die Besten
in Wien

Joachim Gradwohl

97 **MEINL AM GRABEN**

Reinhard Gerer

96 **KORSO**

Christian Domschitz

94 **MÖRWALD IM AMBASSADOR**

Markus Mraz

94 **MRAZ & SOHN**

Christian Petz

93 **PALAIS COBURG**

Günther Maier

91 **BAUER**

Wien

Adam's Gasthaus

Florianigasse 2, 1080 Wien, Tel.: 01/408 01 12-11, Fax: Dw. 13
Küchenzeiten: Mo.–Fr. 8–23.30.
„Für mich wird hier das beste Kartoffelgulasch Wiens serviert. Urig, bodenständig, gemütlich."

Empfohlen von Leo Wallner, Casino-General

Aioli

Stephansplatz 12, 1010 Wien, Tel.: 01/532 03 73, Fax: 532 05 75, www.doco.com
Küchenzeiten: 10–24. **Inhaber:** Attila Dogudan. **Küchenchef:** Oliver Zinnecker.
CC: Visa. **Sitzplätze:** 100. **Terrasse:** 19. **Durchschnittspreis bei 3 Gängen:** € 32,–.
Thunfisch, Tapas und Spaghetti – mediterrane Genüsse, nur dass der Wirt seine Taverne nicht mit Blick auf eine Mittelmeerbucht gebaut hat, sondern auf den Stock-im-Eisen-Platz samt Stephansdom. Die Aussicht hat was. Das Interieur, das mit exotischen Elementen spielt, ist ein gelungener Ambiente-Mix. Und auch auf der Speisenkarte wird gemixt: Man hält sich an spanische und italienische Klassiker und an einiges, was sonst noch am Mittelmeer gängig ist. Die Sorgfalt, mit der die mediterranen Spezialitäten hier zubereitet werden, war, so finden wir, aber schon größer. Auch die Serviceleistung war nicht dazu angetan, Gäste wunschlos glücklich zu entlassen. Möge das Mittelmeertief über dem „Aioli" bald wieder abziehen. **Aus der Karte:** Salat von getrüffelten Babyartischocken mit Prosciutto di Parma und gegrillter Taleggiopolenta; Faraona ripiena (Knusprig gebratene Perlhuhnbrust gefüllt mit Gänseleberbrioche auf Madeirajus, dazu sautiertes Gemüse).

Altes Jägerhaus

Freudenau 255, 1020 Wien, Tel.: 01/728 95 77, Fax: Dw. 14
Küchenzeiten: Mi.–So. 11.30–22 (April bis September kein Ru.).
Nach einem turbulenten Jahr, in dem ein Übernahmegerücht das andere jagte, haben nun endlich neue Pächter das Lokal übernommen. Ob sie das beliebte Ausflugsgasthaus in gewohnter Form weiterführen werden, wird die Zukunft zeigen. Unverändert prachtvoll ist natürlich der Garten, der sommers zu den schönsten Plätzen der Stadt gehört.

Artner

Floragasse 6, 1040 Wien, Tel.: 01/503 50 33, Fax: 503 50 34,
restaurant@artner.co.at, www.artner.co.at
Küchenzeiten: Mo.–Fr. 11–23.30, Sa., So. 18–23.30. **Inhaber:** Markus Artner.
Küchenchef: Markus Waldhäusl. **Sommelier:** Alexander Kremser.
CC: Diners, MC/EC, Visa. **Sitzplätze:** 85. **Garten:** 40.

Ziemlich trendiges, interessant und modern gestyltes Szenelokal, das über einen recht hohen Stammkundenanteil verfügt und mittags vor allem die Businessklientel der Umgebung verwöhnt. Die Küche verleugnet ihre österreichischen Wurzeln nicht, bietet als Kontrast eine gut strukturierte Auswahl an spannenden, zeitgeistigen Gerichten, wobei auch so manche Neuinterpretation von Altbekanntem gefällt. Mit diesem Angebot könnte man in fast jeder mitteleuropäischen Metropole reüssieren. Daneben wird größter Wert auf Produktherkunft gelegt und mit Stolz bietet man auch Viktualien aus eigener bäuerlicher Erzeugung sozusagen „ab Hof" an. Ein ambitioniertes Unterfangen, das nicht immer aufgeht, aber unterm Strich doch Freude macht. Die Getränke? Feine Kreszenzen aus dem eigenen Weinbaubetrieb in allen noch verfügbaren Jahrgängen. Ein gutes glasweises Angebot, sehr guter Kaffee und gute Bauernsäfte sind weitere Highlights beim „Artner". **Aus der Karte:** Gegrillter Ziegenkäse im Wacholder-Speck-Mantel mit Bärlauchsalat und Radieschen; Maishendl und Leber im Lauchmantel mit gebratener Polenta und Schnittlauchschaum.

Asia Vienna

Teinfaltstraße 9, 1010 Wien, Tel./Fax: 01/532 96 17
Küchenzeiten: 11.30–15, 17.30–23.30.
„Soft gestartet, jetzt mit neuem Kochteam aus China wirklich top. Cooles Design, freundlicher Service, guter Wein."
Empfohlen von Alexander Rinnerhofer, Wirtschaftsblatt

Aux Gazelles

Rahlgasse 5, 1060 Wien, Tel.: 01/585 66 45, Fax: Dw. 39
Küchenzeiten: Di.–So. 18–23.
Das orientalische Wunderland, das „Hôtel sans chambres", mit Hammam, Deli-Verkauf, Kaviar- und Austernbar, Lounge, Salon de thé, Bazar und Nightclub bietet eine orientalisch-internationale Küche, die spannende Gaumenreisen zu exotischen Urlaubsdestinationen erlaubt. Sommers lockt auch die nette Terrasse.

Wien

Barbaro

 58

Neuer Markt 8, 1010 Wien, Tel.: 01/955 25 25, Fax: Dw. 25, www.barbaro.at
Küchenzeiten: 12–23.30. **Inhaber:** Luigi Barbaro. **Küchenchef:** Petr Mirek. **CC:** Amex, Diners, MC/EC, Visa. **Sitzplätze:** 55.
Garten: 70.

Der Blick durch die großen Panoramascheiben des „Barbaro" auf den Donnerbrunnen und die stattlichen Häuser des Neuen Markts ist formidabel. Im Restaurant, etwas zurückversetzt und damit abseits gelegen, vermisst man dank der angenehmen Atmosphäre nichts vom fehlenden Ausblick. Netter Service und ein Blick in die Speisenkarte sind gute Aussicht genug. Man kocht unter dem Motto „back to the roots" klassisch italienisch, hat aber auch keine Scheu vor ungewöhnlichen Kombinationen. Dazu gibt es eine Weinauswahl, die etwas Fachwissen erfordert. Die kostspieligen Weine sind nicht zwingend die besten. Insgesamt ist das „Barbaro" ein sehr kurzweiliger Ort, der neben dem Restaurant und der Bar auch eine Weinbar und ein Bistro zu bieten hat. **Aus der Karte:** Minestrone primavera (Frühlingsgemüsesuppe); Orata alla siciliana con patate al rosmarino (Goldbrasse in Zitronensauce, Kapern, Sardellen mit Rosmarinkartoffeln).

Bauer

Sonnenfelsgasse 17, 1010 Wien, Tel./Fax: 01/512 98 71
Küchenzeiten: Mo. 18–23, Di.–Fr. 12–14, 18–23. **Betriebsferien:** Karwoche, Mitte Juli bis Mitte August 2005. **Inhaber:** Walter Bauer. **Küchenchef:** Günther Maier. **Sommelier:** Robert Hrachowina. **CC:** Amex, Diners, MC/EC, Visa. **Sitzplätze:** 35.

Es ist, als wären das schöne Gewölbe sowie die Anwesenheit von Patron Walter Bauer schon Grund genug, dass Köche sich hier von ihrer besten Seite zeigen können. Dies galt für die früheren Küchenchefs Christian Domschitz und Herbert Malek ebenso wie für den kürzlich neu engagierten Günther Maier. Eine neue kulinarische Ära also mit altgewohnten Qualitäten. Gleich geblieben ist der als Amuse gereichte Leberkäse, alles andere trägt schon die Handschrift Maiers, wobei man entweder aus einem spannenden Tagesangebot wählen kann oder aber sich für das Menü entscheidet. Zufrieden stellende Gaumenerlebnisse sind in jedem Fall garantiert, Experimente und Revolutionen finden aber anderswo statt, so will es der Patron. Bei Walter Bauer ist man jedenfalls in besten Händen, hier wird ein Abendessen zelebriert, ohne dass die Zeremonie je aufdringlich wäre. Ebenso unverändert: die famose Weinkarte, die gute Auswahl an Destillaten, die intime und familiäre Atmosphäre und auch der langjährige Sommelier Robert Hrachowina, der ein ausgeprägtes Gefühl für die jeweiligen Bedürfnisse seiner Gäste hat und diesen auch stets im Handumdrehen entspricht. **Aus der Karte:** Gazpacho mit gebackener Garnele; Gelackte Entenbrust mit Eierschwammerlrisotto; Lauwarmer Schoko-Kirsch-Kuchen mit Hollerblütensorbet.

Wien

Beim Czaak

Postgasse 15/Ecke Fleischmarkt, 1010 Wien, Tel.: 01/513 72 15, Fax: 512 74 64
Küchenzeiten: Mo.–Sa. 11.30–23.
„Gute, intime Atmosphäre, exzellente Wiener Küche, gute Weinauswahl."
Empfohlen von Werner Baudrexel, Nestlé Österreich-General

Beim Novak

Richtergasse 12, 1070 Wien, Tel.: 01/523 32 44, beimnovak@aon.at, www.beimnovak.at
Küchenzeiten: Mo.–Sa. 11.30–15, 18–23. **Betriebsferien:** 1.–6. 1. 2005. **Inhaber:** Maximilian Novak. **Küchenchef:** Jürgen Hauer. **Sommelier:** Christian Miklau. **CC:** Diners, MC/EC, Visa. **Sitzplätze:** 80. **Terrasse:** 25.
Durchschnittspreis bei 3 Gängen: € 27,–.
Das 1937 von der Familie Wastl gegründete „Speisehaus am Seidengrund" wurde vor 25 Jahren von der Tochter Johanna und ihrem Ehemann Georg Novak übernommen. In dritter Generation führt heute Sohn Max Novak das Traditionshaus. Küchenchef Jürgen Hauer pflegt die Wiener und altösterreichische Küche mit all ihren bewährten Klassikern, verfeinert diese aber nicht selten mit pfiffigen Ideen und saisonalen Ergänzungen. Dass sich manchmal kleine Langweiler einschleichen, verzeihen wir den Novaks in ihrem Jubiläumsjahr gerne und gratulieren zu der im Ganzen durchaus feinen Leistung der Küche. Erfreulich die moderat kalkulierte Weinkarte, die einige schöne Flaschen aufweist. **Aus der Karte:** Bärlauchravioli mit Spinatschaum; Knuspriges Zanderfilet, Spargelrisotto & Bärlauchpesto; Rosa gebratene Pfefferbeiriedscheiben, Rucola & Grana.

Benkei

Ungargasse 6, 1030 Wien, Tel./Fax: 01/718 18 88, benkei.vienna@aon.at
Küchenzeiten: Mo.–Fr. 12–15, 18–23.30, Sa., So. 18–23.30. **Inhaberinnen:** Okasan und Yu-lin Chang. **Küchenchefin/Sommelière:** Okasan Chang. **CC:** Amex, Diners, MC/EC, Visa. **Sitzplätze:** 75. **Durchschnittspreis
bei 3 Gängen:** € 18,–.
Traditionsreiche Japan-Adresse mit viel Understatement. Der Thekenbereich und der hintere Raum, den man nur schuhlos betreten darf, sind schlicht und funktionell gestaltet, gerade richtig, um sich auf die hier servierte erstklassige Sushi- und Sashimiqualität konzentrieren zu können. Wobei sich der perfekt informierte und auch informationsfreudige Kellner als große Hilfe erweist. Klare Linien und Konzentration auf das Wesentliche prägen die Konzeption. Und auch die Auswahl der Fische überzeugt: Heilbutt, Tintenfisch und insbesondere Aal erwiesen sich als geschmackliche Höhepunkte, Aromen werden punktgenau gesetzt. Toll auch die feinen Suppen und das delikate Tempura. Sapporo oder Hirter zu Sushi

Wien

und Sashimi ist keine schlechte Wahl. Der Sake im Holzschälchen mit Salz zur angeblichen Vertreibung der bösen Geister mundet natürlich auch vorzüglich. **Aus der Karte:** Pidan Tofu (Eingelegtes Entenei und Bohnenquark); Kammameshi (Reistopf mit Hühnerfleisch oder Lachs); Obst der Saison.

Bhung-Bui

Burggasse 44, 1070 Wien, Tel.: 01/523 47 47
Küchenzeiten: Oktober bis April 12–23, Mai bis September 17–23.
Ein echter Geheimtipp: „Bestes Thaifood für echte Asien-Freaks." Hinsichtlich Ambiente und Service sollte man sich allerdings nicht zu viel erwarten.
Empfohlen von Walter Eselböck, „Taubenkobel"

Bing

Heiligenstädter Straße 201–204, 1190 Wien, Tel./Fax: 01/370 80 88
Küchenzeiten: 11–15, 17.30–23.
Hier locken nicht nur asiatische Wok-Spezialitäten: „Herrliche handgezogene Nudeln, Ingwer- und andere typische Teespezialitäten."
Empfohlen von Georg Wailand, Gewinn-Herausgeber

Birdland

im Hotel Hilton, Am Stadtpark, 1030 Wien, Tel.: 01/219 63 93-15, Fax: 532 85 60-10
Küchenzeiten: Di.–So. 19–2. **Übernachtungsmöglichkeit.**
Joe Zawinul serviert neben erstklassigem Jazz das beste Paprikahendl Österreichs – nach einem Rezept seiner Großmutter.
Empfohlen von Dominic Heinzl, „Hi Society"-Frontman

Bodega Española

Belvederegasse 10, 1040 Wien, Tel.: 01/504 55 00
Küchenzeiten: Mo.–Sa. 18–24.
Hübsche und heimelige Bodega, die iberische Spezialitäten wie Pata negra, Tortilla und Créma Catalana serviert. Feiner spanischer Käse und eine sehr reizvolle Auswahl an Weinen sind weitere gute Gründe, um bei der Familie Stützer vorbeizuschauen.

Bodega Marques

im Palais Collalto, Parisergasse 1, 1010 Wien, Tel./Fax: 01/533 91 70
Küchenzeiten: Mo.–Fr. 12–14, 18–23, Sa. 18–23.
Die in einem hübschen Kellergewölbe untergebrachte Bodega bietet ein reizvolles spanisches Kulinarium mit einer Vielzahl traditioneller und auch zeitgemäßer Tapas-Varianten. Das schöne Weinangebot und das mediterrane Flair vermitteln Urlaubsgefühle, denen man sommers auch im netten Garten nachhängen kann.

Wien

Böhle Delikatessen

Wollzeile 30, 1010 Wien, Tel.: 01/512 44 75, Fax: 513 96 71
Küchenzeiten: Mo.–Fr. 11–19, Sa. 10–18.
„Im ‚Bistro' hinter dem Delikatessengeschäft kocht Herr Erwin die köstlichsten Gerichte zum Zuschauen; Langusten, Morcheln, Herrenpilze, Lammkronen, Entenbrüste. – Formidable, oh là là!"

Empfohlen von Adolf Frohner, Maler

Bordeaux

Servitengasse 2, 1090 Wien, Tel.: 01/315 63 63, Fax: Dw. 63, office@bordeauxbar.at, www.bordeauxbar.at
Küchenzeiten: Mo.–Fr. 12–14, 18–23, Sa. 18–23 (an Fei. geschlossen). **Inhaber:** PTG Gastronomiebetrieb GmbH & Co KG. **Küchenchef:** Aurelio Nitsche. **Sommelier:** Erwin Szameit. **CC:** Amex, Diners, MC/EC, Visa.
Sitzplätze: 48. **Garten:** 40.

Das „Bordeaux" ist eines der schönsten und auch besten Lokale auf dem Alsergrund. Jeder Besuch bedeutet ein Abtauchen in die spannende Küchenwelt von Aurelio Nitsche. Und Hand aufs Herz: Wer so einen Namen trägt, hat geradezu die Verpflichtung, beim Kochen auch den Intellekt mitspielen zu lassen. So passiert es dann auch. Eine sehr individuelle Fusion, die ganz anders als gewohnt erfolgt. Die Küchen Frankreichs und Österreichs sind die Basis, das Beiwerk ist mitunter asiatisch, und die Übung gelingt phänomenal und ausgesprochen gut. Feine Ausgangsmaterialien, gekonntes Handwerk, sensible Würzung, Phantasie und Kreativität könnten in absehbarer Zeit einen vierten Stern auftauchen lassen. Logischerweise strebt die Weinkarte eine Symbiose mit dem Speisenangebot an – Feines, wohin das weinwissende Auge schaut. Dass hier natürlich nomen est omen gilt, ist klar, aber neben Bordeaux spielt auch Österreich eine wichtige Rolle. **Aus der Karte:** Gebratene Gänseleber auf Kartoffelschaum und schwarzer Trüffel; Rosa Entenbrust auf Kerbelgnocchi und Kürbis; Geselchter Saibling auf Erdäpfel-Kren-Püree und Zuckerschoten.

Brandl

Cobenzlgasse 17, 1190 Wien, Tel.: 01/320 71 96, Fax: 320 14 88
Küchenzeiten: Di.–So. 11–22.30.
Herzhafte Wiener Küche und Weine. Die Kategorisierung unseres Tippgebers: „Zwischen Heurigen und Beisl."

Empfohlen von Rudolf Buchbinder, Klaviervirtuose

---

www.alacarte.at – Die besten Weine

Wien

Brummbärli

Armbrustergasse 9, 1190 Wien, Tel.: 01/318 98 46
Küchenzeiten: Di.–Sa. 11–14.30, 18–23.30, So. 11–15.
„Gute Atmosphäre, sympathisches Vorstadt-Flair, gutbürgerliche Küche, gepflegte Weine, lauschiger Garten."

Empfohlen von Gerhard Skoff, Casinos Austria

Brunners Vienna

Wienerbergstraße 7, 1100 Wien, Tel.: 01/607 65 00, Fax: Dw. 10,
office@brunners.at, www.brunners.at
Küchenzeiten: Mo.–Sa. 11.30–15, 18–23. **Inhaber:** Alexander Brunner. **Küchenchef:** Harald Brunner. **Sommeliers:** Roman Brunner, Stephan Fuchs. **CC:** Amex, Diners, MC/EC, Visa. **Sitzplätze:** 100. **Terrasse:** 66.
Durchschnittspreis bei 3 Gängen: € 44,–.

Der Panoramablick im 22. Stock ist gewaltig, auch wenn einem nicht gerade der hübscheste Landstrich Österreichs zu Füßen liegt. Trotzdem bekommt man ein Gefühl für die Ferne, die Harald Brunner zu so mancher bemerkenswerten New-Style-Ethno-Kreation inspiriert haben mag. Auf einem durchgehend hohen Level werden insbesondere die Themenbereiche Fisch und Meeresfrüchte mit den Fusionsgelüsten des Küchenchefs konfrontiert. Manches klingt sehr gewagt, vieles ist witzig und ein Großteil ist einfach gelungen. Unvergleichlicher Brunner-Style eben, der vom Thunfischkebab über die Viagrasuppe bis zur „Unwiderstehlichen Ente" keine Variation auslässt. Der Käse kommt standesgemäß vom „Käse-Ferrari", während die Desserts eine spannende süße Welt eröffnen – etwa in Form der Lemongrass-Crème brûlée. Die Weinkarte ist umfassend und international, lediglich das Angebot an offenen Weinen ist ausbaufähig. Im Anschluss bietet sich ein Besuch der Bar im 21. Stock an – Aussicht inklusive. **Aus der Karte:** Gebackenes Kürbisei mit Forellenkaviar und Spargelspitzen; Hummer-Thai-Bouillabaisse mit knuspriger Garnele; Rosa gebratenes Milchlamm auf Bärlauch mit Speckstrohkartoffeln; Gebackene Kokos-Maroni-Knödel.

Wir bringen **Zentraleuropa** unter eine Haube.

Wien

Buddha Club

 NEU

*Währinger Gürtel, Stadtbahnbögen 172–175, 1090 Wien, Tel.: 01/479 88 49,
Fax: 479 90 23, support@buddha-club.at, www.buddha-club.at*
Küchenzeiten: Di.–Sa. 18.30–23. **Inhaber:** Quach Hien Dat MDM BetriebsgesmbH.
Küchenchef: Meinrad Neunkirchner. **Sommelier:** Konrad Laczko. **CC:** Amex,
Diners, MC/EC, Visa. **Sitzplätze:** 56. **Terrasse:** 40.
Durchschnittspreis bei 3 Gängen: € 35,–.

Mit dem „Buddha Club" ist Fernöstliches unter den Stadtbahnbögen eingezogen, die an dieser Stelle den urbanen Alsergrund und das noble Döbling trennen. Aber auch das beeindruckend gestylte Ambiente aus Bar, Restaurant, Schauküche und VIP-Lounge wirkt mehr trennend als homogen. Die räumliche Aufteilung ist zwar gelungen, trotzdem enerviert die lautstarke Beschallung aus der Bar diejenigen, die nur zum Essen gekommen sind. Ambivalente Gefühle erzeugt auch das Speisenprogramm, das im Alltag mit eher wenig Verve und Esprit umgesetzt wird. Die kulinarische Fusion von Fernost und Europa ist nicht gerade etwas Neues und als Thema auch schon vielerorts hochklassig abgehandelt. In den immer schicker werdenden Stadtbahnbögen wird man aber nirgendwo besser essen können. Das Weinprogramm erfreut durch mitunter unkonventionelle Preis-Leistungs-Angebote und engagierte Beratung. **Aus der Karte:** Lauwarmer Spargelsalat mit Reisessig und Kräuter; Sommerbock in der Haselnusskruste mit Wacholderjus.

Cantinetta Antinori

*Jasomirgottstraße 3–5, 1010 Wien, Tel.: 01/533 77 22, Fax: Dw. 11,
office@cantinetta-antinori.at, www.cantinetta-antinori.at*
Küchenzeiten: 11.30–23. **Inhaber:** Piero Antinori. **Küchenchef:** Marcus Brunner.
Sommelier: Markus Strohmeier. **CC:** Amex, Diners,
MC/EC, Visa. **Sitzplätze:** 129.

Das ehemals sehr trendige Ristorante ist imagemäßig ein wenig in die Jahre gekommen, was sich aber gar nicht schlecht auf die Qualität auswirkt. Daran hat sich auch durch den kürzlich erfolgten personellen Wechsel in der Restaurantleitung nichts geändert. So entspannt, so lustvoll und auf so konstant gutem Niveau hat man hier schon lange nicht mehr essen können. Serviert wird ein jahreszeitlich modifizierter Speisenmix toskanisch-umbrisch-piemontesischer Provenienz, der ohne unnötige Verzierungen serviert wird. Antipasti gelingen genauso wie Pasta-Gerichte (etwa die Cappellacci), aber auch Fisch und Fleisch werden sehr ansprechend zubereitet. Sehr fein auch die Dolci. Im Weinkeller lagern gute bis sehr gute Weine aus der Toskana, dem Piemont und anderen italienischen Weinbaugebieten. Gute Grappa, ein Kaffee mit feiner Crema und das gepflegte Trumer-Pils sind weitere Atouts. **Aus der Karte:** Prosciutto di maiale (Osterschinken vom Milchferkel mit mariniertem Spargel); Agnello fritto (Gebackener Lammrücken gefüllt mit Ricotta und Zucchini-Minz-Tagliolini).

Eine harmonische Kombination aus Essenzen der Bitterorange und bis zu 50 Jahren gereiften Cognacs aus der Grande Champagne. Kreiert zum 150jährigen Bestehen von Grand Marnier.

Cantíno

im Haus der Musik, Seilerstätte 30, 1010 Wien, Tel.: 01/512 54 46, Fax: Dw. 45, restaurant@cantino.at, www.cantino.at
Küchenzeiten: Mo.–Fr. 12–15, 18–23, Sa. 18–23, So. 12–15. **Betriebsferien:** drei Wochen im August 2005. **Inhaber/Sommelier:** Hermann Weinzirl. **Küchenchef:** Richard Rainer.
CC: Amex, Diners, MC/EC, Visa. **Sitzplätze:** 60. **Terrasse:** 30.
Durchschnittspreis bei 3 Gängen: € 34,–.

Das loftartige, puristisch eingerichtete „Cantíno", im Dachgeschoß des Hauses der Musik untergebracht, punktet mit einer traumhaften Aussicht auf diverse Citydächer. Dem breiten Spektrum an Besuchern gefällt's: Künstler, Touristen, Verliebte und Businesspeople, alle fühlen sich hier wohl. Küchenchef Richie Rainer hat in mehreren Restaurants Erfahrung im Umgang mit leichter, mediterran inspirierter Küche gesammelt, die er hier gekonnt umsetzt. Spanien und Italien geben den Stil vor. Tadellose Ausgangsprodukte, frische Kräuter, erfrischend kreative Details und eine variantenreiche Umsetzung zeichnen die „Cantíno"-Küche aus, die in dieser Form eine Bereicherung für die Wiener Lokalszene ist. Ein Schwerpunkt der Weinkarte ist zum einen Österreich mit vielen seiner herausragenden Produzenten, zum anderen wird der Küchenphilosophie des Hauses entsprechend natürlich auch Feines aus dem Mittelmeerraum offeriert. **Aus der Karte:** Duett von Tapas; Bouillabaisse à la marseillaise; Wildentenbrust mit Semmelsoufflé und glaciertem Frühlingsgemüse; Mascarpone-Erdbeer-Gratin mit Pfefferminzsorbet.

Cinque Terre

Marc-Aurel-Straße 10, 1010 Wien, Tel./Fax: 01/533 82 65
Küchenzeiten: Mo.–Fr. 12–14.30, 18–23, Sa., Fei. 18–23.
City-Italiener der besonderen Art. „Immer noch die besten Calamari und Fische! Knackige Salate, kompetentes Personal."
Empfohlen von Wolfram Pirchner, ORF-Moderator

Collio

im Hotel Das Triest, Wiedner Hauptstraße 12, 1040 Wien, Tel.: 01/589 18-133, Fax: Dw. 19, fb00@dastriest.at, www.dastriest.at
Küchenzeiten: Mo.–Fr. 12–14.30, 18.30–22, Sa. 18.30–22 (an Fei. geschlossen).
Betriebsferien: 25. 7.–7. 8. 2005. **Inhaber:** Das Triest – Design Hotel Management GmbH. **Küchenchef:** Josef Neuherz. **Sommelier:** Michael Seiwald. **CC:** Amex, Diners, MC/EC, Visa. **Sitzplätze:** 50. **Garten:** 50. **Durchschnittspreis bei 3 Gängen:** € 37,–. **Übernachtungsmöglichkeit.**

Das in Wien einzigartige, von Terence Conran entworfene Ambiente schafft mühelos den Spagat zwischen der zeitlosen coolen Eleganz der Raumgestaltung und der gediegenen Bausubstanz des Jahrhundertwendehotels. Ein wunderbarer Innenhof lädt bei passender Witterung zum Verweilen ein, von drinnen kann man durch großzügige Fenster den Ausblick auf denselben genießen. Die sehr junge, hoch motivierte Servierbrigade umsorgt den Gast vortrefflich. Die Küche bietet eine sehr gelungene Mischung aus heimischen und mediterranen Elementen. Auf den ersten Blick präsentieren sich die Gerichte vielleicht zu sehr dem optischen Rahmen entsprechend gestylt, doch auf den zweiten Blick offenbart sich ein sehr durchdachtes wie experimentierfreudiges Küchenpotenzial. Allerbeste Rohstoffe werden adäquat verarbeitet, nicht alltägliche Harmonien komponiert. Und das alles auf einem konstant hervorragenden Niveau, was schließlich einen wunderbaren kulinarischen Abend ergibt. Gute Weinauswahl, die sehr übersichtlich strukturiert ist, viele heimische Winzer sind mit ihren besten Produkten vertreten. Auch französische und speziell italienische Produzenten sind mit sehr guten Weinen vertreten. Gute Beratung, feine Grappe und ein wunderbarer Kaffee sind weitere Atouts des Hauses. **Aus der Karte:** Gegrilltes Lammcarpaccio mit Rucola und marinierten Pilzen; Spinatcremesuppe mit Krabbenfleisch; Im Ganzen gebratener Lammrücken mit geschmortem Knoblauch und Polenta; Panna cotta mit zweierlei Fruchtmark.

d'Atri

Schauflergasse 4, 1010 Wien, Tel./Fax: 01/535 48 04,
osteriadatri@aon.at, osteriadatri.com
Küchenzeiten: So.–Fr. 12–23. **Betriebsferien:** zwei Wochen im Jänner 2005. **Inhaber:** d'Atri OEG. **Küchenchef:** Nicola d'Atri. **Sommelier:** Pierluigi Macchione. **CC:** Amex, Diners, MC/EC, Visa. **Sitzplätze:** 16.
Durchschnittspreis bei 3 Gängen: € 38,–.
Der aus Apulien stammende Nicola d'Atri, bis Ende 2003 Küchenchef im „La Ninfea", ist nur einen Katzensprung weitergezogen und hat in den Räumlichkeiten eines ehemaligen Puppentheaters seine eigene Osteria eröffnet. Ebenerdig gibt's eine kleine Bar, während im Souterrain das kleine, heimelige und sympathische Lokal untergebracht ist. Die Speisenkarte ist klein, drei Vorspeisen, drei Pastagerichte, vier Fisch- und Fleischspeisen sowie die stets köstlichen „Delizie Pugliesi" als Tagesdessert werden angeboten. Akkurat gekocht, stets mit Blick auf die tadellose Qualität der Rohstoffe, entstehen harmonische Kreationen, die auch anregend präsentiert werden. Ebensolche Aufmerksamkeit wurde auf die Weinkarte gelegt, die erlesene Flaschen aus ganz Italien offeriert und vom Sommelier Pierluigi Macchione kundig dargeboten wird. **Aus der Karte:** Insalata di pesce con bottarga (Fischsalat mit Bottarga); Trancio di pescatrice al forno (Seeteufel überbacken mit einer Sauce aus Tomaten, Kapern und Oliven); Costolette di agnello al forno (Lammkarree mit Rosmarin und Knoblauch im Ofen gebacken); Delizie Pugliesi (Dessert aus Apulien).

Wien

Do & Co – Haas-Haus

Stephansplatz 12, 1010 Wien, Tel.: 01/535 39 69, Fax: 535 39 59,
stephansplatz@doco.com, www.doco.com
Küchenzeiten: 12–15, 18–24. **Inhaber:** Attila Dogudan. **Küchenchef:**
Christian Leidinger. **CC:** Visa. **Sitzplätze:** 150. **Terrasse:** 70.

Seit Jahren beliebte Topadresse, rechtzeitige Reservierung ist noch immer unumgänglich. Doch der Zahn der Zeit nagt auch am Ambiente des Haas-Hauses, das Entree im Erdgeschoß ist gelinde gesagt renovierungsbedürftig. Oben wartet man dann artig, bis man zum Platz geführt wird, der – wie es scheint – alljährlich knapper wird. Der hohe Geräuschpegel vermittelt ein, sagen wir einmal, internationales Flair, was auch für den zu flotten Service gilt. Die Speisekarte ist seit langem im Wesentlichen unverändert, lauter gute alte „Do & Co"-Bekannte sind da zu treffen – Bouillabaisse, Dover-Seezunge, Urugay-Beef, Wok, Thai-Cuisine und Tafelspitz. Die Zubereitung erfolgt sehr routiniert, bei der optischen Gestaltung hält man ein opulentes Niveau aufrecht. Die Weinkarte bietet einen brauchbaren Querschnitt durch die heimische und internationale Weinwelt. **Aus der Karte:** Marchfelder Solospargel natur mit Sauce hollandaise; Do & Co's kleine Bouillabaisse; Rehfilet und Sellerie (Rehfilet, im Ganzen gebraten, mit Wacholder-Preiselbeer-Jus, cremiges Selleriepüree und Herbstgemüse).

Do & Co in der Albertina

Albertinaplatz 3, 1010 Wien, Tel.: 01/532 96 69, Fax: Dw. 500,
albertina@doco.com, www.doco.com
Küchenzeiten: 10–24. **Inhaber:** Do & Co Betriebsgesmbh. **Küchenchef:**
Christian Holl. **CC:** Visa. **Sitzplätze:** 70. **Terrasse:** 90.

Die großzügig gestaltete Terrasse mit Ausblick auf Palmenhaus, Kaisergarten, Nationalbibliothek und die abends feierlich beleuchtete Oper ist nicht nur für Touristen atemberaubend, auch Einheimische werden gerne einen Besuch in der Albertina mit einem fashionablen Dinner in diesem Ambiente krönen. Das Innere mit seinen in warmen Farben abgestimmten Interieur und den großflächigen Schielekopien ist ebenfalls eine reizvolle Kulisse für die perfekt verwirklichte Do & Co-Kücheninszenierung. Österreichische Klassiker werden ebenso mit viel Fingerspitzengefühl auf den Teller gebracht wie asiatische Wokgerichte. Das Angebot an Flaschenweinen ist klein, aber gar nicht schlecht, während die Beratung leider sehr verbesserungswürdig wäre. Bei den Destillaten setzt man ebenfalls auf große Namen wie Gölles und Reisetbauer, was man durchaus wieder als Appell an die Selbstständigkeit des Gastes interpretieren kann. **Aus der Karte:** Gazpacho „Andaluz" mit klassischen Beilagen; Seezunge im Ganzen gebraten, dazu Pilzgröstl und Pesto; Tauernlammrücken mit Ratatouille und Erdäpfel-Wan Tan; Marillenknödel mit Butterbrösel und brauner Butter.

Wien

Drei Husaren

Weihburggasse 4, 1010 Wien, Tel.: 01/512 10 92-0, Fax: Dw. 18,
office@drei-husaren.at, www.drei-husaren.at

B⊙G

Küchenzeiten: 12–15, 18–23. **Inhaber:** Uwe V. Kohl. **Küchenchef:** Dietmar Häusler.
Sommeliers: Rachid El Harrak, Samir Masic, Wolfgang Schimansky, Alexander
Weiss. **CC:** Amex, Diners, MC/EC, Visa. **Sitzplätze:** 120.
Durchschnittspreis bei 3 Gängen: € 63,–.

Ein wenig Patina hat die einstige Topadresse mittlerweile angesetzt, auch wenn man sich zuletzt bemüht hat, dem Interieur ein frischeres Aussehen zu verpassen. Was aber nichts daran ändert, dass sich viele ehemalige Tugenden des Hauses verabschiedet haben. Sogar der früher so wohl sortierte und perfekte Service hat dieses Jahr irgendwie unbeholfen agiert. In der Küche ist alles beim Alten. Der vor einem Jahr neu angetretene Küchenchef konserviert die altbekannte Küchenlinie von Kalbsbeuschel bis Atlantikhummer und setzt alles großteils professionell um. Das Angebot an offenen Weinen ist eher winzig, die Palette an Bouteillen hingegen ist exzellent – große Namen wie Sassicaia, Tignanello, Palmer und Margaux tummeln sich da neben der österreichischen Weinbauernelite. **Aus der Karte:** Weinbergschnecken in Knoblauch-Kräuter-Butter mit hausgemachtem Paprikabrot; Überbackene Red Snapper-Filets auf Pastinakenpüree, Veltlinerschaum und Babykarotten; Kalbsrückenrose mit Brennnesselgnocchi auf Morchelsauce und glaciertem Gemüse.

Echo der Citythai

Passauer Platz 2, 1010 Wien, Tel.: 01/533 89 84
Küchenzeiten: Mo.–Fr. 11.30–15, 17–23.30, Sa. 18–23.30.
„Das Wiener Thai-Lokal mit den wahrscheinlich authentischsten Thai-Speisen. Dazu feine österreichische Weine und ein angenehmes Ambiente ohne Asia-Schnickschnack."

Empfohlen von Ossi Schellmann, „summer stage"-Initiator

Eckel

Sieveringer Straße 46, 1190 Wien, Tel.: 01/320 32 18, Fax: 320 66 60,
restaurant.eckel@aon.at, restauranteckel.at
Küchenzeiten: Di.–Sa. 11.30–14.30, 18–22.30. **Betriebsferien:** ab 24. 12. 2004 drei Wochen; zweite und dritte Woche im August 2005. **Inhaberin/Küchenchefin:** Maria Zarl-Eckel. **Sommelier:** Markus Föderler. **CC:** Amex, Diners, MC/EC, Visa. **Sitzplätze:** 100. **Garten:** 120. **Durchschnittspreis bei 3 Gängen:** € 34,–.

Das alte Schlachtschiff der Döblinger Feinschmeckergilde hat nichts von seiner Anziehungskraft verloren. In der Küche ist dank Maria Zarl-Eckel alles beim

Alten. Nach wie vor werden bekannte und beliebte Klassiker der Wiener Küche mit viel Geschick und Können auf einem sehr ansprechenden Niveau zubereitet. Ein paar internationale und zeitgeistige Zitate fehlen auch nicht und so steht dem Genuss an dieser Traditionsadresse nichts im Wege. Am wenigsten natürlich der toll gefüllte Weinkeller, in dem auch bemerkenswert viele ältere (und sehr attraktive) Jahrgänge auf Connaisseure warten. Sehr ansprechend ist auch das glasweise Angebot und der äußerst aufmerksame Service der durchgehend männlichen Servicetruppe. **Aus der Karte:** Gebeizter Lachs mit Dillrahm; Hummermedaillons auf Blattspinat gratiniert; Beefsteak mit Kräuterbutter; Mousse au chocolat.

El Fontroussi

Reisnerstraße 39, 1030 Wien, Tel.: 01/712 54 30
Küchenzeiten: Mo.–Fr. 11.30–14.30, 18–23, Sa., Fei. 18–23.
Liebevoll renoviertes Beisl mit schöner alter Schank und spannender belgisch-französischer Küche.

Empfohlen von Wini Brugger, Indochine 21 & Yohm-Cuisinier

Engländer

Postgasse 2, 1010 Wien, Tel.: 01/966 86 65, Fax: 966 86 97,
cafe-englaender@chello.at, www.cafe-englaender.com
Küchenzeiten: Mo.–Sa. 8–23.30, So., Fei. 10–23.30. **Inhaber:** E. W. Jelinek KEG.
Küchenchefs: Siegfried Rasper, Robert Kudin. **CC:** MC/EC, Visa.
Sitzplätze: 100. **Garten:** 50. **Durchschnittspreis bei 3 Gängen:** € 25,–.
Ein „Engländer" mit einer bewegten Geschichte: Vor einem Jahrzehnt aus dem altehrwürdigen „Café Windhaag" entstanden, schnell zum Liebling der Szene aufgestiegen, danach in Vergessenheit geraten und vor wenigen Jahren frisch aufgeputzt zu einem zweiten, glückhaften Versuch angetreten: erfolgreich nicht zuletzt dank der unzweifelhaften Kochtalente von Sigi Rasper und Robert Kudin, die eine intelligent verfeinerte Wirtshauskost zelebrieren. Auch die hauptsächlich österreichische Weinauswahl macht Freude. **Aus der Karte:** Tafelspitzsülzchen mit roter Zwiebel, Balsamico und Kürbiskernöl; Gebratener Zander auf mediterranem Gemüse mit knusprigen Erdäpfeln; Brüstchen vom Freilandhendl mit Prosciutto auf Basilikum-Tagliatelle; Flaumige Powidltascherln mit Zwetschkenröster.

Enrico Panigl

Josefstädter Straße 91, 1080 Wien, Tel.: 01/406 52 18
Küchenzeiten: 19–24.
„Klassisches Szenewirtshaus mit mediterranem Einschlag. Besonders fein der Tisch in der Küche und die gut sortierte Weinkarte mit moderaten Preisen."

Empfohlen von Ossi Schellmann, „summer stage"-Initiator

Wien

fabios

Tuchlauben 6, 1010 Wien, Tel.: 01/532 22 22, Fax: 532 22 25,
eat@fabios.at, www.fabios.at
Küchenzeiten: Mo.–Sa. 12–14.30, 18–23.30. **Inhaber:** Fabio Giacobello. **Küchenchef:**
Christoph Brunnhuber. **Sommelier:** Michael Kahovec. **CC:** Amex, Diners,
MC/EC, Visa. **Sitzplätze:** 110. **Durchschnittspreis**
bei 3 Gängen: € 44,–.

Beinah ehrfurchtgebietendes Design, wunderbar anzusehen, modern und fast
schon zeitlos, edel und elegant, bis ins letzte Detail durchdacht – ein Lokal wie
aus dem Bilderbuch. Dazu kommen ein perfekter Service und sachkundige Beratung, all das schafft eine einzigartige Atmosphäre. Die an sich schon anregende
Speisenkarte wird durch „Nur heute"-Empfehlungen endgültig zur köstlichen
Qual. Die Küchenlinie ist notabene mediterran, von einigen Klassikern abgesehen wird eine sehr moderne, kreative, inspirierte und spannende Küche geboten.
Die Rohstoffe sind allesamt von erlesenster Qualität und Frische, die Zubereitung
erhält die Eigengeschmäcker, kombiniert diese mit zarten Aromen. Das alles ist
stimmig, nicht zu viel und nicht zu wenig, nur manchmal wirken einige Speisen
zu pompös gestylt. Christoph Brunnhubers Küche ist die vielleicht Beste im
mediterranen Fach in diesem Land. In der Regel dominiert aber der vom Patron
verordnete optische Minimalismus. Dessen unermüdlichen Einsatz (Arbeitsmotto: „Zufriedenheit ist der Feind des Guten und macht dazu auch noch Speck
an den Hüften.") hat man dieses urbane Gourmetwunder zu verdanken. Die
Weinkarte listet tolle Flaschen aus Italien, Frankreich und Österreich. Restaurantchef Michael Kahovec und sein Team helfen gerne, um für jeden Geschmack und
jede Brieftasche etwas zu finden. An Digestifs mangelt es nicht, in der angeschlossenen Bar kann man den Abend stilvoll ausklingen lassen. **Aus der Karte:**
Gegrilltes Schwertfischsteak auf Zitronenpolenta und sizilianischer Tapenade;
Rehfilet, in Rosmarin gebraten, auf cremigem Karfiolpüree mit Pilzen; Sauermilcheis mit Espuma von marinierten Erdbeeren.

Fadinger

Wipplingerstraße 29, 1010 Wien, Tel.: 01/533 43 41, Fax: 532 44 51, www.fadinger.at
Küchenzeiten: Mo.–Fr. 11.30–15, 17.30–22. **Inhaber:** Josef Fadinger. **Küchenchefs:**
Josef Fadinger, Stefan Hartl. **Sommelier:** Wolfgang Prack.
CC: Amex, Visa. **Sitzplätze:** 60. **Garten:** 15.
Das von außen unauffällige Restaurant zeigt innen umso mehr Stil und Eleganz.
Seien es jetzt gemütliche Stüberln oder der prachtvolle überdachte Innenhof – entspannter Genuss ist in jedem Fall garantiert. Für den kulinarischen Part ist der Chef
verantwortlich und der beweist seine außergewöhnliche Begabung, kreative
Küche harmonisch in ein gutbürgerliches Kulinarium zu integrieren. Egal, ob beim
einfachen Lunch oder beim aufwändigen Degustationsmenü – perfektes Hand-

Ich empfehle Ihnen unseren hausgemachten Sepiacapuccino…

…und ich empfehle Ihnen unsere maßgeschneiderten Finanzprodukte.

GESCHMÄCKER SIND VERSCHIEDEN. Wie die Bedürfnisse jedes einzelnen Kunden Genau aus diesem Grund stellen unsere Kundenbetreuer mit Ihnen gemeinsam ein Finanz Menü zusammen, das exakt Ihrem Geschmack und Ihren Erwartungen entspricht.

werk, erstklassige Rohstoffe und Wohlgeschmack sind obligatorisch. In erster Linie werden österreichische Rezepturen der modernen Art umgesetzt – durch die Bank eine runde Sache. Weinmäßig hält man sich an Österreich und bietet neben absoluten Spitzenweinen auch interessante Preis-Leistungs-Tipps. Weine aus Frankreich, Italien, Spanien und der Neuen Welt werden ebenfalls angeboten. **Aus der Karte:** Seewolf in der Salzkruste mit cremigem Blattspinat und heurigen Kartoffeln; Schweinsmedaillons mit Granakruste und Spargeltascherln in Rahmsauce.

Fino

Tuchlauben 7, 1010 Wien, Tel.: 01/535 28 88, Fax: 533 38 22
Küchenzeiten: Mo.–Sa. 12–23.
Gediegene Weinbar mit einer wirklich tollen Palette österreichischer und zum Teil auch internationaler Weine, wobei rund 50 davon auch glasweise ausgeschenkt werden. Küchenchef Jochen Bramreiter hat eine perfekt mit dem Weinangebot korrespondierende Küchenlinie entwickelt. Zeitgemäß, zeitgeistig und durchaus gekonnt entstehen da spannende Kreationen wie etwa der marinierte Butterfisch mit Litschi-Chili-Salat oder die gebratene Goldforelle mit Erdäpfelgulasch. Auch das zweite „Fino" in der Kirchengasse 21 (Tel.: 01/526 38 99) ist einen Besuch wert.

Francesco

Grinzinger Straße 50, 1190 Wien, Tel.: 01/368 23 11, Fax: Dw. 4
Küchenzeiten: 11–23.30.
„Die beste Pizza in Wien, tolle Pasta, sehr gute Fische. Gute freundliche Bedienung, schöner Gastgarten im Sommer. Sonntag offen!"
Empfohlen von Karl Fürnkranz jun., Modehaus-Boss

Frank's

Laurenzerberg 2, 1010 Wien, Tel.: 01/533 78 05, Fax: Dw. 13
Küchenzeiten: Mo.–Mi. 11.30–24, Do.–Fr. 11.30–1, Sa. 17–1, So. 17–24.
Lust auf etwas anderes? Sliced Pizza, hausgemachte Pasta, saftige Steaks, frische Salate und eine Vielzahl typischer amerikanischer Häppchen trösten über die für manche vielleicht ein wenig laute Musik und das mäßig gemütliche Ambiente hinweg. Feine Weine und gepflegtes Bier.

Fromme Helene

Josefstädter Straße 15, 1080 Wien, Tel.: 01/406 91 44, Fax: Dw. 16
Küchenzeiten: 11.30–23.30.
Künstlertreff mit österreichischer Küche, schönem Innenhof und gemütlichen Galerieräumen. Das freut auch das Staatsoberhaupt. Das präsidiale Fazit: „Freundlich, gute Küche, gute Lage (vis-à-vis Theater in der Josefstadt)."
Empfohlen von Bundespräsident Heinz Fischer

Wien

Gaumenspiel

*Zieglergasse 54, 1070 Wien, Tel.: 01/526 11 08, Fax: Dw. 30,
essen@gaumenspiel.at, www.gaumenspiel.at*
Küchenzeiten: Mo.–Fr. 11.30–14.30, 18–22.30, Sa. 18–22.30. **Inhaber/in:** Martina Kraler, Rodschel Rachnaev. **Küchenchef:** Oliver Hoffinger. **Sommelière:** Martina Kraler. **CC:** MC/EC, Visa. **Sitzplätze:** 38. **Garten:** 22.
Mit Oliver Hoffinger hat das „Gaumenspiel" spürbar an kulinarischem Format gewonnen. Das Ambiente ist modern gestylt und gleichermaßen schlicht und schick. Hauptklientel ist wohl ein jüngeres Publikum, das die angenehm lockere Atmosphäre schätzt. Der Service lässt sich davon leider manchmal anstecken und wähnt sich scheint's in einem Studentenbeisl. Ganz anders der Küchenchef, der konzentriert, unkonventionell und rundum in Bestform agiert. Ungewöhnliche, aber stets herzerwärmend harmonische und originelle Kompositionen stehen auf der Tagesordnung. Kreativität im Dienste des Geschmacks, Selbstgefälligkeiten sind tabu. Berührungsängste detto. Die sehr ordentliche Palette an Flaschenweinen mit Österreichschwerpunkt wird von glasweisen Angebot sogar noch übertroffen. **Aus der Karte:** Tomatenmousse mit Büffelmozzarella und Basilikumsorbet; Octopuscarpaccio mit Limetten-Oliven-Marinade; Zweierlei Lamm mit Gemüse-Couscous; Panna cotta mit Erdbeeren.

Gelbmann's Gaststube

Wilhelminenstraße 62, 1160 Wien, Tel.: 01/486 15 99, Fax: 486 15 98
Küchenzeiten: Di.–Sa. 11–22.
„Wiener Wirtshaus-Kultur auf hohem Niveau."
Empfohlen von Rudolf Buchbinder, Klaviervirtuose

Giersterbräu

Gierstergasse 10, 1120 Wien, Tel.: 01/813 14 71, Fax: 813 70 05
Küchenzeiten: Mo.–Sa. 11–23, Juli, August Mo.–Fr. 11–23.
Von außen scheint man ein normales Vorstadtbeisl vor sich zu haben, hat man die gute Stube aber einmal betreten, weiß man, dass hier ein anderer, feiner Wind weht, für den die Wirtin Hedwig Schober verantwortlich zeichnet. Freundlich und kompetent umsorgt sie die Gäste, die mittags mit einer eher einfacheren Speisenauswahl vorlieb nehmen müssen, dafür abends wunderbar zelebrierte Klassiker der österreichischen Küche serviert bekommen. Alois Schober kocht ambitioniert und lässt sich auch die eine oder andere kulinarische Reise in fernere Küchen nicht nehmen. Nach dem Motto „Alles selbst gemacht" entsteht eine ehrliche, gut gemachte und schmackhafte Gerichtepalette der sympathischen Art. Das Bierbeisl verfügt natürlich über eine reichhaltige Palette an gepflegten Fassbieren, aber auch der Wein kommt durchaus bemerkenswert zu seinem Recht.

Goldene Zeiten

 69

Prager Straße 39, 1210 Wien, Tel.: 01/270 05 48
Küchenzeiten: 11.30–15, 17.30–23. **Inhaber:** Fang & Zhao Ges.m.b.H. **Küchenchef:** Jian Zhao. **Sommelière:** Mingming Fang. **Sitzplätze:** 60. **Garten:** 40.
Chinarestaurant der ungewöhnlichen Art mit nicht gerade schmuckem Ambiente. Doch hier kommt man ohnehin nur wegen der Küche her. Folgt man den Empfehlungen der Patronin, so wird man mit sensationellen Kreationen belohnt, kleine harmonische Gesamtkunstwerke, allerfeinst, sowohl in der Abstimmung als auch in der Garung. Nicht so empfehlenswert ist die Wahl von der Standardkarte, von der man sich, aus welchen Gründen auch immer, auch nach einem Jahrzehnt großer Asia-Küche nicht trennen kann. Das Weinangebot ist beachtlich, auch das Preis-Leistungs-Verhältnis ist sehr ansprechend. **Aus der Karte:** Knusprige Rolle gefüllt mit Spargel und Schmelzkäse; Scharfe Bärlauch-Wan Tan-Suppe; Im Wok gebratenes Straußensteak mit Ingwer und Jungzwiebeln.

Green Cottage

 **76**

Kettenbrückengasse 3, 1050 Wien, Tel./Fax: 01/586 65 81, green_cottage@hotmail.com
Küchenzeiten: Mo.–Sa. 18–23.30. **Inhaberin/Küchenchefin:** Nan Hua Zhang.
Sommelier: Yiwei Zhang. **CC:** Diners, Visa. **Sitzplätze:** 40. **Garten:** 22.
Haftete dem „Green Cottage" unter den früheren Besitzern eine gewisse Sprödheit an, ist davon höchstens innenarchitektonisch noch etwas verblieben. Dagegen wird dem Gast jetzt ausgesprochen warmherzig begegnet, gleichzeitig aber auch mit Kompetenz. Dieser Umstand macht die Küche im „Green Cottage" noch attraktiver als sie ohnehin immer war und jetzt noch viel mehr ist. Die stets gepflogene Anlehnung chinesischer Wurzeln an europäische Vorlieben scheint noch konsequenter zu gelingen. Die Speisen wirken stimmiger und besser in sich geschlossen. Ebenfalls stets auf hohem Niveau: die Weinkarte. Fazit: der nach wie vor hochkarätigste Asia-Geheimtipp der Stadt. **Aus der Karte:** Riesengarnelen in der Hummerteigkruste; Gewürfeltes Lammfilet Han mit Porree, pikant und zart gebraten.

Wien

Grotta Azzurra

✱ 62 🍷

Babenbergerstraße 5, 1010 Wien, Tel.: 01/586 10 44, Fax: Dw. 15, office@grotta-azzurra.at, www.grotta-azzurra.at
Küchenzeiten: 12–14.30, 18.30–23. **Inhaber:** Uwe V. Kohl. **Küchenchef:** Walter Hotwagner. **Sommelier:** Heinz Beck. **CC:** Amex, Diners, MC/EC, Visa. **Sitzplätze:** 80. **Durchschnittspreis bei 3 Gängen:** € 34,–.

Nobler Italiener, der ein bisschen den Anschluss an die neue Zeit verschlafen hat, was aber vielleicht gerade den Reiz dieses Traditionshauses ausmacht. So exklusiv wie die Klientel ist auch das Speiseangebot, das in letzter Zeit auch vermehrt durch saisonale Beigaben à la Asparagi aufgefrischt wird. Zuverlässig und routiniert entsteht so eine Palette an durch die Bank authentisch italienischen Gerichten, die im Großen und Ganzen durch ein harmonisches Zusammenspiel der Aromen und Geschmäcker überzeugen. Mit einer hübschen Grafik wird der Gast darauf hingewiesen, welche Gerichte mit der Philosophie von „John Harris Fitness" im Einklang stehen. Ansprechende Palette italienischer Weine, die einem auch vorbildlich nahe gebracht werden. **Aus der Karte:** Insalata di gamberi di fiume e asparagi (Vogerlsalat mit Flusskrebsen und frischem Spargel); Sogliola alla griglia o pinoli (Seezunge gegrillt oder mit Pinienkernen); Costoline d'agnello ripiene (Gebackene Lammkoteletts gefüllt mit Käse, Salbei und Prosciutto); Panna cotta auf Beerenspiegel.

Grünauer

✱✱ 72 🍷 🥂 ☺

Hermanngasse 32, 1070 Wien, Tel.: 01/526 40 80, Fax: 526 14 19
Küchenzeiten: Mo.–Fr. 18–22.30. **Betriebsferien:** letzte Woche im Juli, August 2005. **Inhaberin:** Brigitta Grünauer. **Küchenchefin:** Martha Grünauer. **Sommelier:** Martin Grünauer. **Sitzplätze:** 50. **Durchschnittspreis bei 3 Gängen:** € 25,–.

Nichts Neues in der Hermanngasse. Nach wie vor befindet sich hier das liebste Wiener Wirtshaus der „A la Carte"-Redaktion. Und nach wie vor heißt es, sich rechtzeitig um die heiß begehrten Sitzplätze zu kümmern und rechtzeitig zu reservieren. Oder man versucht ab etwa 22 Uhr sein Glück. Wer es nicht weiß: Hier gibt es allerbeste österreichische Küche ohne Zierpetersilie und sinnlosen Verfeinerungen. Und es ist schon ein kleines Wunder, wie Brigitta und Martha Grünauer diesem eigentlich begrenzten Rezeptkatalog immer neue köstliche Seiten abgewinnen. Egal ob gebacken, geschmort oder gebraten, eingekocht wird man hier immer ganz vortrefflich. Nicht weniger anregend ist das Getränkeangebot, das von gepflegt gezapften Bieren über edle Destillate bis zu einem wohl gefüllten Weinkeller reicht. Martin Grünauer weiß, was gut ist und berät entsprechend. **Aus der Karte:** Spanferkelsulz mit Linsenvinaigrette; Kalbsleberknödelsuppe; Geschnetzeltes Hühnerfilet in Schilchersauce mit Bärlauchnudeln; Schokoladenparfait mit Zwergorangen.

Reininghaus

JAHRGANGS
PILS

EINMALIG WIE SEIN JAHRGANG.

Alles, was Gourmets brauchen.
Der Reininghaus Jahrgang 2004.

er ein echter Gourmet ist, weiß um die exklusiven Jahrgangsqualitäten des Leutschacher Hopfens
d die einzigartigen Ausprägungen des Jahrgangs 2004. Wer ein echter Gourmet ist, findet dieses
sondere Pils als Begleiter höchster Kulinarik einfach einmalig. Einmalig wie sein Jahrgang.

AU UNION ÖSTERREICH AG • A-8055 GRAZ • WWW.JAHRGANGSPILS.AT

Wien

Grünspan

Ottakringer Straße 266, 1160 Wien, Tel.: 01/480 57 30, Fax: Dw. 20
Küchenzeiten: 11–23.
Wie es sich für ein gestandenes Bierlokal gehört, gibt's auch beim „Grünspan" ein süffiges Hausbier. Der Quasinachbar Ottakringer ist nicht nur dafür verantwortlich, sondern auch für das gut gezapfte Zwickl und Pils. Dazu munden Wiener Traditionsgerichte, die von kalt bis warm in einer breiten Palette und unterschiedlicher Qualität serviert werden. Besonders attraktiv ist natürlich der Gastgarten mit hohen Kastanien. Am besten telefonisch reservieren.

Haas Beisl

Margaretenstraße 74, 1050 Wien, Tel.: 01/586 25 52, Fax: Dw. 4
Küchenzeiten: Mo.–Fr. 11–14, 17–22.30 (an Fei. geschlossen).
Das Margaretner Bilderbuchbeisl zelebriert kulinarisch „Ganz Wien": Von der Milzschnittensuppe über saure Wurst, Letschoschnitzel und gebackene Kalbsfüße wird einer Küche gefrönt, die andernorts längst von Carpaccio und Co. verdrängt worden ist. Ganz toll sortiert ist das Wein- und Destillatprogramm.

Haas & Haas NEU

Stephansplatz 4, 1010 Wien, Tel.: 01/512 26 66
Küchenzeiten: Mo.–Fr. 8–20, Sa. 8–18.30.
Für viele Insider, wie auch für unseren Tippgeber, handelt es sich hier um die beste Frühstückslocation der Stadt. „Man bekommt aber auch kleine Mittagsimbisse und vor allem auch Essen zu einer Zeit, da viele Restaurants zu haben, nämlich am Nachmittag."

Empfohlen von Ralf Bernhart, Head

Hansen

im Börsegebäude, Wipplingerstraße 34, 1010 Wien, Tel.: 01/532 05 42, Fax: Dw. 10, restaurant@hansen.co.at, www.hansen.co.at
Küchenzeiten: Mo.–Fr. 9–20, Sa. 9–15.30 (an Fei. geschlossen). **Inhaber:** Leopold Doppler. **Küchenchef:** Christian Voithofer. **Sommelier:** Gerhard Kaltenbacher. **CC:** Amex, Diners, MC/EC, Visa. **Sitzplätze:** 70. **Terrasse:** 40.
Durchschnittspreis bei 3 Gängen: € 29,–.
Schöner können Rahmenbedingungen ja kaum ausfallen: Zum einen das wundervolle Ambiente der Wiener Börse und zum anderen das stilvolle Arrangement von allerlei Blumen und Accessoires des Gartenbaubetriebs Lederleitner schaffen ein lustvolles exotisch-grünes Flair. Christian Voithofer ist nach seinem Ausflug in die Selbstständigkeit wieder an den Ort seiner größten Erfolge zurückgekehrt und serviert eine spannende Fusionsküche, die besonders dem Mittelmeerraum und dem Fernen Osten verbunden ist. Alles

schmeckt ausnehmend fein, und wer will, kann hier bis 11.30 Uhr auch ein Frühstück der Sonderklasse einnehmen. Die Weinauswahl ist vielfältig und gut, auch das Bier wird gediegen gezapft. **Aus der Karte:** Oliven-Grapefruit-Salat mit Sushi-Thunfisch und Koriander-Sesam-Pesto; Das Beste vom schottischen Aberdeenlamm mit Selleriecreme.

Hebenstreit

Rockhgasse 1, 1010 Wien, Tel./Fax: 01/533 76 87
Küchenzeiten: Mo.–Fr. 11.30–23.30, Sa. 18–24.
„Sehr gute Küche, phantastische Torten. Tolles Ambiente, in dem man sich inmitten von Wiens Universitätsinstituten wohl fühlt."
Empfohlen von Alexander van der Bellen, „Die Grünen"-Chef

Herzog's Wirtshaus

Sechshauser Straße 120, 1150 Wien, Tel./Fax: 01/893 69 29
Küchenzeiten: Mo.–Fr. 11.30–14, 18–22. **Betriebsferien:** 23. 12. 2004–10. 1. 2005, 23.–29. 5., 1.–21. 8. 2005. **Inhaber/Küchenchef/Sommelier:** Johann Herzog. **Sitzplätze:** 40. **Durchschnittspreis bei 3 Gängen:** € 23,–.
Ein von außen unscheinbares Ecklokal am Ende der Sechshauser Straße, das sich im Inneren als gastronomisches Kleinod entpuppt. Die Lokaleinrichtung ist noch ganz in traditionellem Stil erhalten, eine dominante Schank, dunkler Boden, alte Täfelung an den Wänden, liebevoll instandgehalten. Die Küche bietet vor allem heimische Klassiker. Ideenreichtum blitzt vor allem bei den Beilagen auf, da gibt es sehr erfreuliche und wohlschmeckende Kombinationen. Die Rohstoffe sind von tadelloser Qualität und werden auf adäquate Art und Weise verarbeitet. Die liebevolle Dekoration macht die Gerichte auch optisch sehr ansprechend. Eine rundum auf konstant gehobenem Niveau arbeitende Küche. Die kleine Weinkarte überrascht positiv, auch das glasweise Angebot und die Beratung ist gut. **Aus der Karte:** Mousse von der geräucherten Lachsforelle auf mariniertem grünen Spargel; Hirschkalbskoteletts natur mit grünem Spargel und Schwammerltascherln.

Wien

Hietzinger Bräu

Auhofstraße 1, 1130 Wien, Tel.: 01/877 70 87, Fax: Dw. 22, www.plachutta.at
Küchenzeiten: 11.30–14.30, 18–22.30 (Sa., So., Fei. durchgehend geöffnet). **Betriebsferien:** Mitte Juli bis Mitte August 2005. **Inhaber/in:** Eva und Ewald Plachutta Ges.m.b.H. **Küchenchef:** Andreas Schöner. **Sommelier:** Ernst Feichtinger. **CC:** Amex, Diners, MC/EC, Visa. **Sitzplätze:** 140. **Garten:** 60.
Durchschnittspreis bei 3 Gängen: € 36,–.

Das „Hietzinger Bräu" ist seit Jahren quasi der Rindfleischtempel des Landes. Das Lokal ist recht luftig, sehr hell, gutbürgerlich im besten Sinn des Wortes. Eine Vielzahl von sehr jungen Kellnern wuselt herum, der Oberkellner hingegen schreitet sehr distinguiert durch das Haus. In der Küche huldigt man dem Rindfleisch, ob als Suppe, gesotten, gebraten, gebacken, alle nur erdenklichen Zubereitungen der klassischen Wiener, aber auch der modernen Küche werden angeboten. Und dies auf nahezu perfekte Art. Das Fleisch ist genau so, wie man es sich vorstellt, butterweich, voller Aromen und Geschmack, perfekt gegart, einfach wunderbar. Abseits vom Rindfleisch wird noch eine kleine Auswahl an Standardgerichten serviert, die durchaus gut zubereitet werden. Die Weinauswahl ist sehr gut auf die Küchenlinie abgestimmt. Die Weinberatung durch den Oberkellner erfolgt kenntnisreich. **Aus der Karte:** Medaillons von der Kalbsnuss mit Mozzarella überbacken, dazu Tomaten-Pinien-Reis; Warme Topfenpastete auf Vanille-Fruchtmarkspiegel.

Hightea *Tipp*

Paniglgasse 17, 1040 Wien, Tel.: 01/504 15 08, Fax: 504 15 09
Küchenzeiten: Mo.–Fr. 9–21.30, Sa. 9–18.

Im T-Outlet kann man aus mehr als 200 Teesorten des Demmer-Repertoires wählen, während man in der T-Bar seinen Afternoon-Tea genießen oder auch lunchen kann. Der neue Küchenchef mit „Hansen"- und „Ambassador"-Erfahrung serviert neben den legendären Bagels und Toasties leichte, zeitgemäße Kreationen mit saisonalem Bezug. Für schnelle Mittagesser werden T-Lite oder „Hightea"-Special serviert. Für besondere Tee-Freaks entsteht im Kellergeschoß auch ein T-Museum, in dem die Demmer-Privatsammlung ihren großen Auftritt haben wird.

Himmelsstube

im Hotel am Parkring, Parkring 12, 1010 Wien, Tel.: 01/514 80-417, Fax: Dw. 40, parkring@schick-hotels.com, www.schick-hotels.com
Küchenzeiten: 12–14.30, 18–22. **Inhaber:** Martin Schick. **Küchenchef:** Johannes Reiser. **CC:** Amex, Diners, MC/EC, Visa. **Sitzplätze:** 50. **Durchschnittspreis bei 3 Gängen:** € 35,–. **Übernachtungsmöglichkeit.**

Der Zugang zur „Himmelsstube" führt durch das Fegefeuer. Die Hotellobby mit wenig Charme, enge Gänge, kein Flair und der enge Expressaufzug erzeugen

Wien

nicht gerade eine genussvolle Atmosphäre. Aber der Ausblick! Der Ausblick entschädigt für vieles. Wobei auch die Küche dieses Jahr durchaus punkten kann: Die gelungene und mit Fingerspitzengefühl gekochte Mischung aus heimischen Dauerbrennern und internationalen, kreativen Gerichten bietet für jeden Gaumen das passende Gericht. Nicht ganz so stimmig hingegen das Getränkeangebot und der Service. **Aus der Karte:** Schaumsuppe vom Ingwer mit Kerbel-Butter-Nockerln; Rosa gebratene Lammrückenkrone auf Pignolienspinat mit Currypolenta.

Hofstöckl

Schloßgasse 21, 1050 Wien, Tel.: 01/544 07 67, Fax: 548 84 66, info@schlossquadr.at, schlossquadr.at   B☺G

Küchenzeiten: Mo.–Fr. 18–23.30. **Inhaber:** Stefan M. Gergely. **Küchenchef:** Rudolf Kirschenhofer. **Sommelier:** Jürgen Geyer. **CC:** Visa. **Sitzplätze:** 30.
Garten: 35. **Durchschnittspreis bei 3 Gängen:** € 28,–.

VISA

Kulinarisches Flaggschiff des Schlossquadratkomplexes von Stefan M. Gergely. Angus-Steaks, Sate-Spezialitäten, Beisl-Klassiker, mediterrane Speisen und auch Gesundes werden da in bester Zubereitung geboten. Besonders interessant sind auch die „Today's Specials", die sich nicht selten noch kosmopolitischer präsentieren als die Standardkarte. Das Herzstück des „Hofstöckl", das seit Herbst 2004 als Nichtraucherlokal geführt wird, ist aber die phänomenal tolle Wein- und Digestifauswahl, die reihenweise Bestes und Entdeckenswertes zu Bestpreisen bietet. Zu Recht legendär. Legendär ist aber auch der wunderschöne Innenhof des Schlossquadrats, in dem der Sommer in der Stadt richtig nett wird. **Aus der Karte:** Spinatsalat mit marinierten Black-Tiger-Shrimps, roten Linsen und Radieschenstreifen in Honig-Dijon Senf-Dressing; Rosa gebratene Wildentenbrust auf Spargel-Kirschtomaten-Ragout und Kräuterschupfnudeln.

Huth

Schellinggasse 5, 1010 Wien, Tel./Fax: 01/513 56 44
Küchenzeiten: 11–23.
Moderne Mischung aus Beisl und Wirtshaus mit ebensolcher Küche und gutem Weinprogramm. Fazit unseres Tippgebers: „Top-österreichische Küche."
Empfohlen von Stephan Mikinovic, AMA-Boss

Il Bio

Auhofstraße 150, 1130 Wien, Tel./Fax: 01/876 87 72
Küchenzeiten: Mo., Mi.–Fr. 8–19, Di., Sa. 8–13.
So klein das „Il Bio" ist, so groß sind die Ambitionen, die von Eventcooking über Gastauftritte italienischer Köche bis zu Lesungen und Weinverkostungen reichen. Darüber hinaus ist das „Il Bio" in erster Linie ein friulanischer Feinkostladen, in dem auch respektabel gekocht wird.

Wien

Il Carpaccio

Paniglgasse 22, 1040 Wien, Tel./Fax: 01/505 99 88
Küchenzeiten: Mo.–Sa. 12–14.30, 18.30–23 (Juni bis Mitte September Sa. geschlossen). **Betriebsferien:** August 2005. **Inhaber:** Johann Mazzucato. **Küchenchef:** Giovanni de Carlo. **CC:** Diners. **Sitzplätze:** 36. **Durchschnittspreis bei 3 Gängen:** € 33,–.
Nach Aldo Ballerini hat Johann Mazzucato das „Carpaccio" übernommen, was aber zu keinen Änderungen der Lokallinie geführt hat. Nicht zuletzt auch deswegen, weil mit Giovanni de Carlo der alte Küchenchef am Werken ist. Geboten wird italienische Küche in Bestform: ursprünglich und sehr authentisch, klassisch ohne zeitgeistige Schnörkel. Antipasti, hausgemachte Pasta, Fisch in sehr gutem Zustand, ein wenig Fleisch und ein relativ bescheidenes Dessertangebot. Die Rohstoffe sind von bester Qualität und werden sehr sorgsam und auch behutsam verarbeitet. Das Weinangebot stammt notabene aus Italien, neben zahlreichen großen Namen gibt es auch einige Neuheiten zu entdecken. Die Beratung ist sehr hilfreich und treffsicher. **Aus der Karte:** Branzino o orata al cartoccio (In der Folie, mit Tomaten und Krustentiere); Agnello al barolo (Lamm in Rotweinsauce).

Il Sestante

Piaristengasse 50, 1080 Wien, Tel./Fax: 01/402 98 94
Küchenzeiten: Oktober bis März Mo.–Fr. 11.30–14.30, 17.30–23.30, Sa., So. 11.30–23; April bis September 11.30–23.30.
„Wirklich hervorragende Pizze mit echter Mozzarella di buffalo und Salami aus Neapel. Pastagerichte sind ebenfalls empfehlenswert. Einziger Italiener Wiens ohne Bilder, Fotos oder Plakate als Dekoration. Stimmiges Ambiente. Aprikotfarbene Wände mit dunkler Holzverkleidung. Gartenbetrieb am Platz vor der renovierten Piaristenkirche."

Empfohlen von Robert La Roche, Designer

Ilija

Piaristengasse 36, 1080 Wien, Tel.: 01/408 54 31, Fax: Dw. 4
Küchenzeiten: 11.30–14.30, 18–24.
Alteingesessenes kroatisches Fischrestaurant. Am besten schmecken die im Ganzen gebratenen Fische mit traditionellen Beilagen. Interessante Weinkarte mit wirklich guten Weinen aus Kroatien, natürlich aber auch aus Österreich.

Immervoll

Weihburggasse 17, 1010 Wien, Tel./Fax: 01/513 52 88
Küchenzeiten: 12–23.
Das neuzeitliche Beisl-Original von Sigi Immervoll und Hanno Pöschl: „Typische Wiener Küche, gutes Preis-Leistungs-Verhältnis."

Empfohlen von Stephan Mikinovic, AMA-Boss

Wien

Imperial

 80

Kärntner Ring 16, 1015 Wien, Tel.: 01/501 10-356, Fax: Dw. 410,
restaurant.imperial@luxurycollection.com, www.luxurycollection.com/imperial
Küchenzeiten: 18–23. **Betriebsferien:** drei bis vier Wochen im Juli, August 2005.
Inhaber: Imperial Hotels Austria AG/Starwood Hotels & Resorts. **Küchenchef:**
Siegfried Kröpfl. **Sommelier:** Manfred Legl. **CC:** Amex, Diners, MC/EC, Visa.
Sitzplätze: 70. **Durchschnittspreis bei 3 Gängen:** € 67,–.
Übernachtungsmöglichkeit.

Im Jahre 1873 verwandelte sich die Privatresidenz des Fürsten von Württemberg anlässlich der Weltausstellung ins Hotel Imperial. Seither wohnten zahlreiche Adelige, Staatsoberhäupter und Popstars in diesem eindrucksvollen Gebäude. Und auch Feinschmecker des neuen Millenniums erfahren umgeben von edlem Holz, glänzendem Kristall und Tafelsilber in schummriger Atmosphäre ein imperiales Wohlgefühl, zu dem der dezente Service bestens beiträgt. In der Küche setzt Siegfried Kröpfl internationalen Gerichten das eine oder andere Glanzlicht auf. Heimisches Rind wird ebenso verarbeitet wie Thaispargel. Unterm Strich ein recht gelungener Spagat zwischen nationaler und internationaler Kochstilistik. Bei der Suche nach dem passenden Wein steht der kundige Sommelier hilfreich zur Seite. Das reiche Angebot an heimischen und internationalen Weinen bietet interessante Flaschen aus Österreich, Italien, Frankreich und Übersee. Gut gezapftes Gösser und feine Destillate runden das Getränkeangebot ab. **Aus der Karte:** Thaispargel-Hummer-Törtchen mit weißem Spargelespuma; Kalbsrückensteak auf Schwammerlgröstl und gebackenen Spargelspitzen.

Indochine 21

 73

Stubenring 18, 1010 Wien, Tel.: 01/513 76 60, Fax: Dw. 16, www.indochine.at
Küchenzeiten: 12–15, 18–24. **Inhaber:** Klaus Piber, Wini Brugger. **Küchenchef:** Wini
Brugger. **Sommelière:** Sabine Hinteregger. **CC:** Amex, Diners, MC/EC, Visa.
Sitzplätze: 80. **Garten:** 80. **Durchschnittspreis**
bei 3 Gängen: € 44,–.

„Le Goût de Saigon" ist längst am Gaumen der Wiener Feinschmecker heimisch, kein Wunder, hat das indochinesische Aromenuniversum von Wini Brugger doch einen hohen Grad an Perfektion erreicht. Die Vielfalt an Geschmacksnuancen und die spannenden Kombinationen überraschen immer wieder. Dank der in der Speisenkarte integrierten Gewürzfibel erfährt man auch so manches über die verwendeten, exotischen Ingredienzen. Wer das Gaumenabenteuer im Brennpunkt zwischen Vietnam und Frankreich sucht, wird hier fündig. Konservative Gaumen sollten sich der gefühlvollen Beratung der Servicetruppe anvertrauen. Unterm Strich eine von Routine geprägte Küchenleistung. Das Weinangebot ist großartig in jeder Hinsicht,

es scheint fast unmöglich, dass man nicht den passenden Wein findet, was beim Thema Asia-Food doppelt bemerkenswert ist. Sehr stil- und stimmungsvoll das Ambiente mit eigenem Barbereich, in dem auch DJs auflegen.
Aus der Karte: Rouleaux de Printemps (Salat-Glücksrolle mit Thunfisch, Garnele und Basilikum); Côtelettes d'Agneau au Poivre Vert (Gebratene Lammkoteletts mit grünem Pfeffer und Erdnuss-Sauce); Gâteau aux Bananes (Karamellisierter Bananenkuchen mit Basilikumeis).

Kai's Asian Food

Burggasse 123, 1070 Wien, Tel.: 01/526 59 53
Küchenzeiten: 11.30–23.
„Der Koch Shijie ist ehemaliger chinesischer Präsidentenkoch. Er kreiert bei Kai in modernem Ambiente sensationelles Essen zu einem guten Preis. Das Team ist sehr freundlich und Mr. Kai strahlt immer sehr positiv."

Empfohlen von Tone Fink, Künstler

Kim kocht

Lustkandlgasse 6, 1090 Wien, Tel./Fax: 01/319 02 42, www.kimkocht.at
Küchenzeiten: Mi.–Fr. 18–24. **Inhaberin/Küchenchefin/Sommelière:** Sohyi Kim.
CC: Amex, Diners, MC/EC, Visa.
Sitzplätze: 24. **Garten:** 24.

Selten zuvor ist eine Köchin von einer derartigen, nicht enden wollenden Welle des Erfolgs getragen worden. Der anfängliche Hype hat sich längst in einen Normalzustand verwandelt, weswegen in zwei zeitlich streng geregelten Durchgängen (ab 18 und ab 20 Uhr) gegessen wird, und das nur gegen rechtzeitige Reservierung. So teilen sich Feinschmecker, Kim-Jünger und Hautevolee schwesterlich und brüderlich die knappen 24 Plätze und genießen die einzigartigen, von all dem Rummel unbeeindruckten Kreationen von Sohyi Kim. Eine denkwürdige, intensiv in Erinnerung bleibende Parade des Wohlgeschmacks, bei der Thunfisch bekanntlich die Hauptrolle spielt. Auch wer eine Abneigung gegen Monate im Voraus zu tätigende Tischreservierungen hat, sollte zumindest einmal bei Kim essen. Es lohnt den Organisationsaufwand, der – nebenbei gesagt – an den Topadressen anderer Metropolen nicht einmal erwähnenswert wäre! Im benachbarten, neu eröffneten Shop kann man sich mit diversen Accessoires und Grundlegendem eindecken, um daheim die Rezepte aus ihrem Kochbuch nachzuvollziehen. Ganz toll und mit sehr viel Sachverstand ausgewählt ist auch das Weinangebot. Und nicht vergessen: Hier wird tatsächlich scharf gekocht, wenn von „scharf" die Rede ist! **Aus der Karte:** Seetangsalat (Verschiedene Seetangarten in einer süß-scharfen Senfkörner-Marinade mit vietnamesischer Frühlingsrolle); Tuna-Burger mit Reis-Garnelen-Laibchen, Rucolasalat und Teriyaki-Senfkörner-Sauce; Lemongrass-Crème brûlée mit Mangosalat.

Sie wollten einen Herd.
Jetzt haben Sie ein Hobby.

SIEMENS

Die neuen Genuss-Herde von Siemens. Nehmen Sie zum Kochen
nur die besten Zutaten: Den Herd mit automatischem Backwagen
SoftMatic². symControl für die intuitiv richtige Bedienung der
Kochzone. Und die Kochfelder mit den brat- und kochSensoren,
damit nichts anbrennt oder überkocht. Sie sehen: Siemens hat für
jeden Anspruch innovative Antworten in Technik und Design.
Mehr Informationen über die neuen Einbaugeräte bei ihrem
Fachhändler oder unter www.hausgeraete.at.

Siemens. Die Zukunft zieht ein.

Wien

Kiosk

Schleifmühlgasse 7/Margaretenstraße, 1040 Wien, Tel.: 01/585 40 77
Küchenzeiten: Do.–Sa. 11–4, So.–Mi. 11–2.
Würstelstand geht auch anders: Die Leute vom Szene-Italiener Expedit wählten ihre etwa 30 Würste mittels Verkostungen aus: Vorarlberger Schöbling, steirische Weinwurst, Waldviertler Bio-Käsekrainer, Chorizo aus Spanien … Außerdem Bier aus Frastanz und Pinot Noir stilgerecht im Stifterl. Die Eintöpfe (auch vegetarisch!) sind wunderbar, der Wurstsalat World's best und die Currywurst zumindest die beste südlich von Duisburg.

Empfohlen von Florian Holzer, Beisl-Kritiker im Standard und Falter

Königsbacher

Walfischgasse 5, 1010 Wien, Tel./Fax: 01/513 12 10
Küchenzeiten: Mo.–Fr. 10–24, Sa. 10–16 (an Fei. geschlossen).
Nur einige Schritte von der Oper entferntes gutbürgerliches Wirtshaus, das selbst kundige Wiener nicht kennen. Schade eigentlich, denn die Tippgeberin hat mehr als Recht, wenn sie die wichtigsten Merkmale wie folgt beschreibt: „Hervorragende, bodenständige Küche, gemütliche Atmosphäre und freundliche Bedienung."

Empfohlen von Lotte Tobisch, Grande Dame des Wiener Opernballs

Konoba Bellini

Koppreitergasse 28, 1120 Wien, Tel./Fax: 01/815 12 01
Küchenzeiten: Mo.–Sa. 11.30–14.30, 17.30–22.30. **Inhaber:** Ivica Bijelić GmbH.
Küchenchef: Ika Bijelić. **CC:** Amex, Diners, MC/EC, Visa. **Sitzplätze:** 60.

Die „Meidlinger Steppe", die kulinarisch fast zur Gänze von unauffälligen Durchschnittlichkeiten geprägt ist, kann auch anders und überrascht uns mit einem Gasthaus mit authentischer dalmatinischer Küche. Das Ambiente zwischen Hafenromantik und Fischeridylle ist zwar schwer verdaulich, dafür schmeckt das, was aus der Küche von Ika Bijelić kommt, umso besser. Der Küchenchef verzichtet auf unnötige Extravaganz und übertriebene Kreativität, bleibt also einer traditionellen, landestypischen Linie treu und bewahrt so den gewissen Reiz dieser Regionalküche, die selbstverständlich in erster Linie eine Fischküche ist. Erstklassig frische Rohstoffe, perfekter Geschmack, gute Würzung und ebensolche Konsistenz prägen die Küchenlinie des „Konoba Bellini". Die Fische werden übrigens fast ausschließlich am Holzkohlegrill zubereitet. Eine nicht alltägliche, aber charmante Küche, die bloß in Sachen Beilagen und Saucen leider nicht gerade weltmeisterlich unterwegs ist. Auch bei den Getränken gibt sich das Restaurant recht ambitioniert und setzt mit viel Stolz auf dalmatinische Weine, die sich als solide und harmonische Speisenbegleiter erweisen.

Wien

Kornat

Marc-Aurel-Straße 8, 1010 Wien, Tel.: 01/535 65 18, Fax: 532 09 88
Küchenzeiten: Mo.–Sa. 11.30–15, 18–23.30.
Eine der besten Cityadressen für gegrillten Fisch mit seinen klassischen Beilagen. Und überhaupt: „Wunderbare dalmatinische Küche."

Empfohlen von Rudolf Buchbinder, Klaviervirtuose

Korso

im Hotel Bristol, Mahlerstraße 2, 1010 Wien, Tel.: 01/515 16-546, Fax: Dw. 575, franzramusch@luxurycollection.com
Küchenzeiten: So.–Fr. 12–14, 18–23, Sa. 18–23. **Inhaber:** Hotel Bristol. **Küchenchef:** Reinhard Gerer. **Sommelier:** Helmut Buchner. **CC:** Amex, Diners, MC/EC, Visa. **Sitzplätze:** 75. **Durchschnittspreis bei 3 Gängen:** € 62,–.
Übernachtungsmöglichkeit.

Das „Korso" ist vielleicht nicht eines der heimeligsten, sicher aber eines der schönsten und eindrucksvollsten Restaurants Österreichs. Bei Redaktionsschluss dieser Ausgabe begannen gerade die Arbeiten für einen „sanften" Umbau im Restaurant und dem kompletten Eingangsbereich. In jedem Detail der Inszenierung ist Luxus als selbstverständlicher Bestandteil verankert, nicht zuletzt beim Auftritt der ausnehmend eleganten und noblen Servicebrigade. Genial, aber wie eine tibetische Gebetsmühle ewig Widerspruch provozierend ist die Küche. Reinhard Gerer ist einer der besten Köche des Landes, wenn nicht in mancher Hinsicht sogar der beste. Seine Neuinterpretation der Wiener Küche ist Legende – und nicht selten wird dem erstaunten Gast da ein unscheinbares Gericht hingestellt, das man eigentlich nur mit der Sondernote von sechs Sternen bewerten könnte. Kreativität in Reinkultur, enorme Subtilität und beständige Innovationen sind die Eckpfeiler der Gerer-Küche, die aber auch gewissen Tagesformen unterworfen ist. Denkwürdig in diesem Jahr: eine in Rohschinken eingewickelte und gebratene Jakobsmuschel mit einer schwarzen Lauchaschensauce, dazu klein gehackte Schnecken. – Ein Geniestreich, der nur einem Besessenen widerfährt! Hervorragend ist auch die umfangreiche Weinkarte, die praktisch alle wichtigen nationalen und internationalen Produzenten listet. Lediglich das glasweise Angebot wäre noch erweiterbar. Perfekt hingegen die Palette an Schaumweinen und Destillaten. **Aus der Karte:** Tatar von der Königskrabbe auf stechfrischem Spargel; Fangfrischer Steinbutt auf Kräuterrisotto; Zarte Rehmedaillons in Wacholdersauce mit Eierschwammerln; Orangentörtchen.

---

*Sie wollen nach dem Abendessen nicht mehr nach Hause fahren?
Konsultieren Sie den neuen A LA CARTE-Hotelguide!*

Wien

Kramer & Gutiérrez

Wehrgasse 8, 1050 Wien, Tel.: 01/585 49 00, kramer.gutierrez@inode.at
Küchenzeiten: Di.–So. 18–23. **Inhaber/in:** Angelica Gutiérrez, Erich Kramer. **Küchenchef:** Erich Kramer. **Sommelière:** Angelica Gutiérrez. **Sitzplätze:** 50. **Garten:** 40. **Durchschnittspreis bei 3 Gängen:** € 20,–.
Stimmiges, mediterran geprägtes Restaurant mit edlem Flair. Schon die gleich beim Entree platzierte Vorspeisenvitrine macht Lust auf Genuss, dem dank der untadeligen Fähigkeiten von Küchenchef Erich Kramer auch nichts im Weg steht. Seine ungewöhnliche Mittelmeerküche, in die aber klarerweise auch österreichische Akzente einfließen, ist leicht, unaufdringlich gewürzt und trotzdem – nicht zuletzt auch dank der guten Rohstoffe – sehr schmackhaft. Wie ordnet man das Lokal also nun ein? Das Arbeitsmotto könnte lauten „Apulien und Marokko grüßen Wien". Die angebotenen Weine kommen aus aller Welt, während das Bier aus der Waldviertler Bierhochburg Schrems kommt. **Aus der Karte:** Spinatsalat mit Datteln und Mandeln; Lauchcremesuppe; Argentinisches Rumpsteak mit Bratkartoffeln und Salat; Brasilianischer Kokospudding mit Orangensauce.

Kristian's Monastiri

Neustiftgasse 16, 1070 Wien, Tel.: 01/526 94 48, Fax: Dw. 14,
monastiri@kristians.at, www.kristians.at
Küchenzeiten: 17.30–23. **Inhaber/in:** Friederike Chuh, Christian Gansterer. **Küchenchef:** Georg Rotböck. **Sommeliers:** Christian Gansterer, Rudolf Ober. **CC:** Diners, MC/EC, Visa. **Sitzplätze:** 100. **Garten:** 30.
Durchschnittspreis bei 3 Gängen: € 31,–.

In den Gewölben des 1847 für das Metropolitankapital in Olmütz erbauten Biedermeierhauses entstandenes Restaurant mit begehbarem Weinkeller und Barbetrieb. Ein Atout des Hauses ist der wunderschöne Garten, der sich an warmen Tagen als gemütliche Großstadtoase präsentiert. Mit dem neuen Küchenchef Georg Rotböck hat das Speisenangebot deutlich an Statur gewonnen. Schon die Karte liest sich äußerst anregend, und auch die Umsetzung enttäuscht nicht. Gekocht wird multikulturell – von klassisch österreichisch bis mediterran und asiatisch –, gewürzt wird gefühlvoll und unterm Strich passt alles. Besonders interessant sind die Weinverkostungs-Degustationsmenüs, im Rahmen derer jeweils ein Weingut vorgestellt wird – in unserem Fall etwa die Tscheppes aus Leutschach. Insofern ist das gesamte Weinangebot keine Überraschung. Es ist fein und kompetent zusammengestellt. **Aus der Karte:** Lauwarme Erdäpfel-Gänseleber-Terrine mit Apfel-Schalotten-Confit; Bouillon vom Tafelspitz mit klassischen Einlagen; Mastochsenfilet mit gebratenen Erdfrüchten und Polentabaguette; Mango-Tiramisu.

L'Ambasciata della Puglia

Währinger Straße 170a, 1180 Wien, Tel./Fax: 01/479 95 92
Küchenzeiten: Mo.–Sa. 12–15, 18–23 (Fei. geschlossen; Juli, August Sa. Ru.).
Inhaber/Küchenchef/Sommelier: Gerhart Ginner. **CC:** Diners,
MC/EC, Visa. **Sitzplätze:** 30.
Die kleine Vorstadttrattoria ist längst kein Geheimtipp mehr: Wenn man abends einen Tisch ergattern will, ist vorherige Reservierung dringend angeraten. Kein Wunder, wird hier doch eine ziemlich einzigartige italienische Küche geboten. Ausgangsbasis sind traditionelle apulische Rezepte, die vom Padrone sehr persönlich modifiziert werden. Trotzdem authentischer als ein Großteil der sehr touristischen Restaurants in Apulien. Köstliche Vorspeisen, schmackhafte Pastagerichte, deftige Fleischspeisen und spartanisch zubereitete Fische sind der rote Faden, entlang dessen die Küche improvisiert. Dazu gibt's einfache bis sehr feine Weine aus Süditalien, gute bis hochprozentige Digestifs, feinen Kaffee und ganz unitalienisch Reininghaus Jahrgangspils. Das Ambiente ist einfach, frei von schicken Versatzstücken, dafür gespickt mit bemerkenswerten Dingen wie einer Berlusconifußmatte. **Aus der Karte:** Polpo alla Luciana (Octopussalat mit Kapern, Oliven, Zitrone & Olivenöl); Spigola griglia (Gegrillter Branzino); Costolette d'agnello alla griglia (Gegrillte Lammkoteletts mit Löwenzahn und Saubohnen).

La Grappa

Argentinierstraße 26, 1040 Wien, Tel.: 01/503 45 98
Küchenzeiten: Mo.–Fr. 11.30–14, 18–23 (Oktober bis April auch Sa. 18–24, an Fei. geschlossen). **Inhaber:** Nikolaos Medigovic KEG. **Küchenchef:** Norbert Fiedler.
Sommelier: Nikolaos Medigovic. **CC:** Diners, MC/EC, Visa.
Sitzplätze: 35.
Bald ein Jahrzehnt hat dieses Restaurant auf dem sympathischen italienischen Buckel. Und obwohl die Jahre nicht spurlos an dem Interieur vorübergegangen sind, hat es nichts von seinem Charme aus den Jahren mit Aldo Ballerini verloren. Jeder Kunde wird wie ein Stammgast behandelt, man fühlt sich wohl und kann den kulinarischen Anregungen des Padrone blind vertrauen. Dass der Zeitgeist auch vor dieser Bastion der mediterranen Küche nicht Halt gemacht hat und sich so manche asiatische Komponente auf den Speiseplan verirrt hat, muss man zur Kenntnis nehmen und kann sich immerhin darüber freuen, dass damit auch komplexere Harmonien Einzug gehalten haben. Grundsätzlich wird eher schlicht gewürzt und der Eigengeschmack unterstrichen. Pasta, Fisch und Meeresfrüchte sind generell zu empfehlen. Der Weinkeller bietet in erster Linie gute italienische Weine. Eine Vielzahl feiner Grappe macht dem Namen des Restaurants alle Ehre. **Aus der Karte:** Seeteufel-Lachs-Carpaccio mit Ciprianisauce, Zitronenpfeffer, Rucola & Erdäpfelkrusteln; Goldbrasse in der Salzkruste; Zitronenscaloppini auf Safranrisotto.

La Pasteria

Servitengasse 10, 1090 Wien, Tel.: 01/310 27 36, Fax: 319 98 67
Küchenzeiten: Mo.–Sa. 12–15, 18–22.30.
Xerxes Panzenböck, der neue Küchenchef der „Pasteria", serviert mittags das, was der Name des Restaurants verspricht: hausgemachte Pasta in allererster Güte, wobei insbesondere die Ravioli-Spielarten bemerkenswert sind. Abends wird das Angebot um interessante Fisch- und Fleischgerichte aus allerlei Regionen Italiens erweitert. Köstliche Delikatessen, die sommers auch im Schanigarten munden.

La Scala

✱✱ 67 🍷 🥂

im Hotel Hilton Vienna Plaza, Schottenring 11, 1010 Wien, Tel.: 01/313 90-22405, Fax: Dw. 22009, cb.vienna-plaza@hilton.com, www.hilton.com
Küchenzeiten: Mo.–Fr. 12–14.30, 19–23, Sa., So. 19–23. **Inhaber:** Hilton Vienna Plaza. **Küchenchef:** Werner Friedl. **Sommeliers:** Josef Königslehner, Klaus Markus Schmid. **CC:** Amex, Diners, MC/EC, Visa. **Sitzplätze:** 65. **Durchschnittspreis bei 3 Gängen:** € 40,–. **Übernachtungsmöglichkeit.**
Der Abgang von Werner Matt war wie zu erwarten ein ziemlicher Aderlass für dieses gediegen noble Restaurant, das sich unverändert nicht übertrieben heimelig, aber doch recht geschmackssicher und edel gestylt präsentiert. In jedem Detail erwartet den Gast Luxus pur. Die neue Küchenlinie hinterlässt gemischte Gefühle. Die Speisenkarte ist international und wie nicht anders zu erwarten auch sehr kreativ ausgerichtet. Trotzdem klingt vorläufig vieles noch weit interessanter, als es dann tatsächlich schmeckt. Wehmütige Gemüter können nach wie vor den Matt-Klassiker Velouté vom Sellerie ordern. Die Weinauswahl lässt kaum Wünsche offen – österreichische Spitzenweine werden durch edle Kreszenzen aus dem Ausland ergänzt. Sehr empfehlenswert ist die sehr stimmige Weinbegleitung. Ganz toll wie gewohnt präsentiert sich die Destillatpalette. **Aus der Karte:** Marinierter Kaninchenrücken auf Bärlauchsalat; Elixier vom Kalbsschwanz mit seiner Praline; Rindsfilet im Speckmantel mit Erdfrüchteragout und Kräuternocken; Schokoladengrammophon mit flambierten Honigbananen.

Le Ciel

✱✱✱ 88 🍷🍷🍷 🥂

im Grand Hotel, Kärntner Ring 9, 1010 Wien, Tel.: 01/515 80-9100, Fax: 515 13 27, leciel@grandhotelwien.com, www.grandhotelwien.com
Küchenzeiten: Mo.–Sa. 12–14.30, 19–22.45. **Inhaber:** Grand Hotel Wien. **Küchenchefin:** Jaqueline Pfeiffer. **Sommelier:** Franz Messeritsch. **CC:** Amex, Diners, MC/EC, Visa. **Sitzplätze:** 85. **Terrasse:** 40. **Durchschnittspreis bei 3 Gängen:** € 55,–. **Übernachtungsmöglichkeit.**

Wien

Das hoch oben, im siebenten Stock des Grand Hotel gelegene Restaurant macht weniger durch Schlagzeilen und schicke Fußnoten Furore als durch Understatement und stille Qualität. Chef de Cuisine Siegfried Pucher ist als Food & Beverage-Manager in die Wirtschaftsabteilung übersiedelt, während Jaqueline Pfeiffer die Küchenleitung übernommen hat. Ein Wechsel, der sich qualitativ in keiner Weise niedergeschlagen hat. Eher hat man das Gefühl, dass die Küche noch kreativer geworden ist. Großartig auch die Art der Präsentation, bei der sich jedes Gericht in ein Kunstwerk verwandelt, was aber nie vordergründig fehlenden Geschmack kompensieren soll. Ganz im Gegenteil: Hier wird der Gaumen auf spannende Weltreisen geschickt, die bis ins letzte Detail stimmig und voller Esprit sind. Eine zeitlose und trotzdem zeitgemäße (französische) Haute Cuisine paart sich hier mit einer sehr persönlich akzentuierten Kreativität. Die perfekte Weinbegleitung von Sommelier Franz Messeritsch ist seit langem eine der Stärken dieses Hauses. Egal ob man glasweise Weinbegleitung präferiert oder doch lieber den Weinhimmel flaschenweise erobert, hier ist man in den besten Händen. Rundum ein toller Service in einem nicht weniger animierenden Rahmen. **Aus der Karte:** Taubenbrust und -praline mit Artischocken und Pinienkernen; Steinbutt mit grünem Gemüse, Socca und Bottargasauce; Kaninchen Cremolata mit Parmesangnocchi; Apfel-Basilikum-Sülzchen mit Haselnusseis.

Le Siècle

im Radisson SAS Palais Hotel, Parkring 16, 1010 Wien, Tel.: 01/515 17-3440, Fax: 512 22 16, banquet.vienna@radissonsas.com, www.radissonsas.com
Küchenzeiten: Mo. 12–14.30, Di.–Fr. 12–14.30, 19–22, Sa. 18.30–22.30 (an Fei. geschlossen). **Betriebsferien:** 19. 7.–18. 8. 2005. **Inhaber:** Palais am Stadtpark HotelbetriebsgesmbH. **Küchenchef:** Roberto Governara. **Sommelier:** Thomas Walzl. **CC:** Amex, Diners, MC/EC, Visa. **Sitzplätze:** 50. **Durchschnittspreis bei 3 Gängen:** € 47,–. **Übernachtungsmöglichkeit.**

Eine gewisse detektivische Begabung schadet bei der Suche nach dem Restaurant nicht, hat man's freilich einmal im weitläufigen Hotelkomplex gefunden und das gediegene, aber nicht unbedingt anregende Ambiente ausgeblendet, eröffnet sich dem Gast ein kleines Schlaraffenland. Sehr lobenswert ist etwa die breite Palette an interessanten Vorspeisen, die den Bogen vom Störcarpaccio über Thaigarnelenspieß bis Yellow Fin-Sashimi spannt. Traditionell versteht man sich hier aber am besten auf die Zubereitung von Fisch in jeder nur erdenklichen Spielart. Neusiedler See-Zander trifft auf fernöstliche Aromen, der Steinbutt wird auf Rosen und Heu gebettet und der Branzino von einer Algen-Salz-Kruste umhüllt. Das kommt alles hocharomatisch, spannend, in mancher Hinsicht aber auch ein wenig zu pompös und affektiert daher. Trotzdem: eine bemerkenswert feine Küchenleistung. Das Weinangebot ist vergleichsweise schmal, auch wenn die glasweise Weinbegleitung ungeahnte Schätze – insbesondere aus Österreich – offenbart. **Aus der Karte:** Vitello tonnato mit Wachtelspiegelei; Gebratene Lammkrone mit Artischocken-Kartoffel-Gröstl an Schwarze Oliven-Knoblauch-Pesto.

Wien

Lebenbauer

Teinfaltstraße 3, 1010 Wien, Tel.: 01/533 55 56, Fax: Dw. 11, www.lebenbauer.cc
Küchenzeiten: Mo.–Fr. 11–14.30, 17.30–22. **Inhaber/in:** Elfriede und Karl Lebenbauer.
Küchenchef: Marko Ljevak. **Sommelière:** Elfriede Lebenbauer.
CC: Amex, Diners, MC/EC, Visa. **Sitzplätze:** 56. **Garten:** 12.

Dieses kleine, hübsch eingerichtete Lokal hinter dem Burgtheater ist eines der liebenswertesten und unscheinbarsten Citylokale. Das augenscheinlichste und sympathischste Merkmal des „Lebenbauer" ist die Freundlichkeit, mit der man hier empfangen und bedient wird. Wo sonst geschieht es einem, dass man auf die Frage nach einem Glas (nicht Bouteille!) Wein einfach zwei Gläser mit je einem Kostschluck serviert bekommt, um selbst wählen zu können? Man hat sich im „Lebenbauer" auf vegetarische Gerichte spezialisiert, was nicht bedeutet, dass man nicht auch Fisch oder Huhn bekommt – ein sympathisches Entgegenkommen gegenüber nicht ganz so dogmatischen Essern. Man legt Wert auf Dinge wie Gemüsedips als Gedeck und Fruchtcocktails als Aperitif. Dass nicht alle Gerichte, obwohl liebevoll angerichtet, eine sehr kreative vegetarische Küche darstellen, wollen wir aber auch nicht verheimlichen. **Aus der Karte:** Zander, auf der Haut gebraten, mit Zucchini, Thymian und Polentapüree; Geflügelbrüstchen mit Papaya, Zitronengras und schwarzen Nudeln; Mohnterrine mit Zimt auf Moccacreme.

Liebhart

Thaliastraße 63, 1160 Wien, Tel.: 01/492 10 11, Fax: 494 54 71
Küchenzeiten: 11–23.30.
Modern gestylte Gaststätte mit sechs offenen Biersorten, guten Weinen und gediegener Hausmannskost. Unser Tippgeber urteilt: „Bester Service der Stadt."
Empfohlen von Siegfried Menz, Ottakringer-General

Liebstöckl & Co.

Sandgasse 12, 1190 Wien, Tel.: 01/328 83 10, Fax: 328 94 40
Küchenzeiten: 11–23.
Man ist mitten in Grinzing und doch nicht beim Heurigen. Mit viel Gespür hat man eine ehemalige Buschenschank in ein stimmiges Wirtshaus verwandelt und serviert den Gästen Wiener Spezialitäten zwischen saurem Schlierbacher und Saftgulasch, versucht sich aber auch an etwas komplexeren Gerichten.

Livingstone

Zelinkagasse 4, 1010 Wien, Tel.: 01/533 33 93-12, Fax: Dw. 5
Küchenzeiten: 17–3.30.
Asiatische und indonesische Einrichtungsakzente sowie exotische Blumenarrangements ergeben koloniales Flair. Die zeitgeistige Ethnoküche transferiert

das Fernweh auch auf die Teller. Nach dem Dinner sollte man in die benachbarte wunderschöne „Planter's Bar" übersiedeln und sich prächtig gemixte Cocktails zu Gemüte führen. Erlebnisgastronomie wie aus dem Bilderbuch.

MAK Café

Stubenring 5, 1010 Wien, Tel.: 01/714 01 21, Fax: 95 77 29
Küchenzeiten: Di.–So. 12–24.
Lebendiger Szenetreff mit großem Barbereich und ebensolchem Restaurant im Gebäude des Museums für angewandte Kunst. Ambitionierte internationale und Wiener Küche. Großer Garten im Innenhof.

Empfohlen von Oscar Bronner, „Der Standard"-Herausgeber

Makedonia

Leimgrubengasse 5, 1060 Wien, Tel./Fax: 01/586 21 46
Küchenzeiten: September bis Mai 11.30–14.30, 17–2; Juni bis August 17–2.
„Balkanküche, wie sie sein soll. Ausreichend, deftig, ideal für Theaternachbesprechungen, da nach Mitternacht noch offen."

Empfohlen von Andreas Vitasek, Schauspieler und Kabarettist

Manelli

Speisinger Straße 25, 1130 Wien, Tel./Fax: 01/408 68 28
Küchenzeiten: So.–Fr. 11.45–22.30, Sa. 18–22.30.
Mediterranes für Gaumen und Seele lautet hier das Konzept. Unsere Tippgeberin hat einen sehr wichtigen Grund für ihre Empfehlung: „Weil Frau Erika Schlusche dort mittags kocht."

Empfohlen von Barbara Stöckl, ORF-Moderatorin

Martinelli

im Palais Harrach, Freyung 3, 1010 Wien, Tel.: 01/533 67 21, Fax: Dw. 20,
world@barbaro.at, www.barbaro.at
Küchenzeiten: 12–15, 18–23.30. **Inhaber:** Luigi Barbaro. **Küchenchef:** Pietro Rotolo.
Sommelier: Raffaele Plavotic. **CC:** Diners, MC/EC, Visa. **Sitzplätze:** 60.
Garten: 100. **Durchschnittspreis bei 3 Gängen:** € 31,–.
Der wunderschöne Innenhof des Palais Harrach ist nicht nur eine Oase der Stille inmitten der City, sondern auch das perfekte Ambiente, um die feine hausgemachte Pasta und die kreativ verfeinerten Gerichte des italienischen Küchenchefs Pietro Rotolo zu verkosten. Vieles auf der Speisenkarte klingt zwar ein wenig vertraut, trotzdem ist so manches spannende Geschmackserlebnis garantiert. Man denke da etwa an die Kalbskopfsulz auf toskanische Art, die man wahrscheinlich nicht so schnell auf dem Speiseplan eines anderen österreichischen

Italorestaurants finden wird. Kurzum eine bemerkenswert authentische Küche, die kongenial von der breit gefächerten Auswahl an italienischen Weinen flankiert wird. **Aus der Karte:** Cannelloni toscani con ricotta e spinaci (Hausgemachte Teigröllchen mit Ricotta-Spinat-Fülle); Filetto di bue alla grappa e uva sultanina con contorno di piselli novelli (Rindsfilet in Grappa-Rosinen-Sauce mit Jungerbsen).

Matovia

Färbergasse 8, 1010 Wien, Tel.: 01/532 16 08
Küchenzeiten: Mo., Sa. 18–23, Di.–Fr. 12–15, 18–23. **Inhaber/in:** Izabela Suler, Tomislav Hotko. **Küchenchef:** Tomislav Hotko. **Sitzplätze:** 28.
Das von außen etwas unscheinbare Lokal erfreut innen mit einem liebevoll dalmatinisch dekorierten Ambiente, das Gemütlichkeit ausstrahlt. Die Speisenkarte bietet Bekanntes aus der Adriaregion: Fische in guter Qualität, Krustentiere soweit verfügbar, dalmatinischer Rohschinken. Kreative Wunder darf man sich nicht erwarten, hier wird sehr klassisch, bloß ab und an mit leichten Verfeinerungen gekocht. Man würzt sehr dezent, doch immer so, dass die verschiedenen Aromen zur Entfaltung gebracht werden. Die Garung der Fische gelingt vortrefflich, auf den Punkt genau, auch bei den Beilagen gibt sich die Küche alle Mühe. Die Weinkarte bietet unter anderen eine schöne Auswahl an dalmatinischen Weinen, von denen manche eine beachtliche Qualität aufweisen. **Aus der Karte:** Gebratene Paprika und Melanzane in Balsamico-Kräuter-Marinade mit Schafkäse und Oliven; „Brodetto" – Feine Fischfilets und Krustentiere nach dalmatinischer Art, Ragout mit Tomaten, Peperoncini und Kräutern, dazu Polenta; „Pastizada" – Rindschmorbraten mit Rotweinsauce, dazu Polenta oder Nudeln.

MediterraNeo

im Hotel InterContinental, Johannesgasse 28, 1037 Wien, Tel.: 01/711 22-110, Fax: Dw. 344, vienna@interconti.com, www.vienna.intercontinental.com
Küchenzeiten: Mo.–Sa. 12–15, 18–23.30, So. 18–23.30. **Inhaber:** Hotel InterContinental Wien. **Küchenchef:** Ademir Husagic. **Sommelier/ière:** Nora Merrem, Tim Schüler. **CC:** Amex, Diners, MC/EC, Visa. **Sitzplätze:** 116. **Durchschnittspreis bei 3 Gängen:** € 35,–. **Übernachtungsmöglichkeit.**

Die in Österreich weit verbreitete Sehnsucht nach südlichem, mediterranem Flair wird in der InterCont-Lobby in jeder Hinsicht gestillt: sattgrüne Hydrokulturen, geflochtene Stühle, viel Licht. Die Küche bemüht sich um mediterrane Klassiker und erfrischende Salate. Aber auch das klassische Wiener Schnitzel und das knusprige Backhenderl kommen zu kulinarischen Ehren. Küchenchef Ademir Husagic beweist darüber hinaus auch ein Herz für Vegetarier und gesundheitsbewusste Feinschmecker. Breit gestreutes Hotelküchenangebot eben, aber in jedem Fall gut gekocht. Auch das Weinangebot zieht weite Kreise um den gesamten Globus und bietet Erstklassiges in Vielzahl. Gute Spirituosen und gepflegtes österreichisches Bier. **Aus der Karte:** Rindconsommé mit Schulterscherzelroulade und Gemüsestreifen; Rosa gebratener Hirschrücken auf Steinpilz-Rahm-Sauce, dazu Preiselbeercrêpe gefüllt mit Wirsinggemüse und Williamskartoffeln; Mozartknödel mit Nougatsauce.

Meierei Holzdorfer

Prater Hauptallee 3, 1020 Wien, Tel.: 01/728 02 66, Fax: 726 95 51
Küchenzeiten: Mo.–Sa. 10–23, So., Fei. 9–22.
Traditionelle Wiener Küche und vegetarische Spezialitäten. Große Terrasse und schöner Garten mit Salettl.

Empfohlen von Oscar Bronner, „Der Standard"-Herausgeber

Meinl am Graben

Graben 19, 1010 Wien, Tel.: 01/532 33 34-6000, Fax: Dw. 1290,
hermann.botolen@julius.meinl.com, www.meinlamgraben.at
Küchenzeiten: Mo.–Sa. 8.30–11, 12–18, 19–22. **Inhaber:** Julius Meinl. **Küchenchef:** Joachim Gradwohl. **Sommeliers:** Hermann Botolen, Michael Wiesinger. **CC:** Amex, Diners, MC/EC, Visa. **Sitzplätze:** 60.
Durchschnittspreis bei 3 Gängen: € 57,–.

Dass das Restaurant Teil eines Luxuseinkaufsstempels ist und neugierige Zaungäste tagsüber gerne einmal einen Blick riskieren, hat seinen Reiz. Auch an die orange, mittlerweile etwas straffer wirkende Sitzpolsterung hat man sich gewöhnt. Den Ausblick auf den Graben haben wir lieb gewonnen und auch das rege Treiben an der Bar gehört zum Meinl wie der Mohr. Unverzichtbarer Bestandteil der kulinarischen Inszenierung ist die altbekannte wie versierte Servicecrew, die für einen unaufgeregten Ablauf sorgt. Vor mehr als einem Jahr hat Joachim Gradwohl die Position des Küchenchefs übernommen. Mit viel Fingerspitzengefühl geht er ans Werk und versteht es bestens, das überreiche, bestechend frische Produktangebot des Hauses für sein kreatives Schaffen zu nutzen. Absolute geschmackliche Höhepunkte sind vom Entree bis zum Finale selbstverständlicher Küchenalltag. Phasenweise kocht Gradwohl wie sein Vorgänger, manchmal sogar auch besser. Noch ein wenig wackelig ist Qualitätskontinuität sobald der Küchenchef einmal nicht da ist. Das passiert zwar ganz ganz selten (ist bei sechs Öffnungstagen in der Woche allerdings nun einmal nicht vermeidbar), aber dann ist der Unterschied eventuell schmeckbar. Eine Frage bezüglich des Dienstplans in der Küche kann also nicht schaden. Die Weinauswahl und dazu gehörende Beratung ist legendär und spielt eigentlich in jeder Kategorie alle Stückerln. Nicht minder spannend ist die Palette erstklassiger Destillate. **Aus der Karte:** Gebeizter Wolfsbarsch auf Steinpilzen und Paradeisern; St. Petersfisch auf weißer Polenta mit Vongole und Bohnen; Rindsfilet in der Artischockenkruste auf mariniertem Ochsenschwanz; Süßer Spargel mit Blaumohn und Marillen.

Wien

Meixner's Gastwirtschaft

★★ | 71 | 🍷 | 🍸 | ☺

Buchengasse 64, 1100 Wien, Tel.: 01/604 27 10, Fax: 606 34 00,
k.meixner@aon.at, www.meixners-gastwirtschaft.at

B⊙G

Küchenzeiten: 11.30–22. **Inhaber:** Karl Meixner. **Küchenchefin:** Berta Meixner.
CC: Diners, Visa. **Sitzplätze:** 120. **Garten:** 45.
Durchschnittspreis bei 3 Gängen: € 26,–.

Die kulinarische Oase in der Favoritner Wüstenei serviert seit Jahren eine gelungen verfeinerte Version der österreichischen Küche. Dass die Meixners das jetzt auch nachmittags und am Wochenende tun, finden wir sehr lobenswert: Hunger hält sich ja leider selten an Betriebszeiten von Küchen. Der altbekannte Fundus an Meixner-Standards, stellvertretend sei da die Gebackene Fledermaus erwähnt, ist in letzter Zeit dank einer neuen Bezugsquelle wieder vermehrt um Kärntner Spezialitäten erweitert worden, was vielleicht nicht gerade beim Abnehmen, aber doch beim Genießen sehr förderlich ist. Das ohnehin schon sehr feine Angebot an Fassbieren wurde um zwei Bioflaschenbiere aus Winzendorf erweitert, unverändert, aber ohnehin großartig sind die Sammlung toller Destillate und die Palette feiner Weine, unter denen sich viele Geheimtipps finden. Ein sommerliches Paradies ist der schattige Gastgarten. **Aus der Karte:** Kärntner Osso collo mit mariniertem Spargel; Gebratenes Filet vom Elsässer Saibling mit Zucchini-Paradeis-Gemüse und Rosmarinerdäpfeln; Schneenockerln mit Likörobers und Vanilleeis.

Mörwald im Ambassador

★★★★ | 94 | |

Kärntner Straße 22, 1010 Wien, Tel.: 01/961 61-161, Fax: Dw. 160,
ambassador@moerwald.at, www.moerwald.at

B⊙G

Küchenzeiten: Mo.–Sa. 12–24. **Inhaber:** Toni Mörwald. **Küchenchef:** Christian Domschitz.
Sommelier: Mino Zaccaria. **CC:** Amex, Diners, MC/EC, Visa. **Sitzplätze:** 80. **Garten:** 60.
Durchschnittspreis bei 3 Gängen: € 47,–.
Übernachtungsmöglichkeit.

Schon das noble Entree weckt große Erwartungen, die von der feudalen Bar und dem lichtdurchfluteten Speiseraum mit Blick auf den Neuen Markt erhöht werden. Noblesse in jedem Detail. Die kleine, omnipräsente Servicemannschaft serviert tadellos und freundlich. In der Küche regiert unverändert „Classic with a Twist" – also die Brettljause vom Butterfisch mit Gurkerl, Senf und Kren, der Wallerkümmelbraten und das Szegediner Krautfleisch vom Hummer. Christian Domschitz pflegt ungekünstelte Perfektion nach der Devise „Weniger ist mehr". Die Gerichte beeindrucken mit dem zarten Eigengeschmack ihrer erstklassigen Grundprodukte – ein Fest für Puritaner, die auf „echten" Geschmack stehen. Kreative Kochkunst vom Feinsten – einfach und überzeugend. Erstmals hat uns in dieser Saison auch die Kontinuität der Leistung überzeugt. Das macht vier Sterne. In Sachen Wein empfiehlt es sich nach dem Weinbuch zu fragen, weil eine Karte ist das nicht. Die Auswahl ist tatsächlich fulminant. Beste österreichische

Weine aus allen Lagen und ein wirklich großes und feines Angebot an ausländischen Weinen aus Europa und Übersee. Sehr erfreulich die vielen offenen Weine, die der Sommelier mit Vergnügen verkosten lässt. Wie es der Klasse und den hohen Ansprüchen geziemt, lässt auch der rollende Wagen mit den Destillaten kaum einen Wunsch offen. **Aus der Karte:** Mon Cherie von der Ganslleber mit Buttertoast; Drachenkopf im Fenchel-Safran-Sud, dazu Aioli; Rosa Entenbrust aus Rohr am Gebirge, dazu Sugo im Nudelblatt.

Mraz & Sohn

Wallensteinstraße 59, 1200 Wien, Tel.: 01/330 45 94, Fax: 350 15 36
Küchenzeiten: Mo.–Fr. 11–14, 18.30–22 (an Fei. geschlossen). **Betriebsferien:** letzte drei Wochen im August 2005. **Inhaber:** Familie Mraz. **Küchenchef:** Markus Mraz. **Sommelière:** Elsa Torterolo. **CC:** Diners, MC/EC, Visa.
Sitzplätze: 45. **Garten:** 40.

Die Karte vom „Mraz" ist keine Karte, sondern eine Rolle mit starker Tendenz zum Eigenleben, sodass ihr Studium zum Kampf gegen die Materialeigenschaften wird. Routiniers setzen sich vorher mal drauf oder beschweren sie einseitig mit dem Aschenbecher. Damit hat aber das Leiden ein Ende, denn die Karte ist übersichtlich, gut organisiert und mit (originellen) Architekturzeichnungen der Gerichte versehen. Und schon die erste Lektüre macht klar: Hier hat man es mit einer abenteuerlichen Küche für abenteuerlustige Feinschmecker zu tun. Mutig verstößt man gegen Normen, kombiniert Unkombinierbares und entlockt noch den schrägsten Speisenentwürfen etwas wie Wohlgeschmack. Dass manches, das zwar gut schmeckt, optisch bestürzend wirkt – man denke etwa an den Kalbskopf-Kartoffel-Cocktail –, steht auf einem anderen Blatt. Grundsätzlich gilt jedenfalls: Hier wird große Küche mit starken Wiener und saisonalen Schwerpunkten realisiert, einzigartig und großartig. Vom eingangs servierten Brot bis zum in einer Konservendose servierten süßen Abschluss eine riskante – und daher auch fehleranfällige – Reise durch spannende Geschmackswelten. Drei Sterne ist die Küche von Markus Mraz auf jeden Fall wert, einige Speisen haben auch vier verdient. Hat man sich einmal festgelegt, wohin die kulinarische Reise

VINOTHEK WACHAU-ZENTRUM

Öffnungszeiten:
Sommerhalbjahr: Mo.–Sa. 9–18
Winterhalbjahr: Mo.–Do. 8–17, Fr. 8–14

Wir freuen uns auf Ihren Besuch in unserer neuen Vinothek.

3601 Dürnstein 107, Tel.: +43 (0) 2711 371, Fax: +43 (0) 2711 371-13, E-Mail: office@fww.at Internet: www.fww.at

geht, kommt die nächste Herausforderung: die Weinenzyklopädie des Hauses in zwei Bänden, die kaum einen Wunsch offen lässt. Insbesondere Österreich und Bordeaux sind großartig vertreten. Toll auch das Angebot an Halbflaschen und Destillaten, nicht ganz überzeugend hingegen die Beratung. **Aus der Karte:** Lachs aus unserem Räucherofen auf Spargeltatar; Frühlings-Morchel-Risotto mit geschmolzener Gänseleber; Rehbock auf Kirschragout, Pilzen und cremigem Grieß; Vanillefondue mit Buchteln & heißen Kirschen.

Neuer

Ferdinand-Kaufmann-Platz 2, 1210 Wien, Tel.: 01/263 23 17, Fax: 269 88 77
Küchenzeiten: 11.30–22, September bis April Fr.–Di. 11.30–22.
Gasthaus mit großem Gastgarten und Terrasse, direkt an der Alten Donau. Jeden Samstag Holzkohlegrill. Weitere Atouts: „Schattige Plätze sowie Tretboote für Kinder und erwachsene Kinder."

Empfohlen von Lukas Resetarits, Kabarettist

Niky's Kuchlmasterei

Obere Weißgerberstraße 6, 1030 Wien, Tel.: 01/712 90 00, Fax: Dw. 16,
office@kuchlmasterei.at, www.kuchlmasterei.at
Küchenzeiten: Mo.–Sa. 11.30–22.30 (Dezember kein Ru.; an Fei. geschlossen).
Inhaber: Nikolaus Kulmer. **Küchenchef:** Loic Jarry. **Sommelière:** Irene Feierl. **CC:** Amex, Diners, MC/EC, Visa. **Sitzplätze:** 70. **Garten:** 40. **Durchschnittspreis bei 3 Gängen:** € 42,–. **Übernachtungsmöglichkeit.**
Ein kräftiger Hauch dekadent-rustikalen Barocks umfängt einen. Schmiedeeisen, Gobelin & Co. geben sich ein Stelldichein und auch der Service agiert noch wie in der guten alten Zeit der Haute Cuisine. Für den einen zu viel Ambiente, für andere wohl originell und sehenswert. Die Auswahl und Präsentation der Speisen hat jedenfalls Seltenheitswert. Mittags isst man bis „zum Abwinken", abends steht die große Küche samt Austern, Gänseleber, Trüffel, Hummer, Schnecken, Seezunge und Filetsteak auf dem Programm, das noch von einigen Klassikern der Wiener Küche ergänzt wird. Generell gefallen die Speisen durch ihre geschmacksorientierte und gekonnte Zubereitung. Neben den Hausangesetzten bietet die Bar ein recht umfassendes hochprozentiges Sortiment, der Kaffee ist (wie auch seine Präsentation) gut und auch in puncto Weinkultur wird man hier tadellos umsorgt. Das Flaschenangebot ist äußerst umfangreich, Niederösterreich und Burgenland sind die Hauptdarsteller, der Rest der weinanbauenden Welt kommt ebenfalls zum Zug. Wer will, kann sich selbst im sehenswerten Keller umschauen. **Aus der Karte:** Gänsleberterrine mit Sauce Cumberland und Portweinaspik; Silberlachs-Shrimps-Carpaccio, hauchdünn geschnitten, mit Oberskren, Wachtelei und Ketakaviar; Honig-Knoblauch-Huhn nach Barbecue-Art, dazu einen Ofenerdapfel; Schokoterrine Black & White im Marzipanmantel.

Novelli

Bräunerstraße 11, 1010 Wien, Tel.: 01/513 42 00, Fax: Dw. 1, www.haslauer.at
Küchenzeiten: Mo.–Sa. 12–14.30, 18–22.30. **Inhaber:** Franz Haslauer. **Küchenchef:**
Gerhard Bernhauer. **Sommelier:** Andreas Mikulits. **CC:** Amex, Diners, MC/EC,
Visa. **Sitzplätze:** 140. **Garten:** 50. **Durchschnittspreis
bei 3 Gängen:** € 40,–.

Eines der schönsten Lokale von Wien ist aus seinem Dornröschenschlaf erwacht und auf dem besten Weg, wieder an glorreiche Zeiten anzuschließen. Mit dem neuen Küchenchef Gerhard Bernhauer hat die Küche spürbar an Format gewonnen. Phantasie und Esprit prägen mittlerweile wieder die Kreationen. Von Risotti und Paste bis hin zu spannenden Fleisch- und Fischgerichten kann man sich über eine konstant feine und professionell umgesetzte Küchenlinie freuen. Erstklassige Produkte tun ein Übriges. Auch der Service hat sich mittlerweile konsolidiert und bietet wieder professionelle und unaufdringliche Beratung. Die Weinkarte ist traditionell erstklassig besetzt. **Aus der Karte:** Ziegenfrischkäseterrine mit Spargelsalat; Perlhuhnbrust mit Sellerie, Zucchini und Minze.

Novis

Praterstraße 25, 1020 Wien, Tel.: 01/955 95 35, Fax: Dw. 7
Küchenzeiten: Mo.–Fr. 10.30–22.
Sehr aufmerksamer Wirt mit italienischem „Original" als Koch und besten Fisch- und Pastagerichten. Wird immer beliebter.

Empfohlen von Dominic Heinzl, „Hi Society"-Frontman

Ofenloch

Kurrentgasse 8, 1010 Wien, Tel.: 01/533 88 44, Fax: 532 98 22
Küchenzeiten: Mo.–Sa. 12–22.45.
Klassische Wiener Küche ohne Fehl und Tadel. Unser Tippgeber: „Ein verwinkeltes Alt-Wiener Restaurant, das seine Reize hat."

Empfohlen von Georg J. E. Mautner-Markhof

„Die Nächste links, Papa!"

Schlemmen unterwegs: Mit t-info Top-Restaurants finden. Einfach das Handy in die Hand nehmen und www.t-info.at klicken. Bei uns gibt es den aktuellen „A la Carte" für unterwegs - Sie lassen Sich lokalisieren und t-info sagt Ihnen, wo das nächste Top-Restaurant in Ihrer Nähe ist.

Das funktioniert auch mit Hotels, Geldautomaten, Internetcafés und und und...

Was suchen Sie heute?

info
...einfach gut finden!
www.t-info.at

Wien

Oswald & Kalb

 60

Bäckerstraße 14, 1010 Wien, Tel.: 01/512 13 71, Fax: Dw. 10, o-k@utanet.at
Küchenzeiten: 18–1. **Inhaber:** Stefan Sares. **Küchenchef:** Helmut Krasa. **Sommelier:** Josef Palotai. **CC:** Amex, Diners, MC/EC, Visa. **Sitzplätze:** 90.
Durchschnittspreis bei 3 Gängen: € 33,–.
Die Wiener Institution schlechthin bleibt auch nach der Renovierung, was sie über Jahrzehnte war: ein animierendes Wirtshaus der etwas anderen Art mit toller Atmosphäre, prächtigem Ambiente und prominenten Gästen. Solide Wiener Küche in guter Qualität kann man hier erwarten und bekommt sie auch verlässlich serviert – die gebackenen Blunznscheiben auf Erdäpfel-Vogerlsalat waren eine nicht zu überbietende Gaumenfreude, bloß ein bisschen zu wenig. Aber nach Tante Jolesch schmeckt's dann ja noch besser. Und köstlich schmeckt eigentlich die ganze Palette der Wiener Klassik. Etwas durchwachsen hingegen die Qualität anderer Gerichte à la Ossobuco. Die Weinkarte wirkt bemerkenswert lieblos zusammengestellt, auch die Beratung fällt dürftig aus. Immerhin kann man auch mit dem glasweisen Angebot über die Runden kommen. Das Bier wird traditionell gut gezapft. **Aus der Karte:** Gebratene Gänseleber auf getrüffeltem Erdäpfelpüree; Saibling mit Spargel und Sauce béarnaise, dazu Heurige; Topfenknödel mit Zwetschkenröster.

Palais Coburg

 93

Coburgbastei 4, 1010 Wien, Tel.: 01/518 18-800, Fax: Dw. 818,
restaurant@palais-coburg.com, www.palais-coburg.com
Küchenzeiten: Di.–Sa. 18.30–22.30. **Inhaber:** Peter Pühringer. **Küchenchef:** Christian Petz. **Sommelier:** Karl Seiser. **CC:** Amex, Diners, MC/EC,
Visa. **Sitzplätze:** 75. **Garten:** 50. **Übernachtungsmöglichkeit.**
Das im 19. Jahrhundert erbaute Palais Coburg wurde von Peter Pühringer mit immensen finanziellen Mitteln renoviert und präsentiert sich heute als beeindruckendes architektonisches Innenstadtjuwel. Die große Terrasse mit Blick gen Ring und Stadtpark ist wunderschön, das Restaurant ist auf das Wesentliche reduziert und wirkt etwas unterkühlt, kann aber trotzdem als Ort des Genießens überzeugen. Die durch die verantwortlichen Personen (Christian Petz und Karl Seiser) im Restaurant aufgebauten Erwartungen sind riesig. Nach einem Jahr harmoniert nicht alles hundertprozentig. Grandiose Gerichte werden von eher farblosen Kreationen konterkariert. Fulminant unverändert der Umgang mit den erlesenen Rohstoffen. Den letzten notwendigen Kick zum fünften Stern haben wir bislang nicht erhalten. Neben der Abendküche wird auch mittags aufgekocht und das zu sensationell günstigen Preisen. Unbedingt hinschauen. Der Weinkeller, der mit aberwitzig vielen großartigen Spitzenweinen jeglicher Herkunft gefüllt ist, zählt zur absoluten Spitze in Österreich. **Aus der Karte:** Lammrücken in Fenchelgelee mit Zitronenschalotten; Rotbarbenfilets mit Fenchel, Orangen und grünem Pfeffer; Kalbsfilet und -niere mit Löwenzahn und Banyulsnudeln.

Wien

Palais Schwarzenberg

Schwarzenbergplatz 9, 1030 Wien, Tel.: 01/798 45 15-600, Fax: 798 47 14,
restaurant@palais-schwarzenberg.com, www.palais-schwarzenberg.com
Küchenzeiten: 12–14, 18–22. **Inhaber:** Fürstlich Schwarzenberg'sche Familienstiftung.
Küchenchef: Ernst Bader. **Sommelier:** Heinz Simonovits. **CC:** Amex, Diners, MC/EC,
Visa. **Sitzplätze:** 50. **Terrasse:** 30. **Durchschnittspreis**
bei 3 Gängen: € 48,–. **Übernachtungsmöglichkeit.**

Das Restaurant bietet ein einzigartiges Ambiente, eine schöne Terrasse und einen traumhaften Ausblick in den Schlosspark. Ein Platz zum Wohlfühlen und Genießen, wäre da nicht der arrogante Service. Man versucht, nobel zu sein und verursacht dabei mehrheitlich peinliche Pannen. Das wirkt sich natürlich auch auf die eigentlich gute Küche aus. Wenn man fast eine Stunde auf eine Speise wartet, verliert selbst der gesittetste Gast seine Contenance. Und selbst der bestgegarte Steinbutt hält zwanzig Minuten, die er wegen einer vergessenen Suppe in der Warteschleife verbracht hat, nicht aus. Das Angebot ist recht groß, die Kreationen wirken durchaus verspielt und kreativ, ein zum Teil spannendes Angebot. Die verwendeten Rohstoffe sind von sehr guter Qualität. Gute Weinauswahl und sogar die Beratung überzeugt. Wir hoffen jedenfalls auf bessere Zeiten im Service und lassen noch einmal Gnade walten. **Aus der Karte:** Hummerravioli mit Bisqueschaum; Lammkoteletts mit pikanten Keniabohnen und Süßerdäpfelpüree.

Pan e Wien

Salesianergasse 25, 1030 Wien, Tel.: 01/710 38 70
Küchenzeiten: Mo.–Fr. 11.30–14.30, 18–23. **Betriebsferien:** Mitte Juli bis Mitte August 2005. **Inhaber/Küchenchef:** Thomas Edlinger. **Sommelier:** Wolfgang Hetzl.
CC: Amex, Diners, MC/EC, Visa. **Sitzplätze:** 35.
Durchschnittspreis bei 3 Gängen: € 34,–.

Klein, aber fein ist dieses heimelige Restaurant gleich neben der zu einer Festung umgebauten britischen Botschaft. Trotz wechselnder Küchenchefs halten Thomas

Visionen von FRANKE-SALVIS

Herdblock Vision – alles ist möglich

Tel. 01/865 86 77
wien@kuechensystem.at, www.kuechensystem.at

Edlinger und sein Team das ziemlich hohe Niveau. Thema ist im Großen und Ganzen die Mittelmeerküche in all ihren Spielarten, das Besondere ist aber, dass jedes Gericht mit Pfiff und Können sehr persönlich und oft verspielt abgewandelt wird, was letztlich eine sehr stimmige, individuelle Küche ergibt: handwerklich perfekt, sehr ansprechend präsentiert, weit besser als die meisten vergleichbaren Italoküchen Österreichs. Toll ist auch das Angebot an italienischen und österreichischen Spitzenweinen, nicht weniger hervorragend die Destillatpalette mit Grappe und österreichischen Spitzenprodukten à la Reisetbauer. Das gut gepflegte Bier kommt von Stiegl, der Kaffee von Hausbrandt. **Aus der Karte:** Frühlingsminestrone; Perlhuhn mit Flusskrebsen und Schwarzwurzel-Morchel-Gröstl; Blutorangensoufflé.

Pancho

Blumauergasse 1a, 1020 Wien, Tel.: 01/212 58 69, Fax: 212 58 48
Küchenzeiten: Mo.–Mi. 18–23.30, Do.–Sa. 18–1, So. 10–16, 18–23.30.
„Ausgezeichnete mexikanische Küche zu moderaten Preisen. Dazu ein umfangreiches Angebot an hervorragenden Cocktails. Freundlicher aufmerksamer Service und lockere Beislatmosphäre."

Empfohlen von Ossi Schellmann, „summer stage"-Initiator

Pars

Lerchenfelder Straße 148, 1080 Wien, Tel./Fax: 01/405 82 45
Küchenzeiten: Mo.–Sa. 11–23.30.
„Exzellente iranische Hausmannskost, angenehmes Publikum, bestes Preis-Leistungs-Verhältnis. Sehr angenehmer Service, blitzsauberes und ansprechendes Ambiente."

Empfohlen von Robert La Roche, Designer

Pasta e basta

Werdertorgasse 10, 1010 Wien, Tel.: 01/796 65 42, Fax: 796 47 10
Küchenzeiten: Mo.–Fr. 12–15, 18–21.30, Sa. 12–14.
Ideal für den Citybummel: „Nudelfabrik mit kleiner Osteria. Ein Must für Pastafans."

Empfohlen von Fritz Wieninger jun., Winzer

Piccolo Gourmet

Linke Wienzeile 4, 1060 Wien, Tel.: 01/586 33 23, Fax: 587 20 26
Küchenzeiten: Mo.–Fr. 11–19.30, Sa. 9.30–14 (an Fei. geschlossen).
Die einst wenig anregende Restaurantlandschaft rund um das Naschmarktgebiet kann sich heute zwar über so manchen spannenden Neuzuwachs freuen, in Sachen Italien ist der „Piccolo Gourmet" aber noch immer konkurrenzlos. Unverändert ein Traum sind die zahlreichen Antipasti und Pastavariationen, aber auch Fisch und Fleisch munden. Feine Weine in ausreichender Anzahl.

Wien

Pistauer

Ravelinstraße 3, 1110 Wien, Tel.: 01/767 25 10, Fax: 769 63 73
Küchenzeiten: 11–22.
Uriges Wirtshaus mit schattigem Garten. „Hervorragendes Essen, schnelle und nette Bedienung, billig und Riesenportionen."
Empfohlen von Dr. Georg J. E. Mautner-Markhof

Plachutta

Wollzeile 38, 1010 Wien, Tel.: 01/512 15 77, Fax: Dw. 20, www.plachutta.at
Küchenzeiten: 11.30–23.45. **Inhaber:** Mario Plachutta. **Küchenchef:** Martin Derniz.
CC: Amex, Diners, MC/EC, Visa. **Sitzplätze:** 140.
Terrasse: 110. **Durchschnittspreis bei 3 Gängen:** € 36,–.
Dank der begünstigten Lage und natürlich auch auf Grund der traditionell perfekten Qualität des gekochten Rindfleisches ist der „Plachutta" für Einheimische und Auswärtige gleichermaßen eine beliebte Anlaufstelle. Die diversen Scherzeln, Spitzeln und Schwanzeln und vor allem auch die Suppe, in der sie serviert werden, sind von hervorragender Qualität. Wohl nicht zuletzt wegen der hier vorhandenen Menge und Frequenz kaum übertreffbar. Auch die beste Qualität kann aber nicht über den hilflosen Service hinwegtrösten: Verwechselte Speisen, ölige Fingerabdrücke auf praktisch jedem Teller und krasse Servierfehler waren bei unserem Besuch die Regel. Die Weinkarte listet eine Reihe guter österreichischer Weine. Gepflegt gezapfte Ottakringer Biere in Zwickl- und Pilsqualität. **Aus der Karte:** Steak vom Ochsenrücken mit Bärlauchbutter überbacken; Waldmeister-Parfait mit gebeizten Erdbeeren.

Pötsch

Favoritenstraße 61, 1100 Wien, Tel.: 01/602 01 91, Fax: 602 32 62
Küchenzeiten: Mo.–Fr. 10–21.30.
Familienfreundliches Gasthaus in Favoriten. Der Grund, warum es der Bier-General favorisiert, ist nicht so schwer zu erraten: „Schönst gezapftes Ottakringer."
Empfohlen von Siegfried Menz, Ottakringer Brauerei

Prinz Ferdinand

Bennoplatz 2, 1080 Wien, Tel./Fax: 01/402 94 17
Küchenzeiten: Di.–So. 11–15, 18–23 (Juni bis August So.–Fr.).
Das Biedermeiergasthaus hat seine Blütezeit traditionell im Sommer, wenn man im gemütlichen Gastgarten am Bennoplatz sitzen kann. Neben Klassikern der Wiener Küche konzentriert man sich auch auf kreative und zeitgeistige Gerichte. Biologische Natursäfte, zwei fein gezapfte Pils-Biere, Destillate von Gölles und Co. und nicht zuletzt eine interessant zusammengestellte Weinkarte bieten ausreichend Auswahl auf dem Getränkesektor.

Wien

Regina Margherita

 59

im Palais Esterházy, Wallnerstraße 4, 1010 Wien, Tel.: 01/533 08 12, Fax: Dw. 20, world@barbaro.at, www.barbaro.at
Küchenzeiten: 12–15, 18–23.30. **Inhaber:** Luigi Barbaro. **Küchenchef:** Paolo Dalla Mora.
Sommelier: Paolo Ferraro. **CC:** Diners, MC/EC, Visa. **Sitzplätze:** 60.
Garten: 100. **Durchschnittspreis bei 3 Gängen:** € 35,–.

Luigi Barbaro scheint eine Vorliebe für Palais mit schönem Innenhof zu haben. Ebenso wie beim „Martinelli" begeistert auch dieser wunderbar ruhige Hof mit seinem entspannt-mediterranen Flair, in dem eine der besten Pizzen nördlich von Napoli gebacken wird. Selbstverständlich im eigens aus eben dieser Stadt importierten Holzofen. Hauchdünn, knusprig und fein belegt verwandeln sich diese Pizzen in einen Gaumenschmaus. Fein aber auch der Rest des tadellosen Angebots, das von Bresaola über Cozze marinate, Spaghetti, Bistecca und Branzino bis Tiramisu einen Großteil des klassischen Italienrepertoires umfasst. Die Weinkarte offeriert ausschließlich italienische Weine in ansprechender Qualität.
Aus der Karte: Vitello tonnato (Dünne Kalbfleischscheiben mit Thunfischsauce); Bistecca al burro aromatico (Rumpsteak mit Kräuterbutter und Rosmarinkartoffeln sowie Spinat).

RieGi

 76

Schauflergasse 6, 1010 Wien, Tel.: 01/532 91 26, Fax: Dw. 20
Küchenzeiten: Di.–Sa. 12–14.30, 18–23. **Betriebsferien:** letzte Woche im Juli, erste zwei Wochen im August 2005. **Inhaber/in:** Helga de Giuseppe, Harald Riedl.
Küchenchef: Harald Riedl. **Sommelier:** Heinz Christ. **CC:** Amex, Diners, MC/EC, Visa. **Sitzplätze:** 55. **Terrasse:** 20. **Durchschnittspreis bei 3 Gängen:** € 37,–.

Die blaue, himmelartige Decke mag zwar gewöhnungsbedürftig sein, was aber nichts an dem reizvollen, eleganten Rahmen des „RieGi" ändert. Dort, wo noch vor kurzem das „La Ninfea" ein Synonym für exzellente italienische Fischküche war, zaubert nun Harald Riedl, zuletzt im „Barbaro", überbordend kreative Gerichte aus seinem Füllhorn. Helga de Giuseppe, der vierte und fünfte Buchstabe des „RieGi" und schon im „La Ninfea" als Restaurantleiterin tätig, umsorgt die Gäste aufmerksam und kompetent. Das Kulinarium des bislang rastlosen Meisterkochs ist angenehm überschaubar, wohl strukturiert, dicht und in jeder Hinsicht spannend. Eine sehr persönliche und kulinarisch anregende Küche, die edle Geschmacksharmonien und prachtvolle Präsentation bravourös vereint. Die Weinkarte war bei Redaktionsschluss noch im Aufbau, aber schon jetzt präsentiert sich eine mehr als bemerkenswerte Auswahl mit den Schwerpunkten Österreich, Italien und Spanien. **Aus der Karte:** Komposition von der Wachtel mit kleinem Salatbouquet; Klare Flusskrebssuppe mit Ravioli; Lammrücken in Olivenkruste mit Kichererbsenpolenta; Zitronencreme mit Minze.

Wien

Rote Bar

im Hotel Sacher, Philharmonikerstraße 4, 1010 Wien, Tel.: 01/514 56-841, Fax: Dw. 810, hotel@sacher.com, www.sacher.com B@G
Küchenzeiten: 12–23.30. **Inhaber:** Familie Gürtler. **Küchenchef:** Hans-Peter Fink.
CC: Amex, Diners, MC/EC, Visa. **Sitzplätze:** 45. **Durchschnittspreis bei 3 Gängen:** € 68,–. **Übernachtungsmöglichkeit.**

Auch wenn Tradition in diesem Haus ernster genommen wird als anderswo, scheinen alte Regeln an Gültigkeit zu verlieren. Zuletzt sahen wir einen Herren ohne Sakko, der vom Service nicht beiseite genommen und garderobemäßig vervollständigt wurde. Einen ganz großen Schritt in Richtung 21. Jahrhundert hat die Familie Gürtler bereits getätigt: Das Hotel wird komplett um- und ausgebaut. Auch die traditionsreiche „Rote Bar" wurde völlig verändert und sollte aller Voraussicht bei Erscheinen dieses Buches im September 2004 wieder in Betrieb gehen. Da wir davon ausgehen, dass Küchenchef Hans-Peter Fink im neuen Ambiente seine komplexen Eigenkreationen sowie die klassische Sacher-Küche zwischen Zarenlachs, Tafelspitz, Backhendl und der legendären Haustorte eher noch besser als schlechter servieren wird, belassen wir es bei der Bewertung, die unser Testbesuch vor dem Umbau ergeben hat. **Aus der Karte:** Waldviertler Lammrücken mit Zucchini-Paradeiser-Gemüse, dazu Schichterdäpfel und Salbeisaftl; Sacher's Dessertpotpourri.

Ruben's Palais

im Palais Liechtenstein, Fürstengasse 1, 1090 Wien, Tel.: 01/319 23 96-13, Fax: Dw. 96, office@rubens.at, www.rubens.at
Küchenzeiten: Di.–Sa. 12–15, 18.30–24. **Inhaber:** RAB Restaurantbetr. GmbH.
Küchenchef: Ruben Brunhart. **Sommelière:** Marion Jambor.
CC: Diners, MC/EC, Visa. **Sitzplätze:** 35. **Garten:** 35.

Nach langen Jahren des Umbaus präsentiert sich das Palais Liechtenstein nun in prächtigem Gewand. Eine Großstadtoase schlechthin ist der traumhafte Schloss-

park. Und auch das mit Spannung erwartete „Ruben's Palais" kann die selbst gestellten hohen Ansprüche überwiegend erfüllen. Küchenchef Ruben Brunhart, noch aus dem „Pan e Wien" bestens bekannt, kocht sich inspiriert, kreativ und mit dem richtigen Quäntchen Esprit durch eine franko-kosmopolitische Gerichtepalette. Speisen wie Hummer mit Muskattrauben und Mandelöl oder Geräuchertes Spanferkel mit karamellisiertem Knoblauchpüree und Kümmel klingen nicht nur wie Gaumenschmeichler, sondern munden auch köstlich. Subtile Geschmacksnuancen, faszinierende Aromenspiele und ein gerüttelt Maß an Phantasie ergeben unterm Strich eine große Küche und ein noch größeres Versprechen für die Zukunft. Die Weinkarte ist eindrucksvoll bestückt und wird auch von Restaurantleiterin Marion Jambor exzellent präsentiert. Rundum also eine feine Sache – nicht nur für Museumsbesucher. **Aus der Karte:** Gefüllter Wolfsbarsch, Sellerie, Erdäpfel & Tomaten; Geräuchertes Spanferkel, karamellisiertes Knoblauchpüree & Kümmel; Apfelpunschgranité.

Saigon

Getreidemarkt 7, 1060 Wien, Tel./Fax: 01/585 63 95, www.saigon.at
Küchenzeiten: Di.–So. 11.30–22.30. **Inhaber/Küchenchef:** Lam Van.
CC: MC/EC, Visa. **Sitzplätze:** 110.

Das helle, in zwei Flügel geteilte Restaurant ist mit zahlreichen, teils geschmackvollen asiatischen Deko-Elementen geschmückt. Die Küche ist klassisch vietnamesisch ausgerichtet – Suppen, Vorspeisen, Nudel- und Reisgerichte, diverse Fleischspeisen und Desserts in großer Auswahl bieten genug Wahlmöglichkeiten für jeden Gusto, wobei die Auswahl durch Abbildungen für manchen noch erleichtert wird. Tadellose Rohprodukte, Harmonie und Konsistenz passen. Weintrinker müssen sich mit einem frugalen Angebot zufrieden geben, dafür gibt es südostasiatisches Bier, chinesische Digestifs, exotische Fruchtgetränke und asiatische Tees. **Aus der Karte:** Vietnamesische Udon-Nudelsuppe mit Hühnerfleisch; Gebratener Tintenfisch mit Zitronengras & Zwiebeln; Rindfleischspieß, eingewickelt in Blättern, mit Reisnudeln und Reispapier.

Salut

Wildpretmarkt 3, 1010 Wien, Tel./Fax: 01/533 13 22, www.salut.at
Küchenzeiten: Di.–Sa. 11.30–14, 18–22.30 (an Fei. geschlossen). **Inhaber/Küchenchef:** Florian Cmyral. **Sommelier:** Olivier Sensay. **CC:** Amex, Diners, MC/EC, Visa. **Sitzplätze:** 48. **Terrasse:** 16.

Ein freundliches und sympathisches französisches Landhaus mitten in Wien. Die Einrichtung ist subtil rustikal, und wer Hähne mag, kann sich hier an dem gallischen Maskottchen einmal richtig satt sehen. Das Speisenangebot ist in die Bereiche „comme toujours", also „wie gehabt", und „pour changer", frei über-

Espress yourself

Gewinnen Sie mit Lavazza ein Feinschmecker-Wochenende in Barcelona!

Einfach die Frage auf der Rückseite beantworten – und mit etwas Glück genießen Sie bald kulinarische Lebenskultur. Olé!

LAVAZZA
ITALY'S FAVOURITE COFFEE

Mitmachen und gewinnen!

Barcelona: Während Sie tagsüber die aufregende Metropole und den Strand erkunden, erwartet Sie am Abend kulinarische Extravaganz im „El Bulli", dem 3-Sterne-Restaurant vom kürzlich zum Weltkoch ernannten Ferran Adrià. Sein Gourmet-Tempel hat nur sechs Monate im Jahr geöffnet und ist, als beliebtes Ziel für Feinschmecker aus aller Welt, sofort ausgebucht. Speziell für Sie hat Lavazza bereits einen Tisch reserviert!

Lavazza verlost:

1. Preis: ein Wochenende in Barcelona für 2 Personen inklusive eines Abends in Ferran Adriàs Restaurant „El Bulli"

2.–10. Preis: je ein exklusives Exemplar des aktuellen Lavazza-Kalenders

Wie heißt der erste Caffè von Lavazza, den man essen kann?

☐ **Expresso**   ☐ **èspesso**   ☐ **Espresso**

Einfach Gewinncoupon ausfüllen, ausschneiden und bis zum 28. Februar 2005 senden an:
LAVAZZA Kaffee GmbH · Johnstraße 4–6 · A-1150 Wien

Absender: ☐ Frau   ☐ Herr

Name, Vorname

Straße/Nr.

PLZ/Ort

E-Mail   Alter   Telefon

Teilnahmeberechtigt sind alle Einsender außer Mitarbeiter der Firmen Lavazza Kaffee GmbH, A la Carte deren Angehörige. Der Rechtsweg ist ausgeschlossen. Eine Barauszahlung der Gewinne ist nicht möglich.

☐ Ich bin damit einverstanden, dass mich die Firma Lavazza über News und Veranstaltungen informiert.

Lavazza: Qualität und Kreativität

Zum Erfolg des Unternehmens haben neben Erfindergeist und Ideenreichtum auch Qualität und Caffè-Kompetenz beigetragen. Mittlerweile manifestiert sich die Wissenschaft um die braune Bohne in weltweit 21 Lavazza-Training-Centres, wie z. B. in Wien. Hier werden dem Gastronomen die großen und kleinen Geheimnisse der italienischen Caffè-Kultur – von der Zubereitung des perfekten Espressos bis zu außergewöhnlichen Caffè-Spezialitäten – vermittelt.

So beweist Lavazza auch seine fortwährende Lust am Experimentieren mit „I Piaceri del Caffè" – die bekannte und bei Gastronomen wie Gästen gleichermaßen beliebte Lavazza-Rezeptserie.

Mindestens ebenso spannend ist auch Jahr für Jahr die Frage, wer die Motive des neuen Lavazza-Kalenders fotografiert. Da dieser nur in limitierter Auflage erscheint und nicht käuflich zu erwerben ist, avancierte er schnell zum Kult-Objekt unter Lavazza-Fans. Die Aufnahmen für 2004 stammen von Thierry Le Gouès und nehmen den Betrachter mit auf eine intergalaktische „Mission to Espresso".

passion›me™ – die neueste Kreation von Lavazza und Ferran Adrià:

passion›me™ – mit der kühl-kühnen Mischung aus original italienischem Caffè und tropischer Passionsfrucht setzt Lavazza die Kooperation mit Ferran Adrià fort.

Trendsetter und Caffè-Genießer mixen sich ihren Caffè-Cocktail jetzt selbst! Ob als Caffè-Kick zwischendurch oder als

passion›me™

Longdrink am Abend – **passion›me™** belebt Geist und Sinne rund um die Uhr. Serviert wird das Kult-Getränk in einem trendigen, eigens von Lavazza entwickelten Shaker-Becher, der gekrönt ist von einer Kappe in Espresso-Tassen-Form. Der Clou: Erst durch eigenhändiges leidenschaftliches Schütteln vereint sich das einzigartige Espresso-Aroma mit der fruchtig-frischen Passionsfrucht. Tropische Erfrischung und leidenschaftlicher Caffè-Genuss sind garantiert!

Noch Fragen an Lavazza?
Espress yourself at:
Lavazza-Kundenservice
Telefon: 0810-24 24 10

Lavazza und Ferran Adrià:

Die perfekte Verbindung von Genuss und Innovation

Wenn der berühmte katalanische Kreativkoch Ferran Adrià auf die Caffè-Experten von Lavazza trifft, erwartet die Caffè-Welt eine kleine Revolution. So kreierte das Duo 2002 gemeinsam ein absolutes Novum in der Welt des Caffès: „èspesso" – der erste Caffè, den man essen kann". Dieser feste Espresso wird im Gegensatz zur klassischen Variante gelöffelt und überrascht durch außergewöhnlichen Geschmack.

setzt „endlich mal was anderes", unterteilt. Fernab von typischen französischen Standardklischees kann man echte französische Küche kennen lernen. Auch die Durchführung entspricht en gros den Erwartungen. Es wird solide und seriös gekocht. Nicht alles gelingt hundertprozentig, aber meistens handelt es sich nur um kleine Schönheitsfehler, die dem Genuss keinen Abbruch tun. Natürlich gibt es eine umfassende Weinkarte, auf der alle französischen Weinbauregionen zu Ehren kommen. Entsprechende Edelbrände sind ebenfalls in angemessener Auswahl vorhanden. **Aus der Karte:** Suprême de Pintade, Riz rouge de Camargue, Pequillos, Jus persillé (Perlhuhnbrust, roter Camargue-Reis, Pequillos, Petersiljus).

Salzamt

Ruprechtsplatz 1, 1010 Wien, Tel./Fax: 01/533 53 32
Küchenzeiten: Mo.–Fr. 12–24, Sa., So. 17–24.
Szene-Klassiker, der nach wie vor zu empfehlen ist. „Insbesondere Mittwoch und Donnerstag, wenn in der Ruprechtskirche ein Konzert gegeben wird."
Empfohlen von Willi Bründlmayer, Winzer

San Carlo

Mahlerstraße 3, 1010 Wien, Tel.: 01/513 89 84
Küchenzeiten: Mo.–Sa. 12–15, 18.30–23.30.
Die schicke Cityadresse für gepflegte italienische Küche und ein gehobenes Publikum, dem Küchenchef Ciro Buono all das serviert, was man seit Jahrzehnten mit mediterranem Gaumengenuss verbindet: Vom Carpaccio bis zur Zabaione erwartet einen tadellos zubereitete Italokost.

Schilling

Burggasse 103, 1070 Wien, Tel.: 01/524 17 75
Küchenzeiten: 11–24.
„Wunderschönes, altes Wiener Gasthaus mit feiner Hausmannskost und gut sortierter Weinkarte."
Empfohlen von Fritz Wieninger jun., Winzer

DER AKTUELLE GOURMETTREND.

JAHRGANGS PILS

WWW.JAHRGANGSPILS.AT

Wien

Schnattl

Lange Gasse 40, 1080 Wien, Tel./Fax: 01/405 34 00
Küchenzeiten: Mo.–Fr. 11.30–14.30, 18–24 (an Fei. geschlossen). **Betriebsferien:** je zwei Wochen nach Ostern und Ende August 2005. **Inhaber/Küchenchef:** Wilhelm Schnattl. **CC:** Amex, Diners. **Sitzplätze:** 60. **Garten:** 38.
Durchschnittspreis bei 3 Gängen: € 33,–.

Das Markenzeichen des Lokals, die grün lackierte Holztäfelung, ist unverändert. Neu hingegen ist die Beleuchtung, die eine angenehme, heimelige Atmosphäre erzeugt. Im Sommer vermittelt der kleine Hof mit seinem spärlichen Grün gepflegte Hinterhofromantik. Wilhelm Schnattl pflegt seit Jahren ein kreativ gestaltetes Österreichprogramm, in dem heimische saisonale Produkte ebenso einen festen Platz haben wie auch mediterrane Kompositionen. Handfestes Können und Begeisterung bis ins letzte Detail garantieren fast immer mehr als befriedigende kulinarische Ergebnisse. Die niveauvolle Weinauswahl passt ebenfalls. **Aus der Karte:** Carpaccio vom Rindsfilet; Gebirgsseesaibling (Gut Dornau) und Spargelgröstl; Perlhuhnbrust mit gefülltem Paprika.

Schönborn

Piaristengasse/Ecke Florianigasse, 1080 Wien, Tel./Fax: 01/405 95 33
Küchenzeiten: 11–15, 17.30–23.

Kleines unprätentiöses unkitschiges Gasthaus. Best of: Knusprige Ente oder die mongolischen Spezialitäten. Frau Wu und Frau Zhu aus der Provinz Zhe Jiang bedienen Sie.

Empfohlen von Ro Raftl, Profil-Society

Schrammelbeisl

Kalvarienberggasse 51, 1170 Wien, Tel.: 01/405 43 46, Fax: 408 36 90
Küchenzeiten: Di.–Sa. 11–14, 18–22, So., Fei. 11–15.
Gemütliche Wiener Atmosphäre, hervorragende Küche und gutes Weinangebot.

Empfohlen von Christian Konrad, Raiffeisen-Generalanwalt

Schutzhaus am Amesbach

Braillegasse 1, 1140 Wien, Tel./Fax: 01/914 61 55
Küchenzeiten: Di. 15–21.30, Mi.–So. 11–21.30.
„Tolle Sicht auf Wien, schattiger großer Garten, sehr zünftige Speisen. Teilweise sehr gute Gäste aus Werbung, Kunst und Business, auch Kabaretts, Konzerte …"

Empfohlen von Alexander Rinnerhofer, Wirtschaftsblatt

---

www.alacarte.at – Die besten Destillate

Wien

Schwarzer Adler

Schönbrunner Straße 40, 1050 Wien, Tel.: 01/544 11 09, Fax: Dw. 14, gastro@gastroguide.at, www.gastroguide.at
Küchenzeiten: Di.–Sa. 11.30–14.30, 18–22.30. **Inhaber/in:** Evelyne und Stefan Blank.
Küchenchef: Markus Jeindl. **Sommelier:** Christian Friedrich. **CC:** MC/EC, Visa.
Sitzplätze: 120. **Garten:** 70. **Durchschnittspreis bei 3 Gängen:** € 29,–.

Ausnehmend gemütliches und traditionsreiches Wirtshaus mit rustikalen Stuben und einem prächtigen, schattigen Innenhofgarten. Küchenchef Markus Jeindl serviert einen stimmigen Mix an altbekannten und hoch geschätzten Wiener Klassikern, die frei von jeglichen sinnlosen Veränderungen sind. Und so genießen wir von den Appetithäppchen, etwa einer köstlichen Blunznlasagne mit Kren, bis zu den hauchdünnen Marillenpalatschinken einfühlsam und tadellos zubereitete Gerichte der feinen Wiener Art. Engagiert und herzlich betreut wird man vom liebenswerten Wirtspaar Evelyne und Stefan Blank. Weit über dem üblichen Wirtshausstandard angesiedelt ist das tolle Sortiment an Weinen und Digestifs. Untadelig ist auch der Umgang mit Bier. **Aus der Karte:** Getrüffelte Selleriecremesuppe; Entenbrust, rosa gebraten, mit getrüffelten Krautfleckerln und Rotweinsauce.

Schweizerhaus

Prater 116, 1020 Wien, Tel.: 01/728 01 52, Fax: Dw. 29
Küchenzeiten: 11–23.
„Die besten Stelzen, das beste Bier und der originellste Gastgarten. Wer sich hier nicht wohl fühlt, ist eindeutig selber schuld."
Empfohlen von Walter Eselböck, Restaurant „Taubenkobel"

Sebastiano

Mayerhofgasse 22, 1040 Wien, Tel.: 01/505 41 17
Küchenzeiten: Mo.–Fr. 12–14, 18–23, Sa. 18–23.
Noch ein Geheimtipp: „Kleiner, feiner, exquisiter Italiener mit viel Atmosphäre und einer Küche zum Niederknien!"
Empfohlen von Barbara Karlich, ORF-Talkerin

Seidl

Ungargasse 63, 1030 Wien, Tel./Fax: 01/713 17 81, www.gasthaus-seidl.at
Küchenzeiten: Mo.–Fr. 11–22 (an Fei. geschlossen). **Betriebsferien:** 24. 12. 2004– 6. 1. 2005. **Inhaber/in:** Anita und Franz Seidl. **Küchenchef:** Anton Kotnik. **Sommelier:** Franz Seidl. **CC:** Visa. **Sitzplätze:** 70. **Garten:** 25.
Durchschnittspreis bei 3 Gängen: € 25,–.

Dank des fast alljährlichen Kochwechsels ist das kulinarische Angebot dieses Hauses leider einigen Schwankungen unterworfen. Hat man letztes Jahr noch Ambitionen in Sachen gehobener Küchenkultur signalisiert, ist nun wieder österreichische Rustikalität angesagt. Aber wer kann schon einem Erdäpfelgulasch mit einer Dürren oder Krautrouladen widerstehen? Bei dieser Richtung sollte man wohl auch in Zukunft bleiben. Wirt Franz Seidl ist ein erfahrener Wein- und Destillatefachmann, der sich gerne zu Fachsimpeleien hinreißen lässt. Das Angebot an erstklassigen, in erster Linie österreichischen Weinen ist jedenfalls phantastisch und durchaus für eine nähere Inspektion empfohlen. **Aus der Karte:** Butterschnitzel vom Wels mit Kapernsauce & Erdäpfelpüree; Lammgulasch mit Zitronensauce; Schmarrn vom „Pirker Lebkuchen" mit Rotwein-Weichseln.

Selina

Laudongasse 13, 1080 Wien, Tel.: 01/405 64 04, Fax: 408 04 59
Küchenzeiten: Mo.–Fr. 11.30–14, 18–23, Sa. 18–23, So., Fei. 11.30–15. **Inhaber:** Wieser, Bryniarski, Verzi. **Küchenchef:** Alexander Verzi. **CC:** Amex, Diners, MC/EC, Visa.
Sitzplätze: 70. **Durchschnittspreis bei 3 Gängen:** € 51,–.

Traditionsreiche und verlässliche Adresse für gehobene Kulinarik. Daran haben weder die Fluktuation in der Küche noch der vor einigen Jahren stattgefundene Besitzerwechsel etwas geändert. Bloß das Ambiente ist heute viel stimmiger und gemütlicher, als es einmal war. Chef de Cuisine Alexander Verzi entwirft ein spannendes und phantasievolles Kulinarium, das sich gleichermaßen durch eine dekorative Präsentation wie auch durch eine harmonische und subtile Aromen- und Geschmacksfülle auszeichnet. Erstklassige Produktqualität und tadelloses handwerkliches Können garantieren einen netten Abend. Eine Freude ist auch das wohl sortierte Weinangebot, bei dem sich bekannte Größen und Geheimtipps die Waage halten. Und nicht zuletzt wird das Thema Edelbrand sehr niveauvoll abgehandelt. **Aus der Karte:** Schaumsuppe von Frühlingskräutern mit Morchelravioli; Lamm mit eingelegten Zitronen, weißen Bohnen und Bärlauchjoghurt mit Kreuzkümmel; Schokolade-Erdnuss-Kuchen mit Karamell und Bananen.

Shambala

im Le Meridien, Opernring 13–15, 1010 Wien, Tel.: 01/588 90-7000, Fax: Dw. 90, info.wien@lemeridien.com, vienna.lemeridien.com
Küchenzeiten: 12–15, 18–23. **Inhaber:** Deka Immobilienfond. **Küchenchef:** Christoph Brandstätter. **Sommelier:** Bradley Knowles. **CC:** Amex, Diners, MC/EC, Visa.
Sitzplätze: 128. **Durchschnittspreis bei 3 Gängen:** € 41,–.
Übernachtungsmöglichkeit.

Im neuen, sehr modern gestylten Ringhotel Le Meridien untergebrachtes, in Lila-Pink gehaltenes Restaurant, das eine sehr zeitgeistige französisch-internationale Küche pflegt. Die Karte ist überschaubar und jedes Gericht klingt einfach sehr anregend. Der Haken ist bloß, dass der Geschmack von Tabakbeize, kandiertem Kren, violetter Senfsauce, Nelkenpfefferdampf und Co. fast bei jedem Gericht hinter den geweckten Erwartungen herhinkt. Unterm Strich eine sehr bemühte Hotelküche. Die Weine kommen aus der ganzen Welt, wobei beim offenen Angebot Gutes neben Verzichtbarem steht. Bemerkenswert die gewaltige Auswahl an Mineralwässern. Sehr nett – wenn auch sprachlich gewöhnungsbedürftig bundesdeutsch – ist der Service. **Aus der Karte:** Gänseleber im Apfel mit Trüffel und Pecannusssauce; Tomaten-Paprika-Schaumsuppe in Rot und Weiß; Rindsfilet aus der Teriyakibeize und knuspriger Polentaspitz; Marzipan-Pudding mit Backpflaumenmousse im Schokoladenkorb.

Shanghai

Margaretenstraße 11, 1040 Wien, Tel./Fax: 01/587 13 10,
benshanghai@yahoo.com, www.shanghai.at
Küchenzeiten: Mo.–Sa. 18–23. **Inhaber:** Familie Lu. **Küchenchefin:** Yao Li. **Sitzplätze:** 20. **Durchschnittspreis bei 3 Gängen:** € 16,–.
Winziges Restaurant mit ungeahnten Küchenqualitäten. Aus der Miniküche kommen erstaunliche Dinge, trotzdem würden wir der Köchin mehr Platz bei der Zubereitung gönnen. Es könnte sich auch auf die Speisen positiv auswirken. Wie auch immer, eine dermaßen spannende Version der Shanghai-Küche bekommt man in Österreich nirgendwo anders vorgesetzt. Und am besten wählt man eines der Menüs zwischen „gemütlich" und „verrückt" – eine köstliche Reise durch exotische Geschmackswelten ist garantiert. Das Getränkeangebot war nie eine Stärke dieses Hauses, man beschränkt sich auf das Notwendigste. **Aus der Karte:** Moni-Jaozi (Teigtaschen gefüllt mit Gemüse); Pikantsäuerliche Suppe; Lammfleisch in Soja-Chili-Sauce, dazu gebratenes Gemüse; Gekochte Reisbällchen gefüllt mit Mohn und Marzipan.

Wien

Sichuan

Arbeiterstrandbadstraße 122, 1220 Wien, Tel.: 01/263 37 13, Fax: 263 37 14
Küchenzeiten: Mo.–Fr. 11.30–14.30, 17.30–23, Sa., So., Fei. 11.30–23.
Das mit Abstand schönste chinesische Restaurant des Landes verfügt über eine ausufernde Speisenauswahl, die neben Bewährtem, wie dem mit Chili und Bergpfeffer gewürzten Rindfleisch, stets mit erstaunlichen Gerichten, wie der Stelze nach dem Rezept des Dichters Dongpo aus der Song-Dynastie, für kulinarische Spannung sorgt. Vieles aus dem Angebot gerät aber leider eher durchschnittlich.

SKY Restaurant

Kärntner Straße 19, 1010 Wien, Tel.: 01/513 17 12, Fax: Dw. 20, www.skyrestaurant.at
Küchenzeiten: Mo.–Sa. 12–15, 18–23.30. **Inhaber:** Familie Schmid. **Küchenchef:** Andreas Handler. **CC:** Amex, Diners, MC/EC, Visa. **Sitzplätze:** 180. **Terrasse:** 80. **Durchschnittspreis bei 3 Gängen:** € 45,–.

Die Bezeichnung „SKY" ist nicht vermessen für dieses Restaurant, das übrigens „A la Carte"-Herausgeber Hans Schmid gehört. Man blickt auf das mächtige Dach des Stephansdoms sowie auf einige andere Dächer der Wiener Innenstadt und fühlt sich schlechthin im Besitz des Überblicks, ein wenig wie auf einem Schiff über das Dächermeer schwebend. Der Service agiert souverän und verliert nur selten die Übersicht. Auch für den Gaumen ist in jeder Hinsicht gesorgt – ob Tafelspitz oder Frühlingsrolle, man ist für jeden Gusto gewappnet. Andreas Handler kocht trendy und steuert originelle Kombinationen an, die nicht selten auch geschmacklich Sinn machen. Dazu werden Kreszenzen aus den besten Lagen offeriert, die auf einer übersichtlichen Weinkarte vorbildlich aufgelistet sind. Nicht ganz so vorbildlich ist die Weinberatung. Ein Besuch in der benachbarten Bar – davor oder danach – ist obligatorisch. **Aus der Karte:** Zanderfilet auf Rahm-Speck-Kraut mit Apfelmostsauce; Orangenhuhn mit Ingwer, schwarzen Oliven und Rosmarin-Speck-Kartoffeln.

Stadtwirt

Untere Viaduktgasse 45, 1030 Wien, Tel.: 01/713 38 28, Fax: Dw. 4
Küchenzeiten: Mo.–Fr. 11–23, Sa. 17–23, So., Fei. 11–15.
„Zwar kein Geheimtipp mehr, aber immer eine Empfehlung wert. Unkompliziert essen auf teils hohem Niveau. Tolle Weinkarte."

Empfohlen von Barbara van Melle, ORF-Moderatorin

Einige angeführte Betriebe haben es vorgezogen, uns die Übermittlung ihrer Daten (wie Öffnungszeiten, Küchenchef etc.) zu verwehren. Wir können daher für die Richtigkeit und Vollständigkeit dieser Angaben keine Gewähr übernehmen.

Wien

Stasta

Lehmanngasse 11, 1230 Wien, Tel.: 01/865 97 88, Fax: Dw. 35,
hotel@stasta.at, www.stasta.at   B❋G

Küchenzeiten: Di.–Sa. 11.30–14.30, 18–21.30. **Betriebsferien:** 24. 12. 2004–10. 1. 2005. **Inhaber:** Herbert und Wolfgang Glotz. **Küchenchef:** Anton Brocic. **Sommelier:** Günter Sykora. **CC:** Amex, Diners, MC/EC, Visa. **Sitzplätze:** 90. **Garten:** 90. **Durchschnittspreis bei 3 Gängen:** € 26,–. **Übernachtungsmöglichkeit.**

Weitab in der Vorstadt gelegener Familienbetrieb, der seine Gäste nicht nur mit Aushilfsregenschirmen, sondern auch mit Lesebrillen und Handy-Ladestation verwöhnt. Fraglos eine Folge des geographisch bedingten hohen Stammkundenanteils. Kulinarisch weit bedeutsamer ist aber, dass der „Stasta" – übrigens nach Großvater Pepi Stasta benannt – ein Dorado für Fans von Styria Beef ist. Eine eigene Rostbratenkarte weist entsprechend auf das Angebot hin, das aber auch mit anderen österreichischen Küchenklassikern überzeugt. Fazit: gepflegte, schmackhafte und sehr elegante Wiener Küche vom Feinsten. Dazu passt das schöne, rein österreichische Weinangebot, und auch das Hausbier mundet ganz vortrefflich. Feine Digestifs. **Aus der Karte:** Matjesfilet mit pikanter Fülle auf Apfelscheiben; Karottenschaumsuppe; Filetsteak vom Bio-Jungrind mit Gemüsebouquet und Bratkartoffeln; Papayaparfait mit frischen Früchten.

Steirer Stub'n

Wiedner Hauptstraße 111, 1050 Wien, Tel.: 01/544 43 49, Fax: 544 08 88,
steirerstuben@chello.at, www.steirerstuben.at   B❋G

Küchenzeiten: Mo.–Sa. 11–23.30 (an Fei. geschlossen). **Inhaberin:** Erika Weidinger. **Küchenchef:** Christoph Kastner. **Sommelier:** Bizat Boyku. **CC:** Amex, Diners, MC/EC, Visa. **Sitzplätze:** 140. **Durchschnittspreis bei 3 Gängen:** € 33,–.

Das gepflegt-rustikale Traditionshaus steht seit vielen Jahren für gehobene Küchenkultur. Standards der österreichischen Küche werden auf hohem professionellen Niveau zubereitet und harmonieren auch bestens mit den innovativeren Kreationen von Küchenchef Christoph Kastner. Saisonales findet ebenso seinen Platz wie frische Meeresfrüchte und exzellente Pastavariationen, die nicht nur schmecken, sondern auch ein besonderer Blickfang waren. Eine Küche, die weit entfernt von einer bürgerlich-behäbigen Deftigkeit angesiedelt ist und mit gekonntem Aromaspiel und kreativer Frische zu überzeugen vermag. Die Weinkarte und das Digestifangebot wurden mit Kompetenz zusammengestellt. **Aus der Karte:** Angler-Medaillons mit Kräutern gebraten, dazu Curry-Zucchini-Gemüse, Basmatireis; Rindslungenbraten-Scheiben vom Grill mit Steinpilznudeln und frisch gehobeltem Parmesan; Frische Mangospalten, in Briochebrösel gebacken, mit Erdbeersalat und Mango-Ingwer-Eis.

Wien

Steirereck

Rasumofskygasse 2, 1030 Wien, wien@steirereck.at, www.steirereck.at
Am Heumarkt 2A, 1030 Wien, Tel.: 01/713 31 68, Fax: Dw. 2
Küchenzeiten: mittags und abends. **Inhaber:** Familie Reitbauer. **Küchenchefs:** Helmut Österreicher, Heinz Reitbauer junior. **Sommelier:** Adolf Schmid.
CC: Amex, Diners, MC/EC, Visa.
Sitzplätze: 75. **Garten:** 30.

Seit Jahren begleiten diesen Guide die Umzugspläne des „Steirerecks" in die neue Location im Wiener Stadtpark. Behörden und Politiker verzögerten die Renovierung der alten Meierei-Bausubstanz gewaltig, aber irgendwann im Oktober 2004 soll es endlich so weit sein. Das neue „Steirereck" im Stadtpark wird dann etappenweise eröffnet. Anfangs einmal nur die so genannte Meierei im Erdgeschoß. Warme Wiener Mehlspeisen, 150 Käsesorten und dazu passende Weine werden die neugierigen Gäste auf ihrer Besichtigungstour durch das neue Domizil der Familie Reitbauer laben. Das ist aber nur der Anfang. Bei Redaktionsschluss wurde die eigentliche Restauranteröffnung im ersten Stock für Anfang 2005 prognostiziert. Bis dahin wird große Küche an der alten Adresse geboten. Dass dann an der neuen Adresse das idente kulinarische Angebot serviert wird, erscheint weder logisch noch wirklich wünschenswert. Mit Sicherheit werden schon jetzt viele mögliche Innovationen nicht mehr realisiert, um dann umso perfekter umgesetzt zu werden. Weil neue Zeiten neue Bewertungen brauchen, setzen wir die Bewertung für diese Saison aus. Was dann das „Steirereck" im Stadtpark zum vielleicht wieder besten Restaurant des Landes machen soll, darf gespannt erwartet werden. Bis dahin verweisen wir auf die alte Adresse mit 5-Sterne-Qualität. **Aus der Karte:** Gänseleberschnitte mit Spargel und Erdbeer-Rhabarber; Zander mit Brennnessel; Rosa Rehschlögel in schwarzer Ribiselsauce und Schwammerlgolatsche; Geeistes Schafjoghurt mit Erdbeeren und Pistazien.

Steirerstöckl

Pötzleinsdorfer Straße 127, 1180 Wien, Tel.: 01/440 49 43, Fax: 440 64 49,
steirerstoeckl@jagawirt.at, www.steirerstoeckl.at   B☉G
Küchenzeiten: Mi.–So. 11.30–22. **Inhaber:** Peter Goach. **Küchenchef:** Dieter Skrobanek.
Sitzplätze: 80. **Garten:** 80. **Durchschnittspreis bei 3 Gängen:** € 30,–.

Das am Ende des Pötzleinsdorfer Schlossparks gelegene „Steirerstöckl" der weststeirischen Gastronomenfamilie Goach ist schick und hip wie nie. Wen wundert's, sitzt man doch dort wirklich allerfeinst und vergisst dabei, dass einem eine pulsierende Millionenstadt zu Füßen liegt. Reservieren ist also Pflicht, insbesondere an den raren schönen Tagen könnten die Betreiber das Haus vielfach füllen. Aber auch drinnen in den Stuben ist Wohlgefühl angesagt. Küchenchef Dieter Skrobanek serviert steirische Gerichte, die sich großteils an dem Küchenplan des Stammhauses („Jagawirt") in St. Stefan ob Stainz orientieren. Es gibt also Flecksuppe mit Sterzknöderl, Carpaccio vom steirischen

NESPRESSO PROFESSIONAL,
Einfach perfekt!

www.nespresso.com

Wien

Almstier, Waldschwein, steirische Bergbachforellen und andere regionale Köstlichkeiten. Dazu passen natürlich steirische Weine. **Aus der Karte:** Bärlauchtascherl mit Butterbrösel auf Blattsalat; Gebratenes Filet von der steirischen Bergbachforelle, dazu ein Spargelrisotto; Reinischkogler Waldschweinbraten auf einer Kümmel-Bier-Sauce, mit Paprikakraut und Kräuterknödel; Parfaitvariation auf einer Schwarzbeersauce.

Stern

Gumpendorfer Straße 34, 1060 Wien, Tel.: 01/585 21 93, Fax: 585 24 93
Küchenzeiten: Di.–So. 11–15, 17–24.
„Feine Wiener Küche, leicht zubereitet und ein aufmerksamer Service. Ein zeitgemäßes gehobenes Wiener Beisl at its best."
Empfohlen von Ossi Schellmann, „summer stage"-Initiator

Stomach

✱ 62 🍷

Seegasse 26, 1090 Wien, Tel.: 01/310 20 99
Küchenzeiten: Mi.–Sa. 18–23.30, So. 12–21.30. **Betriebsferien:** eine Woche zu Weihnachten 2004. **Inhaber:** Stomach Ges.m.b.H. **Küchenchef:** Christian Zeillinger. **Sommelier:** Gerald Mauerhofer. **Sitzplätze:** 60. **Garten:** 40. **Durchschnittspreis bei 3 Gängen:** € 28,–.
Das „Stomach" hat in jeder Hinsicht seinen eigenen Stil und will daher auch nicht in gängige Vorstellungen von einem guten Restaurant passen. Schlichtheit und Gemütlichkeit, unkomplizierter Umgang und unprätentiöse Küche sind Trumpf – etwas anderes hat hier keinen Platz. Das Ambiente des „Vorstadtgasthauses" mit nettem Gastgarten bestimmt die gesamte Atmosphäre. Hier dürfen die Kellner granteln, ohne dass es unangenehm käme, hier wird nicht alles übel genommen, was nicht ganz den Erwartungen entspricht. Allein die Küche stimmt nicht in dieses Laisser-faire ein. Sie ist komplett eigenständig, manchmal ungewöhnlich, meist steirisch, manchmal auch bieder und passt sich dem Haus dennoch bestens an. Ein Ort zum Wohlfühlen und nicht zum Meckern. **Aus der Karte:** Steirisches Vitello vom Kalbsrücken; Bachforellenfilet vom Gut Dornau mit jungem Spinat, Erdbeeren & Spargel; Entrecôte mit Spargel-Rucola-Gröstl; Frisch gebackenes Kirschengratin mit Amarena-Eis.

Tartufo

Frömmelgasse 36, 1210 Wien, Tel./Fax: 01/278 66 76
Küchenzeiten: 11–14.30, 17–23.30.
„Bester Italiener Wiens ‚über der Donau'. Authentische italienische Küche, gute Preis-Leistung bei Weinen."
Empfohlen von Georg Wailand, Gewinn

Wien

Tee & Sushi

Kühnplatz 4, 1040 Wien, Tel.: 01/585 54 28
Küchenzeiten: Mo.–Fr. 11.30–14.30, 17.30–22, Sa. 12–22.
Das schöne Souterrainlokal in Naschmarktnähe bietet japanische Hausmannskost in allerbester Qualität, in erster Linie aber wunderbar frisches Sushi, das vom liebenswerten Patron handwerklich perfekt zubereitet wird.

Tempel

Praterstraße 56/Innenhof, 1020 Wien, Tel./Fax: 01/214 01 79,
restaurant.tempel@utanet.at
Küchenzeiten: Di.–Fr. 12–14.30, 18–23.30, Sa. 18–23.30. **Betriebsferien:** 24. 12. 2004–7. 1. 2005. **Inhaber/Küchenchef:** Rudolf Warzwiesinger. **Sommelier:** Michael Wendelin.
CC: Diners, MC/EC, Visa. **Sitzplätze:** 40. **Garten:** 20.
Durchschnittspreis bei 3 Gängen: € 31,–.

Das versteckt in einem Innenhof an der Praterstraße gelegene Restaurant gilt seit Jahren als Garant für niveauvolle und kreative Küche. Die Atmosphäre ist freundlich und gepflegt, auch wenn noch immer ein Hauch von Alternativbeisl durch die zwei Gasträume spukt. In der Küche legt man großen Wert auf eine hohe Qualität der Rohprodukte und die Erhaltung ihres Eigengeschmacks. Man würzt dezent, erreicht aber mit spannenden Kombinationen außergewöhnliche Harmonien und Aromen. Nicht zuletzt die gelungene Präsentation erzeugt unterm Strich einen sehr stimmigen Eindruck. Günstige Mittagsmenüs und der nette Garten sind weitere Bonuspunkte. Das Weinangebot konzentriert sich in erster Linie auf gute bis sehr gute österreichische Weine, auch glasweise ist die Auswahl sehr erfreulich. Die Palette an Biogetränken wird Ernährungsbewusste ebenso freuen wie die Tatsache, dass die Küche statt Gelatine nur Agar Agar verwendet. **Aus der Karte:** Ratatouille in Agar Agar mit Auberginenpüree und gebratenem Lammfilet; Dornauer Zanderfilet, in Weinteig gebacken, mit pannonischem Gemüse und heurigen Rosmarinerdäpfeln; Hüferlsteak mit Kräuterkruste auf Erdäpfel-Eierschwammerl-Gröstl; Gestürzte Mandelcreme mit frischem Pfirsichsalat und knusprigem Mandelgebäck.

Wien

Tenmaya

 73

Krugerstraße 3, 1010 Wien, Tel.: 01/512 73 97, Fax: 512 46 86, www.tenmaya.at
Küchenzeiten: 11.30–14.30, 17–23. **Inhaber:** Kazue Ibaragi. **Küchenchef:** Kono Takeharu. **Sommelier:** Richard Putz. **CC:** Amex, Diners, MC/EC, Visa. **Sitzplätze:** 100. **Garten:** 50. **Durchschnittspreis bei 3 Gängen:** € 33,–.

Nicht nur das am stimmigsten und schönsten gestylte japanische Restaurant, sondern auch eines der besten. Langzeitküchenchef Kono Takeharu ist die Konstante in diesem Haus, das neben der Pflege der weithin bekannten Nippon-Klassiker Sashimi, Sushi, Teppanyaki und Co. insbesondere das traditionelle Kaiseki-Menü in den Vordergrund rückt. Zwölfmal im Jahr kann der Küchenchef bei der Komposition dieser vielgängigen Speisefolgen, die insbesondere Bezug zur Jahreszeit haben, all seine Kreativität und sein Können ausspielen. Da die Speisen nicht nur wunderbar angerichtet werden, sondern auch das verwendete Porzellan in einem engen Bezug zum jeweiligen Gericht steht, werden einem im Rahmen der Kaiseki-Menüs tatsächlich Gesamtkunstwerke serviert. Ein wenig Mut braucht man, aber der macht sich vielfach bezahlt. Dank dem großteils erstklassigen Service fällt es auch nicht schwer, das passende Getränk auszuwählen. Japanische Biere und Tees bieten sich ebenso an wie ein paar ordentliche Flaschen Wein. **Aus der Karte:** Gegrillte Pazifik-Garnelen mit gegrillten Sojabohnensprossen; Tori – Ausgelöste Junghühnerkeulen mit gegrillten Sojabohnensprossen; Matcha-Eis aus grünem Matcha-Tee.

Theatercafé

Linke Wienzeile 6, 1060 Wien, Tel.: 01/588 30-405, Fax: 595 30 50-22, derivo@aon.at, www.theatercafe-wien.at
Küchenzeiten: 11–23.30. **Inhaber:** Ivo Brnjic. **Küchenchef:** Martin Stein. **Sommelier:** Claus Hurst. **CC:** Amex, Diners, MC/EC, Visa. **Sitzplätze:** 150. **Garten:** 25.

Im immer schickeren Umfeld des Wiener Naschmarkt gelegenes Restaurant, das – nomen est omen – natürlich Gäste aus dem Theater an der Wien magisch anzieht, aber darüber hinaus längst ein kulinarisches Eigenleben hat. Der Service hat seine Macken, aber unterm Strich arbeitet man flexibel und sehr ambitioniert. Ein Standbein ist die klassische heimisch-mediterrane Küche im Spannungsfeld zwischen Erdäpfelgulasch und Saltimbocca. Darüber hinaus zaubert Martin Stein aber auch moderne kreative Speisen wie etwa eine Karfiol-Panna cotta, die – ebenso wie der Roquefortschmarrn – schlicht hinreißend schmeckte. Das Weinangebot entspricht ebenso wie die Palette an Destillaten. Und auch Zigarrenaficionados können sich freuen: Für sie steht eine eigene Lounge mit Humidor zur Verfügung. **Aus der Karte:** Gebratenes Wolfsbarschfilet auf Erdäpfelschaum und Bärlauch; Saltimbocca vom Kalbsrücken auf Basilikum-Löwenzahn-Salat.

Wien

Tinto Rosso Tipp

Dr.-Karl-Lueger-Platz 4b, 1010 Wien, Tel./Fax: 01/513 04 80
Küchenzeiten: Mo.–Fr. 16–24 (November bis März auch Sa. geöffnet; an Fei. geschlossen).
Wunderbare kleine Bar, in der man zwar ein wenig eng sitzt, dafür aber vom liebenswerten und äußerst kompetenten Service aufs Angenehmste umsorgt wird. Und auch das tolle Weinangebot sorgt für genussvolle Stimmung. Eine kleine Wandtafel informiert über die mediterrane Imbisslage. Die Auswahl ist zwar klein, dafür wird alles liebevoll und tadellos zubereitet.

Trattoria im Palais Daun-Kinsky

Freyung 4, 1010 Wien, Tel.: 01/535 34 35, Fax: Dw. 10,
trattoria@palaisevents.at, www.palaisevents.at
Küchenzeiten: Di.–Fr. 11–14, 18–22.30, Sa. 18–22.30. **Inhaber:** Palais Gastronomie GmbH. **Küchenchef:** Johann Aspalter. **Sommelier:** Andreas Pollak. **CC:** Amex, Diners, MC/EC, Visa. **Sitzplätze:** 55.
Garten: 90.
Trattoria als Bezeichnung für dieses schöne Restaurant mit Schanigarten im Hof dieses Palais ist eher ein Understatement. Der neue Koch mischt auf der Karte Lammrücken, Rucola, Zitronengras und Mozzarella virtuos durcheinander. Auf dem Teller findet sich das Spielerische leider nur bedingt wieder. Wenn etwa zum Steinbutt eine Orangensauce serviert wird, die viel zu laut abgeschmeckt ist und ebenso zu dünn geraten ist. Wir würden uns mehr Orientierung am Wesen einer Trattoria wünschen. Das Ambiente hätte es verdient. Einerseits ist da ein gediegenes, durchaus intimes Interieur in reduziertem Stil und mit warmer Beleuchtung, andererseits zieht gerade der lauschige Innenhof im Sommer viele Gäste an. Die angebotenen Weine kommen aus Österreich und Italien, das Bier aus Ottakring. **Aus der Karte:** Artischocke auf Spargelragout und Auberginenkaviar; Knuspriger Wolfsbarsch mit Kapern, Safran und Kartoffelcassoulet; Kalbsmedaillons mit Morchel-Linguine und zwei Sorten Spargel.

triolaa

✱ 56

Bognergasse 4, 1010 Wien, Tel.: 01/533 84 90-10, Fax: Dw. 20, www.triolaa-wien.at
Küchenzeiten: Mo.–Sa. 7.30–23. **Inhaber:** Kurkonditorei Oberlaa GesmbH und Co KG. **Küchenchef:** Stefan Waldbauer. **Sommelier:** Andreas Fuith. **CC:** Amex, Diners, MC/EC, Visa. **Sitzplätze:** 50. **Garten:** 27. **Durchschnittspreis bei 3 Gängen:** € 29,–.

Urban, stilvoll, schick und auch kulinarisch ziemlich fit – so präsentiert sich dieser belebte Szenetreff. Man sieht und wird gesehen, egal ob man auf einen schnellen Espresso oder ein Glas Prosecco, zum schnellen Lunch oder zum gepflegten Dinner vorbeischaut. Gestylt wie das Ambiente und die Gäste ist selbstverständlich auch die von Gerer-Schüler Stefan Waldbauer servierte Küche. Zeitgeistiges zwischen mediterran und fernöstlich wird mit modernen österreichischen Akzenten versehen. Die feinen Weine kommen aus Österreich, Italien und Frankreich. Absolut erwähnenswert ist auch der toll agierende Service. **Aus der Karte:** Carpaccio Cipriani mit Zitrone & Mayonnaise; Glaciertes Schweinefilet mit Schupfnudeln & Weichselragout; Holunder-Panna-cotta-Parfait mit Limetten.

Umar

Naschmarkt Stand 76–79, 1040 Wien, Tel.: 01/587 04 56, Fax: 585 21 77
Küchenzeiten: Mo.–Sa. 10–24.

Der kleine Fischmikrokosmos der Umar-Brüder. Tagsüber kann man im nebenan gelegenen Fischgeschäft das meerige Komplettangebot besichtigen, das dann in diesem kleinen Restaurant handwerklich versiert zubereitet wird. Ob St. Petersfisch, Wild-Branzino, Steinbutt oder Seezunge, man wählt, was frisch ist und gefällt, am besten ganze Fische für eine oder auch mehrere Personen. Diese werden gebraten, mit Gemüse und Brot serviert. Davor ein paar Calamari oder Kaisergranaten. So einfach kann gute Küche sein. So gut isst man hier bei Erkan und Gökhan Umar.

Una

im MuseumsQuartier, Museumsplatz 1, 1070 Wien, Tel./Fax: 01/523 65 66
Küchenzeiten: Mo.–Fr. 12–23.30, Sa. 10–23.30, So. 11–17.

„Sehr gute unkomplizierte Speisen, charmante Bedienung. Urban, dynamisch, angenehm unkompliziert. Leider sind im Lokal keine Hunde erlaubt."

Empfohlen von Thomas Brezina, Bestsellerautor

Unger und Klein 🏃 Tipp NEU

Gölsdorfgasse 2/Ecke Rudolfsplatz, 1010 Wien, Tel./Fax: 01/532 13 23
Küchenzeiten: September bis Juni Mo.–Fr. 15–24, Sa. 17–24; Juli, August Mo.–Fr. 17–22.

Wiens schönstes Weingeschäft samt Bar, gestaltet von Eichinger oder Knechtl. Wahnsinn: schon mehr als zehn Jahre alt und immer noch so hip. Die Vinothek

Wien

listet rund 1.200 Positionen, einiges wird glasweise offeriert. Es sind nicht die schlechtesten Weine, die zum Ausschank kommen. Dazu gibt's Antipasti und der Schmäh rennt auch.

Unkai

✱✱✱ 76

im Grand Hotel, Kärntner Ring 9, 1010 Wien, Tel.: 01/515 80-9110, Fax: Dw. 9115, unkai@grandhotelwien.com, www.grandhotelwien.com
Küchenzeiten: Mo. 18–22.45, Di.–So. 12–14.30, 18–22.45. **Inhaber:** Grand Hotel GesmbH. **Küchenchef:** Hiroshi Sakai. **Sommelier:** Franz Messeritsch. **CC:** Amex, Diners, MC/EC, Visa. **Sitzplätze:** 80. **Terrasse:** 40.
Übernachtungsmöglichkeit.
Traditionell das schönste und am edelsten gestaltete japanische Restaurant des Landes. Vom Teppanyakigrill bis zu den authentischen Tatamiräumen fasziniert die klare Optik des Ambiente. Küchenchef Hiroshi Sakai kann im Großen und Ganzen an den hohen Qualitätslevel früherer Jahre anschließen. Neben den Klassikern Sushi und Sashimi ist insbesondere das monatlich wechselnde neungängige Zuiun-Kaiseki-Menü empfehlenswert – fraglos die beste und spannendste Art, sich dem japanischen Geschmacksuniversum anzunähern. Wobei schon allein die Präsentation der kunstvoll arrangierten Speisen in den nicht weniger kunstvollen Schälchen und anderen Behältnissen ein Gedicht ist. Der Service sorgt für die erstklassige Weinbegleitung, wer's authentischer mag, hält sich an Sake, japanisches Bier oder Grüntee. **Aus der Karte:** Lachsrolle mit Lotoswurzel; Entenbrust, gegrillt und danach gedämpft, mit Kresse und Currysauce.

Urania

✱ 56

Uraniastraße 1, 1010 Wien, Tel.: 01/713 30 66, Fax: 715 72 97, office@barurania.com, barurania.com
Küchenzeiten: Mo.–Sa. 9–2, So. 9–24. **Inhaber:** Wolfgang Reichl. **Küchenchef:** Thomas Wagner. **Sommelier:** Manfred Lichtenberger. **CC:** Diners, MC/EC, Visa. **Sitzplätze:** 80. **Garten:** 40. **Durchschnittspreis bei 3 Gängen:** € 34,–.
Das sehr klar und nüchtern gestaltete Lokal in der Wiener Urania punktet mit einem reizvollen Ausblick auf den Donaukanal und der neuen Dachterrasse. Küchenchef Thomas Wagner steuert eine zeitgeistige Fusionsküche bei, in der Italien und Fernost die Hauptparts geben, während saisonale Einsprengsel, internationale Klassiker sowie kreativ-spannende Kreationen das kulinarische Programm vervollständigen. Alles gelingt durchaus adrett und fein, was das hauptsächlich junge Szenepublikum natürlich freut. Sehr erfreulich ist übrigens auch das reichhaltige Frühstücksangebot, auf das man bis 11.30 Uhr zurückgreifen kann.
Aus der Karte: Avocadoterrine mit mariniertem Tuna und Chilieis; Perlhuhn mit Couscous-Roulade und Feigensauce; Kokosparfait mit karamellisierter Ananas.

Wien

Vestibül

 **67**

im Burgtheater, Dr.-Karl-Lueger-Ring 2, 1010 Wien, Tel.: 01/532 49 99, Fax: Dw. 10, restaurant@vestibuel.at, www.vestibuel.at
Küchenzeiten: Mo.–Fr. 12–14.30, 18–23, Sa. 18–23 (an Fei. geschlossen). **Inhaber/in:** Veronika und Leopold Doppler. **Küchenchef:** Markus Nötzel. **Sommelier:** Gerhard Feldhofer. **CC:** Diners, MC/EC, Visa. **Sitzplätze:** 80. **Garten:** 80.
Durchschnittspreis bei 3 Gängen: € 35,–.

Das exquisite Ambiente dieses im rechten Flügel des Burgtheaters untergebrachten Restaurants vermittelt ein wunderbares Fin de Siècle-Flair, das nicht nur für Touristen besonders reizvoll ist. Im Sommer wird ein Garten mit Blick auf die Ringstraße (Soundkulisse inklusive) angeboten. In den Räumen ist es durch die Raumhöhe und die Einrichtung recht lärmig-hallend. In der Küche ist mittlerweile Markus Nötzel allein verantwortlich. Er löst die Aufgabe im Großen und Ganzen mit Bravour. Professionell, durchaus kreativ im Umgang mit Aromen und geschickt bei der Präsentation, entsteht ein Kulinarium, in dem Wiener Klassiker ebenso gekonnt wie interessante Eigenkompositionen den kulinarischen Ton angeben. Die Weinkarte ist mit guten Weinen bestens bestückt. **Aus der Karte:** Bärlauch-Brie-Torte mit mariniertem Frühlingsgemüse; Brunnenkressesuppe mit Lachsnockerln; Beiried vom Styria Beef mit Gänseleber-Kalbskopf-Schnitte und Portweinjus; Geeiste Marzipanröllchen mit Pflaumencarpaccio und Feigen.

Vietnam

Lerchenfelder Straße 139, 1070 Wien, Tel./Fax: 01/526 43 16
Küchenzeiten: 11.30–14.30, 17.30–23.

„Ordentlich gemachte vietnamesische und thailändische Gerichte. Mein Tipp: Reisnudeln mit Rindsspieß zum selber Basteln. Kleiner schöner Garten."
Empfohlen von Andreas Vitasek, Schauspieler und Kabarettist

Vikerl's Lokal

Würffelgasse 4, 1150 Wien, Tel.: 01/894 34 30, www.vikerlslokal.at
Küchenzeiten: Di.–Sa. 17–24, So. 11.30–16. **Inhaber/in:** Bettina und Adolf Bittermann. **Küchenchef:** Adolf Bittermann. **Sitzplätze:** 40. **Garten:** 20.

Ein Refugium für aufwändige Variationen der österreichischen Küche. Das ganze vergangene Jahr haben sich die Bittermanns und ihre Gäste den Kopf darüber zerbrochen, ob man nun ins „Alte Jägerhaus" übersiedelt oder nicht. Nach vielem Hin und Her ist man an der alten Adresse geblieben. Und das ist ja eigentlich ganz gut. Kocht doch Adi Bittermann seit geraumer Zeit in der Form seines Lebens und überrascht selbst Stammgäste mit immer neuen spannenden Gerichten. Hausmannskost wird hier ebenso superb gepflegt wie auch exotische Ausflüge mit viel Fingerspitzengefühl stets in Wohlgeschmack mün-

Wien

den. Die sehr schöne – in erster Linie österreichische – Weinauswahl, das tolle Destillatsortiment und das gut gepflegte Bier sind ebenso Atouts des Hauses wie der feine Service unter der Leitung von Frau Bittermann. **Aus der Karte:** Paradeisspargel mit roh mariniertem Thunfisch und Enoki-Pilzen; Gebratenes Red Snapper-Filet auf Sprossengemüse mit Basmatireis; Spargelrostbraten mit Bärlauch-Semmel-Auflauf.

Vincent

Große Pfarrgasse 7, 1020 Wien, Tel.: 01/214 15 16, Fax: 212 14 14,
office@restaurant-vincent.at, www.restaurant-vincent.at
Küchenzeiten: Mo.–Sa. 18–23. **Betriebsferien:** 25. 7.–14. 8. 2005. **Inhaber/Sommelier:** Frank Gruber. **Küchenchef:** Gerold Kulterer. **CC:** Amex, Diners, MC/EC, Visa. **Sitzplätze:** 90.

Das von außen eher unscheinbar wirkende „Vincent" gibt es nun schon seit zig Jahren, eine Zeitspanne, in der man sich vom Studentenbeisl zum Gourmetrestaurant entwickelte. Seit dem Umbau im Vorjahr – der vordere Teil des Restaurants blieb erhalten, hinten baute man einen Wintergarten mit Blick auf den liebevoll begrünten Innenhof – erfüllt das Restaurant auch in Sachen Ambiente höchste Ansprüche. Blunzngröstl oder karamellisierter Spargel – beides ein Gedicht. Am besten ist es, sich den kundigen Händen des Küchenchefs anzuvertrauen und sich ein persönliches Menü zusammenstellen zu lassen. Spannend, reizvoll und stets gefühlvoll abgestimmt kommen da zum Teil recht verspielte Kreationen an den Tisch, die aber durch die Bank Freude machen. Dass man hier nur großartige Produkte verwendet, versteht sich von selbst. Patron Frank Gruber ist für die Weinberatung zuständig, bei der er sich stets gleichermaßen als charmanter Plauderer wie auch als absoluter Weinfachmann erweist. Wunderbare Weine aus Österreich und dem Ausland – zum Teil auch in älteren Jahrgängen – stehen zur Wahl. **Aus der Karte:** Karamellisierter Spargel in Balsamico mit Wildschweinschinken; Forellenfilet mit Mandeln, Kürbiskernen und Paprikasalat; Stück vom Maibock auf luftgetrocknetem Nackenspeck und Lauch-Beeren-Roulade; Marinierte Erdbeeren mit Brickblatt und Absintheis.

DER AKTUELLE GOURMETTREND.

Reininghaus
JAHRGANGS
PILS

WWW.JAHRGANGSPILS.AT

Weibel 3

Riemergasse 1–3, 1010 Wien, Tel./Fax: 01/513 31 10, www.weibel.at
Küchenzeiten: Di.–Fr. 11.30–23.30, Sa. 17–23.30 (an Fei. geschlossen). **Inhaber/ Sommelier:** Hans Weibel. **Küchenchef:** Werner Mantler. **CC:** Amex, MC/EC, Visa. **Sitzplätze:** 35. **Garten:** 20. **Durchschnittspreis bei 3 Gängen:** € 30,–.

Die Nummer drei der Weibeltrilogie ist ein Sinnbild des Platzmangels. Man nimmt zwangsläufig Tuchfühlung mit den Nachbarn auf. Trotzdem wird hier vom Chef bis zum Stift Gastlichkeit ganz groß geschrieben. Groß ist auch die Qualität der hier gepflegten österreichischen und internationalen Küche. Serranoschinken, Szegediner Krautfleisch, Tortellini und Tafelspitz harmonieren hier ganz prächtig und werden mehr als anständig umgesetzt – moderne Beislküche auf gehobenem Niveau. Nicht groß, sondern gewaltig ist die Weinauswahl von Patron Weibel. Allerbeste österreichische Weine, nicht selten auch in Magnums zusammengetragen, dazu internationale Raritäten. Obligatorisch sind die gute Bierkultur und ein phantastisches Angebot an Destillaten. **Aus der Karte:** Ravioli gefüllt mit Kalbfleisch und Pimentos; Im Kohlblatt gewickeltes Kaninchenfilet mit Thymiangnocchi.

Weibels Wirtshaus

Kumpfgasse 2, 1010 Wien, Tel./Fax: 01/512 39 86, www.weibel.at
Küchenzeiten: 11.30–23.30. **Inhaber:** Hans Weibel. **Küchenchef:** Matthias Mühlgassner. **Sommelier:** Peter Stacher. **CC:** Amex, MC/EC, Visa. **Sitzplätze:** 40. **Garten:** 30. **Durchschnittspreis bei 3 Gängen:** € 31,–.

Die Nummer eins von Hans Weibel ist eines der gemütlichsten Wirtshäuser in der City, dank der liberalen Öffnungszeiten ist es auch ein sicherer kulinarischer Zielhafen fast zu jeder Uhrzeit. Legendenstatus hat die phantastische Wein- und Digestifpalette des Chefs, die Beratung durch den neuen Sommelier Peter Stacher erfolgt wie aus dem Bilderbuch. Ein Genuss ist auch die hier gepflegte Küche, in der traditionelle Beislgerichte ebenso daheim sind wie Evergreens der gehobenen österreichischen Küche. **Aus der Karte:** Gebratene Riesengarnelen auf Rucola-Avocado-Salat; Truthahnbrust im Rosmarin-Speck-Mantel mit Kräuterlinguine.

Wein & Co

Jasomirgottstraße 3–5, 1010 Wien, Tel.: 01/535 09 16-12, Fax: 532 10 34, www.weinco.at
Küchenzeiten: 12–14.30, 18–23.30. **Inhaber:** Heinz C. Kammerer. **Küchenchef:** Gerd Windecker. **Sommelier:** Roland Firmann. **CC:** Amex, Diners, MC/EC, Visa. **Sitzplätze:** 60. **Durchschnittspreis bei 3 Gängen:** € 32,–.

Wenige Meter vom Stephansplatz entfernt, bietet diese Filiale der Weinhandelskette Urbanität in Reinkultur. Die perfekte Kombination aus Shop, Bar und Restaurant wirkt wie ein Magnet auf Genießer, was heißt: Ohne rechtzeitige Reservierung geht gar nichts. Wenn man einen der heiß begehrten Plätze erobert hat, steht dem Genuss aber nichts mehr im Weg. Wie nicht anders zu erwarten, punktet die Speisenkarte mit einem zeitgeistigen Mix aus weithin beliebten mediterranen Klassikern und spannenden Kreationen des Küchenchefs Windecker. Keine große, aber eine durchaus witzige und anregende Küche. Getoppt wird vom Weinangebot, wobei weniger die (gute) Weinkarte von Interesse ist, sondern mehr die Tatsache, dass man gegen einen (kulanten) Aufpreis von zwei Euro auch jede Flasche aus dem mehr als kompletten Shopangebot ordern kann. Ein Farbleitsystem gibt für jedes offerierte Gericht eine Weinempfehlung ab, aber auch die persönliche Beratung ist vom Feinsten. **Aus der Karte:** Vitello tonnato à la „Wein & Co"; Miesmuschelsuppe mit Safran und Kräuterbutterstangerl.

Werner's

Zitterhofergasse 8/III, 1070 Wien, Tel.: 01/522 56 82,
office@werners-gastronomie.at, werners-gastronomie.at
Küchenzeiten: Mo.–Sa. 11.30–14.30, 18–24, Fei. 18–24. **Inhaber:** ADM Restaurations Betriebs Ges.m.b.H. **Küchenchef:** Andreas Werner. **Sommelier:** Christophorus Reihs.
CC: MC/EC, Visa. **Sitzplätze:** 30. **Garten:** 26.
Durchschnittspreis bei 3 Gängen: € 24,–.

Patron Klaus Werner und der zuletzt im „Steirereck" tätige Andreas Werner haben sich den Traum vom eigenen Restaurant erfüllt. Nach der Umgestaltung der Trattoria „Maurizio" eröffneten sie ein schmuckes kleines Lokal mit Wohnzimmeratmosphäre, in dem man sich dem Motto des Patrons, „die Zeit zu vergessen", widmen kann. Die Auswahl ist klein, alles wird frisch zubereitet und in fast jedem Detail ist die Freude an der Sache spür- und erkostbar. Tolle Suppen, kraftvolle Würze, intensive Saucen und interessante Adaptionen altbekannter Speisen machen einen Besuch durchaus zu einem Gaumenerlebnis. Zu Mittag gibt's preisgünstige zweigängige Menüs. Die Weinauswahl ist klein, der Großteil

der Flaschen stammt aus Österreich, einiges auf dem Rotweinsektor aus Italien. Trumer Pils und ein paar feine Destillate aus dem Hause Schosser runden das Angebot ab. **Aus der Karte:** Im Ganzen gebratene Seezunge mit eingemachtem Spargel; Tullnerfelder Kaninchenrücken mit Kräutern und Bärlauchrisotto.

Wild

Radetzkyplatz 1, 1030 Wien, Tel./Fax: 01/920 94 77
Küchenzeiten: Mo.–Sa. 11.30–23, So., Fei. 11.30–22.
Mustergültig revitalisiertes Wirtshaus. Wunderschöne schlichte Räume mit Holzvertäfelungen an den Wänden, dem obligaten 60er-Jahre-Resopal auf den Tischen, einer großen Schank und einem kommoden Garten. Gekocht wird wienerisch-österreichisch, traditionsverbunden, aber auch verspielt modern. Auf der Karte liest sich das dann wie Kalbsbriesterrine auf Rahmbeuschel oder Lauwarmer Octopussalat mit Artischocken. Alles gelingt recht fein und auch über eine passende Wein- bzw. Bierbegleitung muss man sich nicht den Kopf zerbrechen.

Wolf

Burggasse 76, 1070 Wien, Tel.: 01/990 66 20
Küchenzeiten: Di.–Sa. 18–22.
Für manche wird hier die Zukunft des Wiener Wirtshauses vorweggenommen. So anders, so aufregend, so kraftvoll ist das hier alles. Wir haben eher nicht so toll bis ziemlich enttäuschend gegessen, dokumentieren die Adresse aber vorerst einmal als aktuelles Szene-Phänomen.

wrenkh

Bauernmarkt 10, 1010 Wien, Tel.: 01/533 15 26, Fax: 535 08 40
Küchenzeiten: 11.30–23.
Das Lokal wurde renoviert, die Weinkarte erweitert und mit Georg Stadtthaler ein neuer Koch engagiert, der sich nicht nur ambitioniert durch Christian Wrenkhs Katalog vegetarischer Speisen kocht, sondern – und das kommt ja fast einer Revolution gleich – dieses und jenes Fleisch- und Fischgericht serviert. Bei der Benennung der Gerichte zeigt man sich poetisch, bei der Zubereitung inspiriert, und das ergibt auf dem Teller durchaus Schmackhaftes.

X-Celsior

Opernring 1, 1010 Wien, Tel.: 01/585 71 84, Fax: 585 79 36
Küchenzeiten: 7.30–24.
„Den ganzen Tag über wird für den kleinen Hunger gesorgt, mittags und abends erfreut man sich an köstlichen mediterranen Gerichten in Imbissgröße. Gute Getränkeauswahl und auch köstliche Cocktails. Freundlicher Service und in Superlage." Wegen des großen Erfolges wurde das „X-Celsior" sogar noch vergrößert …
Empfohlen von Herbert Schoeller, Feinschmecker

Wien

Yellow

Mariahilfer Straße 127, 1060 Wien, Tel.: 01/595 11 55, Fax: 595 11 91
Küchenzeiten: 11–23.

Das schönste Asia-Lokal des Landes. Kein Wunder, hier waren die Leute vom Architekturbüro „BEHF" am Werk, die auch für das „fabios" verantwortlich sind. Anfangs war die Küche noch weniger schick, aber diese Anfangsprobleme sind mittlerweile behoben. – Schauen und genießen.

Yohm

Petersplatz 3, 1010 Wien, Tel.: 01/533 29 00, Fax: Dw. 16,
restaurant@yohm.at, www.yohm.at
Küchenzeiten: 11.30–24. **Inhaber:** Klaus Piber. **Küchenchef:** Wini Brugger. **Sommelière:** Christina Fieber. **CC:** Amex, Diners, MC/EC, Visa. **Sitzplätze:** 40. **Garten:** 90. **Durchschnittspreis bei 3 Gängen:** € 39,–.

Cool, elegant, sehr zurückgenommen und kitschfrei präsentiert sich das „Yohm". Unten im Eingangsbereich befinden sich einige Bartische und die offene Küche. Im ersten Stock dann der gemütlichere Speiseraum mit Fensternischen, die einen prächtigen Blick auf den Petersplatz eröffnen. Empfang und Service erfolgen herzlich und effizient. Das Speisenprogramm wird ohne erhobenen Zeigefinger erklärt. Geboten wird eine Fusionsküche par excellence. Was Wini Brugger programm- und rezeptmäßig vorgibt, wird von seinen Köchen perfekt umgesetzt. Je nach Wunsch in den Varianten mild bis teuflisch scharf. Da kommt man gerne wieder. Die Weinauswahl ist auf diese Art der Küche abgestimmt: reife, kräftige Weine. Lassen Sie sich beraten. Vieles wird auch glasweise offeriert. **Aus der Karte:** Avocado-Tomaten-Maki mit Tofu und Basilikum; Scharfe thailändische Garnelensuppe mit Zitronengras und Koriander; Indisch gegrillter Lammrücken auf Linsen-Kartoffel-Curry mit Minze und Joghurt.

yume

Bergmillergasse 3, 1140 Wien, Tel.: 01/416 92 67
Küchenzeiten: 11–23.30.

„Authentisches Lokal, frische exzellente Qualität, persönliche Bedienung, gutes Ambiente", meint unser erster Tippgeber und der zweite assistiert folgendermaßen: „Für mich einer der besten Japaner Wiens! Sehr freundlicher Service und ein Chef, der immer lächelt!"

Empfohlen von Werner Baudrexel, Nestlé Österreich-General und Alexander Rinnerhofer, Wirtschaftsblatt

---

Sie wollen nach dem Abendessen nicht mehr nach Hause fahren?
Konsultieren Sie den neuen A LA CARTE-Hotelguide!

Wien

Zawodsky

Reinischgasse 3, 1190 Wien, Tel.: 01/320 79 78
Küchenzeiten: Oktober, November, April bis September Mo., Mi.–Fr. 17–23, Sa., So., Fei. 14–23.
Buschenschank mit riesigem Garten unter mächtigen Obstbäumen. „Ein wunderschöner Platz am Rande von Wien."

Empfohlen von Alexander van der Bellen, „Die Grünen"-Chef

Zimmermann

Armbrustergasse 5, 1190 Wien, Tel.: 01/370 22 11, Fax: 370 61 30
Küchenzeiten: 17–23.
In der Nähe von Grinzing, aber doch weitab vom touristischen Getöse überzeugt der Zimmermann seit Jahren mit seinem weit über das normale Heurigenbuffet hinausreichenden Speisenangebot. Dank des reichhaltigen Stüberlangebots kann man hier auch vom Seminar bis zum Hausball alles veranstalten, was das Herz begehrt. Die Weine kommen vom hauseigenen Weingut in Klosterneuburg.

Zimolo

Ballgasse 5, 1010 Wien, Tel.: 01/512 99 82, Fax: 513 99 78,
zimolo@aon.at, www.zimolo.at
Küchenzeiten: Mo.–Sa. 11.30–14.30, 18.30–23. **Inhaber:** Renato Zimolo. **Küchenchef:** Michele Coppo. **Sommelier:** Carlo Borelli. **CC:** Visa. **Sitzplätze:** 70.
Garten: 35. **Durchschnittspreis bei 3 Gängen:** € 29,–.
Stimmige Citytrattoria mit einer erstklassig gekochten italienischen Küche, die das Risiko scheut und das Klassisch-Luxuriöse schätzt. Und so werden neben Carpaccio und Cozze auch Capesante und Ostriche serviert. Feine Pastavariationen stehen aber ebenso auf dem Programm wie Tagliata, Branzino und Rombo. Zum süßen Abschluss gibt's Panna cotta, Profiteroles, Tiramisu und Co. Eine in jeder Hinsicht zuverlässige Adresse für alle Tage. Der freundliche Service hilft einem kompetent bei der Auswahl des passenden italienischen Weins. **Aus der Karte:** Carpaccio di pesce spada affumicato al balsamico (Geräuchertes Schwertfischcarpaccio mit Balsamico); Codino di rospo alla griglia (Gegrillter Baby-Angler).

Zu den 3 Buchteln

Wehrgasse 9, 1050 Wien, Tel.: 01/587 83 65
Küchenzeiten: Mo.–Sa. 18–23 (an Fei. geschlossen). **Inhaberin/Küchenchefin:** Elfriede Schachinger. **Sitzplätze:** 45. **Durchschnittspreis bei 3 Gängen:** € 22,–.
Das liebenswerte Restaurant, das uns gelehrt hat, dass böhmische Küche nicht unbedingt beschwerlich sein muss, gefällt auch nach mehr als einem Jahrzehnt.

Zu Blinis, Haluschka, Piroggen, Liwanzen und Buchteln hat sich im Lauf der Jahre ein reizvolles mitteleuropäisches Kulinarium gesellt, das uns mit köstlichen Raritäten à la Erdäpfelgulasch, Krautfleckerln und Powidltascherln stets zu einer vielgängigen Sünde verführt. Und wie wär's zum Abschluss mit einem Olmützer Quargel? Das gepflegt gezapfte böhmische Bier mundet nicht nur hinreißend, sondern passt auch erstklassig zur Küche. Auch eine ansprechende Auswahl feiner Weine ist vorrätig. **Aus der Karte:** Russische Blinis – Buchweizenfladen mit Ei, Rahm, roter Zwiebel und Keta-Kaviar; Svičkova (Rindslungenbraten) in Wurzelrahmsauce mit böhmischen Knödeln; Buchteln in Vanillesauce.

Zu den drei Hacken

Singerstraße 28, 1010 Wien, Tel.: 01/512 15 19, Fax: 810 33 09,
vinum@utanet.at, www.vinum-wien.at
Küchenzeiten: Mo.–Sa. 11–23 (November, Dezember auch So. geöffnet). **Inhaberin/Sommelière:** Josefine Zawadil. **Küchenchef:** Helmut Robl. **CC:** Amex, Diners, MC/EC, Visa. **Sitzplätze:** 100. **Garten:** 70. **Durchschnittspreis bei 3 Gängen:** € 22,–.

Wunderbar erhaltenes altes Wirtshaus, ein fast antikes Juwel voller Leben. Nicht, dass man in den „Drei Hacken" keine Touristen antreffen würde, Einheimische sind aber allemal deutlich in der Überzahl. Die Kompromisslosigkeit, mit der hier die Wiener Küche zelebriert wird, ist beachtenswert. Beuschel, Hirn und Leber tummeln sich auf der Speisenkarte wie vor 100 Jahren. Wir sagen nur: Alles schmeckt! Das kleine heimelige Gasthaus wurde nicht nur gekonnt renoviert, es macht auch den Eindruck, bestens geführt zu werden. In den verwinkelten Räumen kann man angenehm sitzen, die Kellner kommen, wenn man sie braucht, und bleiben fern, wenn sie überflüssig sind. Etwas aus der Wirtshausart schlägt allerdings die Weinkarte. Durch den angeschlossenen Weinhandel mangelt es in dieser Hinsicht an nichts. – Nationale und internationale Weine der Superklasse! **Aus der Karte:** Beinschinken mit Kren; Geflügelcremesuppe mit Bröselknödel; Zungenvariation mit Wurzeln und Krenpüree; Mohnsoufflé mit Rhabarber.

DER AKTUELLE GOURMETTREND.

WWW.JAHRGANGSPILS.AT

Wien

Zu ebener Erde und 1. Stock

★★ | 68 | 🍷

Burggasse 13, 1070 Wien, Tel.: 01/523 62 54
Küchenzeiten: Di.–Fr. 12–14.30, 18–24, Sa. 18–24 (an Fei. geschlossen). **Inhaber:** Familie Meznik. **Küchenchef:** Jürgen Zach. **Sommelier:** Wolfgang Meznik. **CC:** Amex, Visa. **Sitzplätze:** 36. **Garten:** 16. **Durchschnittspreis bei 3 Gängen:** € 31,–.

Sehr reizvolles Biedermeierhäuschen im Spittelbergviertel, das frei nach Nestroy auf zwei Ebenen Genuss serviert: Zu ebener Erde geht man's eher kommod an, während im ersten Stock durchaus auf sehr gehobenem Niveau gekocht wird. Und so klein die Küche ist (7 m²), so kreativ gemacht sind die dort entstehenden Speisen. Herzstück des Angebots sind die sehr feinen Interpretationen österreichischer Klassiker. Fähige Beispiele dafür sind die köstliche Essigwurst vom Edelwild oder der Gebratene Wels auf Erdäpfelgulyas. Ein heißer Tipp ist auch stets das gekochte Rindfleisch, unwiderstehlich in der Regel die Desserts. Die Weinkarte bietet vielerlei aus der ganzen Welt, vom Renommierwein bis zum Geheimtipp, vieles davon wird auch glasweise ausgeschenkt. Für Biertrinker ist das Dachsteiner Naturbier aus Schladming ein Atout. **Aus der Karte:** Gebratenes Rindsfilet vom Waldviertler Angus-Rind, Ganslleberglace, Rotweinschalotten und Heurigenragout; Erdbeerknöderl auf Nougatsauce.

Zum finsteren Stern

im Palais Collalto, Schulhof 8, 1010 Wien, Tel./Fax: 01/535 21 00
Küchenzeiten: Mo.–Sa. 17–24.
„Moderne Wiener Küche an einem der romantischsten Plätze Wiens. Im Sommer auch im Freien."

Empfohlen von Stephan Mikinovic, AMA-Boss

Zum kaiserlichen Thron – Zhang & Deng

 | 60 | NEU

im Kaiserlichen Hofmobiliendepot, Andreasgasse 7, 1070 Wien, Tel./Fax: 01/526 44 12, www.zumkaiserlichenthron.at
Küchenzeiten: Di.–So. 11.30–14.30, 18–22.45. **Inhaber:** Guozhu Zang. **Küchenchef/in:** Caizhu Deng, Guozhu Zang. **CC:** Visa. **Sitzplätze:** 52. **Terrasse:** 30.
Durchschnittspreis bei 3 Gängen: € 27,–:

Frau Caizhu Deng und Herr Guozhu Zang sind trotz ihrer für mitteleuropäische Zungen schwer zu bändigenden Namen keine Unbekannten: Ihr in einem Gemeindebau am Alfred-Kubin-Platz untergebrachtes „Alt Sichuan" war lange Jahre ein heißer Tipp für feurige Sichuan-Küche. Jetzt sind die laut staatlicher Klassifikation Chefköchin im ersten Rang und der Chefkoch der ersten Sonderklasse an einen weit reizvolleren Platz übersiedelt, servieren aber unverändert das kulinarische Sichuan, eine Küche, die nicht nur für ihre Schärfe, sondern auch für

Wien

ihren Aromenreichtum bekannt ist. Abenteuerlustige können das Überraschungsmenü – das man zwei Tage im Voraus bestellen muss – wählen, wer's eiliger hat, kann aus einer Vielzahl von Farbleit-Menüs zwischen Meeresblau und Perlfarben wählen. Auch der Feuertopf aus Chongqing, eine Art Fondue, ist ein scharfer Tipp. Unterm Strich jedenfalls eine spannende Küche für weltoffene Genießer. Schnäpse, Liköre und Tees kommen aus China, das Bier hingegen aus dem Hause Gösser. **Aus der Karte:** Quallensalat mit Sojasprossen, Ingwer und Sesamöl; Lammkoteletts geröstet mit Kreuzkümmel und Chili, dazu Yuxiang-Sauce.

Zum Niggl

Rankgasse 36, 1160 Wien, Tel./Fax: 01/493 19 06
Küchenzeiten: Do.–Mo. 11.30–14.30, 18–22. **Inhaber/Küchenchef:** Harald Niggl. **Sommelière:** Kathrin Leodolter. **Sitzplätze:** 70. **Durchschnittspreis bei 3 Gängen:** € 21,–.
Altes Eckbeisl durch jungen Koch und Wirt auf dem Weg zum Edel-Wiener. Altes Eckbeisl im neuen Glanz. Die „inoffizielle Kantine" der Wilhelminen-Ärzte präsentiert sich neuerdings mit ungewohntem Schwung: Sohn Harald hat die Küche übernommen, wurde von Adi Bittermann im legendären Vikerl's Lokal trainiert, hat sich am Pogusch weitere Sporen verdient und setzt nun Einfall um Einfall sehr gekonnt um. Auf Basis klassischer Wiener (Beisl-)Küche lässt er auch Gänseleber und Hummer nicht aus, wobei die verlangten Preise weit unter den Erwartungen liegen. Frau Mama kann sich nunmehr auf unnachahmliche Art ihren Gästen widmen. Die noch überschaubare Weinkarte erfreut dennoch des Kenners Herz. **Aus der Karte:** Bauernblunzn-Apfel-Törtchen mit geräucherter Gänsebrust; Karpfen mit Kürbiskernpesto, Croûtons und Petersilerdäpfeln.

Zum Renner

Nußdorfer Platz 4, 1190 Wien, Tel.: 01/378 58 58, Fax: Dw. 19
Küchenzeiten: Mo.–Sa. 9–22.
„Wiener Institution mit hervorragenden Fleischgerichten und guter Weinkultur."
Empfohlen von Fritz Wieninger jun., Winzer

Zum Schwarzen Kameel

Bognergasse 5, 1010 Wien, Tel.: 01/533 81 25, Fax: Dw. 23, www.kameel.at
Küchenzeiten: Mo.–Sa. 12–14.30, 18–22.30 (an Fei. geschlossen). **Inhaber:** Peter Friese. **Küchenchefin:** Martina Willmann. **CC:** Amex, Diners, MC/EC, Visa. **Sitzplätze:** 100. **Garten:** 40. **Durchschnittspreis bei 3 Gängen:** € 41,–.

Im vorderen Feinkostbereich genießt ein bunt gemischtes Publikum bei Drinks und Imbissen das unvergleichliche Flair dieses geschichtsträchtigen Hauses.

Wien

Gemütlich geht's im Restaurant zu, das mit einem einzigartigen Jugendstilambiente punktet. Frei von jeglichen Klischees, dafür mit einer gehörigen Portion Understatement garniert, zaubert die Küche einen Reigen an Gerichten, die zum Teil eine gelungene Neuinterpretation von österreichischen Küchenklassikern darstellen, zum anderen aber auch einen erfrischenden Zugang zur mediterranen Küchentradition eröffnen. Das grundsätzlich hohe Niveau präsentiert sich dieses Jahr allerdings in schwankender Form. Beim Studium der Weinkarte wird sofort klar, dass hier professionell die besten Weine der besten Weingüter Österreichs zusammengetragen wurden. Auch die Auswahl an internationalen Flaschen bereitet sehr viel Freude. Service und Beratung erfolgen außerordentlich versiert.
Aus der Karte: Knusprig gebratener Wolfsbarsch mit Selleriepüree und grünem Spargel; Kalbsrahmgulasch mit hausgemachten Nockerln.

Zur Goldenen Kugel

Lazarettgasse 6, 1090 Wien, Tel.: 01/405 83 63, Fax: Dw. 4, www.lokalratgeber.at
Küchenzeiten: Mi.–Mo. 11.30–22. **Inhaber/Küchenchef:** Christian Berger. **Sommelier:** Willi Simunovic. **Sitzplätze:** 75. **Garten:** 16.
Seit Jahren die erste Adresse für Innereien. Nirgendwo sonst wird Spezialitäten wie dem Bruckfleisch, gerösteten Nierndln oder dem gebackenen Kalbshirn so viel Aufmerksamkeit geschenkt wie in der „Goldenen Kugel". Nicht ganz so abenteuerlustige Gourmets können sich über Fleischstrudelsuppe, Selchripperln und gebackene Fledermäuse freuen. Das großteils traditionelle Speiseangebot wird aber auch mit ein paar „moderneren" Gerichten aufgefrischt, die ebenfalls in Mamaqualität auf den Tisch kommen. Und was gibt's zu trinken? Ein paar gute Weine und hervorragend gezapftes Bier passen da vorzüglich. **Aus der Karte:** Rindsfiletstreifen auf Rucola mit Parmesanhobel; Kürbiscremesuppe; Rindfleisch mit Zunge auf warmer Schnittlauchsauce mit Speckfisolen und Rösti.

Zur Stadt Krems   *Tipp*

Zieglergasse 37, 1070 Wien, Tel.: 01/523 72 00
Küchenzeiten: Mo.–Sa. 11–14, 18–22, Oktober bis Mai auch So., Fei. 11–15.
Alteingesessenes und traditionelles Wirtshaus mit gemütlichen Stuben, einem wunderbaren Gastgarten und nicht zuletzt einer authentischen, preiswerten und delikaten Hausmannskost.

Zur Zahnradbahn

Zahnradbahnstraße 8, 1190 Wien, Tel./Fax: 01/318 62 97
Küchenzeiten: 9–22.
„Die Hausmannskost-Küche ist weiterhin hervorragend, ebenso die freundliche Bedienung und die angenehme Atmosphäre."
Empfohlen von Herbert Schachter, ARBÖ-Präsident

Die Besten
in Niederösterreich

Lisl Wagner-Bacher

99 **LANDHAUS BACHER**
Mautern

Heinz Hanner

97 **HANNER**
Mayerling

Gertrude Sodoma

86 **SODOMA**
Tulln

Susanne Böck

85 **ZUM ROTEN WOLF**
Langenlebarn

Gerald Jeitler

84 **JEITLER**
Bromberg

Johann Vranek

82 **GELBES HAUS**
Wiener Neustadt

Niederösterreich

ALLAND | D16 ÖBB

Zur Grube

Groisbach 24, 2534 Alland, Tel./Fax: 02258/23 61
Küchenzeiten: Mi.–So. 11–21.
„Tolle Wildgerichte, guter Schnaps, exzellente Weine und erstklassiges Jägerlatein."
Um die verwendeten Zutaten in der Küche steht es bestens: Der Wirt ist Jäger!

Empfohlen von Heinz Hanner, Restaurant „Hanner"

ALLHARTSBERG | D13

Allhartsbergerhof

Markt 34, 3365 Allhartsberg, Tel.: 07448/23 34, Fax: Dw. 4
Küchenzeiten: Di.–So. 11–14, 18–22.
Der Wirt werkte im legendären Wiener Nouvelle Cuisine-Tempel „Prinz Eugen" als Souschef unter dem Regiment des Tippgebers. „Sehr feine, regional orientierte Küche in einem gepflegten Landhaus-Ambiente samt einladendem Gastgarten."

Empfohlen von Werner Matt, Kochlegende

ALTENMARKT | D16 ÖBB

Kirchenwirt

Klein Mariazell 3, 2571 Altenmarkt, Tel.: 02673/240 52, Fax: 240 53
Küchenzeiten: 11.30–20.30 (November bis März Mo., Di. geschlossen). **Übernachtungsmöglichkeit.**
Nettes Wirtshaus mit guter Regionalküche und Hausmannskost, direkt neben der beeindruckenden und neu renovierten Marienkirche. Zimmer für Wanderer.

Empfohlen von Heinz Hanner, Restaurant „Hanner"

AMSTETTEN | D13 ÖBB

Stadtbrauhof

Hauptplatz 14, 3300 Amstetten, Tel.: 07472/628 00, Fax: Dw. 4
Küchenzeiten: 11.30–14, 18–22 (Juni bis 20. 8. 11.30–14, 18–23).
Zentral gelegenes Stadtbräuhaus mit gediegener gutbürgerlicher Atmosphäre, gemütlichen Stuben und einem großen Garten. Michael Pehböck, einst Souschef beim „Schafelner" in Stadt-Haag, ist neuerdings für die Küchenagenden zuständig. Deftige Brauhofklassiker à la Fiakergulasch werden vermehrt durch leichte, zeitgemäße, oft auch mediterran verfeinerte Kreationen ersetzt. Durchaus ein Versprechen für die Zukunft. Der Weinkeller von Patron Herbert Houska ist mit einem guten Querschnitt durch die österreichische Winzerlandschaft gefüllt, Rotweine aus aller Welt ergänzen das Sortiment.

Niederösterreich

AUERSTHAL | C17 **ÖBB**

Sommer

Hauptstraße 112, 2214 Auersthal, Tel.: 02288/22 53, Fax: Dw. 144
Küchenzeiten: Mo.–Mi. 11–14, 18–22, Fr. 11–14, Sa., So. 11–14, 18–21. **Übernachtungsmöglichkeit.**

„Landgasthaus samt Bio-Zimmern zum Wohlfühlen. Gebackene Leber mit Erdäpfelsalat, Bio-Rindfleisch aus der Umgebung, sensationelles hausgemachtes Eis und interessante regionale Weine."

Empfohlen von Manfred Buchinger, Koch & Wirt

BAD SCHÖNAU | F16

Bucklige Welt

★★ | 66 | 🍷

im Hotel Königsberg, Am Kurpark 1, 2853 Bad Schönau,
Tel.: 02646/82 51-741, Fax: Dw. 725, www.koenigsberg-bad-schoenau.at   B⊖G
Küchenzeiten: 11.30–13.30, 18–20.30. **Inhaber:** Gesundheitszentrum Kurhotel Bad Schönau GesmbH. **Küchenchef:** Hubert Fasching. **Sommeliers:** Christoph Buchegger, Werner Kerschbaumer. **CC:** Amex, Diners, MC/EC, Visa. **Sitzplätze:** 44. **Terrasse:** 40. **Durchschnittspreis bei 3 Gängen:** € 34,–.
Übernachtungsmöglichkeit.

Das einstige Kurhotel nennt sich jetzt Gesundheitsresort, was freilich an reichhaltigen Wellnessangebot nichts geändert hat. Dampfaromagrotte, Outdoorpool, Beautyfarm und vieles mehr stehen zur Verfügung. Golfer kommen im nahen Golfdorado „Bucklige Welt" zum gepflegten Abschlag. Der Innenbereich des ebenfalls in „Bucklige Welt" umbenannten Restaurants ist offen und weitläufig gehalten, besonders schön sitzt man aber auf der großen Terrasse, von der man einen schönen Ausblick auf den Resortpark hat. Küchenchef Hubert Fasching will das kochen (so jedenfalls die Eigendefinition), was die unmittelbare Umgebung an gesunden und ausgesuchten Zutaten hergibt. Und das gelingt tatsächlich, indem man weit weg von einer sonst oft faden Gesundheitsküche den Gast mit köstlichen, spannenden und inspirierten Gerichten verzaubert. Thematisch, und das ist man dem Anspruch des Hauses schuldig, steht das verfeinert Gesunde klar im Mittelpunkt. Aber insbesondere Fisch und Schalentiere werden phantasievoll und gekonnt zubereitet. Viel Know-how am Herd, ausgewogene und stimmige Kompositionen sowie ein wohltuender Einsatz kreativer Akzente und gesunder Produkte machen das Ganze auch für Feinschmecker interessant. Schon bei einer flüchtigen Untersuchung der Weinklimaschränke erkennt man, was für Schätze da lagern. Insbesondere Österreich, aber auch das Ausland bis hin zu Mouton-Rothschild ist bestens vertreten. **Aus der Karte:** Krebssülze mit Bärlauchmousseline; Jakobsmuschel in Karotten-Ingwer-Creme; Gebackenes vom jungen Osterlamm mit Blattsalatteller und Erdäpfelpralinen.

Niederösterreich

BADEN | D16   ÖBB

Primavera

★★ | 68 | 🍷

Weilburgstraße 3, 2500 Baden, Tel./Fax: 02252/855 51
Küchenzeiten: Di.–Sa. 11.30–14, 18–23. **Betriebsferien:** 15. 7.–15. 8. 2005. **Inhaber/ Küchenchef/Sommelier:** Franz Pigel. **CC:** Diners, MC/EC, Visa.
Sitzplätze: 24. **Garten:** 16.

Im „Primavera" herrscht Franz Pigel, Wirt, Chefkoch, Sommelier und nicht selten auch Kellner in Personalunion. Die Persönlichkeit des manchmal etwas brummigen Tausendsassas zieht allerlei Stammgäste an, die in dem winzigen, wohnzimmerartigen, aber durchaus gemütlichen zentrumsnahen Lokal eine ausgezeichnete Küche serviert bekommen. Italienische Akzente und französische Haute Cuisine werden mit klassischen Elementen der gehobenen österreichischen Küche auf höchst gelungene Art und Weise vermählt. Die Grundprodukte befinden sich bezüglich Frische und Qualität auf höchstem Niveau, und auch beim technischen Handling – Garzeiten und Abstimmung der Gerichte – gibt sich Pigel kaum Blößen. Sehr bemerkenswert ist auch die gute Käse-Selektion. Weinmäßig bietet Pigel zuerst einmal ein sehr gutes österreichisches Sortiment mit einem Thermenland-Schwerpunkt, aber auch Frankreich und Italien sind mit feinen Kreszenzen vertreten. Das gute glasweise Angebot freut nicht nur die Autolenker. **Aus der Karte:** Carpaccio vom Biobeef mit Kräuterfülle; Bärlauchsuppe mit Lachsnockerln; Gebratene Perlhuhnbrust mit Selleriepüree; Grappaparfait.

Rauhenstein

im Grand Hotel Sauerhof, Weilburgstraße 11–13, 2500 Baden,
Tel.: 02252/412 51, Fax: 436 26, sauerhof@sauerhof.at, www.sauerhof.at   B**Q**G
Küchenzeiten: 18–23. **Inhaber:** Omniun Invest. **Küchenchef:** Patrick Rousselet.
Sommelier: Rudolf Lackner. **CC:** Amex, Diners, MC/EC, Visa. **Sitzplätze:** 70. **Terrasse:** 50.
Durchschnittspreis bei 3 Gängen: € 43,–.
Übernachtungsmöglichkeit.

Das noble Ambiente des Grand Hotel Sauerhof findet im eleganten „Rauhenstein" seine logische Fortsetzung. Die alten, wunderbar renovierten stilvollen Räume und Gewölbe strahlen Gemütlichkeit pur aus. Die Küche gibt sich sehr anspruchsvoll und hat sich zum Ziel gesetzt, Tradition und Qualität hochzuhalten. Ein wohl durchdachtes Konzept, das auf altbewährter österreichischer Küchenklassik aufbaut, jedwede Deftigkeiten dabei geschickt umgeht, sich um saisonale Angebote kümmert und alles raffiniert umsetzt. Darüber hinaus lässt man auch internationale Spezialitäten einfließen, die das Ganze ein wenig auflockern und so zusätzlich kulinarische Spannung erzeugen. Aber auch in Sachen Keller zeigt man sich sehr ambitioniert und will den Gast Länge mal Breite

Dinner & Casino.

Dressed by **DON GIL**

Auch im Trafik plus erhältlich

CASINOS AUSTRIA
Machen Sie Ihr Spiel

Das exklusive 4-gängige Dinner&Casino-Menü, Jetons im Wert von € 25,–, ein Glas Kattus Frizzante und ein Brieflos um nur € 52,–. **Tel.: +43/50 7777 50, www.casinos.at**

Niederösterreich

verwöhnen, das zeigt sich durch den fachkundigen Service ebenso wie bei der sehr umfangreichen Auswahl an österreichischen Top-Kreszenzen, die zu einem nicht kleinen Teil aus der unmittelbaren Umgebung stammen. Glasweise kommt insbesondere die Thermenregion zum Zug. Besondere Erwähnung verdient das einzigartige Sortiment an Edelbränden. **Aus der Karte:** Pata negra mit Manchegokäse und Olivenbrot; Störfilet vom Grill auf Lauchgemüse mit Kaviarerdäpfeln; Argentinisches Rindsfilet mit Rotweinschalotten, Mandelbrokkoli und Gnocchi.

Villa Nova

✶ ✶ | 66 | 🍷

Helenenstraße 19, 2500 Baden, Tel.: 02252/20 97 45, Fax: 20 97 94,
gut.essen@villanova.at, www.stockerwirt.com
Küchenzeiten: Di.–Sa. 17.30–24. **Inhaber:** Familie Stocker. **Küchenchef:** Gerald Berger.
Sommelier: Günter Pillhatsch. **CC:** MC/EC, Visa. **Sitzplätze:** 75.
Garten: 50. **Durchschnittspreis bei 3 Gängen:** € 31,–.

In der „Villa Nova" der Familie Stocker, die auch in Sulz ein Lokal betreibt, erwartet Gäste ein wunderbar mediterranes Ambiente samt Ausblick auf einen Sandstrand, der freilich zum Badener Strandbad gehört. Dem Ambiente entsprechend ist auch ein Teil der Speisenkarte ausgelegt – mediterran anmutende Gerichte, bei denen nicht in erster Linie Verspieltheit, Subtilität und Raffinesse angesagt sind, sondern möglichst unkomplizierter, geradliniger Genuss mit wenigen, dafür sorgfältig ausgewählten aromatischen Akzenten. Aber auch Fernöstliches und weit geringer auch Heimisches findet sich auf der Speisenkarte. Insgesamt ein sehr ansprechender Mix, der handwerklich versiert umgesetzt wird und stets auf ausgezeichneten und frischen Rohstoffen beruht. Die Weinkarte ist hinsichtlich Österreich und vor allem in Sachen Thermenregion sehr gut bestückt – neben vielen berühmten Namen erfreuen auch etliche Geheimtipps. **Aus der Karte:** Pyramide von Kohlrabi, sonnengetrockneten Tomaten und Ziegenkäse; Thaisuppe mit Lemongrass, Hühnerfiletstreifen und knackigem Gemüse; Lammrücken mit Ziegenkäse im Filoteig auf Bärlauchgemüse; Graumohnknöderln auf Birnenragout.

BERNDORF | E16   **ÖBB**

Schimanszky

✶ | 60

Rosenstraße 18, 2560 Berndorf III/Ödlitz, Tel.: 02672/823 20, Fax: Dw. 30,
waldgasthof.schimanszky@aon.at, www.schimanszky.at
Küchenzeiten: Mi., Do. 18–22.30, Fr. 11.30–14.30, 18–22.30, Sa. 11.30–23, So. 11.30–21.30.
Inhaber: Familie Schimanszky. **Küchenchefin:** Gabriele Schimanszky. **Sommelier:** Wolfgang Schimanszky. **CC:** Amex, Diners, MC/EC, Visa.
Sitzplätze: 70. **Garten:** 70. **Durchschnittspreis bei 3 Gängen:** € 32,–.

Niederösterreich

Wirklich gemütliches Waldgasthaus mit einer großen Vergangenheit. Heutzutage präsentiert sich das Haus längst ganz anders, wenn auch noch immer Understatement eine der Kardinaltugenden der Schimanszkys ist. Erkennbar etwa am kaum veränderten, urtümlichen Ambiente mit der netten Schank. In der Küche bemüht man sich aber um einen zeitgemäßen und gehobenen Speisenmix. Absolut köstlich mundete das Lamm im Rosmarinsafterl, süß, köstlich und unwiderstehlich die hausgemachten Powidltascherln. Gestandene Kochkunst auf gehobenem Niveau. Ein Klassiker das Backhendl ohne Haut. Bei unserem Besuch wurde die Weinkarte gerade umgestellt, aber man darf davon ausgehen, dass auch in Zukunft die Thermenregion eine Hauptrolle spielen wird. Unverändert ein Atout des Hauses sind die selbst gebrannten Schnäpse. **Aus der Karte:** Feine Primsen-Rohschinken-Tascherln mit Bärlauchpesto und Grana Reggiano; Gebratene Filets vom Steinbeißerfisch mit Paprikaschotensauce, Salzerdäpfeln und Gemüse vom Rost.

BISAMBERG | C17   ÖBB

Zum Weintor   *Vip Tipp*

Hauptstraße 69, 2102 Bisamberg, Tel.: 02262/635 85
Küchenzeiten: Do.–Mo. 11–15, 18–22.
Sympathisches Wirtshaus mit gschmackiger Küche und typischen Attributen: „Eine schöne alte Schank, ein Ölboden und ein lauschiger Gastgarten."

Empfohlen von Lukas Resetarits, Kabarettist

BROMBERG | F16

Jeitler

Oberschlatten 1, 2833 Bromberg, Tel.: 02629/82 67, Fax: Dw. 4, office@geraldjeitler.at, www.geraldjeitler.at
 BØG
Küchenzeiten: Do. 17–22, Fr.–Mo. 11.30–22. **Inhaber/Küchenchef:** Gerald Jeitler. **Sommelière:** Erika Hoffmann. **CC:** MC/EC, Visa. **Sitzplätze:** 75. **Garten:** 20.
Durchschnittspreis bei 3 Gängen: € 28,–. **Übernachtungsmöglichkeit.**
Hinter der schmucklosen Fassade verbirgt sich nicht nur ein Landgasthaus der feinen, sondern auch der ganz anderen Art, das man hier in der Abgeschiedenheit der Buckligen Welt kaum erwarten würde. Die treibende Kraft hinter diesem kulinarischen Kleinod ist Patron Gerald Jeitler, ein Kochverrückter, der aus jeder guten Rezeptur eine sehr gute macht, der seine Gäste statt mit Routine mit inspirierenden Ideen einkocht und der darüber hinaus nicht auf das alteingesessene Stammpublikum vergisst, dem er auch mal ein Cordon bleu serviert. Wir lassen uns hingegen gern ein wenig komplexer verwöhnen, etwa mit einer Flusskrebsterrine mit Brennnesselmousse und Arganienöl. Oder mit „Jeitlers Heimspiel", im Rahmen dessen landwirtschaftliche Produkte der Buckligen Welt vorgestellt werden. Eine spannende Kreativität, die man am

besten unter dem Motto „A Bit of Jeitler" erforschen kann: Miniportionen in Maxiqualität sorgen für Genuss pur. Die toll zusammengestellte Weinkarte ist bemerkenswert, ebenso die tolle Beratung durch Erika Hoffmann. **Aus der Karte:** Brennnesselcremesuppe mit faschiertem Kalbsbrieslaibchen; Milchlamm, geschmort und gebacken, mit Schnittlauchsauce und Erdäpfel-Vogerlsalat; Schneenockerln mit hausgemachter Vanillesauce.

Failler

Hauptplatz 27, 2095 Drosendorf, Tel.: 02915/23 27, Fax: Dw. 37
Küchenzeiten: Di.–So. 11.30–14, 18–21. **Übernachtungsmöglichkeit.**
Das Gasthaus „Zum goldenen Lamm" ist dank der gepflegten Küche von Elisabeth di Giorgio ein Dauerbrenner des Waldviertler Kulinariums. Die herrlich altmodisch in „fertige" und „frischgemachte" Speisen unterteilte Karte offeriert solide zubereitete Klassiker der österreichischen Küche. Sommers kann man von der Terrasse auf die vorbeirauschende Thaya blicken. Dazu gibt's eine kompetent zusammengestellte Weinauswahl aus Österreich.

Loibnerhof

Unterloiben 7, 3601 Dürnstein, Tel.: 02732/828 90, Fax: Dw. 3
Küchenzeiten: Mi.–So. 11.30–21. **Betriebsferien:** 3. 1.–4. 2. 2005. **Inhaber/Küchenchef:** Josef Knoll. **Sommelière:** Grete Knoll. **CC:** MC/EC, Visa. **Sitzplätze:** 180. **Garten:** 180. **Durchschnittspreis bei 3 Gängen:** € 31,–.

Vor allem im Sommer ist der „Loibnerhof" einer der kulinarischen Hauptanziehungspunkte der Wachau. Im weitläufigen und wunderbar schattigen Garten wird dann eine Hundertschaft von glücklich erschöpften und wohlverdient hungrigen Gästen beköcht – und das auf einem Niveau, von dem die meisten anderen gastlichen Stätten auch bei geringer Auslastung nur träumen können. Insbesondere die reichhaltige Vorspeisenauswahl von der Spanferkelsulz über die Blutwurstterrine bis zur gebratenen Gänseleber in Auslesesauce ist ein einziger Gaumengenuss. Und wie wär's danach mit einem Hollerkoch oder Buchteln in Vanillesauce? Wenn's kühler wird und man ins Haupthaus übersiedelt, läuft Josef Knoll endgültig zu ganz großer Form auf und serviert in herrlich entspannter Atmosphäre das Beste, was kreative österreichische Küche zu bieten hat. Mehr als ein guter Grund, auch einmal winters nach Unterloiben zu reisen. Das Weinangebot steuert Cousin Emmerich Knoll bei, was nichts anderes heißt als „Best of Wachau" – und zwar von der Steinfeder bis zum Smaragd. **Aus der Karte:** Geräuchertes Forellenfilet in Kräuterkruste mit Blattsalat; Wachauer Fischsuppe; Ausgelöste Freilandente mit Waldviertler Knödel und Rotkraut.

Niederösterreich

Richard Löwenherz

3601 Dürnstein 8, Tel.: 02711/222, Fax: Dw. 18
Küchenzeiten: 11.30–14, 18.30–21. **Übernachtungsmöglichkeit.**
Der Garten des „Richard Löwenherz" ist einer der schönsten Plätze des hinreißenden Wachaudisneylands Dürnstein. Hat man ganz vorne an der Balustrade einen Platz erobert, liegt einem die Donau zu Füßen. Zeit, um über das Schicksal des Namensgebers dieses Restaurants zu philosophieren, Zeit aber auch, um die gekonnt zubereiteten regionalen Gerichte zu verkosten und sich dieses oder jenes Glas feiner Wachauer Weinmacherkunst zu genehmigen.

Schloss Dürnstein

3601 Dürnstein, Tel./Fax: 02711/212, hotel@schloss.at, www.schloss.at
Küchenzeiten: 11.45–14.15, 18.30–21.15. **Betriebsferien:** 8. 11. 2004–24. 3. 2005.
Inhaber/in: Rosemarie und Johann Thiery. **Küchenchef:** Michael Wölfl. **Sommelier:** Martin Blauensteiner. **CC:** Amex, Diners, MC/EC, Visa.
Sitzplätze: 60. **Terrasse:** 100. **Übernachtungsmöglichkeit.**
Das edelste und nobelste Haus von Dürnstein, das dank seines prachtvollen Interieurs und seiner noch prachtvolleren Terrasse mit traumhaftem Donaublick nicht nur für Prominente und gekrönte Häupter ein Wachau-Must ist. In letzter Zeit haben die Küchenchefs des Schlosses ziemlich häufig gewechselt, der neue, Michael Wölfl, scheint aber auf einem zukunftsträchtigen Weg zu sein. So scheut er keine Mühen, den Gast mit zeitgemäßen und kreativ umgesetzten Gerichten zu verwöhnen, die man eher selten so präzise gekocht serviert bekommt. Ideenreichtum auf der ganzen Linie, aber ohne modische Experimente und durchaus dem klassischen österreichischen Küchenkonzept verpflichtet, raffinierte geschmackliche Details, tolle Saucen und subtile Aromen machen einen Besuch auf Schloss Dürnstein durchaus zu einem Erlebnis. Da hinkt das Getränkeangebot fast ein bisschen nach, dennoch verfügt das Restaurant über eine gut sortierte Weißweinkarte, die speziell die umliegenden Regionen berücksichtigt, aber auch in Rot jede Menge bieten kann. Das Ganze wird ergänzt durch das übliche Angebot an internationalen Kreszenzen. **Aus der Karte:** Weiße Tomatenmousse

Niederösterreich

mit Steingarnele und Tomateneis; Wolfsbarschfilet mit Balsamicozwieberln auf mediterranem Gemüse und Rosmarinerdäpfeln; Rosa Entenbrust mit Lauchgnocchi und roter Butter.

EBREICHSDORF | D/E17   ÖBB

Breughelhof

✱ 64 🍷

Rechte Bahnzeile 9, 2483 Ebreichsdorf, Tel./Fax: 02254/723 38, breughelhof@aon.at, breughelhof.at

B@G

Küchenzeiten: Mi.–So. 11.30–14.30, 17.30–22. **Inhaber:** Franz und Karl Rosenbauch. **Küchenchef:** Franz Rosenbauch. **Sommelier:** Karl Rosenbauch. **CC:** Diners, Visa. **Sitzplätze:** 90. **Garten:** 10. **Durchschnittspreis bei 3 Gängen:** € 29,–.

Understatement wird bei diesem Landgasthaus ganz groß geschrieben. Das von außen nicht gerade einladend wirkende Haus ist in Wirklichkeit aber genau das Gegenteil, nämlich ein Hort der Gastlichkeit. Die beiden Zwillingsbrüder Franz und Karl Rosenbauch haben hier in jeder Hinsicht Vorbildliches geschaffen. Franz, der nebenbei auch der Koch der Fußballnationalmannschaft ist, pflegt eine reizvolle Regionalküche, in die aber auch Aromen und Geschmäcker aus Fernost und dem Mittelmeerraum einfließen. Mit viel Phantasie und handwerklichem Geschick werden erstklassige Rohstoffe in inspirierte Kreationen verwandelt, die sich besonders durch saisonale Bezüge auszeichnen. Sommers ist der Innenhofgarten eine Oase. Karl Rosenbauch schupft den Service, ist aber auch ein bemerkenswerter Weinfachmann. Die offerierten Weinbegleitungen sind stimmig, die Auswahl im wohl gefüllten Keller ist riesig. **Aus der Karte:** Bärlauchrisotto mit Bregenzer Hochalpenkäse; Gebratener Gutensteiner Alpenlachs mit grünem Spargel und lauwarmer Erdäpfelterrine.

s'Gwölb

Rathausplatz 2, 2483 Ebreichsdorf, Tel.: 02254/729 47, Fax: 720 17, office@sgwoelb.at, www.sgwoelb.at

Küchenzeiten: Di.–Sa. 11.30–14, 18–22. **Inhaber/Küchenchef:** Thomas Lenger. **CC:** Diners, MC/EC, Visa. **Sitzplätze:** 84. **Garten:** 40. **Durchschnittspreis bei 3 Gängen:** € 24,–.

Der moderne Wintergarten des „Gwölb" schließt an das historische Gewölbe aus dem 17. Jahrhundert nahtlos an, was dem Restaurant ein spezifisches Flair vermittelt, das offenbar auf eine vielfältige Klientel sehr einladend wirkt. Und so ist das Haus stets gut besucht. Bei unseren diesjährigen Besuchen wurden uns leider einige Gerichte serviert, die nicht ganz rund und stimmig umgesetzt waren. Trotzdem bietet die Speisekarte etliche ausgezeichnete Kreationen in einer grundsätzlich sehr interessanten Auswahl –

Niederösterreich

neben Heimischem ist stets der Mittelmeerraum präsent, dazu kommen noch wechselnde kulinarische Themenschwerpunkte –, zuletzt etwa war Fernost angesagt. Auf dem Weinsektor kann man in erster Linie unter österreichischen Weißweinen und einigen Roten aus dem Burgenland und Carnuntum wählen. **Aus der Karte:** Gerollter Bachsaibling auf Spargel und Sauce hollandaise; Rindsfilet auf mediterranem Gemüse und Rotweinsauce; Nougatknödel auf Beerenröster.

EMMERSDORF | D14 ÖBB

Donauhof

3644 Emmersdorf 40, Tel.: 02752/71 77 70, Fax: Dw. 44
Küchenzeiten: 11–21. **Übernachtungsmöglichkeit.**
Gute Wachauer Hausmannskost, dazu jede Menge Weine aus der Region. Unser Tippgeber meint: „Engagierter und weinkundiger Gasthof mit sehr netter Atmosphäre."

Empfohlen von F.X. Pichler, Winzer

Zum schwarzen Bären

3644 Emmersdorf 7, Tel.: 02752/712 49, Fax: Dw. 44
Küchenzeiten: 11–14, 17–21. **Übernachtungsmöglichkeit.**
Das jahrhundertealte „Whärzhaus zum Schwarzen Bären" serviert zwar keine Bärentatzen, dafür aber eine stimmige und solid gekochte Palette regional geprägter Gerichte. Feine Weine aus der Wachau passen da ganz vortrefflich als Speisenbegleiter.

FEUERSBRUNN | C15

Mörwald – Zur Traube

Kleine Zeile 13–17, 3483 Feuersbrunn, Tel.: 02738/22 98-0,
Fax: Dw. 60, zur_traube@moerwald.at, www.moerwald.at B**Q**G
Küchenzeiten: Fr.–Di. 12–14, 18–22. **Inhaber:** Toni Mörwald. **Küchenchef:** Christian Wöber.
Sommelier: Michael Putzgruber. **CC:** Amex, Diners, MC/EC,
Visa. **Sitzplätze:** 80. **Garten:** 80. **Übernachtungsmöglichkeit.**
Das Stammhaus des nimmermüden Toni Mörwald ist ein typisches Landwirtshaus mit alter Struktur, das behutsam den Bedürfnissen der heutigen Zeit angepasst wurde, kurz, um so manches Detail erweitert wurde. Gourmetstüberl, Wintergarten, Kräuterzimmer, Gartensaal, Weinbar, Vinothek, Seminarraum, kochende Tafelrunden, Kochschule und drei (!) Gastgärten sind einige der neueren Eckpfeiler der „Traube". Willkommen also im Universum von Toni M. Für die Kochagenden ist Christian Wöber zuständig, der sich mehr als gekonnt

durch die kulinarischen Ideen des Chefs kocht und den Gästen eine fast durchwegs großartige und kreative Küche serviert. Vor-, Zwischen-, Haupt- und Nachspiel werden sorgfältig und optisch wie geschmacklich makellos zelebriert. Saisonale und regionale Aspekte bestimmen das Angebot, das aber durchaus um stimmige exotische Komponenten erweitert wird – ein geschmackvolles Essvergnügen. Die Weinenzyklopädie ist sorgfältig zusammengestellt, klar und übersichtlich und selbstverständlich mit einem Schwerpunkt auf Hauseigenes und die unmittelbare Region. Insbesondere bei den österreichischen Leitsorten Veltliner und Riesling ein ungetrübtes Vergnügen. **Aus der Karte:** Spargeltörtchen, Spargelmousse und Spargelspitzen mit Räucherlachs und Beluga-Kaviar; Medaillon vom Steinbutt auf Artischocken-Ravioli und Limetten; Waldviertler Flugentenbrust mit geschmortem jungen Kraut und Erdäpfelknöderln.

Palt

Wiener Straße 41, 3511 Furth-Palt, Tel./Fax: 02732/731 73
Küchenzeiten: Mo., Do.–So., Fei. 11.30–21.30.
„Auf der anderen, der ruhigeren Wachauseite gelegen. Im Schatten des Stiftes Göttweig genießt man mitunter fast schon sternenverdächtige Küche."

Empfohlen von Adolf Frohner, Maler

Zu den Linden

Hauptstraße 52, 2531 Gaaden, Tel.: 02237/72 82, Fax: 83 65
Küchenzeiten: Mi.–Sa. 11.30–15, 18–21.30, So. 11.30–15, 18–20.30.
Seit 1870 erfüllen die „Linden" schon die Funktion als Dorfwirtshaus zu Gaaden. Dieser Tradition ist Wirt Erich Bruckberger verpflichtet und serviert seinen Gästen also ehrliche Wirtshauskost in Form von Beinfleisch oder Bruckfleisch. Unter den Linden lässt sich sommers so manche entspannte Stunde verbringen.

Muhr

Hauptstraße 87, 2463 Gallbrunn bei Schwechat, Tel.: 02230/28 58, Fax: Dw. 58, landgasthof.muhr@utanet.at, www.muhr.co.at
Küchenzeiten: Mi.–So. 11–14, 17–21. **Betriebsferien:** Februar, August 2005. **Inhaber/Küchenchef:** Jakob Muhr. **Sommelier:** Martin Muhr. **CC:** MC/EC, Visa. **Sitzplätze:** 200. **Garten:** 40. **Durchschnittspreis bei 3 Gängen:** € 26,–.
Übernachtungsmöglichkeit.

Niederösterreich

Jakob Muhr ist der beste Beweis, dass man auch an wenig spektakulären Plätzen eine prächtige Gastronomie etablieren kann. Landgasthaus nennt sich der „Muhr" mit viel Understatement, denn was hier kulinarisch geboten wird, spielt doch in einer ganz anderen Liga. Vorbildliche Regionalität in Form von Hausschlachtung und der Verarbeitung von Gallbrunner Rehen, Wolfsthaler Weidelämmern und Aulandrindern trifft auf eine bemerkenswerte Weltoffenheit, in der orientalische, mediterrane und asiatische Komponenten auf das Feinste einfließen. Dank der perfekten handwerklichen Fähigkeiten und der überbordenden Phantasie des Chefkochs entstehen durchgehend spannende und harmonische Kreationen der Extraklasse. Dass jedes Gericht auch ein absoluter Augenschmaus ist, soll nicht verschwiegen werden. Im Keller lagert eine Vielzahl bester österreichischer Weine. Top sind auch das Digestifangebot und der Service. Jeden Umweg wert. **Aus der Karte:** Terrine vom Wolfsthaler Weidelamm auf Miniblattspinat und weißem Spargel, im Granakörbchen mit Bärlauchvinaigrette; Perlhuhnbrüstchen mit Ingwer, Sternanis und Knoblauch auf Jasminreis und Rote Rüben-Walnuss-Bällchen; Mango-Ananas-Sorbet.

GRAFENEGG | C15 ÖBB

Mörwald – Schloss Grafenegg

3485 Grafenegg 12, Tel.: 02735/26 16-0, Fax: Dw. 60,
schloss_grafenegg@moerwald.at, www.moerwald.at

B◐G

Küchenzeiten: Mi.–Fr. 12–14, 18–22, Sa., So. 12–22. **Betriebsferien:** Jänner 2005. **Inhaber:** Toni Mörwald. **Küchenchef:** Christian Göttfried. **Sommelière:** Simone Göttfried. **CC:** Amex, Diners, MC/EC, Visa. **Sitzplätze:** 40. **Garten:** 40. **Durchschnittspreis bei 3 Gängen:** € 42,–. **Übernachtungsmöglichkeit.**

Wer etwas Exklusives zu feiern hat, ist hier durchaus an der richtigen Adresse. Im Park des ehemaligen k. u. k. Schlosses Grafenegg bewirtet die Truppe von Toni M. ihre Gäste auf höchstem Niveau. Mit viel Anstrengung wurde hier ein exklusives Ambiente geschaffen, das auch den verwöhntesten Österreich-Touristen ein perfektes Bild von Nostalgie und Modernität vermittelt. Der Mix aus gehobener österreichischer Gastlichkeit und monarchischem Charme, exzellentem Service und einem Speiseangebot der Luxusklasse ist durchaus bestechend. Christian Göttfried kocht überhaupt nicht abgehoben und ist stets darauf bedacht, die regionale Küche mit ausgesuchtesten und feinsten Edelprodukten und viel kulinarischem Know-how zu verfeinern. Beachtlich, was der Küchenchef locker aus dem Ärmel schüttelt. Etwas kess, aber auch puristisch kommen seine stimmigen und bis ins letzte Detail durchgestylten Kreationen daher. In Summe eine beeindruckende Leistung des ehemaligen „Tantris"-Koches. Die Weinkarte ist mehr als umfangreich und bietet Bestes und Feinstes aus aller Welt, wobei die Region mit einem besonderen Schwerpunkt vertreten ist. **Aus der Karte:** Octopus mit Paradeisschaum; Seeteufel mit gebratenem Fenchel auf Kerbelschaum; Perlhuhnbrust mit Staudensellerie und Olivenravioli; Mangotörtchen mit Sesamhippe.

Niederösterreich

GROSS ENZERSDORF | D17

Taverne am Sachsengang

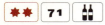

Schloßhofer Straße 60–62, 2301 Groß Enzersdorf, Tel.: 02249/29 01-80, Fax: 29 05, taverne@sachsengang.co.at, www.sachsengang.co.at
Küchenzeiten: 12–14, 18–22. **Inhaber:** Sachsengang Privatstiftung. **Küchenchefs:** Jiri Havel, Norbert Bader. **Sommelier:** Andreas Scheidl. **CC:** Amex, Diners, MC/EC, Visa. **Sitzplätze:** 80. **Terrasse:** 50. **Durchschnittspreis bei 3 Gängen:** € 35,–. **Übernachtungsmöglichkeit.**

Lang ist es her, seit Karl der Große aufständische Sachsen hier ansiedelte und der Region damit ihren bis heute gültigen Namen gab. Auch die Taverne hat eine lange Tradition, was die Betreiber aber nie gehindert hat, zeitgemäße Akzente einfließen zu lassen. Und so ist das Haus bis heute eine gepflegte Oase der Gastlichkeit geblieben – nicht zuletzt dank Sommelier Andreas Scheidl, der die Gäste tatsächlich auf Wolke Sieben durch den Abend trägt. Küchenchef Jiri Havel hat mit Norbert Bader Verstärkung erhalten und bietet eine kleine, aber sehr feine Palette an Gerichten, in denen sich traditionelle Kochkunst harmonisch mit kreativen Komponenten verbindet. Ein Schwerpunkt ist Hummer, ein anderer das saisonale Angebot – wunderbar erkostbar in der Kombination rosa gebratener Maibock mit Spargelgröstl. Kongenial offeriert die Weinkarte einen tollen Querschnitt durch die österreichische Weinbaulandschaft, wem der Sinn nach internationalen Kreszenzen steht, kann ebenfalls aus einem feinen Angebot wählen.
Aus der Karte: Sautierte Jakobsmuscheln mit cremigen Zitronenlinguine; Halber Hummer gebraten auf Spargelrisotto und grüner Spargel; Straußenfilet, kurz gebraten, auf Erdäpfelpüree und Steinpilzsauce.

GUNTRAMSDORF | D16   ÖBB

Jagdhof

Hauptstraße 41, 2353 Guntramsdorf, Tel.: 02236/522 25, Fax: Dw. 40, info@jagdhof.cc, www.jagdhof.cc
Küchenzeiten: Mo.–Sa. 11.30–14.30, 17.30–23. **Inhaber:** Familie Fakler. **Küchenchefs:** Fritz Vogelmaier, Günther Zierhofer, Hannes Hösl. **Sommelier:** Franz Fakler. **CC:** Diners, MC/EC, Visa. **Sitzplätze:** 80. **Garten:** 50. **Durchschnittspreis bei 3 Gängen:** € 33,–. **Übernachtungsmöglichkeit.**

Der „Jagdhof" ist ein gutbürgerliches Restaurant mit viel Tradition und einer großen Schar an treuen Stammgästen – diese Stellung hat man sich vor allem durch das Wirken von Herrn Fakler sen. erworben. Ein gastfreundlicher Ort wie aus dem Bilderbuch, die Stimmung ist entspannt und unkompliziert, das Ambiente gemütlich und intim. Die Küchentruppe hat bei unserem Besuch mit etwas

www.wirtshauskultur.at

So schmeckt das **Authentische!**

Die Mitgliedsbetriebe der NÖ Wirtshauskultur sind längst mehr als Geheimtipps. Echte Gastlichkeit, regionale Besonderheiten aus Küche und Keller – serviert zur richtigen Saison –, das optimale Preis-Leistungs-Verhältnis sowie die enge Zusammenarbeit mit der heimischen Landwirtschaft zeichnen die Mitgliedsbetriebe der NÖ Wirtshauskultur aus.

Mitgliedsbetriebe erkennt man am grünen Wirtshauskultur-Hinweisschild. Höchste Ehre für die Mitglieder der NÖ Wirtshauskultur ist die Auszeichnung Top-Wirt, auf die ein roter Aufkleber hinweist. Für die hochkarätige Jury ist es eine große Herausforderung, aus dem Kreis der Top-Wirte den „Best of Top" zu küren. Heuer ging die begehrte Auszeichnung an einen besonders typischen, engagierten Vertreter:

Obmann Herbert Bonka, Landesrat Ernest Gabmann, Topwirt 2004 Norbert C. Payr mit Gattin, NÖ Landestourismusmanager Klaus Merkl und Architekt Gustav Peichl

An die Familie Norbert C. Payr vom Gasthof zum Lustigen Bauern in Zeiselmauer. Dort findet man Labung und Inspiration in den gemütlichen Stuben. Die meisterlich zubereiteten Speisen passen perfekt zur Atmosphäre: in der österreichischen Küche verwurzelt, authentisch, mit viel Raffinesse zubereitet. Mit der Auszeichnung „Aufsteiger des Jahres" honoriert eine Jury die Leistungen eines Wirtshauses, das sich gegenüber dem Vorjahr deutlich gesteigert hat. Diese Auszeichnung wird heuer dem Gasthaus Pils in Rotheau bei Eschenau an der Traisen zuteil. Der Gasthof blickt auf eine mehr als 100-jährige Geschichte zurück. Ein Hauch von Bodenständigkeit geht hier Hand in Hand mit viel Kreativität.

Wer sich zum ersten Mal an der Jurierung zum Top-Wirt beteiligt und gleich auf Anhieb überzeugt, ist Kandidat für den „Neueinsteiger des Jahres", der heuer an die Familie Baumgartlinger vom Gasthaus Goldenes Schiff in Tulln ging. Die unverfälschte, gutbürgerliche Wirtshausatmosphäre ist angenehm vertraut. Der Service ist freundlich und zuvorkommend. Die Preise bewegen sich in überraschend angenehmen Dimensionen.

„Das ist für uns das besonders Schöne an der Top-Wirte-Auszeichnung: Zum einen bestätigten sich jahrelange gute Leistungen, zum anderen entdeckt man immer wieder neue Geheimtipps", fasst Herbert Bonka, Obmann der Vereinigung NÖ Wirtshauskultur, die heurige Wahl zusammen.

Bestellen Sie kostenlos Ihr persönliches Abo der Wirtshauszeitung per E-Mail:
wirtshauskultur@noe.co.at oder per Telefon: 01/536 10-2004

 Dieses Symbol kennzeichnet die als „Top-Wirt" ausgezeichneten Betriebe, die in den Guide „Österreich A la Carte 2005" aufgenommen worden sind.

Niederösterreich

wechselhaftem Geschick gearbeitet. Zumeist sehr gut bis ausgezeichnet, selten mit etwas zu wenig Liebe. Serviert werden Klassiker der österreichischen Küche, aber auch Zeitgeistiges mit fernöstlicher oder mediterraner Prägung. Franz Fakler jun. ist zu Recht für sein Engagement in Sachen Wein bekannt – sowohl beim Bouteillenangebot als auch beim glasweisen wird man mehr als zufrieden gestellt. Der Weinkeller stellt sich als eine wahre Fundgrube heraus, in der die Thermenregion, aber auch der Rest der Welt bestens vertreten sind. **Aus der Karte:** Thunfischcarpaccio mit Sesamöl; Rote Rüben-Suppe mit Krengervais und Wallerspeck.

GUTENSTEIN | E15/16 ÖBB

Kreuzhof

Klostertal 26, 2770 Gutenstein, Tel.: 02634/200 49
Küchenzeiten: Mi.–So. 11–22.
„Ausgezeichnete Küche, Chef kocht selbst, bodenständig, variationsreich. Hohe Qualität bei höchst günstigen Preisen."
Empfohlen von Dr. Monika Lindner, ORF-Generaldirektorin

HADERSDORF AM KAMP | C15 ÖBB

Färberstub'n

Hauptplatz 12, 3493 Hadersdorf am Kamp, Tel.: 02735/26 18, Fax: Dw. 4
Küchenzeiten: Mi.–So. 11–14, 18–21.
„Bodenständige regionale Küche und ein Wirt, der ein herausragender Kenner der Weine der Region ist. Entsprechend toll ist die Weinkarte."
Empfohlen von Barbara van Melle, ORF-Moderatorin

HARMANNSDORF | B15 ÖBB

Buchinger

3713 Harmannsdorf 18, Tel.: 02984/82 41, Fax: Dw. 12
Küchenzeiten: Mo., Di., Do.–Sa. 10–22, So., Fei. 10–15. **Übernachtungsmöglichkeit.**
Ein Landgasthof, der seinen Gästen Lesebrillen in drei verschiedenen Dioptrien anbietet, kann nichts zu verbergen haben. Und so serviert der „Buchinger" einfach ehrliche Qualität, woran sich selbstverständlich auch nichts geändert hat, seit der Patron die Sommelieragenden an seine Tochter abgegeben, dafür aber den Chefkochlöffel übernommen hat: Eine Wirtshausküche vom Feinsten wird dargeboten – regional bis mediterran akzentuiert und immer auf den Wohlgeschmack bedacht. Schöne Weinauswahl.

---

www.alacarte.at – Die besten Restaurants

Niederösterreich

HINTERBRÜHL | D16   ÖBB

Hexensitz

Johannesstraße 35, 2371 Hinterbrühl, Tel.: 02236/229 37, Fax: 89 31 84, restaurant@hexensitz.at, www.hexensitz.at
Küchenzeiten: Di. 18–22, Mi.–Sa. 11.30–14, 18–22, So. 11.30–14. **Inhaber/in:** Ulrike und Alfred Maschitz. **Küchenchef:** Andreas Hettegger. **Sommelier:** Roman Schneidhofer.
CC: MC/EC, Visa. **Sitzplätze:** 80. **Garten:** 60.
Durchschnittspreis bei 3 Gängen: € 34,–.

Ein sehr geschmackvoll eingerichtetes Lokal von stilvoller, schlichter Eleganz mit gemütlicher Atmosphäre und großzügiger Raumaufteilung auf mehreren Ebenen. Überzeugend ist auch der dezent und kompetent agierende Service unter der Leitung von Patron Alfred Maschitz. Küchenchef Andreas Hettegger pflegt eine klassische, regional und saisonal geprägte Küche mit einigen gekonnt kreativen Akzenten und diversen fernöstlichen Schlenkern, die mit ausgezeichneten Grundprodukten, großteils perfekten Garzeiten und einer zurückhaltenden Würzung durch die Bank überzeugt. Nach einer durchwachsenen Phase scheint sich der „Hexensitz" wieder auf besserem Niveau eingependelt zu haben. Wir hoffen auf weitere Steigerungen. Die Weinauswahl ist recht brauchbar. **Aus der Karte:** Antipasti mit Schafkäse und Bärlauchpesto; Lavendel-Gänseblümchen-Grieß-Brûlée.

HOBERSDORF–WILFERSDORF | B17   ÖBB

Neunläuf

Wiener Straße 4, 2193 Hobersdorf-Wilfersdorf, Tel.: 02573/259 99, Fax: 259 00
Küchenzeiten: Di.–Sa. 11.30–14, 18–21, So., Fei. 11.30–14.
„Nettes Wirtshaus mit toller Vinothek. Jährlich wechselnde regionale Topweine, die bei einer Verkostung ausgewählt werden. Ein Muss, wenn man in diese Region kommt!"

Empfohlen von Michael Thurner, Österreichische Weinmarketing-Boss

Der Gourmet-Führer im Handy.

Schlemmen unterwegs: Mit t-info Top-Restaurants finden. Einfach das Handy in die Hand nehmen und www.t-info.at klicken. Bei uns gibt es den aktuellen „A la Carte" für unterwegs - Sie lassen Sich lokalisieren und t-info sagt Ihnen, wo das nächste Top-Restaurant in Ihrer Nähe ist.

Das funktioniert auch mit Hotels, Geldautomaten, Internetcafés und und und...

Was suchen Sie heute?

info ...einfach gut finden!
www.t-info.at

Niederösterreich

HOFSTETTEN | D15

3erlei

Kammerhofstraße 1, 3202 Hofstetten-Kammerhof, Tel.: 02723/82 51, Fax: Dw. 33
Küchenzeiten: Mo.–Sa. 11.30–14, 17–22, So., Fei. 11–21. **Übernachtungsmöglichkeit.**

Inmitten des herrlichen Pielachtals liegender imposanter Landgasthof, der vor einiger Zeit rustikal tirolerisch umgebaut wurde. Drinnen dominieren helles Holz und ein Kamin, während man im idyllischen Innenhof in lauschigen Lauben Platz nehmen kann. Die beiden Küchenchefs arbeiten mit großer – manchmal noch zu großer – Ambition an einem vielfältigen Speiseangebot, das zum Teil auf die erstklassigen Produkte aus der Region zurückgreift. Zum anderen entstehen auch zeitgeistige Kreationen, wie etwa eine Neuinterpretation der thailändischen Zitronengrassuppe Tom Yam Gung. So spannend manches klingt, fehlen doch vorläufig noch die Feinabstimmung und das gewisse Etwas. Trotzdem – ein Konzept mit Zukunft. Die durchaus schöne Weinauswahl erfreut mit feinen Flaschen aus Niederösterreich, der Steiermark und dem Burgenland.

HOLLENTHON | F16

Zum Stickelberg

Stickelberg 19, 2812 Hollenthon, Tel.: 02645/22 13, Fax: Dw. 4,
wirtshaus@stickelberg.at, www.stickelberg.at
Küchenzeiten: Mi.–Fr. 11–14, 18–22, Sa., So. 11–22. **Inhaber/Sommelier:** Christian Brodträger. **Küchenchefin:** Maria Brodträger. **CC:** Diners, MC/EC, Visa. **Sitzplätze:** 120. **Terrasse:** 30. **Durchschnittspreis bei 3 Gängen:** € 24,–.
Übernachtungsmöglichkeit.

Idyllisch im entlegensten Winkel der landschaftlich wunderbaren Buckligen Welt auf 633 m Seehöhe gelegenes Gasthaus gleich gegenüber der Kirche, das von herzerfrischenden jungen Leuten geführt wird. Patron Christian Brodträger umsorgt Einheimische und Ortsfremde gleichermaßen freundlich und stimmig und sorgt nach Wunsch für die Weinbegleitung. Seine Frau Maria verarbeitet in erster Linie regionale Produkte erster Güte und zaubert daraus unter dem Motto „Sooo gut schmeckt die Bucklige Welt" spannende Menüfolgen, die dem neugierigen Gaumen den besten Einblick in die Stickelberg-Küche ermöglichen. Alles wird feinfühlig und mit großem Fingerspitzengefühl und Esprit zubereitet und in ein Schlaraffenland des feinen Geschmacks verwandelt. Im Keller lagert eine große Zahl bester österreichischer Weine aller Regionen. **Aus der Karte:** Bärlauchrolle mit angeräuchertem Lammfilet auf Rotweinschalotten und Lammsulz mit Spargelsalat; Gedämpfter Saibling mit Frühlingskräutern, gerollt, auf rotem Paprikaschaum und Bärlauchpüree; Maishendlfilet gratiniert mit Ziegenfrischkäse auf Bärlauchschaum und Gnocchi; Omelett mit Rhabarberragout und Nougatsauce.

Niederösterreich

JOCHING | C14   ÖBB

Jamek

*Josef-Jamek-Straße 45, 3610 Joching, Tel.: 02715/22 35, Fax: Dw. 22,
info@weingut-jamek.at, www.weingut-jamek.at*
Küchenzeiten: Mo.–Do. 11.30–16, Fr., Sa. 11.30–21. **Inhaberin:** Jutta Altmann. **Küchenchef:** Herbert König. **Sommelier:** Hans Altmann. **CC:** Diners, Visa. **Sitzplätze:** 65. **Garten:** 50. **Durchschnittspreis bei 3 Gängen:** € 32,–. **Übernachtungsmöglichkeit.**

Dieses Traditionshaus in der Wachau ist ein Muss für viele Besucher dieses ewig jungen Donauabschnitts. Das wunderschöne alte Haus wurde liebevoll restauriert. Die schönen Stuben bieten eine entspannt heimelige Atmosphäre, während an warmen Tagen auf der Terrasse schon einmal ein wenig Stress aufkommen kann. Aufgrund des vielgestaltigen Publikums bietet man selbstverständlich auch ein sehr umfassendes Speiseangebot an. Neben den „Klassikern von Edeltraud Jamek" – man denke etwa an die Hechtnockerln oder den Grammelschmarrn – finden sich großteils saisonal geprägte Gerichte auf der Karte, die sich allesamt durch eine routinierte und makellose Zubereitung auszeichnen. Insgesamt hat man aber das Gefühl von Stillstand auf hohem Niveau, ein wenig kulinarische Abenteuerlust würde keineswegs schaden. Die Weinauswahl umfasst ausschließlich Jamek-Weine, was bekanntlich auf dem Weißweinsektor sehr zufrieden stellend ist. **Aus der Karte:** Bärlauch-Schafkäse-Knödel auf Paradeissauce; Gebratenes Störfilet mit Oliven-Kapern-Butter; Gefüllte Wachtel auf Morchelrahmsauce und hausgemachten Nudeln.

Holzapfels Prandtauerhof

3610 Joching 36, Tel.: 02715/23 10, Fax: Dw. 9, weingut@holzapfel.at, www.holzapfel.at
Küchenzeiten: Mi.–Sa. 11.30–20.30, So., Fei. 11.30–15. **Betriebsferien:** Mitte Dezember 2004 bis Mitte März 2005. **Inhaber/in:** Barbara und Karl Holzapfel. **Küchenchef:** Gerhard Rieger. **CC:** MC/EC, Visa. **Sitzplätze:** 70. **Garten:** 70. **Durchschnittspreis bei 3 Gängen:** € 37,–. **Übernachtungsmöglichkeit.**

Das 1696 von Jakob Prandtauer barockisierte Anwesen zählt fraglos zu den schönsten Plätzen der Wachau, wobei insbesondere der prachtvolle Arkadenhof ein absolutes Muss ist. Die Küche serviert regional und saisonal geprägte Speisen, die allesamt ein Genuss sind. Erstklassige Zutaten, handwerkliches Geschick bei der Zubereitung und viel Geschmack beim Anrichten garantieren ein gediegenes und kulinarisch erquickliches Genießen. Die Weine des Hausherren sind stille, aber mehr als würdige Vertreter des Wachauer Weinbaus – Hauptsorten sind selbstverständlich Veltliner und Riesling, seit einiger Zeit werden unter der Bezeichnung Hippolyt auch im Barrique ausgebaute Weine angeboten. Erstklassig ist

Niederösterreich

auch die Destillatpalette von Quinta Essentia-Mitglied Karl Holzapfel. **Aus der Karte:** Im Ganzen gebratener Branzino mit Blattspinat und Topinambur; Gebratener Rücken vom Maibock in Beerensauce mit jungem Wirsing und Briocheknöderln.

KIRCHBERG AM WAGRAM | C15/16   **ÖBB**

Gut Oberstockstall

 75

Oberstockstall 1, 3470 Kirchberg am Wagram, Tel.: 02279/23 35, Fax: Dw. 6
Küchenzeiten: Mi. 17–22, Do.–Sa. 12–22, So. 12–15. **Betriebsferien:** Mitte Dezember 2004 bis Ende Februar 2005. **Inhaberin:** Eva Salomon. **Küchenchef:** Norbert Steiner. **Sommelier:** Gerhard Hintermayer. **CC:** MC/EC, Visa. **Sitzplätze:** 80. **Garten:** 80. **Durchschnittspreis bei 3 Gängen:** € 35,–.

Dieser historische Gutshof aus dem 16. Jahrhundert mit angeschlossener Kapelle ist seit Jahren Schauplatz kulinarischer Kultur auf höchstem Niveau – dementsprechend bietet das „Gut Oberstockstall" nicht nur Gaumenfreuden, sondern auch ein herrliches Ambiente, in dem Genuss für alle Sinne geboten wird. Hier werden Gäste seit vielen Jahren mit gleichmäßig hoher Essensqualität verwöhnt. Saison und Region spielen eine ebenso dominierende Rolle beim Oberstockstaller Küchenzauber wie hochwertigste Grundprodukte aus artgerechter Tierhaltung bzw. naturnahem oder biologischem Anbau. Dementsprechend klassisch und der Tradition verpflichtet ist auch die Küchenlinie, wobei der Kreativität genügend Platz eingeräumt wird, unterm Strich eine stimmige Angelegenheit. Beim Weinangebot kann man wohl unterschiedlicher Meinung sein – die Auswahl ist für ein Einzelweingut (+ Jamek) zweifellos beachtlich. Nicht nur verschiedene Sorten, sondern auch verschiedene Jahrgänge bekommt man, trotzdem bleibt halt so mancher Wunsch unerfüllt. **Aus der Karte:** Bärlauch-Lachsforellen-Terrine mit Dillrahm; Freilandhendlbrust mit Rosmarin gebraten, dazu Spargelnudeln.

KIRCHBERG AM WECHSEL | F16

Fally

Ödenkirchen 28, 2880 Kirchberg am Wechsel,
Tel.: 02629/72 05-0, Fax: Dw. 50
Küchenzeiten: Do.–Mo. 11–20.30, Di. 11–15. **Übernachtungsmöglichkeit.**
Ein bei Wanderprofis beliebter Bilderbuchgasthof, der Ausgangspunkt zahlloser Wanderrouten in die traumhafte Ödenkirchner Landschaft ist. Dank der unzweifelhaften Kochfähigkeiten von Patron Franz Fally kehren hier aber auch weniger sportive Naturen ein und genießen die feine regionale Küche. Wer sich abends zu eingehend mit den bemerkenswerten Kellerbeständen von Kellerberg bis Redmont auseinander gesetzt hat, kann in einem der kürzlich umgebauten Zimmer nächtigen.

Niederösterreich

KIRCHBERG AN DER PIELACH | D14

Kalteis

 63

*Melker Straße 10, 3204 Kirchberg an der Pielach, Tel.: 02722/72 23,
Fax: Dw. 4, kalteis.hubert@aon.at, www.kalteis.at*

B⊛G

Küchenzeiten: Mo., Do.–Sa. 11–14, 17–20.30, So. 17–20. **Inhaber:** Familie Kalteis.
Küchenchefin: Theresia Kalteis. **Sommelier:** Hubert Kalteis jun. **CC:** MC/EC, Visa.
Sitzplätze: 130. **Garten:** 60. **Durchschnittspreis
bei 3 Gängen:** € 33,–.

Auf den ersten Blick könnte man den „Kalteis" noch für einen Geheimtipp halten, so erfrischend unprätentiös präsentiert sich das behutsam adaptierte Landgasthaus im Pielachtal. Ein angenehmes Maß an familiärer Wärme durchströmt die liebevoll eingerichteten Galerie, insbesondere der Service durch Juniorchef Hubert Kalteis vermittelt pure Heimeligkeit. Viele nette Details und prächtige geleerte Flaschenbatterien machen klar, hier ist man an einer außergewöhnlichen Adresse, die auch längere Anreisen jederzeit wert ist. Den Gast erwartet eine spannende, handwerklich sehr geschickte Interpretation zum Thema Essen am Lande. Theresia Kalteis sprudelt über vor Ideenreichtum und ist ständig auf der Suche nach neuen Rezepturen für die erlesenen und zum Teil regionalen Rohstoffe, die hier zum Einsatz gelangen. Eine Küche, die mutig neue Wege einschlägt und mit raffinierten Aromenspielen entzückt. Das Engagement des Patrons zeigt, wie sehr ihm das Ganze am Herzen liegt, man spürt förmlich seine Begeisterung für edle Weine in allen Bereichen. **Aus der Karte:** Bärlauch-Cremesuppe mit Forellencrostini; Geschmorter Milchkitzrollbraten mit Gemüseröstl, grünem Spargel und Ricotta-Bärlauch-Nockerln.

KLEIN-WIEN | C15

Schickh

 62

*Arastraße 2, 3511 Klein-Wien, Tel.: 02736/72 18, Fax: Dw. 7,
office@schickh.at, www.schickh.at*

Küchenzeiten: Fr.–Di. 11–21. **Inhaber:** Ferdinand Schickh. **Küchenchef:** Christian Schickh. **Sommelier/ière:** Eva und Ferdinand Schickh. **CC:** MC/EC, Visa. **Sitzplätze:** 120. **Garten:** 70. **Durchschnittspreis bei 3 Gängen:** € 33,–.
Übernachtungsmöglichkeit.

Das ein wenig abseits der Touristenströme liegende Restaurant bietet keinen Fernblick, dafür aber viel romantische Umgebung, weswegen seit Jahren viele Feinschmecker hierher pilgern und in gepflegter und einladender Atmosphäre die Kreationen des jungen Küchenchefs Christian Schickh genießen. Traditionell steht der Hummer ganz oben auf der Speisekarte, aber auch die ganze Palette

Niederösterreich

der Lieblingsgerichte von Frau und Herrn Österreicher tummelt sich da. Dazu spielen natürlich saisonale Produkte eine entsprechende Rolle. Kreativität, spannende Ideen und Kombinationen oder gar Aha-Erlebnisse bleiben eher draußen. Dank des reizenden und kompetenten Service wird ein Aufenthalt zu einem Rundumgenuss. Weinmäßig orientiert man sich selbstverständlich an Wachau sowie Kamp- und Kremstal. **Aus der Karte:** Gebratene Scampi mit Kräutern, Knoblauch, gefüllter Tomate und Reis; Schweinelendchen mit Knoblauchsauce und Waldviertler Knödel.

KLOSTERNEUBURG | C16 ÖBB

Malo

Stadtplatz 17, 3400 Klosterneuburg, Tel.: 02243/303 33, Fax: 307 97
Küchenzeiten: Mo.–Sa. 11–22, So. 11–15 (jeder erste So. im Monat 8–18). **Übernachtungsmöglichkeit.**

Die empfehlensweste Genießeradresse in dem an derlei eher armen Klosterneuburg. O-Ton unseres Tippgebers: „Gelungene Mischung aus Café, Bar und Restaurant. Gute Küche."

Empfohlen von Klaus Merkl, NÖ-Landestourismusmanager

KÖNIGSTETTEN | C16 ÖBB

Zum weißen Adler

Wiener Straße 40, 3433 Königstetten, Tel./Fax: 02273/22 46, weisseradler@aon.at, www.weisseradler.at
Küchenzeiten: Mi., Do. 17.30–21.30, Fr.–So., Fei. 11.30–14.30, 17.30–21.30. **Inhaber/Sommelier:** Johann Obweger. **Küchenchef:** Günther Wurm. **CC:** MC/EC, Visa. **Sitzplätze:** 70. **Garten:** 70. **Durchschnittspreis bei 3 Gängen:** € 25,–.

Das bis 1780 als Lesehof des Stiftes St. Florian dienende Gebäude wird seit 100 Jahren als Gastwirtschaft genützt. Dank der reizvollen Umgebung – Königstetten liegt am Übergang vom Tullnerfeld in den Wienerwald – ist der „Adler" auch ein beliebtes Ausflugsgasthaus. Der gegenwärtige Pächter Johann Obweger ist seit drei Jahren hier ansässig und hat dem Haus zu einer neuen kulinarischen Blüte verholfen. Die Speisenkarte bietet eine schöne Palette an Gerichten, die großteils der klassischen österreichischen Küche zuzurechnen sind. Mit viel Geschick hat man Altbekanntes von Patina und Schwere befreit und so ein zeitgemäßes Kulinarium geschaffen. Saisonprodukte spielen ebenso wie Rohstoffe aus Biolandwirtschaften eine große Rolle. Eine Küche mit viel Herz. Die vom Patron zusammengetragene Weinauswahl überzeugt durch einen niveauvollen Querschnitt durch Österreichs Weinszene, der durch einige internationale Spitzenweine noch aufgewertet wird. **Aus der Karte:** Ragout von zweierlei Spargel mit Morcheln im Blätterteig; Saiblingfilet, gebraten, auf cremigem Weißweinrisotto und Spargel.

VINARIA

Österreichische Zeitschrift für Weinkultur

Die beste Wahl... VINARIA ...probieren Sie!

Vorteils-abo:
1 Jahr VINARIA (6 Ausgaben)*
um nur € 29,90
(Ausland: € 39,90)

Top-Abo:
1 Jahr VINARIA
(6 Ausgaben)* und
das Buch Vinaria
Weinguide 2004 um nur
€ 39,90 (Ausland: € 49,90)

www.vinaria.at

❑ **JA,** ich bestelle das VINARIA Vorteils-Abo: 1 Jahr Vinaria® (6 Ausgaben) zum Preis von € 29,90 (Ausland € 39,90).

❑ **JA,** ich bestelle das VINARIA Top-Abo: 1 Jahr Vinaria® (6 Ausgaben) und das Buch VINARIA Weinguide 2004 zum Preis von € 39,90 (Ausland € 49,90).

❑ **JA,** ich bestelle _____ Stück „VINARIA Weinguide 2004 – Die zweitausend besten Weine" um nur € 14,90 (Ausland € 18,50).

A LA CARTE

Name

Straße, Nr.

PLZ   Wohnort

Telefon   E-Mail   Datum   Unterschrift

Telefonisch unter ++43-(0)2742-801-1377, Fax ++43-(0)2742-801-1430 oder e-mail: office@lwmedia.at
Kupon ausschneiden und einsenden an: Vinaria, Gutenbergstraße 12, A-3100 St. Pölten

Den Zusatzartikel erhalte ich ca. 2 Wochen nach Zahlungseingang.
*Das Abonnement ist problemlos mit sechswöchiger Frist schriftlich kündbar.

Niederösterreich

KORNEUBURG | C17   ÖBB

Donaurestaurant Tuttendörfl

❋ 60 🍾

Tuttendörfl 6, 2100 Korneuburg, Tel.: 02262/724 85-0, Fax: 615 35,
donaurestaurant@aon.at, www.donaurestaurant.com   B⊙G
Küchenzeiten: Di.–Sa. 11.30–22. **Betriebsferien:** drei Wochen ab Weihnachten 2004.
Inhaber/Küchenchef: Günther Gass. **Sommelier:** Günther Hager. **CC:** Amex, MC/EC, Visa. **Sitzplätze:** 150. **Garten:** 100.
Durchschnittspreis bei 3 Gängen: € 27,–.

Nicht nur die Fische, und da nicht nur die aus heimischen Gewässern, sondern auch Branzino & Co., gelingen – wie wir bei mehreren Besuchen feststellen konnten – auf vorzügliche Weise, sondern auch traditionelle Wirtshausklassiker fleischlicher Prägung munden. Die Küche werkt hier in jedem Fach mit hoher Professionalität und scheut auch nicht den einen oder anderen kreativen Ausflug. Der Umgang mit den verschiedensten mediterranen und fernöstlichen Aromen gelingt auf dezente Art und Weise, jede Kombination wirkt harmonisch. Beste Rohprodukte tragen ein Weiteres zum rundum gelungenen Genuss bei. Wien ist ganz stark auf der Weinkarte vertreten, aber auch andere heimische Weinbauregionen steuern gute Flaschen bei. Eine Palette edler Destillate ist obligatorisch. Die sympathische Servicetruppe werkt kompetent. **Aus der Karte:** Hummercremesuppe; Beiriedschnitte mit Kräuterbutter, Steakkartoffeln und Gemüse.

KREMS | C15   ÖBB

Donautalblick

im Steigenberger Avance Hotel, Am Goldberg 2, 3500 Krems,
Tel.: 02732/710 10-0, Fax: Dw. 50
Küchenzeiten: 11.30–14, 18.30–21.30. **Übernachtungsmöglichkeit.**
Die Kremser Steigenberger-Niederlassung bietet Seminar- und Wellnesseinrichtungen, den zu erwartenden Blick auf das Donautal und last but not least eine erstaunliche Küche. Kein internationales Hotelküchenallerlei ohne Ambition wird da serviert, sondern eine kreative, saisonbetonte und auf regionalen Rohstoffen fußende Palette an Speisen, die von den Tortelloni mit Spargelfülle bis zum Auflauf von Mandeln und Koriander schmecken und Spaß machen.

Jell

Hoher Markt 8–9, 3500 Krems, Tel.: 02732/823 45, Fax: Dw. 4
Küchenzeiten: Di.–Fr. 11.30–14, 18–22, Sa., So. 11.30–14.
Die Speisenkarte des „Jell" serviert eine wahrhaft umfangreiche Palette unterschiedlichster Speisen, die allesamt durch das Qualitätsbestreben der Patronin zusammengehalten werden. Fleisch- und Innereienklassiker frisch aus der

Niederösterreich

hauseigenen Fleischerei, Rezepte der Hildegard von Bingen, kreative Hausklassiker wie das Rindsfilet in Trüffelbutter mit Gänseleber und Morchelbandnudeln und nicht zuletzt lustvolle Dessertvariationen und wohl gereifte Käse sind die Eckdaten dieser sympathischen Wirtshaus-Küche.

m.kunst.genuss

Franz-Zeller-Platz 3, 3500 Krems-Stein, Tel.: 02732/90 80 10-21, Fax: 90 80 11, m.kunst.genuss@moerwald.at, www.kunsthalle.at

Küchenzeiten: 10–22. **Inhaber:** Toni Mörwald. **Küchenchef:** Emanuel Peceny. **Sommelière:** Simone Gruber. **CC:** Amex, Diners, MC/EC, Visa. **Sitzplätze:** 90. **Garten:** 60. **Durchschnittspreis bei 3 Gängen:** € 24,–.

Die Kulturmeile Krems-Stein punktet nicht nur mit Kunsthalle und Karikaturmuseum, sondern auch mit dieser originellen Lokalität aus dem Mörwald'schen Gastroreich. Wenn möglich, sollte man bei der Reservierung einen Platz im Wintergarten anstreben, ein ausblickreiches Flair ist garantiert. Die nicht übertrieben übersichtliche Speisenkarte von Neoküchenchef Emanuel Peceny bietet ein buntes und abwechslungsreiches Allerlei, in dem heimische, mediterrane und asiatische Rezepturen etwa gleichgewichtet aufscheinen. Zubereitung und Arrangement erfolgen zwar geradlinig, dafür in teilweise raffinierter und schräger Form. Die Produktqualität ist ausgezeichnet, alles schmeckt ausgeprägt danach, wonach es schmecken soll. Die Weinauswahl ist eher klein, dafür bunt gemischt und mit einem Schwerpunkt auf die Kreszenzen des Hausherrn versehen. **Aus der Karte:** Lachs mariniert auf Honig-Senf-Sauce; Calamari mit Knoblauch-Kräuter-Butter; Lammsteaks mit Ratatouille-Gemüse und Chips; Milch und Reis im Obstgarten.

Mörwald Kloster Und

Undstraße 6, 3500 Krems-Stein, Tel.: 02732/704 93-0, Fax: Dw. 60, und@moerwald.at, www.moerwald.at

B☉G

Küchenzeiten: Mi.–Sa. 12–15, 18–22, So., Fei. 12–21. **Inhaber:** Toni Mörwald. **Küchenchef:** Leonard Cernko. **Sommelier:** Manfred Schilcher. **CC:** Amex, Diners. **Sitzplätze:** 50. **Garten:** 80.

Das aus dem 17. Jahrhundert stammende Kloster ist heute ein moderner Veranstaltungsort mit einem barocken Highlight. 1756 verzierte der Barockmaler Daniel Gran die Kirchenkuppel des Klosters mit einem kunsthistorisch denkwürdigen Fresko. Für Kunst ganz anderer Art sorgen Toni M. und der neue Klosterküchenchef Leonard Cernko, mit dem ein frischer innovativ mediterraner Hauch durch die alten Gemäuer weht. Für unser Gefühl wird manchmal vielleicht noch etwas zu dick aufgetragen und auch die Vielzahl von Zutaten fordert noch so manchen Tribut. Vielleicht lag's aber auch nur an der Tagesform

Niederösterreich

bei unserem Besuch, jedenfalls kann sich der Genießer gesamt doch über eine spannende und wohlschmeckende Küche freuen. Unzweifelhaft ein großes Potenzial für die Zukunft. Die umfangreiche Weinkarte ist da eine hervorragende Ergänzung. **Aus der Karte:** St. Jakobsmuschel vom Grill mit Thunfisch und Chicorée; Nüsschen vom Maibock mit Aumorcheln und Grünspargel.

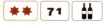

Zum Kaiser von Österreich

★★ | 71 | 🍷🍷

Körnermarkt 9, 3500 Krems, Tel.: 02732/860 01, Fax: Dw. 4,
kaiser.von.oesterreich@aon.at, www.kaiser-von-oesterreich.at
Küchenzeiten: Mo.–Sa. 11.30–14, 18–22, So. 11.30–14 (Mitte Mai bis Mitte September So. geschlossen). **Betriebsferien:** erste zwei Wochen im August 2005. **Inhaber/Küchenchef:** Hermann Haidinger. **Sommelière:** Silvia Zahak. **CC:** Amex, Diners, MC/EC, Visa. **Sitzplätze:** 45. **Garten:** 25.
Durchschnittspreis bei 3 Gängen: € 37,–.

Kleines, sehr geschmackvoll und heimelig eingerichtetes Restaurant in der Altstadt von Krems, aber trotzdem in ruhiger Lage. Patron Hermann Haidinger verwöhnt seine Gäste seit Jahren mit einer konstant feinen, sehr saisonal geprägten Speisenpalette, die er mit Können und viel Fingerspitzengefühl immer wieder verfeinert. Hauptdarsteller der Küche sind Biofleisch und Meeresfische, die allesamt in Bestform serviert werden. Mediterrane, fernöstliche und heimische Akzente verbinden sich hier aufs Allerfeinste. Sehr fein gelingen auch die Desserts, eine Freude ist auch die kleine, aber sehr feine Käseauswahl. Die Weinkarte bietet neben feinen Kreszenzen aus den nahen Weinbauregionen auch wertvolle Flaschen aus dem Ausland. Das Bier kommt von Reininghaus, der Kaffee von illy. Sommers kann man im netten Schanigarten auf dem Körnermarkt Platz nehmen. **Aus der Karte:** Gebratene Jakobsmuscheln auf Bärlauchspinat mit Rieslingschaum; Rücken vom Biokalb, mit Parmaschinken und Mozzarella gefüllt, auf Paradeisnudeln; Mohnauflauf in Calvados-Apfel-Suppe.

KRONBERG | C17

Kronberghof

★ | 60 | 🍷 | 😊 | NEU

Am Rußbach 3, 2123 Kronberg, Tel.: 02245/43 04, Fax: Dw. 4,
info@kronberghof.at, kronberghof.at   BOG
Küchenzeiten: Mi.–Fr. 11–14, 17–22, Sa. 11–22, So. 11–20 (Mai bis September Mo., Di. geöffnet). **Betriebsferien:** drei Wochen im Jänner 2005. **Inhaber:** Familie Grossauer. **Küchenchefin:** Brigitte Grossauer. **Sommelier:** Georg Grossauer. **CC:** Diners, MC/EC, Visa. **Sitzplätze:** 160. **Garten:** 80. **Durchschnittspreis bei 3 Gängen:** € 23,–. **Übernachtungsmöglichkeit.**

Niederösterreich

Hat hier vielleicht Dornröschen geschlafen? So verträumt präsentiert sich das Landgut „Kronberghof" auf den ersten Blick, der romantische Gastgarten und die große Wiese, dahinter der Teich mit kleinen Wegerln, verstärken noch den Eindruck. Munter herumhüpfende Pferde erinnern daran, dass es hier auch ein Pferdezentrum gibt. In der Küche des „Kronberghofs" werkt die Chefin. Auf den Tisch kommen gleichermaßen heimische wie auch pannonische Gerichte, die allesamt mit handwerklichem Geschick zubereitet werden. Getrübt wurde der Eindruck nur durch die wenig gelungenen Salate, die in der Marinade regelrecht ertranken. Höchste Zeit für einen Essigzerstäuber! Getränkemäßig punkten insbesondere die beiden gut gezapften Biere der Brauereien Puntigam und Wieselburg. So sehenswert wie der alte Weinkeller ist aber auch das Angebot feiner Kreszenzen aus aller Herren Länder, wobei das Weinviertel fraglos das Gros stellt. **Aus der Karte:** Marinierte Meeresfrüchte auf Rucola; Spargelsuppe mit Weißbrotcroûtons; Tagliata vom Angus-Rind auf Rucola mit Parmesan; Erdbeer-Amaretti-Tiramisu.

LAA AN DER THAYA | B17   **ÖBB**

Weiler

Staatsbahnstraße 60, 2136 Laa an der Thaya, Tel./Fax: 02522/23 79, martin.weiler@direkt.at

B⊙G

Küchenzeiten: Di.–Sa. 11–22, So. 11–15. **Inhaber/Küchenchef:** Martin Weiler. **CC:** Diners, MC/EC, Visa. **Sitzplätze:** 180. **Garten:** 40.
Durchschnittspreis bei 3 Gängen: € 24,–.

Zu finden ist der „Weiler" sehr leicht: am Ortseingang, plakativ am Kreisverkehr gelegen. Ein Gasthaus von altem Schlag, folglich auch ein gemütlicher Ort ohne übertriebenem Schickheitsfaktor. Die Gemütlichkeit mündet beim Interieur zweifelsfrei auch etwas im Verstaubten, das wollen wir dem „Weiler" aber nicht ankreiden, das darf sein. Warum aber manches aus der Palette traditioneller Gerichte nicht so ganz aus seiner alten Hülle fahren will, verstehen wir nicht ganz – vielleicht ist das aber auch nur ein Erfordernis der Umgebung. Gekocht wird jedenfalls tadellos, weshalb der „Weiler" eines der empfehlenswertesten Gasthäuser des Weinviertels ist. Neben einem ambitionierten Jungwirt am Herd hat das Haus übrigens noch einen netten Gastgarten und eine schöne Weinkarte zu bieten, die sich sinnvollerweise in erster Linie auf regionale Weine konzentriert.
Aus der Karte: Backhendlsalat mit Kirschparadeisern und Kresse; Saiblingfilets gebraten mit Erdäpfelpüree und Petersilsauce; Zwiebelrostbraten mit Braterdäpfeln und Speck-Bohnen-Gemüse; Heidelbeertascherln mit Zuckerbrösel, Joghurt-Zitronen-Sauce und Honigeis.

Beachten Sie bitte den Registerteil am Ende dieses Buches!

Niederösterreich

 ÖBB

Zur Linde

❋ 61 🍾

*Hauptplatz 28, 3053 Laaben, Tel.: 02774/83 78, Fax: Dw. 20,
linde@landgasthof-zur-linde.at, www.landgasthof-zur-linde.at*
  B⊙G
Küchenzeiten: Mo., Do.–Sa. 11.30–14, 18–21.30, So. 11.30–21. **Inhaberin/Sommelière:** Gertrude Geidel. **Küchenchefin:** Regina Waldherr. **CC:** MC/EC, Visa. **Sitzplätze:** 100. **Garten:** 60. **Übernachtungsmöglichkeit.**

Die seit 1811 als Gasthof betriebene, im Herzen des Wienerwalds versteckte „Linde" ist ein Haus mit Flair. Egal ob man in der alten Stube mit der schönen Holzdecke oder auf der mittlerweile überdachten Terrasse Platz nimmt, gemütlich hat man's da und dort. Nicht zuletzt dank des liebenswürdigen Service von Patronin Gerti Geidel. Die Küche der „Linde" arbeitet fast ausschließlich mit regionalen Saisonprodukten, die von Regina Waldherr durchaus mit Esprit in angenehm leichte Kreationen verarbeitet werden. In einem alten Steingewölbe unter der Gaststube lagert der bemerkenswerte Weinbestand des Hauses, wer's mehr mit dem Gerstensaft hat, darf sich über das feine Hainfelder Bier freuen. Eine Elsbeere als Digestif ist fast Pflicht. **Aus der Karte:** Lauwarme, geräucherte Entenbrust mit Kürbischutney auf Blattsalat; Beiriedschnitte mit Spargel und Schafkäse überbacken, dazu Petersilerdäpfel.

LANGENLEBARN | C16 **ÖBB**

Floh

*Tullner Straße 1, 3425 Langenlebarn, Tel.: 02272/628 09, Fax: Dw. 4,
floh@derfloh.at, www.derfloh.at*

Küchenzeiten: Mo., Do.–Sa. 11.30–14, 18–21.30, So. 11.30–15, 18–21. **Inhaber/Küchenchef:** Josef Floh. **Sommelier:** Radoslav Svitana. **CC:** Amex, Diners, MC/EC, Visa. **Sitzplätze:** 50. **Terrasse:** 26.

Zehn Jahre ist der „Floh" mittlerweile und schon voll von kulinarischen Legenden: sei's jetzt das (mit Hauswürsteln zubereitete) Floh-Gulasch, eine der vielen Spielarten des Floh-Risottos oder die Bayer-Blunzn. Wunderbare Hausmannskost steht harmonisch neben köstlichen Floh-Kreationen, die aber allesamt nie den Boden des nachvollziehbaren Wohlgeschmacks verlassen. Für die perfekte Produktqualität sorgt etwa die Fischerei Haimel aus Traismauer, die Limousin-Rinder kommen vom Weidl, das Lamm vom Schober Bauern, und auch das Fleisch vom Lebarner Auschwein hat Legendenstatus. Nicht weniger toll ist das riesige und perfekt zusammengestellte glas- und flaschenweise Angebot an Weinen, das hierzulande nur von wenigen Restaurants übertroffen werden kann. Das Bier kommt aus Schrems, die Destillate vom prall gefüllten Wagen und der Kaffee von

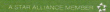

Niederösterreich

Hausbrandt. Rundum ein Wirtshaus wie aus dem Bilderbuch, dem verdientermaßen die Trophée Gourmet für österreichische Küche verliehen wurde. **Aus der Karte:** Kalbszüngerl mariniert mit Kräutern, Kren und Kernöl; Saibling, kross gebraten, mit Paradeisrisotto und Parmesan.

Zum Roten Wolf

★★★ | 85

Bahnstraße 58, 3425 Langenlebarn, Tel./Fax: 02272/625 67
Küchenzeiten: Mi.–So. 12–14.30, 18–21.30. **Betriebsferien:** 11.–24. 8. 2005. **Inhaber/in:** Susanne und Johannes Böck. **Küchenchefin:** Susanne Böck. **Sommelier:** Johannes Böck. **CC:** Amex, Diners, MC/EC, Visa. **Sitzplätze:** 40. **Garten:** 35. **Übernachtungsmöglichkeit.**

Das gastronomische Urgestein des Tullnerfelds, das schon seit der Gründung dieses Guides zu den absoluten Spitzenbetrieben zählt. Und es ist schon toll, was Susanne und Johannes Böck, die Betreiber des „Wolfes", in dieser Region bewegt haben. Unprätentiös wie das Ambiente, der Region und der Saison unverkrampft verbunden, frei von Allüren und stets inspiriert präsentiert sich die Küche der Chefin. Allein die Lektüre der handgeschriebenen Karte macht schon Lust auf mehr, insbesondere angesichts der Tatsache, dass die Küche jegliche kulinarische Phantasien, die beim Lesen Gestalt annehmen, auch einlöst. Besser kann man österreichische Küche nicht adeln. Herr Böck ist ein profunder Weinfachmann, der stets den perfekt mit den Gerichten seiner Frau korrespondierenden Wein aus dem Ärmel zieht. Und immerhin kann er auf eine tolle Sammlung österreichischer und ausländischer Spitzenweine zurückgreifen. Unterm Strich ein mehr als reizvolles „Bahnhofswirtshaus", das wir immer wieder gerne besuchen. **Aus der Karte:** Zucchini-Schafkäse-Knöderl mit Pesto-Paradeisern und Melanzane; Gebratener Wels auf Majoranzucchini mit Paprikaravioli; Kalbsfilet mit Melanzane und Olivenkaviar auf Basilikum-Paradeis-Nudeln; Amarettimousse mit Mocca-Sabayon und Erdbeeren.

LITSCHAU | A13/14

Perzy  Tipp

Rottal 22, 3874 Litschau, Tel./Fax: 02865/84 33
Küchenzeiten: Mi.–Sa. 17–22, So., Fei. 11–22 (Oktober, April Mi., Do. geschlossen). Nachdem das Haus vom Golfzentrum Waldviertel übernommen wurde, ist die Bande zur golfenden Klientel natürlich noch enger geworden, was sich aber glücklicherweise nicht auf die herrlich zeitlose Küche des Hauses ausgewirkt hat. Küchenchef Jan Volek kocht sich mit Begeisterung durch ein kulinarisches Repertoire, das fast schon musealen Charakter hat: Bratlfettbrot, Geröstete Waldviertler Knödel, Gebackener Emmentaler und handgewuzelte Mohnnudeln sind aber genau das, was man in dieser Waldviertler Abgeschiedenheit konsumieren will. Entzückend auch, dass man für den Beilagenwechsel Salat

statt Sauerkraut einen Aufpreis von Euro 1,50 zahlen muss. Nicht weniger reizvoll ist der Vorschlag, zu den Mohnnudeln ein Glas kalte Milch zu trinken. Und danach ein Rossbacher oder gar ein Heidenreichsteiner Trinkbranntwein?

MARIA ENZERSDORF | D16 ÖBB

Oma's Bräustüberl

Kirchenstraße 24, 2344 Maria Enzersdorf, Tel.: 02236/440 33, Fax: Dw. 4
Küchenzeiten: Mo.–Sa. 11–23, So., Fei. 11–16.
Gelungene Mischung aus Wirtshaus und Restaurant. Der gebotene Speisenmix kombiniert gekonnt österreichische und internationale Einflüsse. Für die Qualität der Küche bürgt nicht zuletzt die Mitarbeit von Günter Winter, der auch ein eigenes Menü anbietet.

Tommaso Arbace

Franz-Josef-Straße 49, 2344 Maria Enzersdorf, Tel./Fax: 02236/210 10, www.arbace.at
Küchenzeiten: Di.–Sa. 19–21 (an Fei. geschlossen). **Inhaber/Küchenchef/Sommelier:** Tommaso Arbace. **Sitzplätze:** 25. **Garten:** 20.
Feinschmecker, die zu ihrem Glück eine Speisenkarte oder gar eine große Speisenvielfalt benötigen, werden bei Tommaso unglücklich werden. Hier läuft alles etwas anders, eben so wie in Italien selbst: Der Patron kommt an den Tisch, bringt Grissini und erzählt, was er heute kocht. Antipasti, Pasta oder Risotto, Fleisch oder Fisch und danach Dolce oder Käse. Tutto qui. Was das Ganze aber zu einem besonderen kulinarischen Erlebnis werden lässt, ist weniger das, „was er kocht", sondern das, „wie er kocht". Und Tommaso kocht phantastisch, puristisch, à la minute und doch raffiniert. Endgültig in einen Urlaub verwandelt sich der Aufenthalt spätestens im Garten, wo Kerzenschein und Belcanto locker das fehlende Meeresrauschen ersetzen. Für die Weinberatung ist natürlich ebenfalls der Padrone verantwortlich, und er serviert auch hier Italien in kleinen, aber feinen Mengen.

MARIA LAACH | C14

Zum Gießhübler *VipTipp*

3643 Maria Laach 68, Tel.: 0664/184 79 03, Fax: 02712/82 06
„Hoch über der Wachau mit sensationellem Alpenpanorama. Gute Wachauer Weine, deftige Hüttenspeis."

Empfohlen von Adolf Frohner, Maler

---

www.alacarte.at – Die besten Restaurants

Niederösterreich

MARIA TAFERL | D14 **ÖBB**

Krone

★★ 67 🍷 ☺

im Hotel Schachner, 3672 Maria Taferl 24, Tel.: 07413/63 55, Fax: Dw. 83,
office@hotel-schachner.at, www.hotel-schachner.at

B@G

Küchenzeiten: Mo.–Fr. 11.30–14, 18.30–21, Sa., So., Fei. 11.30–21. **Betriebsferien:** Jänner, Februar 2005. **Inhaber/Sommelier:** Ferdinand Schachner. **Küchenchefin:** Michaela Schachner. **CC:** Amex, Diners, MC/EC, Visa. **Sitzplätze:** 40. **Garten:** 100. **Durchschnittspreis bei 3 Gängen:** € 28,–.
Übernachtungsmöglichkeit.

Das Wallfahrerwirtshaus ist auch ein Genießerwirtshaus. Hier wird für alle allerfeinst aufgetafelt. Und Michaela Schachner ist in sämtlichen Genusswelten mehr als heimisch. Heimisches wie die knusprigen Blutwursttascherln haben durchaus Feinschmeckerniveau, während elaboriertere Kreationen wie die Flusskrebsschwanzerln mit hausgemachten Tagliatelle und Zuckerschotensauté so delikat munden, dass auch ein unerfahrener Esser seine köstliche Freude haben wird. Absolut toll auch, was der Küche zum raren Thema Huchen so einfällt. Eine rundum professionelle Küchenleistung, die peppige Akzente setzt, aber immer angenehm „normal" bleibt. Einfach genussvoll gut. Die umfangreiche österreichlastige Weinkarte setzt dann noch einen besonderen Höhepunkt. Unbeschreiblich schön ist übrigens der Ötscherausblick von der Terrasse. **Aus der Karte:** Spargelmus mit mariniertem Spargel in Kernölmarinade; Gebratenes Huchenfilet auf Lauchrisotto mit Trüffelsauce; Kaninchenrücken am Rosmarinzweig mit knusprigen Erdäpfelscheiben; Malakowterrine mit Karamellsauce.

MARTINSDORF | C17 **ÖBB**

Zuschmann

Martinsdorf 53, 2223 Martinsdorf, Tel./Fax: 02574/84 28
Küchenzeiten: Do.–So. 16–24 (11. 11.–5. 12. 2004, 6.–30. 1., 26. 3.–17. 4., 7.–31. 7. 2005).
„Else Zuschmann hat gemeinsam mit ihrem Mann (der früher im Hilton gekocht hat) einen Heurigen aufgemacht: modern, engagiert, jung und trotzdem im Einklang mit der Tradition. Köstliche Imbisse und die Weine gehören zu den besten im Weinviertel."

Empfohlen von Manfred Buchinger, Koch & Wirt

Es ist Sonntag, Sie sind in Martinsdorf
und wollen mit Ihrer Familie essen gehen?
Konsultieren Sie bitte das Register ESSEN AM SONNTAG
im Registerteil am Ende dieses Buches!

Niederösterreich

MAUERBACH | D16

Popp

Tulbingerkogel 12, 3001 Mauerbach, Tel.: 02273/79 46
Küchenzeiten: Fr.–Di. 11.30–22.
Familienbetrieb mit uriger Atmosphäre und ebensolcher Küche. „Schnitzel vom Feinsten, Fleisch aus eigener Produktion."

Empfohlen von Peter Kupfer, Kulturmanager

Tulbingerkogel

Tulbingerkogel 1, 3001 Mauerbach, Tel.: 02273/73 91, Fax: Dw. 73,
hotel@tulbingerkogel.at, www.tulbingerkogel.at   B⊖G
Küchenzeiten: 12–22. **Inhaber:** Familie Bläuel. **Küchenchefinnen:** Inge und Ilse Haftner. **Sommelier:** Ernst Mantler. **CC:** MC/EC, Visa. **Sitzplätze:** 100. **Garten:** 80. **Durchschnittspreis bei 3 Gängen:** € 34,–.
Übernachtungsmöglichkeit.

Schon allein der Panoramablick, den man von der Terrasse dieses edlen Ausflugsgasthauses genießen kann, ist jede Wienerwaldexpedition wert. An schönen Tagen ist demzufolge der Publikumsandrang enorm, der kompetente Service schupft aber auch die schlimmsten Stoßzeiten bravourös. Die von Inge und Ilse Haftner geleitete Küche lässt sich scheinbar nicht aus der Ruhe bringen und serviert der Gästeschar die haustypische Mischung von luxuriösen Gerichten von A wie Austern bis T wie Trüffel und saisonalen Verführungen von B wie Bärlauch bis Z wie Ziegenkitz. Die Umsetzung erfolgt routiniert und gekonnt. Wer mag, kann sich auch ein vielgängiges Biedermeiermenü servieren lassen. Der begehbare Weinkeller ist traditionell atemberaubend prall mit guten bis großartigen Weinen aus Österreich, Frankreich und vielen anderen Weinbauländern gefüllt. Wer hier übernachtet, kann übrigens den tollen Outdoorpool im Wald genießen.
Aus der Karte: Löwenzahn-Rucola-Salat mit Serranoschinken, Schafkäse und Bärlauchpesto; Ziegenkitz gebacken mit Butterkartoffeln und Salatteller.

www.schlossweine.com

Der grüne Veltliner.

Niederösterreich

MAUTERN | C15 ÖBB

Landhaus Bacher

★★★★★ 99

*Südtiroler Platz 2, 3512 Mautern, Tel.: 02732/829 37, Fax: 743 37,
info@landhaus-bacher.at, www.landhaus-bacher.at*

B⊘G

Küchenzeiten: Mi.–So. 11.30–14, 18.30–21. **Betriebsferien:** Jänner, Februar 2005.
Inhaber/in: Lisl und Klaus Wagner-Bacher. **Küchenchefin:** Lisl Wagner-Bacher.
Sommeliers/ière: Susanne und Klaus Wagner, Andreas Rottensteiner.
CC: Diners, Visa. **Sitzplätze:** 60. **Garten:** 60. **Übernachtungsmöglichkeit.**

Der Inbegriff eines gepflegten Landgasthauses samt gemütlich-eleganten Stuben, hübschem Garten und im Laura-Ashley-Stil gehaltenen Zimmern, in denen man wunderbar nächtigen und sich auf eines der reizvollsten Frühstücke in Österreichs Gastronomielandschaft freuen kann. Der Service durch die unvergleichliche Johanna Stiefelbauer und Sommelier Andreas Rottensteiner ist perfekt und trotzdem äußerst persönlich und unprätentiös. So und nicht anders stellt man sich die Wirkungsstätte der besten Köchin des Landes vor, die auch in diesem Jahr einfach unschlagbar kocht und uns ein Highlight nach dem anderen serviert hat. Dezente, doch mit großem Feingefühl umgesetzte Kreativität, die trotz manch spannender Kombination nie spekulativ wirkt: Präzision gepaart mit Phantasie, Raffinesse gepaart mit einer sympathischen Bodenhaftung und ein stets harmonisches Zusammenspiel der einzelnen Komponenten ergeben in Summe ein großartiges Gesamtkunstwerk. Klaus Wagner gebietet über eines der allerbesten Weinsortiments des Landes, und zwar sowohl in Sachen Breite als auch Tiefe. Neben dem imposanten Aufgebot an Wachauer Spitzenweinen fasziniert insbesondere der Frankreich-Sektor. Das glasweise Angebot lässt ebenso wie die Palette feinster Edelbrände kaum Wünsche offen. **Aus der Karte:** Variation von der Gänseleber; Neusiedler See-Wels, leicht geräuchert, auf Salatherzen; Das Beste vom Milchlamm mit gefülltem Artischockenboden und Erdäpfelroulade; Vanille-Krokant-Crêpe mit Erdbeeren und Erdbeer-Joghurt-Eis.

Nikolaihof Wachau

Nikolaigasse 3, 3512 Mautern, Tel.: 02732/829 01, Fax: 764 40
Küchenzeiten: Mi.–Fr. 17–23, Sa. 12–23.

Ein Haus mit Geschichte, die bis in die Zeit des heiligen Severin zurückreicht, dazu das älteste Weingut des Landes und einer der Vorreiter des biologischen Weinbaus, wobei man auf bis zu 50 Jahre alte Weinstöcke zurückgreifen kann. Der Demeter-Betrieb setzt selbstverständlich in der Küche auf bio, was aber längst nicht mehr heißt, dass man auf lieb gewonnene Geschmacksfülle verzichten muss. Das Brot wird selbst gebacken, Gemüse (etwa die Sonnenknolle), Salate, Fleisch und Käse kommen von Waldviertler Biobauern. Zu den Vollkornmehlspeisen wird standesgemäß natürlich Indio-Kaffee serviert. Gesund und gut, so leicht geht das.

Das ist die Donau. Sie glättet das Klima und hilft so den Trauben zur Reife. Die kühlen Winde vom Hochland sieht man hier nicht. Die aber bringen dem Wein die Würze.

Sie befinden sich hier. An einem gemütlichen Holztisch, hinter einem Glas mit herrlich duftendem Wein und vor einer Saumeise mit 680 Kalorien. Aber die stören Sie überhaupt nicht.

Terroir. Terr-oo-a? Das kann man in der Wachau, im Kremstal und sonstwo im Weinland Niederösterreich auch schon gut aussprechen, weil es modern geworden ist. Früher haben sie „Weingarten" dazu gesagt.

Das ist der Xaver. Sein Riesling ist aber meistens ausverkauft. Weil sie gar so viel in der Zeitung drüber schreiben.

Kurz Urlaub machen.
Im Land für Genießer.

+43-1-535 05 05
www.niederoesterreich.at

NIEDERÖSTERREICH –
DAS WEITE LAND

Niederösterreich

MAYERLING | D16   ÖBB

Hanner

 97

*Heinz-Hanner-Platz 1, 2534 Mayerling, Tel.: 02258/23 78, Fax: Dw. 41,
hanner@hanner.cc, www.hanner.cc* B@G

Küchenzeiten: 12–14, 18–21 (So., Fei. durchgehend). **Betriebsferien:** Energieferien 2005. **Inhaber/Küchenchef:** Heinz Hanner. **CC:** Amex, Diners, MC/EC, Visa. **Sitzplätze:** 80. **Garten:** 50. **Durchschnittspreis bei 3 Gängen:** € 52,–. **Übernachtungsmöglichkeit.**

Ein wirklich schöner Ort für schönes Essen und Wohnen. Faszinierend, wie das Grün der Umgebung durch die Fensterfronten in den Restaurantraum integriert wird. Großzügig auch das Platzangebot zwischen und an den Tischen, man sitzt hier nicht zu nah beieinander. Die Atmosphäre ist geprägt von der engagierten Chefin, der Service agiert extrem freundlich, aufmerksam und kompetent. Angenehm, dass keine Musikberieselung läuft. Zum Amuse-Gueule wurde ein aufwändiges Vielerlei eingestellt: Tatar von der Auster, halbes Wachtelei rot eingefärbt, Jakobsmuschel und Miesmuscheln. Die weitere Folge gab mitunter einige Fragezeichen auf, hier zu essen ist ein Abenteuer. Geschmackskombinationen, die manchmal positiv überwältigen, manchmal auch sehr konstruiert wirken. Die übliche Harmonielehre hat hier nicht das Sagen. Zum Beispiel Spargel, der nicht nach Spargel schmeckt, sondern zu einer Süßspeise mit Vanillesauce und in Mohn gewälzt umfunktioniert wurde. Hanner geht geschmacklich sicherlich an die Grenzen des Machbaren, nicht immer mit Erfolg. In dieser Saison haben unsere Tester sowohl durchgehend nur vier Sterne, oft aber auch fünf Sterne gegessen. Wir werten mit fünf, weil man Mut in dieser Kategorie belohnen sollte und muss. Ferran Adrià hat in Österreich einen autarken Kollegen. Bemerkenswert auch die Palette, die der Käsewagen bereithält, gut sortiert und perfekt gereift. Der Weinkeller ist nicht zu übertreffen und bietet alles, was auf dem internationalen Markt Rang und Namen hat. Sämtliche berühmte Bordeaux und Burgunder, Toskana und Piemont, auch Portugiesen (und hier nicht nur Portweine), halbe Bouteillen und Magnums. Zu den Menüs werden auch sehr profund zusammengestellte glasweise Weinfolgen vorgeschlagen. **Aus der Karte:** Entenleberterrine, gebraten, mit süß-sauren Paradeisern; Hummer mit glaciertem Rhabarber und Mandeln; Milchkalbsbries und Kopf mit gedämpften Fisolen und Brunnenkresse; Joghurt-Mohn-Schnitte mit Melisse und Gewürzbirne.

---

*Gratis zu jedem A LA CARTE-Restaurantführer 2005:
Der neue A LA CARTE-Hotelguide
mit den besten 5- und 4-Sterne-Hotels in Österreich.*

WILLY LEHMANN   FRITZ STIFSOHN

GENUSS
2004

DER GUIDE DURCH DEN ÖSTERREICHISCHEN
LEBENSMITTELHANDEL

AB ENDE AUGUST IM BUCHHANDEL ERHÄLTLICH!
Bestell-Hotline: 01/798 10 91-0

Die 550 besten Lebensmittelgeschäfte Österreichs
im Überblick! PLUS: Einkaufs- und Expertentipps
für Ihren persönlichen Einkauf!

Niederösterreich

MELK | D14   **ÖBB**

Tom's Restaurant

★★★ | 76

im Hotel Stadt Melk, Hauptplatz 1, 3390 Melk, Tel.: 02752/524 75, Fax: Dw. 19, hotel.stadtmelk@netway.at, www.tiscover.at/hotel.stadtmelk B◉G

Küchenzeiten: 12–22.30 (November bis Ende März Do. geschlossen). **Betriebsferien:** Februar 2005. **Inhaberin:** Gertrude Wallner. **Küchenchef:** Thomas Wallner. **Sommelière:** Christine Gschmeidler. **CC:** Amex, Diners, MC/EC, Visa.
Sitzplätze: 25. **Terrasse:** 25. **Übernachtungsmöglichkeit.**

Mächtig thront die Basilika von Melk über dem Hauptplatz, wie ein Schiff scheint sie über dem Hotel Stadt Melk zu schweben. Nachts und bei Regen könnte man beim Eintritt meinen, ein Hafenlokal zu besuchen. Klein ist es ja, das „Tom's", und etwas angejahrt die Einrichtung, die Speisenkarte aber, die wirkt jung und spritzig. Dabei ist die Küchenlinie von Thomas Wallner durchaus der großen französischen Küche verpflichtet. Ingredienzen wie Hummer, Perlhuhn & Co. dominieren die beiden angebotenen Menüfolgen. Das ist an und für sich nichts Neues für ein feines Restaurant, was aber anders und neu ist, sind die vielfältigen Variationen über bekannte Themen. Es gibt fast kein Gericht, das nicht in zwei, drei oder vier Spielformen auf den Tisch kommt. Und das sind nicht nur Spielereien. Leichtfüßig und bewusst bewegt sich Tom durch die Küchenwelten der großen internationalen Vorbilder. Begleitet und vorgetragen wird das kulinarische Angebot von einer Seele von Kellnerin, die mit großer Übersicht, Charme und mit viel Ruhe ihre Arbeit verrichtet. Vertrauen Sie ihren Weinempfehlungen und genießen Sie! **Aus der Karte:** Thunfisch in Sesamkruste mit Ingwer-Weißkraut, Wasabimousseline; Flusskrebse mit Erbsenschaum; Kaninchenrücken in zwei Gängen; Topfengratin mit Rhabarber.

MICHELBACH | D15

Schwarzwallner   *Tipp*

Untergoin 6, 3074 Michelbach, Tel.: 02744/82 41, Fax: 84 94
Küchenzeiten: Do.–Mo. 11.30–15, 17.30–21.30. **Übernachtungsmöglichkeit.**

Das romantisch im Wienerwald liegende Wirtshaus ist ein Refugium der traditionellen Gastlichkeit, die Hektik der heutigen Zeit hat hier keinen Auftritt. Ganz im Gegensatz zum kochenden Patron, der seinen Gästen eine für dieses Umfeld maßgeschneiderte Küche serviert. Und der Maibock in Dirndlsauce schmeckt dann ebenso wie das Rehbeuschel oder die gebratene Leberwurst. Zum Speisenangebot passend präsentiert sich auch das kleine ordentliche Weinangebot.

---

www.alacarte.at – Die besten Weine

Niederösterreich

 MISTELBACH | B17

Zur Linde

★ 59

*Bahnstraße 49, 2130 Mistelbach, Tel.: 02572/24 09-0,
Fax: Dw. 90, fam.polak@zur-linde.at, www.zur-linde.at*

Küchenzeiten: Di.–Sa. 11–14.30, 18–22, So., Fei. 11–14.30. **Inhaber:** Karl Polak sen.
Küchenchef: Karl Polak jun. **CC:** Amex, Diners, MC/EC, Visa. **Sitzplätze:** 80. **Garten:**
25. **Durchschnittspreis bei 3 Gängen:** € 27,–.
Übernachtungsmöglichkeit.

Recht schönes, gemütliches und ausgesprochen familiär geführtes Wirtshaus in unmittelbarer Nähe zum Bahnhof. In der Sommerzeit nimmt man unter der schönen und Schatten spendenden Linde Platz, was den Genuss der Einkehr gleich verdoppelt. Da Junior Karl Polak die Küche von Mama Gerda mehr als geordnet übernommen hat, kann man sich unverändert über eine famos gekochte Weinviertler Spezialitätenküche mit starken jahreszeitlichen Bezügen freuen. Vermehrt treten nun auch kreativere Elemente in Erscheinung, was der Stimmigkeit der Küche keinen Abbruch tut. Verarbeitet werden ausschließlich sehr gute, wenn möglich regionale Zutaten. Karl Polak sen. ist ein großer Weinfachmann und ein noch größerer Fan der Region, was unterm Strich eine tolle Sammlung Weinviertler Weine ergibt, die man – so man möchte – im Rahmen einer Weinprobe verkosten kann. Ebenfalls bemerkenswert ist das Angebot an Tresterbränden. **Aus der Karte:** Zickerlleber-Parfait mit Speck-Bohnen-Salat; Gratinierte Sardinen mit Kräuterrisotto; Kalbsrückenstück mit Pilzen und Sellerieravioli; Erdbeer-Pfeffer-Tascherl mit hausgemachtem Vanilleeis.

 MITTERNDORF | C16

Hütt

★★ 70 🍷

3452 Mitterndorf 9, Tel.: 02275/52 54, Fax: Dw. 3, huett@eunet.at
Küchenzeiten: Fr. 17.30–21.30, Sa., So. 11.30–14, 17.30–21.30. **Inhaber/Sommelier:**
Leopold Hütt. **Küchenchefin:** Ernestine Hütt. **CC:** Amex, Diners, MC/EC,
Visa. **Sitzplätze:** 60. **Garten:** 40.
Übernachtungsmöglichkeit.

Prachtvoller, behäbiger Gasthof mit großem Wohlfühlfaktor, für den nicht zuletzt Mutter und Tochter in der Küche verantwortlich zeichneten. Aber gerade diese Konstante ist durch den Abgang von Tochter Maria Hütt, die seit einiger Zeit in Spanien werkt, aus dem Gleichgewicht. Erste und bisher zum Glück einzige Folge für die Gäste: Das Gasthaus ist nur noch an drei Tagen geöffnet. Macht aber nichts, sitzt man doch weiterhin gemütlich und bequem in den heimeligen Stuben und lässt sich von Papa Leopold Hütt bestens umsorgen. Und

Niederösterreich

da Mutter Ernestine Hütt das Kochen nicht verlernt hat, kann man sich auch weiterhin an klassischen österreichischen Speisen delektieren. Die Auswahl ist zwar eher klein, dafür stimmen Durchführung, Präsentation, Konsistenz und Harmonie. Die Weinkarte bietet einen guten Querschnitt mit bekannten und weniger bekannten Weinen aus Österreich und internationalen Weingebieten, für die Beratung ist der weinkompetente Patron zuständig. Ein Tipp sind die köstlichen Naturfruchtsäfte aus dem Tullnerfeld. **Aus der Karte:** Hausgebeizter Lachs mit Honig-Senf-Sauce und warmen Rahmerdäpfeln; Seeteufel auf Jungzwiebelrisotto und Senf-Butter-Sauce.

| **MÖDLING** | D16 | **ÖBB**

Fernbedienung Delikatessen

Bahnhofsplatz 1, 2340 Mödling, Tel.: 02236/442 33, Fax: 89 23 25
Küchenzeiten: Mo.–Sa. 9–22.

„Rudi Schlagenhaufen ist ums Eck übersiedelt. Zum schon obligaten Kaffee oder Stehachterl wird mittags jetzt frische Pasta sowie ein großer Gastgarten geboten."

Empfohlen von Heinz Hanner, Restaurant „Hanner"

Friedrich Schiller

Friedrich-Schiller-Straße 90, 2340 Mödling, Tel./Fax: 02236/269 99,
restaurant-schiller@aon.at, www.restaurant-schiller.at
Küchenzeiten: Di.–Sa. 11.30–14, 18–22, Fei. 12–20. **Betriebsferien:** 9.–20. 8. 2005.
Inhaber/in: Nina und Florian Fritz. **Küchenchef:** Wolfgang Bulant. **Sommelier:** Florian Fritz. **CC:** Visa. **Sitzplätze:** 50. **Garten:** 20.
Durchschnittspreis bei 3 Gängen: € 31,–.

Das etwas abseits des Mödlinger Zentrums liegende geschmackvoll eingerichtete Restaurant von Nina und Florian Fritz erfreut seit Jahren durch eine konstante und stimmige Performance. Wer mag, kann der Küchenmannschaft um Wolfgang Bulant durch eine große Scheibe auf den Kochlöffel schauen. Zu verbergen hat man jedenfalls nichts. Hervorragende Ausgangsprodukte werden mit viel Phantasie verarbeitet, kulinarisch interessante Ideen werden stimmig realisiert und auch die Präsentation passt. Eine engagierte österreichische Küche, die spielend auch in der gehobenen Gourmandise zu Hause ist. Kleinere Ausrutscher ändern am feinen Gesamtbild nichts. Patron Florian Fritz ist auch für den Bereich Wein zuständig, und er löst diese Aufgabe bravourös. Regionale Weinspezialitäten, ein grandioses glasweises Angebot und ein profundes Fachwissen stellen sicher, dass man eine maßgeschneiderte Weinbegleitung erhält. **Aus der Karte:** Gegrillter Thunfisch und Wassermelone mit knusprigem Prosciutto und Olivenpüree; Mit Garnelen gefüllte Hühnerbrust auf Paradeiser, Fisolen und würzigen Penne; Lauwarme Limettentarte mit Erdbeeren.

Niederösterreich

NEULENGBACH | D15/16 ÖBB

Breiteneckers Weingartl

Alter Markt 81, 3040 Neulengbach, Tel.: 02772/531 33, Fax: Dw. 4
Küchenzeiten: Mo.–Fr. 17–24, Sa., So., Fei. 10–24.
Heribert Breiteneckers Version einer klassischen österreichischen Wirtshausküche fällt aufgrund der Feinschmeckerrestaurantvergangenheit des Patrons unvermeidlich besonders delikat aus. Sommers lockt ein schöner Garten, wenn's kühler wird, kann man sich in das reizvolle Kellergewölbe zurückziehen. Weinmäßig bemüht man sich hauptsächlich um die Region. Gutes glasweises Angebot.

NEUNKIRCHEN | E16 ÖBB

Brunnenstöckl

Hauptplatzpassage 12, 2620 Neunkirchen, Tel.: 02635/618 44, Fax: Dw. 4
Küchenzeiten: Di.–Sa. 11.30–14, 18–22.
Im ersten Stock eines jahrhundertealten Bürgerhauses kocht Ernst Binder seine persönliche Version einer regional geprägten, klassisch-österreichischen Küche, in der perfekte Rohstoffe verarbeitet werden. Im Keller lagert eine ansehnliche Anzahl erstklassiger Weine mit einem Schwerpunkt auf Österreich.

NÖHAGEN | C14

Schwarz

3521 Nöhagen 13, Tel.: 02717/82 09, Fax: Dw. 4, www.gasthaus-schwarz.at
Küchenzeiten: Mi.–So. 11.30–13.30, 18–20.30 (November bis Mitte April nur Fr.–So. geöffnet). **Inhaber/Küchenchef/Sommelier:** Erwin Schwarz. **CC:** Amex, MC/EC, Visa. **Sitzplätze:** 60. **Terrasse:** 12.
Durchschnittspreis bei 3 Gängen: € 25,–.

Fast ein Wunder, dass man in dieser relativen Abgeschiedenheit ein dermaßen famoses Gasthaus führen kann. Hier passt alles – vom Ambiente über den Service und die Küche bis zum unvergleichlichen Weinkeller. Ganz selbstverständlich und ohne jegliche Allüren überall nur das Beste. Die Küche bietet wunderbare Grammelknödel, herzhafte Bratln, köstliche Marillenknödel und eine Vielzahl anderer Klassiker, die liebevoll zubereitet werden. Dann und wann verirren sich auch ein wenig exotischere Gerichte auf die Karte, die sich aber wunderbar harmonisch in das Ganze einfügen. Die ausufernde Weinauswahl ist – insbesondere in Sachen Wachau – in Breite und Tiefe kaum zu übertreffen. Neben dem Who's who aus Österreich kann man sich auch über eine Palette bester ausländischer Weine freuen. Ein Bilderbuchgasthof. **Aus der Karte:** Kalbsrücken aus der Pfanne in Natursaft mit Spargelnudeln; Grießpudding mit Erdbeerragout.

Niederösterreich

OBERKIRCHBACH | C16

Bonka – Das Wirtshaus im Wienerwald *Tipp*

3413 Oberkirchbach 61, Tel.: 02242/62 90, Fax: 66 45
Küchenzeiten: Mi.–Sa. 11–21, So., Fei. 11–16. **Übernachtungsmöglichkeit.**
Reizvolles Wirtshaus, das sich ganz wunderbar als Rast- und Erbauungsstätte für Wanderer und Stadtmüde eignet. Joe Zawinul ist hier gerne eingekehrt, wir tun es noch immer und lassen uns mit liebenswerter Gastlichkeit und feiner Hausmannskost verwöhnen. Hausherr Herbert Bonka ist die Ansprechperson für önologische Fragen und verfügt über eine ansehnliche Palette feiner Weine.

OBERKREUZSTÄTTEN | C17 ÖBB

Pauli Walter *VipTipp*

Hauptstraße 177, 2124 Oberkreuzstätten, Tel.: 02263/81 23, Fax: 203 90
Küchenzeiten: Mo.–Mi., Fr.–So. 11–14, 19–21.
„Mittwochs um viere gibt's frische Dirre (dürre Wurst, frisch gekocht aus dem Kessel) und jeden Samstag von sieben Uhr morgens, bis er aus ist, frischen Leberkäs. Fleischhauerei und Wirtshaus sind eine Einheit – Weinviertel-Idylle inklusive."
Empfohlen von Manfred Buchinger, Koch & Wirt

PAYERBACH | E/F15 ÖBB

Alpenhof Looshaus *VipTipp* NEU

Kreuzberg 60, 2650 Payerbach, Tel.: 02666/529 11, Fax: Dw. 34
Küchenzeiten: Do.–Di. 11.30–21 (Juli, August auch Mi. geöffnet). **Übernachtungsmöglichkeit.**
„Architektonisches Baujuwel von Loos, sehr gute Küche. Ein gemütlicher Ort, um ein paar Tage auszuspannen, super Fernblick!"
Empfohlen von Heinz Hanner, Restaurant „Hanner"

PETZENKIRCHEN | D14 ÖBB

Altes Presshaus

Manker Straße 3, 3252 Petzenkirchen, Tel.: 07416/521 63-0,
Fax: Dw. 5, altespresshaus@aon.at, www.altespresshaus.at
Küchenzeiten: Mo. 11–14, Mi.–So. 11–14, 17–22.30. **Betriebsferien:** eine Woche im Februar 2005. **Inhaber/Sommelier:** Herbert Mayrhofer. **Küchenchef/in:** Beatrix Mayrhofer, Franz Loidl. **CC:** Amex, MC/EC, Visa. **Sitzplätze:** 100. **Garten:** 100. **Durchschnittspreis bei 3 Gängen:** € 22,–.

Niederösterreich

Gestandenes, direkt an der Petzenkirchner Bahnstation gelegenes Wirtshaus, das liebevoll restauriert und erweitert wurde. Das alteingesessene Lokal wird seit einiger Zeit sehr ambitioniert geführt, wobei man den lokalen Wurzeln verhaftet bleibt – viele Einheimische wissen das zu schätzen. Neben klassischen Wirtsstuben und einem kleinen schattigen Gastgarten steht ein luftiger, heller Wintergarten zur Verfügung. Die kleine, aber sehr feine Speisenkarte bietet neben österreichischen Standards auch ambitionierte, detailverliebte Speisen aus der kreativen Ecke. Es gelangen sehr bewusst viele regionale Produkte zum Einsatz, die mit Können und spürbarem Spaß am Kochen verarbeitet werden. Insbesondere bei der harmonischen Abrundung beweist die Köchin sehr viel Gefühl und Geschmack sowie Konstanz in der Leistung – Hausmannsköstlichkeiten im besten Sinn. Die Weinkarte ist relativ klein, bietet aber doch für jedes Gericht einen passenden Tropfen. Die Wachau und die Südsteiermark bilden zwei kleine Schwerpunkte. **Aus der Karte:** Vitello tonnato; Edelfische, gegrillt, mit Bärlauchcreme und gebratenen Erdäpfeln; Vanilleparfait mit exotischen Früchten.

Bärenwirt

Ybbser Straße 3, 3252 Petzenkirchen, Tel.: 07416/521 53, Fax: Dw. 10
Küchenzeiten: Mo.–Sa. 9–24, So., Fei. 9–15. **Übernachtungsmöglichkeit.**
Ein in Petzenkirchen beheimateter „Bärenwirt" böte selbstverständlich Anlass zu Bemerkungen, die wir uns selbstverständlich verbeißen und stattdessen auf die wunderbar stimmige österreichische Küche hinweisen wollen, in der nicht nur Produkte aus der Region, sondern auch ganz vehement Saisonales einfließt. Das Reininghaus Jahrgangspils kommt ebenso gepflegt auf den Tisch wie das Bier aus der nahen Wieselburger Brauerei. Schön gefüllt präsentiert sich auch der Weinkeller.

PLANK AM KAMP | B/C15   ÖBB

Schwillinsky

Kremser Straße 8, 3564 Plank am Kamp, Tel.: 02985/304 00
Küchenzeiten: Di.–Sa. 11.30–15, 18–21.30.
Was will man mehr? „Ein junger, dynamischer Koch, großartige Küche im einfach aussehenden Wirtshaus."

Empfohlen von Franz Hirtzberger, Winzer

Zuverlässiges Wirtshaus mit guter traditioneller Kost wie Schnitzel, Karpfen gebacken und Wildschweinbraten, aber auch Meeresfisch und Muscheln. Vernünftiges Preisniveau.

Empfohlen von Toni Mörwald, Gastronom, und Ralf Bernhart, Head

---

www.alacarte.at – Die besten Destillate

Niederösterreich

PURGSTALL | D14 ÖBB

Teufl

Kirchenstraße 9, 3251 Purgstall, Tel.: 07489/23 22, Fax: 25 57
Küchenzeiten: Di.–Sa. 11–21.30, So. 11–15. **Übernachtungsmöglichkeit.**
Jahrhundertealtes Gasthaus, in dessen neorustikal renovierten Stuben erstaunlich viele Gäste Platz finden, die aber trotzdem nie einen Qualitätsstau in der Küche verursachen: Routiniert und mit Geschick kochen sich Brigitta und Julia Teufl durch ein schmackhaftes österreichisches Repertoire. Herzstück des „Teufl" sind aber die süßen Verführungen, die von der – wie die Wirtsleute stolz anmerken – weltweit bekannten „teuflischen Cremeschnitte" gekrönt werden. Alles andere als eine Alibifunktion hat die bemerkenswert tolle Weinkarte von Patron Martin Teufl, der auch für Zigarrenaficionados einiges in petto hat.

RAMSAU | D15

Adamstal

Gauprannsgraben 21, 3172 Ramsau, Tel./Fax: 02764/35 02
Küchenzeiten: April bis Oktober 8–10, November, März Do.–So. 8–10. **Übernachtungsmöglichkeit.**
Exzellente Hausmannskost im Clubrestaurant des Golfclubs Adamstal. Selektive Weinauswahl, auch für Nichtgolfer wegen der Aussicht empfehlenswert. Tolle Terrasse!

Empfohlen von Wolfram Pirchner, ORF-Moderator

RASTENFELD | B14

LATE

im Golfclub Ottenstein, Niedergrünbach 60, 3532 Rastenfeld, Tel.: 02826/77 81, Fax: Dw. 4, late@aon.at, www.late.at
Küchenzeiten: 9–21.30 (November bis 6. 1. nur Fr.–So. geöffnet). **Betriebsferien:** 7. 1. bis Ende März 2005. **Inhaber/Küchenchef:** Charly Teuschl. **CC:** Amex, Diners, MC/EC, Visa. **Sitzplätze:** 130. **Terrasse:** 50.
Durchschnittspreis bei 3 Gängen: € 28,–.
Wie erbaulich eine Runde Golf sein kann, merkt man spätestens im Clubrestaurant. Im speziellen Fall des Golfclubs Ottenstein sorgt Charly Teuschl seit Jahren für die stimmige kulinarische Stärkung der golfenden Klientel, der eine kreative Fusionsküche serviert. Thailand, Japan, Indien, Frankreich, Italien und Österreich werden frech gemischt und mit viel Fingerspitzengefühl in eine zeitgemäße, nicht gerade unschicke Küchenlinie gerührt. Und weil alles gut schmeckt, haben wir auch kein Problem mit einem dermaßen ausgeprägten

Niederösterreich

Fusionswillen, der aber trotzdem einen Hauch von Erneuerungsbedarf verströmt. Den vielschichtigen Geschmackskomponenten durchaus gewachsen ist das Getränkeangebot, das in erster Linie dank des umfassenden Weinangebots überzeugt. **Aus der Karte:** Wasabiterrine mit Lachs und Wokgemüse; Zanderfilet auf Bärlauchrisotto mit Rieslingschaum und Frühlingsgemüse; Steak vom Angus-Rind auf Gemüsegnocchi und Guacamole.

REICHENAU AN DER RAX | E15   ÖBB

Marienhof

Hauptstraße 71–73, 2651 Reichenau an der Rax, Tel.: 02666/529 95, Fax: Dw. 580
Küchenzeiten: 12–14, 18–21. **Übernachtungsmöglichkeit.**
Das 1895 erbaute Hotel mit seinem reizvollen Fin de Siècle-Charme wird heute in erster Linie als Seminarhotel genützt. Aber auch Feinschmecker kehren hier gerne ein und verkosten den vom Küchenchef hergestellten delikaten Schwarzataler Rauchschinken. Wunderbar munden aber auch Preiner Schafkäse, Höllentalforelle und die anderen Köstlichkeiten. Guter Wein ist ausreichend vorhanden.

Reichenauerhof

Hauptstraße 49, 2651 Reichenau an der Rax, Tel.: 02666/526 06, Fax: 527 06
Küchenzeiten: 25. 11. bis März Mi.–So. 11.30–14, 17.30–21; April bis Juni, 11. 8. bis Oktober Di.–So. 11.30–14, 17.30–21; 3. 7.–10. 8. Mo. 16–21, Di.–So. 11.30–14, 17.30–22. **Betriebsferien:** 3.–24. 11. 2004, 28. 2.–16. 3. 2005. **Inhaber/Küchenchef:** Josef Unterberger. **CC:** Diners, MC/EC, Visa. **Sitzplätze:** 60.
Garten: 35. **Durchschnittspreis bei 3 Gängen:** € 23,–.
Optisch ist das alte Gasthaus, das vorübergehend auch zum Chinarestaurant umfunktioniert war, Geschmacksache, die einen mögen den spezifischen Charme, die anderen nicht. Allgemeinen Applaus erhält hingegen Küchenchef Josef Unterberger, der mit Phantasie und Kreativität heimische Klassiker ver-

HISTORISCHES KELLERSCHLÖSSEL

J. Prandtauer
„Das schönste Koststübchen Europas!"

FREIE WEINGÄRTNER WACHAU

3601 Dürnstein 107, Tel.: +43 (0) 2711 371, Fax: +43 (0) 2711 371-13, E-Mail: office@fww.at Internet: www.fww.at

feinert und auch so manche anregende Eigenkreation beisteuert. Besonders gelungen präsentierten sich die Vorspeisen und die Hausmannskostklassiker, delikat auch der (Abschieds-)Gruß der Küche: Zimtkuchen mit Beeren und Weinchaudeau. Die Weinkarte wirkt eher dürftig, dafür schmeckt das Stiegl Goldbräu. **Aus der Karte:** Hühnersülzchen mit Tomaten-Koriander-Dressing; Weidelammkronen mit Bärlauchkartofferln und Zucchini; Geeistes Himbeer-Tiramisu mit Honigkaramell.

RIEDENTHAL BEI WOLKERSDORF | C17

Buchinger's Gasthaus Zur Alten Schule

Wolkersdorfer Straße 6, 2122 Riedenthal bei Wolkersdorf, Tel.: 02245/825 00, Fax: 837 02, manfred@buchingers.at, www.buchingers.at   B@G

Küchenzeiten: Do.–So. 11.30–14.30, 17.30–22. **Betriebsferien:** erste zwei Wochen im Jänner, drei Wochen im August 2005. **Inhaber/in:** Renske und Manfred Buchinger. **Küchenchef:** Manfred Buchinger. **Sommelier:** Walter Sebek. **CC:** Diners, MC/EC, Visa. **Sitzplätze:** 70. **Garten:** 30. **Durchschnittspreis bei 3 Gängen:** € 29,–. **Übernachtungsmöglichkeit.**

Wenn's in der wirklichen Schule genauso lustig und genussvoll zugehen würde, wären alle Tafelklassler Primgeiger. Die Buchingers, der Herr Rudi und andere Fixpunkte dieser Weinviertler Gourmandise versorgen ihre Gäste reichlichst und bestens mit Schmäh, schrägen Regionalgerichten und Erstklassigem aus der Weinviertler Weinwelt. „Fast ein Bauernschmaus" macht weit mehr Spaß als jeder ganze. Dass DAC-Weine mit Lamm ideal zusammengehen, kann man ebenso verkosten wie Camembert aus Oberdorf und das andere reichhaltige, saisonabhängige Kulinarium von Manfred Buchinger. Nichts für ernsthafte Esser klassischer Prägung, dafür ein Paradies für lustvolle Genießer. Unwiderstehlich ist auch die süße Erkenntnis, dass Manner weit mehr kann, als nur Schnitten produzieren. Der Weinkeller bietet einen reichhaltigen Überblick über das Schaffen der Weinviertler Winzer. **Aus der Karte:** Miniblunzn gebacken mit Erdäpfel-Blattsalat; Gegrillte Fische auf Blutorangen-Spargel; Bauernente mit Spargelkraut und Apfelscheiben.

ROSENBURG | B15   ÖBB

Schlossgasthof Rosenburg   VipTipp

3573 Rosenburg 2, Tel.: 02982/305 77, Fax: Dw. 4
Küchenzeiten: Di.–So. 11.30–22. **Übernachtungsmöglichkeit.**

„Ein majestätisches, mystisches Flair mit einer hervorragenden Küche und erlesenen Weinen, die in einem mittelalterlichen, gewölbten Keller lagern. Romantik pur!"

Empfohlen von Barbara Karlich, ORF-Talkerin

Niederösterreich

RÜHRSDORF | C15 **ÖBB**

Winzer Stüberl

3602 Rührsdorf 17, Tel.: 02714/63 84, Fax: Dw. 44
Küchenzeiten: Mi.–So. 11–14, 18–21.
„Feine bodenständige Küche, sehr engagierte Wirtsleute am rechten Donauufer der Wachau."

Empfohlen von Franz Hirtzberger, Winzer

RUST | C16

Hiesinger

3451 Rust 67, Tel./Fax: 02275/51 11
Küchenzeiten: Fr.–Di. 11–23. **Inhaber/Küchenchef/Sommelier:** Anton Hiesinger.
CC: Amex, Diners, MC/EC, Visa. **Sitzplätze:** 60. **Garten:** 90.
Durchschnittspreis bei 3 Gängen: € 24,–.

Das in einem kleinen Weiler im Tullnerfeld gelegene, behutsam und liebevoll renovierte Wirtshaus rühmt sich, einst Leopold Figl zu seinen Stammgästen gezählt zu haben. Was uns natürlich freut, auch wenn uns die Tullnerfelder Kaiserblunzn von der Fleischerei Gutscher in Königstetten, die es auch den „Chevaliers du Goûte-Boudin", der Bruderschaft der Blutwurstschmecker Frankreichs, angetan hat, weit mehr fasziniert – etwa in der Form eines Blunzngröstls oder als gebackene Blunznradeln. Darüber hinaus beschäftigt sich die Küche mit gutem Erfolg mit traditionellen Wirtshausrezepturen, in die insbesondere bei Vor- und Nachspeisen auch einmal kreativere Ideen einfließen. Der Weinkeller ist prall mit in- und ausländischen Spitzenweinen gefüllt, und auch das glasweise Angebot ist bemerkenswert. **Aus der Karte:** Rindscarpaccio mit Parmesan; Vanillerostbraten mit Gemüse, Röstkartoffeln und Knoblauchsauce; Kokosmousse mit frischen Früchten.

SEMMERING | F15 **ÖBB**

Seewirtshaus zum Stoasteirer

Zauberberg 2, 2680 Semmering, Tel.: 02664/200 30, Fax: 200 40
Küchenzeiten: Mi.–So. 11–22, Festspielzeit Juli bis Mitte August 11–24.
Im Mürztal an einem kleinen Bergsee gelegenes, ein wenig verwunschen wirkendes Wirtshaus, das vor ein paar Jahren von Christian Riess aus seinem Dornröschenschlaf geweckt wurde. Urig und gemütlich das Ambiente, liebenswürdig der Service und unverfälscht stoasteirisch die Küche – drei Punkte, die einen Besuch auf dem Zauberberg nahe legen.

Empfohlen von Christian Ludwig Attersee, Maler,
und Karl Fürnkranz junior, Modehaus-Boss

Niederösterreich

Wintergarten

im Hotel Panhans, Hochstraße 32, 2680 Semmering, Tel.: 02664/81 81-0,
Fax: Dw. 513, hotel@panhans.at, www.panhans.at
Küchenzeiten: 12–14, 18.30–21.30. **Inhaber:** Panhans Hotel GesmbH. **Küchenchef:** Alfred Holzfeind. **Sommelier:** Andreas Stübler. **CC:** Amex, Diners, MC/EC, Visa. **Sitzplätze:** 40. **Durchschnittspreis bei 3 Gängen:** € 34,–.
Übernachtungsmöglichkeit.

In dieser Zauberlandschaft, der weder Industrialisierung noch Massentourismus merklich Schaden zufügen konnten, muss der Begriff Sommerfrische entstanden sein. Schon seit mehr als einem Jahrhundert suchen genervte und gestresste Städter hier Erholung und fast ebenso lang steht auch dieser Prachtbau von Hotel an seinem Platz. Küchenchef Alfred Holzfeind lässt sich von so viel Tradition und Gemächlichkeit nicht anstecken und zelebriert eine zeitgemäße und sehr phantasievolle Küche, die zwar mit zwei Beinen in Österreich fußt, aber aus dem Bauch heraus stimmige Ausflüge in die Küchen der Welt unternimmt. Bloß Vegetarier sind ein wenig arm dran, ihnen werden Tagliatelle mit Forellenkaviar als vegetarisches Gericht serviert. Ohne Fehl und Tadel ist die umfangreiche und wohl sortierte Weinauswahl – ganz Österreich und der Rest der Weinbauwelt sind allerfeinst vertreten. **Aus der Karte:** Entenprosciutto mit Gänseleber und Litschiconfit; Gefüllte Landeier auf zweierlei Art; Rehrücken im Morchel-Crêpe auf karamellisierter Gänseleber und Essigkirschen; Gefüllte Knusperhütchen mit Erdbeersorbet und Olivenöl-Eis.

Zum Blumentritt

Markt 20, 3193 St. Aegyd am Neuwalde, Tel.: 02768/22 77,
Fax: Dw. 1, office@zumblumentritt.at, www.zumblumentritt.at

Küchenzeiten: Do.–Mo. 11–14, 17.30–20.30. **Inhaber/innen:** Ulli Hollerer, Christa und Mike Johann. **Küchenchef/in:** Ulli Hollerer, Mike Johann. **Sommelière:** Christa Johann. **CC:** MC/EC, Visa. **Sitzplätze:** 70. **Terrasse:** 20.
Übernachtungsmöglichkeit.

Eine Landschaft in paradiesischer Ausführung und eine Küche, die gleichermaßen lustvoll wie genial zwischen einfach und extrem hin- und herstreift – das sind die Eckdaten dieses wunderbaren Gasthauses am Ende der Welt, das man aber immer wieder gerne aufsucht, egal wie umständlich die Anreise sein mag. Und man wird ja mehr als belohnt: einerseits durch den liebenswürdigen Service von Christa Johann, andererseits durch die inspirierenden Kreationen der beiden Küchenchefs, die atemberaubend über das Thema regionale Küche improvisieren: vom Gedämpften Stör auf Roten Rüben bis zur Gebratenen Gänseleber in der Palatschinke ein rundum gelungenes Feuerwerk an Aromen und

Niederösterreich

Geschmäckern – phantasievoll kreiert und perfekt gekocht. Die umfassende Weinkarte überzeugt nicht zuletzt durch das interessante glasweise Angebot. Für Bierfreunde wird das Reininghaus Jahrgangspils gepflegt gezapft. **Aus der Karte:** Thunfisch, geräuchert, auf cremigem Rettich; In Veltliner geschmorte Kalbsvögerl mit Semmel-Edelpilz-Auflauf; Vanillepudding auf Erdbeersuppe.

ST. PÖLTEN | D15   ÖBB

Galerie

 67

Fuhrmannsgasse 1, 3100 St. Pölten, Tel./Fax: 02742/35 13 05,
restaurant@langeneder.at, www.langeneder.at

Küchenzeiten: Mo.–Fr. 11.30–14, 18–22. **Betriebsferien:** Semesterferien, Osterferien, erste zwei Wochen im August 2005. **Inhaber/Küchenchef:** Robert Langeneder. **Sommelière:** Birgit Langeneder. **CC:** Amex, Diners, MC/EC, Visa. **Sitzplätze:** 45. **Garten:** 20. **Durchschnittspreis bei 3 Gängen:** € 35,–.

Das im Zentrum gelegene Restaurant ist seit Jahren ein Garant für konstant gute heimische Küche, was von einem breit gestreuten Publikum auch entsprechend gewürdigt wird. Patron Robert Langeneder versteht es bemerkenswert gut, seiner Rolle als Küchenchef nachzukommen und trotzdem die Gäste intensiv zu betreuen. Will man sich der kulinarischen Bandbreite des Küchenchefs annähern, empfiehlt sich sein Feinschmecker- oder Genießermenü, wo klassische österreichische Rezepturen und spannende Eigenkompositionen gediegen unter einen köstlichen Hut gebracht werden. Dank guter Produktwahl – das Fleisch kommt ausschließlich von niederösterreichischen Bauernhöfen mit artgerechter Haltung –, exzellentem Küchenhandwerk und ansprechender Präsentation steht in der „Galerie" Genuss auf der Tagesordnung. Die Weinauswahl ist mehr als ordentlich und erreicht im Bereich der italienischen und französischen Rotweine sogar erstaunliche Dimensionen. **Aus der Karte:** Sülzchen vom Tafelspitz mit einer Himbeer-Paprika-Vinaigrette; Kalbsrückensteak mit Solospargel in einer Eismeergarnelensauce und wildem Reis.

Niederösterreich

Mundwerk

im Hotel Hausereck, Schulgasse 2, 3100 St. Pölten, Tel.: 02742/720 20, Fax: 783 86
Küchenzeiten: Mo.–Do. 11–14, 17–22, Fr., Sa. 11–14, 17–23. **Übernachtungsmöglichkeit.**
„Eine Überraschung im sonst kulinarisch dürftigen St. Pölten. Speisen von exzellenter Phantasie, Getränke immer passend. Bedienung hoch kundig."
Empfohlen von Adolf Frohner, Maler

STADT HAAG | D12 ÖBB

Mitter

Linzer Straße 11, 3350 Stadt Haag, Tel.: 07434/424 26, Fax: Dw. 42, mitter@stadthaag.at, www.mitter.stadthaag.at
Küchenzeiten: Fr.–Mi. 11.30–13.30, 18–21. **Betriebsferien:** erste zwei Wochen im Jänner 2005. **Inhaber/Küchenchef:** Albin Hawel. **Sommelière:** Silvia Hawel. **CC:** Amex, Diners, MC/EC, Visa. **Sitzplätze:** 120. **Garten:** 50. **Durchschnittspreis bei 3 Gängen:** € 34,–. **Übernachtungsmöglichkeit.**

Die seit letztem Jahr in frischem Gelb erstrahlende Fassade war der erste Streich, weitere Erneuerungsschritte werden in den nächsten Jahren erfolgen. Aber schon jetzt ist das ehemalige Hoisbauer-Haus, dessen Wurzeln bis ins Mittelalter zurückreichen, ein Wirtshausjuwel. Wer's einfach mag, kann in der Gaststube Mostviertler Wirtshausstandards genießen. Im Restaurant serviert Witzigmann-Schüler Albin Hawel feinere Kreationen, die schon seit Jahren auf einem konstant hohen Niveau angesiedelt sind. Das Thunfischtatar mit Thaispargel etwa, das perfekt angemacht und wunderhübsch präsentiert ein absolutes Highlight ist. Neben derart kosmopolitischen Kreationen kommt aber auch das regionale Element zu seinem köstlichen Recht. Dass in der Saison Wild, Spargel und Co. beliebte Zutaten auf der Speisekarte sind, versteht sich von selbst. Wer Most mag, kann beim „Mitter" aus dem Vollen schöpfen, aber auch Bier und Wein sind bestens vertreten. **Aus der Karte:** Gebratenes Bries auf getrüffelten Lauchnudeln; Altwiener Zwiebelrostbraten und Braterdäpfel.

SULZ IM WIENERWALD | D16 ÖBB

Postschänke

Hauptstraße 51, 2392 Sulz im Wienerwald, Tel.: 02238/81 35, Fax: 719 88
Küchenzeiten: Mi.–Fr. 17–23, Sa. 10–23, So., Fei. 10–21 (Mai bis September auch Mi.–Fr. 12–15 geöffnet).
Uriges Gasthaus mit erstaunlichen Dekorationsstücken und einem gepflegten monarchischen Flair. Genauso echt und gewachsen ist die Küche, die sich bestens auf die Zubereitung von Apfelgrammelschmalz, Gänsegrammelknödel und Nonnenpfürzchen (selbstredend nach einem alten klösterlichen Rezept) versteht. Gepflegt ist auch das Getränkeangebot.

Niederösterreich

Stockerwirt

Hauptstraße 36, 2392 Sulz im Wienerwald, Tel.: 02238/82 59, Fax: Dw. 4, **B****G**
landgasthaus@stockerwirt.com, www.stockerwirt.com
Küchenzeiten: Mi.–So. 11.30–22 (Oktober bis April Mi.–Fr. ab 16.30, Sa., So. 11.30–22). **Inhaber/Sommelier:** Georg Stocker. **Küchenchef:** Michael Popovic. **CC:** MC/EC, Visa. **Sitzplätze:** 90. **Garten:** 90.
Durchschnittspreis bei 3 Gängen: € 26,–.

Ausflugsklassiker im Wienerwald, der insbesondere für Familien ein Komplettangebot von Biotop bis Wickeltisch offeriert. Bemerkenswert ist, dass auch Feinschmecker in all dem Trubel nicht zu kurz kommen. Klassiker der österreichischen Küche werden gekonnt auf den Teller gebracht und zwar konstant in sehr guter Qualität. Da sei stellvertretend das delikate Kalbsbeuschel angeführt. Aber auch die leichte Küche wird entsprechend gepflegt. Knackige Salate, frische Fische, mediterrane Kost und vieles mehr wartet auf den bewussten Genießer. Alles in allem eine solide Küchenleistung, die durch einen regen Publikumsstrom entsprechend gewürdigt wird. Fein auch die Weinkarte, die vieles an Bekanntem aus dem In- und Ausland zu durchaus moderaten Preisen bietet. **Aus der Karte:** Vogerlsalat mit gebratener Entenleber; Seeteufel-Lachs-Carpaccio mit Zitronen-Olivenöl-Marinade; Kurz angebratene Rindsfiletspitzen mit Steinpilzen à la crème und Basmatireis; Mohnparfait mit Weichseln.

Nibelungenhof

Gasthof Zur Weintraube, Wiener Straße 23, 3133 Traismauer,
Tel.: 02783/63 49, Fax: Dw. 6
Küchenzeiten: 7–21 (Nebensaison Mo., So. abends geschlossen). **Übernachtungsmöglichkeit.**

„Der ‚Koch'-Professor erfindet mit ‚Succowell' ‚frische' Convenience-Produkte. Gratulation."

Empfohlen von Heinz Reitbauer senior, „Steirereck"

Niederösterreich

TULLN | C16 **ÖBB**

Sodoma

★★★ | 86

Bahnhofstraße 48, 3430 Tulln, Tel.: 02272/646 16
Küchenzeiten: Di.–Sa. 11.30–14, 18–21.30. **Inhaber:** Josef Sodoma. **Küchenchefin:** Gertrude Sodoma. **Sommelier:** Markus Sodoma. **Sitzplätze:** 70. **Garten:** 70. **Durchschnittspreis bei 3 Gängen:** € 29,–.

Neuerungen? Nein, alles wie gehabt. Und was Besseres können wir uns auch kaum vorstellen. Dieses Schmuckstück eines springlebendigen Bilderbuchgasthauses wurde schon vor Jahren perfektioniert. Gemütliche Stuben, ein wunderschöner Garten und ein phantastischer Patron sind die Basis, für die Krönung sorgt die nicht weniger hinreißende, vor kulinarischer Phantasie nur so übersprudelnde Gertrude Sodoma, die lustvoll komponiert und improvisiert und letztlich jedem Gericht seine Idealform verpasst. Österreichische Küche in Bestform. Traditionell großartig ist auch die Weinauswahl, die von den beiden Sodomas, Vater Josef und Sohn Markus, entsprechend kompetent präsentiert wird. **Aus der Karte:** Rindfleischsulz mit Paradeiser-Jungzwiebel-Vinaigrette; Rindsfilet auf Rotweinsauce und weißer Pfeffersauce mit Rösti; Rhabarber-Erdbeer-Parfait im Biskuit mit Topfen-Zitronen-Schaum.

VITIS | B14 **ÖBB**

Zum Topf

★ | 59

Kaltenbach 26, 3902 Vitis, Tel.: 02841/83 29, Fax: 805 90,
landgasthof.topf@utanet.at, www.landgasthof-topf.at
Küchenzeiten: Mi.–So. 11.30–14, 17.30–22.30. **Inhaberin:** Maria Topf. **Küchenchef:** Oswald Topf jun. **Sommelière:** Angelika Topf. **CC:** MC/EC, Visa. **Sitzplätze:** 70. **Garten:** 50. **Durchschnittspreis bei 3 Gängen:** € 23,–.
Übernachtungsmöglichkeit.

Das prächtige Gasthaus der Familie Topf ist gleichermaßen ein Hort für gehobene Waldviertler Küche wie auch eine Spielwiese für die kreativeren Ambitionen von Oswald Topf, denen man insbesondere auf dem Vorspeisensektor begegnet. Da darf's dann schon einmal eine Jakobsmuschel im Tempurateig sein. Insgesamt ein mehr als stimmiges Konzept, das nicht nur einfachere Gaumen und Feinschmecker gleichermaßen zufrieden stellt, sondern Vorbildwirkung für das obere Waldviertel haben sollte. Bodenständigkeit und Raffinesse harmonieren durchaus miteinander. Österreich und Italien sind die Hauptdarsteller des wohl gefüllten Weinkellers. **Aus der Karte:** Brokkoli-Bärlauch-Schaumsuppe mit hausgebeiztem Lachs; Ausgelöste, gebratene Lammkeule im Knoblauch-Thymian-Saftl mit Bärlauch-Schwammerl-Knöderln und Zucchini-Paradeis-Gemüse.

Niederösterreich

 ÖBB

Kaiser

Peisching 33, 2754 Waldegg, Tel.: 02633/488 13, Fax: 02632/743 97
Küchenzeiten: Mi.–Fr. 16–21, Sa., So. 10–21.
Der kulinarische „Kaiser" vom Piestingtal heißt Klaus Curn, der in seinem kleinen pittoresken Gasthaus am rauschenden Piestingbach eine erstaunlich feine zubereitete Speisenpalette serviert. Das urige Umfeld scheint den Küchenchef zu Höhenflügen zu inspirieren, geboten wird eine regional geprägte Hausmannskost vom Feinsten. Sommers locken der schöne Garten und das reizvolle Salettl.

WEISSENKIRCHEN | C14 **ÖBB**

Heinzle NEU

Wachaustraße 280, 3610 Weißenkirchen, Tel.: 02715/22 31, Fax: Dw. 19
Küchenzeiten: Mi.–So. 11.30–21.
„Ein Fischlokal an der Donau mit prächtiger Terrasse und einer Fischauswahl, wie sie in Niederösterreich ihresgleichen sucht. Weine aus den Terrassenlagen rundherum."

Empfohlen von Adolf Frohner, Maler

WEISTRACH | D12/13

Kirchmayr

3351 Weistrach 9, Tel.: 07477/423 80, Fax: Dw. 24,
rest@kirchmayr.net, www.kirchmayr.net
Küchenzeiten: Mi.–Sa. 11.30–22, So. 11.30–14. **Inhaber/Sommelier:** Kurt Kirchmayr. **Küchenchefin:** Johanna Kirchmayr. **CC:** MC/EC, Visa. **Sitzplätze:** 120. **Garten:** 100. **Durchschnittspreis bei 3 Gängen:** € 25,–.

Niederösterreich

Ein Mostviertler Landgasthof wie aus dem Bilderbuch, komplett mit heimeliger Gaststube, paradiesischem Gastgarten und hinreißenden Wirtsleuten. Johanna Kirchmayr versteht sich auf eine traditionelle, gediegene Regionalküche, in der erstklassige Produkte aus der Umgebung und natürlich aus der hauseigenen Selcherei – etwa der delikate Hirschrohschinken – verarbeitet werden. Blunzngröstl und Rieslingbeuschel vermögen zu begeistern. Fisch und Meeresfrüchte kommen naturgemäß von weiter her, werden aber trotzdem harmonisch in das Kirchmayr-Kulinarium eingefügt. Einziger Kritikpunkt ist die Neigung zur Überfrachtung mancher Gerichte. Hausherr Kurt Kirchmayr herrscht über eine beeindruckende Palette von Spitzenweinen, die auch zu einem guten Teil glasweise angeboten werden. Der Birnenmostsekt ist legendär, das Angebot an Digestifs einfach sehr fein. **Aus der Karte:** Hausgeräucherter Hirschrohschinken mit Preiselbeerparfait; Pochiertes Zarenfilet vom Lachs auf Rieslingschaum mit Vollkornrisotto; Gebratenes Brustfilet vom Landhenderl auf Steinpilzragout mit hausgemachten Gnocchi; Waldmeisterparfait mit Beerenragout.

WIENER NEUSTADT | E16   **ÖBB**

Gelbes Haus

Kaiserbrunngasse 11, 2700 Wiener Neustadt, Tel.: 02622/264 00,
Fax: Dw. 14, gelbes.haus@aon.at
Küchenzeiten: Di.–Sa. 12–14, 18–22. **Inhaber/in:** Waltraud Beheri, Johann Vranek.
Küchenchef: Johann Vranek. **Sommelière:** Waltraud Beheri.
CC: MC/EC, Visa. **Sitzplätze:** 40. **Terrasse:** 25.

Sehr schön eingerichtetes, um 1906 erbautes Jugendstilhaus, das zusammen mit wenigen anderen Häusern dieser Epoche den Zweiten Weltkrieg überstanden hat. Das Haus ist – was nicht weiter überrascht – außen gelb und innen mit Geschmack und Stil eingerichtet. Auf der Rückseite des Hauses kann man auf einer Steinterrasse mit Gartenblick Platz nehmen. Johann Vranek serviert einen eher straffen, aber sehr gut durchdachten und ausgewogenen Fundus an Speisen, unter denen sich nicht wenige Klassiker des „Gelben Hauses" befinden. Dass der Chef sein Handwerk versteht und auch vor lauter guten Ideen übersprudelt, ist bekannt. Finessenreich, kreativ, angenehm leicht und phantasievoll kombiniert, präsentiert sich da eine Küche eines Meisters seiner Zunft. Die Weinkarte kann sich sehen lassen und bietet ein ausgezeichnetes Sortiment an heimischen Kreszenzen (insbesondere aus der Thermenregion) und eine gute Palette an internationalen Weinen. Gute bis sehr gute Schnapsauswahl, neben einheimischen klaren Bränden findet man auch eine gute Auswahl an fashionablen ausländischen Bränden. **Aus der Karte:** Perlhuhnbrüstchen mit Radischentaschen und Gurkensalat; Steinbuttfilet mit Pilzzucchini; Maibock mit Kirschen und Mangocrêpes; Geeister Vanillespitz mit Hawaii-Ananas gewürzt mit Salbei und warmem Karamell.

Niederösterreich

Stachl's

Langegasse 20, 2700 Wiener Neustadt, Tel.: 02622/25 22 10, Fax: Dw. 14
Küchenzeiten: Mo.–Sa., Fei. 17–1.
Eine Adresse für den schnellen Imbiss oder auch ausgedehnte Menüs: „Feinstes Carpaccio, tolle Paella."

Empfohlen von Walter Eselböck, „Taubenkobel"

WINZENDORF | E16 **ÖBB**

Puchegger-Wirt

Bahnhofplatz 86, 2722 Winzendorf, Tel.: 02638/222 24, Fax: Dw. 105
Küchenzeiten: Mi.–Sa. 11–14, 17–22, So. 11–21. **Übernachtungsmöglichkeit.**
Rustikales und traditionsreiches Gasthaus am Bahnhofsplatz des Ortes, der nicht nur für Karl May-Festspiele bekannt ist, sondern auch ein wunderbares Sprungbrett zur Hohen Wand ist. In der Küche dieses sympathischen Wirtshauses ist seit kurzer Zeit ein neuer Küchenchef tätig, der die Palette deftig-regionaler Kost – etwa vom Schneebergland Beef – geschickt mit saisonalen Einsprengseln spickt. Süß und unverzichtbar, die feiertags servierten Cremeschnitten. Die Weinkarte offeriert neben feinen österreichischen Weinen auch ein paar internationale Flaschen. Der selbst angesetzte Nussschnaps, regionale Brände und das gut gezapfte Puntigamer sind weitere Highlights.

Schmutzer

Hauptstraße 12, 2722 Winzendorf, Tel.: 02638/222 37, Fax: Dw. 4,
gasthaus-schmutzer@aon.at, www.gasthaus-schmutzer.at
Küchenzeiten: Di.–Sa. 11.30–14, 18–22, So., Fei. 11.30–21 (Mitte Jänner bis Mitte März Mo.–Do. geschlossen). **Betriebsferien:** 22. 8.–7. 9. 2005. **Inhaber/in:** Ute und Josef Schmutzer. **Küchenchefin:** Ute Schmutzer. **Sommelier:** Josef Schmutzer. **CC:** Amex, Diners, MC/EC, Visa. **Sitzplätze:** 70. **Terrasse:** 50.
Durchschnittspreis bei 3 Gängen: € 34,–.

Niederösterreich

Der Landgasthof „Schmutzer" ist längst eine fixe Größe in Österreichs kulinarischer Landschaft. Unser diesjähriger Besuch hat bewiesen, dass dieser Standpunkt nach wie vor seine volle Berechtigung hat. Das Ehepaar Schmutzer ist im positiven Sinn des Wortes konservativ und ändert nicht wirklich etwas an dem erfolgreichen Weg. Und das ist gut so, denn selbst bei oftmaligen Besuchen bleiben die Kreationen der Küchenchefin spannend und erfrischend. Und auch ein Plausch mit dem Hausherren führt stets in neue Sphären des Käsemachens, Schnapsbrennens und Weintrinkens. Man kann nicht oft genug erwähnen, dass Ute Schmutzer eine Autodidaktin ist, die sich zu einer außergewöhnlichen Köchin weiterentwickelt hat. Und so beherrscht sie klassische Wirtshausküche ebenso wie das Komponieren kreativer Gerichte, die weit über den Winzendorfer Tellerrand hinausblicken. Josef Schmutzer hat nicht nur eine ausnehmend tolle Weinkarte zusammengestellt, er ist auch mit jedem Wein bestens vertraut. Tolle Schnäpse, wunderbar gereifte Käse und die freundliche und großzügige Atmosphäre des Hauses machen jeden Besuch zu einer mehr als runden Sache. **Aus der Karte:** Bärlauchtascherln mit Veltlinerschaum; Gebratene Jakobsmuscheln auf Wildreisplätzchen; Rosa gebratene Rohrer Entenbrust vom Grieshof mit Zwergorangensauce, Gemüse und Schupfnudeln; Schoko-Ingwer-Törtchen.

WÖSENDORF | C14   ÖBB

Florianihof

** 70

3610 Wösendorf 74, Tel.: 02715/22 12, Fax: Dw. 4,
office@florianihof-wachau.at, www.florianihof-wachau.at   B●G
Küchenzeiten: Fr.–Di. 12–14.30, 18–21.30. **Inhaber:** Karl Mandl. **Küchenchefin:** Sonja Kermer. **Sommelier:** Martin Kurz. **CC:** MC/EC, Visa. **Sitzplätze:** 70.
Garten: 50. **Durchschnittspreis bei 3 Gängen:** € 31,–.
Nach beträchtlichen Hochwasserschäden – die Schank wurde regelrecht weggespült – erstrahlt das Traditionshaus mittlerweile wieder in altem Glanz. Die wertvollen Holzskulpturen und Gemälde hängen wieder an ihrem Platz. Und so wäre alles in bester Ordnung, wenn da nicht ein Küchenchef auf den anderen folgen würde. Geboten wird eine traditionell ausgerichtete Küchenlinie, die durchaus Ambitionen zeigt, aber letztlich nicht mehr als Mittelmaß leistet. Und das ist schade, merkt man doch in vielen Ansätzen – insbesondere auf dem Vorspeisensektor –, dass hier Potenzial für mehr vorhanden wäre. Wenig erbaulich war die Leistung des unterforderten Service, der uns mit zahlreichen Pannen auf Trab hielt. Unverändert ein Atout des Hauses ist die Weinauswahl, die insbesondere mit tollen Wachauer Weinen, etwa von Rudi Pichler, begeistert. Als eines der wenigen Lokale Österreichs hat man auch den Riesling Smaragd von Burgweingärtner Wilhelm Schwengler im Programm. **Aus der Karte:** Gebackene Kitzkoteletts auf Erdäpfel-Bärlauch-Salat; In Sardellenbutter gebratener Seesaibling auf Pestonudeln.

Niederösterreich

ZEISELMAUER | C16

Zum lustigen Bauern

 63

Kirchenplatz 1, 3424 Zeiselmauer, Tel.: 02242/704 24, Fax: 703 55, zum.lustigen.bauern@aon.at, www.wirtshauskultur.at

Küchenzeiten: Mo., Di., Do., Fr. 17–22, Sa., So., Fei. 10–22. **Inhaberin:** Angelika Jensen-Payr. **Küchenchef:** Norbert C. Payr. **CC:** Amex, Diners, MC/EC, Visa. **Sitzplätze:** 75. **Garten:** 45. **Durchschnittspreis bei 3 Gängen:** € 22,–.

Das älteste Gasthaus unter der Enns hat offenbar die ewige Jugend gepachtet. An einem Platz, an dem sich schon Walther von der Vogelweide von Reisestrapazen erholt hat, wird auch heute eine mehr als reizvolle und sympathisch zeitgemäße Küche serviert. Zeitgemäß nicht zuletzt auch dank der akkuraten Auswahl und Auflistung der Partnerbetriebe. Das Brot etwa kommt vom Steiner aus Tulln, der Käse vom Paget aus Diendorf und das Fleisch von den Waldviertler Viktualien. Dementsprechend sorgfältig zubereitet, präsentiert sich dann auch das Kulinarium von Norbert Payr, der regionale Kost wie aus dem Bilderbuch serviert. Vom Rollgerstlrisotto über das Szegediner Gulyas bis zum Apfelscheiterhaufen ein runder Genuss zum Schwelgen. Weinfreunde können sich im Weinkeller selbst ihr Wunschflascherl aussuchen, wer's eher kommod will, lässt sich einfach von der Chefin den passenden Wein empfehlen. Fruchtsäfte vom Gegenbauer sind ein weiteres Highlight. **Aus der Karte:** Schweinsrücken gefüllt mit Mozzarella und Wurzelgemüse, dazu Polentaterrine; Mango-Eisparfait auf Mango-Birnen-Chutney.

ZÖBING | C15

Gutmann

 59

Heiligensteiner Straße 32, 3561 Zöbing, Tel.: 02734/23 34, Fax: Dw. 4, hansi.ilse@aon.at

Küchenzeiten: Mi.–Sa. 12–14.30, 18–21.30, So. 12–15. **Betriebsferien:** 20. 12. 2004– 10. 1. 2005; letzte zwei Wochen im August 2005. **Inhaber:** Johann Gutmann. **Küchenchefin:** Ilse Gutmann. **CC:** MC/EC, Visa. **Sitzplätze:** 70. **Garten:** 50. **Durchschnittspreis bei 3 Gängen:** € 22,–.

Das Ehepaar Gutmann – Wirt und Köchin im gleichnamigen Haus – hat kürzlich ein Kochbuch zum Thema Einkochen vorgestellt. Sehr schöne Fotos von Marmeladen etc. und gute Rezepte machen wirklich Appetit. Ganz im Gegensatz zur jugendlichen Linie des Buches steht das Gasthaus der Gutmanns. Dort scheint die Zeit stehen geblieben zu sein, Gerichte und deren Auslegung scheinen ebenso unverrückbar wie die Kastanienbäume des Gastgartens. Die gefüllte Kalbsbrust kommt ebenso selbstbewusst mit einer kaum entfetteten Sauce auf den Tisch, wie

Niederösterreich

der Karpfen nicht nur mit Mayonnaise, sondern auch mit Sauce Cumberland serviert wird, als wäre das Fett der Panier nicht ohnehin schon genug. Das hat etwas unbeschwert Sympathisches, aber es wirkt natürlich etwas anachronistisch. Trotzdem gefällt es uns im „Gutmann" ausgesprochen gut. Nicht zuletzt auch dank der schönen Weinauswahl, die insbesondere den Weinort Zöbing zum Thema hat.
Aus der Karte: Avocado gefüllt mit Crevetten, Gemüse und dem Fruchtfleisch, in leichter Cocktailsauce; Lachssteak, dazu Gemüsenudeln und Grünspargel; Rumpsteak, dazu Knoblaucherdäpfel und Speckfisolen.

ZWETTL | B14

Demutsgraben

Niederstrahlbach 36, 3910 Zwettl, Tel.: 02822/523 64
Küchenzeiten: Mi.–Sa. 15–23, So., Fei. 10–22.
„Gemütliches Wirtshaus, fesche Wirtin, hervorragende Knödel und der beste Schweinsbraten weit und breit."
Empfohlen von Klaus Merkl, Nö-Landestourismusmanager

Schwarzalm

Gschwendt 43, 3910 Zwettl, Tel.: 02822/531 73, Fax: Dw. 11
Küchenzeiten: 11.30–13.45, 18–21.15. **Übernachtungsmöglichkeit.**
Die „Außenstelle" der Privatbrauerei Zwettl liegt prachtvoll mitten im Grünen und hat natürlich jenseits des gut gepflegten Biers, gezapft werden Pils, Zwickl und Original 1890er, auch eine feine Küche zu bieten. Neoküchenchef Christian Buhl setzt vermehrt auf Ayurveda-, Bio- und Vollwertküche, was sich nicht nur poetisch liest – man denke etwa an „Satoshimas Regenbogenreis" –, sondern auch durchaus delikat mundet. Regionale Deftigkeiten runden das kulinarische Angebot ab.

Die Besten
im Burgenland

Walter Eselböck

98 **TAUBENKOBEL**
Schützen

Alain Weissgerber

81 **ZUR BLAUEN GANS**
Weiden am See

Josef Roiss

75 **ZUR DANKBARKEIT**
Podersdorf am See

Sascha Huber

72 **LANDGASTHAUS AM NYIKOSPARK**
Neusiedl am See

Martin Ebner

72 **PRESSHAUS**
Illmitz

Michael Mooslechner

72 **RUSTERHOF**
Rust

Burgenland

BAD TATZMANNSDORF | G16

Spiegel

Tatzmannsdorfer Straße 55, 7431 Bad Tatzmannsdorf, Tel.: 03353/84 82, Fax: Dw. 2
Küchenzeiten: 11–21. Übernachtungsmöglichkeit.
Beliebter Treffpunkt für Einheimische und Kurgäste. Gastliche Atmosphäre mit auf die Wünsche der Kunden ausgerichtetem Service. Innovative wie leichte Küche, die neuerdings auch vegetarische Gerichte anbietet.

Empfohlen von Dr. Herbert Schoeller, Feinschmecker

Traube

★★ | 67 | 🍷 | 🥂

in Reiter's Supreme Hotel, Am Golfplatz 1, 7431 Bad Tatzmannsdorf, Tel.: 03353/88 41, Fax: Dw. 55, info@burgenlandresort.at, www.reitersburgenlandresort.at
Küchenzeiten: 18.30–21.30. **Inhaber:** Golfhotel Bad Tatzmannsdorf GmbH. **Küchenchef:** Fredy Benkö. **Sommelier/ière:** Margret Gartner, Imre Reicher. **CC:** Amex, Diners, MC/EC, Visa. **Sitzplätze:** 40. **Terrasse:** 30. **Durchschnittspreis bei 3 Gängen:** € 36,–. **Übernachtungsmöglichkeit.**

Im neu übernommenen Reiter's Burgenland Resort fühlen sich nicht nur Golfer und andere sportliche Naturen wohl, dank Fredy Benkö kann man hier auch aus reiner Freude am Genuss wunderbare Stunden verbringen. Die Servicebrigade kümmert sich engagiert um die Gäste und liest ihnen beinahe jeden Wunsch von den Augen ab. Beinahe jeder kulinarische Wunsch wird dem hungrigen Gast erfüllt: Die Ausrichtung der Küche pendelt irgendwo zwischen gehobener bodenständiger Kost und kreativer internationaler Cuisine. Nicht selten gelingen spannende neue Kreationen, die am Gaumen fast durchwegs Harmonie erzeugen. Regionale Produkte kommen gleichermaßen zum Einsatz wie exotische Luxusrohstoffe. Dank der feinen Weinauswahl und der entsprechenden kompetenten Beratung ist die südburgenländische Welt auch weinmäßig in Ordnung. **Aus der Karte:** Erdäpfelterrine und gebratenes Kaninchenfilet im Salatnest mit Walnussölschaum; Getrüffelte Nudelzöpfchen in Schnittlauchcreme mit kleinem Gemüse; Seeteufelmedaillons auf Rotwein-Butter-Sauce mit Mangold und Risotto; Topfensoufflé mit Vanillesauce und Rumerdbeeren.

Treiber

Jormannsdorfer Straße 52, 7431 Bad Tatzmannsdorf, Tel.: 03353/82 71, Fax: Dw. 13
Küchenzeiten: Do.–Di. 11–14.30, 18–23. **Übernachtungsmöglichkeit.**
Erlebnisgasthaus mit gehobener Küche und eigenem Weinbau. Fragen Sie bei Herbert Treiber jun., einem Schüler des Tippgebers, nach dem jeweiligen Menü der Saison.

Empfohlen von Werner Matt, Kochlegende

Burgenland

Weinatelier

Jormannsdorf 20, 7431 Bad Tatzmannsdorf, Tel./Fax: 03353/81 99
Küchenzeiten: Mi.–Fr. 14–24, Sa., So. 10–24.
Der diplomierte Weinakademiker Johannes Ohrnhofer-Zisser ist selbst Koch. Zu essen gibt es typische burgenländische Gerichte oder auch einen Teller Pasta. Vinothek mit sämtlichen Top-Kreszenzen aus dem Südburgenland. Außerdem: schöner Garten, in dem man das Boule-Spiel bei einem Glas Pastis zelebrieren kann.

Empfohlen von Werner Matt, Kochlegende

DONNERSKIRCHEN | E17   ÖBB

Vinarium

im Leisserhof, Hauptstraße 57, 7082 Donnerskirchen, Tel.: 02683/86 36, Fax: Dw. 4
Küchenzeiten: Mi.–So. 11.30–21.
Der Leisserhof ist ein wunderschönes, zentral in Donnerskirchen gelegenes Anwesen, in dem in erster Linie der Region Leithaberg/Neusiedler See kulinarisch gefrönt wird. So werden im „Vinarium" folgerichtig bevorzugt regionale Zutaten in bodenständig-feine Leckerbissen verwandelt. Vom „ersten Hunger" bis zur „Leithaberger Ziegenkäsewanderung" offenbart sich da ein stimmiges Kulinarium. Da der Leisserhof ein Zentrum des burgenländischen Weinbaus ist, steht auch dem vinophilen Vergnügen rein gar nichts im Weg.

EISENSTADT | E17   ÖBB

im Esterházy

Esterházyplatz 5, 7000 Eisenstadt, Tel.: 02682/628 19, Fax: Dw. 4,
office@imesterhazy.at, www.imesterhazy.at
Küchenzeiten: 11.30–14, 18–23. **Inhaber:** Peter Maria Pichler. **Küchenchefin:** Nicole Zach.
Sommelier: Paul Czigany. **CC:** Amex, Diners, MC/EC, Visa.
Sitzplätze: 80. **Garten:** 100. **Durchschnittspreis bei 3 Gängen:** € 24,–.
Die ehemaligen Stallungen vom Schloss Esterházy sind ein wunderbar stimmiger Rahmen für dieses Restaurant. Patron Peter Maria Pichler und Sommelier Paul Czigany kümmern sich sehr persönlich und aufmerksam um die Gäste. Die frühere Souschefin und jetzige Chefköchin Nicole Zach hat dem Speiseangebot merklich Kontur verliehen und serviert eigentlich durch die Bank gelungene Kreationen. Neben Klassikern der ostösterreichischen Küche liegt das Hauptaugenmerk auf saisonalen und regionalen Spezialitäten. Man denke etwa an das köstliche Hammerfleisch vom Tschürtz in Loipersbach oder an die delikaten Saiblinge aus Pöttsching. Die Weinkarte listet eine große Zahl von erstklassigen burgenländischen Weiß- und Rotweinen. Glasweise werden stets rund 15 Weine angeboten. Sommers sitzt man auf einer kleinen Terrasse mit Blick aufs Schloss,

Burgenland

was schon allein einen Besuch wert wäre. **Aus der Karte:** Gebratene Gambas auf marinierten Avocados und Blattsalate mit Limetten-Chili-Vinaigrette; Filets vom Pöttschinger Saibling mit geschmortem Paprika und gebratenen Polentascheiben; Geschmorte Schweinswangerl mit Basilikumrisotto; Mangocharlotte mit Heidelbeeren.

Ohr

Ruster Straße 51, 7000 Eisenstadt, Tel.: 02682/624 60, Fax: Dw. 9, info@hotelohr.at, www.hotelohr.at

B@G

Küchenzeiten: 11–22 (November bis April Mo. geschlossen). **Betriebsferien:** erste zwei Wochen im Februar 2005. **Inhaber:** Johannes Ohr sen. **Küchenchefs:** Johannes Ohr jun., Herbert Furtner. **Sommelier:** Werner Kanz. **CC:** Diners, MC/EC, Visa. **Sitzplätze:** 160. **Garten:** 100. **Übernachtungsmöglichkeit.**

Der alteingesessene Familienbetrieb kann sich mit Recht als erstes Haus am Platz sehen. Hier wird Gastronomie mit viel Liebe zur Sache und auf hohem Niveau geboten. Das Burgenland spielt in der Küche und im Keller zwar die Hauptrolle, aber auch internationale Zitate kommen nicht zu kurz. Neben Karpfen und Aal aus dem Neusiedler See tummeln sich Thunfisch und Garnele auf der Karte, auf dem fleischigen Sektor erfreuen neben österreichischen Klassikern in erster Linie mediterran inspirierte Kreationen. Alles wird handwerklich versiert, bis ins letzte Detail liebevoll zubereitet. Die traditionelle Ausrichtung dominiert, kleine Ausflüge in die Luxusküche gelingen zumeist passabel. Die Weinecke des Hauses bietet erstklassige Weine aus dem Burgenland, das Bier wird gut gezapft und auch der Destillatsektor punktet mit einer feinen Auswahl. **Aus der Karte:** Riesengarnelen in Kräuterbutter & Ofentomaten, dazu Weißbrot mit zweierlei Saucen; Tafelspitz mit Gemüse der Saison und Röstkartoffeln; Nougatknödel in Pistazien-Basilikum-Schaum.

GOLS | E18 ÖBB

Varga

Untere Hauptstraße 123, 7122 Gols, Tel.: 02173/22 31, Fax: 200 96

Küchenzeiten: Mi.–Mo. 11–14.30, 17–21.30 (November bis März Di.–Do. geschlossen). **Übernachtungsmöglichkeit.**

Das Restaurant von Silvia und Emmerich Varga ist einer der Vorzeigebetriebe des Burgenlands. Aus eigener Fischerei etwa kommen viele der herrlich frischen Fische, wobei neben „Standardfischen" auch Wildkarpfen oder Schleie auf dem Speisezettel stehen. In der Saison werden auch Salat und Gemüse aus dem Seewinkel verarbeitet. In Summe also eine tatsächlich bodenständige Küche, die mit viel Liebe zum Detail und einem guten Gespür für delikate Aromen verfeinert wird. Die Weine kommen vom eigenen Weingut bzw. von anderen Winzern aus Gols.

Burgenland

HALBTURN | E18

Knappenstöckl

 59 😊

Im Schloss, 7131 Halbturn, Tel.: 02172/82 39-0, Fax: Dw. 4,
info@restaurant-wieser.at, www.restaurant-wieser.at
Küchenzeiten: Di.–So. 11–22. **Betriebsferien:** 24. 12. 2004–25. 3. 2005. **Inhaber:** Christoph Wieser. **Küchenchef:** Stefan Szeleny. **Sommelier:** Hannes Frischauf.
CC: Amex, Diners, MC/EC, Visa. **Sitzplätze:** 120. **Garten:** 80.
Durchschnittspreis bei 3 Gängen: € 22,–.

Die prächtige Barockkulisse vom Schloss Halbturn, in dem 2004 eine virtuelle Reise entlang der Seidenstraße unternommen wird, macht Appetit, der in der im Nebentrakt des Schlosses gelegenen Gaststätte dank der Initiative von Destillateur Christoph Wieser, dem Enkelsohn von Josef Jamek, seit einiger Zeit auch mehr als anständig gestillt wird. Küchenchef Stefan Szeleny serviert einen ansprechenden Mix aus pannonischen Speisen, saisonalen Spezialitäten und Klassikern der österreichischen Küche und schafft es, selbst bei Schönwetterstoßzeiten ein respektables Niveau zu halten. Dass manchmal ein wenig zu üppig gewürzt wird, ändert nichts daran, dass das Haus durchaus ein Versprechen für die Zukunft ist. Bei Schönwetter ist der Innenhof eine großartige Location. Die Weinkarte bietet einen schönen Querschnitt durch das Schaffen der burgenländischen Winzer. **Aus der Karte:** Pochierter Waller im Wurzelsud mit Salzkartoffeln; Schokoladenmousse, produziert aus hauseigener Orangenschokolade.

HEILIGENKREUZ IM LAFNITZTAL | H16

Gerlinde Gibiser

7561 Heiligenkreuz im Lafnitztal 81, Tel.: 03325/42 46,
Fax: Dw. 44, g.gibiser@aon.at, www.g-gibiser.at   B✡G
Küchenzeiten: Di.–So. 11.30–15, 18–22. **Inhaberin/Sommelière:** Gerlinde Gibiser. **Küchenchefin:** Brigitte Neubauer. **CC:** MC/EC, Visa. **Sitzplätze:** 60. **Terrasse:** 50.
Durchschnittspreis bei 3 Gängen: € 29,–.
Übernachtungsmöglichkeit.

Fast schon zu idyllisch, um wahr zu sein, ist dieser wunderbare Gasthof im südburgenländischen Lafnitztal: strohgedeckte Kellerstöckel, die zur Übernachtung einladen, ein Kräuterpfad, eine alte Weinpresse und eine Köchin, die zwar das Bodenständige etwa in Form eines Zigeunerfleisches oder einer gebackenen Schweinsroulade hochhält, aber auch weit über den regionalen Tellerrand hinausblickt und der burgenländischen Krautsuppe eine Zitronengrassuppe und den Somloer Nockerln ein Tiramisu gegenüberstellt. Und weil alles ganz famos schmeckt, lässt sich ein entsprechend buntes Publikum liebend gerne von Frau

Burgenland

Neubauer einkochen. Neben gutem Bier und feinen Schnäpsen werden südsteirische Weißweine und burgenländische Rotweine in schöner Auswahl offeriert. **Aus der Karte:** Carpaccio vom Almochsen mit Parmesan und Rucola; Roastbeef, im Stück gebraten, mit Remouladensauce, dazu Ofenkartoffeln; Nougatmousse mit Weichsel-Orangen-Ragout.

ILLMITZ | E18   ÖBB

Johannes-Zeche

Florianigasse 10, 7142 Illmitz, Tel.: 02175/23 35, Fax: Dw. 5
Küchenzeiten: 10–22. **Übernachtungsmöglichkeit.**
Das „Dorfstraßen-Hotel" der Familie Tauber ist bekannt für seine bemerkenswert vielseitige Küche, in der Halaszlé, Kaposta Leves und Bogracsgulyas ebenso heimisch sind wie Eiernockerln, Hirtenspieß und Topfenstrudel. Opa Taubers Wildsuppe ist ein Geheimtipp, während der Kracher Grand Cru allseits bekannt ist, wenngleich auch selten so günstig angeboten wird. In der Hausvinothek kann man sich einen ziemlich vollständigen Überblick über die Leistungen der Seewinkler Winzer verschaffen.

Presshaus

Apetloner Straße 13, 7142 Illmitz, Tel.: 02175/27 30, Fax: 260 25,
presshaus.haider@aon.at, www.presshaus.com
Küchenzeiten: Mi.–Fr. 11.30–15, 17.30–22, Sa., So., Fei. 11.30–22 (im Juli Di. geöffnet, im August kein Ru.). **Betriebsferien:** Semesterferien 2005. **Inhaber/in:** Birgit und Christian Haider. **Küchenchef:** Martin Ebner. **Sommelier:** Christian Haider. **CC:** Amex, Diners, MC/EC, Visa. **Sitzplätze:** 70.
Garten: 30. **Durchschnittspreis bei 3 Gängen:** € 29,–.
Mit viel Geschmack und Stilsicherheit hat man ein gemütliches Ambiente geschaffen, in dem man sich entspannt und genussvoll den Kreationen von Küchenchef Martin Ebner widmen kann. Herzstück des kulinarischen Reigens sind Klassiker der pannonischen Küche, die dank der perfekt frischen und erstklassigen regionalen Rohstoffe immer ein Genuss sind. Dass der Küchenchef aber nicht nur in der regionalen, sondern auch der kreativen Küche daheim ist, beweist er mit so manchem „neumodischen" Gericht. Die Weinkarte bietet in erster Linie Burgenland at its best, ein weiteres Atout sind die Weine des Exilösterreichers Manfred Krankl, aber auch der Rest der weinanbauenden Welt ist bestens vertreten. – Man merkt eben die geographische wie ideologische Nähe zu Lois Krachers Weinimport-Unternehmen. Unterm Strich jedenfalls eine Auswahl, die eine Verlängerung des Aufenthalts dringend nahe legt. **Aus der Karte:** Mangalitza-Leberpastete im Glas mit Süßweingelee; Gebratener Neusiedler See-Wels oder Zander auf Erbspüree und mariniertem Paprika; Kurz Gebratenes vom Golser Bio-Jungrind mit Pilzpressknödel und Illmitzer Spargel.

Burgenland

JENNERSDORF | H16 ÖBB

Raffel

*Hauptplatz 6, 8380 Jennersdorf, Tel.: 03329/466 22, Fax: 462 47,
seminarhotel@raffel.at, www.raffel.at*
Küchenzeiten: 11–22. **Inhaber/Sommelier:** Ernst Kampel-Kettner. **Küchenchefin:** Paula Kampel-Kettner. **CC:** Amex, Diners, MC/EC, Visa. **Sitzplätze:** 400. **Garten:** 20. **Durchschnittspreis bei 3 Gängen:** € 26,–.
Übernachtungsmöglichkeit.

Im tiefen paradiesischen Süden des Burgenlands gelegenes Traditionshaus, das sich der Pflege einer Art altösterreichischer Küche mit ungarisch-triestinischen Akzenten verschrieben hat. Patron Ernst Kampel-Kettner umsorgt seine Gäste bemüht, umtriebig und stets präsent, während seine Frau Paula aus dem Füllhorn einer reichen und reichhaltigen Küchentradition schöpft. Da sie ausschließlich mit frischen, saisonalen Rohstoffen, viel Fingerspitzengefühl und großem handwerklichen Können arbeitet, kann man sich über wohlschmeckende Speisen freuen. Bemerkenswert die Gerichte, die andernorts schon längst von den Speisenkarten verschwunden sind. Im Weinkeller lagern sehr feine Flaschen aus dem Burgenland und der Steiermark, aber auch andere Weinbaugebiete wie etwa Israel sind anständig vertreten, wobei etwa französische Weißweine aus den Achtzigern wohl eher mit Bedacht zu bestellen sind. **Aus der Karte:** Zander vom Rost mit Knoblauchbutter und Erdäpfel mit Kresse; Filetsteak in Cognacrahm mit rosa Pfeffer und Kartoffelbirnen.

MOGERSDORF | H16 ÖBB

Zum Türkenwirt

Hauptstraße 23, 8382 Mogersdorf, Tel./Fax: 03325/82 45
Küchenzeiten: Di.–So. 11–22.30.
Der „Türkenwirt" verwöhnt seine Gäste mit köstlichen saisonalen Spezialitäten wie etwa dem frühlingshaften Biokitz in Uhudler-Weinsauce mit Bärlauch-

Burgenland

rahmnudeln bis zur herbstlichen eingemachten Ganslbrustsülze. Wenn möglich, werden ausschließlich regionale Produkte verarbeitet. Im Weinkeller von Hausherr Reinhard Fasching lagert natürlich auch ein Uhudler, das Herzstück des imposanten Weinsortiments sind aber Spitzenweine aus dem Burgenland und der Steiermark genauso wie aus Niederösterreich und Frankreich.

MÖNCHHOF | E18 ÖBB

L'altro vino

Sandhöhe 18, 7123 Mönchhof, Tel.: 0664/451 12 31
Küchenzeiten: Mai bis Dezember Di.–So. 17–23; Jänner bis April Do.–So. 17–23.
Erkundigt man sich auf der Ostseite des Neusiedler Sees nach einem kulinarischen Geheimtipp, bekommt man fast immer dieselbe Antwort: „L'altro vino". Der in Mönchhof versteckte Lokalwinzling mit nur 15 bzw. sommers 25 Plätzen ist denn auch in jeder Hinsicht einen (im Voraus reservierten) Besuch wert. Ursula und Dimitri Martini servieren eine kleine, aber umso feinere mediterrane Speisenauswahl, die allerfeinst vom erlesenen Getränkeangebot zwischen Prosecco und burgenländischer Cuvée begleitet wird.

NEUFELD | E17 ÖBB

Neufelder Hof

Eisenstädter Straße 21, 2491 Neufeld, Tel./Fax: 02624/538 51
Küchenzeiten: Do.–Di. 11.30–14, 18–21.
Das 1998 von der Familie Völkl übernommene Haus bietet insbesondere im schönen Garten pannonische Gastlichkeit in Reinkultur. Die gefühlvoll gekochte und zeitgemäß verfeinerte bodenständige Küche des Hausherrn trägt das Ihre zum Wohlgefühl der Gäste bei, die auch aus einer ansehnlichen Palette guter Weine wählen können.

NEUSIEDL AM SEE | E18 ÖBB

Landgasthaus am Nyikospark

Untere Hauptstraße 59, 7100 Neusiedl am See, Tel.: 02167/402 22,
Fax: 77 78, landgasthaus@nyikospark.at, www.nyikospark.at   B@G
Küchenzeiten: Mi.–So. 11.30–22.30. **Betriebsferien:** erste zwei Wochen im Februar 2005. **Inhaber/Sommelier:** Fritz Tösch. **Küchenchef:** Sascha Huber. **CC:** Amex, Diners, MC/EC, Visa. **Sitzplätze:** 65. **Garten:** 35.
Durchschnittspreis bei 3 Gängen: € 25,–.
Heimelig präsentiert sich das alte, schön adaptierte Gasthaus, während sich der Wintergarten eher elegant gibt. Und Letzterer macht seinem Namen alle Ehre,

Burgenland

auch in der kalten Jahreszeit sitzt man vergnüglich und wohlig warm mit Blick in die kalte Natur, sommers werden einfach die Türen geöffnet, voilà! Ganzjährig auf dem gleichen guten Niveau präsentiert sich die Küchenbrigade unter Sascha Huber. Aufbauend auf einem pannonischen Kulinarium wird so manche spannende und wohlschmeckende kreative Anmerkung hinzugefügt, was unterm Strich eine immer wieder überzeugende Kochperformance ergibt. Und da die legendäre Cremeschnitte wieder den Weg zurück auf die Karte gefunden hat, steht auch einem gelungenen süßen Abschluss rein gar nichts im Weg. Patron Fritz Tösch hat eine mehr als komplette Sammlung burgenländischer Weine zusammengetragen, in der neben den bekannten Spitzenwinzern auch aufstrebende Talente und Geheimtipps großartig vertreten sind. Präsentation, Beratung und Weinwissen befinden sich ebenfalls auf höchstem Niveau. Wer mehr Lust auf Bier hat, kann sich über gepflegtes Stiegl freuen. **Aus der Karte:** Bärlauch-Buttermilch-Törtchen mit Radieschen- und Kräuterblätter; Gebratenes Perlhuhnbrüstchen auf Gröstl von Kräuterseitlingen.

Mole West

Strandbad-Westmole, 7100 Neusiedl am See, Tel.: 02167/202 05, Fax: 202 61
Küchenzeiten: 9–22.
Das Burgenland ist mit der „Mole West" um ein reizvolles Designer-Lokal reicher und das noch dazu in bester Lage. Das Restaurant liegt direkt am Ufer des Neusiedler Sees auf einem Steg. Die gelungene Architektur glänzt durch viel Glas und Holz. Im Keller liegt alles, was das Burgenland zum Weinland macht.

Empfohlen von Rudolf „Purzl" Klingohr, Filmproduzent

 | E18

Pannonia

im Hotel Vila Vita, Storchengasse 1, 7152 Pamhagen, Tel.: 02175/21 80-0, Fax: Dw. 444, info@vilavitapannonia.at, www.vilavitahotels.com
Küchenzeiten: 12–14, 18–22. **Betriebsferien:** Mitte November bis Mitte Dezember 2004. **Inhaber:** Vila Vita BetriebsgesmbH. **Küchenchefs:** Thomas Fuchs, Karl Becher. **Sommeliers:** Manfred Frey, Gerald Achs. **CC:** Amex, Diners, MC/EC, Visa. **Sitzplätze:** 140. **Garten:** 70. **Durchschnittspreis bei 3 Gängen:** € 30,–. **Übernachtungsmöglichkeit.**

Der Weg in die Puszta hat sich gelohnt! Auch wenn man nicht als Gast die weiträumige Hotellandschaft genießt, kann man kulinarisch positive Überraschungen erleben. Denn im Vila Vita begegnet man nicht dem allzu häufigen Hotel-Einheitsbrei, sondern man erlebt vom Service bis zum Überraschungsmenü ein Gesamtangebot, das auch die lange Anreise mehr als rechtfertigt. Der Mix aus internationaler und pannonischer Küche, mit zeitgemäßer Inspiration zubereitet, sowie die abwechslungsreiche Weinauswahl machen Spaß, dazu passt der junge, kom-

petente Service. Erfreulich, dass sich so etwas in einem großen Hotelareal verbirgt.
Aus der Karte: Schafkäse-Ricotta-Kuchen mit geschmolzenen Tomaten; Gesulztes Lachstatar an Spargelmousse auf Orangen-Kerbel-Salat; Geschmortes Stubenküken mit Grießknödeln; Karamellparfait in der Schokoträne an Mandelchips.

`PINKAFELD` | G16 ÖBB

Ebner's

Marktplatz 2, 7423 Pinkafeld, Tel.: 03357/422 63-3, Fax: Dw. 6
Küchenzeiten: Mo., So. 11.30–14.30, Mi.–Sa. 11.30–14.30, 17.30–21.30.
Gehobenes Restaurant mit bemühter Tischkultur und kreativ gemachter Saisonküche. Das Fleisch kommt aus der eigenen Metzgerei, Mittwoch und Donnerstag locken die schlachtfrischen Innereien.

Empfohlen von Werner Matt, Kochlegende

Zur Bierquelle

Hauptplatz 16, 7423 Pinkafeld, Tel.: 03357/426 52,
wirt@zurbierquelle.at, www.zurbierquelle.at
Küchenzeiten: Di.–Sa. 11.30–13.30, 18–21.30, So. 11.30–13.30. **Inhaber/Küchenchef:** Adi Karner. **Sommelière:** Julia Karner-Schindler.
CC: MC/EC, Visa. **Sitzplätze:** 92. **Garten:** 45.
An einem schönen Platzl in Pinkafeld gelegen, sticht das auffallend rosa gefärbte Haus von weitem ins Auge. Die Stuben und Kellergewölbe sind ein wenig modernisiert worden und erstrahlen heute in neuem Glanz mit altem Flair. Gekocht wird recht modern und trendy. Und so manche kulinarische Fusion gelingt dann auch aufs Allerfeinste. Auch wenn einige geschmackliche Verirrungen das Konzept ein wenig relativieren, interessant ist die Küche allemal. Freunde des Bodenständigen können aus einer klassisch strukturierten Karte wählen. In Summe jedenfalls eine mutige, engagierte und innovative Performance von Adi Karner. Julia Karner-Schindler offeriert eine interessante Weinkarte mit einem burgenländisch-steirischen Schwerpunkt. **Aus der Karte:** Schafjoghurt-Törtchen mit hausgebeiztem Lachsforellenfilet an Gurken-Minze-Salat mit Limettencreme; Flusskrebs-Cremesuppe mit Krebserln in Blätterteig-Pastetchen; Glacierte Kalbsleber mit einer Crème brûlée von der Polenta, dazu ein Apfel-Grenadine-Kompott & Apfel-Thymian-Sauce.

Es ist Sonntag, Sie sind in Pinkafeld
und wollen mit Ihrer Familie essen gehen?
Konsultieren Sie bitte das Register ESSEN AM SONNTAG
im Registerteil am Ende dieses Buches!

Burgenland

PODERSDORF AM SEE | E18 **ÖBB**

Zur Dankbarkeit

*Hauptstraße 39, 7141 Podersdorf am See, Tel.: 02177/22 23,
Fax: Dw. 4, j.lentsch@magnet.at, www.dankbarkeit.at*   B@G
Küchenzeiten: Mo., Di., Fr. 11.30–14, 17.30–21, Sa., So., Fei. 11.30–21 (Dezember bis März Mo.–Do. geschlossen). **Betriebsferien:** Semesterferien 2005. **Inhaber/in:** Heidi und Josef Lentsch. **Küchenchef:** Josef Roiss. **Sitzplätze:** 80. **Garten:** 50. **Durchschnittspreis bei 3 Gängen:** € 24,–.
Im Zentrum von Podersdorf liegendes Traditionsgasthaus, das schon von drei Generationen Josef Lentsch geführt wurde. Der heutige Wirt übernahm das Haus 1989 und verwandelte es mit viel Liebe und Einsatz in einen Vorzeigebetrieb der Region. Vom gemütlichen Schankraum, wo sonntags noch die Einheimischen schnapsen, über die eleganten Speiseräume bis zum wunderschönen Garten atmet jede Ecke Gemütlichkeit. Die von Josef Schwarzbauer dirigierte Servicebrigade agiert herzerwärmend und serviert mit viel Schmäh und Spaß an der Sache die Kreationen von Küchenchef Josef Roiss, der hier seit bald zehn Jahren ein stimmiges pannonisches Kulinarium entwickelt hat, in dem in erster Linie erstklassige Produkte aus der Region verarbeitet werden. Patron Josef Lentsch ist ein reizender Gastgeber, ganz nebenbei aber auch einer der besten Winzer des Landes. Sein Pinot Gris zählt ebenso wie der Pinot Noir und diverse Trockenbeerenauslesen zur absoluten Spitze Österreichs. Neben den hauseigenen Weinen kann man als Gast aber auch auf ein tolles Sortiment burgenländischer Kreszenzen zurückgreifen. **Aus der Karte:** Jiddische Hühnerleberpastete; Gebratener Wels mit Balsamessigsauce, geschmortem Eisberg und Erdäpfeln; Gebratene Entenbrust mit Thymian-Linsen, karamellisierten Äpfeln und Semmelterrine.

PÖTTSCHING | E17 **ÖBB**

Der Reisinger

*Hauptstraße 83, 7033 Pöttsching, Tel.: 02631/22 12, Fax: 20 90,
info@der-reisinger.at, www.der-reisinger.at*   B@G
Küchenzeiten: Do.–So. 11.30–14, 18–22. **Betriebsferien:** Juli, August 2005. **Inhaber/in:** Andrea und Gerald Reisinger. **Küchenchefs:** Gerald Reisinger, Akos Horvath. **Sommelier:** Richard Jagschitz. **CC:** Amex, Diners. **Sitzplätze:** 150. **Durchschnittspreis bei 3 Gängen:** € 29,–.
Solides, von Einheimischen wie Zuagrasten gleichermaßen geschätztes Haus, das schon seit einer kleinen Ewigkeit auf gleichem gehobenen Niveau arbeitet. Das Entree ist elegant, der Speiseraum eher konservativ, durch die Bank offenbart sich aber ein angenehmes, appetitanregendes Ambiente. Man konzentriert sich hier

auf die gehobene saisonale und regionale Küche. Zuweilen blitzen aber auch Mut und Kreativität durch, zum Beispiel, wenn Ochsenmaul mit Crevetten, Bambussprossen und Kurkuma zu einer sehr interessanten und wohlschmeckenden Vorspeise kombiniert werden. Wie es scheint, schlummert hier eine beträchtliche Originalität. Gekocht wird hier jedenfalls – aufbauend auf perfekter Produktqualität – tadellos und solide, während die Präsentation fast schon einen künstlerischen Anspruch hat. Die Weinkarte ist ausführlich und übersichtlich gestaltet und enthält ein Spektrum populärer und weniger bekannter österreichischer Erzeuger. Erstklassig ist auch die Palette hochwertiger Digestifs. **Aus der Karte:** Rosa gebratenes Beiried mit Polentapalatschinke und Lauch; Nougatbirne mit Beerenobst. **LAVAZZA**

PURBACH AM SEE | E17   **ÖBB**

Kloster am Spitz

 60

Waldsiedlung 2, 7083 Purbach am See, Tel.: 02683/55 19, Fax: Dw. 20, weingasthof@klosteramspitz.at, www.klosteramspitz.at
Küchenzeiten: Do., Fr. 11.30–14, 18–21.30, Sa., So. 11.30–21.30 (Juli, August Mi. geöffnet). **Betriebsferien:** 20. 12. 2004–17. 3. 2005. **Inhaber:** Familie Schwarz. **Küchenchef:** Joszef Molnar. **Sommelier:** Wolfgang Schwarz. **CC:** MC/EC, Visa. **Sitzplätze:** 60. **Garten:** 60. **Durchschnittspreis bei 3 Gängen:** € 29,–.
Übernachtungsmöglichkeit.

Rund um den Neusiedler See gibt's kaum einen Gastgarten mit einer schöneren Aussicht auf den See, aber auch in den recht gemütlichen und adrett gestalteten Stuben der ehemaligen klösterlichen Einsiedelei kann man sehr entspannte Stunden verbringen. Mit dem neu ins Kloster eingezogenen Küchenchef Joszef Molnar ist auch ein spürbar kosmopolitischeres Kulinarium entstanden, das uns vorerst nur bedingt überzeugen konnte. Unverändert gut schmecken aber die pannonischen Klassiker, die ganz altmodisch betrachtet auch am besten ins Ambiente passen. Auf der Weinkarte finden sich fast ausschließlich hauseigene Weine, was nichts anderes heißt, als dass man hier einige der besten Kreszenzen des Bundeslandes (durchwegs auch glasweise) verkosten kann. **Aus der Karte:** Lauwarmer Spargel mit Paprikavinaigrette und Vogerlsalat; Im Ganzen gebratener Pöttschinger Saibling mit Limetten-Peperoni-Nudeln und Blattsalat; Kurz gebratene Rehkeule mit Grießknödel und Pfefferbeeren; Erdbeer-Vanille-Mousse auf Fruchtsauce.

Pauli's Stuben

Fellnergasse 1a, 7083 Purbach am See, Tel.: 02683/551 30, Fax: 551 39
Küchenzeiten: 11–22. **Übernachtungsmöglichkeit.**
Die „Neue burgenländische Küche" von Stefan Horvath bezaubert uns immer wieder aufs Neue. Weitab von zeitgeistigen Strömungen wird da so richtig herz-

Burgenland

haft aufgekocht. Das Mangalitzaschwein tritt genauso in Erscheinung wie Kitzleber, Grammelkraut und Co. Dass die eingelegte Entenbrust mit Granatapfel perfektioniert wird, ist eine Ausnahme und noch dazu eine durchaus delikate. Die Weine kommen vom hauseigenen Weingut Oxhoft, wobei insbesondere Rotweine wie der Oxhoft und der Pinot Noir zu den besten des Landes zählen.

RITZING | F17

Horvath

 59

Lange Zeile 92, 7323 Ritzing, Tel.: 02619/672 29-0, Fax: Dw. 20, rest-horvath@netway.at, www.restaurant-horvath.at
Küchenzeiten: Mi.–So. 11.30–14.30, 18–22. **Betriebsferien:** 5.–25. 2., 16.–30. 8. 2005.
Inhaber: Ernst Horvath. **Küchenchefin:** Silvia Horvath. **Sommelière:** Ines Horvath.
CC: Diners, MC/EC, Visa. **Sitzplätze:** 136. **Garten:** 30.
Durchschnittspreis bei 3 Gängen: € 25,–.

Lang vorbei sind die Zeiten, als der „Horvath" das beschauliche Dasein eines Dorfwirtshauses geführt hat. Mit dem Aufschwung des Blaufränkischlands und seinen Winzern sind auch die kulinarischen Ambitionen größer geworden. Und so hat sich auch die Familie Horvath immer weiter von der alten Wirtshausküche entfernt und bemüht sich heute um eine weit komplexere Palette an Gerichten. Natürlich an den einheimischen Gaumen orientiert, aber darüber hinaus auch ganz anders: Neben der Leberknödelsuppe köchelt heute auch eine Paprikacremesuppe mit Basilikumnockerln auf dem Herd. Die delikate Variation von der Gänseleber ist gar schon eine Art Hausklassiker. Und neben dem Pöttschinger Saibling buhlt schon der Thunfisch um hungrige Gäste. Ambitioniert, nicht immer ganz perfekt, aber unterm Strich durchaus eine runde Sache, die Spaß macht. Die Weinkarte punktet in erster Linie mit mittelburgenländischen Spitzenweinen. Wer will, kann sich den Wein zum Essen selbst im Keller aussuchen. Gute Destillate von Jöbstl, Hochmair, Lagler und Rochelt gehören selbstverständlich zur Ausstattung dieses empfehlenswerten Wirtshauses. **Aus der Karte:** Filetsteak mit gebratener Gänseleber, dazu Spargel und Erdäpfelstrudel; Topfen-Joghurt-Nockerln auf Fruchtsaucen.

Frühstück bei Tiffany?

Schlemmen unterwegs: Mit t-info Top-Restaurants finden. Einfach das Handy in die Hand nehmen und www.t-info.at klicken. Bei uns gibt es den aktuellen „A la Carte" für unterwegs - Sie lassen Sich lokalisieren und t-info sagt Ihnen, wo das nächste Top-Restaurant in Ihrer Nähe ist.

Das funktioniert auch mit Hotels, Geldautomaten, Internetcafés und und und...

Was suchen Sie heute?

info
...einfach gut finden!
www.t-info.at

Burgenland

RUDERSDORF | H16

Zum alten Weinstock

Hauptstraße 13, 7571 Rudersdorf, Tel.: 03382/716 21, Fax: Dw. 4,
gasthof@zumaltenweinstock.at, www.zumaltenweinstock.at
Küchenzeiten: Mi.–Mo. 12–14, 18–21. **Inhaber/Küchenchef:** Markus Leitgeb. **CC:** MC/EC, Visa. **Sitzplätze:** 60. **Garten:** 40. **Durchschnittspreis bei 3 Gängen:** € 22,–. **Übernachtungsmöglichkeit.**

Der Landgasthof der Familie Leitgeb erfreut sich reger Beliebtheit, nicht nur in der unmittelbaren Region, sondern auch bei Feinschmeckern, die die weite Anreise in den südlichsten Zipfel des Burgenlands keineswegs scheuen. Küchenchef Markus Leitgeb serviert eine stimmige und immer kreativer anmutende Palette an Speisen, in der sich ein Reisfleisch schon einmal in ein Risotto mit geschmortem Schweinswangerl verwandelt, in dem Palatschinken mit Spargel und Butterkäse gefüllt werden oder in dem Somloer Nockerln und Spargeleis eine friedliche Koexistenz führen. Die Weinkarte listet in erster Linie regionale Kreszenzen. **Aus der Karte:** Saiblingsalat auf Passionsfrucht-Spargel; Seeteufel auf Paprikachili mit Olivenpesto; Lammrücken mit Minze, Spargel und Erbsen; Somloer Nockerln.

RUST | E17

Buschenschank Schandl

Hauptstraße 20, 7071 Rust, Tel.: 02685/265, Fax: Dw. 4
Küchenzeiten: Mo., Mi.–Fr. 16–22, Sa., So., Fei. 11–22.
Gemütlicher Heuriger mit gelungener regionaler Küche (täglich frischer Braten) und tollen Weinen, von denen fast alle auch offen angeboten werden. Der Hausherr berät kompetent bei der Auswahl von Speis und Trank.

Empfohlen von Walter Eselböck, Restaurant „Taubenkobel"

Inamera

Oggauer Straße 29, 7071 Rust, Tel.: 02685/64 73, Fax: Dw. 18,
office@inamera.at, www.inamera.at
Küchenzeiten: Mi.–Fr. 11.30–14.30, 18–22, Sa., So., Fei. 11.30–22 (Juli, August Di. geöffnet). **Inhaber:** Gerhard Weidl. **Küchenchef:** Maximilian Stiegl. **Sommelier:** Martin Weidenbacher. **CC:** Amex, Diners, MC/EC, Visa. **Sitzplätze:** 70.
Garten: 65. **Durchschnittspreis bei 3 Gängen:** € 35,–.

Leicht könnte man das am Ruster Ortsrand, nicht weit von den beginnenden Weinzeilen gelegene „Inamera" übersehen, was aber in jeder Hinsicht bedauerlich wäre – schon allein angesichts des gemütlichen Gastgartens. Hauptanzie-

Burgenland

hungspunkt ist aber doch die erfreulich eigenständige pannonische Küche, die mit kreativen Einfällen, südlichen und asiatischen Einflüssen bereichert wird. Als exemplarisches Beispiel sei die burgenländische Bauernente angeführt, die bei unserem Besuch mit türkischen Linsen und Kurkumasauce kokettierte. Neben bevorzugt regionalen Produkten spielen Gewürze eine besondere Rolle, nicht selten in pfiffig-raffinierter Form. Vom Aromenspiel bis zu den stimmigen Kombinationen eine überzeugende Vorstellung der Küche. Sehr interessant und hochklassig ist auch das Spektrum burgenländischer und internationaler Weine, die im „Inamera" offeriert werden, wobei das glasweise Angebot ein Sonderlob verdient. **Aus der Karte:** Paprika-Oliven-Sulz mit Pumpernickelstaub, Radicchiopesto und Kopfsalat; Irisches Lammkarree, in der Salzkruste gebraten, mit Rucolagnocchi und Safran-Oliven-Ratatouille.

Rusterhof

Rathausplatz 18, 7071 Rust, Tel.: 02685/64 16, Fax: Dw. 11,
office@mooslechners.at, www.mooslechners.at
Küchenzeiten: 12–13.30, 18–21.45 (Juli, August ab 17). **Betriebsferien:** Jänner, Februar 2005. **Inhaber/Küchenchef:** Michael Mooslechner. **Sommelier:** Manfred Scheitl. **CC:** Amex, Visa. **Sitzplätze:** 60. **Garten:** 60.
Übernachtungsmöglichkeit.

Die Lage auf einem der schönsten Plätze Österreichs verpflichtet, und so ist der „Rusterhof" auch eines der hübschesten und heimeligsten Restaurants des Landes, das noch dazu über zwei Gastgärten verfügt: Am Rathausplatz wird Feines vom Grill serviert, während sich die Feinschmecker im schönen Innenhof zurückziehen und dort nicht nur die paradiesische Ruhe, sondern in erster Linie auch die hinreißende Küche von Michael Mooslechner genießen. Angenehm überschaubar in zwei Menüs unterteilt präsentiert sich die Karte, auf der sich Wohlgeschmack in vielerlei Form findet. Regional pannonische Elemente tauchen da ebenso auf wie saisonale Schwerpunkte und Ausflüge in die kreative und kosmopolitische Küche, was in Summe aber stets ein sympathisches Mooslechner-Kulinarium ergibt. Die Weinkarte bietet erlesene Flaschen, insbesondere natür-

Burgenland

lich aus dem Burgenland. **Aus der Karte:** Kalbskopf gebacken auf Erdäpfel-Vogerlsalat; Zanderfilet auf Krustentier-Mousseline mit glacierten Roten Rüben; Beiried vom Styria Beef in Trüffelglace mit gefülltem Erdapfel; Schokoladensoufflé und Pfefferminzeis mit Mango.

SCHÜTZEN | E17 ÖBB

Greißlerei Taubenkobel *VipTipp*

Hauptstraße 27, 7081 Schützen, Tel.: 02684/22 97-20, Fax: Dw. 18
Küchenzeiten: Mi.–So. 11.30–23. **Übernachtungsmöglichkeit.**
Das stimmungsvolle Factory-Outlet der Eselböcks direkt neben dem „Taubenkobel", wo man viele hausgemachte kulinarische Mitbringsel, gute Weine und schicke Einrichtungsstücke kaufen kann. Zum Essen und Trinken gibt es auch.

Empfohlen von Barbara Stöckl, ORF-Moderatorin

Taubenkobel

Hauptstraße 33, 7081 Schützen, Tel.: 02684/22 97, Fax: Dw. 18,
restaurant@taubenkobel.at, www.taubenkobel.at

B*O*G

Küchenzeiten: Mi.–Sa. 12–14, 18–22, So. 12–22. **Inhaber/in:** Eveline und Walter Eselböck. **Küchenchefs:** Walter Eselböck, Jürgen Csencsits. **Sommelier/ière:** Eveline Eselböck, Christoph Wutzl. **CC:** Amex, Diners, MC/EC, Visa.

Sitzplätze: 60. **Garten:** 30. **Übernachtungsmöglichkeit.**
Mit Recht zählt dieses Restaurant zum Besten und Feinsten, was die österreichische Spitzengastronomie zu bieten hat. Selbst abgebrühte Gourmets laufen Gefahr, im „Taubenkobel" dank seiner konstanten Leistung ins Schwärmen zu geraten. Das aber völlig zu Recht. Seit nunmehr 20 Jahren wird hier mit unheimlichem Aufwand alles unternommen, um täglich immer wieder aufs Neue kleine und große kulinarische Zaubereien zu bewirken. Gesamtkunstwerke dieser Art sind bekanntlich sehr selten, umso mehr schätzen wir dieses einzigartige pannonische Juwel. Die zwei offerierten Menüs lassen an verführerischen Elementen nichts aus und machen die Wahl wirklich zur Qual. Am besten wäre wohl, man nimmt sie beide. Bei der Zubereitung fällt zuerst einmal das geniale Fingerspitzengefühl der Damen und Herren am Herd auf, denen es perfekt gelingt, die Aromen und den Eigengeschmack der Produkte subtil hervorzuheben und damit dezent zu unterstreichen. Zum anderen beherrscht man auch die Kunst der idealen Kombination. So entstehen wahre Kunststücke voller Raffinesse. Die Perfektion des kulinarischen Ganzen ist, gemeinsam mit dem paradiesischen Ambiente, immer wieder ein Grund zum Staunen. Besser kann man eine Weinkarte nicht zusammenstellen: Bei diesem großartigen Mix aus nationalen und internationalen Weinkostbarkeiten offenbart sich die Fachkenntnis der Hausherrin aufs Trefflichste. **Aus der Karte:** Kaninchenrücken-Salat aus dem Einweckglas mit Flusskrebs und Bärlauchvinaigrette; Gebratener Wels aus dem

Burgenland

Neusiedler See mit Melanzane; Das Beste aus dem Wald mit jungem Brennnesselgemüse, Rosmarinpolenta und frischen Steinpilzen auf Gänselebersauce; Schokoladenpraline mit Blattgold und Erdbeeren.

WEIDEN AM SEE | E18   ÖBB

Zur Blauen Gans

★★★ | 81 | ♭♭

Seepark Weiden, 7121 Weiden am See, Tel.: 02167/75 10,
restaurant@blaue-gans.at, www.blaue-gans.at   B✪G

Küchenzeiten: Do.–Mo. 11.30–14, 17.30–22 (Juni bis August Mi. geöffnet). **Betriebsferien:** Ende Dezember 2004 bis Mitte März 2005. **Inhaber/Küchenchef:** Alain Weissgerber. **Sommelière:** Barbara Eselböck. **Sitzplätze:** 80. **Garten:** 80.

Die Weidener „Gans" ist ohne Zweifel eine der stimmigsten und schönsten Gaststätten des Burgenlands. Geschmackvoll bis ins letzte Detail das Ambiente, heimelig-gemütlich der reizvolle Garten, charmant und kompetent der Service unter der Leitung von Barbara Eselböck – unterm Strich also ein Bilderbuchgasthaus par excellence. Patron Alain Weissgerber lässt seine Erfahrungen aus dem Münchner „Tantris" und seinen Expeditionen ins Küchenreich von Jörg Wörther und ins „Betelnut" in Ko Samui gekonnt in seine elsässisch-pannonische Küchenlinie einfließen, was auf dem Teller schlicht zu großartigen Kreationen führt: manchmal mutig, nicht selten auch ein wenig sperrig, stets aber unglaublich puristisch auf den Eigengeschmack der großartigen Rohstoffe konzentriert. Eine Küche, die nicht gar so viel von Würzung, dafür umso mehr von Harmonie hält. Hinreißend die Präsentation, auch wenn so manches Gericht dermaßen kunstvoll angerichtet ist, dass man Skrupel hat, es zu zerstören. Die Weinkarte ist mit besten Weinen aus dem Burgenland und der Steiermark ausgestattet, darüber hinaus erfreut aber auch so manches Highlight aus anderen Weinbauregionen.

Aus der Karte: Warmes und Kaltes vom Kalbskopf mit Erdäpfeln und Linsen; Jakobsmuscheln in der Schale mit Zitronenbutter und grobem Meersalz; Beiried vom Steppenrind mit Zucchini-Topinambur-Gemüse und Schalottensauce; Gebackene Topfenknödel mit Erdbeer-Rhabarber.

À votre santé. Salute. Prost.

Schlemmen unterwegs: Mit t-info Top-Restaurants finden. Einfach das Handy in die Hand nehmen und www.t-info.at klicken. Bei uns gibt es den aktuellen „A la Carte" für unterwegs - Sie lassen Sich lokalisieren und t-info sagt Ihnen, wo das nächste Top-Restaurant in Ihrer Nähe ist.

Das funktioniert auch mit Hotels, Geldautomaten, Internetcafés und und und...

Was suchen Sie heute?

i info
...einfach gut finden!
www.t-info.at

Burgenland

WINDEN AM SEE | D17/E18 **ÖBB**

Heiligenkreuzerkeller

Kellerviertel, 7092 Winden am See, Tel.: 02160/200 34, Fax: 200 35, hkk@gmx.at, www.heiligenkreuzerkeller.at
Küchenzeiten: Mi.–Fr. 17–22, Sa., So., Fei. 11–22. **Betriebsferien:** Jänner bis März 2005. **Inhaber:** Bernd Olbricht. **Küchenchef:** Martin Waschnig-Theuermann. **Sommelier:** Rudolf Jordan. **CC:** Amex, MC/EC, Visa. **Sitzplätze:** 60.
Garten: 20. **Übernachtungsmöglichkeit.**
Der aus dem Jahr 1815 stammende „Heiligenkreuzerkeller" wurde vor ein paar Jahren vorbildlich renoviert und beherbergt heute ein Restaurant, einen Heurigen sowie einen Barriquefasskeller. Das Restaurant mit dem herrlichen Kreuzgewölbe, dem alten Steinfußboden, dem Kamin und der Bar bildet das Herzstück des Ensembles. Liebe auf den ersten Blick stellt sich ein. Spiritus Rector des hier gepflegten Kulinariums ist der deutsche Starkoch Alfons Schuhbeck, der auch fallweise aufkocht, das Tagesgeschäft schupft Martin Waschnig-Theuermann kongenial: Drei Menüs mit sechs Gängen werden offeriert, dabei locken auch Deftigkeiten wie im eigenen Saft geschmorte Schweinsbackerl mit Krautspätzle, Saubohnen und Biersauce. Das Weinangebot im Schaukeller entspricht der Ausrichtung der Küche und weil auch der Service passt, sind wir rundherum glücklich und zufrieden. **Aus der Karte:** Joghurt-Gurken-Kaltschale mit ausgelösten Flusskrebsen; Lasagne von der Gänseleberterrine und Brioche mit rotem Apfelmousse und Rhabarberchutney; Gefüllter Kaninchenrücken auf Karottenrisotto und Frühlingsgemüse; Melange vom Blauschimmelkäse mit Radicchiokrapferl.

Die Besten
in der Steiermark

Gerhard Fuchs

91 **SAZIANI-STUB'N**
Straden

Dietmar Dorner

89 **HIRSCH'N WIRT**
Irdning

Heinz Reitbauer jun.

87 **WIRTSHAUS STEIRERECK**
Turnau

Erich Pucher

81 **LERCHER'S PANORAMA**
Murau

Hubert Holzer

76 **HOLZER**
Neuberg an der Mürz

Franz Labmayer

76 **MOD**
Graz

Steiermark

ALTAUSSEE | F11

Max's

8992 Altaussee 149, Tel.: 03622/716 24, Fax: 714 31
Küchenzeiten: Mo.–Sa. 17–23.
Mit mediterranen Stilelementen eingerichtetes Gasthaus. Österreichische Küche, ideenreiche Spezialitätenwochen und ein tolles Weinangebot.

Empfohlen von Leo Wallner, Casino-General

BAD AUSSEE | F11   ÖBB

Erzherzog Johann

★ 60

Kurhausplatz 62, 8990 Bad Aussee, Tel.: 03622/525 07-0, Fax: Dw. 680, info@erzherzogjohann.at, www.erzherzogjohann.at   B☉G
Küchenzeiten: 12–14, 18.30–21.30. **Betriebsferien:** 9. 11.–12. 12. 2004. **Inhaberin:** Regina Stocker. **Küchenchef:** Manfred Mayer. **Sommelier:** Ernst Wartecker. **CC:** Amex, Diners, MC/EC, Visa. **Sitzplätze:** 150. **Terrasse:** 56. **Durchschnittspreis bei 3 Gängen:** € 37,–. **Übernachtungsmöglichkeit.**

Im Herzen des Salzkammergut gelegenes Traditionshaus, das dem Wellnesstrend seit Mai dieses Jahres mit einem hauseigenen Spa Rechnung trägt. Das hoteleigene Restaurant offeriert eine regionale Küche mit saisonalen Schwerpunkten. Das Fleisch dazu liefert die Ausseer Bauernschaft, die Fische kommen zum Teil aus den umliegenden Seen. Stets ein heißer Tipp sind etwa die Kreationen zum Thema Rindfleisch. Darüber hinaus pflegt Küchenchef Manfred Mayer aber auch eine kreativ-internationale Küchenlinie, in der schon auch einmal ein Rochen auftaucht. Schöne Weinkarte mit einem Querschnitt durch die österreichischen Weinbaugebiete. **Aus der Karte:** Mousse vom grünen und weißen Spargel, dazu gebratener Lachs in der Kräuterkruste; Garnelenlasagne mit Gemüse auf mediterraner Sauce.

BAD BLUMAU | G16   ÖBB

Feine Sachen

★★ 66 🍷 ☺

im Hotel Rogner-Bad, 8283 Bad Blumau 100, Tel.: 03383/51 00-0, Fax: Dw. 808, spa.blumau@rogner.com, www.blumau.com
Küchenzeiten: 18–21.30. **Inhaber:** Rogner-Bad Blumau, Hotel & Spa. **Küchenchef:** Walter Mayer. **Sommelière:** Maria Gessl. **CC:** Amex, Diners, MC/EC, Visa. **Sitzplätze:** 45. **Terrasse:** 80. **Durchschnittspreis bei 3 Gängen:** € 28,–. **Übernachtungsmöglichkeit.**

Steiermark

Die von Hundertwasser gestaltete Blumauer Therme lässt nicht nur Kunstfreunde und Erholungssuchende auf ihre Rechnung kommen. Das kleine, feine Gourmetrestaurant ist seit Jahren Anziehungspunkt für Genießer. Im Sommer sitzt man im Gastgarten mit Blick auf die Badelandschaft. Kurz, ein wunderbarer Rahmen, um die „feinen Sachen" aus der Küche von Walter Mayer zu genießen. Durch passende Würzung mit internationalen Akzenten und spannenden Ideen werden Klassiker der österreichischen Küche gefühlvoll verfeinert. Verarbeitet werden fast ausschließlich hochwertige Bioprodukte. Eine weitere Stärke des Hauses ist fraglos die phantasievolle und appetitliche Präsentation der Speisen. Das Weinangebot punktet mit südoststeirischen und biologisch angebauten Weinen, die Karte ist übersichtlich gegliedert und offeriert ausgewogen Unbekanntes und Wohlbekanntes. **Aus der Karte:** Tatar vom Almochsen auf Kürbiskernrösti; Roulade von der Bachforelle auf Kartoffel-Lauch-Püree und rotem Zwiebelconfit; Duett vom Lamm und Kaninchen an Linsengemüse und Pestonudeln.

BAD MITTERNDORF | F11   ÖBB

Grimmingwurz'n

8983 Bad Mitterndorf 354, Tel.: 03623/31 32, Fax: 36 06,
grimmingwurzn@t-online.at, www.grimmingwurzn.com
Küchenzeiten: Mi. 18–22, Do.–Mo. 11–14, 18–22. **Betriebsferien:** 8. 11.–7. 12. 2004, 11.–29. 4. 2005. **Inhaber/Küchenchef:** Rainer Vergud. **Sommelière:** Christine Vergud. **CC:** Visa. **Sitzplätze:** 60. **Terrasse:** 24. **Durchschnittspreis bei 3 Gängen:** € 32,–.

Weitläufiges, in der Einrichtung sehr von Holz dominiertes Restaurant. Der Eyecatcher ist der in der Mitte des Raumes thronende Weinbrunnen, in dessen Becken eine ansehnliche Anzahl von Weinflaschen zur Schau gestellt sind. Wer will, kann sich die passende selbst auswählen. Sommers kann man auf der kleinen Terrasse den Blick auf den Grimming genießen. Die Küche bietet sowohl traditionell Österreichisches als auch international geprägte Kreationen. Die Küchenleistung ist professionell – nichts „geht daneben" – und durchaus für Überraschungen gut, etwa bei der mutigen Kombination unterschiedlichster Aromen. Die zum Teil auf Gmundner Keramik servierten Gerichte überzeugen auch durch ihre anregende Präsentation. Kleines, aber ausreichendes Angebot an österreichischen und ausländischen Weinen. **Aus der Karte:** Hirschcarpaccio mit Stopfleber und Mango-Ingwer-Salat; Haifischsteak auf gerösteten Eierschwammerln in Bärlauchsauce.

---

*Beachten Sie bitte das Register ESSEN IM FREIEN
im Registerteil am Ende dieses Buches.*

Steiermark

BAD WALTERSDORF | G16   ÖBB

Der Steirerhof

Wagerberg 125, 8271 Bad Waltersdorf, Tel.: 03333/32 11-0, Fax: Dw. 444
Küchenzeiten: 12–14, 18.30–20.30. **Übernachtungsmöglichkeit.**
„Hervorragende regionale Speisen auf wunderschön gedeckter Terrasse serviert. Eigene Vinothek sowie ein liebenswerter und sachkundiger Sommelier! Übernachtung würde ich empfehlen, da ein grandioses Frühstücksbuffet auf Sie wartet."

Empfohlen von Brigitte Neumeister, Schauspielerin

Paierl

Wagerberg 120, 8271 Bad Waltersdorf, Tel.: 03333/28 01, Fax: Dw. 400, well-in@thermenhof.at, www.thermenhof.at
Küchenzeiten: Mo.–Sa. 12–14, 18.30–20.30, So. 12–14. **Inhaber/in:** Gerlinde und Erwin Paierl. **Küchenchef:** Wolfgang Passegger. **Sommelier:** Valentin Zsifkovits. **CC:** MC/EC, Visa. **Sitzplätze:** 30. **Garten:** 12. **Durchschnittspreis bei 3 Gängen:** € 29,–. **Übernachtungsmöglichkeit.**

Ein Wohlfühlort par excellence. In der hauseigenen Thermenwelt mit der 62 °C heißen Natrium-Hydrogencarbonat-Chlorid-Quelle und dem großzügigen Freibad kann man wunderbar Kraft tanken und abends die gesunde, vitalstoffreiche Küche von Wolfgang Passegger genießen. Verarbeitet werden ausschließlich vollwertige Bioprodukte von Bauernhöfen der unmittelbaren Umgebung. Naturküche, Light-Menüs und 5-Elemente-Ernährung dominieren den gesunden Küchenalltag. Dass aber trotzdem niemals kulinarische Langeweile angesagt ist, ist die Besonderheit dieser Küche, die den Kurgästen Köstlichkeiten wie eine Galantine vom Stubenküken auf Frühlingskräutern mit Himbeeressig oder eine im eigenen Saft gebratene Wachtel auf jungem Weißkraut serviert. Rundum eine harmonische, stimmige und wohlschmeckende Küchenlinie, die das Kuren zum reinen Genuss adelt. Da das Haus auch über einen kompetenten Sommelier sowie einen gut gefüllten Keller verfügt, braucht man sich keine Sorgen um die entsprechende Weinbegleitung zu machen. **Aus der Karte:** Parfait von Saibling und Lachsforelle auf frischen Spargelspitzen mit Dilljoghurt; Brennnessel-Schaumsuppe mit Safran-Topfen-Knödel; Filet vom Jungstierrücken auf Morchelrahm mit Spargel-Gemüse-Knödel und Kartoffelgebäck; Nougatmus im Baumkuchenmantel und frische Früchte.

LAVAZZA

Beachten Sie bitte das Register ESSEN IM FREIEN im Registerteil am Ende dieses Buches.

Steiermark

Safenhof

Hauptstraße 78, 8271 Bad Waltersdorf 78, Tel.: 03333/22 39, Fax: Dw. 15
Küchenzeiten: Di.–Sa. 12–14, 18–22, So., Fei. 12–14, 18–21. **Betriebsferien:** zwei Wochen im Jänner 2005. **Inhaber/in:** Christa Wimberger, Wolfgang Lengauer. **Küchenchef:** Wolfgang Lengauer. **Sommelières:** Christa Wimberger, Hermine Glatz. **CC:** Amex, Diners, MC/EC, Visa. **Sitzplätze:** 70. **Terrasse:** 30. **Durchschnittspreis bei 3 Gängen:** € 29,–. **Übernachtungsmöglichkeit.**

Alles Mögliche kommt einem in den Sinn, wenn man das Speisenprogramm vom „Safenhof" studiert, der Begriff Kur aber sicher nicht. Und das hat in einem Kurort natürlich etwas ungemein Lustvolles an sich. Zum einen sind's steirische Gerichte vom Feinsten, die da serviert werden und in so manchem Kurgast den Wunsch nach deftigen Diätfehlern aufkeimen lassen, zum anderen sind's auch feine international akzentuierte Kreationen von Küchenchef Wolfgang Lengauer, die so manchen Feinschmecker zu weiteren Anreisen animieren. Unter dem Motto „Almo trifft Yellow Fin" wird hier fröhlich kombiniert und in den meisten Fällen auch schmackhaft finalisiert. Als besonders reizvoll haben wir das „Feinschmecker-Menü" erlebt, das einen schönen Überblick über die hier gepflegte Küche erlaubt. In Sachen Wein geht man den typisch steirischen Weg und offeriert eine tolle Palette steirischer Weißweine und burgenländischer Rotweine. **Aus der Karte:** Mohn-Schaffrischkäse-Terrine auf Vogerlsalat mit Walnussöl; Lammrückenfilet auf Balsamico, Gemüse und Bärlauchlaibchen.

BERGHAUSEN | I15   **ÖBB**

Steinberghof

8461 Berghausen 62, Tel.: 03453/24 35, Fax: 44 17
Küchenzeiten: Do.–Mo. 12–21.
„Innovativer wie kreativer arbeitender Betrieb. Für mich die beste Buschenschank der Region."

Empfohlen von Manfred Tement, Winzer

BIRKFELD | G15

Forellengasthaus Kulmer

Haslau 63, 8190 Birkfeld, Tel.: 03174/44 63, Fax: 43 78
Küchenzeiten: Mi.–So. 11–21. **Betriebsferien:** November 2004. **Inhaber/Küchenchef:** Franz Kulmer. **Sommelière:** Anna Kulmer. **CC:** Diners, MC/EC, Visa. **Sitzplätze:** 60. **Garten:** 20. **Durchschnittspreis bei 3 Gängen:** € 21,–.

Etwas außerhalb von Birkfeld gelegenes, ziemlich unauffällig wirkendes Gasthaus, das seinem Namen alle Ehre macht. Die selbst gezüchteten Forellen sind

Steiermark

stets ein zwar schlichter, aber kaum zu übertreffender Genuss. Ob nach „Art des Hauses" in Butter gebraten, geräuchert, gebacken, blau oder ausgelöst in Kräuter-Knoblauch-Sauce – ein Gedicht sind die feinen Fischerln allemal. Forellenmuffel, die es zum Kulmer verschlagen hat, haben nicht zwingend Pech, werden vielmehr mit delikaten Hausmannskostgerichten verköstigt. Klassisch etwa das Wiener mit Petersilerdäpfeln, in der Saison auch Wildspezialitäten. Naschkatzen hingegen haben hier immer Saison: Parfait, Sorbet, Mousse und Nockerln schmecken verführerisch. Steirische Weißweine und burgenländische Rote sind die idealen flüssigen Begleiter. **Aus der Karte:** Carpaccio vom Rind mit Kräutermarinade; Miesmuscheln mit Weißwein-Curry-Sauce; Zwei Forellenfilets, ausgelöst und gebraten, in Kräuter-Knoblauch-Sauce mit Salzkartoffeln; Zitronensorbet mit Wodka.

EHRENHAUSEN | I15   **ÖBB**

Vinofaktur

An der Mur 13, 8461 Ehrenhausen, Tel.: 03453/406 77, Fax: Dw. 4
Küchenzeiten: 9–18.
„Einzigartiges kulinarisches Projekt mit den besten Weinen und ausgewählten Delikatessen der Region."
Empfohlen von Alois Gölles, Schnapsbrenner und Essigmacher

ETMISSL | F14

Hubinger

8622 Etmißl 25, Tel.: 03861/81 14, Fax: Dw. 23,
office@hubinger.com, www.hubinger.com
Küchenzeiten: Di.–So. 11.30–14, 17.30–21 (an Fei. auch Mo. geöffnet). **Inhaber/Küchenchef:** Johann Wöls. **Sommelier:** Hannes Wöls. **CC:** Amex, Diners, MC/EC, Visa.
Sitzplätze: 90. **Garten:** 40. **Durchschnittspreis bei 3 Gängen:** € 21,–.
Übernachtungsmöglichkeit.
Schon allein der Blick auf die traumhafte Landschaft rund um das Hochschwabmassiv hat eine vitalisierende Wirkung, die durch einen Besuch beim „Hubinger" noch verstärkt wird. Der vitale Gasthof reüssiert schon seit Jahren mit einer gelungenen Mischung aus der verfeinerten regionalen Küche und einem gesunden Speisenspektrum. Kreativ kombiniert, getragen von einem überzeugenden Aromenspiel und einer angenehmen erfrischenden Leichtigkeit überzeugt das Kulinarium von Johann Wöls von Jahr zu Jahr mehr und macht einen Ausflug in den „hinteren Graben" allemal empfehlenswert. Da ist die moderat kalkulierte Weinkarte noch ein weiterer willkommener Tupfen auf dem vitalen „i". **Aus der Karte:** Spargelterrine mit geräuchertem Lammschinken; Glacierte Kitzleber auf Zucchini mit Bärlauch-Erdäpfel-Püree; Rhabarberstrudel mit Vanilleparfait.

Steiermark

FISCHBACH | F15

Zum Forsthaus

8654 Fischbach 2, Tel.: 03170/201, Fax: Dw. 14,
office.forsthaus@utanet.at, www.forsthaus.co.at   B☺G
Küchenzeiten: Do.–Di. 11.30–13.45, 17.30–21 (Juli bis Mitte September kein Ru.).
Inhaberin/Sommelière: Elisabeth Übeleis. **Küchenchef:** Christian Übeleis. **CC:** MC/EC, Visa. **Sitzplätze:** 80. **Garten:** 40. **Durchschnittspreis bei 3 Gängen:** € 27,–. **Übernachtungsmöglichkeit.**

Der traditionelle Landgasthof mit seiner auffallenden grünen Fassade bietet den Gästen zwei gemütliche Stuben. Besonders reizvoll ist natürlich der Schankraum, wo man der von Mutter Übeleis dirigierten Servicemannschaft auf die Finger schauen kann. Die Küche des bald 400 Jahre alten Hauses ist auf individuell aufgepeppte Steirerkost spezialisiert. Christian Übeleis ist aber auch in Sachen Kreativküche sehr erfolgreich unterwegs und unterstreicht seinen weiten kulinarischen Horizont mit immer wieder Spannung erzeugenden Kompositionen rund um Tuna, Black Tiger und Seeteufel, die zusammen mit Kalbskopf und Backhenderl ein harmonisches Kulinarium ergeben. Eine angenehm leichte und raffinierte Küche, die den Umweg in die Fischbacher Einschicht als durchaus ratsam erscheinen lässt. Nicht ganz so bemerkenswert ist die Weinauswahl, die aber immerhin ausreichend Heimisches und Internationales in gehobener Qualität umfasst. **Aus der Karte:** Thunfisch in schwarzem Sesam mit Orangenchicorée und Avocado; Paprikasuppe mit Crostini; Bauernentenbrust auf Fenchel mit Thymian und gerührter Polenta; Nougatparfait im Schokospitz mit Kaktusfeigen und Orangen.

FOHNSDORF | G13   ÖBB

Schloss Gabelhofen

Schlossgasse 54, 8753 Fohnsdorf, Tel.: 03573/55 55-0, Fax: Dw. 6,
hotel-schloss@gabelhofen.at, www.gabelhofen.at
Küchenzeiten: 12–14, 18–22. **Inhaber:** H.M.Z. Privatstiftung. **Küchenchef:** Manfred Vogl. **Sommelier:** Rainer Ogrinigg. **CC:** Diners, MC/EC, Visa.
Sitzplätze: 100. **Terrasse:** 20. **Übernachtungsmöglichkeit.**

Trutziger Schlossbau, der sich markant zwischen grünen Äckern und dem Industriestädtchen Fohnsdorf erhebt. Das alte Gemäuer samt Burggraben wurde stilsicher und attraktiv mit modernen Design-Elementen verschönert. Neben steirischen Standards werden etwa unter dem Begriff „Das große Fest" Gerichtepaletten angeboten, aus denen man sich drei- bis fünfgängige Menüs zusammenstellen kann. Die offerierten Kreationen erweisen sich als einfalls-

Steiermark

reich und erfreulich saisonal und regional orientiert. Wie schon die Amuse-Gueules erkennen lassen, arbeitet die Küche ambitioniert und bemüht, bloß der letzte Feinschliff und die nötige Sorgfalt fehlen nicht selten. Ohne Fehler hingegen die Weinkarte, auf der sich neben der Steiermark und dem Burgenland auch Niederösterreich prominent und erstklassig vertreten präsentiert.
Aus der Karte: Glaciertes Wachtelcrêpinette auf Kartoffel-Kresse-Salat; Steak vom Almochsen im Speckmantel mit Ochsenschwanztascherln und Selleriepüree.

FROHNLEITEN | G14   ÖBB

Frohnleitnerhof

Hauptplatz 14a, 8130 Frohnleiten, Tel.: 03126/41 50, Fax: Dw. 555, info@frohnleitnerhof.at, www.frohnleitnerhof.at   B@G
Küchenzeiten: Mo.–Sa. 12–14, 18–22. **Inhaber:** Humanomed. **Küchenchef:** Harald Herbst. **CC:** MC/EC, Visa. **Sitzplätze:** 50. **Terrasse:** 40. **Durchschnittspreis bei 3 Gängen:** € 24,–. **Übernachtungsmöglichkeit.**
Gut in die hübsch gestaltete Altstadt eingefügter Hotelbau neuzeitlicher Prägung, der sich in drei Teile gliedert. Im Bierstüberl rund um die Theke genießt man kleine regionale Speisen und das ausgezeichnete Bier der hauseigenen Brauerei. Für feinere Küche wählt man den in zeitgemäßer, doch nicht ungemütlicher Stilistik gehaltenen Speisesaal. Und an warmen Tagen lockt die prächtige, fast unmittelbar über der Mur gelegene Terrasse. Zur Wahl steht ein bunter Reigen aus regional und international beeinflusster Küche. Beim Arrangement bzw. den Beilagen zeigt man sich einfallsreich und unverkrampft. Dieses Jahr absolut top: die Desserts. Fazit unserer Tester: eine respektable Gesamtleistung ohne große Fehler. Was gibt's zu trinken? Das ausgezeichnete hausgebraute Bier und die schöne Auswahl an steirischen und burgenländischen Weinen stehen hier gleichberechtigt nebeneinander. **Aus der Karte:** Steirischer Rindfleischsalat mit Zwiebelringen und Kernöl; Lachsforellenfilet auf Rieslingsauce; Gebackene Apfelradl mit Zimtzucker und Vanilleeis.

GAMLITZ | I15   ÖBB

Altes Winzerhaus

Eckberg 11, 8462 Gamlitz, Tel.: 03453/24 92, Fax: 61 11
Küchenzeiten: Fr.–Di. 11.30–14, 18–21.30.
Unweit von Gamlitz im Ortsteil Eckberg liegender Gasthof, dessen urgemütliches Ambiente durch eine kräftige Prise gepflegter Nostalgie gefällt. Karin und Thomas Schweiger servieren eine ansprechende Auswahl attraktiver regional geprägter Kost, die geschmacklich durchgehend überzeugt. Sommers lockt das „Winzerhaus" mit einem stimmigen Gastgarten. Auch das „Weinrefugium", die hauseigene Vinothek, ist einen Besuch wert.

Steiermark

Eva Lambauer Buschenschank

Eckberg 37, 8462 Gamlitz, Tel.: 03453/25 70, Fax: Dw. 70
Küchenzeiten: Di.–So. 12–21. **Übernachtungsmöglichkeit.**
„Diese sympathische Buschenschank bietet erholsame Behaglichkeit und kulinarische Köstlichkeiten aus der Region sowie erlesene Weine."
Empfohlen von Manfred Tement, Winzer

Jaglhof

Sernau 25, 8462 Gamlitz, Tel.: 03454/66 75, Fax: Dw. 12
Küchenzeiten: Di.–Sa. 12–14, 18–21, So. 12–14. **Betriebsferien:** Mitte Dezember 2004 bis Anfang März 2005. **Inhaber/Sommelier:** Herbert Hirtner. **Küchenchef:** Roland Schmoll. **CC:** Visa. **Sitzplätze:** 50. **Terrasse:** 40. **Übernachtungsmöglichkeit.**
Der Blick vom Sernauberg ist einmalig. Hügel, Hügel und nochmals Hügel, mit Wäldern oder geometrisch gezogenen Weinzeilen. Die Terrasse ist groß genug, den Ansturm eines Sonntagmittags zu parieren – es ist dort draußen auch netter als im nicht immer ganz heimeligen Inneren. Die Reise auf die Hügel hinter Gamlitz muss übrigens nicht am selben Tag wieder zurückführen, Zimmer werden angeboten. Ein Verweilen legt auch die tolle Auswahl an Weinen nahe, die nicht nur aus der Palette der fünf am Jaglhof beteiligten Winzer besteht, sondern auch Spezialitäten aus dem Burgenland, Burgund und Bordeaux bietet. War die Küchenleistung im „Jaglhof" aufgrund der saisonalen Abhängigkeit und der oftmaligen Küchenchefwechsel – auch dieses Jahr werkt ein neuer – immer schon Schwankungen unterworfen, so dürfen wir nach unserem letzten Besuch nur hoffen, dass man den Anschluss an das alte Niveau rasch wieder finden möge und den erprobten und bewährten Weg der verfeinerten Hausmannskost wieder findet. **Aus der Karte:** Zweierlei von der Forelle mit Oberskren und Peperonata; Gebratener Seeteufel auf Safranrisotto.

Sattlerhof

Sernau 2a, 8462 Gamlitz, Tel.: 03453/44 54-0, Fax: Dw. 44,
restaurant@sattlerhof.at, www.sattlerhof.at
Küchenzeiten: Di.–Sa. 18–21. **Betriebsferien:** Mitte Dezember 2004 bis Mitte März 2005. **Inhaber/Küchenchef:** Hannes Sattler. **Sommelière:** Brigitte Bachler. **CC:** Diners, MC/EC. **Sitzplätze:** 30. **Terrasse:** 30. **Durchschnittspreis bei 3 Gängen:** € 39,–. **Übernachtungsmöglichkeit.**
Anmutig auf einem südsteirischen Weinhügel gelegener Gasthof, der trotz so mancher neuzeitlicher Details seine regionaltypische Atmosphäre bewahrt hat. Mittags speist man im Bistro mit Gartenterrasse, abends im extravagant-traditionellen Restaurant mit seinem gemütlichen Flair. Prächtige Ausblicke ins Umfeld genießt man von der stimmigen (Wintergarten-)Veranda. Zu der

Steiermark

kleinen Auswahl an verfeinerten österreichischen Gerichten gesellen sich zwei Menüs, eines klassisch, das andere kreativ geprägt. Die Produktqualität ist tadellos, regionale und sonstige Produkte finden in schöner Ausgewogenheit Verwendung. Küchentechnisch agiert man präzise, die Harmonie der einzelnen Geschmackskomponenten passt. Bloß der letzte Pfiff, die Prise Raffinesse fehlt manchmal. Neben der wohl sortierten Edelbrandauswahl und einem Sattler-Bier interessiert natürlich insbesondere das umfangreiche Weinangebot. Das Weingut von Willi Sattler ist natürlich ein besonderer Schwerpunkt, der Bogen spannt sich aber weit bis zu Latour und Solaia. **Aus der Karte:** Entenleberterrine mit Spargel und Löwenzahn; Kalbsrücken mit Morchelrahmsauce und Spargel.

Tscheppe an der Weinstraße

Sulztal an der Weinstraße 18, 8461 Gamlitz, Tel.: 03453/75 75, Fax: Dw. 77
Küchenzeiten: Mi.–So. 11–21.
Gleich drei Gründe lohnen die Einkehr: einerseits die ausgezeichneten hauseigenen Weine der hierzulande fast schon seit Urzeiten bekannten Winzerfamilie, andererseits eine Terrasse mit prächtigem Ausblick auf das von steilen Hügeln durchzogene südsteirische Weinland und nicht zuletzt eine tadellose verfeinerte Regionalküche, die mit dem neuen Küchenchef Heinz Futtchek noch deutlich an Engagement gewonnen hat.

GRAMBACH BEI GRAZ | H15

Landhaus Hammerl

Weiherweg 1, 8071 Grambach bei Graz, Tel./Fax: 0316/40 14 41, restaurant@landhaus-hammerl.at, www.landhaus-hammerl.at
Küchenzeiten: Di.–Sa. 11.30–14, 17–21, So. 11.30–14.30. **Inhaber/in:** Eveline und Peter Hammerl. **Küchenchef/in:** Eveline und Alexander Hammerl. **Sommelier:** Peter Hammerl. **CC:** Amex, MC/EC, Visa. **Sitzplätze:** 80. **Garten:** 60.
Durchschnittspreis bei 3 Gängen: € 30,–.
Das nett und hell gestaltete Lokal wirkt gleich auf den ersten Blick sympathisch und einladend. Die im Selbstversuch von Eveline Hammerl getestete Montignac-Methode hat in der Landhaus-Küche Eingang gefunden, entsprechende Speisen und Getränke sind extra gekennzeichnet. Aber da man ja nicht ausschließlich zum Abnehmen ins Restaurant geht, gibt's auch rein genussorientierte Speisen, die mit viel Liebe zubereitet werden. Und damit der Zeitgeist nicht vor der Tür bleiben muss, versuchen sich die Hammerls auch in der thailändischen Küche. Die große Anzahl an Stammgästen unterstreicht die Stimmigkeit des Konzepts. Nicht weniger stimmig ist das umfassende Angebot an steirischen Weinen, das durch ein paar Exoten erstklassiger Güte erweitert wird. **Aus der Karte:** Beiriedschnitte vom Styria Beef mit Pfeffer-Rahm-Sauce und Erdäpfelpuffern; Schokoladenmousse auf Ananas-Carpaccio.

Steiermark

GRAZ | H14/15   ÖBB

Casino-Restaurant

 67

*Landhausgasse 10/Sparkassenplatz 1, 8010 Graz, Tel.: 0316/82 13 80-25,
Fax: Dw. 10, office@revita.at, www.revita.at*   B☉G

Küchenzeiten: 18–1. **Inhaber:** Revita Gastronomie GmbH. **Küchenchef:** Patrik Spenger.
Sommelier: Christian Knopper. **CC:** Diners, MC/EC, Visa.
Sitzplätze: 70. **Durchschnittspreis bei 3 Gängen:** € 33,–.

Das tiffanysierte Ambiente des offen im Automatenbereich gelegenen Restaurants erinnert an Dinnersaloons amerikanischer Kreuzfahrtschiffe. Die Klänge des Klavierspielers an der Pianobar übertönen das leise Klingeln der „einarmigen Banditen". Auch wenn es nicht jedermanns Sache ist, vor einer Kulisse aus blinkenden, geldspuckenden Automaten zu speisen, ein Glückstreffer ist es allemal, vom neuen Küchenchef Patrik Spenger bekocht zu werden. Mit viel Liebe zum Detail und hohem Kreativitätspotenzial sorgt der aufstrebende Koch für mitunter überraschende Ergebnisse. Mit seiner feinen Ader für Harmonie und seinem Ideenreichtum wird er nicht lange im Verborgenen bleiben. Eine gehobene Auswahl an heimischen, französischen und italienischen Weinen rundet das noble Gesamterlebnis ab. **Aus der Karte:** Adlerfisch, kross gebraten, mit Feta-Blattspinat-Roulade und Belugalinsen; Rosa gebratener Maibock mit Birnenravioli und Hagebuttensauce.

Corti

 62

*Münzgrabenstraße 17, 8010 Graz, Tel.: 0316/81 70 80, Fax: 46 25 93,
info@ristorantecorti.at, www.ristorantecorti.at*

Küchenzeiten: Mo.–Sa. 12–14, 18–23. **Inhaber:** Engelbert Tschech. **Küchenchef:** Engelbert Stradner. **Sommelier/ière:** Ljiljana Stanic, Engelbert Tschech. **CC:** MC/EC, Visa. **Sitzplätze:** 60. **Garten:** 20. **Durchschnittspreis bei 3 Gängen:** € 30,–.

Beliebtes Innenstadtlokal, quasi „der" Italiener in Graz. Man sitzt zwar ein wenig gedrängt, dafür entschädigt aber das wunderbar kitschig-authentische Flair samt Heiligenbildchen. Serviert wird, was ins Ambiente passt: italienische Küche fernab vom Mainstream. Focaccia, Frittata, Crostini, Capesante, Linguine, Trippa, Panzanella – man könnte den Reigen an appetitfördernden Reizworten fast unbegrenzt weiterführen. Vom Friaul bis Sardinien hat Engelbert Stradner Rezepturen ausgegraben, die sich allesamt durch eine geschmacksorientierte, typische Zubereitung auszeichnen. Verlässlich von den Antipasti bis zu den Dolci, nicht selten mit einer bemerkenswerten Raffinesse versehen. Italien pur. Die ansehnliche, nach Regionen sortierte Weinkarte umfasst ausschließlich italienische Exponate. Die Auswahl inkludiert auch weniger bekannte, doch

Steiermark

qualitativ überzeugende Tropfen, und zeugt von der Kompetenz des Patrons. Toll ausgestattet präsentiert sich auch das Grappa-Tischchen. **Aus der Karte:** Junglammfilet vom Weizer Schafbauern mit grünem Spargel und Sellerie-Kartoffel-Püree; Panna cotta.

Eckstein

Mehlplatz 3, 8010 Graz, Tel.: 0316/82 87 01, Fax: 82 87 05
Küchenzeiten: 11.30–23.
„Hier habe ich mit größter Wahrscheinlichkeit ‚Amerika entdeckt'! Für mich derzeit das köstlichste Restaurant der Stadt. Liebenswerte Bedienung. Großzügige Weinkarte. Perfektes Preis-Leistungs-Verhältnis. Selten so sehr den Charme eines motivierten Teams bemerkt."

Empfohlen von Brigitte Neumeister, Schauspielerin

Hofkeller

Hofgasse 8, 8010 Graz, Tel.: 0316/83 24 39
Küchenzeiten: Mo.–Sa. 12–14, 18–22 (an Fei. geschlossen). **Inhaber:** Norbert Kabelka.
Küchenchef: Gerhard Spiegl. **Sommelier:** Wolfgang Pail.
CC: Diners, MC/EC, Visa. **Sitzplätze:** 40. **Garten:** 20.
Die dunkle Rundumholzvertäfelung und das hell getünchte Gewölbe vermitteln Heimeligkeit und Authentizität, während die Tischchen an der Straße an schönen Tagen zu den heiß umkämpftesten Plätzen von Graz gehören. Auf einer großen Kreidetafel ist vermerkt, was die Küche an vorwiegend mediterran geprägten Genüssen zu bieten hat. Und die sind trotz Küchenchefwechsels allerfeinst und zuletzt auch mit orientalischen und asiatischen Elementen bereichert. Von A bis Z eine gut gekochte, freudvolle Küche. Die Weinkarte ist puristisch italienisch, was aber trotzdem eine reichhaltige Auswahl ermöglicht.
Aus der Karte: Spinatsalat, Ricotta und grüner Spargel; Octopusrisotto mit Rucola.

Im Fünften

Jakominiplatz 12, 8010 Graz, Tel./Fax: 0316/83 27 77, www.imfuenften.at
Küchenzeiten: Mo.–Sa. 11.30–14, 18–23 (an Fei. geschlossen). **Inhaber/Küchenchef:** Günter Papst. **Sommelier:** Rene Totter. **CC:** Amex, Diners, MC/EC, Visa.
Sitzplätze: 70. **Terrasse:** 16. **Durchschnittspreis bei 3 Gängen:** € 32,–.
Im fünften Stock eines architektonisch anfangs noch heftig diskutierten Innenstadt-Neubaus angesiedeltes Restaurant. Schon der Panoramalift ermöglicht eindrucksvolle Ausblicke auf das Grazer Stadtterrain. Auch im rund um die Theke gruppierten und durch mehrere angedeutete Kojen aufgelockerten Speisesaal diniert man mit prächtigem Ausblick, was das nüchtern-moderne Styling ein

Steiermark

wenig in den Hintergrund rückt. Im Sommer steht eine Mini-Terrasse zur Verfügung. Mittags offeriert Günter Papst ein Business-, abends ein größeres Genussmenü, ergänzt durch eine ansprechende Auswahl verfeinerter Klassiker, die mit Phantasie und einer gehörigen Portion Italien versehen sind. Alles wird zuverlässig zubereitet, ein wenig mehr Raffinesse würde den Stern „Im Fünften" aber wieder etwas heller strahlen lassen. Ein kleines Angebot an recht guten Weinen, von denen viele auch glasweise ausgeschenkt werden, steht zur Auswahl. **Aus der Karte:** Stierfilet, in Chianti-Peppoli pochiert, mit Kartoffelgratin und Erbsenschoten; Apfel-Zimt-Tiramisu mit Kürbiskernkrokant und Schwarzbeer-Eis.

LAVAZZA

Iohan

✹✹ 67 🍾

Landhausgasse 1, 8010 Graz, Tel.: 0316/82 13 12, Fax: 81 54 10, www.vogue-johan.at
Küchenzeiten: Di.–Sa. 18.30–23.30. **Inhaber:** Heinz Steinberger. **Küchenchef:** Joachim Windhager. **Sommelier:** Sven Gröndahl. **CC:** Amex, Diners, MC/EC, Visa. **Sitzplätze:** 90. **Garten:** 90. **Durchschnittspreis bei 3 Gängen:** € 40,–.

Die brennende Fackel am Eingang weckt vielleicht romantische Gefühle, die von der durch und durch gestylten Coolness des Ambientes aber in keinster Weise eingelöst werden. Angeordnet in zwei strengen Linien stehen die Tische in einem schönen Gewölberaum, der durch schräge (blaue) Lichteffekte und den feinen Putz von jeglicher Rustikalität befreit wird. Trotzdem macht sich eine angenehme Atmosphäre breit, in der sich szenige Nachtschwärmer wie Feinschmecker gleichermaßen wohl fühlen. Vom freundlich kompetenten Service werden die Gäste an den Stil Joachim Windhagers herangeführt: Unkonventionell, verschmitzt und extravagant, manchmal vielleicht zu schwungvoll gewürzt, präsentieren sich die mutigen, kunstvoll angerichteten Kreationen. Eine globale, aber sehr individuelle Küche in einem wohltuend urbanen Rahmen. Die erstaunlich reichhaltige und vielfältige Weinkarte überrascht mit einer interessanten Auswahl an Weinen (auch aus Bordeaux und Burgund). **Aus der Karte:** Zweierlei vom Lammrücken mit schwarzen Linsen und Olivenstomaten; Pistazienmousse-pâté mit marinierten Erdbeeren.

Kehlberghof

✹✹ 68 🍾 ☺

Kehlbergstraße 83, 8054 Graz, Tel.: 0316/28 41 25, Fax: 28 68 25,
vinzenz.gruber@direkt.at
Küchenzeiten: Mi.–Sa. 11.30–14, 18–21.30, So. 11.30–15. **Betriebsferien:** drei Wochen zu Weihnachten 2004, Karwoche, drei Wochen ab Mitte August 2005. **Inhaber/Küchenchef:** Vinzenz Gruber. **CC:** Amex, Diners, MC/EC, Visa. **Sitzplätze:** 60. **Garten:** 60. **Durchschnittspreis bei 3 Gängen:** € 28,–.

Steiermark

Das am Stadtrand von Graz gelegene Restaurant ist schon lange eine Institution guten Geschmacks. Sommers sitzt man auf der Gartenterrasse mit Blick über das Grazer Becken und die einzigen Weingärten der Landeshauptstadt. Der große Speiseraum im Inneren besticht durch angenehme Atmosphäre mit bunten Teppichen, Bildern und Wandfarben. Vinzenz Gruber versteht sich darauf, auch den kleinen Dingen beim Kochen große Aufmerksamkeit zu schenken. So entstehen unter seiner Ägide auch Kreationen von besonderer Ausprägung und Harmonie. Beste Ausgangsprodukte werden mit Fingerspitzengefühl kombiniert und in geradlinige Gerichte verwandelt – eine Küchenlinie, in der ein gebackener Kalbsschwanz ebenso möglich ist wie ein perfekter Hummer. Gute, umfangreiche Weinauswahl. **Aus der Karte:** Weidehendl-Spargel-Terrine mit Radieschen-Vinaigrette; Schweinsmedaillons in Kürbiskernkruste mit Heidensterzknödel und Gemüse.

Mayers Restaurant

Sackstraße 29/3, 8010 Graz, Tel.: 0316/81 33 91, Fax: 81 41 91
Küchenzeiten: Mo.–Sa. 17–23.
Am Rande der Grazer Altstadt angesiedelter, moderner Domenig-Bau mit markanten Glasfronten. Das Ambiente des Lokals auf der dritten Etage wirkt, abgesehen vom üppigen Ausblick, eher karg. Prächtiger präsentieren sich Graz und der Schlossberg von der Terrasse aus. Die mäßig umfangreiche Karte ist gut zusammengestellt. Verfeinerte klassische Küche wird ganz zeitgemäß mit fernöstlichen Akzenten aufgemischt. Küchentechnisch agiert man korrekt, geschmacklich ziemlich treffsicher und so manche originelle Idee macht Freude. Das Weinangebot ist klein, bietet dafür einen Streifzug rund um den Globus.

Mod

Bindergasse 1, 8010 Graz, Tel.: 0316/82 48 00-41, Fax: Dw. 8, restaurant@modgraz.at, www.modgraz.at
Küchenzeiten: Di.–Sa. 18–24. **Inhaber/Küchenchef:** Franz Labmayer. **Sommelier:** Wolfgang Otter. **CC:** Diners, MC/EC, Visa. **Sitzplätze:** 50. **Durchschnittspreis bei 3 Gängen:** € 39,–. **Übernachtungsmöglichkeit.**
Das im gleichnamigen Innenstadthotel angesiedelte Restaurant wurde optisch ein wenig aufpoliert, der überdachte und zusätzlich beheizbare Innenhof fungiert nun als stimmiger Wintergarten, das einstige Bistro wurde dem Restaurant angegliedert. Die alte bauliche Substanz verbindet sich harmonisch mit dem neuzeitlichen Mobiliar, das für einen Hauch extravaganten Flair sorgt. Gänzlich in neuer Hand befindet sich die Küche, die Franz Labmayer, einer der Doyen gehobener steirischer Küche (man erinnere sich an den einst legendären Leobner „Bunten Strauß"), übernommen hat. Und man darf ihm einen gelungenen Einstand bescheinigen. Zeitgemäß, kreativ, regional und saisonal sind seine Gerichte, stets bereichert um originell-aparte, doch stets harmonisch präzise

Steiermark

abgestimmte eigenständige Ideen. Unser Urteil: tadellose Produktqualität, exakte Garpunkte und gelungene Arrangements. Auf dem Kaffeesektor setzt man auf Davidoff, bei den Bränden auf Jöbstl, Gölles sowie das Thema Grappa. Ansprechend das glasweise Weinangebot, auch für einen entsprechenden süßen Ausklang ist gesorgt. Ansonsten präsentiert sich das vinophile Angebot geographisch wie preislich gut gestreut. **Aus der Karte:** Kaninchen in Olivenöl auf Fenchelsalat und Ofentomaten; Garnelen in eingelegten Zitronen gebraten auf grünem Spargelrisotto; Soufflierte Taubenbrust mit Gänseleber auf schwarzem Ingwerrisotto; Gebrannte Tonkabohnencreme mit Kirschragout und Bitterschokoladeneis.

Restaurant im Wiesler

Grieskai 4–8, 8020 Graz, Tel.: 0316/70 66-83, Fax: Dw. 76, wiesler@weitzer.com, www.weitzer.com
Küchenzeiten: Mo.–Sa. 12–14.30, 18–22. **Inhaber:** Hans H. Weitzer. **Küchenchef:** Andreas Schabelreiter. **Sommelière:** Theresia Deutsch. **CC:** Amex, Diners, MC/EC, Visa. **Sitzplätze:** 50. **Durchschnittspreis bei 3 Gängen:** € 38,–. **Übernachtungsmöglichkeit.**

Hotelrestaurant mit cool gestyltem Ambiente. Beibehalten wurde die alte Tradition des günstigen, doch ansprechenden Mittagsmenüs und des großen Abendmenüs, zusätzlich steht ein größerer Querschnitt durch die kreativ-feine Küche zur Wahl. Stilistisch agiert man auf gehobenem Niveau, gewissermaßen noch auf den Spuren des einstigen Küchenchefs Franz Schauer. Heimische Klassiker werden dabei mit kreativen Elementen veredelt und durch eigene Kreationen ergänzt. Die Garpunkte gelingen sehr präzise, bloß das harmonische Zusammenspiel der einzelnen Bestandteile lässt mitunter zu wünschen übrig. Der ansonsten so gute Gesamteindruck leidet dadurch schlussendlich doch ein wenig. Die gebotene Palette an Weinen überzeugt: breit und gut gegliederte Auswahl vom Spitzenwein bis zum Geheimtipp. **Aus der Karte:** Dünne Scheiben vom Kalbsrücken mit Thunfisch-Oliven-Creme; Gebackene Zucchiniblüten auf Erdäpfelpolster und Forellenkaviar; Kaninchenrücken und Riesengarnelen auf Ricotta-Spinat-Nudeln; Geeistes Zitronensoufflé mit Rhabarberragout.

Sacher

Herrengasse 6, 8010 Graz, Tel.: 0316/80 05, Fax: Dw. 5
Küchenzeiten: 11–21.30.
Die „Sacher"-Filiale im Rathaustrakt in der Grazer Innenstadt bietet neben der legendären Torte auch die sacherimmanenten Komponenten Plüsch, Golddekor und Kaffeekultur. Im Sommer stehen einige zusätzliche „Gastgarten"-Tische im architektonisch stimmigen Hof zur Verfügung. Küchenchef Martin Strassegger kocht sich mit Ambition durch das klassische Speisenprogramm, bietet unter dem Motto „Sacher aktuell" aber auch ein paar engagiertere Kreationen, die das Können des Kochs unterstreichen.

Steiermark

Santa Clara

Bürgergasse 6, 8010 Graz, Tel.: 0316/81 18 22, Fax: 81 14 00
Küchenzeiten: Mo.–Sa. 18–24 (an Fei. geschlossen). **Betriebsferien:** zwei Wochen im Februar 2005. **Inhaber:** Josef Schwender. **Küchenchef/in:** Barbara und Josef Schwender. **Sitzplätze:** 70. **Garten:** 30.
Das beliebte Innenstadtlokal bezaubert uns jahrein und jahraus mit seinem bemerkenswerten Ambiente. In der kalten Jahreszeit lockt der beeindruckende Gewölbekeller, und wenn's endlich warm wird in Graz, ist der schöne Innenhof ein Muss. Unverzichtbar ist ein Besuch an der legendären Vorspeisentheke, an der man sich in erster Linie mediterrane Köstlichkeiten selbst zusammenstellen kann. Hausklassiker sind die Speisen vom Holzofen, ohne die ein „Santa Clara"-Menü unvollständig ist. An die Stelle der Speisenkarte ist hier die mündliche Empfehlung getreten, der man aber traditionell blind vertrauen kann. Im hübschen Weinkeller lagert ein gutes Sortiment steirischer Weißweine und italienischer Rotweine. **Aus der Karte:** Graved Lachs; Zackenbarschfilet mit wildem Fenchel, Mangold und Kartoffeln.

Wintergarten

im Hotel Erzherzog Johann, Sackstraße 3–5, 8010 Graz, Tel.: 0316/81 16 16, Fax: 81 15 15, office@erzherzog-johann.com, www.erzherzog-johann.com B@G
Küchenzeiten: Mi.–So. 11.30–13.45, 18–23.30. **Inhaber:** Bernhard K. Reif-Breitwieser. **Küchenchef:** Mario Pulko. **CC:** Amex, Diners, MC/EC, Visa. **Sitzplätze:** 60. **Durchschnittspreis bei 3 Gängen:** € 30,–.
Übernachtungsmöglichkeit.

Das im Traditionshotel Erzherzog Johann angesiedelte, nur wenige Schritte vom Grazer Hauptbahnhof entfernte Restaurant lockt mit einem hohen, glasüberdachten Innenhof. Hier tafelt man ebenso leger wie ungemein stimmungsvoll. Sehr um das Wohl der Gäste bemüht zeigt sich der Service. Der neue Küchenchef Mario Pulko offeriert abends ein Menü, das durch ein A la Carte-Angebot saiso-

Steiermark

nal orientierter Gerichte ergänzt wird. In ihren Grundzügen fußt die Küche auf traditionell-klassischen Wurzeln, zeigt sich jedoch sehr um zeitgemäße Akzente bemüht. Obwohl bei der Umsetzung zwischen Wollen und Können kleine Differenzen auftreten, ist unterm Strich jedenfalls gehobene Kochkunst angesagt. Für ausreichende Wahlmöglichkeiten sorgt die Weinkarte, die einen guten Querschnitt durch die österreichischen Weinbaugebiete bereithält. Auch das glasweise und internationale Angebot passt. **Aus der Karte:** Milchkalbscarpaccio in Limettensauce; Gebratenes Seeteufelfilet auf Rote Rüben-Risotto.

GRUNDLSEE | F11

Post am See

Bräuhof 94, 8993 Grundlsee, Tel./Fax: 03622/201 04,
postamsee@utanet.at, www.postamsee.com
Küchenzeiten: November bis April Mi.–Fr. 18–22, Sa., So. 12–22, Mai bis Oktober Mi.–Fr. 12–22. **Inhaber/in:** Gerti und Robert Hocker. **Küchenchef:** Robert Hocker.
CC: MC/EC, Visa. **Sitzplätze:** 30. **Terrasse:** 40.
Durchschnittspreis bei 3 Gängen: € 28,–.

Direkt am Ufer des Grundlsee gelegenes, schön renoviertes Haus, dessen Restaurant ansprechend modern gestaltet ist. Vom hellen Speiseraum ist die Küche durch eine Wand abgetrennt, deren obere Hälfte mit einer großen Glasfront versehen ist und so Blicke auf die arbeitenden Köche erlaubt. Der direkt am Seeufer liegende Garten ist gemütlich und punktet mit einem grandiosen Ausblick auf den nicht weniger außergewöhnlichen See. Erfreulich an der Küche Robert Hockers ist die wohltuende Geradlinigkeit zum vollen Geschmack. Beispiele dafür sind der unvergleichliche Saibling aus dem See oder das delikate Grundlseer Lamm. Vorrangig wird hier moderne österreichische Küche geboten. Zur Wahl stehen vier Menüs, eines davon ist vegetarisch zusammengestellt. Die kleine, aber feine Weinkarte bietet hauptsächlich steirische Weiße und burgenländische Rotweine. **Aus der Karte:** Mediterrane Gemüseterrine; „Grundlseer Lamm" mit Ratatouille und Gnocchi.

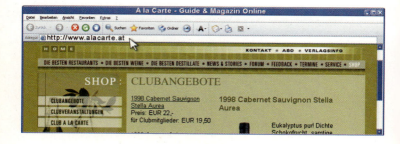

Steiermark

HARTBERG | G16 ÖBB

Pußwald

✱ | 60 | 🍾

Grazer Straße 18, 8230 Hartberg, Tel.: 03332/625 84, Fax: 66 62 24, sihan@htb.at
Küchenzeiten: Mo.–Fr. 11.30–14, 18–22, Sa. 18–22. **Inhaber/Küchenchef:** Hannes Pußwald. **Sommelière:** Elisabeth Pußwald. **CC:** Amex, Diners, MC/EC, Visa.
Sitzplätze: 60. **Garten:** 20. **Durchschnittspreis bei 3 Gängen:** € 28,–.

Am Stadtrand von Hartberg gelegener Gasthof mit einem … sagen wir einmal … Grillgärtlein auf der gegenüberliegenden Straßenseite, einer hellen Stube und einem Vinotheksstüberl, in dem man zwischen Prosciutto-Schneidemaschine, Weinkühlschrank und Flaschenregal speisen kann. Auch im Hause Pußwald hat die neue Kochzeit Einzug gehalten: Tuna-Tatar, Branzino al forno und thailändische Meeresfrüchtesuppe stehen nun auf der Tagesordnung. Regionales ist aber nach wie vor erhältlich: Weizer Bergbauernlamm und steirischer Stallhase schmecken unverändert allerfeinst. Die Produktqualität passt, auch küchentechnisch lässt Hannes Pußwald nichts anbrennen, alles gerät ausgewogen und erfreulich aromatisch. Die hauseigene Vinothek verfügt über eine erfrischend bunte Weinauswahl aus aller Herren Länder. **Aus der Karte:** Gebeizter Lachs mit Blumauer Spargel; Thailändische Meeresfrüchtesuppe pikant & spicy.

Schloß Hartberg

Herrengasse 1, 8230 Hartberg, Tel.: 03332/618 50
Küchenzeiten: Mo.–Sa. 18–2. **Übernachtungsmöglichkeit.**
Schlössliches Dinieren in adrett restaurierten Gewölben ist hier angesagt. Damit das keine blaublütig-steife Angelegenheit wird, serviert Küchenherr Franz Gschiel nicht nur heimische und italophile Speisen, sondern auch so manchen pointierten Spruch. Alles wird präzise und geschmackvoll, nicht selten auch eigenständig umgesetzt. Sehr lobenswert ist auch die Weinauswahl, die auf dem Rotweinsektor einiges zu bieten hat.

HOHENTAUERN | F12

Passhöhe

8785 Hohentauern 110, Tel.: 03618/21 90, Fax: 21 94
Küchenzeiten: Do.–Di. 11.30–14, 18–21. **Übernachtungsmöglichkeit.**
Hohentauern, das Dorado für Sommer- und Winterurlauber, ist nicht unbedingt ein Paradies für Feinschmecker. Umso erfreulicher ist dieses sympathische Haus der Familie Haas, in dem die heimische Küche ambitioniert hochgehalten wird. Viel Engagement zeigt auch der Getränkesektor und selbst Zigarrenraucher können hier aus einem guten Sortiment wählen.

Steiermark

ILZ | H16

Haberl's Gastwirtschaft

Walkersdorf 23, 8262 Ilz, Tel.: 03385/260, Fax: Dw. 4
Küchenzeiten: Mo., Di., Do.–So., Fei. 11–21.
Auf dem Weg nach Riegersburg gelegener Dorfgasthof mit urigem Ambiente. Wirtin Roswitha Haberl setzt auf phantasievoll erneuerte Klassiker, die sie routiniert und gekonnt serviert. Hausgemachtes, Essig von Gölles und Riegersburger Turmschinken sind logische Zutaten dieser Küche, die auch ein Herz für Vegetarier hat. Die Südoststeiermark und das Burgenland stellen das Gros des Weinangebots.

IRDNING | F11 ÖBB

Hirsch'n Wirt

Aigner Straße 22, 8952 Irdning, Tel.: 03682/224 45, Fax: Dw. 5,
dorner@hirschenwirt.at, www.hirschenwirt.at

B@G

Küchenzeiten: Mi.–Mo. 18–22. **Inhaber/Küchenchef:** Dietmar Dorner. **Sommelier:** Bernhard Stamm. **Sitzplätze:** 16.
Dietmar Dorner ist omnipräsent – vom Entree bis zum Aufbruch begleitet der stylish in Orange gekleidete Patron seine Gäste durch den Abend. Weniger design, dafür umso gemütlicher präsentiert sich das in Holz gehaltene Ambiente, das eine angenehme Atmosphäre schafft, die vom reizenden und aufmerksamen Servierpersonal noch unterstrichen wird. Harmonie und Entspannung sind also angesagt, und das ist auch notwendig, um das große Küchentheater des Dietmar Dorner entsprechend würdigen zu können. Unbändige Phantasie und Innovationswille sind die Ingredienzen dieser erstaunlichen Küche, die zumeist eine mutige geschmackliche Gratwanderung darstellt. Die Weinkarte ist mit spanischen und italienischen Edelweinen bestückt, und auch die Steiermark ist mit einem „Best of" vertreten. Bestens ist auch das glasweise Angebot, das sich als fast unbegrenzt präsentiert. **Aus der Karte:** Kabeljau „steirisch" mit Püree, Gemüse, Kren und Kernöl; Warmer Mohnkuchen mit Erdbeerragout und Vanillesauce.

KAINDORF AN DER SULM | I15 ÖBB

Winzerhaus Kogelberg

Kogelberg 10–11, 8430 Kaindorf an der Sulm, Tel./Fax: 03452/834 51
Küchenzeiten: Mi.–Sa. 12–21, So. 12–18. **Übernachtungsmöglichkeit.**
Es ist schon umwerfend, bei Sonnenschein unter den Weinlauben zu sitzen und den Blick in das weite Sulmtal zu genießen. Das alte Pressstöckel bietet im Inneren eine Vielzahl von Stuben und Nischen, in denen steirische Gemütlichkeit angesagt ist. Die ehemalige Buschenschank hat sich zu einer Art Nobelrestaurant

Entweder Sie haben eine oder Sie brauchen eine.

EIN EXZELLENTES ESSEN VERLANGT NATÜRLICH NACH EINEM WÜRDIGEN ABSCHLUSS.

MasterCard.
Die Kreditkarte.

entwickelt, wo man Kutteln mit Bohnen, saure Grammeln, das Bratl von der Riffl Mirtl Sau, aber auch Gänseleberterrine und Vitello tonnato genießt. Zu der tollen Auswahl an südsteirischen Weinen gesellen sich Renommierweine aus Frankreich.

KAMMERN | F13 ÖBB

Spary

Liesing 21, 8773 Kammern, Tel./Fax: 03844/86 77,
gasthaus.spary@hotmail.com, www.gasthaus.spary.at
Küchenzeiten: Mo., Di., Do.–Sa. 11.30–14, 18–22, So., Fei. 11.30–21. **Inhaber/in:** Sandra Schmid, Klaus Lobnik. **Küchenchef:** Klaus Lobnik. **Sommelière:** Sandra Schmid. **Sitzplätze:** 60. **Garten:** 22. **Durchschnittspreis bei 3 Gängen:** € 23,–.
Sehr nettes, rustikal im Landhausstil eingerichtetes, etwas abseits der ehemaligen „Gastarbeiterroute" gelegenes Wirtshaus, in dem man sich auf Anhieb wohl fühlt. Um „Anonymität, Schnelllebigkeit und Standardisierung" entgegenzuwirken, setzen die Wirtsleute Sandra Schmid und Klaus Lobnik auf traditionelle Tugenden der regionalen Gastronomie. Gekocht wird liebevoll, alles wird frisch zubereitet. Verwendet wird ausschließlich Fleisch österreichischer Herkunft, nicht zuletzt natürlich in der Saison das Gemüse und der Salat aus dem eigenen Garten. Das besonders ausführliche Angebot an vegetarischen Gerichten, die auch auf der Karte gekennzeichnet sind, ist ein weiterer Pluspunkt dieses sympathischen Betriebs. Möchte man den Abend gemütlich mit einer guten Flasche Wein ausklingen lassen, lässt sich immer ein guter Tropfen finden, der einem, neben dem vielleicht gerade beheizten Kachelofen, das Herz wärmt. **Aus der Karte:** Gegrilltes Lachsforellenfilet mit steirischem Risotto und Petersilkartoffeln; Milchkalbsrückenmedaillon mit Spargel und Morcheln; Kürbiskernparfait mit Honigweichseln.

KAPFENBERG | F14 ÖBB

Schicker

Grazer Straße 9, 8605 Kapfenberg, Tel.: 03862/226 12, Fax: 22 31 44,
office@schicker-kapfenberg.at, www.schicker-kapfenberg.at
Küchenzeiten: Mo.–Sa. 10.30–22. **Inhaber:** Franz Friessnegg. **Küchenchef:** Franz Eibl.
Sommeliers: Franz Friessnegg, Manfred Schlacher. **CC:** Amex, Diners, MC/EC, Visa. **Sitzplätze:** 160. **Garten:** 40.
500 Jahre altes typisches Gasthaus in Altstadtnähe, das über eine Vielzahl unterschiedlichst gestalteter Stüberln verfügt. Der eher improvisiert wirkende Gastgarten eröffnet einen Blick auf das Mürzufer. Der Bogen der Eibl'schen Küche spannt sich von stoasteirischer Küche über elaboriertere Kreationen mit

Steiermark

asiatischen Akzenten bis zu einem großen mediterranen Schwerpunkt, bei dem insbesondere das Thema Fisch gar köstlich abgehandelt wird. Darüber hinaus stehen immer wieder Themenwochen sowie Winzer-Degustationsmenüs auf dem Programm. Frische, gute Produkte, feines Küchenhandwerk und viel Geschick bei der Kombination von Aromen sind die Eckpfeiler dieser ausufernden Küche, die manchmal nicht ganz die selbst gesteckten Ziele erfüllen kann. Das Weinangebot ist ebenfalls ziemlich umfassend, bietet neben dem regional-typischen Steiermark-Burgenland-Schwerpunkt auch feine Flaschen aus der Wachau und Italien. Sehr feine Bier- und Kaffeekultur. **Aus der Karte:** Gemüsesulzerl im Vogerlsalatnest mit Kürbiskernöl; Geröstete steirische Hühnerleber mit Gemüsereis.

KAPFENSTEIN | H16

Schloß Kapfenstein

8353 Kapfenstein 1, Tel.: 03157/300 30-0, Fax: Dw. 30,
hotel@schloss-kapfenstein.at, www.schloss-kapfenstein.at
Küchenzeiten: 11–21; (7. 11.–19. 12., 5.–31. 3. Do.–Sa. 11–21, So. 11–17). **Betriebsferien:** 20. 12. 2004–4. 3. 2005. **Inhaber/in:** Margot und Georg Winkler-Hermaden. **Küchenchef:** Martin Winkler-Hermaden. **Sommelière:** Elisabeth Winkler-Hermaden. **CC:** Amex, Diners, MC/EC, Visa. **Sitzplätze:** 50. **Terrasse:** 60. **Durchschnittspreis bei 3 Gängen:** € 27,–. **Übernachtungsmöglichkeit.**
Das sehr schön auf einem Vulkankegel gelegene Schlossrestaurant oberhalb von Kapfenstein bietet vor allem von der Terrasse einen eindrucksvollen Blick auf das oststeirische Hügelland. Ein Blick auf die Speisenkarte von Martin Winkler-Hermaden offenbart eine ziemlich unverfälschte Regionalküche, in der zeitgeistige Ausritte keinen Platz haben. Gebackene Ziegenkitzschnitzerln, Beiried vom steirischen Almochsen und Kürbiskernknöderln auf Hollersauce munden in dieser Umgebung auch unvergleichlich gut. Fast eine kulinarische Labsal, einmal nicht dem scheinbar omnipräsenten Tuna zu begegnen. Es werden ausschließlich Weine des hauseigenen Weinguts – auch glasweise selbstverständlich – angeboten, was ja alles andere als schlecht ist. Gleiches gilt für die Palette hauseigener Destillate, die noch um ein paar Gölles-Brände erweitert wurde. **Aus der Karte:** Bärlauch-Frischkäse-Terrine auf marinierten Paradeisscheiben mit Olivenöl und Rucola; Gebratenes Saiblingfilet auf Riesling-Rahm-Sauce, dazu Bärlauchrisotto; Nüsschen vom Weizer Bauernlamm auf Bärlauchsauce, dazu gratinierter Blattspinat-Mangold-Kuchen.

---

*Es ist Sonntag, Sie sind in der Steiermark
und wollen mit Ihrer Familie essen gehen?
Konsultieren Sie bitte das Register ESSEN AM SONNTAG
im Registerteil am Ende dieses Buches!*

Steiermark

KITZECK | I14

Kirchenwirt Heber

★ | 62 | 🍾

Steinriegel 52, 8442 Kitzeck, Tel.: 03456/22 25, Fax: Dw. 4,
kirchenwirt.kitzeck@aon.at   B@G

Küchenzeiten: Mi.–Sa. 11.30–14.30, 17.30–21. **Betriebsferien:** Februar bis Mitte März, letzte Woche im Juni 2005. **Inhaber/Sommelier:** Alfred Heber. **Küchenchefin:** Gertraud Heber. **CC:** MC/EC, Visa. **Sitzplätze:** 50.
Terrasse: 30. **Durchschnittspreis bei 3 Gängen:** € 30,–.

Fragen Sie die Kellnerin nicht nach der Himmelsrichtung, wenn Sie von der netten Terrasse über die südsteirischen Hügel blicken. Sie wird sie Ihnen nicht sagen – weil sie wahrscheinlich der Ansicht ist, dass das nicht wichtig ist. Sie wird nur in Richtung ihres Hauses zeigen und sagen: „Da jedenfalls wohne ich." Man könnte solches auch von der Küche sagen – die Richtung ist nicht so wichtig, was zählt, ist das Ergebnis auf dem Teller. Und das ist durchaus fein, klassisch regional, auch wenn die Karte eine gewisse Zeitgeistigkeit suggeriert. Man blickt also von Kitzeck über die schönen Hügel, trinkt voraussichtlich gerade einen Wein aus einem der zu Füßen liegenden Weingärten, genießt Styria Beef und Gebackene Mäuse oder lässt sich von Alfred Heber einen Schnaps aus dem reichhaltigen Fundus servieren. Und will längst nicht mehr wissen, welche Himmelsrichtung gerade ansteht. **Aus der Karte:** Hausgeselchter Lammschinken mit Spargelsalat; Rotbarschfilet mit Frühlingsgemüseragout und Rucola-Limetten-Nudeln.

Weinhof Kappel

★★ | 67 | 🍾

Steinriegel 25, 8442 Kitzeck, Tel.: 03456/23 47, Fax: Dw. 30,
office@weinhof-kappel.at, www.weinhof-kappel.at   B@G

Küchenzeiten: Fr.–Di. 11.30–14.15, 17.30–21. **Betriebsferien:** 6. 1.–18. 3. 2005. **Inhaber/in:** Helene und Dietmar Kappel. **Küchenchef:** Dietmar Kappel. **Sommelière:** Helene Kappel. **CC:** Diners, MC/EC, Visa. **Sitzplätze:** 70. **Garten:** 40. **Durchschnittspreis bei 3 Gängen:** € 29,–. **Übernachtungsmöglichkeit.**

Was für eine Pracht! Rundherum die einzigartige südsteirische Landschaft und dann dieses wunderschöne, auf einem Hügel thronende Anwesen, das zu allem Überfluss auch noch um einen Meerwasserpool erweitert wurde, was das mediterrane Grundgefühl endgültig perfektioniert. Küchenchef Dietmar Kappel bietet äußerst professionell umgesetzte Standards der steirischen Küche, darüber hinaus versucht er sich auch mit großem Erfolg in einer gehobenen, verfeinerten Sparte. Highlights des durchgehend feinen Angebots sind aber Speisen aus erstklassigen regionalen Produkten wie etwa dem Sulmtaler Huhn. Ganz ohne Chichi, aber mit viel Geschmack überzeugt auch die Präsentation. Die südsteirische Gastlichkeit wird durch das feine Weinangebot, zu einem guten Teil vom

Steiermark

hauseigenen Weingut, vervollständigt. Als Abschluss empfiehlt sich ein edles Kappel-Destillat. **Aus der Karte:** Carpaccio vom Rindsfilet mit Spargelsalat; Steirisches Saiblingfilet auf Basilikumsauce, Spargel und heurige Erdäpfel.

KLÖCH | I16

Schöne Aussichten

Hochwart 10, 8493 Klöch, Tel.: 03475/75 45, Fax: 300 72
Küchenzeiten: Mi.–So. 12–14, 18–21.30, Di. ab 18. **Übernachtungsmöglichkeit.**
Das in geschmackvollem Gelb gehaltene Landhaus punktet in erster Linie mit der schönen Terrasse und dazugehörigen Aussichten. Man lässt genussvoll den Blick über die mit Traminer & Co. bestückten Klöcher Weinberge und den neuen Swimmingpool schweifen und genießt die bemerkenswert feine Küche, die sich köstlich auf Klassisches im zeitgemäßen Gewand versteht. Vom Entenprosciutto bis zu den Mohnnudeln eine gelungene Vorstellung.

KNITTELFELD | G13

Forellenhof Gursch

Flatschach 6, 8720 Knittelfeld, Tel.: 03577/220 10, Fax: 220 09
Küchenzeiten: Mi.–Sa. 12–14, 18–22, So., Fei. 12–15.
Fangfrische Regenbogenforellen aus Opas Fischteich sind natürlich die Stars der „Forellenhof"-Küche, die im Strudelteig mit Zitronengrassauce oder mit Löwenzahn-Risotto serviert werden. Darüber hinaus versteht sich Ingrid Gursch aber auch auf die Zubereitung von feinen Salaten, delikaten Vorspeisen und gelungenen Fleischgerichten, während Desserts nicht zu ihren Stärken zählen. In der neuen Vinothek lagert eine ansehnliche Anzahl guter steirischer Weine, die man allesamt auch für daheim erstehen kann. Im Shop werden hausgemachte Nudeln, hausgeselchter Rohschinken und natürlich Forellenspezialitäten angeboten.

LASSNITZHÖHE | H15

Kotzian

| ★ | 59 | ☺ |

Hauptstraße 25, 8301 Laßnitzhöhe, Tel.: 03133/22 47, Fax: Dw. 99,
kotzian@a1.at, www.kotzian.at
Küchenzeiten: Fr.–Di. 11.30–14, 17.30–21. **Inhaber:** Familien Kotzian, Flaßer, Rosmanith.
Küchenchef: Ernst Rosmanith. **CC:** Amex, Diners, MC/EC, Visa. **Sitzplätze:** 90. **Garten:** 60.
Durchschnittspreis bei 3 Gängen: € 23,–.
Übernachtungsmöglichkeit.

Ein Stück oberhalb im Kurörtchen Laßnitzhöhe gelegener Gasthof, der seine Gäste auch noch mit einem feinen Kurcafé verwöhnt. Ganz im Gegensatz zu

Steiermark

den verführerisch präsentierten Konditoreiwaren mutet ein erster Blick in die Speisenkarte nicht besonders aufregend an. Ein Eindruck, den man später revidiert. Denn in der Küche von Ernst Rosmanith herrscht Understatement, und so findet sich zwischen so manchem gut gekochten steirischen Klassiker auch die eine oder andere kreative Komposition. Die Qualität der Grundprodukte ist tadellos, die Garpunkte werden präzise angesteuert, und abgesehen von Deftigkeiten à la Breinwurst kann man durchaus eine zeitgemäße Leichtigkeit konstatieren. In Sachen Wein vertraut man auf den kleinsten gemeinsamen Nenner und bietet ein bisschen was von überall. Auch glasweise kommt man gut über die Runden. **Aus der Karte:** Kotzians Shrimpscocktail in der Avocado und Knoblauchbrot; Provenzalische Fischsuppe mit Knoblauchbrot; Beiriedschnitte mit grünem Spargel und Erdäpfelgratin; Cassisfeige mit Minzschokolade und hausgemachtem Joghurteis.

LEIBNITZ | I15   ÖBB

Villa Hollerbrand    Tipp

Seggauberg 75, 8430 Leibnitz, Tel./Fax: 03452/745 71
Küchenzeiten: Mo.–Sa. 18–23 (Fei. geschlossen).
Sind es die erstklassigen Weine der Harkamps, die die nur unweit von Leibnitz angesiedelte „Villa Hollerbrand" zu einem absoluten Insider-Tipp gemacht haben? Oder ist es das reizvolle Ambiente mit dem zu einer Theke umfunktionierten Pressbalken? Oder doch die Küche von Heinz Harkamp, der gemäß Eigendefinition einen Balanceakt zwischen Genie- und Lausbubenstreich vollführt und pfiffig aufbereitete, mediterran und regional orientierte Gerichte in tadelloser Qualität serviert? Wir tippen auf alle drei Faktoren.

LEUTSCHACH | I15

Sabathihof Tipp

Pössnitz 142, 8463 Leutschach, Tel.: 03454/495, Fax: Dw. 4
Küchenzeiten: Mi.–So. 11.30–14, 18–22. **Übernachtungsmöglichkeit.**
Inmitten von prachtvoller Landschaft mit grünen Hügeln und Weingärten an der südsteirischen Weinstraße gelegener Gasthof, der seine Besucher mit einer stimmigen Regionalküche verwöhnt. Viele der Produkte kommen von Bauern aus der unmittelbaren Umgebung, was ein weiterer Beitrag zur Authentizität dieses mustergültigen Betriebs ist. Bekannt ist der „Sabathihof" hauptsächlich für seine typisch südsteirischen Weine, die man natürlich allesamt glasweise verkosten kann. Hausgemachte Brände und Säfte von bäuerlichen Betrieben runden das Angebot ab.

Beachten Sie bitte den Registerteil am Ende dieses Buches!

Steiermark

LIEBOCH | H14   ÖBB

Kohnhauser – Spitzwirt

Radlstraße 60, 8501 Lieboch, Tel.: 03136/624 96, Fax: 623 07-35, www.kohnhauser.at
Küchenzeiten: Mo.–Fr. 12–14, 18–21.15 (an Fei. geschlossen). **Betriebsferien:** 23. 10.–7. 11. 2004. **Inhaber/in:** Gudrun und Ernst Kohnhauser. **Küchenchef:** Ernst Kohnhauser. **Sommelier:** Sven Gröndahl. **CC:** Diners, MC/EC, Visa.
Sitzplätze: 80. **Garten:** 80. **Übernachtungsmöglichkeit.**

Was gibt es Schöneres als bei Sonnenuntergang an einem der nobel gedeckten Tische neben dem Teich zu sitzen und sich kulinarisch von Ernst Kohnhauser verwöhnen zu lassen? Na ja, vielleicht das Meeresrauschen in Marina di Castagneto. Haben wir aber nicht und deswegen sind wir ganz glücklich an unserem steirischen Tisch, wählen einen der frisch angelieferten und adrett präsentierten Fische aus und lassen uns ganz einfach verwöhnen. Mediterranes in allen Zubereitungsformen ist Ernst Kohnhausers Metier. Daneben kommt aber auch Heimisch-Saisonales nicht zu kurz und vor allem mit zuverlässig hohem Niveau auf den Teller. Sommelier Sven Gröndahl berät ganz famos und bringt so manchen unbekannten Winzer eindrucksvoll näher. Das Gros des Angebots stammt natürlich aus der Steiermark. Toll bestückt ist auch die Auswahl an edlen Destillaten. **Aus der Karte:** Gänselebervariation mit Quittenchutney; Calamari vom Grill mit Knoblauch.

LOIPERSDORF | H16

Römerstein   VipTipp

Therme 18, 8282 Loipersdorf, Tel.: 03329/467 77, Fax: 462 90
Küchenzeiten: 19–22. **Übernachtungsmöglichkeit.**
„Liebevoll gepflegtes kleines Landhotel mit Wellnessbereich, gute Weine, gutes Essen, zumeist aber nur für Hotelgäste."

Empfohlen von Alois Gölles, Schnapsbrenner und Essigmacher

MARHOF | H14

Schiefermayer   Tipp

Theußenbach 65, 8510 Marhof/Stainz, Tel.: 03463/66 00, Fax: Dw. 14
Küchenzeiten: Fr.–Di. 11–21.
Ebenso resch und urig wie so mancher Schilcher geraten hier die aus den nahen Fischteichen gefischten Karpfen, die insbesondere bei den Vorspeisen Freude machen. In idyllisch ruhiger Lage lässt man sich aber nicht nur die bewährten Köstlichkeiten der Rosa Schiefermayer schmecken, sondern kann sich auch dem Blauen Wildbacher famos annähern.

Steiermark

Willis Mostschenke

Mitterweg 60, 8510 Marhof, Tel.: 03463/48 50, Fax: Dw. 4
Küchenzeiten: Fr.–Mo. 14–23.
„Hervorragende Produkte aus eigener Bio-Landwirtschaft auch zum Mitnehmen, am weststeirischen Genusswanderweg gelegen."
Empfohlen von Heike Curtze, Galeristin

MARIAZELL | E14

Goldene Krone

Grazer Straße 1, 8630 Mariazell, Tel.: 03882/25 83, Fax: Dw. 33
Küchenzeiten: Do.–Di. 11–21. **Übernachtungsmöglichkeit.**
„Saisonbezogene steirische Spezialitäten wie zum Beispiel Wurzelfleisch, hausgemachte Nudeln und Mehlspeisen."
Empfohlen von Georg Wailand, Gewinn-Herausgeber

MURAU | G/H12

Lercher's Panorama

Schwarzenbergstraße 10, 8850 Murau, Tel.: 03532/24 31, Fax: 36 94,
hotel.lercher@murau.at, www.lercher.com   B@G
Küchenzeiten: Di.–Sa. 18.30–22. **Betriebsferien:** 15.–29. 11. 2004, Ostern, zwei Wochen im Juli 2005. **Inhaber/in:** Dagmar und Adolf Lercher. **Küchenchef:** Erich Pucher.
CC: Amex, Diners, MC/EC, Visa. **Sitzplätze:** 25.
Übernachtungsmöglichkeit.
Größerer Hotelbau unweit vom Murauer Hauptplatz, in dem nunmehr Erich Pucher, früher der Patron der „Rahmhuben", seine Kochlöffel schwingt. Und er tut das durchaus mit Bravour. Fans seiner Kreationen können in einem kleinen Extrastüberl Platz nehmen, durch dessen großes Panoramafenster man den prächtigen Weitblick in Richtung Stolzalpe genießt. Die Küche setzt einerseits auf traditionelle Kost bzw. das günstig kalkulierte Mittagsbuffet, zusätzlich aber auf ein kreatives Angebot, das sich in Form von zwei interessanten Degustationsmenüs präsentiert. Und schon das Lesen der Speisenkarte macht neugierig. Dass dann fast jedes Versprechen fulminant eingelöst wird, freut umso mehr. Manche Kreation befindet sich zwar vielleicht noch ein wenig im Experimentierstadium, aber das ist nicht weiter störend. Die Gesamtrichtung stimmt. Dass man in Murau Gösser serviert, wird manche erheitern. Profund ist jedenfalls das Weinrepertoire, das ausgewählte Flaschen aus aller Welt umfasst. **Aus der Karte:** Gänseleber im Kartoffelblatt mit Bohnen-Marillen-Mousse, Birnenconfit und Sesamsalz; Fischragout auf Gemüse, Ingwer und Limetten; Rehrücken mit Semmel-Apfel-Kruste auf Rotkraut mit Portwein-Weichsel-Sauce; Dessert von der Schokolade.

Steiermark

NEUBERG AN DER MÜRZ | F15

Holzer

✱✱✱ 76 🍷 ☺

Hauptstraße 9, 8692 Neuberg an der Mürz, Tel.: 03857/83 32, Fax: Dw. 24, gasthof@hubertholzer.com, www.hubertholzer.com
Küchenzeiten: Mo. 11.30–15, Do.–So. 11.30–14.30, 18–21.30. **Betriebsferien:** 2. 11.–8. 12. 2004. **Inhaber/Küchenchef:** Hubert Holzer. **CC:** MC/EC, Visa. **Sitzplätze:** 60. **Garten:** 12. **Durchschnittspreis bei 3 Gängen:** € 27,–.
Übernachtungsmöglichkeit.

Mit „Zeit für Gutes, Zeit fürs Land" begrüßt einen die Homepage von Hubert Holzer. Und da können wir ihm nur Recht geben. Kaum einen Steinwurf vom Neuberger Münster entfernt sitzt man in diesem gemütlichen, bikerfreundlichen Landgasthaus und freut sich schon seit vielen Jahren über ein konstant köstliches steirisches Kulinarium, in dem Flecksuppe, steirisches Wurzelfleisch & Co bestens zubereitet werden. Aber Herr Holzer wäre nicht der große Koch, der er fraglos ist, wenn er regionale Klassiker nicht mit überraschenden Kontrapunkten versehen würde, die sich aber stets harmonisch einfügen. Verarbeitet werden fast ausschließlich regionale Produkte, die gerade Saison haben. Zeitlos hingegen ist der unwiderstehliche Neuberger Kirchturmspitz. Im Weinkeller der Holzers lagern neben dem regionaltypischen steirisch-burgenländischen Mix auch feine Weine aus Italien und Frankreich. **Aus der Karte:** Lammrücken, rosa gebraten, dazu Paradeis-Bohnen und Polenta; Kernölparfait mit Honignüssen.

PÖLLAU | G15

Marktwirt

✱ 57 ☺

Hauptplatz 9, 8225 Pöllau, Tel./Fax: 03335/47 20, romanzouhar@aon.at, senah.com/marktwirt
Küchenzeiten: Mi.–Sa. 11–14, 17–21, So., Fei. 11–14. **Inhaber/in:** Heidi und Roman Zouhar. **Küchenchef:** Roman Zouhar. **Sitzplätze:** 40. **Garten:** 20. **Durchschnittspreis bei 3 Gängen:** € 21,–. **Übernachtungsmöglichkeit.**

Direkt am hübschen Pöllauer Hauptplatz gelegenes, herzerfrischend uriges Lokal. Der Gastgarten besteht aus zwei einfachen Tischen, innen tafelt man in einer vielleicht etwas finsteren, dafür sehr stimmigen Stube mit gediegenem hölzernen Mobiliar. Den Küchenschwerpunkt bilden zeitgemäß gekochte regionale Rezepturen, die man in präziser und geschmackvoller Ausfertigung auf den Teller bringt. Auch vereinzelte Ausflüge in das feinere Fach gelingen anstandslos, wobei es sich lohnt, den Tagesempfehlungen des Maestros zu folgen. Kurzum: Handfestes wohltuend abseits vom Mainstream, deftig, doch

Steiermark

nie üppig, und schlicht und einfach gut. Klein präsentiert sich hier die Weinkarte, neben einzelnen guten steirischen und niederösterreichischen Weinen überrascht jedoch so mancher internationale Klassewein. **Aus der Karte:** Vitello tonnato; Hieferscherzl mit Bratkartoffeln und Gemüse der Saison.

PREDING | H14 ÖBB

Mossers

Zehndorf 10, 8504 Preding, Tel.: 03185/307 85, Fax: 84 10
Küchenzeiten: Mi.–So. 12–21 (Juni bis September kein Ru.).
Bereits ein wenig im Grünen zwischen Preding und den Sausaler Weinbergen gelegener Neubau mit kleinem hauseigenen Zoo, in dem sich Äffchen, Hängebauchschweine und Lamas (nicht zu Kochzwecken, wohlgemerkt!) tummeln. Markus Mosser, Bruder von Peter Mosser, der im Winzerhaus Kogelberg werkt, hat Lehrjahre u. a. bei Johann Lafer und in Frankreich hinter sich, weswegen der von ihm gepflegte bunte Gerichtereigen nicht überrascht. Präzis und geradlinig werden da steirische Klassiker mit kreativen Randbemerkungen versehen, was in Summe einen attraktiven, wohlschmeckenden und eigenständigen Mix ergibt. Weinmäßig setzt Mosser auf einen kleinen, aber gut gestreuten Steiermark-Schwerpunkt, der mit einem hübschen Burgenland-Sortiment ergänzt wird.

PÜRGG BEI TRAUTENFELS | F11 ÖBB

Krenn

Pürgg 11, 8951 Pürgg bei Trautenfels, Tel.: 03682/222 74-0, Fax: Dw. 4,
gasthaus.krenn.puergg@utanet.at, www.puergg.at/krenn   B**Q**G
Küchenzeiten: Mi.–So. 11.30–21 (an Fei. geöffnet). **Inhaberin:** Barbara Wolfgang-Krenn. **Küchenchef:** Werner Veraguth. **Sommelière:** Susanne Windl. **Sitzplätze:** 70. **Garten:** 40. **Durchschnittspreis bei 3 Gängen:** € 23,–.
Im herzerfrischend urigen Örtchen Pürgg in Grimmingnähe stößt man auf diesen nicht minder urigen Gasthof, der schon einige Jahrhunderte auf seinem Buckel zu verzeichnen hat. Ob baumbeschattet im lauschigen Gastgarten oder in den einladend nostalgischen Stuben – das Ambiente ist äußerst gemütlich. Gleiches gilt für die delikate Regionalküche, der man mitunter ein originelles zeitgemäßes Outfit verpasst. Küchenchef Werner Veraguth agiert jedenfalls sehr sattelfest und überrascht manchmal sogar mit einer Prise geschmackvoller Raffinesse. Etwas gar zu traditionell erscheinen uns hingegen die 90 Cent Aufpreis für Beilagenänderungen. Die ausreichende Weinpalette bietet nicht nur anständige Kreszenzen aus Österreich, auch so manche ausländische Flasche wird offeriert. **Aus der Karte:** Zanderfilet mit Kräuterkruste, Naturkartoffeln und grünem Salat; Hühnerbrüstchen mit Spitzmorcheln auf Kräuterreis mit Karottengemüse; Steirisches Sauerrahmsoufflé mit Preiselbeeren.

Steiermark

RATTEN | F15

Zur Klause

 60

Filzmoos 32, 8673 Ratten, Tel./Fax: 03173/24 48
Küchenzeiten: Do.–Di. 11.30–14, 18–21. **Inhaberin/Küchenchefin/Sommelière:** Monika Fasching-Posch. **Sitzplätze:** 80. **Garten:** 15. **Durchschnittspreis bei 3 Gängen:** € 27,–. **Übernachtungsmöglichkeit.**

Am Ortsrand von Ratten liegendes, ländliches Gasthaus. Küchenchefin Monika Fasching-Posch bemüht sich um den notwendigen Geschmacksspagat, um regionale wie auch von weiter weg angereiste Gäste zufrieden zu stellen, serviert also gekonnt zubereitete Klassiker der österreichischen Küche. Auch ambitionierte Eigenkreationen und Zeitgemäßes wie das unverzichtbare Thunfischcarpaccio sind erhältlich. Rundum eine professionelle, angenehm leichte Küche, die aber leider nicht in allen Details den aktuellen Standards standhält. Gut gezapftes Bier, feine Palette an steirischen (weiß) und burgenländischen (rot) Weinen. **Aus der Karte:** Rehsulz mit Balsamico und Kürbiskernöl; Zanderfilet, in Knoblauchbutter gebraten, dazu Petersilkartoferln und Blattsalat; Beiriedschnitte in süß-saurer Sauce, dazu Spinatroulade und Spargel; Erdbeer-Topfen-Knödel in Nusskrokant.

REIN | G14

Zur Linde

 57

Hörgas 1, 8103 Rein, Tel./Fax: 03124/510 69, gasthof@zurlinde.at,
www.zurlinde-stiftrein.at
Küchenzeiten: Di.–Fr. 11.30–15, 18–21.30, Sa., So., Fei. 11.30–21.30. **Inhaber/in:** Gertrude Oberreiter, Peter Falb. **Küchenchef:** Peter Falb. **Sommelière:** Gertrude Oberreiter. **CC:** Diners, MC/EC, Visa. **Sitzplätze:** 60. **Garten:** 32. **Durchschnittspreis bei 3 Gängen:** € 34,–. **Übernachtungsmöglichkeit.**

Die meisten Besucher, die nach Rein kommen, haben wohl das Zisterzienserstift als Ziel, einige wenige sind wohl von rein weltlichen Bedürfnissen getrieben: Sie kehren in der unweit vom Stift schon mitten im Grünen gelegenen „Linde" ein und lassen sich von Patron Peter Falb mit einem breit gestreuten Repertoire heimischer Küche verwöhnen. Manches kommt ganz traditionell auf den Teller, einiges wird aber auch sehr ambitioniert verfeinert, wobei man sich insbesondere an die Empfehlungen der Tageskarte halten sollte. Überraschend überregional präsentiert sich das Weinangebot, das mit so mancher angenehmen Preis-Leistungs-Überraschung aufwarten kann. **Aus der Karte:** Marinierte Muscheln mit Knoblauchbrot; Topinambursuppe mit Hirschgeräuchertem; Lammkarree im Thymiansäftchen.

Steiermark

RIEGERSBURG | H16   ÖBB

Finkwirt

8333 Riegersburg 29, Tel.: 03153/82 16, Fax: Dw. 411,
gasthof@finkwirt.at, www.finkwirt.at   B**Q**G

Küchenzeiten: Fr., Sa., Mo.–Mi. 12–14.30, 18–21.30 (an Fei. geöffnet), So. 12–14.30, 18–20. **Inhaber:** Gottfried Fink. **Küchenchef:** Stefan Wippel. **Sommelier:** Gottfried Franz Fink. **CC:** Amex, Diners, MC/EC, Visa. **Sitzplätze:** 100. **Garten:** 40. **Durchschnittspreis bei 3 Gängen:** € 28,–.
Übernachtungsmöglichkeit.

Unter dem Motto „Neuer Name, alte Qualitäten" präsentiert sich dieses liebenswerte, mitten im Ortszentrum von Riegersburg liegende Haus, das weit über die Grenzen des Bundeslandes für den einzigartigen Turmschinken bekannt ist, der hier kongenial mit eingelegtem Muskatkürbis, Krentopfen und knusprigem Brot serviert wird. Darüber hinaus gibt's natürlich ein kostbares Sammelsurium an typisch steirischen Köstlichkeiten, die abends mit kreativeren Kompositionen von Stefan Wippel erweitert werden. Voraussetzung für eine dermaßen gelungene Küche sind erstklassige regionale Rohstoffe, auf die der „Finkwirt" auch großzügig zurückgreift. Dank des reizvollen Ambientes und der netten Atmosphäre ist ein schöner Aufenthalt sichergestellt. Freude macht auch die schöne, internationale Weinauswahl, die vom Sommelier kompetent präsentiert wird. **Aus der Karte:** Tafelspitzsulz mit Käferbohnenpüree, Schalotten, Balsamessig und Kürbiskernöl mariniert; Kross gebratenes Zanderfilet mit Wildspargel, Paradeisrisotto und Gewürzsafterl.

SEBERSDORF | G16   ÖBB

Hofstüberl

im Schloß Obermayerhofen, Neustift 1, 8272 Sebersdorf, Tel.: 03333/25 03, Fax: Dw. 50,
schlosshotel@obermayerhofen.at, www.obermayerhofen.at

Küchenzeiten: Mi.–Sa. 18–21. **Betriebsferien:** 8. 1.–28. 2. 2005. **Inhaberin:** Brigitte Graf-Kottulinsky. **Küchenchef:** Gerhard Mandl. **Sommelier:** Karl Hirschböck. **CC:** Amex, Diners, MC/EC, Visa. **Sitzplätze:** 30. **Garten:** 24.
Übernachtungsmöglichkeit.

Reizvoll ist nicht nur das Renaissanceambiente des Schlosses, sondern auch das im „Hofstüberl" zelebrierte Kulinarium. Egal, ob man nun im Garten oder im gemütlichen Stüberl Platz nimmt, Wohlgefühl macht sich überall breit. Nicht zuletzt natürlich dank der sympathischen Kreativität von Küchenmeister Gerhard Mandl, der wenig mit steirischer Kochart zu tun hat, sich dafür weltoffen durch internationale Rezepturen kocht. Harmonische Kombinationen, saisonale

Steiermark

Schwerpunkte und raffinierte Fußnoten prägen die Küchenlinie des Hauses, das im Herbst 2004 um den wenige Gehminuten entfernten, 250 Jahre alten „Gaisriegelhof" erweitert wird. Dem Ambiente entsprechend werden dort mehrheitlich steirische Gerichte serviert. Sommelier Karl Hirschböck kann auf eine schöne Auswahl an steirischen Weißweinen sowie burgenländischen und italienischen Rotweinen zurückgreifen. **Aus der Karte:** Schafkäseauflauf auf zweierlei Paprika, Vogerlsalat und Kernöl; Kirschentarte auf Vanillefondue mit Wildrosenreis.

SPIELFELD | I15   ÖBB

Die Meierei am Grassnitzberg

✶ 58

Grassnitzberg 74, 8471 Spielfeld, Tel.: 03453/48 77, meierei.grassnitzberg@aon.at
Küchenzeiten: Mi.–Fr. 19–24, Sa. 14–18, 19–24, So. 14–18. **Betriebsferien:** 13. 12. 2004–18. 3. 2005. **Inhaber/Küchenchef:** Werner Dolin. **Sommelière:** Marta Kaemmer. **CC:** Amex, Diners, MC/EC, Visa.
Sitzplätze: 14. **Terrasse:** 14.
Schwer zu finden, ebenso schwer ein Platz eroberbar, aber wenn's dann einmal so weit ist, hat man das Gefühl, bei Freunden zu Gast zu sein. Ein Zustand, der noch dadurch verstärkt wird, dass es hier weder Ober noch Speisenkarte gibt. Dafür aber ein feststehendes Menü, das sich weniger an Trends orientiert, sondern ausschließlich die Kochleidenschaften von Patron Werner Dolin widerspiegelt. Je nach Lust und Jahreszeit ist einmal mehr das mediterrane oder das österreichische Element im Vordergrund. Bei unserem diesjährigen Besuch ist leider die kulinarische Gesamtharmonie ein wenig auf der Strecke geblieben, was aber durch das prächtige Ambiente des weltberühmten Weinberges und seiner nicht minder anregenden Umgebung etwas an Bedeutung verliert. Dass man sich in Sachen Wein an der Region orientiert, macht gleichermaßen Sinn wie Spaß. **Aus der Karte:** Lammrücken mit Tomaten, Schalotten, Knoblauch und toskanischen Bohnen; Tarte Tatin, Sauerrahmeis.

ST. OSWALD/KLOSTER | H14

Steffelbauer

8530 St. Oswald/Kloster 20, Tel./Fax: 03469/502
Küchenzeiten: Mi.–So. 14–22.
Zwischen Deutschlandsberg und der Hebalm idyllisch gelegener Almgasthof mit herrlich urigem Ambiente. „Aufikemman – wohl fühl'n" ist das Motto des herzerfrischend freundlichen Wirts Martin Albert Horvath, der nicht nur Wild aus dem eigenen Gehege gekonnt zubereitet, sondern sich auch auf Calamari in Schilcher bestens versteht. Zusätzlich stehen in regelmäßigen Abständen Jazz-Events auf dem Programm – aufikemman und zuahurch'n halt. Und damit auch jemand da ist, wenn man aufikemmt, sollte man zur Sicherheit vorher anrufen.

Steiermark

ST. SEBASTIAN | E14

Lurgbauer

 60

Lurg 1, 3224 St. Sebastian, Tel.: 03882/37 18, lurgbauer@mariazell.at, www.lurgbauer.at
Küchenzeiten: Mi.–So. 12–14, 18–20 (Dezember bis April nur Fr.–So. geöffnet). **Inhaber/Sommelier:** Andreas Leodolter. **Küchenchef/in:** Brigitte und Max Leodolter. **Sitzplätze:** 16. **Garten:** 16. **Übernachtungsmöglichkeit.**
Der Lurgbauer „lebt" von seinen Angus-Rindviechern, deren hervorragende Fleischqualität den Grundstock der feinen Küche bildet. Von der Rindsuppe mit vier verschiedenen Einlagen über das Carpaccio und das Beef Tatar bis zum Rindsbraten, Steak oder Gekochten zaubern Brigitte und Max Leodolter eine Fleischküche wie aus dem Bilderbuch. Käse von diversen Biobauern und einige delikate Desserts runden das schnörkellose kulinarische Angebot genussvoll ab. Dazu gibt's feine Weine in passender Auswahl. Die ruhige Lage in der Einschicht und der neu gestaltete Gastgarten samt Veranda tun ein Übriges, um sich „sauwohl" zu fühlen. **Aus der Karte:** Carpaccio; Rindsuppe mit hausgemachten Nudeln; Rindsbraten; Weißes Schokoeis und alter Balsamico.

ST. STEFAN OB STAINZ | H14

Gerngroß

 61

8511 St. Stefan ob Stainz 9, Tel.: 03463/811 88, Fax: Dw. 15, office@landgasthof-gerngross.at, www.landgasthof-gerngross.at
Küchenzeiten: Di. 17.30–21.30, Mi.–Sa. 11–14, 17.30–21.30, So. 11–14.30. **Betriebsferien:** 17. 1.–20. 2., 27. 6.–10. 7. 2005. **Inhaber/Küchenchef:** Josef Gerngroß. **Sommelier/ière:** Ellen Gerngroß, Michael Egger. **CC:** Diners, MC/EC, Visa. **Sitzplätze:** 90. **Terrasse:** 30. **Durchschnittspreis bei 3 Gängen:** € 24,–. **Übernachtungsmöglichkeit.**
Einer der schönsten Gasthöfe des weststeirischen Schilcherlands, der zwar mitten im Ort liegt, aber dank seiner gemütlichen und elegant-rustikalen Einrichtung trotzdem gelassene und heimelige Gastlichkeit vermittelt, für die nicht zuletzt auch Ellen Gerngroß verantwortlich zeichnet. Der Wirt ist für die Küche zuständig, in der feine regional geprägte Kreationen gepflegt werden. Einer der Hauptdarsteller ist erfreulicherweise das Styria Beef, das hier etwa als Sulzerl, als Carpaccio, als Schnitzerl oder als Ragout auf den Teller kommt. Handwerkliche Perfektion, Finesse und eine reizvolle Prise Phantasie prägen die Küchenlinie dieses sympathischen Hauses, das natürlich auch über ein feines Angebot an (west)steirischen und burgenländischen Weinen verfügt. Als Digestif empfehlen sich etwa ein Speanling oder ein Schilcherweinbrand. **Aus der Karte:** Sulzerl vom Styria Beef, Kernölvinaigrette; Gebratenes Branzinofilet auf Spargelrisotto.

Steiermark

Jagawirt

Sommereben 2, 8511 St. Stefan ob Stainz, Tel.: 03143/81 05, Fax: Dw. 4, goach@jagawirt.at, www.jagawirt.at

Küchenzeiten: Do.–Di. 11.30–21. **Betriebsferien:** 1. 1. bis Ostern 2005. **Inhaber:** Werner Goach. **Küchenchef/in:** Monika Winkler, Werner Goach. **Sommelier/ière:** Maria Goach, Lubomir Tamrac. **Sitzplätze:** 100. **Garten:** 80. **Durchschnittspreis bei 3 Gängen:** € 26,–. **Übernachtungsmöglichkeit.**

Wer die steile Straße Richtung Reinischkogel hinauffährt, vorbei an Winzerhäuschen und Bilderbuchlandschaft, kann weit oben beim „Jagawirt" nicht anders ankommen als mit Appetit auf etwas Zünftiges. Schinken und andere Stücke vom Waldschwein, die der Wirt selbst hält, sind ein prächtiger Einstand für einen kulinarischen Abend, der nicht anders enden kann als mit einem Schluck Schnaps aus der hauseigenen Brennerei. Alte Bauernstuben, adrette Gästehäuschen mit empfehlenswerten Zimmern sowie ein malerischer Gastgarten gehören zum einmaligen Ensemble des „Jagawirts", der neben seinen Waldschweinereien auch köstliche Fische aus eigener Teichwirtschaft und einen prall mit steirischen Spitzenweinen gefüllten Gewölbekeller zu bieten hat. **Aus der Karte:** Waldschweinsulzerl auf Blattsalat mit Schilcheressig-Kernöl-Dressing; Waldschweinkotelett mit pikanter Sauce auf Bohnengröstl.

Zur Traube

8423 St. Veit/Vogau 44, Tel./Fax: 03453/25 08, gh-zurtraube@aon.at

Küchenzeiten: Mo., Do., Fr. 11.30–15, 18–21, Sa., So. 11.30–21. **Inhaber/Küchenchef:** Norbert Thaller. **Sitzplätze:** 45. **Garten:** 55. **Durchschnittspreis bei 3 Gängen:** € 30,–.

Die Wirtsstube wirkt zwar aufs Erste ein wenig finster, dafür ist der Gastgarten ansprechend und leger. Der kochende Patron Norbert Thaller ist weithin bekannt für seinen gepflegten Umgang mit Hausmannskost, die zu einem guten Teil aus

---

Frischer geht´s nicht!

Schlemmen unterwegs: Mit t-info Top-Restaurants finden. Einfach das Handy in die Hand nehmen und www.t-info.at klicken. Bei uns gibt es den aktuellen „A la Carte" für unterwegs - Sie lassen Sich lokalisieren und t-info sagt Ihnen, wo das nächste Top-Restaurant in Ihrer Nähe ist.

Das funktioniert auch mit Hotels, Geldautomaten, Internetcafés und und und...

Was suchen Sie heute?

*info
...einfach gut finden!
www.t-info.at

Steiermark

der eigenen Landwirtschaft und dem Forellen- und Karpfenteich gespeist wird. Dass er den Kochlöffel auch weit feiner führen kann, beweist der Patron insbesondere im Rahmen seiner vier- bzw. fünfgängigen Menüs. Delikate Aromenspiele, zarte Düfte der hauseigenen Kräuter, feine Saucen und spannende Harmonien prägen die Kreationen, die sich allesamt auf gehobenem Niveau bewegen. Von der Südsteiermark bis zu Mouton spannt sich der Bogen der hier lagernden Weine, die erfreulich kulant kalkuliert sind. **Aus der Karte:** Spargel-Ricotta-Terrine; Kalbskarree gedämpft mit Artischocken.

ST. WOLFGANG BEI OBDACH | G/H13

Almrestaurant Stölzl

Katschwald 14, 8742 St. Wolfgang bei Obdach, Tel.: 03578/82 55, Fax: 82 98
Küchenzeiten: Mi., Do. 18–22, Fr., Sa. 11.30–14.30, 18–22, So. 11.30–18. **Betriebsferien:** 15.–25. 11. 2004. **Inhaber:** Fritz Stölzl. **Küchenchefin:** Anke Kresse. **Sommelière:** Christa Stölzl. **Sitzplätze:** 60. **Garten:** 30. **Durchschnittspreis bei 3 Gängen:** € 25,–.
Vielleicht sind es Reminiszenzen an die Schirennläuferkarriere des Hausherrn Fritz Stölzl, wenn in der Ecke des Restaurants im Almhüttenstil noch ein paar alte Holzbrettln stehen. Sein Gefühl für den richtigen Schwung hat er in seiner gemütlichen, von einem offenen Kamin erwärmten Stube jedenfalls gefunden. Auch die von der Souschefin zur Küchenchefin aufgestiegene Anke Kresse hilft kräftig mit, das auf 1200 m Seehöhe gelegene Restaurant in gastronomische Höhen zu manövrieren. Vorwiegend heimische, saisonale Rohstoffe wie auch frische Kräuter werden mit sehr viel Gefühl und Selbstbewusstsein in stimmige Speisen verwandelt. Die sorgfältig gesetzten kulinarischen Akzente erfreuen Auge und Gaumen. Besonders erwähnenswert ist die eindrucksvolle Vinothek, die mit einer breiten und hochwertigen Palette an in- und ausländischen Weinen aufwartet. **Aus der Karte:** Ziegenkäseterrine mit eingelegtem Gemüse; Gebratene Riesengarnelen auf Erdbeerrisotto mit Rucola.

STAINZ | H14

Engelweingarten

Max-Gschiel-Straße 41, 8510 Stainz, Tel./Fax: 03463/23 81, www.engelweingarten.at
Küchenzeiten: Di.–Sa. 11.30–21.30. **Betriebsferien:** November 2004 bis März 2005. **Inhaber/Küchenchef:** Christian Hösl. **Sommelière:** Monika Hösl. **CC:** MC/EC, Visa. **Sitzplätze:** 50. **Terrasse:** 40. **Durchschnittspreis bei 3 Gängen:** € 20,–.
Übernachtungsmöglichkeit.
Bei schönem Wetter scheint man den Engeln tatsächlich nahe zu sein, wenn man von den großen Terrassen hinunter auf die Schilcherweinhänge blickt. Abends

Steiermark

bei Kerzenlicht erhält das stilvoll aufgemöbelte Anwesen eine familiäre Atmosphäre, die zum Bleiben animiert. Gemütliche Zimmer bieten dafür Gelegenheit. Christian Hösl präsentiert eine ehrliche, steirische Küche, die sich deutlich selbst vom besten Buschenschankniveau abhebt. Den steirischen und österreichischen Klassikern verleiht er unverkennbar feine Noten, ohne sich dabei in fruchtlosen Experimenten zu verlieren. Bei den Weinen betont man die Verbundenheit zum Schilcherland und legt mit Recht das Hauptgewicht auf die steirischen Tropfen. Auch die Brände sind von lokaler Herkunft, teils sogar aus eigener Erzeugung.
Aus der Karte: Haxerlsulz mit Zwiebel-Kernöl-Vinaigrette und Mischblattsalat; Zanderfilets, mit Zitronenbutter überbacken, auf Gemüsenudeln; Piccata vom „Stainzer Lamm" mit Speckbohnenschoten und Erdäpfelgratin.

Rauchhof

Wald 21, 8510 Stainz, Tel.: 03463/28 82, Fax: Dw. 4
Küchenzeiten: Mi.–So. 12–15, 18–22. **Übernachtungsmöglichkeit.**
„Ein ideales Wirtshaus, in dem seit Jahren die Qualität sich steigert, köstliche Produkte aus Eigenbau (Forellen, Spargel – wahrscheinlich der beste der Welt). Ein Ort zum Daheimsein."

Empfohlen von Heike Curtze, Galeristin

STOLZALPE | G12   **ÖBB**

Maler Brands

8852 Stolzalpe 6, Tel.: 03532/44 20, Fax: Dw. 4
Küchenzeiten: Mo., Mi.–So. 11.30–14, 18–20.30. **Übernachtungsmöglichkeit.**
Auf 1350 m Seehöhe im solarbeheizten Pool plantschen, den Panoramablick samt grasendem Hornvieh genießen: So ist man dem Paradies nahe. Das vorliegende Paradies der Familie Brands bietet nicht nur Traumlandschaft im Übermaß, sondern vor allem urige Regionalkost und im Rahmen von Menüs auch gehobenere Kreationen. Dass der Kaffee hier mit einem hausgemachten Vanillekipferl serviert wird, ist so erfreulich wie auch das hübsche Sortiment an Edelbränden und Weinen.

Steiermark

STRADEN | H/I16

Saziani-Stub'n

 91

8345 Straden 42, Tel.: 03473/86 51, Fax: Dw. 4,
saziani@neumeister.cc, www.neumeister.cc
Küchenzeiten: Mi., Do. 17.30–21, Fr., Sa. 12–14, 17.30–21, So. 12–14. **Inhaber:** Familie Neumeister. **Küchenchef:** Gerhard Fuchs. **Sommelier:** Matthias Neumeister. **CC:** Diners, MC/EC, Visa. **Sitzplätze:** 40. **Garten:** 40. **Übernachtungsmöglichkeit.**

Was für ein enormes Wagnis es war, hier in der südoststeirischen Abgeschiedenheit eine Buschenschank in ein Feinschmeckerrefugium zu verwandeln, kann man heute kaum mehr abschätzen. Da die Übung aber mehr als gelungen ist, kann sich der Genießer über ein wahres kulinarisches Kleinod freuen. Auch für den damals aufstrebenden Küchenchef Gerhard Fuchs war der Weg nach Straden anfangs wohl ein Wagnis, aber Konsequenz und Können machen sich offenbar bezahlt. Perfekte Produktqualität vom Weizer Lamm bis zum Atlantik-Steinbutt ist hier selbstverständlich und mit anderen Topadressen vergleichbar. Der Erhalt des Eigengeschmacks der wunderbaren Rohstoffe ist der erste Schritt, die phantasievolle und feinfühlige Umsetzung der zweite, während die unvergleichlich tolle Kombination von Aromen und Geschmäckern die Krönung darstellt. Eine großartige und unprätentiöse Vorstellung der Küche, die eigentlich keine Wünsche offen lässt. Gleichermaßen toll gerät auch der Service von Matthias Neumeister, der selbst schwierigste Kundschaften hinreißend behandelt. Dass er auch noch ein großartiger Sommelier ist, der keineswegs versucht, dem Gast die hauseigenen (sehr guten) Weine aufzudrängen, ist nicht oft genug zu betonen. Seit kurzem muss man sich übrigens auch wegen einer entsprechenden Schlafmöglichkeit keine Gedanken mehr machen: Komfortable Zimmer warten auf die weit gereisten Gäste. **Aus der Karte:** Gänseleberterrine mit Rhabarberconfit; Zwiebeltarte mit lauwarm geräuchertem Saibling und Roten Rüben, Frühlingskräuter und Sellerievichyssoise.

Stöcklwirt

 62

Neusetz 44, 8345 Straden, Tel./Fax: 03473/70 46,
office@stoecklwirt.at, www.stoecklwirt.at
Küchenzeiten: Mi.–Fr. 11–14.30, 18–21.30, Sa. 11–21.30, So. 11–15 (Mai bis Oktober So. 11–20). **Betriebsferien:** 27. 12. 2004 bis Mitte Februar 2005. **Inhaber/Küchenchef:** Johann Schwarzl. **Sommelière:** Erika Schwarzl. **CC:** Visa. **Sitzplätze:** 60. **Garten:** 60. **Durchschnittspreis bei 3 Gängen:** € 28,–. **Übernachtungsmöglichkeit.**

Die wunderschöne Aussicht samt prächtiger Umgebung, die paradiesische Ruhe – falls nicht gerade im benachbarten Wollschweingehege Aufruhr herrscht

Steiermark

– und nicht zuletzt die herzhafte Küche vom Hausherrn Johann Schwarzl sind gute Gründe, sich hier inmitten südoststeirischer Weingärten niederzulassen. Lukullische Schweinereien und eine Vielzahl anderer steirischer Klassiker verlassen da die Küche, um hungrige Reisende kulinarisch auf gehobenem Niveau zu verwöhnen. Die Südoststeiermark ist natürlich der Hauptlieferant in Sachen Wein. Gleiches gilt für die Hochprozenter, die zum Teil sogar hausgemacht sind. Insbesondere bei Schönwetter ein mehr als lohnendes Ausflugsziel.
Aus der Karte: Wollschweinschinken mit Melonensalat; Knusprig gebratenes Zanderfilet auf Erdäpfelrisotto und glacierten Zuckerschoten.

TIESCHEN | I16

Königsberghof

8355 Tieschen 72, Tel.: 03475/22 15, Fax: 300 06, info@koenigsberghof.at, www.koenigsberghof.at
Küchenzeiten: Di.–So. 8–22 (Fei. geöffnet). **Inhaberin:** Gertraud Heck. **Küchenchefs:** Hans-Peter und Burkhard Heck. **Sommelière:** Monika Reisenhofer. **Sitzplätze:** 60. **Terrasse:** 30. **Übernachtungsmöglichkeit.**
Rustikales Landgasthaus in strahlendem Kaisergelb, in dem zwei Generationen Heck auch für zwei unterschiedliche Küchenstile sorgen. Ist der Senior ein Meister der gstandenen Wirtshauskuchl à la Blunzngröstl und Wurzelfleisch, blickt der Junior sehr gern über den Tieschener Topfrand hinaus und kreiert Menüs, die sich nicht nur spannend lesen, sondern auch die so gegebenen Erwartungen erfüllen. Weltoffen, phantasievoll und inspiriert etwa das Schweinefilet mit Pekanuss-Kartoffel-Knödel, Petersilpüree und schwarzen Nüssen. Durch die Bank – von Senior bis Junior – eine interessante und qualitätsvolle Küche, die einen häufigeren Besuch anraten lässt. Fein auch die Marmeladen oder der Feigenkren zum Mitnehmen. Das Bier kommt von Reininghaus, die Brände sind hausgemacht und auch die Weinkarte bietet so manche positive Überraschung. Nachfragen lohnt. **Aus der Karte:** Rehragout mit Kräuterspätzle und karamellisiertem Preiselbeerapfel; Sorbet von Zitronengras.

TILLMITSCH | H/I15

Schmankerlstub'n Temmer

Badstraße 2, 8430 Tillmitsch, Tel./Fax: 03452/820 70, www.schmankerlstubn.at
Küchenzeiten: Di. 18–21.30, Mi.–Sa. 11.30–14, 18–21.30, So. 11.30–15. **Inhaber:** Familie Temmer. **Küchenchefin:** Monika Temmer. **Sommelier:** Josef Temmer. **CC:** Diners, MC/EC, Visa. **Sitzplätze:** 40. **Garten:** 40. **Übernachtungsmöglichkeit.**

Steiermark

Im weiteren Umfeld von Leibnitz bzw. der südsteirischen Weinbauregionen im kleinen Örtchen Tillmitsch gelegene Gaststätte mit angeschlossenem Tennisplatz. Die Stuben sind originell und gemütlich eingerichtet, im Garten sitzt man zwischen Blumenrabatten und dem kleinen Springbrunnen. Schrieben wir in der Vorjahresausgabe, dass Frau Temmer wie eine begnadete Hausfrau koche, können wir diesmal vermerken, dass sie gar noch ein Quäntchen an Qualität zugelegt hat. Das Repertoire ist klein, doch abwechslungsreich und erfrischend saisonal orientiert. Alles mundet gut und ausgewogen, die zwischen regional und zeitgemäß kreativ angesiedelten Arrangements bereiten Freude. So wenig umfangreich das Weinangebot ist, so hochwertig ist es dann auf der anderen Seite: Weißweine aus der Südsteiermark und der Wachau sowie Rote aus dem Burgenland stellen das Gros des Angebots. **Aus der Karte:** Frischer Thunfisch, rosa gebraten, an Salatvariation; Zanderfilet kross, auf Safransauce und Erdäpfel-Spinat-Gröstl.

LAVAZZA

TREGLWANG | F12/13   **ÖBB**

Treglwangerhof *VipTipp*

8782 Treglwang 5, Tel.: 03617/22 53
Küchenzeiten: Fr.–Di. 11–13.45, 18–21.30, Do. 18–21.30. **Übernachtungsmöglichkeit.**
„Sehr, sehr gute Küche, freundlichster Service, ganz phantastische selbst gemachte Mehlspeisen."

Empfohlen von Hellmut Longin, Industriellenvereinigung

TURNAU | F14

Schererwirt *VipTipp*

Thal 20, 8625 Turnau, Tel.: 03863/23 80, Fax: 242 10
Küchenzeiten: Do.–Di. 12–22. **Übernachtungsmöglichkeit.**
„Das beste Wild weit und breit. Der Wirt geht in den Tann und holt sich das Aroma vom Wald." Neu: drei Romantik-Zimmer.

Empfohlen von Heinz Reitbauer senior, „Steirereck"

Wirtshaus Steirereck

| ✱✱✱ | 87 | 🍷🍷 | 🍷 | 😊 |

Pogusch 21, 8625 Turnau, Tel.: 03863/20 00, Fax: 51 51-51,
pogusch@steirereck.at, www.steirereck.at
Küchenzeiten: Do.–So. 9.30–23. **Inhaber:** Familie Reitbauer. **Küchenchef:** Heinz Reitbauer jun. **Sommelier:** René Schneider. **Sitzplätze:** 180. **Garten:** 80. **Durchschnittspreis bei 3 Gängen:** € 29,–. **Übernachtungsmöglichkeit.**
Griaßdi, das ist ein Wirtshaus. Und ein prächtiges noch dazu. Eine fast schon museumsreife Fassade, dazu ein Stall, die hölzerne Frühstückshütte, uriges

Steiermark

Gestühl mit Bierzapfstelle im Gastgarten, drinnen ein ursteirisches Ambiente, ein WC mit durchfließendem Bächlein, eine Feuerstelle und natürlich der begehbare Weinkeller. Fast vergisst man darüber, dass man es hier mit einer der allerbesten (und dabei auch noch günstigsten) Küchen des Landes zu tun hat. Dank der nochmals erweiterten Kooperation mit den Bauern der Region ist das Angebot regionaler Köstlichkeiten noch umfangreicher und spannender, als es ohnehin schon war. Und dazu kochen Heinz Reitbauer jun. und Florian Taferner auf einem Niveau, das besser nicht sein könnte. Steirerkost steht da ebenso auf der Karte wie kreativere Köstlichkeiten. Küchentechnisch beherrscht man das Kunststück, trotz enormen Publikumszuspruchs präzise Garpunkte, exakte Konsistenzen und gefälliges Arrangement nie aus den Augen zu verlieren. Das gekonnte Kontrastieren der unterschiedlichen Komponenten, zu denen köstlich rahmiges Lammherz ebenso wie geeiste Duft-Pelargonien zählen, gefällt auch verwöhnten Feinschmeckern. Besser geht's eigentlich nicht. Ausgezeichnete, 50 heimische Sorten umfassende Käseauswahl. Kaffee gibt's in drei Sorten, hinzu kommen frische Bauernsäfte, ein tolles Sortiment an Kräuter- und Wildkräutertees, feine Brände, das Hausbier und eine riesengroße Auswahl an Weinen, die perfekt nach heimischen und internationalen Regionen unterteilt im ganzen Lokalensemble verteilt sind. **Aus der Karte:** Geschmorte Spargelsuppe mit rosa Pfeffer und kalte Spargelcreme mit Pomeranzen-Milch-Mus; Lauwarme Lachsforelle mit pikantem Rührei, saurem Rahm und Wiesenkräutersalat; Zwiebelrostbraten vom steirischen Almochsen mit Erdäpfelpüree; Geeiste Bitterschokolade mit Mango, roter Minze und Passionsfrucht.

TURRACH | H11

Zum Bergmann

8864 Turrach 3, Tel.: 03533/275, Fax: Dw. 4
Küchenzeiten: Di. 17–21, Mi.–So. 11.30–14, 17–21. **Betriebsferien:** drei Wochen im November 2004, zwei Wochen im Mai 2005. **Inhaber/Küchenchef:** Georg Meier. **Sommelier:** Martin Gerhardter. **Sitzplätze:** 140. **Garten:** 60. **Durchschnittspreis bei 3 Gängen:** € 28,–. **Übernachtungsmöglichkeit.**
Ein paar Jahrhunderte hat das einstige Verweshaus des früheren Bergbauortes, der im 19. Jahrhundert seine Blütezeit hatte, auf dem Buckel. Dementsprechend gemütlich und urig sind die Stuben, in denen eine reizvolle eigenständige regionale Küche, in der auch das nahe Kärnten seine Spuren hinterlassen hat, serviert wird. Steirische Almochsen und Backhühner, Saiblinge aus dem Rauschenbrunnen und vieles mehr wird vom Küchenchef Georg Meier vortrefflich zubereitet. Besonders empfehlenswert sind die Tagesangebote, in die auch eine gelungene Prise Kreativität einfließt. Und wie es sich für ein gstandenes Wirtshaus gehört, wird auch eine niveauvolle Weinpalette offeriert. **Aus der Karte:** Geräucherter Hirschschinken mit Bauernbrot; Zanderfilet auf pikantem Gemüse, dazu Safranrisotto; Hirschragout mit Eiernockerln; Himbeerdalken auf Vanilleschaum.

Internationale Weinmesse

13.-16.3.2005
Messezentrum Salzburg

10.-13.4.2005
Messezentrum Wien

Weine auf höchstem Niveau

Erfahren Sie den absoluten Genuss für den Gaumen und besuchen Sie die **VinAustria** und **Vinova 2005**. Diese attraktiven Weinmessen sind **etablierte Treffpunkte für Weinliebhaber** aus ganz Österreich und darüber hinaus.

Winzer aus den verschiedensten Ländern präsentieren neben exzellenten Weinen&Edelbränden auch Fruchtsäfte, Essige&Öle sowie viele Weinaccessoires. Auf der VinAustria und Vinova hat man die Gelegenheit, Spitzenweine zu **verkosten und auch direkt zu kaufen**.

Bei **exklusiven Verkostungen** finden professionelle Kenner und private Genießer mit Sicherheit den richtigen Tropfen Wein.

Kontakt und Informationen:
Reed Messe Salzburg GmbH
T: +43 (0) 662 4477-0, E: gast@reedexpo.at
I: www.vinaustria.at | www.vinova.at

Steiermark

VOITSBERG | H14

Gussmack

Conrad von Hötzendorfstraße 17, 8570 Voitsberg, Tel.: 03142/224 58,
Fax: Dw. 218, weingasthof@hotel-gussmack.at, www.hotel-gussmack.at B❂G
Küchenzeiten: Mo. 17–22, Di.–Sa. 11–14, 17–22, So. 11–14. **Betriebsferien:** zwei Wochen im Jänner 2005. **Inhaber/in:** Krimhilde und Sepp Gussmack. **Küchenchef:** Sepp Gussmack jun. **CC:** Diners, MC/EC, Visa. **Sitzplätze:** 60. **Terrasse:** 20. **Durchschnittspreis bei 3 Gängen:** € 20,–. **Übernachtungsmöglichkeit.**

Sorgte früher Senior Sepp Gussmack für Hausmannskost in tadelloser Qualität, werkt nun Sepp Gussmack jun. hinterm Herd. Er beschreitet dabei kreativere Wege, ohne die regionale Linie allzusehr zu vernachlässigen. So wird das Almochsengulasch einträchtig von einer Hendlbrust mit Honig, Zitronenbutter und Minzgnocchi flankiert. In Summe eine leichte, aromenbetonte und experimentierfreudige Küche. Traditionell wird hier das Bier gut gezapft, auch die Auswahl an teils regionalen Bränden macht Freude. Die Weinkarte umfasst ein ansprechendes Sortiment an steirischen Weiß- und zum Teil auch Rotweinen, wobei auch weniger bekannten Weingütern ausreichend Platz eingeräumt wird. **Aus der Karte:** Carpaccio vom Styria Beef mit Kernölmarinade; Palatschinken-Nuss-Torte mit Erdbeeren.

ZELTWEG | G13 ⊘BB

Schlosstaverne

im Schloss Farrach, Schlossweg 13, 8740 Zeltweg, Tel.: 03577/252 57, Fax: Dw. 24, schloss-taverne@aon.at, www.schlossfarrach.at
Küchenzeiten: Mi.–So. 11.30–14, 17.30–22. **Betriebsferien:** 16. 8.–2. 9. 2005. **Inhaberin/Sommelière:** Karin Stöhr. **Küchenchef:** Alexander Stöhr. **CC:** MC/EC, Visa. **Sitzplätze:** 70. **Garten:** 45. **Durchschnittspreis bei 3 Gängen:** € 27,–.

Die herausgeputzte frühbarocke Mosaikfassade des Schlosses stimmt uns schon beim Entree auf etwas Besonderes ein. Der zentrale Speiseraum ist erstaunlich klein, mit seinem alten Gewölbe und den hellen Massivholzmöbeln aber sehr heimelig. Die Küche hingegen zeigt analog zu den verspielten Mosaikarbeiten viel Experimentierfreudigkeit und Vielseitigkeit. Alexander Stöhr kombiniert Heimisches aus Wald und Garten sowie von ausgewählten Lieferanten zu kreativen Kompositionen, die zumeist auch sehr appetitanregend dekoriert zu Tisch kommen. Reizvolle Regionalgerichte kommen auch nicht zu kurz. Bei der Wahl des richtigen Weins kann man die schön zusammengestellte Karte mit sehr guter Auswahl heimischer und ausländischer Weine getrost beiseite legen und dem Rat der Chefin vertrauen. **Aus der Karte:** Ossobuco vom Milchkalb mit Mailänder Safranrisotto und grünem Spargel; Feiner Prosciutto di San Daniele mit Spargel.

Die Besten
in Oberösterreich

Erich Lukas
91 **VERDI**
Linz

Martina Eitzinger
89 **TANGLBERG**
Vorchdorf

Elisabeth Grabmer
88 **WALDSCHÄNKE**
Grieskirchen

Rene Breiteneder
81 **BERGDIELE**
Leonding

Helmut Rachinger
81 **MÜHLTALHOF**
Neufelden

Oberösterreich

ATTERSEE | E10   **ÖBB**

Oberndorfer

*Hauptstraße 18, 4864 Attersee, Tel.: 07666/78 64-0, Fax: Dw. 91,
hoteloberndorfer@attersee.at, www.oberndorfer.info* B@G

Küchenzeiten: 12–14, 18.30–21.30. **Betriebsferien:** Mitte November bis Mitte Dezember 2004. **Inhaber:** Familie Oberndorfer. **Sitzplätze:** 80. **Garten:** 80. **Durchschnittspreis bei 3 Gängen:** € 27,–. **Übernachtungsmöglichkeit.**

Im Ortszentrum, direkt am See gelegenes Traditionsgasthaus und Seminarhotel. Die Köchin versteht sich auf die Zubereitung von gediegenen österreichischen Gerichten, wobei dem Thema Fisch besondere Aufmerksamkeit geschenkt wird. Die heimliche Liebe gilt aber eindeutig dem Nachspeisensektor: So idealtypische Apfelscheiben mit Weinchaudeau oder die leider aus der Mode gekommenen, frischen Biskuitstanitzel muss man lange suchen. Das Weinangebot kann da leider – noch – nicht mithalten. **Aus der Karte:** Attersee-Rheinanken-Carpaccio mit Dillsenf; Attersee-Hecht „Fischerin Art" mit Kartoffeln und Blattsalat; Gegrillte Beiriedschnitte mit frischem Stangenspargel und Sauce béarnaise, dazu Erdäpfelstrudel; Apfelscheiben auf Weinchaudeau.

ATTNANG-PUCHHEIM | D11   **ÖBB**

Christian's

*Gmundner Straße 2 (im Schlossmarkt), 4800 Attnang-Puchheim, Tel.: 07674/646 33,
christians.kulinarium@aon.at, www.christianskulinarium.com/obermayr*

Küchenzeiten: Di.–Sa. 11.30–14, 18–22, So. 11.30–14. **Inhaber/Küchenchef:** Christian Obermayr. **Sommelière:** Margit Obermayr. **CC:** Amex, Diners, MC/EC, Visa. **Sitzplätze:** 80. **Garten:** 60.

Ehemals führten die Betreiber des „Christian's" das Waldhotel Marienbrücke in Gmunden. Nun hat sich das Ehepaar Obermayr über die Jahre in Attnang-Puchheim einen Namen gemacht, weswegen man längst auch hier eine treue Schar von Stammgästen bewirtet. Den Service schupft die Chefin auf unnachahmlich charmante Art, während Patron Christian Obermayr die Küchenagenden überhat. Die Wirtshausgeher bekommen Variantenreiches von Weißwurst bis Wiener Schnitzel, Feinschmecker hingegen können sich über ein weit spannenderes, mediterranes Genussspektrum freuen. Stars der Küche sind Meeresfische, die mit viel Gefühl und Geschick zubereitet werden. Vom gut gepflegten Trumer Pils über Mostbirnensekt und Almtaler Honigwein bis zu der kleinen, aber hochkarätigen Weinauswahl kann der Gast aus einer schönen Getränkepalette wählen. **Aus der Karte:** Marchfelder Spargel und Avocados an Gazpachosalsa; Lammschlögerl im Ragout von Schalotten und Zucchini.

Oberösterreich

 | D11

Weinwirt

★★ | 67 | 🍷 | 🥂

Grünbachstraße 20, 4672 Bachmanning, Tel.: 07735/71 31, Fax: 201 71,
office@weinwirt.at, www.weinwirt.at

Küchenzeiten: Mi.–So. 11–13.30, 18–21.30. **Betriebsferien:** letzte zwei Wochen im Juli 2005. **Inhaber/in:** Elisabeth und Hermann Haberfellner. **Küchenchefin:** Elisabeth Haberfellner. **Sommelier:** Hermann Haberfellner. **CC:** MC/EC, Visa. **Sitzplätze:** 45. **Garten:** 30. **Durchschnittspreis bei 3 Gängen:** € 30,–.

Der dörfliche Charakter des Hauses sorgt für eine behagliche Atmosphäre. Im Familienbetrieb wirkt der Chef des Hauses souverän im Service, während die Küchenchefin hungrige Feinschmecker mit perfekt komponierten Kreationen von hervorragender Produktqualität verwöhnt. Dass auch hier in Bachmanning Hausmannskost ziemlich mediterran abgehandelt wird, überrascht nicht, gehört dieses Programm doch längst zur Pflichtübung jedes Kochs. Der Unterschied liegt in der individuellen Phantasie und mit dieser zaubert Frau Haberfellner ganz famos. Im Keller gilt nomen est omen: Der „Weinwirt" überzeugt mit einer beeindruckenden Weinauswahl und einem nicht minder tollen glasweisen Angebot. **Aus der Karte:** Hausruckviertler Erdäpfelsuppe; Knusprig gebratenes Perlhuhnbrüstchen auf Thymianjus mit Mandelbrokkoli und Erdäpfelstrudel; Nougatmousse mit Himbeerragout.

BAD GOISERN | F10

Goiserer Mühle

★ | 62 | 🍷

Am Kurpark 128, 4822 Bad Goisern, Tel.: 06135/82 06, Fax: Dw. 66,
goiserermuehle@eunet.at, www.goiserermuehle.at

Küchenzeiten: Mi.–Mo. 11.30–14, 17.30–21. **Betriebsferien:** 15.–30. 11. 2004, 17. 1.–28. 2. 2005. **Inhaber/in:** Gerlinde und Karl Pfliegler. **Küchenchef:** Karl Pfliegler. **Sommelière:** Theresa Pesl. **CC:** MC/EC, Visa. **Sitzplätze:** 70. **Garten:** 52. **Durchschnittspreis bei 3 Gängen:** € 35,–. **Übernachtungsmöglichkeit.**

Umgeben von traumhafter Landschaft ist die trutzige, im Jahr 1990 revitalisierte Mühle ein Hort der Heimeligkeit und ein Paradies für romantische Gemüter. Ein reines Vergnügen ist auch die Küche von Hausherr Karl Pfliegler, dem der kulinarische Spagat von gediegener Regionalküche bis zu kreativ verfeinerten Rezepturen bestens gelingt. Fische aus dem Salzkammergut werden ebenso pfiffig zubereitet wie jahreszeitliche Spezialitäten à la Wild und Spargel. Die Weinauswahl ist gepflegt sortiert und erfreut insbesondere mit guten Flaschen aus der Wachau und dem Burgenland. Für den Herbst 2005 ist ein umfassender Umbau des Hauses geplant. **Aus der Karte:** Goiserer Ziegenkäse-

Oberösterreich

terrine mit geschmortem Paprikagemüse auf Zucchini-Carpaccio; Hallstätter See-Rheinanke mit Kräuterbutter, dazu Kräutererdäpferl und Gemüsebeilage; Gespickter Rehschlögl in Trüffel-Obers-Sauce mit Rotkraut, Knödelterrine und Preiselbeeren; Mohnknöderln mit marinierten Weichseln.

BAD ISCHL | E10   **ÖBB**

Café Zauner

Hasnerallee 2, 4820 Bad Ischl, Tel.: 06132/237 22, Fax: 233 10-30,
Küchenzeiten: 11.–21.
Der „Zauner" ist ja in erster Linie für seine verführerische Schnittenkultur bekannt. Wer nicht so auf der süßen Seite ist, kann sich auch an bodenständigen Schmankerln versündigen.

Rettenbachmühle

Hinterstein 6, 4820 Bad Ischl, Tel.: 06132/235 86, Fax: 211 07
Küchenzeiten: Mi.–So. 11.–22.
Die wild-romantische Rettenbachklamm, die würzige Waldluft und das rustikale Flair der Mühle haben schon Biedermeiermaler Georg Waldmüller bezaubert. Da wird man dann gleich ganz nostalgisch und genießt fein gemachte Klassiker wie Essigwurst oder Kasnocken.

Villa Schratt

★★★ 76

Steinbruch 43, 4820 Bad Ischl, Tel.: 06132/276 47, Fax: Dw. 4,
gaderbauer@villaschratt.at, www.villaschratt.at
Küchenzeiten: Do.–Mo. 11.30–13.30, 18–21.30. **Inhaber/Küchenchef:** Günter Gaderbauer. **Sommelière:** Sabine Gaderbauer. **CC:** MC/EC, Visa. **Sitzplätze:** 40. **Garten:** 30. **Durchschnittspreis bei 3 Gängen:** € 47,–.
Übernachtungsmöglichkeit.
Pünktlich um drei viertel sieben traf der gute alte Kaiser täglich hier ein und wurde schon von Kathi Schratt und einem Gugelhupf erwartet. Die handelnden Personen haben gewechselt, aber der – nach Originalrezept zubereitete – Gugelhupf ist noch immer da. Eine nette nostalgische Geste von Küchenmeister Günter Gaderbauer, der freilich weit mehr kann, als bloß monarchisches Flair zu servieren. Exzellent ist etwa sein Umgang mit traditionellen Rezepturen, die geschickt verfeinert werden, exzellent sind aber auch seine Eigenkreationen, die durch ambitionierte Ideen, Esprit und großes Fingerspitzengefühl überzeugen. Die Weinauswahl überzeugt mit einem gelungenen Querschnitt durch österreichische und internationale Weinbauregionen. **Aus der Karte:** Rucolasalat mit Nüssen und zweierlei Fisch; Wildhasenfilet auf Wacholdersauce, Rotkraut und Schupfnudeln; Topfenknöderln mit Holunder-Zwetschken-Röster.

Oberösterreich

BAD SCHALLERBACH | D11   ÖBB

Grünes Türl

Gebersdorf 1, 4701 Bad Schallerbach, Tel.: 07249/481 63, Fax: 429 32, hotel@gruenes-tuerl.at, www.gruenes-tuerl.at

B@G

Küchenzeiten: 11–21.30. **Inhaber/Sommelier:** Herbert Ameshofer jun. **CC:** Amex, Diners, MC/EC, Visa. **Sitzplätze:** 120. **Garten:** 100. **Durchschnittspreis bei 3 Gängen:** € 24,–. **Übernachtungsmöglichkeit.**

Das 1540 erstmals erwähnte Weinzierlgut ist ein reizvolles Hausrucker Gasthaus, in dem man sich einfach wohl fühlt. Stimmiges Stüberl und Speisesaal, angenehmer Garten mit idyllischer Springbrunnen-Oase. In der Küche pflegt man seit Jahren eine sehr vielfältige Speisenauswahl mit diversen Standardgerichten, regionalen und saisonalen Spezialitäten, Vollwert- und Naturkost bis hin zu internationalen Gerichten. Die Umsetzung dieses (übergroßen) Programms gelingt in der Regel recht gut, kleinere Ausrutscher kann man in diesem Landhausjuwel durchaus entschuldigen. Mit ein wenig mehr an Professionalität und Kreativität wären freilich auch bessere Noten möglich. Die Weinauswahl ist stimmig zusammengestellt und auf fast jeden Gusto vorbereitet. **Aus der Karte:** Carpaccio vom Milchlamm mit Balsamicomarinade und Sesam; Rotzungenfilet in Senfsaatsauce mit Petersilerdäpfeln und Blattsalat; Gespickte Rehmedaillons in Wildrahmsauce mit Schwammerln, Kroketten und Preiselbeerapfel.

BRAUNAU | C/D9   ÖBB

Tafelspitz & Co

Stadtplatz 15, 5280 Braunau, Tel.: 07722/836 05, Fax: Dw. 14, stadtcafe.braunau@utanet.at

Küchenzeiten: 11–14, 18–22 (Mai bis August nur 18–22 geöffnet). **Inhaber:** Reumüller-Katz KG. **Küchenchef:** Jochen Reumüller. **CC:** Diners, MC/EC, Visa. **Sitzplätze:** 70. **Terrasse:** 40. **Durchschnittspreis bei 3 Gängen:** 22,–.

Braunau ist ein typischer Innviertler Ort mit einem ebenso typischen und wunderschönen Stadtplatz, der nicht nur architektonisch, sondern auch kulinarisch einiges zu bieten hat. Das im ersten Stock eines kleinen Hauses untergebrachte, gepflegt und stilvoll eingerichtete „Tafelspitz" ist ein Dorado für Fleischtiger, die sich vom Sulzerl und Carpaccio über das Kalbswiener bis zu den gesottenen Rindfleischspezialitäten über eine Vielzahl erstklassig zubereiteter Fleischspeisen freuen dürfen. Da die Rohstoffe von der bekannt guten Metzgerei Edtbauer bezogen werden, kann man auch auf beste Produktqualität bauen. Das Dessertangebot hingegen wäre durchaus ausbaubar. Der Service agiert sehr zuvorkommend, charmant, aufmerksam und höflich. Der rollende Weinwagen offeriert je

Oberösterreich

sechs Weiß- und Rotweine bekannter Winzer. **Aus der Karte:** Tafelspitzsulzerl mit Balsamicozwiebeln und Salatbouquet; Gedämpftes Lachsfilet auf Basilikumschaum, dazu gibt es eine Wildreismischung und Ratatouille; Schweinefilets mit Tomaten-Käse-Haube auf leichtem Kümmelsaft, dazu marktfrisches Gemüse und Erdäpfelgebäck; Palatschinken mit hausgemachter Marillenmarmelade.

EFERDING | C11 ÖBB

Brummeier's Kepler-Stuben

Stadtplatz 35, 4070 Eferding, Tel.: 07272/24 62, Fax: Dw. 220,
seminar@brummeier.at, www.brummeier.at B@G
Küchenzeiten: Di.–Sa. 11–14, 18–22, So., Fei. 11–14. **Betriebsferien:** Semesterferien, letzte zwei Wochen im Juli 2005. **Inhaber/Sommelier:** Gerold Brummeier. **Küchenchef:** Franz Straßer. **CC:** MC/EC, Visa. **Sitzplätze:** 150. **Garten:** 50. **Übernachtungsmöglichkeit.**
Still und verborgen liegt dieses kulinarische Kleinod in einem alten Bürgerhaus am Hauptplatz von Eferding. Benannt nach dem Astronomen Johannes Kepler, der 1612 in den Linzer Raum übersiedelt ist, versucht man aber nicht die kulinarischen Sterne vom Himmel zu holen, sondern bietet eine perfekt zubereitete, schnörkellose Regionalküche, in der Eferdinger Frühlingslustsalat mit gebackenem Spargel ebenso zuhause ist wie ein delikates Kalbsrahmbeuschel. Die unvermeidbaren mediterranen Akzente bieten Kreationen wie das köstliche Nussrisotto. Absolute Bonuspunkte des Hauses sind das selbst gebackene Brot, der überaus freundliche und kompetente Service sowie die schöne Auswahl österreichischer Weine und Brände. **Aus der Karte:** Kalbscarpaccio mit Spargelsalat; Saiblingfilet mit Spargel gespickt, serviert auf Kräuterrisotto; Rosa Rindsfiletsteak mit Morchelragout, Erdäpfelblini und Brokkoli.

Dannerbauer

Brandstatt 5, 4070 Eferding, Tel./Fax: 07272/24 71
Küchenzeiten: Mi.–Sa. 11.30–21.30, So. 11.30–20.30 (an Fei. geöffnet). **Inhaberin:** Astrid Dannerbauer. **Küchenchefs:** Peter Hirnschrodt, Bernhard Litzlbauer. **Sitzplätze:** 50. **Terrasse:** 50. **Durchschnittspreis bei 3 Gängen:** € 25,–.
Aus welchen Gründen auch immer lieben Menschen Plätze an Gewässern. Und wenn es dann noch dazu so ein romantisches Platzerl an der Donau ist, an dem sich der „Dannerbauer" niedergelassen hat, gibt's kein Halten. Wunderbar ist aber auch die Küche dieses sympathischen Fischwirtshauses, das sich gar nicht um Äußerlichkeiten, dafür intensiv und mit Erfolg um Qualität bemüht. Die Fischsulz schmeckt vorzüglich, die Salate sind frischer als frisch. Die gefüllten Knödelchen erfreuen ebenso wie die bestens gewürzten, fein gebratenen Fische,

Oberösterreich

die zu einem guten Teil aus eigener Teichwirtschaft oder aus der Donau stammen. Als süßer Abschluss unausweichlich: die delikaten Ofenliwanzerln. Von A bis Z wird hier mit Liebe und Sorgfalt gekocht, ohne Schummeln, geradlinig auf den Wohlgeschmack bedacht. **Aus der Karte:** Vanillerostbraten mit Braterdäpferln und Blattsalat; Ofenliwanzerln mit Zimt und Mohnzucker.

FELDKIRCHEN AN DER DONAU | C11

Schloß Mühldorf

Mühldorf 1, 4101 Feldkirchen an der Donau, Tel./Fax: 07233/72 41, schloss@muehldorf.co.at, www.schlossmuehldorf.at
Küchenzeiten: Di.–Do. 18–22. **Betriebsferien:** Jänner bis Mitte Februar 2005. **Inhaber:** Johannes Würmer. **Küchenchef:** Karl-Heinz Höller. **CC:** Amex, Diners, MC/EC, Visa. **Sitzplätze:** 70. **Garten:** 60. **Durchschnittspreis bei 3 Gängen:** € 34,–. **Übernachtungsmöglichkeit.**

Ein idyllischer Ort mit Geschichte. 1347 erstmals urkundlich erwähnt, kann dieser prachtvolle Ansitz auf eine bewegte Geschichte zurückblicken. 1980 wurde Mühldorf von der Familie Würmer übernommen und in ein prachtvolles Schlosshotel samt Rosengarten, Golfplatz und anderen Goodies umgewidmet. Nicht zuletzt die wunderbare Lage am Übergang des Granithochlandes zum Donautal macht einen Besuch zum Erlebnis. Küchenchef Karl-Heinz Höller serviert den Schlossgästen eine kompakte, aber sehr ideenreiche Speisenauswahl, in der Hausmannskost, kreative Vorspeisen und typisch Österreichisches wohl ausgewogen vertreten sind. Hinreißend etwa das Beuscherl vom Maibock. Schwachpunkt bei unserem Besuch: müde in sich zusammengesunkene Salzburger Nockerln – das darf einfach nicht passieren. Die Weinauswahl ist ausgezeichnet, der Service detto. Achtung: Gourmetküche gibt's nur abends. **Aus der Karte:** Hausgebeizte Lachsforelle mit Rucola in Limettensalsa und gebackene Garnele; Medaillon vom Seeteufel in der Tomaten-Pinienkern-Kruste auf Gurkensauté und Auberginenkaviar; Glacierte Backerl vom Jungschwein in Koriandersauce mit gekochtem Grießstrudel und glaciertem Gemüse.

Oberösterreich

GASPOLTSHOFEN | D11   **ÖBB**

Klinger

Jeding 1, 4673 Gaspoltshofen, Tel.: 07735/69 13, Fax: 71 93 20, gasthof.klinger@fnet.cc
Küchenzeiten: Mo. 11–13.30, Mi.–So. 11.30–13.30, 18–21.30. **Betriebsferien:** letzte drei Wochen im Jänner 2005. **Inhaber:** Wolfgang Klinger. **Küchenchefin:** Ursula Heftberger. **Sommelier:** Wilhelm Klinger. **Sitzplätze:** 90. **Garten:** 60. **Durchschnittspreis bei 3 Gängen:** € 27,–. **Übernachtungsmöglichkeit.**

Ein sympathischer Hausrucker Landgasthof wie aus dem Bilderbuch. Mit einem Chef, der für das Wirtshaus lebt. Seine Freude am Beruf ist echt und steckt die Gäste gnadenlos an, worüber wir natürlich entzückt sind. Die langjährige Küchenchefin Hedwig Klinger hat sich in den mehr als verdienten Ruhestand zurückgezogen. Ihre Nachfolgerin heißt Ursula Heftberger, die die traditionellen Qualitäten des Hauses aber hochhält und auch das gewohnte Niveau spielend erreicht. Heimisch, herzhaft, regional, zeitgemäß und trotzdem authentisch präsentiert sich die Küche, perfekt vom Hausruckviertler Schweineschopfbraten bis zur legendären Klingertorte. Dass Wein im Hause Klinger eine wichtige Rolle spielt, lässt sich schon am beruflichen Werdegang der beiden Söhne erkennen, die eng mit Winzergrößen wie Angelo Gaja oder Willi Bründlmayer verbunden sind. Dementsprechend gut ist natürlich auch das Weinsortiment, das neben österreichischen Spitzenweinen auch Feinstes aus Italien und Frankreich umfasst. **Aus der Karte:** Wacholdergeräuchertes Forellenfilet mit Oberskren und Weißbrottoast; Fangfrische Forelle, knusprig gebraten, mit Kartofferln und Blattsalat.

GMUNDEN | E11   **ÖBB**

Schloßhotel Freisitz Roith

Traunsteinstraße 87, 4810 Gmunden, Tel.: 07612/649 05, Fax: Dw. 17, info@schlosshotel.at, www.schlosshotel.at   **B♥G**

Küchenzeiten: 11.30–13.30, 18–21.30. **Betriebsferien:** Februar 2005. **Inhaber:** Hans Asamer. **Küchenchefs:** Johann Parzer, Reinhard Spreitzer. **Sommelière:** Carina Schlattner. **CC:** Amex, Diners, MC/EC, Visa. **Sitzplätze:** 65. **Terrasse:** 40. **Durchschnittspreis bei 3 Gängen:** € 43,–.
Übernachtungsmöglichkeit.

Seit mehr als einem halben Jahrhundert thront dieses prachtvolle Haus am Traunsee, nach einer wechselvollen Geschichte ist man heute ganz der Gastlichkeit auf höchstem Niveau verpflichtet. So wunderbar die Aussicht auf Schloss Orth und den See, so fein und aristokratisch ist die Küche. Die beiden Chefs de Cuisine, denen man eine gewisse Tendenz zum Luxuriösen nicht absprechen kann, arbeiten ambitioniert und konsequent an ihrer Küchenlinie, phantasievoll und stets bestrebt, neue Harmonien von Aromen und Geschmäckern auszuloten. Und das gelingt ihnen auch mit ansprechendem Erfolg. Heimisches verbindet sich harmonisch mit fernöstlichen, mediterranen und klassischen Haute Cuisine-Akzenten. Sowohl Österreich als auch das Ausland sind erstklassig mit besten Weinen und Digestifs vertreten. **Aus der Karte:** Gänseleberterrine mit Sauce Cumberland und Bärlauchbrioche; Bärlauchravioli im Steinpilzfond; Rumpsteak vom Baby Beef im Trüffelsaft mit Rahmkohlrabi und Kartoffelschnee; Grießsoufflé mit Rhabarberragout und Pistazieneis.

 | D11

Castelvecchio

★★★ | 79 | 🍷

Bahnhofstraße 7, 4710 Grieskirchen, Tel.: 07248/643 80, Fax: 614 26, castelvecchio@office.at, www.castelvecchio.at
Küchenzeiten: Mi.–So. 17–23, So., Fei. 11.30–14. **Betriebsferien:** eine Woche im Frühjahr, zwei Wochen im August 2005. **Inhaber/Küchenchef:** Roman Rauch. **Sommelier:** Franz Mair. **CC:** MC/EC, Visa. **Sitzplätze:** 80. **Garten:** 30.
Durchschnittspreis bei 3 Gängen: € 39,–.

Little Italy in Grieskirchen: Selten gelingt es dem italophilen Feinschmecker, nördlich der Adria ein dermaßen wohlschmeckendes und authentisches Stück Italien zu finden. Was Roman Rauch in der Küche zaubert, ist schon weit mehr als solide, manchmal sogar sensationell. Perfekte Produkte, jede Kreation stimmig, harmonisch und mit italienischem Flair gewürzt. Alles wirkt wunderbar leicht und erfrischend, authentisch und ungekünstelt. Sinnvolle saisonale und regionale Einsprengseln fließen ohne viel Aufhebens mit Fingerspitzengefühl in die Küchenlinie ein. Eine der besten italienischen Restaurantküchen in Österreich. Italianità ist auch im Weinkeller angesagt, die diversen Weinbauregionen Italiens sind durch die Bank mit edlen Tropfen vertreten. **Aus der Karte:** Carpaccio mit Rucola und Parmesan; Steinbuttfilet in Safran-Gemüse-Fond mit Kartoffeln; Perlhuhnbrust auf Kräuterpolenta; Ricottanockerln auf Rhabarberragout, dazu Erdbeersorbet.

Waldschänke

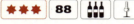

Kickendorf 15, 4710 Grieskirchen, Tel.: 07248/623 08, Fax: 666 44,
waldschaenke@utanet.at, www.waldschaenke.at
Küchenzeiten: Mi.–Fr. 18–22.30, Sa. 11.30–14, 18–22.30, So. 11.30–14.30. **Betriebsferien:** 10.–23. 1., Semesterferien, erste Woche im August 2005. **Inhaber:** Heinz Grabmer. **Küchenchefin:** Elisabeth Grabmer. **Sommelier:** Johannes Schnürzler. **CC:** Amex, Diners, MC/EC, Visa. **Sitzplätze:** 50. **Garten:** 60.
Durchschnittspreis bei 3 Gängen: € 41,–.

Wunderbar am Waldrand gelegenes Bilderbuchgasthaus. Jung und Alt, Groß und Klein, alle werden wie Könige behandelt und von Elisabeth Grabmer einfach himmlisch eingekocht. Die Basis ist die heimische Küche, der die ehrgeizige Chefin immer neue inspirierende Nuancen abgewinnt. Der Mut zu ungewöhnlichen Kombinationen und die nie versiegende Erfindungsgabe von Frau Grabmer machen jeden Besuch in der „Waldschänke" zu einem kulinarischen Ereignis. Einfach das Beste, was man aus gepflegter Regionalküche machen kann. Knallvoll mit besten Weinen präsentiert sich der Weinkeller, entsprechend perfekt auch die Beratung durch den Sommelier und den Hausherrn. **Aus der Karte:** Steinbutt mit Kresserisotto und knusprigem Speck; Ochsenfilet mit Petersilie gratiniert, Lauch und kräftige Rotweinsauce.

Almtalhof

4645 Grünau im Almtal 382, Tel.: 07616/82 04, Fax: Dw. 66,
almtalhof@magnet.at, www.romantikhotels.com/gruenau
Küchenzeiten: 12–13.30, 19–21. **Betriebsferien:** 15. 10.–15. 12. 2004, 15. 3.–25. 4. 2005.
Inhaber: Jörg Leithner. **Küchenchefin:** Karin Schachinger. **Sommelière:** Ilse Schachinger.
CC: MC/EC, Visa. **Sitzplätze:** 100. **Garten:** 60. **Durchschnittspreis bei 3 Gängen:** € 33,–. **Übernachtungsmöglichkeit.**

Das Almtal ist eines der schönsten Täler des Landes, das sommers wie winters ein Dorado für Wanderer, Sportler und Genussmenschen ist. Letztere kehren bevorzugt im „Almtalhof" ein und genießen das reizvolle Ambiente und den gediegenen Serviceauftritt. Ebenso niveauvoll ist die Leistung der Küche. Region und Saison sind die wichtigsten Ingredienzen des hier servierten gutbürgerlichen Speisenmixes. Auch wenn zuletzt ein Thunfisch im Almtal gesichtet wurde, Forellen schmecken uns hier allemal besser. Gleiches gilt für Speisen vom Almtaler Rind. Und auch das Halbgefrorene vom Fichtenwipferl wollen wir an dieser liebenswerten Adresse nicht missen. Bei unserem diesjährigen Besuch haben sich leider kleine Fehler ins kulinarische Getriebe eingeschlichen, die hoffentlich nur ein Tagestief waren. **Aus der Karte:** Thunfischcarpaccio mit Paprika-Tomaten-Pesto; Ausgelöste, gefüllte Wachtel auf Kohlgemüse im Natursaftl.

Oberösterreich

 GURTEN | D10

Bauböck

 66

4942 Gurten 16, Tel.: 07757/62 02, Fax: Dw. 4
bauboeck@utanet.at, www.bauboeck.info B@G

Küchenzeiten: Di.–Sa. 11–14, 17.30–21, So. 11–14. **Betriebsferien:** je zwei Wochen im Februar und Juli 2005. **Inhaber/Küchenchef:** Gerhard Bauböck. **Sommelière:** Margarete Bauböck. **CC:** MC/EC. **Sitzplätze:** 115. **Garten:** 30. **Durchschnittspreis bei 3 Gängen:** € 34,–. **Übernachtungsmöglichkeit.**

Unweit der Therme Geinberg in der Innviertler Landschaft thronender Gasthof mit einigen hundert Jahren Historie. Sei es jetzt im gemütlichen Landgasthof, im gehobenen Restaurant oder im legeren Garten, wohl fühlen tut man sich überall – nicht zuletzt dank der liebenswürdigen Betreuung durch die Chefin. Herzstück des Hauses ist aber die feine Regionalküche von Patron Gerhard Bauböck. Mit viel handwerklichem Geschick verfeinert er altbekannte Klassiker zu „Innviertel light". Die Verwendung von regionalen Rohstoffen und frischen Saisonprodukten verleiht der Küche den feinen Kick. Ungewöhnlich ist auch die Spannbreite der Weinkarte, vom österreichischen Jungwein bis zum gut gelagerten Bordeaux reicht das Angebot. **Aus der Karte:** Koteletts vom Weidelamm in der Pinien-Pesto-Kruste mit Gemüseragout und Zartweizen-Erdäpfel-Strudel; Limonen-Topfen-Mousse im Mandelbiskuit.

KRONSTORF | D12 ÖBB

Rahofer

✸✸ 69

Hauptstraße 56, 4484 Kronstorf, Tel.: 07225/83 03, Fax: Dw. 15, www.rahofer.at
Küchenzeiten: Di.–Sa. 11–14, 18–22. **Betriebsferien:** 20.–25. 2., 15. 8.–2. 9. 2005.
Inhaber/Küchenchef: Rudolf Rahofer. **CC:** Amex, Diners, MC/EC, Visa. **Sitzplätze:** 70.
Garten: 50. **Durchschnittspreis bei 3 Gängen:** € 29,–.
Übernachtungsmöglichkeit.

Stattlicher Mostviertler Gasthof, der neben dem eigentlichen Restaurant auch eine Café-Konditorei und eine Bar mit dem schönen Namen „Rabar" beherbergt. Das Ambiente ist zeitlos elegant, der Innenhof ein idyllischer Platz. In Zeiten, in denen die Regionalität en vogue ist, steuert Rudolf Rahofer in die entgegengesetzte Richtung und frönt einer hinreißenden mediterranen Küche, die sich freilich in einem sehr eigenständigen Gewand präsentiert. Phantasievolle Kombinationen, erstklassige Rohstoffe und ein Küchenhandwerk aus dem Effeff sichern Genuss in Reinkultur, dem man sich am besten im Rahmen eines Menüs nähert. Die fein komponierte Weinkarte setzt mehrheitlich auf Österreich. **Aus der Karte:** Schwertfisch provenzalisch; Mostschober.

Oberösterreich

LEONDING | C12

Bergdiele

★★★ | 81 | 🍷

Holzheimerstraße 7, 4060 Leonding, Tel.: 0732/78 10 54, Fax: 77 43 57
info@bergdiele.at, www.bergdiele.at

Küchenzeiten: Mo.–Fr. 11–14, 18–22 (an Fei. geschlossen). **Betriebsferien:** Semesterferien, letzte zwei Wochen im August 2005. **Inhaber/in:** Renate und Willhelm Staybl-Kopp. **Küchenchef:** Rene Breiteneder. **Sommelier:** Michael Staybl. **CC:** MC/EC, Visa. **Sitzplätze:** 50. **Garten:** 60.

Das ehemalige Ausflugscafé und der spätere kulinarische Geheimtipp ist schon längst zu einer festen Größe in der kulinarischen Szene der oberösterreichischen Landeshauptstadt geworden. Spätestens mit der Übernahme des Hauses durch Michael Staybl hat man Anschluss an die Spitzengastronomie gefunden. Mit einem gerüttelt Maß an Ideenreichtum und Esprit entsteht hier eine Palette feinster Kreationen. Sympathisch weltoffen, ausnehmend eigenständig und küchentechnisch ohne Fehl und Tadel, man kann ja auch auf Lehrjahre bei prominenten Köchen (etwa Lisl Wagner-Bacher) zurückgreifen. In den Räumlichkeiten der früheren Kellerbar hat man eine bemerkenswerte Sammlung edler Weine angelegt, die allerbestens mit der hier gepflegten Küchenlinie harmoniert. **Aus der Karte:** Steingarnelen im Wan Tan-Blatt „Asia"; Geschmortes Kalbsvögerl im Schalottenrahm mit Rosmaringnocchi.

LINZ | C12

Da Giuseppe

★ | 58

Herrenstraße 23, 4020 Linz, Tel.: 0732/79 28 21, Fax: 79 28 86

Küchenzeiten: Mo.–Fr. 17.30–23. **Betriebsferien:** August 2005. **Inhaber/in:** Susanne und Giuseppe Verdichizzi. **Küchenchef:** Giuseppe Verdichizzi. **CC:** Diners, MC/EC, Visa. **Sitzplätze:** 70. **Terrasse:** 56. **Durchschnittspreis bei 3 Gängen:** € 35,–.

Insbesondere sommers zieht's eine Vielzahl von mediterran gestimmten Feinschmeckern in den kühlen Innenhof der Trattoria, wo man ein wenig Urlaubsgefühle tanken und sich an den delikaten italienischen Gerichten des Padrons delektieren kann. Vom Vitello tonnato und Carpaccio über diverse Pastavariationen, feine frische Fische und schmackhafte Fleischgerichte bis hin zu Panna cotta und Torta morbida und einer kleinen italienischen Käseauswahl wird alles serviert, was das nach Sonne und Süden schmachtende mitteleuropäische Herz begehrt. Einige gute Weine aus Italien und Österreich stehen ebenfalls zur Verfügung. **Aus der Karte:** Tonno alla siciliana (Thunfisch in Balsamico-Olivenöl-Kräuter-Marinade, kurz angebraten); Costolette d'agnello al rosmarino (Lammkotelett mit Rosmarin).

Oberösterreich

die Wirtschaft

Eduard-Süss-Straße 19, 4020 Linz, Tel.: 0732/38 53 38, Fax: Dw. 4
Küchenzeiten: Mo.–Fr. 11–22, Sa. 11–14, 18–22, So., Fei. 11–14.
„Urige Schmankerln aus Omas Küche werden in Pfannen serviert."
Empfohlen von Dominic Heinzl, „Hi Society"-Frontman

Donautal

Obere Donaulände 105, 4020 Linz, Tel.: 0732/79 55 66, Fax: Dw. 7
Küchenzeiten: Di.–Do., Sa. 11.30–14, 18–22, Fr. 18–22, So. 11.30–14. **Inhaberin:** Manuela Oberauer. **Küchenchef:** Jürgen Lettner. **Sommelier:** Daniel Marinkovic. **CC:** Diners, MC/EC, Visa. **Sitzplätze:** 120. **Garten:** 90. **Durchschnittspreis bei 3 Gängen:** € 34,–. **Übernachtungsmöglichkeit.**

Nomen est omen – so liegt das „Donautal" in eben diesem und zudem direkt an der Donau mit Blick auf den Pöstlingberg und zum neuen Linzer Architekturzerwürfnis, dem Lentos, einmal in Rosa, dann wieder in Blau getaucht. Spannende Ausblicke sowohl vom Restaurant als auch von der wunderschönen Terrasse und freudige Einblicke in die Küche dieses Hauses sind angesagt, galt es doch herauszufinden, was „A g'mahte Wies'n" oder ein „Hole in One" auf dem Teller ist. Gekocht wird vorwiegend österreichisch und deftig, wobei insbesondere Forelle und Saibling sowie leichte Sulzen und ein paar andere zeitgeistig inspirierte Vorspeisen einen leichten und feinen Kontrapunkt bilden. Insgesamt eine harmonische und vorbildliche Küchendarbietung. Die Weinkarte bietet ein schönes Österreich-Spektrum und eine tolle Vielfalt in Sachen Wachau. **Aus der Karte:** Zanderfilet auf Rübenrisotto und Krenschaum; Gekochtes Schulterscherzl mit Semmelkren, Schnittlauchsauce und Erdäpfelschmarrn.

Herberstein

Altstadt 10, 4040 Linz, Tel.: 0732/78 61 61, Fax: Dw. 11, herberstein-linz.at
Küchenzeiten: Mo., So. 17–23, Di., Mi. 11.30–14, 17–23, Do., Fr. 11.30–14, 17–24, Sa. 17–24. **Inhaber:** Thomas Altendorfer. **Küchenchef:** Gerald Höhenberger. **Sommelier:** Ernst Apeldauer. **CC:** Amex, Diners, MC/EC, Visa. **Sitzplätze:** 130. **Garten:** 120. **Durchschnittspreis bei 3 Gängen:** € 30,–.

Das ehemalige Traditionshaus „Kremsmünsterer Stuben" heißt jetzt „Herberstein" und hat sich die „Harmonie der Sinne" zur Philosophie gemacht. Der neue Lifestyle-Tempel ist aber weit mehr als nur ein Restaurant und verfügt zusätzlich über eine Café-Bar, eine Enoteca, einen Innenhofgarten sowie mehrere Lounges, die allesamt durch eine äußerst stilvolle Einrichtung sowie eine gelungene Raumdekoration glänzen. Wer mag, kann in der Orient Lounge unter rotem Samthimmel liegend speisen. Die kleine, aber fein zusammengestellte Karte bietet pures kulinarisches Trendsetting, alles andere wäre hier auch fehl am Platz. Seeteufel in

Chilipanade mit Gnocchi auf Tomatensauce, Yakitori-Spieße vom Freilandhuhn (logisch) mit Basmatireis sowie ausgesprochen raffinierte Desserts werden sehr anregend und ansehnlich zubereitet und serviert. Eine Küche für junge und schöne Menschen des 21. Jahrhunderts. Kosmopolitisch und sehr umfangreich ist auch das Weinangebot, das mit Klasseweinen aus Österreich, Italien, Frankreich, Spanien und der Neuen Welt aufwarten kann. **Aus der Karte:** Indian Style „Raita" vom Maishähnchen mit Mango und Joghurt; Rosa gebratene Entenbrust auf Chili-Rahm-Erdäpfel und Portweinsauce.

Stefans Stubm

Garnisonstraße 30, 4020 Linz, Tel.: 070/60 40 80, info@stubm.at, www.stubm.at
Küchenzeiten: Mo.–Fr. 11–14, 18–22. **Inhaber:** Stefan Freilinger. **Küchenchef:** Christian Bierbaumer. **CC:** Diners, MC/EC, Visa. **Sitzplätze:** 70. **Garten:** 70. **Durchschnittspreis bei 3 Gängen:** € 20,–.
Mit Christian Bierbaumer ist nach dem kurzen Gastspiel von Jürgen Lettner schon wieder ein neuer Küchenchef angetreten, um in der gemütlichen „Stubm" von Stefan Freilinger eine niveauvolle Küche zu etablieren, was ihm mit etwas wechselndem Erfolg auch gelingt. Seine Version der österreichischen Küche ist durchaus schmackhaft und mit handwerklichem Geschick zubereitet. Bloß die großen Gaumenerlebnisse bleiben doch meist aus. Insbesondere die Desserts haben uns dieses Jahr nicht überzeugen können. Der Keller ist reichlichst mit guten bis erstklassigen Weinen aus Österreich gefüllt. Bemerkenswert sind die große Sorten- und Gebietsvielfalt und das interessante Angebot an Großflaschen. **Aus der Karte:** Roh marinierte Scheiben vom Rindsfilet mit Krensauce und gerösteten Kürbiskernen; Rindsuppe mit gebackenem Leberknödel; Wildhendl im Paprikarahm mit Risipisi; Schokoladenauflauf mit Vanilleschaum und Winterfrüchten.

Verdi

Pachmayrstraße 137, 4040 Linz, Tel.: 0732/73 30 05, Fax: Dw. 4, www.verdi.at
Küchenzeiten: Di.–Sa. 17–23. **Inhaber/in:** Helga und Erich Lukas. **Küchenchef:** Erich Lukas. **Sommelier/ière:** Helga Lukas, Johann Lindorfer. **CC:** Diners, MC/EC, Visa. **Sitzplätze:** 50. **Garten:** 50. **Durchschnittspreis bei 3 Gängen:** € 40,–.
Das hoch über Linz auf dem Pöstlingberg thronende, frisch herausgeputzte Reich von Erich Lukas hat weit mehr zu bieten als einen der schönsten Ausblicke auf die Stahlstadt. Etwa eine in Bestform agierende Küche. Hochkreativ werden da saisonale, heimische und exotische Rohstoffe erster Güte zu einer sehr individuellen Cuisine geformt. Vieles, was beim Lesen noch ein wenig sperrig wirkt, löst sich auf dem Teller in Wohlgefallen und Genuss auf. Dem Vernehmen nach soll der schmeckbare Aufschwung der Verdi-Küche mit Verstärkungen im Küchenteam zu erklären sein. Wie auch immer: Erich Lukas

Zeitgerecht genießen

Österreichische Käsekultur auf höchstem Niveau

Das Streben nach Perfektion ist jeher die Triebfeder menschlichen Schaffens. Für vollendeten Käsegenuss hat dieses Verlangen einen Namen: »Schärdinger Affineur«.

Jedes einzelne Produkt aus dem Schärdinger Affineur Käsesortiment wird selbst höchsten Qualitätsansprüchen gerecht. Sorgfältig auf den Punkt der optimalen Geschmacksentfaltung gereift, ist »Schärdinger Affineur« österreichische Käsekultur in höchster Vollendung.

Berglandmilch reg.Gen.m.b.H. 4066 Pasching, Schärdinger Straße 1,
Tel. +43/7229/684-0, Fax DW-395, e-mail: affineur@schaerdinger.at, www.schaerdinger.at

zählt schon seit langem zu den besten Köchen Oberösterreichs und hat dies mit der aktuellen Performance nachdrücklich unterstrichen. Der Weinkeller ist kongenial mit feinsten Weinen aus Österreich, Frankreich, Italien, Spanien und Übersee gefüllt. Toll ist auch das glasweise Angebot, bemerkenswert die Palette an edlen Destillaten und der in allen Belangen kompetente und aufmerksame Service. **Aus der Karte:** Zweierlei vom Kürbis mit lauwarmem Seeteufelsalat; Zander mit Apfelwein und Trevisiano-Ravioli; Zweierlei vom Milchkalb mit Jumbomorcheln und Winterrisotto; Rhabarbersoufflé mit Mascarponeeis und altem Balsamico.

Vogelkäfig

Holzstraße 8, 4020 Linz, Tel.: 0732/77 01 93, Fax: Dw. 2, vogelkaefig@utanet.at
Küchenzeiten: Di.–Fr. 11.30–13.15, 18.30–21.30. **Betriebsferien:** eine Woche im Februar, zwei Wochen im August, eine Woche im September 2005. **Inhaber:** Georg Essig. **Küchenchefs:** Georg Essig, Thomas Pfeiffer. **Sommelier:** Dominik Kraberger. **CC:** MC/EC, Visa. **Sitzplätze:** 40. **Garten:** 40.
Durchschnittspreis bei 3 Gängen: € 49,–.

Im kulinarischen Reich von Georg Essig herrscht zumeist eine angenehm lockere Atmosphäre, nicht nur wegen des originellen Ambientes, sondern auch die freundlich-bemühte Obsorge durch das Personal trägt das Ihre dazu bei. Schon die interessante Mittagskarte punktet mit vier unterschiedlichen Menüs (rustikal, light, Fisch & Fleisch), abends geht's dann aber im Rahmen der großen Menüs richtig zur Sache. Bei allem Bemühen um kulinarische Perfektion wirkt derzeit leider doch vieles reichlich verkrampft und nicht sehr glückvoll, weswegen wir die Wertung für dieses Jahr auf zwei Sterne beschränken. Die toll bestückte Weinkarte gefällt hingegen ganz hervorragend, wobei die große Auswahl an Magnums (zu denen Georg Essig auch fallweise Menüs komponiert) und anderen Großflaschen besonders hervorzuheben ist. **Aus der Karte:** Thunfisch in der Gewürzkruste auf süß-saurer Mangosalsa; Champagner-Holunder-Süppchen mit frischen Beeren; Ravioli vom Kalbswangerl in Tomaten-Trüffel-Butter und Sellerie; Pina-Colada-Cappuccino mit Limonensorbet.

Zum Kleinen Griechen

Hofberg 8, 4020 Linz, Tel.: 0732/78 24 67, Fax: 94 40 96
Küchenzeiten: Mo.–Sa. 11.30–14, 18–24.

Auch wenn Eferding, die Heimat von Patron Andreas Mair, nicht in Griechenland ist, viel authentischer geht's kaum mehr. Neben Klassikern der griechischen Küche, die ganz unklassisch leicht und fein auf den Teller kommen, bemüht sich die Küche um eine kreative Abhandlung eines im weitesten Sinne mediterranen Küchenstils, was im besten Fall in gelungenen Eigenkreationen greif- und kostbar wird. Sehr anregend ist die Weinauswahl, nicht weniger bemerkenswert das Sortiment feiner Zigarren.

Oberösterreich

MAUTHAUSEN | D12

Weindlhof

Kirchenweg 12, 4310 Mauthausen, Tel.: 07238/26 41, Fax: Dw. 6, www.weindlhof.at
Küchenzeiten: Di.–Sa. 11.30–14, 18–21.30. **Inhaberin:** Birgit Siebenhofer-Weindl.
Küchenchef: Christian Siebenhofer. **Sommelière:** Gerlinde Weindl. **CC:** MC/EC, Visa.
Sitzplätze: 60. **Terrasse:** 60. **Durchschnittspreis bei 3 Gängen:** € 26,–.
Übernachtungsmöglichkeit.

In wunderbarer Lage mit Blick auf die Donau liegender Gasthof, der sommers mit einem reizvollen Garten samt plätscherndem Brunnen lockt. Spielt der Wettergott nicht mit, kann man gemütlich in einer der Stuben beim Kachelofen Platz nehmen und sich von der jungen Patronne Birgit Siebenhofer-Weindl charmant und kompetent durch den Abend führen lassen. In der Küche feilt ihr Mann Christian an seiner ganz persönlichen Version einer verfeinerten Regionalküche. Er tut das mit zunehmendem Erfolg. Sehr gute Rohstoffe, großes Augenmerk auf die Saison und eine sympathische Prise Kreativität sind die Eckdaten dieses empfehlenswerten Mühlviertler Gasthauses. Sommelière Gerlinde Weindl berät kompetent bei der Auswahl des passenden Weines. Österreich, Italien und Frankreich sind jeweils mit edlen Tropfen vertreten. **Aus der Karte:** Gebratene Maishenderlbrust mit Gemüse und Pestorisotto; Geeistes von der Passionsfrucht mit Erdbeersalat.

MONDSEE | E10

Holzingerbauer

Oberburgau 12, 5310 Mondsee, Tel.: 06232/38 41, Fax: 38 31
Küchenzeiten: Mo.–Fr. 15– 22.

„Blick auf den Mondsee – die tollste Brettljause weit und breit, viele Künstler als Gäste – und natürlich Most."

Empfohlen von Peter Kupfer, Kulturmanager

Oberösterreich

Jedermann's

im Hotel Leitnerbräu, Marktplatz 9, 5310 Mondsee, Tel.: 06232/276 89, Fax: 273 96
Küchenzeiten: Di.–Sa. 11.30–14, 17.30–21.30, So. 11.30–14. **Übernachtungsmöglichkeit.**
„Claus Gandolf hat seine Laufbahn in Mondsee begonnen, dann war er Maître in Luxushotels am Mönchsberg und am Gaisberg. Vor etwa einem Jahr kehrte er mit Gattin Heidi nach Mondsee zurück und eröffnete im Hotel Leitnerbräu sein neues Restaurant. Gemütlich-ländliches Ambiente, kreativ zubereitete Speisen der heimischen und der mediterranen Küche und immer wieder Spezialwochen, wie z. B. Fisch- und Meeresgetierwochen. Ein Service der Spitzenklasse. Und alles zu echt erfreuenden Preisen."

Empfohlen von Herbert Schoeller, Feinschmecker

La Farandole

Schlösselweg 1, 5310 Mondsee, Tel./Fax: 06232/34 75
Küchenzeiten: Mi.–So. 12–14, 18.30–21.30 (Juli, August auch Mo., Di. geöffnet).
Betriebsferien: März 2005. **Inhaber:** Wolfgang Buchschartner. **Küchenchef/in:** Caroline Schneider, Wolfgang Buchschartner. **CC:** Visa.
Sitzplätze: 25. **Terrasse:** 20.
Im Juli 2004 feierte Wolfgang Buchschartner 20 Jahre „Farandole", aus dem Hort hochdekorierter Kochkunst ist zwar mittlerweile ein „etwas anderes Wirtshaus" geworden, was aber den Genuss in diesem Fast-Einmannbetrieb nicht wirklich schmälert. Der Chef berät, empfiehlt, kocht und serviert seine spannenden Kreationen, die in erster Linie auf heimischen, aber auch frankophilen Rezepturen beruhen. Das Geheimnis, die geschmackliche Faszination, liegt dann in der unvergleichlichen Buchschartner-Verfeinerung. Wunderbar allürenfrei und nicht zuletzt leistbar präsentiert sich da die Kochkunst eines ganz Großen, der in jedem Detail seines Kulinariums die ungebremste Freude an der Sache vermittelt. Die Weinauswahl ist klein, aber durchaus fein und wird – wie könnte es anders sein – auch vom Patron betreut.

Lackner

Mondseestraße 1, 5310 Mondsee, Tel.: 06232/23 59-0, Fax: Dw. 50
office@seehotel-lackner.at, www.seehotel-lackner.at
Küchenzeiten: Fr.–Mi. 11.30–14, 18–21.30. **Inhaber/Küchenchef/Sommelier:** Martin Lackner.
CC: MC/EC, Visa. **Sitzplätze:** 90. **Terrasse:** 100. **Durchschnittspreis bei 3 Gängen:** € 39,–. **Übernachtungsmöglichkeit.**

Schön, wenn es noch Überraschungen gibt: Ein sechsgängiges Überraschungsmenü bei Martin Lackner kann so eine unerwartete Freude sein. Er kocht immer besser, präzise und eigenwillig, saisonal und ohne Berührungsängste vor mediterranen Einflüssen. Das passt irgendwie auch zur Lage des – äußerlich unscheinbaren – Hauses am See. Die Weinkarte wächst und wächst, heuer zum Beispiel kamen 100 Kreszenzen aus aller Welt dazu. Der Chef und sein junger Sommelier beraten perfekt und mit Enthusiasmus, die Auswahl offener Weine ist schier unerschöpflich. Eigene Abfüllungen für den „Lackner" sind nichts Ungewöhnliches, betreibt Martin Lackner doch gleichzeitig eine stetig anwachsende, toll sortierte Vinothek. Dass man in diesem sympathischen Haus mit eigenem Seestrand auch übernachten kann, rundet einen wunderbaren Abend ab. **Aus der Karte:** Bauernentenbrust auf Sellerie-Erdäpfel-Püree mit grünem Spargel und Honig-Lavendel-Jus; Kürbiskernölparfait mit Rotweinfeigen.

Seehof

Au 30, 5310 Mondsee/Loibichl, Tel.: 06232/50 31, Fax: Dw. 51, seehof@nextra.at, www.seehof-mondsee.com

Küchenzeiten: 12–13.30, 19–21. **Betriebsferien:** Oktober 2004–12. 5. 2005. **Inhaber/in:** Jutta E. und Hans Nick. **Küchenchef:** Ferdinand Hölzl. **Sommelier:** Klaus Rosenzopf. **CC:** Amex, Diners, MC/EC, Visa. **Sitzplätze:** 100. **Terrasse:** 100. **Durchschnittspreis bei 3 Gängen:** € 41,–. **Übernachtungsmöglichkeit.**

Von Mai bis September wird hier perfekte Gastlichkeit geboten. Nimmt man auf der wunderbaren, in strahlendem Gelb gehaltenen Terrasse mit Blick in den parkähnlichen Garten Platz, stellt sich das Wohlgefühl praktisch von selbst ein. Der Mondsee ist zwar nicht sichtbar, trotzdem entsteht ein herrlich entspanntes mediterranes Flair, zu dem Küchenchef Ferdinand Hölzl das Seine beiträgt. Einerseits mit seinen schmackhaften Hausmannskostklassikern, insbesondere aber mit seinen gelungenen Ausflügen in die gehobene, südländisch inspirierte Küche, die dank gelungener und einfallsreicher Kombinationen auch strengere Feinschmeckergaumen rundum zufrieden stellt. Gar nicht schlecht ist das Weinsortiment, das neben feinen Kreszenzen aus Österreich auch erstklassige Flaschen aus Italien und Frankreich in petto hat. **Aus der Karte:** Tatar von geräucherten Mondseefischen mit Erdäpfelchips und Honig-Senf-Sauce; Zander mit Erdäpfelschuppen gebraten auf Frühkraut mit Veltlinersauce; Kalbsnüsschen auf Karotten-Ingwer-Nudeln und Morchelsauce.

Oberösterreich

NEUFELDEN | C11   **ÖBB**

Mühltalhof

*Unternberg 6, 4120 Neufelden, Tel.: 07282/62 58, Fax: Dw. 3,
muehltalhof@upperaustria.or.at, www.muehltalhof.com*   B@G
Küchenzeiten: Mo., Di., Do.–Sa. 11.30–13.30, 18–20.30, So. 11.30–13.30 (Allerheiligen bis Ostern Di. geschlossen). **Inhaber:** Familie Rachinger-Eckl. **Küchenchef:** Helmut Rachinger. **Sommelière:** Johanna Eckl. **CC:** Amex, Diners, MC/EC, Visa. **Sitzplätze:** 60. **Terrasse:** 40. **Durchschnittspreis bei 3 Gängen:** € 30,–.
Übernachtungsmöglichkeit.

Wunderbar romantisch an der aufgestauten Großen Mühl liegendes Landhaus-Idyll, das mit seinem ungewöhnlichen, entrustikalisierten Ambiente Wohlgefühl pur vermittelt. Weitab vom Lärm und Trubel unserer Zeit kann man hier entspannte Stunden verbringen und die schöne Landschaft genießen. Küchenchef Helmut Rachinger kocht seit Jahren in einer bestechenden Form. Harmonisch verbinden sich da Bodenhaftung und Zeitgeist zu einem reizvollen Ganzen, in dem Köstlichkeiten wie Polentamaultaschen in Fasanensauce, Mühlviertler Fischpörkelt oder Hollerdatschi die köstlichen Hauptdarsteller sind. Und wie sieht's im Keller aus? Die Steiermark, andere österreichische Weinbauregionen und das Ausland sind mit zum Teil auch älteren Jahrgängen sehr gut vertreten. **Aus der Karte:** Weißes Scherzl mit schwarzem Pfeffer, Petersilpesto und Parmesan; Saiblingfilet auf sautierten Wintersalaten mit Ingwer; Rehnüsschen, rosa gebraten, auf Tannen-Grieß-Polenta mit Rotweinschalotten; Zitronentarte mit Schokoladenmousse.

NEUHOFEN AN DER KREMS | D12   **ÖBB**

Moser

*Marktplatz 9, 4501 Neuhofen an der Krems, Tel.: 07227/42 29, Fax: Dw. 4,
gasthofmoser@neuhofen.at*
Küchenzeiten: Di. 18–22, Mi.–Sa. 11–14, 18–22, So. 11–15. **Betriebsferien:** erste zwei Wochen im August 2005. **Inhaber/Sommelier:** Josef Moser. **Küchenchefin:** Anna Moser. **CC:** Diners, Visa. **Sitzplätze:** 50. **Garten:** 30. **Durchschnittspreis bei 3 Gängen:** € 34,–. **Übernachtungsmöglichkeit.**

Von der Tabaktrafik, in der man schon frühmorgens ein Gulasch ordern kann, bis zum hinter einer Geheimtür versteckten Gewölbekeller, in dem die önophilen Schätze vom Hausherrn Josef Moser lagern, verfügt dieses sympathische Haus über eine Vielzahl attraktiver Details, deren reizvollstes aber fraglos die Küche der Anna Moser ist. Liebevoll umgesetzte Wirtshausstandards und phantasievoll komponierte Edelgerichte wie die lackierten Wachteln stellen

Falter's
KULTUR FÜR GENIESSER

IMMER GUT VERFÜHRT +++ „Falters Kultur für Genießer" widmen sich mit großer Kennerschaft und viel Liebe fürs Detail den kulturhistorischen, landschaftlichen und kulinarischen Besonderheiten Österreichs. +++

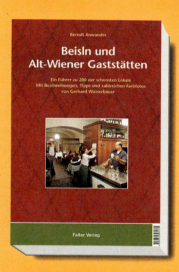

Berndt Anwander
BEISLN UND ALT-WIENER GASTSTÄTTEN

Eine Institution der Wiener Alltagskultur: das Beisl. Der Band ist ein kulinarischer Wegweiser zu 200 der schönsten Lokale Wiens:

- sortiert nach Bezirken, mit
- ausführlichen Beschreibungen, Adressen, Öffnungszeiten und
- zahlreichen Farbfotos.

272 Seiten, € 25,50

www.falter.at, T: 01/536 60-28,
F: 01/536 60-35, E: service@falter.at
oder in Ihrer Buchhandlung

Falter Verlag
Die besten Seiten Österreichs

den Genießer vor die Qual der Wahl, der man am besten mit einem selbst zusammengestellten viergängigen Menü begegnen kann. Neben der exquisiten Zigarrenauswahl freut natürlich insbesondere das wunderbare Sortiment österreichischer Weine. Das Bier kommt aus Obertrum. **Aus der Karte:** Carpaccio von zweierlei Fischen; Kross gebratener Knurrhahn auf jungem Gemüse; Bauernlamm im Thymiansafterl mit Schupfnudeln und Zwiebeln.

NUSSDORF AM ATTERSEE | E10

1er Beisl

im Hotel Lex'nhof, Am Anger 4, 4865 Nußdorf am Attersee, Tel./Fax: 07666/800 00, einserbeisl@lexenhof.at, www.lexenhof.at
Küchenzeiten: Do.–Mo. 11.30–14, 18–22 (Mai, Juni, September auch Mi. geöffnet; Juli, August kein Ru.). **Betriebsferien:** zwei Wochen in Oktober/November 2004, zwei Wochen im Februar 2005. **Inhaber:** Lugstein und Telser OEG. **Küchenchef:** Johann Lugstein. **Sommelier:** Markus Telser. **CC:** Amex, Diners, MC/EC, Visa. **Sitzplätze:** 35. **Garten:** 60. **Durchschnittspreis bei 3 Gängen:** € 38,–. **Übernachtungsmöglichkeit.**

Wie es zu dem merkwürdigen Namen kam, konnten wir nicht eruieren, aber dass das „Beisl" in Nußdorf das erste Haus am Platz ist, steht außer Zweifel. Einladende Stüberln und ein herrlicher Garten, dazu die gastfreundliche und besonnene Art von Herrn Telser im Service schaffen einen angenehmen atmosphärischen Background. Mal zart, mal deftig begleitet wird man von den Küchenkreationen von Johann Lugstein, der mit ausgezeichneten Materialien arbeitet und seine kulinarische Messlatte ziemlich hoch ansetzt. Der Blick nach Frankreich und Italien wird von Küche und Keller gleichermaßen geschätzt. Die Weinkarte ist schlicht sensationell. **Aus der Karte:** Tatar vom Ochsenfilet mit Rosmarinbrioche und Wachtelei; Rahmsuppe vom Bärlauch mit Blutwurst; Herzstück vom heimischen Rind mit Bärlauchrisotto und Stangenspargel; Nuss-Nougat-Knödel in Zimtbrösel auf Himbeermark.

OTTENSHEIM | C12   ÖBB

Zum grünen Baum

Marktplatz 25, 4100 Ottensheim, Tel.: 07234/825 10, Fax: 829 00
Küchenzeiten: Mo., Di., Do.–Sa. 17.30–22. **Übernachtungsmöglichkeit.**
Nur wenige Kilometer von Linz entfernt kann man in diesem schönen alten Bürgerhaus so manche erfreuliche Überraschung erleben. Sei es jetzt die gelungen verfeinerte Mühlviertler Küche oder das bemerkenswerte Angebot österreichischer Spitzenweine (etwa M und Unendlich aus dem Hause F.X. Pichler), das Engagement und die Begeisterung der jungen Wirtsleute sprechen aus jedem Detail.

Oberösterreich

SCHÄRDING | C10 ÖBB

Forstingers Wirtshaus

Unterer Stadtplatz 3, 4780 Schärding, Tel.: 07712/23 02, Fax: Dw. 3
Küchenzeiten: 11–22. **Übernachtungsmöglichkeit.**
Seit Jahrhunderten wird hier auf einem der schönsten Barockplätze Österreichs Gastlichkeit gepflegt, die von Einheimischen wie Ortsfremden gleichermaßen geschätzt wird. Zeitgemäße Küche, die weitgehend ohne Innviertel auskommt, dafür mediterrane und fernöstliche Nuancen geschickt einbindet. Sommers ist der Garten ein stimmungsvolles Platzerl.

Holzschlößl

Haid 39, 4780 Schärding, Tel.: 07712/41 96, Fax: 358 60, restaurant.holzschloessl@gmx.at
Küchenzeiten: Di.–Sa. 18–24. **Inhaber/Küchenchef:** Andreas Pöttler. **CC:** Amex, Diners, MC/EC, Visa. **Sitzplätze:** 40.
Terrasse: 16.
Das am Stadtrand von Schärding liegende Einfamilienhaus von Andreas Pöttler ist seit Jahren ein Hort der Kochkunst. Geboten wird eine gelungene österreichische Küchenlinie, die aber dank des handwerklichen Geschicks des Patrons stimmig und phantasievoll umgesetzt wird. Im Rahmen der drei-, fünf- oder siebengängigen Festmenüs kann man sich jedenfalls einen wunderbaren Überblick über das kulinarische Wirken des Hausherren verschaffen, der Saisonales und Regionales gekonnt mit hin und wieder auftauchenden mediterranen und asiatischen Nuancen kombiniert. **Aus der Karte:** Das Beste vom Rind in Sanddorn-Pfeffer-Sauce mit Pilztascherln; Zitronen-Topfen-Nockerln an Erdbeer-Rhabarber.

SCHÖRFLING AM ATTERSEE | E10 ÖBB

Langostinos

Bahnhofstraße 4, 4861 Schörfling, Tel./Fax: 07662/290 50
Küchenzeiten: Fr.–Di. 11–14, 17.30–21.30 (Juli, August kein Ru.). **Übernachtungsmöglichkeit.**
Der Attersee liegt zum Greifen nahe und so ist es nicht verwunderlich, dass in erster Linie einmal Atterseefische in den Kochtöpfen des „Langostinos" landen. Aber auch Krustentiere und Meeresfische werden von Patron Christian Rutschetschin allerfeinst zubereitet, was unterm Strich einfach eine tolle und vielfältige Fischküche ergibt. Die schöne Weinauswahl rundet das Vergnügen ab.

---

www.alacarte.at – Die besten Weine

Oberösterreich

Wengermühle

Oberachmanner Straße 2, 4861 Schörfling am Attersee, Tel.: 07662/42 23,
Fax: 40 91, wengermuehle@aon.at
Küchenzeiten: Di.–So. 11.30–13.45, 18–21.45. **Inhaber:** Josef Wiesinger. **Küchenchef:** Roland Raab. **Sommelière:** Martina Wiesinger. **CC:** Amex, Diners, MC/EC, Visa.
Sitzplätze: 90. **Garten:** 79. **Durchschnittspreis bei 3 Gängen:** € 30,–.

Ein idyllisches Platzerl direkt an der Traun samt Mühlrad, Bachplätschern und heimeligen Stuben. In so einer Umgebung schmecken natürlich die frisch aus dem Attersee gefangenen Fische schlicht hinreißend, egal ob sie jetzt etwa in einer Lasagne landen oder im Ganzen gebraten werden. Darüber hinaus versteht sich Küchenchef Roland Raab auch bestens auf herzhaft Regionales, wo dann etwa Bauerngansln und Auracher Maibock locken. Unterm Strich eine solide und durchaus pfiffig zubereitete Küche, die Spaß macht und schmeckt. Feine Weine und gut gepflegtes Bier sind weitere Garanten für schöne Stunden in dieser reizvollen Mühle. **Aus der Karte:** Gebratenes Wallerfilet in der Olivenkruste mit Paradeisrisotto und Blattspinat; Gebratene Flugentenbrust mit Orangen-Ingwer-Sauce und Mandelbällchen; Topfen-Strudelteig-Sackerl auf Rhabarber-Erdbeer-Ragout und Rosmarineis.

Wirt z'Neuhausen

Neuhausen 1, 4861 Schörfling am Attersee, Tel.: 07662/27 25,
wirt-zneuhausen@utanet.at
Küchenzeiten: Mi.–Sa. 18–21, September bis Juni So. 12–14, 18–20; Juli, August So. 18–20. **Inhaber/Küchenchef:** Wolfgang Reiter. **Sitzplätze:** 40. **Garten:** 60. **Durchschnittspreis bei 3 Gängen:** € 37,–.

Der schon seit Jahren bekannte und beliebte Vierkanter liegt ein wenig versteckt außerhalb von Schörfling. Die Plätze im gemütlichen Innenhof sind sommers heiß begehrt. Ganzjährig ein kulinarischer Hit hingegen ist die verfeinerte oberösterreichische Kost aus der Küche von Patron Wolfgang Reiter, der zum einen die bewährten Klassiker seiner Mutter Theresia weiterpflegt, zum anderen aber auch so manchen Blick über die Neuhausener Grenze wagt und den Gästen gelungene Eigenkreationen serviert. Bier- und Weinkultur befinden sich hier ebenso auf gehobenem Niveau. **Aus der Karte:** Erdäpfelpuffer mit Keta-Kaviar und Graved-Lachs; Gebratener Seeteufel mit Fenchel und Tomaten; Ossobuco vom Lamm mit Polenta; Schokobunkel mit frischen Beeren.

Beachten Sie bitte das Register ESSEN IM FREIEN
im Registerteil am Ende dieses Buches.

Oberösterreich

SCHWANENSTADT | D11   ÖBB

Kellerwirt

*Staig 26, 4690 Schwanenstadt, Tel.: 07673/23 65, Fax: Dw. 4,
restaurant@kellerwirt.at, www.kellerwirt.at*

Küchenzeiten: Mi.–Sa. 12–14, 18–22, So., Fei. 11.30–14. **Betriebsferien:** jeweils die ersten zwei Wochen im Jänner und September 2005. **Inhaber/Sommelier:** Peter A. Parzmair. **Küchenchef:** Walter Schul. **CC:** Diners, MC/EC, Visa. **Sitzplätze:** 60. **Terrasse:** 30. **Durchschnittspreis bei 3 Gängen:** € 33,–.

„Ambiente pur" versprechen die Kellerwirtsleute Ute und Peter Parzmair, und sieht man einmal von der weniger aufregenden Fassade ab, wird dieses Versprechen auch mehr als eingelöst. Allein der 150 Jahre alte Namensgeber des Hauses, der von einer Unzahl von Kerzen romantisch beleuchtet wird, ist einen Besuch wert. Aber auch die phantasievollen Dekorationsentwürfe der Chefin sind jedes Jahr wieder ein Augenschmaus. Für die Gaumen der Gäste ist Küchenchef Walter Schul zuständig, der eine verlässliche und sehr schmackhafte Regionalküche pflegt, die auch mal mit kleinen exotischen Beigaben gewürzt wird. Legendär ist die hausgemachte Cremeschnitte, die man keinesfalls auslassen sollte. Traditionell tadellos ist die Palette edler Weine und Digestifs, die von Peter Parzmair mehr als kompetent präsentiert wird. **Aus der Karte:** Feine Bärlauchnudeln mit gebratenen Garnelen; Saftiger Schweinslungenbraten im Kümmelsafterl mit Kaspressknöderln und jungen Karotten.

SEEWALCHEN AM ATTERSEE | E10   ÖBB

Beim Häupl

*Hauptstraße 20, 4863 Seewalchen am Attersee, Tel.: 07662/63 63, Fax: Dw. 63,
info@residenz-haeupl.at, www.residenz-haeupl.at*

Küchenzeiten: 12–14.30, 18–21.30. **Inhaber:** Gebrüder Rumplmayr. **Küchenchef:** Josef Krischan. **Sommelier/ière:** Edith und Stefan Szewczuk. **CC:** Amex, Diners, MC/EC, Visa. **Sitzplätze:** 150. **Terrasse:** 150. **Durchschnittspreis bei 3 Gängen:** € 36,–.

Die neuen Eigentümer der Residenz „Häupl" gehen schrittweise an die Modernisierung dieses altbekannten Hauses. So hat man sich entschlossen, auch das Restaurant stilsicher und zeitgemäß zu renovieren, der wunderschöne Blick von der Terrasse auf den Attersee blieb zum Glück erhalten. Mit Josef Krischan, bekannt aus seiner Zeit im „Löwen-Hotel" in Schruns, zuletzt ein wenig glücklos im Hoteldorf „Grüner Baum" in Bad Gastein tätig, ist ein Kochkünstler zum „Häupl"-Team gestoßen, der Erwartungen weckt, die zu einem guten Teil auch erfüllt werden. Der nahe gelegene See und die Region bieten viel an frischen und

Oberösterreich

natürlichen Grundprodukten, die sorgsam und unter Betonung des Eigengeschmackes zubereitet werden. Mit einer passenden Prise Kreativität gewürzt, zeichnen sich die Gerichte allesamt durch Spannung und Esprit aus. Die gelungene Gestaltung der Speisen auf riesigen weißen Tellern hinterlässt einen harmonischen Gesamteindruck. Unser Lob gilt aber auch dem Patissier, dessen Kreationen zuerst Augenschmaus und nach dem ersten Bissen Gaumenfreude pur vermitteln. Ansprechende Weinkarte, Zipfer und Eggenberger werden gepflegt gezapft. **Aus der Karte:** Gänselebertörtchen mit Holunderblütengelee und Rhabarberchutney; Lammnüsschen im Lavendelsaftl mit Morchelpolenta und Frühlingszwiebeln.

Fischer Sepp

Moos 14, 4863 Seewalchen am Attersee, Tel./Fax: 07662/24 32
Küchenzeiten: Mi.–So. 11.30–14, 18–21 (Mai bis September Di. geöffnet). **Inhaber/ Küchenchef/Sommelier:** Michele Peverini. **CC:** MC/EC, Visa. **Sitzplätze:** 60. **Terrasse:** 35. **Durchschnittspreis bei 3 Gängen:** € 23,–.
Der „Fischer Sepp" punktet einerseits mit seiner Seeterrasse, die einen hinreißenden Blick auf den Attersee eröffnet, andererseits durch die ausgezeichnete und vielfältige Zubereitung einer umfangreichen Auswahl an Süßwasserfischen wie Forelle, Saibling, Rheinanke, Wels und Aal. Gaumenspannung erzeugen Kreationen wie die Gebratene Lachsforellenleber oder die hausgemachten Schwarzen Pappardelle mit Zucchini trifolati und Flusskrebsschwänzen. Attersee meets Mittelmeer – und das auf durchaus delikate Art. Die Getränkekarte beschränkt sich eher auf ein durchschnittliches Angebot, ein paar gute österreichische Weißweine gibt's jedoch allemal. **Aus der Karte:** Rheinanken vom Grill mit frischem Rosmarin und Kartoffeln; Gemüse alla parmigiana.

Litzlberger Keller

Moos 8, 4863 Seewalchen am Attersee, Tel.: 07662/23 12, Fax: Dw. 23,
litzlbergerkeller@telering.at, www.litzlbergerkeller.at
Küchenzeiten: Do.–Mo. 12–14, 18–21.30 (Juli, August auch Di. geöffnet). **Inhaber/in:** Waltraud und Hermann Danter. **Küchenchef:** Hermann Danter. **Sommelière:** Waltraud Danter. **CC:** MC/EC, Visa. **Sitzplätze:** 70. **Terrasse:** 70. **Durchschnittspreis bei 3 Gängen:** € 30,–. **Übernachtungsmöglichkeit.**
Um 1800 als Bierlagerkeller der Brauerei Litzlberg errichtet, hat das Haus heute nichts Kellerartiges an sich. Man sitzt vielmehr in gemütlichen Gaststuben oder besser noch sommers auf der lauschigen Terrasse und genießt den hierorts obligaten Seeblick. Das von Gustav Klimt gemalte Portrait des Hauses wurde übrigens 1997 für fast 13 Millionen Euro bei Sotheby's versteigert. Küchenchef Hermann Danter, seit bald einem Vierteljahrhundert Hausherr, bietet seinen Gästen eine pfiffige österreichische Küche, die sich durch Schmackhaftigkeit,

Oberösterreich

Ideenreichtum und die Frische der verarbeiteten Produkte auszeichnet. Atterseefische spielen nur eine untergeordnete Rolle, viel prominenter vertreten sind Fleisch und saisonale Spezialitäten, die nicht selten auch von einer frischen mediterranen Prise verfeinert werden. Ein süßer Klassiker: das Pressburger Nusskipferl, eine Verbeugung vor dem berühmtesten Gast: die Klimttorte. Die Weinkarte listet einige weiße Spitzenweine insbesondere aus der Wachau. Das Bier kommt aus dem Hause Zipfer. **Aus der Karte:** Räucherlachs mit Honig-Senf-Sauce; Kaninchenfilet mit Pilzen im Blätterteig gebacken, dazu Prinzessbohnen.

ST. FLORIAN | D12   ÖBB

Zur Kanne

✱ 61 🍾 ☺ NEU

Marktplatz 7, 4490 St. Florian, Tel.: 07224/42 88, Fax: Dw. 42
office@gasthof-koppler.at, www.gasthof-koppler.at   BG
Küchenzeiten: Di. 17–21.30, Mi.–Sa. 11.30–14, 17.30–21.30. **Betriebsferien:** 27. 12. 2004–5. 1. 2005, 1.–16. 8. 2005. **Inhaber:** Rudolf Koppler. **Küchenchef:** Franz Rathner. **Sommelière:** Gabriele Koppler. **CC:** Amex, Diners, MC/EC, Visa. **Sitzplätze:** 120. **Garten:** 60. **Durchschnittspreis bei 3 Gängen:** € 21,–. **Übernachtungsmöglichkeit.**

Die „Kanne" der Familie Koppler ist ein netter Gasthof am Marktplatz von St. Florian, in dem immerhin schon Leonard Bernstein und Herbert von Karajan nach Bruckner-Darbietungen im Augustiner Chorherrenstift genächtigt haben. Kulturell weniger bedeutsam, dafür höchst genussvoll ist ein Streifzug durch die Küche von Franz Rathner, der sich ganz vortrefflich auf die Pflege der regionalen Speisenkultur versteht: Dreierlei Saures (Sulz, Rindfleisch, Wurst), Innviertler Selchspeckknödel und Mostschober schmecken ausgezeichnet. Dass sich auch noch Mixed Grill oder ein Coup Dänemark auf der Speisenkarte finden, hat einen gewissen Charme. Wein und Bier erhalten natürlich auch eine entsprechende Fürsorge. **Aus der Karte:** Ochsenbrust in der Senfkruste auf Blattsalat; Rumpsteak mit Pfeffersauce, dazu Braterdäpfel und Gemüse.

ST. JOHANN AM WIMBERG | C11   ÖBB

Keplinger Wirt

✱✱✱ 77 🍾

4172 St. Johann am Wimberg 14, Tel.: 07217/71 05, Fax: Dw. 55,
keplinger.wirt@aon.at, www.keplingerwirt.at
Küchenzeiten: Di.–Sa. 11.30–14, 18–22, So. 11.30–14. **Inhaber:** Heinrich Keplinger. **Küchenchefin:** Erika Keplinger. **Sommelier/ière:** Andrea und Heinrich Keplinger. **CC:** Diners, MC/EC, Visa. **Sitzplätze:** 60. **Garten:** 60. **Durchschnittspreis bei 3 Gängen:** € 36,–. **Übernachtungsmöglichkeit.**

Oberösterreich

Regionalität im besten Sinne des Wortes wird in diesem Leitbetrieb des Mühlviertels schon seit vielen Jahren groß geschrieben. Heinrich Keplinger als Motivator der Bauernschaft und Erika Keplinger, die aus den Produkten eben dieser regionalen Landwirtschaftsbetriebe das Bestmögliche macht: kulinarische Kleinode, die das Mühlviertel weit über die Grenzen der Region bekannt gemacht haben. Und so pilgern Feinschmecker von nah und fern nach St. Johann, um die fabelhaft zelebrierte Hausmannskost in Haute Cuisine-Qualität zu verkosten. Die spannendste Art, sich der Küchenphilosophie von Frau Keplinger anzunähern, ist übrigens das Genießermenü. Und wenn man sich lustvoll durch die sechs Gänge gekostet hat, wartet seit kurzem der Ruhegarten. Was will man mehr? Der Wein ist bei Andrea und Heinrich Keplinger in besten Händen, egal ob man sich eine passende Weinbegleitung zusammenstellen lässt oder sich über die Palette feiner österreichischer und internationaler Weine informieren will. Eine erfrischende Alternative: das fein gezapfte Jahrgangspils von Reininghaus.
Aus der Karte: Entenleber-Gugelhupf mit karamellisiertem Apfel; Pochiertes Seezungenfilet mit Pesto, Fischrahmsauce und Mangoldspaghetti; Lammrücken in der Kräuterkruste rosa gebraten mit Thymiansaftl, gebackener Polenta und Blattspinat; Nougatravioli mit hausgemachtem Zimteis.

ST. WOLFGANG | E10 ÖBB

Hupfmühle *Tipp*

Au 1, 5360 St. Wolfgang, Tel.: 06138/25 79, Fax: 25 00
Küchenzeiten: 12–14.30, 18–21 (Nebensaison Di. Ru.). **Übernachtungsmöglichkeit.**
Die wunderbar romantisch am Dittelbach gelegene Mühle ist nur zehn Gehminuten von St. Wolfgang entfernt, trotzdem befindet man sich hier inmitten von unberührter Natur. Da der Betrieb über eine eigene Fischzucht verfügt, sind die verarbeiteten Forellen und Saiblinge von allererster Güte und Frische. Die elegante und gekonnte Zubereitung – wahlweise knusprig gebraten oder im Wurzelsud blau gekocht – ist das Tüpfelchen auf dem i. Naschkatzen können sich über delikate Strudelvariationen freuen.

STEINBACH AM ATTERSEE | E10

Föttinger *Tipp*

Seefeld 14, 4853 Steinbach am Attersee, Tel.: 07663/342, Fax: Dw. 42
Küchenzeiten: 11.30–14, 18–21 (Oktober bis April Mi. geschlossen). **Übernachtungsmöglichkeit.**
Gustav Mahler war streng: „Stören bei Todesstrafe verboten", vermerkte er auf seinem Komponierhäusl in Steinbach. Die Föttingers und ihr Küchenchef Mario Vabel sind zum Glück merklich moderater, weswegen wir uns als Gäste hier sehr willkommen fühlen und uns die gutbürgerlichen Klassiker von Beuschelsuppe bis Topfenknödel schmecken lassen. Absolut top stets: die Atterseefische.

Oberösterreich

 STEYR | D12   **ÖBB**

Passepartout

✳ 62 🍷

Wehrgrabengasse 18, 4400 Steyr, Tel./Fax: 07252/740 74
office@passepartout.at, www.passepartout.at
Küchenzeiten: So., Di.–Fr. 10–14, 18–23, Sa. 18–23. **Betriebsferien:** erste zwei Wochen im August 2005. **Inhaber/Sommelier:** Thomas Wieser. **Küchenchef:** Gerald Zeitlhofer.
CC: Amex, Diners, MC/EC, Visa. **Sitzplätze:** 70. **Terrasse:** 40.
Durchschnittspreis bei 3 Gängen: € 28,–.

Über einem Supermarkt und einer Bank gelegenes, modern gestyltes Lokal, das trotz der wenig heimeligen Nachbarschaft doch Gemütlichkeit vermitteln kann. Die Küche legt Wert auf frische Zutaten. Vor allem frischer Fisch ist einer der Schwerpunkte der saisonal und mediterran geprägten Karte, die auch für Vegetarier eine schöne Auswahl in petto hat. Die Gerichte sind durchwegs von guter Qualität, bei der Kombination bemüht man sich auch um kreative Elemente. Beachtlich ist die Auswahl an heimischen und internationalen Flaschenweinen, man merkt schnell, dass hier Weinliebhaber am Werk sind. Im offenen Ausschank findet sich eine großartige Auswahl ebensolcher Weine, vorbildlich vom Chef persönlich empfohlen und kommentiert, und das zu ungewöhnlich wohlfeilen Preisen. **Aus der Karte:** In Olivenöl gebratene Calamari mit Basilikumpesto und gemischtem Reis; Glaciertes Filet vom Butterfisch mit pikantem Chili-Gemüse und Petersilerdäpfeln; Filet und ausgelöste Keule vom Schiedlberger Wildhendl mit Rosmarinsaftl und Spargelrisotto; Joghurttörtchen mit Erdbeer-Minz-Salat.

Rahofer

Stadtplatz 9, 4400 Steyr, Tel./Fax: 07252/546 06, cafe-rahofer@liwest.at
Küchenzeiten: Di.–Sa. 18–22. **Betriebsferien:** eine Woche Anfang Jänner, zwei Wochen Mitte August 2005. **Inhaber/Küchenchef:** Georg Rahofer. **Sommelière:** Elfriede Rahofer. **CC:** Diners, MC/EC, Visa. **Sitzplätze:** 35.
Garten: 50. **Durchschnittspreis bei 3 Gängen:** € 34,–.

Mit Recht denkmalgeschützt ist das Haus am Stadtplatz 9. Die wunderbaren Gewölberäume und der traumhafte Arkadenhof zählen zu den stimmungsvollsten Gaststätten des Landes, fast mediterran in der Anmutung, aber homogen in das pittoreske Ambiente der Altstadt von Steyr eingepasst. Ein Denkmal der oberösterreichischen Gastronomiewelt ist Georg Rahofer, der seit Jahren eines der besten italienischen Restaurants des Landes führt. Mit feinem Fingerspitzengefühl und noch feinerer Klinge entstehen subtile, aber auch gleichermaßen schlichte italophile Kreationen, die nicht nur ein wunderbar sonniges Urlaubsgefühl vermitteln, sondern auch ganz objektiv hinreißend schmecken. Weinkarte

Oberösterreich

gibt's keine, dafür kann man sich die feinen Flascherln aus Österreich und Italien im Weinklimaschrank selbst aussuchen. Die weinwissende Beratung kommt von der charmanten Elfriede Rahofer. **Aus der Karte:** Goldbrasse auf Tomaten mit Oliven und Basilikum; Lammrücken mit Peperoncinosauce und Salbeipolenta.

Tabor Turm

Taborweg 7, 4400 Steyr, Tel.: 07252/729 49, Fax: 726 16, www.taborturm.at
Küchenzeiten: Mo. 11.30–14, Mi.–So. 11.30–14, 18–22. **Betriebsferien:** Februar 2005.
Inhaber/Sommelier: Wolfgang Karlinger. **Küchenchef:** Johann Aspalter. **CC:** MC/EC, Visa. **Sitzplätze:** 70. **Garten:** 80. **Durchschnittspreis bei 3 Gängen:** € 31,–

Der bis Mitte des vorigen Jahrhunderts als Wachtturm dienende Tabor Turm eröffnet einen traumhaften Blick auf das wunderschöne Steyr (nach Enns die zweitälteste Stadt Österreichs). Das weithin erkennbare, mit einer schönen Terrasse ausgestattete Bauwerk präsentiert sich seit kurzer Zeit mit einer tollen Küche, für die Johann Aspalter verantwortlich zeichnet. Mit einem feinen Gespür für Aromen und Geschmäcker gelingen dem Küchenchef interessante Kombinationen, die mehrheitlich regional wie saisonal akzentuiert sind. Sehr gelungen ist auch die mit Können zusammengestellte Weinbegleitung des Patrons, der unter anderen bei Hanner und Wörther gelernt hat. Die Weinkarte bietet ein schönes Spektrum an guten Weinen aus Österreich, Deutschland und Frankreich. **Aus der Karte:** Gebratene Calamari mit Orangenvinaigrette und Stangensellerie; Knuspriger Saibling auf Spargel-Tomaten-Ragout und Kartoffelstroh.

Waldesruh

Kohlwehr 1, 4662 Steyrermühl, Tel.: 07613/31 43, Fax: Dw. 4,
gasthof.waldesruh@netway.at, www.waldesruh.at
Küchenzeiten: Mi.–So. 11.30–13.45, 18–21.30. **Inhaber/Küchenchef:** Franz Wiesmayr.
Sommelière: Eva Niederhauser. **CC:** MC/EC, Visa. **Sitzplätze:** 70. **Garten:** 80. **Durchschnittspreis bei 3 Gängen:** € 32,–. **Übernachtungsmöglichkeit.**

Die „Waldesruh" macht ihrem Namen alle Ehre. Hier sitzt man mitten in der Natur und kann insbesondere im schönen Garten oder in der Pergola seine Seele auslüften oder in der wunderschönen Umgebung entspannende Spaziergänge unternehmen. Nicht zuletzt tragen aber auch die Kreationen von Franz Wiesmayr einiges zur ruhigen und gelassenen Atmosphäre dieses Hauses bei. Unter dem Motto „Test our best" offeriert Wiesmayr eine spannende Speisenfolge, die einen guten Überblick über das kosmopolitische Küchenspektrum des Küchenchefs ermöglicht. Eine regionale Küche, die geschickt und mit viel

Oberösterreich

Fingerspitzengefühl verfeinert wird. Unverzichtbar zum Schluss: die delikate und süße „Waldesruh-Mischung" oder die unvergleichlich feine Crème brûlée. Die kleine Weinkarte bietet in erster Linie Geheimtipps. **Aus der Karte:** Riesengarnelenspieß mit Tomatenchutney; Entenbrust mit Honig-Soja-Sauce auf geröstetem Gemüse und Basmatireis.

THALHEIM BEI WELS | D11 ÖBB

Zur Kohlstatt

Ascheterstraße 40, 4600 Thalheim bei Wels, Tel.: 07242/443 40, Fax: 541 06
Küchenzeiten: Mi.–Mo. 11.30–14, 17.30–22.
Nachdem Gaststube und Garten einer Neugestaltung unterzogen wurden, sitzt es sich hier noch gemütlicher. Und weil ein Großteil der verarbeiteten Produkte von bäuerlichen Betrieben bezogen wird, kann man sich die raffinierte Hausmannskost so richtig genussvoll schmecken lassen. Neben dem Mühlviertel ist auch der Mittelmeerraum kulinarisch bestens vertreten. Österreichisch hingegen gibt sich die Weinkarte.

TIMELKAM | D10 ÖBB

K. u. K. Postwirt Weissl

Linzerstraße 28, 4850 Timelkam, Tel.: 07672/921 78, Fax: Dw. 4
Küchenzeiten: Di.–So. 11.30–14, 18–22.
Zu Zeiten der österreichisch-ungarischen Monarchie gaben sich in diesem traditionsreichen Gasthaus der europäische Hochadel und k. u. k. Offiziere ein Stelldichein. 1998 setzte das Wirtsehepaar Weissl die Tradition mit der Namensgebung „K. u. K. Postwirt" fort. „In dem traditionellen Wirtshaus speiste schon Kaiser Franz Josef. Frische Atterseefische, auf Vorbestellung grandioses ‚Bratl in da Rein'."
Empfohlen von Klaus Merkl, NÖ-Landestourismusmanager

VORCHDORF | D11 ÖBB

Jo's

Pettenbacherstraße 1, 4655 Vorchdorf, Tel.: 07614/212 66, Fax: Dw. 2, j.neustifter@aon.at
Küchenzeiten: Di. 18–24, Mi.–Sa. 11–14, 18–24, So. 11–14.30. **Inhaber/Küchenchef:** Jochen Neustifter. **Sommelière:** Michaela Seiringer. **CC:** MC/EC, Visa.
Sitzplätze: 48. **Garten:** 12. **Durchschnittspreis bei 3 Gängen:** € 23,–.
Das eher unscheinbar am Stadtplatz von Vorchdorf liegende Restaurant erreicht man über ein paar Stiegen. Oben erwartet einen ein überraschend edel wie gemütlich designtes Lokal mit dunklen Möbeln und sehr gelungener Beleuchtung. Der sehr nett und kompetent agierende Service trägt einen förmlich durch

Oberösterreich

den Abend. Abenteuerlich präsentiert sich die Küche: Bei unserem Besuch waren exotische Wochen im Laufen und Kobra auf der Karte, die uns bestens gemundet hat, nicht zuletzt vielleicht, weil sie mit frischen Kräutern aus dem Garten verfeinert wurde. Jenseits von Kobra und Co. setzt Jochen Neustifter auf Fusionsküche. So werden Erdäpfelknödel mit Mozzarella gefüllt, aus Räucherfischen Sushi hergestellt, Tortellini auf Thai-Art gekocht und ein Granny Smith in Tempurateig verpackt. Soll uns alles nicht stören, solange die Übung gelingt. Und das tut sie, sogar der Quinua-Kräuter-Burger und die Thunfisch-Schaumrolle haben uns geschmeckt. **Aus der Karte:** Red Snapper-Filet in Kokosnusssauce, mit frischem Gemüse & Topinambur; Rosa Beiriedschnitte, mit Krensauce überbacken, auf cremiger Trüffelpolenta & frischem Gemüse.

Tanglberg

Pettenbacherstraße 3–5, 4655 Vorchdorf, Tel.: 07614/83 97, Fax: Dw. 14, office@tanglberg.at, www.tanglberg.at
Küchenzeiten: Mi.–Sa. 18–21.30, So. 12–14, 18–21.30; Juni bis August ab 19. **Inhaber/Sommelière:** Riki Staudinger. **Küchenchefin:** Martina Eitzinger. **CC:** MC/EC, Visa. **Sitzplätze:** 35. **Garten:** 12. **Durchschnittspreis bei 3 Gängen:** € 44,–.

Kunst und Genuss unter einem Dach. Moderne Gemälde und Kochkunst in höchster Vollendung. Und dazu eines der allerschönsten Restaurants des Landes, das freilich gar nichts Gekünsteltes, dafür Gemütlichkeit pur ausstrahlt. Eben der perfekte Rahmen für die stille Kochkünstlerin Martina Eitzinger: Subtil, den feinen, intensiven Aromen der perfekten Grundprodukte auf der Spur, raffiniert beim Kombinieren, ausdrucksstark und überbordend vor Phantasie präsentiert sich da eine der allerbesten Köchinnen des Landes, die unnachahmlich regionale und mediterrane Akzente zu einer großen Küche formuliert. Die Weinkarte spielt in Sachen Österreich so ziemlich alle Tonarten, die sich der önophile Genießer wünscht. Frankreich, Italien, Spanien und die Neue Welt sind jeweils mit ein paar guten Weinen vertreten. **Aus der Karte:** Gebratenes Rindsmedaillon mit Bärlauchknödel auf Frühkraut und Rosmarinjus; Gewürzkaffeeschaum mit Mango und Baumkuchen.

WELS | D11   **ÖBB**

Wirt am Berg

Salzburger Straße 227, 4600 Wels, Tel.: 07242/450 59, Fax: Dw. 9, office@wirtamberg.at, www.wirtamberg.at
Küchenzeiten: Di.–Sa. 12–14, 18–22. **Inhaber:** Helmut Wiesinger. **Küchenchef:** Rainer Stranzinger. **Sommelier:** Hermann Mahringer. **CC:** Diners. **Sitzplätze:** 80. **Garten:** 80. **Durchschnittspreis bei 3 Gängen:** € 43,–.

Oberösterreich

Das trutzige gelbe Gasthaus am Stadtrand von Wels blickt auf eine Tradition von bald vier Jahrhunderten zurück. Ehemals Taverne ist der „Wirt am Berg" heute das elegante erste Haus am Platz, das auch sommers dank des Hofgartens und der Terrasse eine beliebte Ausflugsadresse für gut situierte Welser ist, die sich an der köstlichen Wirtsküche delektieren. Traditionelles wird gekonnt verfeinert und mit südländischen und zeitgeistig-asiatischen Akzentuierungen zu einem schmackhaften Speisenmix geformt, der seit Jahren sein treues Publikum hat. Atout des Hauses ist aber die phantastische Weinauswahl, die von Österreich über Europa bis Übersee fast alle Stückerln spielt. Selbstverständlich ist auch das glasweise Angebot überkomplett. Bierfans können sich über ein gut gepflegtes Stiegl freuen. **Aus der Karte:** Marinierter Thunfisch auf Rote Zwiebel-Tatar mit Frühlingsrolle und Erdbeersalat; Gebratenes Forellenfilet in Kerbelschaum mit Schmortomaten und Topfennockerln; Geschmortes Kalbsbackerl auf Trüffelpüree mit geschmolzener Gänseleber; Rhabarbersorbet.

WINDISCHGARSTEN | E12   ÖBB

Zur blauen Sense

Hauptstraße 34, 4580 Windischgarsten, Tel.: 07562/53 29, Fax: Dw. 5,
blaue.sense@aon.at, www.blauesense.at   BQG

Küchenzeiten: Fr.–Mi. 11.30–14, 18–22. **Betriebsferien:** November 2004. **Inhaber/ Sommelier:** Emmrich Schwarzenbrunner. **Küchenchefin:** Christine Schwarzenbrunner. **Sitzplätze:** 140. **Garten:** 30. **Durchschnittspreis bei 3 Gängen:** € 21,–. **Übernachtungsmöglichkeit.**

Zentral im romantischen Ort Windischgarsten, an der alten Eisenstraße liegendes Traditionshaus. „Fast Food ist nicht unsere Stärke und auch nicht unser Ziel", lautet das Motto von Hausherr Emmrich Schwarzenbrunner, dem Gattin Christine auch in der Küche Folge leistet und eine Bilderbuchpalette traditionsbewusster Speisen serviert. Gegen Vorbestellung entzündet der Chef auch das Flambierfeuer und serviert Bœuf Stroganow oder Crêpes Suzette. Ein paar gute Destillate, Kaiser vom Fass, einige ordentliche Weine und ein gerüttelt Unmaß an lustigen Sprüchen sind weitere Zutaten dieses reizvollen, gstandenen Gasthauses. **Aus der Karte:** Geräuchertes Forellenfilet aus Vorderstoder auf einem Salatbett in Honig-Senf-Marinade; Gebratenes Rotzungenfilet mit Koriander-Orangen-Safterl auf Erdäpfelscheiben, dazu glacierte Chicoréeblätter; Zwiebel- oder Vanillerostbraten vom heimischen Mastochsen, dazu Petersilerdäpfel.

Die Besten
in Salzburg

Rudolf und Karl Obauer

98 **OBAUER**
Werfen

Johanna Maier

97 **HUBERTUSSTUBE**
Filzmoos

Klaus Fleischhaker

94 **PFEFFERSCHIFF**
Salzburg-Hallwang

Roland Trettl

91 **IKARUS**
Salzburg

Andreas Döllerer

88 **DÖLLERER**
Golling

Richard Brunnauer

85 **RIEDENBURG**
Salzburg

Salzburg

ABERSEE AM WOLFGANGSEE | E10

Weidinger Stub'n *Tipp*

Gschwendt 232, 5342 Abersee am Wolfgangsee, Tel./Fax: 06137/71 11
Küchenzeiten: Mi.–So. 11.30–21 (Juli, August Mo. abends und Di. geöffnet). **Übernachtungsmöglichkeit.**
Ein besonders idyllisches Fleckchen hat sich Walburga Laimer, die Chefin der „Waidinger Stub'n" da ausgesucht: mitten im Grünen, gleich bei der Schiffsstation Strobl/Wolfgangsee, traumhafter Seeblick inklusive. Heimelig für jeden, der ein wenig entspannen will, aber besonders reizvoll auch für Fans der Salzkammergut-Fische, die von Küchenchef Gerhard Bichler tadellos zubereitet werden. Fein gerät auch das restliche Angebot. Unverzichtbar danach: der Aberseer Schafkäse. Most, Bier und Wein werden in ansprechender Qualität angeboten.

ALTENMARKT | G10   ÖBB

Arche Noah *Tipp*

Oberndorfer Straße 146, 5541 Altenmarkt, Tel.: 06452/42 97, Fax: Dw. 4
Küchenzeiten: Di.–So. 17–1.
In dieser Arche Noah des guten Geschmacks delektieren sich Pongauer Olympiasieger, Urlauber und Feinschmecker gleichermaßen gerne an köstlichen Evergreens der italienischen Küche. Dass sich auch Unzeitgemäßes von Schweizer Wurstsalat bis Zigeunerspieß auf der Karte findet, entbehrt nicht eines gewissen rustikalen Charmes.

ANIF | E9   ÖBB

Schlosswirt zu Anif

Salzachtal Bundesstraße 7, 5081 Anif, Tel.: 06246/721 75, Fax: Dw. 8,
info@schlosswirt-anif.com, www.schlosswirt-anif.com
Küchenzeiten: Di.–So. 12–14, 18–22 (während der Festspielzeit kein Ru.). **Inhaber:** Franz Schafelner, Günter Telser. **Küchenchef:** Julian Firlinger. **Sommelier:** Thomas Greisberger. **CC:** Amex, Diners, MC/EC, Visa. **Sitzplätze:** 120. **Garten:** 80.
Durchschnittspreis bei 3 Gängen: € 43,–. **Übernachtungsmöglichkeit.**
Seit zwei Jahren ist nun das Duo Schafelner und Telser mit viel Engagement im „Schlosswirt zu Anif" tätig, an der Struktur des Publikums hat sich nichts geändert: Das noble Anif verlangt halt nach einer entsprechend betuchten Klientel. Marcus Radauer, bekannt aus seiner Zeit im Wiener „Vestibül", hat das Haus verlassen, sein Nachfolger Julian Firlinger führt die Linie des Hauses weiter, serviert also kreativ aufbereitete Speisen, bei denen regionale und saisonale Akzente harmonisch eingearbeitet werden. Die Qualität der Zubereitung erlebten wir jedoch

Salzburg

bei einigen Besuchen etwas wankelmütig. Der Service agiert sehr freundlich und kompetent. Die Weinkarte lässt in Sachen Österreich, aber auch international kaum Wünsche offen. Sehr heimelig sitzt man übrigens im Gastgarten, der direkt in den schönen Schlosspark übergeht. **Aus der Karte:** Gebratene Gänseleber mit Rhabarber und Löwenzahn; Hirschrücken mit Paradeiser-Marillen-Confit und Thymiangnocchi; Geeistes Marsala-Sabayon mit Walderdbeeren.

BAD GASTEIN | G/H9 ÖBB

Grüner Baum

Kötschachtal 25, 5640 Bad Gastein, Tel.: 06434/25 16, Fax: Dw. 25
Küchenzeiten: 11.30–22. **Übernachtungsmöglichkeit.**
Noch ein gutes Stück nach Bad Gastein stößt man im landschaftlich überaus reizvollen Kötschachtal auf dieses erstaunliche Hoteldorf, dessen Historie bis 1831 zurückreicht. Kaiser Franz Joseph, Luis Trenker und der Schah von Persien waren hier Stammgäste. Nach einem kurzen Gastspiel von Josef Krischan ist jetzt auch in der Küche wieder mehr Beschaulichkeit eingekehrt, was aber in dieser Umgebung möglicherweise seine Richtigkeit hat. Unverändert wunderbar ist natürlich der absolut traumhafte Postkartenausblick, den man vom Gastgarten aus genießen kann.

BAD HOFGASTEIN | G9 ÖBB

Bertahof

Vorderschneeberg 15, 5630 Bad Hofgastein, Tel.: 06432/76 08, Fax: Dw. 4, landgasthof@bertahof.at, www.bertahof.at
Küchenzeiten: Do.–Di. 11.30–14, 17.30–22. **Inhaber/in:** Petra und Robert Granitzer. **Küchenchef:** Robert Granitzer. **Sommelière:** Petra Granitzer. **CC:** MC/EC, Visa. **Sitzplätze:** 60. **Garten:** 60. **Durchschnittspreis bei 3 Gängen:** € 29,–.
Zwischen Bad Hofgastein und Bad Gastein gelegenes, gediegenes Landhaus mit hübschem Rundherum, nettem Garten und Zeitvertreib für Kinder. Die Gasträume präsentieren sich gepflegt, ländlich dekoriert und vermitteln eine angenehme Atmosphäre. Das Angebot an Speisen betont heimische Produkte wie Lamm aus dem Gasteinertal und heimische Fischspezialitäten. Die von uns konstatierte Küchenleistung hinterließ Zweifel: schwankende Qualität zwischen den einzelnen Speisen, die durchgehend in überbordender Quantität auf den Tisch kamen. Ein bisschen weniger wäre da mehr, dafür würde etwas mehr Augenmerk auf geschmackliche Nuancen und auf eine einladende Optik nicht schaden. Die Auswahl an Weinen ist durchaus bemerkenswert, eine bunte Bandbreite bekannter Winzer aus den wesentlichen Weinländern Europas steht zur Verfügung. **Aus der Karte:** Gasteiner Ziegenkäse, in Lachsschinken gebraten, im Wintersalat; Hirschkalbsragout in Wacholder-Vogelbeer-Sauce mit Rotkraut und Nockerln.

Salzburg

BRUCK | G8   ÖBB

Zacherl-Bräu Bauer & Wirt

 59

Glockner Straße, 5671 Bruck, Tel.: 06545/72 42,
gasthof@zacherlbraeu.at

B@G

Küchenzeiten: Di.–So. 11.30–13, 18–21. **Betriebsferien:** je drei Wochen ab 10. 10. 2004 und 9. 5. 2005. **Inhaber:** Thomas Huber. **Küchenchef/in:** Anna und Thomas Huber. **CC:** MC / EC. **Sitzplätze:** 50. **Garten:** 80. **Durchschnittspreis bei 3 Gängen:** € 23,–. **Übernachtungsmöglichkeit.**

Ein recht stimmungsvolles Gasthaus gleich neben der Kirche, wo es sich bei uriger Atmosphäre und in der gemütlichen Holzstube recht zünftig einkehren lässt. Dazu eine sehr flotte und ausgesprochen freundliche Bedienung sowie deftige und originelle heimische Küche. Bekannt ist das „Zacherl-Bräu" vor allem für seine Spezialitäten vom Pferdefleisch wie etwa Salzburger Bierfleisch mit Kürbiskernnocken, Kürbis und Koriander. Auch Pinzgauer Kost wie Kasnocken werden hier geboten, dazu deftige Gerstlsuppe, hervorragende Palatschinken mit einer Rarität namens Jostabeere. Etliche Gerichte sind auch in kleineren Portionen zu bestellen. Das Interesse an interessanten Weinen scheint bei den Wirtsleuten indessen nicht so stark ausgeprägt, hier setzt man vorwiegend auf Bier. **Aus der Karte:** Fohlenbrust mit Semmelfülle im Natursafterl, dazu Frühlingsgemüse; Hausgemachtes Eisparfait.

DORFGASTEIN | G9   ÖBB

Römerhof

 59

5632 Dorfgastein 22, Tel.: 06433/77 77, Fax: Dw. 12,
info@roemerhof.com, www.roemerhof.com

Küchenzeiten: 12–14, 18–21. **Betriebsferien:** 17. 10.–5. 12. 2004, 3. 4.–7. 5. 2005. **Inhaber:** Familie Hasenauer. **Küchenchef:** Karl Portenkirchner. **Sommelier:** Thomas Hasenauer. **CC:** Diners, MC/EC, Visa. **Sitzplätze:** 40. **Garten:** 30. **Durchschnittspreis bei 3 Gängen:** € 29,–. **Übernachtungsmöglichkeit.**

Gleich am Beginn des Gasteiner Tales in Dorfgastein gelegenes, charmantes Traditionshaus, in dem man sich einfach wohl fühlt und sich ganz wunderbar vom Alltag erholen kann. Sei es in den historischen Gemäuern oder im lauschigen Garten, die von Karl Portenkirchner gepflegte Küche schmeckt da wie dort ganz wunderbar. Klassische Wirtshausstandards werden da ebenso aufgekocht wie regional akzentuierte Speisen. Viele der Rohstoffe kommen direkt aus dem Tal, aus eigenen Jagdgründen, aus Bächen und Kalter und nicht zuletzt von Bauernhöfen. Was dann auf dem Teller landet, ist ansprechend und solide, auch wenn man sich hin und wieder eine Prise Kreativität wünschen würde. Glasweise

Salzburg

werden jeweils ein Weiß- und ein Rotwein ausgeschenkt, in guter Qualität zwar, aber angesichts der durchaus fein zusammengestellten Weinkarte wäre eine Ausweitung des glasweisen Programms doch angebracht. **Aus der Karte:** Carpaccio vom Gasteiner Hirschen mit marinierten Steinpilzen; Vanille-Kürbis-Cremesuppe mit gebackenen Kernölstangerln; Rosa gebratener Rücken vom heimischen Tauernlamm auf Knoblauchsaftl mit gebratenen Erdäpfeln und Gemüse; Crème brûlée mit marinierten Erdbeeren.

Unterbergerwirt

Unterberg 7, 5632 Dorfgastein, Tel.: 06433/70 77, Fax: Dw. 77,
info@unterbergerwirt.com, www.unterbergerwirt.com
Küchenzeiten: Mi.–Mo. 11.45–13.45, 17.45–20.45. **Betriebsferien:** 11. 10.–3. 12. 2004, 4. 4.–6. 5. 2005. **Inhaber:** Familie Berti. **Küchenchef:** Hans-Peter Berti. **Sitzplätze:** 45. **Garten:** 30. **Durchschnittspreis bei 3 Gängen:** € 31,–. **Übernachtungsmöglichkeit.**
Viele Prädikate zieren dieses Haus. Bauernhofhotel für Feinschmecker, Feng Shui-Hotel, Familienhotel – je nach Gusto des Gastes. Die Küche werkt da schon etwas geradliniger und verarbeitet viele tadellose Produkte aus eigener Landwirtschaft, jeweils mit Rücksicht auf die fünf Elemente. Man gibt sich gesundheitsbewusst und traditionell, setzt saisonale Akzente, verzichtet dabei auf Eskapaden. Hier wird nichts neu erfunden, sondern Erhaltenswertes gepflegt. Sehr reizvoll sind auch die regelmäßigen Aktionswochen, etwa im Zeichen des Erdapfels oder des Fisches, lobenswert auch, dass etliche Speisen in kleineren Portionen gereicht werden. Dazu gibt's Weine aus Österreich, Bauernschnapserln und wirklich freundliche und liebenswerte Wirtsleute – und leider keine Stoffservietten. **Aus der Karte:** Rohschinken mit Schafkäse, Tomaten und Walnussöl; Paradeiser-Rahm-Suppe; Gefülltes Hendlbrüstl auf Pilzrahmnudeln mit Gemüse; Löwenzahnhonig-Parfait mit Strudelteigblättern.

Gmachl

Dorfstraße 14, 5161 Elixhausen, Tel.: 0662/48 02 12, Fax: Dw. 72,
romantikhotel@gmachl.com, www.gmachl.com   B@G
Küchenzeiten: Mo. 18–22, Di.–Sa. 12–14, 18–22 (August 12–24), So. 12–14. **Inhaber:** Familie Gmachl. **Küchenchef:** Hans Webersberger. **Sommelière:** Maria Reischenböck. **CC:** Amex, Diners, MC/EC, Visa. **Sitzplätze:** 150. **Garten:** 50
Durchschnittspreis bei 3 Gängen: € 29,–. **Übernachtungsmöglichkeit.**
Ein Lokal mit eigener Landwirtschaft und Metzgerei hat schon was. Insbesondere, wenn es sich um ein so gemütliches und gestandenes Dorfwirtshaus handelt. Unweit von Salzburg speist man hier schon in einem dörflichen Ambiente mit

Salzburg

noch recht unstädtischen Preisen. Neben Hausmannskost-Klassikern pflegt Küchenchef Hans Webersberger aber auch eine leichte, zeitgemäße Küchenlinie, die sich zum Teil auf Bioprodukte stützt. Alles wird ordentlich zubereitet und so manches Gericht überrascht sogar mit kreativen Details. Gehobene Bierkultur ist im Hause Gmachl obligatorisch, in erster Linie natürlich in Sachen Weißbier. Aber auch die österreichorientierte Weinauswahl macht Freude. **Aus der Karte:** Blattsalat mit Nüssen und Aberseer Schaffrischkäse; Klare Gemüsesuppe mit Kräuternockerln; Flugentenbrust in Preiselbeersauce mit Zucchini und Schupfnudeln; Rhabarber-Mascarpone-Terrine mit Mango-Eis und Orangen.

FILZMOOS | F10

Hubertusstube

Am Dorfplatz 1, 5532 Filzmoos, Tel.: 06453/82 04, Fax: Dw. 6,
info@hotelhubertus.at, www.hotelhubertus.at
Küchenzeiten: Mi.–So. 12–14, 18–23 (Ru. Mo. oder Di. variabel). **Betriebsferien:** November 2004, 15. 4.–5. 5. 2005. **Inhaber/in:** Johanna und Dietmar Maier. **Küchenchefin:** Johanna Maier. **Sommelier:** Dietmar Maier. **CC:** Amex, MC/EC. **Sitzplätze:** 35. **Garten:** 25. **Durchschnittspreis bei 3 Gängen:** € 65,–.
Übernachtungsmöglichkeit.

Filzmoos, einst mehr für Après-Ski als für große Gourmandise bekannt, gehört heute dank der Kochkunst der Johanna Maier fraglos nicht nur zu den bekanntesten, sondern auch zu den allerbesten kulinarischen Adressen des Landes. Mit unglaublicher Dynamik und, man möchte fast sagen, Siegeswillen hat sich die stille und bescheidene Köchin an die absolute Spitze herangepirscht. Was heute aus ihrer Küche kommt, ist durchgestylt bis ins letzte Detail, technische Perfektion ist in jeder Facette spürbar, und die Präsentation ist – oberflächlich gesagt – ausgesprochen feminin und einfach unübertroffen geschmackvoll und gelungen. Exzellente Produktqualität ist die Basis dieser großen Küche, die feinnervig zwischen österreichischer Tradition und der großen weiten Welt unterwegs und am Ende doch immer ein Spiegelbild der Johanna Maier ist. Perfektion, wie man sie auch international nur selten findet. Kein Gang enttäuscht und das ist mittlerweile schon eine ganz besondere Seltenheit. Der Service durch den Hausherren erfolgt eigenwillig wie engagiert, der Rest des Teams agiert untadelig auf einem hohen Niveau. Selbiges bietet natürlich auch die Weinauswahl, wobei aber önologische Themen hier nicht im Mittelpunkt des Interesses stehen. **Aus der Karte:** Lauwarmer Hummer mit Zitronenthymian und Spargel; Zander in der Sesam-Nuss-Kruste süß-sauer, dazu Niskiki-Reis; Filzmoser Berglamm in zwei Gängen serviert; Johannas Topfen-Rhabarber-Variation.

---

www.alacarte.at – Die besten Restaurants

chladerer Raritäten: ein grenzenloser Genuß. Ein Höhepunkt nseres Sortiments an ausgewählten Obstbränden!

Salzburg

FUSCHL AM SEE | E10

Brunnwirt

Wolfgangseestraße 11, 5330 Fuschl am See, Tel.: 06226/82 36, Fax: Dw. 13, office@brunnwirt.at, www.brunnwirt.at
Küchenzeiten: Di.–Sa. 18–21; So., Fei. und Festspielzeit 12–13.30, 18–23 (August kein Ru.). **Inhaber/Küchenchef:** Johannes Brandstätter. **Sommelière:** Gerti Brandstätter. **CC:** Amex, Diners, MC/EC, Visa. **Sitzplätze:** 30. **Garten:** 30.
Durchschnittspreis bei 3 Gängen: € 37,–.

Zuerst muss man läuten, dann wird man in die wunderschöne alte Stube geführt oder – wenn der Wettergott gnädig ist – auch hinaus in den Garten, von wo man den satten Bilderbuchblick auf den See quasi als „Amuse pour l'Œil" genießen kann. Aber dann beginnt schon das absolute Pflichtprogramm des Feinschmeckers: Das feine hausgemachte Brotkörberl mit dreierlei Aufstrichen macht den Anfang, dicht gefolgt von den herrlich subtil kreierten Vorspeisen. Ein wenig enttäuschend dann leider die Fischgerichte, die durchaus mehr Würzung vertragen hätten, alles paletti wieder in Sachen Fleisch und Desserts. Unterm Strich also eine durchaus feine, aber noch ausbaufähige Vorstellung des jungen Küchenchefs. Richtig zur Sache geht's beim Wein: Frankreich, Italien und Heimisches, zwischen sehr bekannt und noch weniger bekannt angesiedelt, sind da auf der toll kompilierten Karte zu finden. Getoppt wird das Ganze nur durch den unvergleichlichen Service von Gerti Brandstätter, die ihre Arbeit wahrlich zelebriert. **Aus der Karte:** Gebratenes Knurrhahnfilet auf geröstetem Gemüse; Waller im Thymiansud; Gebratenes Lammkarree auf jungen Rote Rüben-Blättern und Polentamedaillons.

GOLDEGG | G9 ÖBB

HECHT!

im Hotel Der Seehof, Hofmark 8, 5622 Goldegg, Tel.: 06415/813 70, Fax: 82 76, seehof@salzburg.co.at, www.seehof-goldegg.com
Küchenzeiten: Do.–Di. 12–13.30, 18.30–21.15. **Betriebsferien:** November 2004, April 2005. **Inhaber:** Josef Schellhorn KG. **Küchenchef:** Josef Schellhorn. **Sommelier:** Bernd Krug. **CC:** Amex, Diners, MC/EC, Visa. **Sitzplätze:** 45.
Garten: 50. **Übernachtungsmöglichkeit.**

Der Hecht trägt jetzt stolz ein Ausrufezeichen vor sich her. Und er tut das mit Recht. Auch nach dem Abgang von Co-Küchenchef René Leitgeb ist Josef Schellhorns Füllhorn kulinarischer Ideen prall gefüllt. In wunderbarer Umgebung, in unmittelbarer Nähe zum Goldegger Moorsee, wo die Schellhorns auch der Fischerei nachgehen, begeistert der Seehof mit gemütlich-eleganten Stuben und einem stimmigen Gastgarten, in dessen unteren Bereich man sich auch bequem

Salzburg

ruhend einen Kaffee servieren lassen kann. Der Chef des Hauses kocht und komponiert auf hohem Niveau, edle Produkte von nah und fern werden mit viel Fingerspitzengefühl und Phantasie verarbeitet und landen durchwegs in bestechender Qualität auf dem Teller. In dieser Form ist der „Hecht!" ein kreativer Hot Spot. Der Weinfreund kann aus einer kompetent zusammengestellten Palette wählen: Österreich, Frankreich, Italien und Übersee sind bestens vertreten. Die schöne Auswahl an regionalen Bränden und Digestifs bekannter Brenner ist ebenfalls lobenswert. **Aus der Karte:** Branzino auf Erbsenschoten-Radieschen-Salat; Stör gedämpft auf Kohlrabi; Kalbsfilet in Kräuter-Olivenöl-Sud mit Lauchpüree.

Zum Bierführer — Tipp

Hofmark 19, 5622 Goldegg, Tel.: 06415/81 02, Fax: Dw. 22
Küchenzeiten: Di.–So. 11.30–14, 18.30–22 (Juli, August auch Mo. geöffnet; an Fei. geschlossen). **Übernachtungsmöglichkeit.**
Der alte Fuhrmannsgasthof, der einst hauptsächlich von Bierkutschern frequentiert wurde, hat sich heute in einen veritablen Spezialitätengasthof verwandelt. In den schönen holzgetäfelten Stuben und sommers auch im gemütlichen Gastgarten kann man sich an gehobener Wirtshausküche delektieren. Und da hier nicht nur das Bier, sondern auch ein Bordeaux oder ein Barolo munden, bietet sich die angeschlossene Herberge zum Übernachten an.

GOLLING | F9   **ÖBB**

Döllerer

 88

im Hotel Goldener Stern, Am Marktplatz 56, 5440 Golling,
Tel.: 06244/42 20-0, Fax: 69 12 42, office@doellerer.at, www.doellerer.at   B⊘G
Küchenzeiten: Mo. 18–21.30, Di.–Sa. 11.30–13.30, 18–21.30. **Betriebsferien:** zwei Wochen im Jänner, eine Woche im Juni 2005. **Inhaber:** Hermann Döllerer. **Küchenchef:** Andreas Döllerer. **Sommeliers:** Hermann Döllerer, Klaus Wider.
CC: Diners, MC/EC, Visa. **Sitzplätze:** 30. **Übernachtungsmöglichkeit.**
Das gediegene Hotel Goldener Stern ist seit vielen Jahren ein Hort nicht nur der gehobenen Gastlichkeit, sondern auch der elaborierten Kulinarik, die sich immer auf die großartigen Produkte der hauseigenen Fleischerei stützen konnte. Das gilt natürlich auch im ersten Jahr nach Bernhard Hauser, der den „Döllerer" wie kein anderer kulinarisch geprägt hat. Seine Agenden hat jetzt Andreas Döllerer, der Sohn des Patrons, übernommen, und man kann nur sagen „Hut ab". Zwar ist das Küchenprogramm weit weniger abenteuerlich und kreativ-ehrgeizig, als es bislang der Fall war, dafür präsentiert sich das Ganze jetzt doch um ein Vielfaches zeitgemäßer und erdverbundener. Mit Phantasie und Geschick entsteht da ein Reigen von interessanten Gerichten. Auch wenn unverändert vieles in die Kategorie Luxus fällt, zeichnet sich anderes wiederum durch eine reizvolle Rustikalität aus. Die Enten kommen aus dem Salzkammergut, das Reh aus Rauris, das

Salzburg

Rind aus dem Pinzgau, das Lamm aus der Tauernregion und die Fische aus dem Bluntautal. Unzweifelhaft ein bemerkenswerter Neu- und Durchstart dieses Traditionshauses, das sich jetzt auch im Restaurantbereich umgestaltet präsentiert. Das „Weinlexikon" von Patron Hermann Döllerer ist legendär und bietet aus aller Welt das Beste. Gleiches gilt für die Beratung und die Palette an edlen Destillaten.
Aus der Karte: Waller aus dem Bluntautal mit Essigspargel; Salzkammergutente mit knusprigem Buchweizen und Sauce rouennaise; Mohnnudeln mit Weizenbiereis und Rhabarber.

Döllerer's Wirtshaus

im Hotel Goldener Stern, Am Marktplatz 56, 5440 Golling,
Tel.: 06244/422 00, Fax: 69 12 42
Küchenzeiten: Mo. 17–22, Di.–Sa. 11.30–14, 17–22. **Übernachtungsmöglichkeit.**
Nebenan speisen die Edelleute, hier im gemütlichen Wirtshaus ist das Bürgertum daheim. Andreas Döllerer hat auch im „Wirtshaus" den Chefkochlöffel übernommen und kocht sich mit Bravour durch ein klassisches österreichisches Kulinarium, das sich in erster Linie auf die legendär guten Produkte aus der hauseigenen Fleischerei stützt. Bärlauchbratwürstel und Tauernlammbratwürstel werden kongenial von Filet und Würstel vom Bluntausaibling ergänzt. Interessante Kombinationen und bemerkenswert kreative Beilagen. Das Weinangebot ist mit dem des Gourmetrestaurants identisch, also großartig.

GROSSGMAIN | E9

Latschenwirt

Buchhöhenstraße 122, 5084 Großgmain, Tel.: 06247/73 51, Fax: Dw. 1
Küchenzeiten: Fr.–So. 11–23; Juli bis August Fr.–Di. 11–23. **Betriebsferien:** 1.–21. 2. 2005. **Inhaber:** Schiega Gastronomie GmbH. **Küchenchef:** Otto Wallner. **Sommelière:** Petra Gassner. **CC:** Diners, MC/EC, Visa. **Sitzplätze:** 50.
Terrasse: 70. **Durchschnittspreis bei 3 Gängen:** € 34,–.
Gar nicht weit von Salzburg, aber schon in einer wildromantischen Gegend am Fuße des Untersberg, liegt dieser mit Recht beliebte Ausflugsgasthof, in dem sich auch gerne Gäste aus dem nahen Deutschland einfinden. Rustikal gemütliche Stuben mit einem prächtigen Kachelofen und sommers ein schöner Garten laden zu einem ausgedehnten und entspannten Aufenthalt ein. Als sehr hilfreich beim Wohlfühlen stellt sich stets die Küche des „Latschenwirts" heraus, in der delikate Hausmannskost und zeitgemäße, nicht selten fleischlose Kreationen entstehen. Durch und durch eine gelungene und schmackhafte Speisenpalette, die im Salzburger Raum sicher zu den günstig kalkulierten zählt. Im Weinkeller lagern ausschließlich österreichische Weine. **Aus der Karte:** Lauwarm marinierter Tafelspitz mit Kopfsalat, Krensauce und Radieschen; Kohlrabischaum-Supperl; Allerlei vom Lamm auf Bärlauchrisotto; Topfen-Birnen-Gratin mit Birneneis.

Salzburg

HALLEIN | E/F9

Hohlwegwirt

✱ | 60 | 🍷

*Salzachtal-Bundesstraße Nord 62, 5400 Hallein-Taxach, Tel.: 06245/824 15-0,
Fax: Dw. 72, gasthof@hohlwegwirt.at*   B☺G

Küchenzeiten: Di.–So. 12–15, 18–22; Festspielzeit 12–15, 18–24. **Inhaber/Sommelier:** Ernst Kronreif. **Küchenchef/in:** Biljana Pavkic, Ernst Kronreif. **CC:** MC/EC, Visa. **Sitzplätze:** 100. **Garten:** 36. **Durchschnittspreis bei 3 Gängen:** € 28,–.
Übernachtungsmöglichkeit.

Der „überzeugte" Halleiner Wirt Ernst Kronreif ist ein Hansdampf in allen Hohlwegsgassen: Neben seinen Koch- und Sommelierspflichten kümmert er sich so ganz zwischendurch um Stamm- und Laufkundschaft und vermittelt solcherart eine sehr gastliche Atmosphäre. Herzstück der Küche sind die hausgemachten Pasteten, die in 15 Varianten angeboten werden. Ein Variationsteller verhilft zu einem köstlichen Überblick. Vom Hecht-Karpfen-Carpaccio über Blutwurstknöderln bis zur Kitzleber eröffnet sich aber auch jenseits der Pastetenkultur ein spannendes Speisenspektrum, das sich z. B. ganz famos mit einem Marmoreisgugelhupf abrunden lässt. Die Weinkarte ist hauptsächlich auf Österreich ausgerichtet, hat aber auch einige schöne Flaschen aus Italien zu bieten. Rund zehn Weine werden jeweils glasweise ausgeschenkt. Ein Sonderlob verdient die originelle und breite Palette an Destillaten. **Aus der Karte:** Rehcarpaccio mit Rucola und Orangenöl; Zanderschnitte in der Erdäpfelkruste auf Gemüse-Rahm-Streifen; Kavalierspitz mit Cremespinat, Salzkartoffeln, Schnittlauchsauce und Apfelkren.

Kellerbauer

 | |

*Kellerbauerweg 41, 5424 Hallein-Bad Vigaun, Tel.: 06245/834 74, Fax: Dw. 15,
kellerbauer@aon.at, www.kellerbauer.at*

Küchenzeiten: Di.–Sa. 12–14, 18–22, So. 12–14. **Inhaber/Sommelier:** Roman Mailänder. **Küchenchef:** Andreas Eder. **CC:** Diners, MC/EC, Visa. **Sitzplätze:** 70. **Terrasse:** 50. **Durchschnittspreis bei 3 Gängen:** € 38,–.
Übernachtungsmöglichkeit.

Ein gemütlicher und zwangloser Ort mit reizvollem Ambiente. Top ist der äußerst kompetente Service, der mit natürlichem Charme und Kompetenz die Situation auch bei größerem Gästeansturm an den Wochenenden vollendet beherrscht. In der Küche wird ein österreichisch-mediterranes Konzept verfolgt, das auf Leichtigkeit und Raffinesse ausgerichtet ist und auch bei umfangreichen Menüs nie ein Gefühl von Völle aufkommen lässt. In diesem Punkt hat man sich gegenüber früheren Zeiten durchaus positiv weiterentwickelt. Bereits das Amuse-Gueule wirkt wie eine detaillierte und fein abgestimmte Vorspeisenfolge, bei den Vorspeisen selbst läuft Andreas Eder zu kreativer Hochform auf. Die Weinkarte hat sehr vieles aus Österreich und einiges Gute aus Italien zu bieten. **Aus der Karte:** Perlhuhnbrust mit Kräuterfülle in Tomaten-Gemüse-Sud, dazu Gnocchi; Mispeln im Weinbackteig auf Vanilleschaum.

HOF BEI SALZBURG | E9

Schloss Fuschl

Schloss-Straße 19, 5322 Hof bei Salzburg, Tel.: 06229/22 53-0, Fax: Dw. 1528, schloss.fuschl@arabellasheraton.com, www.arabellasheraton.com
Küchenzeiten: 19–21. **Inhaber:** Stefan Schörghuber. **Küchenchef:** Thomas Walkensteiner. **Sommelier:** Gottfried Höfler. **CC:** Amex, Diners, MC/EC, Visa. **Sitzplätze:** 100. **Terrasse:** 130. **Durchschnittspreis bei 3 Gängen:** € 57,–.
Übernachtungsmöglichkeit.
Immer wieder bezaubernd präsentiert sich dieses Anwesen mit prachtvollem Blick über den Fuschlsee. Einzigartig daher die Terrasse, ein Stockwerk höher diniert man bei launenhaftem Wetter. Mittags gibt sich die Karte neuerdings bescheidener mit traditionellen und auch einfacheren heimischen Gerichten. Abends hingegen wird groß und fein aufgekocht. Thomas Walkensteiner ist ein sehr qualitätsbewusster Küchenchef, der behutsam und schonend mit seinen Produkten umgeht. Auf den Punkt gegart und auf den Punkt gewürzt, einfallsreich, aber kein unnötiges Brimborium. Leichte bekömmliche Kost mit internationalen Zutaten wie auch Fischen aus dem Fuschlsee. So manche Rezeptur soll auch eine „Anti Aging"-Wirkung besitzen. – Zumindest hat der Küchenchef zu diesem Thema ein Kochbuch verfasst. International namhaft bestückt ist auch die Weinkarte, mit Highlights aus den besten Weinbauregionen der Welt.
Aus der Karte: Knusprig gebratener Steinbutt auf Löwenzahn-Couscous mit Hopfenspargel; Crépinettes vom Maibock auf glasierten Kirschen mit Romanesco-Topfen-Nudeln und Kakaobohnenjus.

KLEINARL | G10

Aichhorn

Peilsteingasse 15, 5603 Kleinarl, Tel.: 06418/374, Fax: Dw. 4, franz.aichhorn@sbg.at, www.restaurant-aichhorn.at
Küchenzeiten: 11.30–14, 18–21 (im Sommer Mo. geschlossen). **Inhaber:** Familie Aichhorn. **Küchenchef:** Franz Aichhorn. **Sommelière:** Berta Aichhorn. **CC:** Diners, MC/EC, Visa. **Sitzplätze:** 60. **Terrasse:** 40. **Durchschnittspreis bei 3 Gängen:** € 30,–. **Übernachtungsmöglichkeit.**
Nach Jahren der Rastlosigkeit sind die Aichhorns wieder an alter Adresse sesshaft geworden und haben hier ein Bilderbuchgasthaus aufgezogen. Vorbildlich

Salzburg

ist etwa, dass man, so weit möglich, ausschließlich Produkte regionaler Betriebe verarbeitet. Ebenso lobenswert ist, dass hier tatsächlich alles frisch zubereitet wird, was zwar dann und wann etwas Geduld von den Gästen fordert, die sich aber dank der gebotenen Qualität jederzeit bezahlt macht. Genuss statt Hast eben. Zur Wahl stehen das kleine „Herzhafte Menü" und das große „Dorfkrug-Menü", aus denen man sich natürlich nach Lust und Laune seine eigene Speisenfolge zusammenstellen kann. Mit viel Liebe zum Detail entstehen durch die Bank kleine kulinarische Kleinode. Für den Wein ist Berta Aichhorn zuständig, und sie versteht es vorzüglich, die passende Flasche für die gewählten Speisen zu empfehlen. Sommers kann man übrigens auf der neu gestalteten Terrasse dinieren.

Aus der Karte: Terrine von Lachsforelle, Bachsaibling und Flusskrebserl mit Salat; Hirschkalbsragout mit Butternockerln oder Serviettenknödel; Kürbiskern-Honig-Parfait mit Kokosroulade und Camparisabayon.

KÖSTENDORF | E9   **ÖBB**

Fritzenwallner

*Dorfplatz 6, 5203 Köstendorf, Tel.: 06216/53 02, Fax: Dw. 4,
restaurant@fritzenwallner.at, www.fritzenwallner.at*
Küchenzeiten: Fr.–Di. 12–14, 18–22. **Inhaber:** Familie Fritzenwallner. **Küchenchef:** Toni Fritzenwallner. **Sommelier:** Hans Fritzenwallner.
CC: Amex, MC/EC, Visa. **Sitzplätze:** 60. **Terrasse:** 80.

Das, was früher gegolten hat, nämlich dass Gasthäuser mit angeschlossener Fleischerei stets zu den besten zählen, bewahrheitet sich auch hier in Köstendorf: Der „Fritzenwallner" ist eine Perle von einem Familienbetrieb, bei dem einfach alles passt. Vom gemütlichen und geschmackvollen Ambiente über den gleichermaßen kompetenten wie auch persönlichen Service, von der exzellenten Küche bis zum großartigen Getränkeangebot ist höchstes Niveau eine Frage der Fritzenwallner'schen Familienehre. Toni Fritzenwallner kocht mit Bravour eine sehr persönliche und stimmige Palette an Gerichten, die als modern-regional zu beschreiben ist. Perfekte Küchentechnik, harmonische Geschmackskombinationen und kunstvolles Anrichten sind die Pfeiler dieser bemerkenswerten Landhausküche. Hans Fritzenwallner, Sommelier des Jahres, verfügt über eine bemerkenswerte Auswahl an feinsten Weinen aus Österreich, Italien und Spanien. Die gewaltige Anzahl edelster Destillate wird ebenfalls mit viel Wissen und Witz serviert. **Aus der Karte:** Esparragos almejas (Spargel mariniert mit Muscheln); Seeteufel mit Schnecken und Mini-Auberginen in roter Sherrybutter; Lamm vom Grill mit Kichererbsenpüree und gefüllten Artischocken; Schokolade-Espresso-Zylinder mit Schokosorbet.

---

www.alacarte.at – Die besten Weine

Salzburg

KUCHL | F9   ÖBB

Enoteca Bácaro

Kellau 160, 5431 Kuchl, Tel.: 06244/205 67, Fax: Dw. 42
Küchenzeiten: Mo.–Do. 10–12, 15–18, Fr. 10–23, Sa. 10–13.
Die im Gewerbegebiet Brennhoflehen in der Gemeinde Kuchl gelegene Weinhandlung der Familie Döllerer bietet auf einer großen Verkaufsfläche Wein vom Allerfeinsten. In der hauseigenen Enoteca stehen rund zwanzig Weine zur glasweisen Verkostung bereit, dazu werden Cichetti, Antipasti und andere kleine Köstlichkeiten gereicht.

LEOGANG | F8   ÖBB

Kirchenwirt

Dorf 3, 5771 Leogang, Tel.: 06583/82 16, Fax: 84 59,
hotelkirchenwirt@nextra.at, www.hotelkirchenwirt.at
Küchenzeiten: Mi.–Mo. 11–21.30 (während der Saison kein Ru.). **Betriebsferien:** 7. 11.–18. 12. 2004, 30. 3.–30. 4. 2005. **Inhaber:** Hannes Unterrainer. **Küchenchef:** Roland Schönthaler. **Sommelière:** Elisabeth Unterrainer. **CC:** MC/EC, Visa. **Sitzplätze:** 50. **Garten:** 50. **Durchschnittspreis bei 3 Gängen:** € 32,–. **Übernachtungsmöglichkeit.**
Rustikal, aber elegant präsentiert sich dieser jahrhundertealte Gasthof, der zuletzt um eine alte Wirtsstube erweitert und damit noch gemütlicher wurde. Die Fußballstars von Benfica Lissabon, Franz Beckenbauer und viele andere Promis zählten schon zu den Gästen. Umso bemerkenswerter und liebenswürdiger ist es, dass sich die sympathischen Wirtsleute Lis und Hannes Unterrainer ihre Natürlichkeit erhalten haben. Im besten und feinsten Sinne hausgemacht ist auch die hier zelebrierte Küche. Da die Portionen groß und die Desserts delikat sind, sollten sich schwache Esser das Menü gut einteilen. Wunderbare, frisch gepresste Säfte sind das Highlight des Getränkeangebots, das dazu noch mit einigen feinen Weinen und Bier aus Kaltenhausen aufwarten kann. **Aus der Karte:** Rehroulade im Zweigeltsafterl, Apfelsplitter mit Blaukraut und geschmalztes Rosmarinpüree.

MAISHOFEN | G8   ÖBB

Schloß Kammer

Kammererstraße 22, 5751 Maishofen, Tel.: 06542/682 02, Fax: Dw. 4
Küchenzeiten: 11–22 (April bis Juni, Oktober Mo. geschlossen). **Übernachtungsmöglichkeit.**
Schon in der achten Generation führt die Familie Neumayer dieses prachtvolle Haus in nicht minder prachtvoller Umgebung, die sich ganz wunderbar für

Salzburg

ausgedehnte Ausflüge eignet. Rechtschaffen hungrig kehrt man dann hier ein und genießt die typische und ehrliche Pinzgauer Wirtshauskost, in der Kasnocken, Knödel, Bladln und andere köstliche Kraftspender die Hauptrolle spielen.

MATTSEE | E9

Fischerstüberl Mattsee

 58 NEU

Weiher 6, 5163 Mattsee, Tel.: 06217/54 17, Fax: 07745/201 04, yves.weisang@gmx.at
Küchenzeiten: 11.30–14, 17.30–21.30 (Winter Mo., Di. geschlossen). **Betriebsferien:** Jänner, Februar 2005. **Inhaber/Küchenchef:** Yves Weisang. **Sommelière:** Sylvia Weisang.
CC: Amex, MC/EC, Visa. **Sitzplätze:** 38. **Garten:** 100.
Durchschnittspreis bei 3 Gängen: € 27,–.

Kleines, feines, direkt am See gelegenes Stüberl mit Blick auf Schloss Mattsee, das man leicht zu Fuß erreichen kann. Sommers kann man paradiesisch im Garten sitzen. Das tagesfrische, stets erstklassige Angebot an Fischen – etwa Seeforelle, Hecht, Aal, Wels, Brachse, Karpfen, Schleie, Zander, Saibling oder Barsch – kann man einer Tafel bzw. der Speisekarte entnehmen. Zubereitet werden die Fische schlicht, aber mit sehr viel Fingerspitzengefühl und Können. Ein absolutes Highlight sind die Vorspeisen, bei denen sich auch mal ein Exote à la Thunfisch auf die Karte verirrt. Wer partout keinen Fisch essen will, kann aus einem sehr kleinen Ausweichangebot wählen. Auf dem Getränkesektor gefallen insbesondere das schöne Angebot an Weinen aus dem Hause Sabathi sowie das Trumer Pils aus dem benachbarten Obertrum. **Aus der Karte:** Geschnetzeltes vom Schweinefilet mit Steinpilz-Rahm-Sauce und Gemüsenudeln; Zitronensorbet mit Wodka, Prosecco, Kokosmilch und frischen Früchten. **LAVAZZA**

MAUTERNDORF | G10

Mesnerhaus – Gugg

 81

Liftstraße 56, 5570 Mauterndorf, Tel.: 06472/75 95, Fax: Dw. 14,
info@mesnerhaus.at, www.mesnerhaus.at   B◉G
Küchenzeiten: Di. 18–22, Mi.–So. 12–14, 18–22. **Betriebsferien:** November 2004, Juni 2005. **Inhaber/Küchenchef:** Gerhard Gugg. **Sommelière:** Christine Haslinger.
CC: Amex, Diners. **Sitzplätze:** 45.

Gerhard Gugg hat sein „Lungauer Konzept" in den letzten Jahren konsequent umgesetzt und weiterentwickelt. Das Haus wirkt eher minimalistisch eingerichtet, die Küchenlinie ist aber maximal regional orientiert und in jedem Detail auf höchstem Niveau unterwegs. Auf dem Teller finden dann nicht nur optische Extravaganzen statt, auch geschmacklich können die mitunter unkonventionellen Kreationen überzeugen. Gerhard Gugg empfiehlt, die Menüfolgen nicht zu ändern, und das hat einen guten Grund, denn sie sind tatsächlich perfekt und in sich stimmig komponiert. Wählen kann man zwischen dem einfachen Nocklandmenü und einer vier- oder siebengängigen Gourmetversion. Spannung und Genuss ist bei beiden garantiert. Das Serviceteam agiert sehr kompetent, freundlich und offen, liest dem Gast jeden Wunsch von den Augen ab und bleibt dennoch auf angenehme Art distanziert. Beim Studium der Weinkarte fallen drei Dinge auf: eine ungewöhnliche Breite, die in manchen, aber nicht allen Dingen sehr ins Detail geht, zweitens eine relativ große Auswahl an glasweise ausgeschenkten Weinen und drittens ein ansehnliches Angebot an Magnums. Toll ist auch das Schnapsangebot. **Aus der Karte:** Spargel-Pilz-Gröstl mit Fischchips; Damhirschrücken, Portweinäpfel und Sellerietascherln.

MITTERSILL | G8   ÖBB

Meilinger Taverne

Am Marktplatz 10, 5730 Mittersill, Tel./Fax: 06562/42 26,
essen@meilinger-taverne.at, www.meilinger-taverne.mittersill.at   B⊘G
Küchenzeiten: Do.–Di. 11.30–13.30, 17–21. **Inhaber:** Robert Klackl. **Küchenchefin:** Anneliese Klackl. **CC:** Amex, Diners, MC/EC, Visa. **Sitzplätze:** 55. **Terrasse:** 12. **Durchschnittspreis bei 3 Gängen:** € 29,–.
Das „Botschaftsgebäude" des Nationalparks Hohe Tauern bietet Regionalität in Reinkultur. Sympathisch gepflegt und geprägt durch das liebenswerte Wirtspaar Anneliese und Robert Klackl, die ihre Gäste mit Pinzgauer Küche vom Feinsten verwöhnen. Dem Motto „Wer gut suppt, lebt bestimmt länger" können wir nur zustimmen und ganz besonders auf die klare Suppe vom Pi-Rind verweisen. Das Fleisch dieses artgerecht gehaltenen Rinds findet sich auch in delikaten Vorspeisen, insbesondere aber in klassischen Hauptspeisen vom Filetsteak bis zum Gemischten Gesottenen wieder. Für den ganz anderen Gusto serviert Anneliese Klackl Vegetarisches und Nudeliges wie etwa die Pinzgauer Kasnockn. Trumer Pils und Salzburger Weiße werden für den Bierdurst serviert. Beim Kaffee kann man aus drei verschiedenen Sorten wählen. **Aus der Karte:** Rosa gebratener Lammrücken auf Getreide-Bärlauch-Risotto mit Kräutersauce und frischem Gemüse; Topfengratin mit frischen Früchten und Joghurt-Waldbeer-Eis.

MÜHLBACH AM HOCHKÖNIG | G9

Mitterfeldalm

Mitterfeldalm, 5505 Mühlbach am Hochkönig, Tel.: 0664/252 86 43
Küchenzeiten: 6–22. **Übernachtungsmöglichkeit.**
Inmitten der wunderbaren Bergwelt rund um Hochkönig und Dachstein gelegene Almhütte mit uriger und familiärer Atmosphäre. Zur Stärkung der Wandersleute – die Hütte ist bequem vom Arthurhaus erreichbar – servieren Berta und

Paul Kreuzberger Köstlichkeiten wie etwa die legendären Nusskipferln. Ein Dorado für Frischmilchfans: Die Milch kommt hier nicht aus der Packung, sondern direkt von der Kuh.

NEUMARKT AM WALLERSEE | E9 ÖBB

Winkler

Ostbucht 12, 5202 Neumarkt am Wallersee, Tel.: 06216/52 70, Fax: Dw. 33
Küchenzeiten: Do.–Di. 11.30–14, 17.30–21.30 (Juli, August auch Mi. geöffnet). **Übernachtungsmöglichkeit.**
Wunderbar authentisches Gasthaus in traumhafter Lage. „Seefische, frischest zubereitet, und ein herrlicher Blick auf den Wallersee."

Empfohlen von Peter Kupfer, Kulturmanager

RAURIS | G9 ÖBB

Gusto

Dorfstraße 22, 5661 Rauris-Wörth, Tel.: 06544/64 04, Fax: Dw. 4, gusto@rauris.net, www.restaurant-gusto.at
Küchenzeiten: Mo.–Sa. 17.30–22, So. 11.30–14 (Dezember bis April), 11–22 (Juni bis Oktober). **Betriebsferien:** November 2004, Mai 2005. **Inhaber/Küchenchef:** Gregor Langreiter. **CC:** Amex, Diners, MC/EC, Visa. **Sitzplätze:** 35.
Terrasse: 30. **Durchschnittspreis bei 3 Gängen:** € 32,–.
Familiäres Gasthaus mit Chef Gregor Langreiter in der Küche und seiner Frau im Service, die zusammen ein ideales Team abgeben. Einer der wenigen Betriebe, wo man Kinder nicht nur akzeptiert, sondern als vollwertige Gäste behandelt und mit einer netten Spielecke verwöhnt. Das Ambiente ist einfach, aber gemütlich, das hauptsächliche Interesse der Wirtsleute gilt aber dem gelungenen Service und der Küche. Zeitgemäß leicht wird hier gekocht, regionale und kreative Akzente halten sich harmonisch die Waage. So wird die Kürbissuppe köstlich mit Ingwer und Zitronengras aromatisiert und beim Wiener Schnitzel vom Kalb einfach auf perfekte Produktqualität und eine herrlich knusprig-goldbraune Panier geachtet. Fein gelingen auch die Desserts, die leicht und erfrischend ein wunderbarer Abschluss des kulinarischen Reigens sind. Die schöne Weinauswahl bietet nicht nur heimisches Feines, sondern auch gute Qualitäten aus Italien und Frankreich.
Aus der Karte: Gambas in Knoblauch-Chili-Öl; Rumpsteak vom Naturrind mit Bärlauchkruste, Spargelgemüse, Kürbisgratin.

Beachten Sie bitte das Register ESSEN IM FREIEN im Registerteil am Ende dieses Buches.

Salzburg

SAALFELDEN | F8   **ÖBB**

Schatzbichl

Ramseiden 82, 5760 Saalfelden, Tel.: 06582/732 81, Fax: Dw. 4,
schatzbichl@sbg.at, www.schatzbichl.at   B**Ө**G
Küchenzeiten: Mi.–So. 11.30–14, 17.30–22. **Inhaberin/Küchenchefin:** Christine Schlederer.
CC: Amex, MC/EC, Visa. **Sitzplätze:** 80. **Terrasse:** 80.
Durchschnittspreis bei 3 Gängen: € 24,–.

Dieses traditionsreiche Gasthaus scheint sich qualitätsmäßig endgültig erfangen zu haben. Die Wirtin und Chefin wirkt wieder motiviert, geht auf ihre Gäste zu, kocht (gemeinsam mit einer Küchenhilfe) und bedient auch. Dabei empfiehlt Frau Schlederer zum Beispiel frisch gemachte Knödel, eine der Spezialitäten des Hauses, deren Vielseitigkeit man im Rahmen des viergängigen Knödelmenüs entdecken kann. Man besinnt sich auch wieder mehr der Pinzgauer Spezialitäten wie Farfeln, Bladln usw. Die Qualität der Küche konnte diesmal wirklich überzeugen. Besonders angenehm auch die gepflegte Tischkultur und die von jeher geschmackvolle Einrichtung der Gaststube. **Aus der Karte:** Geschmorte Lammstelze mit gebratener Polentaschnitte und Rahmbohnen; Powidltascherln mit Zimtbröseln und Butter.

XO

Lofererstraße 15b, 5760 Saalfelden, Tel.: 06582/757 17, Fax: Dw. 5,
office@ixo.at, www.ixo.at
Küchenzeiten: Mo.–Sa. 18.30–22. **Inhaber:** XO Gastro GmbH. **Küchenchef:** Arthur Berger. **CC:** Amex, Diners, MC/EC, Visa.
Sitzplätze: 45. **Garten:** 25.

Gastronomisches Gesamtkunstwerk, das im vorliegenden Fall auf drei Ebenen verteilt ist: im Erdgeschoß die Bar, die tagsüber Café und Snack-Restaurant ist, im Obergeschoß ein fashionables, modern und in warmen Farben gestyltes Restaurant. Und downstairs ein wohl gefüllter Weinkeller mit „Raritätenkarte". Auffallend modernes wie angenehmes Ambiente mit einer freundlichen Atmosphäre. Die Küche entspricht dem engagierten Projekt: Modern, aber nicht verspielt, sensibel, aber risikofreudig, insbesondere das gekonnte Aromenspiel überzeugt. Ein durchaus interessanter Neustart von Arthur Berger, der schon in der „Salzburgerstube" in Zell am See zwei Sterne erkocht hat. „Wir haben kein Konzept", sagt die Geschäftsführerin, „wir wollen nur in allen Bereichen eine ganz ausgezeichnete Qualität bieten." Wie es scheint, gelingt die Übung. **Aus der Karte:** Zanderfilet auf Tomaten-Zucchini-Gratin und Grießschnitten; Brust von der Barbarie-Ente in Holunderblüten mit erlesenen Beilagen; Bananenmousse auf Ananas-Carpaccio und Kakaosorbet.

Salzburg

SALZBURG | E9

Alt Salzburg

Bürgerspitalgasse 2, 5020 Salzburg, Tel.: 0662/84 14 76, Fax: Dw. 4,
altsalzburg@aon.at, www.altsalzburg.at   B❂G

Küchenzeiten: Mo. 18–22.30, Di.–Sa. 11.30–14, 18–22.30 (Festspielzeit auch So., Mo. mittags geöffnet). **Betriebsferien:** zweite Woche im Februar 2005. **Inhaber/Küchenchef:** Johann Kögl. **Sommelière:** Gerlinde Kögl. **CC:** Amex, Diners, MC/EC, Visa. **Sitzplätze:** 70. **Durchschnittspreis bei 3 Gängen:** € 36,–.

Das rund 500 Jahre alte Gebäude zwischen Pferdeschwemme und Bürgerspital mit seiner in den Mönchsberg hineingeschlagenen Felsenstube zeichnet sich durch sehr viel Atmosphäre aus, zu der aber auch der reizende Service durch Gerlinde Kögl und Christian Denk einiges beiträgt. Küchenchef Johann Kögl ist ein Meister seines Fachs und in der regionalen Küche ebenso sattelfest wie auch in der internationalen modernen Küche. So gelingt vom Thunfischcarpaccio bis zum Besoffenen Kapuziner alles ohne Fehl und Tadel. Erstklassige Produkte und anregende Präsentation sind in diesem Traditionshaus selbstverständlich. Die Weinkarte bietet ein Who's who der österreichischen Winzerschaft, aber auch die romanischen Weinbaugebiete sind bestens vertreten. **Aus der Karte:** Kalbsrückenmedaillon mit Rohschinken und Salbei, Blattspinat und Grießdukaten; Tannenhonigparfait mit Quitten und gebackenem Polsterzipf.

Auerhahn

Bahnhofstraße 15, 5020 Salzburg, Tel.: 0662/45 10 52, Fax: Dw. 3,
auerhahn@eunet.at, www.auerhahn-salzburg.at

Küchenzeiten: Di.–Sa. 11.30–14, 18–22, So. 11.30–14. **Betriebsferien:** eine Woche im Februar, zwei Wochen Anfang Juli 2005. **Inhaber:** Familie Pongratz. **Küchenchef:** Gerhard Pongratz. **CC:** Amex, Diners, MC/EC, Visa. **Sitzplätze:** 70. **Garten:** 60. **Durchschnittspreis bei 3 Gängen:** € 32,–. **Übernachtungsmöglichkeit.**

Mit dem letztjährigen Umbau hat dieses Gasthaus-Restaurant sehr gewonnen. Der linke Raum ist nun dank eines Durchbruchs Richtung Garten viel freundlicher und heller und bietet einen Ausblick in den hübschen Kastaniengarten. Die Küche ist beständig wie eh und je. Topqualität bei den Produkten, Traditionelles und Saisonales prägen die Karte. Sorgfältige Zubereitung, herzhafte Gerichte, freundliche Bedienung, eine breite Weinpalette und auch feinste Destillate. Eine verlässliche Adresse, die ihr Stammpublikum immer wieder zufrieden stellt. **Aus der Karte:** Frühlingsspargel mit Osterschinken im Heu gekocht; Schaumsuppe vom roten Paprika mit Scampi; Medaillons vom Hirschrücken in Preiselbeer-Rotwein-Sauce mit Apfelrotkraut und Selleriepüree.

Salzburg

Bangkok

Bayerhamerstraße 33, 5020 Salzburg, Tel./Fax: 0662/87 36 88, yaoyaohu@aon.at, www.restaurant-bangkok.at
Küchenzeiten: 11.30–14.30, 17.30–23.30 (Mai bis August Mo. geschlossen). **Inhaber:** Yaoyao Hu. **Küchenchefin:** Haijing Hu. **CC:** Diners, MC/EC, Visa. **Sitzplätze:** 80. **Garten:** 20. **Durchschnittspreis bei 3 Gängen:** € 23,–.
Eine sehr freundliche Servicemannschaft unter der Leitung des Patrons begleitet hier durch einen thailändischen Abend im angenehmen Ambiente, das sommers um einen gemütlichen Schanigarten erweitert ist. Herrlich gelingen die Currygerichte in unterschiedlichen Variationen, auch Gemüsefans kommen voll auf ihre Kosten. Leichte, frische, je nach Wunsch pikante Küche, reduziert auf die jeweiligen Geschmäcker der Produkte in bester Qualität. Besonders empfehlenswert sind die auf einer weißen Tafel vermerkten Tagesspezialitäten, bei denen sich die Küchenchefin von ihrer kreativsten Seite zeigt. Einmal wöchentlich betätigt sich der Patron als fingerfertiger Nudeldreher, Sushi in Bestform gibt's hingegen täglich. Die in einem Klimaschrank präsentierte Weinpalette wurde gegenüber letztem Jahr ziemlich erweitert und kann jetzt mit einigen absoluten Spitzenweinen aufwarten – vom Gelben Muskateller von Tement bis zum mächtigen SchwarzRot vom Fleischermeister aus Andau. **Aus der Karte:** Pla Mük Yan (Gegrillter Sepia mit pikanter Sauce); Ped Phad Pet Prik Gnan (Gebratene Ente in rotem Curry mit Tofu und Auberginen).

Bei Bruno im Ratsherrnkeller

Sigmund-Haffner-Gasse 4, 5020 Salzburg, Tel.: 0662/87 84 17, Fax: Dw. 4, bruno@restaurant-austria.net, www.restaurant-austria.net/salzburg/bruno
Küchenzeiten: Mo.–Sa. 12–14, 18–23 (Ostern und Festspielzeit auch So. geöffnet). **Betriebsferien:** drei Wochen im Februar 2005. **Inhaber/Küchenchef:** Bruno Plotegher. **CC:** Amex, Diners, MC/EC, Visa. **Sitzplätze:** 50. **Durchschnittspreis bei 3 Gängen:** € 55,–. **Übernachtungsmöglichkeit.**
In der wunderschönen, von Touristenkarawanen heimgesuchten Altstadt von Salzburg erwartet man vieles, aber wahrscheinlich kein dermaßen wunderbares und gleichzeitig unprätentiöses Wirtshaus. Der Ratsherrnkeller ist das gegenwärtige Reich von Bruno Plotegher, ebenerdig ein paar Tischchen als Schanigarten und im Kellergewölbe ein recht ansprechendes Speiselokal mit offener Schauküche. Freundliche Bedienung, eine ausgiebige Weinkarte und gehobene Küche in beständiger Qualität werden da geboten. Kulinarisch verfolgt der Patron zwei Linien: einerseits österreichische Küche à la Rahmbeuscherl in maximaler Qualität zu kulanten Preisen, andererseits eine sehr gediegene, kreative Küche in ebensolcher Qualität zu stolzen (aber adäquaten) Preisen. Der goldene Mittelweg ist die Wahl eines Menüs, das einem den kulinarischen Horizont des Patrons angemessen offenbart. Besonders bemerkenswert ist die Qualität der fein affi-

Salzburg

nierten Käse vom Tölzer Kasladen. Die Weinauswahl entspricht dem Niveau der Küche. **Aus der Karte:** Saibling und Flusskrebserl auf feinen Nudeln mit grünem Spargel in Krebssauce; Allerlei Gebratenes vom Milchkalb auf Erdäpfelpüree mit sautierten Morcheln und Frühlingsgemüse im Natursaftl.

Blaue Gans

Getreidegasse 41–43, 5020 Salzburg, Tel.: 0662/842 49 10, Fax: 842 49 19, office@blauegans.at, www.blauegans.at B⊕G
Küchenzeiten: Mo., Mi.–Fr. 11.30–14.30, 18–22, Sa., So. 11.30–22 (Festspielzeit auch Di. geöffnet). **Inhaber:** Andreas Gfrerer. **Küchenchef:** Manfred Oswald. **CC:** Amex, Diners, MC/EC, Visa. **Sitzplätze:** 100. **Garten:** 100. **Durchschnittspreis bei 3 Gängen:** € 34,–. **Übernachtungsmöglichkeit.**
An prominenter Adresse in der Getreidegasse befindet sich dieser Stadtgasthof mit Arthotel, einem Hotel, das Wert legt auf lebendige, zeitgenössische Kunst. Die Küche gibt sich teils traditionell, teils innovativ und international. Japanische Reisgerichte, Octopus, Miesmuscheln und Seeteufel neben Tafelspitz, Backhendl und Wiener Schnitzel. Die Weinkarte bekennt sich zu einem österreichischen Schwerpunkt, der Service erledigt auch bei vollem Haus seinen Part flott und korrekt. Gepflegte Schnapskultur mit Hutter, Berger, Wieser und Hämmerle. **Aus der Karte:** Rahmsuppe vom Kitz; Rücken vom Tauernlamm mit Bohnengemüse; Risottoflammeri mit Thymianhonig und eingelegtem Rhabarber.

Brandstätter

Münchner Bundesstraße 69, 5020 Salzburg, Tel.: 0662/43 45 35, Fax: Dw. 90, info@hotel-brandstaetter.com, www.hotel-brandstaetter.com B⊕G
Küchenzeiten: Mo.–Sa. 11.30–14, 18.30–21.30 (Festspielzeiten auch So., Fei. geöffnet). **Betriebsferien:** eine Woche im Jänner 2005. **Inhaber:** Familie Brandstätter. **Küchenchef:** Tobias Brandstätter. **Sommelière:** Elfi Brandstätter. **Sitzplätze:** 80. **Terrasse:** 50. **Durchschnittspreis bei 3 Gängen:** € 41,–. **Übernachtungsmöglichkeit.**
Traditionsreiche Adresse, unweit des neuen Lieferinger Verteilerkreises an der Bundesstraße nach Freilassing gelegen. In der Küche pflegt man zum einen österreichische Klassiker und zum anderen moderne Kreationen, die allesamt recht routiniert gemacht sind. Die Umsetzung der Speisen haben wir hier aber schon wesentlich lustvoller erlebt. Und weil auch der Service bei unserem Besuch mehr durch Abwesenheit auffiel, reicht es dieses Jahr nur für zwei Sterne. Ein Atout des Hauses ist unverändert die Weinkarte, die national wie international hohen Ansprüchen gerecht wird. Biertrinker können zwischen Budweiser und Trumer wählen, Digestifs gibt's ebenfalls reichlichst und auch der Kaffee von illy kann überzeugen. **Aus der Karte:** Lauwarmer Kalbsbrustsalat mit Gemüsevinaigrette; Zanderfilet mit Sellerietascherln und Gemüse; Kalbsrahmgulasch mit Nockerln.

Salzburg

Bristol

 **66**

Makartplatz 4, 5020 Salzburg, Tel.: 0662/87 90 84, Fax: Dw. 22,
restaurant.bristol@aon.at
Küchenzeiten: Mo.–Sa. 12–14.30, 18–22 (Festspielzeit auch So.). **Betriebsferien:** Februar bis Mitte März 2005. **Inhaber/in:** Nina und Rudolf Widl. **Küchenchef:** Rudolf Widl. **Sommelière:** Nina Widl. **CC:** Amex, Diners, MC/EC, Visa. **Sitzplätze:** 35. **Durchschnittspreis bei 3 Gängen:** € 48,–.
Übernachtungsmöglichkeit.

Das Luxushotel am Makartplatz, über dem seit Jahren das Damoklesschwert Tiefgarage schwebt, verfügt nicht nur über prächtige Zimmer mit noch prächtigerem Ausblick auf Festung, Altstadt und Mirabellgarten, sondern auch über ein veritables Feinschmeckerlokal, das von Nina und Rudolf Widl sehr ansprechend geführt wird. Das Ambiente ist nicht umwerfend, aber immerhin frei von pseudorustikalen Alpintönen. Küchenchef Rudolf Widl serviert seiner noblen Klientel eine perfekt umgesetzte, international akzentuierte Küche, in der Eierschwammerlterrine und Bachsaibling genauso heimisch sind wie Gänseleber und Maredorind. Die Weinkarte bietet Feines aus aller Welt zu recht stolzen Preisen. **Aus der Karte:** Rosa gebratener Kalbsschlögl mit hausgemachten Nudeln und Eierschwammerlragout; Joghurt-Limetten-Mousse mit Erdbeeren.

Café Bazar

Schwarzstraße 3, 5020 Salzburg, Tel.: 0662/87 42 78, Fax: 87 25 40
Küchenzeiten: So.–Fr. 11–23 (Juli, August, Dezember auch Sa. geöffnet).
Das traditionsreiche Café Bazar mit seinem reizvollen Ambiente und der traumhaften Terrasse an der Salzach, die wunderbare Ausblicke auf die Salzburger Altstadt eröffnet, hat mit der Familie Brandstätter nicht nur neue Besitzer, sondern kulinarisch auch einiges Neues zu bieten. Etwa einen warmen Brotsalat mit Scampi, Avocados und Paradeisern oder delikate Ricotta-Ravioli mit Minze. Drei verschiedene Frühstücksvarianten und ein täglich wechselnder Mittagsteller sind weitere Anziehungspunkte.

Cates

Maxglaner Hauptstraße 34, 5020 Salzburg, Tel.: 0662/82 04 55, Fax: 82 04 66,
restaurant.cates@aon.at
Küchenzeiten: Mo.–Fr. 11–14.30, 18–24, Sa. 18–24. **Inhaber/in:** Bettina Klika, Mario Cates. **Küchenchef:** Mario Cates. **CC:** MC/EC, Visa. **Sitzplätze:** 38.
Garten: 28. **Durchschnittspreis bei 3 Gängen:** € 25,–.

In diesem sympathischen Restaurant haben Bettina Klika und Mario Cates nach vielen Jahren als Weltenbummler den Traum von der Selbstständigkeit verwirklicht. Dank ihren reichhaltigen Erfahrungen in der großen, weiten Welt gelingt es ihnen ganz wunderbar, eine sehr persönlich akzentuierte „Crossover-Küche" zu etablieren. All jene, die gerne unbekannte und exotische Geschmäcker und Aromen jenseits der Chili-Sojasauce-Schiene aufspüren, sind im „Cates" gut aufgehoben. Mario Cates versteht es, mit seinem gefühlvollen und kreativen Kochstil einen neuen Geschmackshorizont zu eröffnen – spannend. Das engagierte Serviceteam um Bettina Klika umsorgt die Gäste auf sehr persönliche und liebenswürdige Art. **Aus der Karte:** Rotweinbirne gefüllt mit Gorgonzolacreme und Parmesanchip; Kalbsgulasch mit asiatischem Einfluss, dazu Kräuter-Sesam-Spätzle.

Culinarium

St.-Julien-Straße 2/Eingang Gebirgsjägerplatz, 5020 Salzburg, Tel.: 0662/87 88 85, Fax: 87 91 88, restaurantculinarium@gmx.at, www.restaurant-culinarium.at
Küchenzeiten: Mo. 18–21.30, Di.–Sa. 11.30–14, 18–21.30. **Betriebsferien:** je eine Woche im Oktober 2004 und Mitte Juni 2005. **Inhaber/in:** Alexandra Stieglbauer, Christian Sussitz. **Küchenchef:** Christian Sussitz. **Sommelière:** Alexandra Stieglbauer. **CC:** Diners, MC/EC, Visa. **Sitzplätze:** 20. **Garten:** 6.
Durchschnittspreis bei 3 Gängen: € 37,–.
Obwohl Alexandra Stieglbauer und Christian Sussitz ihr „Culinarium" jetzt schon über ein Jahr betreiben, ist das Lokal erstaunlich wenig ins Gespräch gekommen und hat sich so einen Geheimtippstatus erhalten. Dabei ist es eine echte Empfehlung für alle Genießer, die gerne gut essen, ohne dabei ein Vermögen für gestyltes Ambiente ausgeben zu müssen. Das Konzept von Christian Sussitz kreist um leichte, aber geschmacklich hoch konzentrierte Gerichte, die mit wunderbarer Transparenz Kombinationsmöglichkeiten unterschiedlichster Rohstoffe und verschiedenster Gewürze aufzeigen. Städtisch elegant kommt da das Rindsfilet in der (sehr leichten) Gänseleberkruste auf den Teller, während die Taube in Couscous mit gegrilltem Gemüse ein herrlich ländlich-mediterranes Flair verbreitet. Der Gesamteindruck wirkt jedenfalls immer stimmig und überzeugend. Alexandra Stieglbauer ist als Sommelière eine Kapazität, der man sich blind anvertrauen kann. **Aus der Karte:** Lachstatar mit Sauerrahm-Mousse; Rindsfilet in der Gänseleberkruste mit Rahmpolenta.

Salzburg

Die Gersberg Alm

★ 60 🍷 NEU

*Gersberg 37, 5020 Salzburg, Tel.: 0662/64 12 57-0, Fax: 64 42 78,
office@gersbergalm.at, www.gersbergalm.at* B⊕G

Küchenzeiten: 12–13.45, 18.30–21.30 (während der Festspielzeit bis 24). **Inhaber:** Franz Kreibich, Johann Myslik. **Küchenchef:** Maximilian Zrnjevic. **Sommelier:** Hans Wagner. **CC:** Amex, Diners, MC/EC, Visa. **Sitzplätze:** 90. **Garten:** 100. **Durchschnittspreis bei 3 Gängen:** € 33,–. **Übernachtungsmöglichkeit.**

In traumhafter Lage, etwa auf halber Höhe des Gaisbergs gelegen und teilweise sogar mit Blick auf die Stadt Salzburg, kann man sich hier gut vom Lärm der Welt zurückziehen. Beliebt ist diese Adresse auch bei vielen Hotel- und Seminargästen. Die Karte ist nicht ausufernd, nimmt Rücksicht auf die Produkte der Saison. Die Küchenlinie ist unkompliziert, traditionell beim Kombinieren, auch wenn mit der Zitronengras-Crème brûlée der obligate Fusionsakzent gesetzt wird. Sauberes Handwerk mit besten Produkten, freundliche Bedienung in einem besonders schönen Gastgarten oder auch in den rustikalen Stuben sowie eine zufrieden stellende Weinauswahl ergänzen dieses gediegene gastronomische Komplettangebot. **Aus der Karte:** Erdäpfel-Spargel-Gröstl mit Avocados und ofengetrockneten Tomaten; Brassierte Seeteufelmedaillons auf Bärlauch-Kräuter-Nudeln und Flusskrebserlragout; Tournedos vom Angus-Rind mit cremiger Tomatenpolenta und gegrillten Zucchini.

Doktorwirt

★ 63 🍷🍷 🍷

*Glaserstraße 9, 5026 Salzburg-Aigen, Tel.: 0662/62 29 73, Fax: 62 29 73-25,
schnoell@doktorwirt.co.at, www.doktorwirt.co.at* B⊕G

Küchenzeiten: Di.–Sa. 11.30–22, So. 11.30–14 (Ostern bis September auch 18–22). **Betriebsferien:** Mitte Oktober bis Ende November 2004, zweite und dritte Woche im Februar 2005. **Inhaber/Küchenchef:** Karl Walter Schnöll. **Sommelier:** Karl Josef Schnöll. **CC:** Amex, Diners, MC/EC, Visa. **Sitzplätze:** 158. **Garten:** 60. **Durchschnittspreis bei 3 Gängen:** € 25,–. **Übernachtungsmöglichkeit.**

Im Stadtteil Aigen liegendes gutbürgerliches Gasthaus mit schönem Garten. Sitzt man drinnen, ist die Atmosphäre nicht ganz so gemütlich, ein bisschen drückend wirken die schweren Holzdecken heutzutage schon und die Beleuchtung fällt doch ziemlich düster aus, an manchen Plätzen ist das Studium der Speisenkarte fast ein Problem. Die Küche von Karl Walter Schnöll serviert österreichische Kost auf hohem Niveau. Hin und wieder gibt's auch ein paar Sidesteps in exotischere Gefilde, die in der Regel ganz gut gelingen. Phänomenal hingegen ist die Weinpalette, die den Rahmen eines Wirtshauses bei weitem sprengt. Neben österreichischen Spitzenprodukten findet man auch große ausländische Weine. Bemerkenswert ist auch die Vielfalt des Schnapsangebotes. Hausgäste können sich über eine neue Badelandschaft des Hotels freuen. **Aus der Karte:** Wallerfilet auf Spargelgröstl; Gebratene Rindsnuss mit Rotweinsauce, Semmelknödel und Fisolen.

Salzburg

Esszimmer

Müllner Hauptstraße 33, 5020 Salzburg, Tel.: 0662/87 08 99, Fax: 87 08 33
Küchenzeiten: Di.–Sa. 12–14, 18.30–21.30 (Festspielzeit Mo. geöffnet).
Seit Juli 2004 setzt Andreas Kaiblinger – vielen Feinschmeckern aus dem „Perkeo" bekannt – in seinem „Esszimmer" mit neuem Team auch neue kulinarische Akzente. Modernes Ambiente, Lounge und Bar, eine durch Fenster einsehbare Küche, ein kleiner Garten mit Blick auf die Müllner Kirche, bunte Lederstühle und Bildschirme im Restaurant. Kaiblinger bietet vier verschiedene Menüs, wobei auch die jeweiligen Gänge einzeln zu bestellen sind. Die Weinkarte gibt sich international, wohl sortiert und abwechslungsreich. Wir sind gespannt, wie sich dieses „Esszimmer" entwickeln wird: Das Beste darf erwartet werden.

Gasthaus zu Schloß Hellbrunn

Fürstenweg 37, 5020 Salzburg, Tel.: 0662/82 56 08, Fax: Dw. 42,
office@taste-gassner.com, www.taste-gassner.com
Küchenzeiten: Mo., So. 10–18, Di.–Sa. 10–23. **Inhaber:** Josef Gassner. **Küchenchef:** Michael Pratter. **Sommelier:** Ewald Pobaschnig. **CC:** Amex, Diners, MC/EC, Visa. **Sitzplätze:** 50. **Garten:** 60.
Im Süden der Stadt Salzburg, gleich beim Eingang zum Schlosspark untergebrachtes Restaurant mit besonders attraktivem Gastgarten. Wenn das Wetter nicht mitspielt, sind die geschmackvoll mit vielen Pflanzen dekorierten Innenräume ebenfalls ein stimmiger Rahmen. Die Betreuung erfolgt locker-leger im Ton, bleibt dabei aber stets sehr aufmerksam. Die Speisekarte erlebten wir etwas reduzierter als in den Jahren zuvor, eine positive Entwicklung, da sich die Küche in diesem Jahr tatsächlich in Topform präsentierte: Im Grunde traditionell, erfindungsreich, aber nicht ausgeflippte Eigenkreationen gefallen durch ihre handwerklich gut gemachte Zubereitung. Oder auf eine kurze Formel gebracht: beste Produkte in bestmöglicher Zubereitung. Gut bestückt zeigt sich auch die Weinkarte, auf der internationale Größen ebenso vertreten sind wie auch heimische Spitzenwinzer. **Aus der Karte:** Sushi vom Thunfisch mit Sauerampfer-Mousse; Lammragout mit Bärlauchpolenta; Quittensavarin mit Sauerrahmeis.

Salzburg

Goldener Hirsch

Getreidegasse 37, 5020 Salzburg, Tel.: 0662/80 84, Fax: Dw. 845
Küchenzeiten: 12–14.30, 18.30–21.30. **Übernachtungsmöglichkeit.**
Die Salzburger Dreieinigkeit: Mozart, Getreidegasse und „Goldener Hirsch" – alles untrennbar mit einem Besuch von Salzburg verbunden und nur wenige Meter voneinander entfernt. Entsprechend international ist auch die „Hirsch"-Klientel, die sich das traditionelle Salzburger Kulinarium aus der Küche Gernot Hickas auf dem kosmopolitischen Gaumen zergehen lässt.

Grissini

Elisabethstraße 1, 5020 Salzburg, Tel.: 0662/87 62 17, Fax: Dw. 9
Küchenzeiten: Mo.–Fr. 11–23 (an Fei. geschlossen; Dezember, Juli, August auch Sa. geöffnet).
In Bahnhofsnähe, gleich neben dem Kieselgebäude, befindet sich diese kleine Prosciutteria, in der Patron Freddy Schaffer italienisch aufkocht. Antipasti, Salate, eine Vielzahl an Pasta-Variationen sowie Pizzen und Dolce werden da in schöner Auswahl und in respektabler Qualität serviert. Wer will, und das tun viele, kann bei Freddy auch Kochkurse belegen. Die Weine kommen aus ganz Italien.

Ikarus

im Hangar 7, Wilhelm-Spazier-Straße 7a, 5020 Salzburg, Tel.: 0662/21 97-77, Fax: Dw. 3786, office@hangar-7.com, www.hangar-7.com
Küchenzeiten: 12–14, 18.30–22. **Inhaber:** Red Bull Hangar 7 GmbH & Co KG. **Küchenchef:** Roland Trettl. **CC:** Amex, Diners, MC/EC, Visa. **Sitzplätze:** 40. **Terrasse:** 40. **Durchschnittspreis bei 3 Gängen:** € 70,–.
Das kulinarische Reich von Dietrich Mateschitz in dessen Hangar 7 erweist sich als sehr flexibel. Monatlich wechselt die Karte, Schirmherr Eckart Witzigmann holt Topköche aus aller Welt, die im hippen „Ikarus" ihre Spezialitäten kredenzen. Unser Testbesuch fiel in die Etappe mit Martin Dalsass, einem exzellenten Herdzauberer aus dem Tessin. Sehr perfekte, leichte und geradlinige, harmonische Kombinationen, wohltuend abgeschmeckt, herrliche Saucen, deutlich mediterrane Kompositionen mit unglaublichen Geschmackserlebnissen – auch dank verschiedenster Olivenöle. Egal, welches Gastspiel gerade im „Ikarus" abläuft, Roland Trettl (der als Küchenchef die operative Leitung innehat) zeichnet stets für das so genannte „Ikarus"-Menü verantwortlich. Und auch wenn jetzt manche sagen werden, dass ein derartiges Lokalkonzept ja gar nicht zu bewerten ist, vergeben wir vier Sterne. Weil erstens die Liste der jeweiligen Gaststars einen hohen Qualitätslevel garantiert und weil zweitens damit die unzweifelhafte tolle Leistung von Roland Trettl und seiner Crew die gerechte Würdigung erfährt. – Wer Zweifel hat, soll doch bei nächster Gelegenheit zum Beispiel ein Menü von Jean-Georges Vongerichten nachkochen. Die Rezepte gibt es ja, aber das Ergebnis daheim wird wohl kaum jemandem diese Freude bereiten, die ein Abend hier

vermittelt. Die Weinkarte ist vom Feinsten, sogar deutsche Weine werden angepriesen. **Aus der Karte:** Poëlierter Saibling mit Mangoldsprossen und Périgord-Trüffel; Gebratener Kaninchenrücken mit Morcheln und Bärlauchravioli.

Imperio

Himmelreich 6, 5020 Salzburg, Tel.: 0662/85 68 00 50, Fax: 85 13 86, ackermannimperio@msn.at
Küchenzeiten: Mo.–Sa. 11.30–14, 18–24. **Inhaber:** Ackermann & Mitrovic. **Küchenchef:** Gert Seebauer. **Sommelier:** Markus Ackermann. **CC:** Diners, MC/EC, Visa. **Sitzplätze:** 40. **Garten:** 25. **Durchschnittspreis bei 3 Gängen:** € 29,–. **Übernachtungsmöglichkeit.**

Was für eine Neueröffnung! In der nicht gerade reizvollen Umgebung des Airportcenters, in dem architektonisch diskussionswürdigen Hotel Salzburg, wird Gastronomie pur serviert. Patron Markus Ackermann hat in einer ganzen Reihe von Spitzenhäusern gearbeitet, bis er sich den Traum vom eigenen Lokal erfüllt hat. Und das präsentiert sich klein, aber mehr als oho. Denn eigentlich passt hier alles zusammen. Und das trifft natürlich auch auf Küchenchef Gert Seebauer zu, den seine kulinarischen Expeditionen unter anderen zu den Obauers geführt haben. Von diesen hat er offenbar reichlich Inspiration und Know-how mitgenommen und kreiert mittlerweile frech und frisch sein eigenes Food-Universum. Spannende Kombinationen, die noch auf viele tolle Kreationen in der nächsten Zeit hoffen lassen. Der Patron ist auch Diplomsommelier und findet daher stets den passenden Wein für jedes Menü und jede Brieftasche. Die Auswahl ist noch eher klein, aber randvoll mit feinsten Tröpfchen. **Aus der Karte:** Kaltschale vom Schwarzbier mit Ingwer; Taube und Riesencrevetten auf Kohlrabi, dazu Karfiolmus.

Magazin

Augustinerstraße 13, 5020 Salzburg, Tel.: 0662/84 15 84, Fax: Dw. 4, office@magazin.co.at, www.magazin.co.at
Küchenzeiten: Di.–Sa. 12–14, 18.30–22. **Inhaber/in:** Claudia und Raimund Katterbauer. **Küchenchef:** Markus Moser. **Sommelier:** Martin Unterberger. **CC:** Diners, MC/EC, Visa. **Sitzplätze:** 40. **Garten:** 26.
Durchschnittspreis bei 3 Gängen: € 41,–.

In und trendy präsentiert sich diese neue Errungenschaft der Ess-Szene in der Stadt Salzburg. Ambitionierte kaufkräftige junge Leute investierten hier einen Brocken Geld in den Bergfels mit lauschigem Innenhof, hübsch dekoriert. Accessoires zum Wohnen und Kochen, eine Vinothek und eine Delikatessen-Abteilung ergeben ein gelungenes ganzheitliches Konzept. Das Restaurant unterteilt sich in einen Barbereich mit Bistrotisch, vor allem beliebt zu Mittag. Der rückwärtige Bereich ist in den Felsen gehauen, im Sommer vielleicht etwas finster, in

Salzburg

den übrigen Jahreszeiten vermittelt diese Grotte abends hingegen Geborgenheit. Man sitzt an einer langen Tafel, was die intime Unterhaltung nicht stören soll. Die Küchenleistung erlebten wir ambitioniert, modern und leicht, heimisch mit internationalen Anklängen. Thunfischsalat, Hummer, Gänseleber, Wildlachs und Bio-Lamm. Die Weinauswahl lässt keine Wünsche offen. An die 80 Positionen stehen auch nebenan in der Vinothek zur Auswahl. Dazu eine breite Palette an Destillaten und Espresso von illy mit Crema, wie es sich gehört. Der bemühte Service ist noch verbesserungsfähig. **Aus der Karte:** Thunfisch mit Zitronengras-Ingwer-Vinaigrette auf Salat; Rindsfilet auf Mangold und Pomme-Maxime.

Mirabell

im Hotel Sheraton, Auerspergstraße 4, 5020 Salzburg, Tel.: 0662/889 99-0, Fax: 88 17 76, sheraton.salzburg@sheraton.com, www.sheraton.at
Küchenzeiten: 12–14, 18.30–21.30. **Inhaber:** Park-Hotel GmbH. & Co KG. **Küchenchef:** Gerald Griesl. **Sommelier:** John Paul Cadman. **CC:** Amex, Diners, MC/EC, Visa. **Sitzplätze:** 100. **Terrasse:** 50. **Durchschnittspreis bei 3 Gängen:** € 46,–. **Übernachtungsmöglichkeit.**

Trotz des etwas unpersönlichen Hotel-Flairs kann das hauseigene Restaurant mit ein paar charmanten Winkeln und insbesondere mit einer Terrasse, die einen wunderbaren Blick auf den Mirabellgarten mit seinem schönen Baumbestand eröffnet, punkten. In der Küche geht das alljährliche Wechsel-den-Koch-Spiel in die nächste Runde. Auf Jürgen Hamedinger folgte Markus Dörrich, von dem dieses Jahr Gerald Griesl den Chefkochlöffel übernommen hat. Trotzdem entsteht ein gewisses Gefühl von Kontinuität, das sich auch in einer stetig kreativer werdenden Küche manifestiert. Große internationale Küchenklassik steht da harmonisch neben regional gefärbten Gerichten. Und als süßen Nachschlag gibt's auch noch wahre Kunstwerke aus der Pâtisserie. Das Weinangebot entspricht dem Niveau des Hauses, ist also eher kostspielig, international ausgerichtet und gar nicht schlecht. **Aus der Karte:** Gefüllte Wachtel auf geschmorten Jungzwiebeln und gebratenen Maiskölbchen; Eissoufflé vom Zitronengras mit Ananasragout und Karamell.

Mönchsberg

Mönchsberg 32, 5020 Salzburg, Tel.: 0662/84 10 00, Fax: 84 40 82
Küchenzeiten: 12–15, 16–22.
Kurz vor Redaktionsschluss dieser Ausgabe war es so weit: Nach jahrelangen Umbauarbeiten ist das ehemalige Café Winkler endgültig Geschichte und das noble „Mönchsberg" im Museum der Moderne eröffnet. Sepp Schellhorn, den viele wohl vom Goldegger „Hecht" kennen, wird wohl auch hier seine individuell gemachte Küchenlinie zwischen mediterran und regional zelebrieren. Die optische Krönung des von Star-Architekt Matteo Thun durchaus spektakulär gestalteten Lokals ist eine Licht-Installation aus 500 Hirschgeweihen. Man darf gespannt sein, nicht zuletzt auf den genialen Ausblick auf die einzigartige Salzburger Altstadt.

Salzburg

Nagano

 57

Griesgasse 19/Getreidegasse 24, 5020 Salzburg, Tel./Fax: 0662/84 94 88
Küchenzeiten: 11–23. **Inhaber/Küchenchef:** Yili Wu. **CC:** Amex, Diners, MC/EC, Visa. **Sitzplätze:** 50. **Garten:** 40.

Kleines, unprätentiöses, in einem Durchgang zur Getreidegasse verstecktes Lokal, in dem Fans von Sushi und anderen Klassikern der japanischen Küche auf ihre Rechnung kommen. Sushi wird in einer verlockenden Vielfalt und in bester Frische angeboten. Unterm Strich eine authentische Küche aus hochwertigen Zutaten zu einem vernünftigen Preis.

Pan e Vin

 71

Gstättengasse 1, 5020 Salzburg, Tel.: 0662/84 46 66, Fax: Dw. 15, www.panevin.at
Küchenzeiten: Mo.–Sa. 11.30–23 (Festspielzeit kein Ru.). **Inhaber:** Aglassinger & Partner GaststättenbetriebsOEG. **Küchenchef:** Jürgen Buchsteiner. **Sommelier:** Herbert Aglassinger. **CC:** Amex, Diners, MC/EC, Visa.
Sitzplätze: 90. **Durchschnittspreis bei 3 Gängen:** € 47,–.

Ebenerdig Trattoria, im ersten Stock feines Restaurant. So wollen es Anspruch, Atmosphäre und Küche dieser Lokalität. Das Angebot an Speisen ist relativ klein, aber verlockend – und leider auch ziemlich kostspielig. Die Qualität des Verkosteten jedoch war schwer in Ordnung. Eine Küche am Punkt, schnörkellos, geradlinig, perfektes Handwerk. Pure italienische Küche vom Feinsten. Blitzweiße Tischwäsche, weiße Tulpen und Kerzen, ein elegantes und reduziertes Ambiente durch und durch – und im ersten Stock rauscht der Almkanal durchs Lokal. Die Weinkarte ist prall mit besten Weinen aus ganz Europa und der Neuen Welt gefüllt. **Aus der Karte:** Filet vom kanadischen Bison mit Kräuterkruste und Burgundersafterl, dazu Kartoffelgratin; Topfennockerln mit Nussbröseln und Apfeleis.

Paris Lodron

 66

im Hotel Schloss Mönchstein, Mönchsberg Park 26, 5020 Salzburg, Tel.: 0662/84 85 55, Fax: 84 85 59, salzburg@monchstein.at, www.monchstein.com
Küchenzeiten: 12–14, 18–22 (Festspielzeit bis 24). **Inhaber:** Familie Gabrielli-Schwarz. **Küchenchef:** Herbert Schmidhofer. **Sommelier:** Andreas Eichberger. **CC:** Amex, Diners, MC/EC, Visa. **Sitzplätze:** 55. **Garten:** 30. **Durchschnittspreis bei 3 Gängen:** € 49,–. **Übernachtungsmöglichkeit.**

Nach seiner Renovierung präsentiert sich das Haus eleganter und moderner. Das Restaurant ist in den „Keller" übersiedelt und präsentiert sich hell, geschmackvoll und gemütlich. Ein perfekter Rahmen für die anspruchsvollen Kreationen von Küchenchef Herbert Schmidhofer, der sich bei unserem Besuch als Großmeister der Suppe herausgestellt hat. Die Gerichte sind angenehm leicht, saisonal geprägt und nicht übertrieben mit luxuriösen Rohstoffen angereichert. Unterm Strich eine zeitgemäße und inspirierte Küche, die ein Versprechen für die Zukunft ist und auch etwas mehr Publikumszuspruch verdienen würde. Im Weinkeller lagert eine recht schöne Auswahl an österreichischen Weinen, die mit ein paar ausländischen Kreszenzen aufgepeppt wurde, und auch Digestifs stehen ausreichend zur Verfügung. **Aus der Karte:** Entrecôte vom Bison, mit Pfefferbrot überbacken, dazu Rösti und Schwarzwurzel-Kompott mit Meaux-Pfeffer-Sauce.

Perkeo

Priesterhausgasse 20, 5020 Salzburg, Tel.: 0662/87 14 72, kibler@netway.at
Küchenzeiten: Mo.–Fr. 12–13.30, 18–22 (Festspielzeit auch Sa. geöffnet). **Betriebsferien:** 24. 12. 2004–7. 1. 2005. **Inhaber/in:** Sabine und Alexander Kibler. **Küchenchef:** Bernhard Rieder. **Sommelier:** Alexander Kibler. **Sitzplätze:** 18. **Garten:** 20.
Sehr zur Überraschung aller Feinschmecker haben sich Bader/Kaiblinger aus dem „Perkeo" zurückgezogen und das Haus an Sabine und Alexander Kibler übergeben. Und so ein rascher Wechsel muss erst einmal verkraftet werden. Küchenchef Bernhard Rieder hat unter anderen bei Eselböck und Witzigmann gelernt, was fraglos Feines erwarten lässt. Einiges, was jetzt schon sehr viel versprechend wirkt, wird nach einer entsprechenden Phase des Eingewöhnens wohl zur Perfektion gelangen. Das Weinangebot des Hauses war traditionell immer sehr gut, woran sich auch unter den neuen Besitzern nichts geändert hat. **Aus der Karte:** Kalbsfilet mit Brot und Kalbsbries auf Petersilcreme; Gratiniertes Rhabarberkompott mit weißem Pfefferkrokanteis.

Pfefferschiff

Söllheim 3, 5300 Salzburg-Hallwang, Tel.: 0662/66 12 42, Fax: 66 18 41, restaurant@pfefferschiff.at, www.pfefferschiff.at   B@G
Küchenzeiten: Di.–Sa. 12–13.30, 18.30–21.30 (Festspielzeit bis 24 und So. geöffnet). **Betriebsferien:** letzte Woche im Juni, erste zwei Wochen im Juli 2005. **Inhaber/in:** Petra und Klaus Fleischhaker. **Küchenchef:** Klaus Fleischhaker. **Sommelière:** Petra Fleischhaker. **CC:** Amex, Visa. **Sitzplätze:** 45. **Garten:** 55.
Durchschnittspreis bei 3 Gängen: € 49,–.
Johann Anton Kaufmann, ein Handelsgehilfe, der sich im Jahre 1680 auf die Suche nach einem verlorenen Schiff mit Pfefferladung begab, ist der Namenspatron dieser Oase des Wohlgeschmacks, die mit viel Liebe zum Detail gestaltet wurde. Rundum ein perfekter Rahmen, um sich aus dem Alltag aus- und in die Genusswelt des Patrons einzuklinken, der seit vielen Jahren in konstanter Hochform kocht: Phantasievoll werden da Geschmäcker und Aromen kombiniert, neue Ideen entwickelt, die den Gast im besten Sinne inspirieren und anregen.

Salzburg

Genuss beinahe auf philosophischer Ebene und trotzdem schlicht und einfach köstlich. Der Service unter der Leitung von Petra Fleischhaker umsorgt die Gäste aufmerksam, sehr persönlich und ohne Fehl und Tadel. Dass in einem Haus mit solchen Ansprüchen auch eine fulminante Weinsammlung der Dinge harrt, überrascht nicht. Beste Weine aus Österreich tummeln sich da neben erstklassigen Kreszenzen aus dem Ausland. **Aus der Karte:** Hummersuppe mit knuspriger Blunze; Rindsfilet im Rotweinjus mit karamellisiertem jungen Knoblauch, Bohnen und Schnittlauch-Erdäpfel-Püree.

Pomodoro

Eichstraße 54, 5023 Salzburg, Tel.: 0662/64 04 38
Küchenzeiten: Mi.–So. 12–13, 18.30–21. **Betriebsferien:** Weihnachten 2004, August 2005. **Inhaber/Küchenchef:** Giovanni Tomassetti. **CC:** Amex, Diners, MC/EC, Visa. **Sitzplätze:** 20. **Terrasse:** 20.

Seit vielen Jahren präsentiert sich dieses kleine italienische Restaurant im Stadtteil Gnigl unverändert, und das ist auch gut so. Trotzdem scheint's, dass der 1-Mann-und-1-Frau-Betrieb – der Patron kocht, die Chefin bedient – qualitativ noch zugelegt hat. Gekocht wird strikt und korrekt, ohne viel Aufhebens klassisch italienisch. Die legendär guten Antipasti holt sich der Gast selbst am Buffet: Gebratenes, Mariniertes, Maritimes – alles delikat. Die Nudelgerichte sind vom Feinsten, aber auch Fisch und Fleisch gelingen dem Patron bestens. Dezent, aber köstlich die Desserts. Die Weinauswahl beschränkt sich auf Italien, was ja durchaus Sinn macht. **Aus der Karte:** Antipasti vari (Verschiedene Vorspeisen vom Buffet); Filetto di manzo agli asparagi (Rindsfilet mit Spargel).

Prosecco

Nonntaler Hauptstraße 55, 5020 Salzburg, Tel./Fax: 0662/83 40 17
Küchenzeiten: Mo.–Fr. 12–15, 18–23, Sa., So. 18–23. **Inhaberin/Sommelière:** Heidi Kronberger. **Küchenchefs:** Helmut Zankl, Günter Sallaberger. **CC:** Amex, Diners, MC/EC, Visa. **Sitzplätze:** 50. **Terrasse:** 50.
Durchschnittspreis bei 3 Gängen: € 36,–.

Heidi Kronberger betreibt ihre kleine Botschaft des guten italienischen Geschmacks mit viel Liebe und Know-how. In der warmen Jahreszeit lockt ein schöner und ruhiger Garten, in dem man oft nur schwer einen Platz ergattern kann. Die Küche sorgt für ein gelungenes Speisenkompendium im mediterranen Stil. Altbekanntes taucht da in ganz neuem Gewand auf. Eine geradlinige und doch phantasievolle italienische Küche, die den Gaumen inspiriert. Legendäre Lagen und große Winzernamen Italiens bevölkern die kleine, aber sehr interessante Weinkarte. **Aus der Karte:** Hausgemachte Antipasti; Seezunge mit Blattspinat; Kalbsleber „Veneziana" mit Reis; Schokomousse.

Purzelbaum

Zugallistraße 7, 5020 Salzburg, Tel.: 0662/84 88 43, Fax: Dw. 3, www.purzelbaum.at
Küchenzeiten: Mo. 18–23, Di.–Sa. 12–14, 18–23 (Festspielzeit Mo. mittags, Fei. geöffnet). **Inhaber:** Aglassinger & Partner GaststättenbetriebsOEG. **Küchenchef:** Hubert Posch. **Sommelier:** Josef Pichler. **CC:** Amex, Diners, MC/EC, Visa. **Sitzplätze:** 60. **Garten:** 30. **Durchschnittspreis bei 3 Gängen:** € 41,–.

Die Nonntaler Gourmetinstitution präsentiert sich in Bestform. Gepflegte Tischkultur, angenehmer Service, man sitzt bequem, wenn auch etwas zu sehr auf Tuchfühlung mit den nächsten Tischen. Ein günstiges Mittagsmenü und ein großes Abendmenü werden ebenso wie eine Tageskarte angeboten, auf der sich ein paar traditionelle, gutbürgerliche Gerichte, in erster Linie aber phantasievolle und zeitgemäße Kreationen finden, die allesamt harmonisch kombiniert sind und durch ein feines Aromenspiel überzeugen. Was gibt's zu trinken? Perfekt gezapftes Stiegl-Bier, eine umfangreiche, gleichermaßen heimisch wie international orientierte Weinkarte und Destillate von Gölles, Rochelt und Holzapfel. **Aus der Karte:** Marinierter Octopus mit Salat und Orangenöl; Rehragout mit Morchel-Serviettenknödel, Rotkraut und pochierten Äpfeln.

Restaurant im Schlössl

im Maria Theresien Schlössl, Morzgerstraße 87, 5020 Salzburg, Tel.: 0662/82 01 91
Küchenzeiten: Do.–Di. 12–14, 18–22; Festspielzeit 12–14, 18–24. **Übernachtungsmöglichkeit.**

Das Maria Theresien Schlössl befindet sich in einem romantischen Park mit schönem Baumbestand und eigenen Fischteichen. Die hier gezüchteten Fische stellen natürlich auch ein Highlight der „Schlössl"-Küche dar, die sich aber auch recht gut auf die Zubereitung von deftigen Gerichten wie einem Carpaccio vom Schweinsbackerl oder Beuschelravioli versteht.

Riedenburg

Neutorstraße 31, 5020 Salzburg, Tel.: 0662/83 08 15, Fax: 84 39 23, www.riedenburg.at
Küchenzeiten: Mo.–Sa. 11–14, 18–22 (Festspielzeit kein Ru.). **Inhaber/Sommelier:** Robert Hatheyer. **Küchenchef:** Richard Brunnauer. **CC:** Amex, Diners, MC/EC, Visa. **Sitzplätze:** 60. **Garten:** 80. **Durchschnittspreis bei 3 Gängen:** € 58,–.

Nach der Renovierung ist die „Riedenburg" eines der schönsten Restaurants der Stadt. Von den edel gestylten Räumlichkeiten bis zum gemütlichen Garten mit dem reizvollen Salettl ist hier Glanz angesagt. Unaufdringlich, aber unendlich phantasievoll und perfekt zelebriert, präsentiert sich auch die Küche von Richard Brunnauer, der mit enormer Konstanz auf einem sehr gehobenen Niveau kocht. Die ausgewogen komponierte Speisenkarte macht schon beim Lesen Vergnügen und Appetit, mit spürbarer Lust werden da die unterschiedlichsten Kochstile und Küchen kombiniert und in bemerkenswerte Gaumenfreuden verwandelt. Im Weinkeller lagert ein sehr umfangreiches und sehr kompetent zusammengestelltes Sortiment österreichischer und internationaler Weine, das vom Service tadellos offeriert wird. **Aus der Karte:** Scheiterhaufen von der Gänseleber mit Rhabarberchutney; Weidelamm mit Rotweincipolla und gebratener Pilzpolenta.

Salieri

im Hotel Castellani, Alpenstraße 6, 5020 Salzburg, Tel.: 0662/20 60-614, Fax: Dw. 555, salieri@castellani-parkhotel.com, www.castellani-parkhotel.com
Küchenzeiten: 18–23. **Inhaber/Küchenchef:** Alexander Mayer. **Sommelier:** Peter Baumgartner. **CC:** Amex, Diners, MC/EC, Visa. **Sitzplätze:** 50. **Terrasse:** 30. **Durchschnittspreis bei 3 Gängen:** € 42,–. **Übernachtungsmöglichkeit.**

Das wunderschön renovierte Hotel Castellani liegt zwar ein kleines Stück abseits vom Zentrum, ist aber trotzdem ein wunderbarer Ankerplatz für Salzburg-Besucher. Nicht zuletzt natürlich dank der Kochkünste von Chef de Cuisine Alexander Mayer, der früher im Wiener „Theatercafé" für Furore gesorgt hat. Und auch im „Salieri" kocht er in guter Form. Das Restaurant ist klein, schlicht und geschmackvoll gestaltet und bietet somit die ideale Voraussetzung, um sich auf spannende Geschmacksreisen zu begeben. Mediterranes, Fernöstliches und Heimisches werden mit Fingerspitzengefühl zubereitet. Eine Küche, die stets für überraschende Harmonien und ungewöhnliche Gaumenkitzel gut ist. Auch wenn nicht alles immer gelingt, ein besonderes Gourmeterlebnis ist es allemal. Zwei Weinkarten für Weiß und Rot bieten eine Vielzahl feiner heimischer Kreszenzen, aber auch großartige französische und italienische Rotweine. Das Bier kommt von Trumer, und auch der Destillatetisch in der Raummitte verheißt Köstliches. **Aus der Karte:** Filet von der Lachsforelle auf Kartoffel-Spargel-Gröstl und Kerbelschaum; Rosa Kalbsfilet, im Käseteig gebacken, auf gedämpftem Gemüse und Tomaten-Estragon-Butter.

Salzburg

Schloß Aigen

★★★ 76

*Schwarzenbergpromenade 37, 5026 Salzburg, Tel.: 0662/62 12 84, Fax: Dw. 4,
schloss-aigen@elsnet.at, www.schloss-aigen.at*
Küchenzeiten: Mo., Di., Fr., Sa. 12–14, 18–22, Do. 18–22, So. 12–22. **Betriebsferien:** 10.–20. 1. 2005. **Inhaber:** Familie Forstner. **Küchenchef:** Ernst Köstenbaumer. **Sommelière:** Christl Forstner. **CC:** Amex, Diners, MC/EC, Visa. **Sitzplätze:** 100. **Garten:** 60. **Durchschnittspreis bei 3 Gängen:** € 40,–.
In der Nobelwohngegend Aigen, gleich neben der Kirche an einem recht idyllischen Standort, findet man diese gutbürgerliche traditionsreiche Gaststätte mit gemütlichen Gasträumen, gepflegter Tischkultur und sehr freundlicher und kompetenter Bedienung. In netter Atmosphäre speist es sich hier ganz vorzüglich und der neue Küchenchef Ernst Köstenbaumer entwickelt sich hier äußerst erfreulich. Er kocht geradlinig, scheinbar unspektakulär, dennoch ist jeder Gang ein kulinarisches Spektakel. Das Image als reiner Rindfleischtempel ist längst passé. Feinschmecker haben inzwischen sehr wohl bemerkt, dass man z. B. auch köstlich vegetarisch genießen kann. Die umfangreiche Weinkarte kann mit allem aufwarten, was in Österreich Rang und Namen hat und ist auch international bestens besetzt. Die Schnapspalette reicht von Gölles und Rochelt bis zu Zieser. **Aus der Karte:** Flusskrebs-Sauerrahm-Terrine auf Gurkennudeln; Entenbrust auf karamellisiertem Rhabarber, Brokkolitatar und Grießdukaten.

Schwaitlalm

Vorderfager 39, 5061 Salzburg-Elsbethen, Tel.: 0662/62 59 27, Fax: Dw. 500
Küchenzeiten: Di. ab 17, Mi.–Sa. 11–22, So. 11–20. **Übernachtungsmöglichkeit.**
Ein Haus in traumhaft ruhiger Lage an einer winzigen romantischen Straße in der unmittelbaren Nähe von Salzburg. Was könnte man sich da noch wünschen, außer hier im Sommer auf der Terrasse zu sitzen und bei Sonnenuntergang einen gemütlichen Aperitif oder Imbiss zu sich zu nehmen. Die Zeit scheint hier stehen geblieben zu sein, sowohl das bäuerliche Umfeld als auch die Speisenauswahl betreffend: Eines der besten Wiener Schnitzel weithin wird hier serviert, aber auch die anderen österreichischen Gerichte munden.

Stadtkrug *Tipp*

Linzergasse 20, 5020 Salzburg, Tel.: 0662/873 54 50, Fax: Dw. 54
Küchenzeiten: Mi.–Mo. 12–14, 18–22.30 (während der Festspielzeit kein Ru.).
Übernachtungsmöglichkeit.
In unmittelbarer Altstadtnähe bezaubert der „Stadtkrug" mit einem traumhaften Garten, den man hier zwischen Linzergasse und Kapuzinerberg nicht vermuten würde. Als willkommene Draufgabe zum schönen Drumherum servieren die beiden Küchenchefs einen feinen Speisenmix, bei dem Fische ebenso überzeugen wie heimische Wirtshausklassiker.

Salzburg

Symphonie

 **76**

*im Hotel Altstadt Radisson SAS, Judengasse 15/Rudolfskai 28, 5020 Salzburg,
Tel.: 0662/84 85 71, Fax: Dw. 6, radisson-altstadt@austria-trend.at,
www.austria-trend.at/ass*

Küchenzeiten: Mo.–Sa. 12–14, 18.30–22 (Festspielzeit So. geöffnet). **Inhaber:** Hotel Altstadt. **Küchenchef:** Thomas Polt. **Sommelier:** Stefan Redtenbacher. **CC:** Amex, Diners, MC/EC, Visa. **Sitzplätze:** 70. **Garten:** 30. **Durchschnittspreis bei 3 Gängen:** € 45,–. **Übernachtungsmöglichkeit.**

Das Tophotel mit Toplage in der Judengasse bietet, seit Thomas Polt die Küche übernommen hat, auch ein Toprestaurant. Dass die Ausblicke, die sich vom Speiseraum aus ergeben, auch top sind, soll nicht verheimlicht werden, unser Hauptinteresse gilt aber trotzdem dem Kulinarium des Hauses, das sich in dieser Saison in Bestform präsentiert hat. Große internationale Küche, die unverkrampft saisonale und regionale Aspekte mit luxuriösen Nuancen harmonisch kombiniert. In Anlehnung an den Restaurantnamen tatsächlich eine Symphonie des Wohlgeschmacks. Sommelier Stefan Redtenbacher berät perfekt und kann dabei auch auf ein tolles Sortiment erstklassiger Spitzenweine zurückgreifen. **Aus der Karte:** Gratiniertes Tauernlammkarree mit Erdäpfel-Rosmarin-Krapferl und parfümierten Honig-Minipaprika; Knusprige Erdbeeren mit weißer Schokoladenmousse und grünem Pfeffereis.

Zirbelzimmer und Roter Salon

 **81**

*im Hotel Sacher, Schwarzstraße 5–7, 5020 Salzburg, Tel.: 0662/889 77-0,
Fax: Dw. 551, salzburg@sacher.com, www.sacher.com*

B@G

Küchenzeiten: 12–14, 18–21.45. **Inhaber:** Familie Gürtler. **Küchenchef:** Manfred Stüfler. **Sommelier:** Werner Wanger. **CC:** Amex, Diners, MC/EC, Visa. **Sitzplätze:** 92. **Terrasse:** 30. **Durchschnittspreis bei 3 Gängen:** € 50,–. **Übernachtungsmöglichkeit.**

Reizvolles Ambiente und die aussichtsreiche Lage an der Salzach sind zwei Atouts dieses Traditionshauses, das aber auch mit einem perfekten Service und einer sehr bemerkenswerten Küche punkten kann. Von zentralem Interesse sind dabei die handwerklich perfekt umgesetzten Klassiker der österreichischen Küche von Tafelspitz bis Wiener Schnitzel. In letzter Zeit haben aber auch einige moderne Tendenzen Eingang gefunden, die vorläufig noch einen ambivalenten Eindruck hinterlassen. Nicht ganz so stilsicher, wie man es wünschen würde, werden dabei Exkursionen in moderne kulinarische Sparten unternommen. Rundum ein Vergnügen hingegen sind die Desserts, bei denen auch die Sachertorte nicht fehlen darf. Heimische Spitzenweine sind das Herzstück des bestens bestückten Weinkellers. **Aus der Karte:** Sautierte Riesengarnelen auf süß-saurem Muskatkürbis und kandiertem Ingwer; Rehnüsschen mit Kohlsprossen, Sellerietascherl, Rotkraut und Portweinjus; Salzburger Nockerln mit Himbeerobers.

Salzburg

Zur Plainlinde

 72

Plainbergweg 30, 5101 Salzburg-Bergheim, Tel.: 0662/45 85 57, Fax: 45 82 70, restaurant@plainlinde.at, www.plainlinde.at

Das ehemalige Ausflugsgasthaus italienischer Prägung hat sich endgültig als Topadresse etabliert und scheint auch trotz der eher hohen Preise entsprechende Akzeptanz beim Publikum erreicht zu haben. Küchenchef Gerhard Brugger – bekannt von seiner Tätigkeit im Schloss Fuschl – segelt gekonnt durch die Gefilde österreichischer Rezepturen, denen er leichtfüßig neue substanzielle Geschmäcker abgewinnt. Irgendwie regional wirkend und doch in jeder Hinsicht große Küche, die sicher eine ebensolche Zukunft hat. Der Service unter der Leitung von Stefan Brandtner ist jugendlich, bunt mit „Puma" beschuht, aber in jeder Hinsicht kompetent und charmant. Die Weinauswahl ist im Wachsen begriffen, mittlerweile durchaus präsentabel, aber ausbaufähig. Das Bier kommt aus dem Hause Stiegl. Sommers ist die Terrasse einer der schönsten Plätze rund um Salzburg. **Aus der Karte:** Stubenküken mit Kürbiskernen gebacken und Erdäpfel-Endivien-Salat; Attersee-Lachsforelle in der Krenkruste mit Rieslingsauce und Schnittlauchpüree; „Mein Schweinsbraten" – geschmorte Brust mit Weinkraut und gebratenem Gemüse; Walnussparfait in der Quittensuppe.

ST. GILGEN | E10 ÖBB

Timbale

 75

Salzburger Straße 2, 5340 St. Gilgen, Tel./Fax: 06227/75 87
Küchenzeiten: Fr. 18–21, Sa.–Mi. 12–13.30, 18–21. **Inhaber/Küchenchef:** Hermann Hohenberger. **Sommelière:** Christine Hohenberger. **Sitzplätze:** 20. **Durchschnittspreis bei 3 Gängen:** € 44,–.

Unbeirrbar geht die Familie Hohenberger ihren Weg und hat sich im Salzkammergut längst als Topadresse etabliert. In ihrem kleinen Restaurant herrscht eine recht familiäre Atmosphäre. Der Chef kocht, die Chefin bedient. Einzigartig und berückend immer wieder die Küchenlinie, frischeste Produkte der Saison werden traditionell und auf den Punkt zubereitet. Alles ist vom Feinsten, puristischer geht's nicht. Jeder Rohstoff schmeckt nach sich selbst, unverfälscht und unkompliziert. Diesem Mut zur Einfachheit gebührt ein Sonderlob. Die Weinkarte konzentriert sich auf Österreich, ergänzt von einer Hand voll Italiener und Franzosen, glasweise zeigt man sich recht flexibel. Für den Ausklang sorgen Destillate der Quinta Essentia-Brenner Holzapfel und Gölles. **Aus der Karte:** Gefülltes Stubenküken mit Pilzen; Joghurtnockerln.

---

www.alacarte.at – Die besten Destillate

Salzburg

ST. VEIT IM PONGAU | G9

Sonnhof

 60

*Kirchweg 2, 5621 St. Veit im Pongau, Tel.: 06415/43 23, Fax: 73 19 28,
sonnhof@verwoehnhotel.at, www.verwoehnhotel.at*
Küchenzeiten: Mo.–Mi., Fr., Sa. 17.30–21, So. 11–14, 17.30–21. **Betriebsferien:** Mitte Oktober bis Mitte Dezember 2004, von Ostern bis Mitte Mai 2005. **Inhaber/in:** Rose-Marie und Ernst Winkler. **Küchenchefin:** Rose-Marie Winkler. **Sommelier:** Ernst Winkler. **Sitzplätze:** 50. **Terrasse:** 30. **Durchschnittspreis bei 3 Gängen:** € 27,–.
Übernachtungsmöglichkeit.

Seit 75 Jahren gibt's den „Sonnhof" in St. Veit und seit dieser Zeit wird in den gemütlichen Stuben mit viel Jagdaccessoires an den Wänden Gastlichkeit praktiziert. Rose-Marie Winkler werkt in der Küche, während Gatte Ernst den Service mit Jagerschmäh und Charme schupft. Nicht selten trifft man hier auch auf eine Gruppe gstandener Pongauer Jägersleut, die hier in lustiger Runde ihr Latein verbessern. Was in der Küche verarbeitet wird, kommt fast ausschließlich aus der Region, auch die eigene Jagd im Sölktal trägt so einiges bei. Pongauer Fleischkrapfen, Gamsgselchtes und St. Veiter Forelle schmecken ebenso vorzüglich wie die Speisen aus der Rubrik „Gerichte ohne oder mit wenig Fleisch". Beim Wein konzentriert man sich auf Österreich, wobei das glasweise Angebot doch ein wenig schmal gerät. **Aus der Karte:** Pongauer Fleischkrapfen auf Sauerkrautsauce; Tafelspitz mit Suppengemüse und Erdäpfelgröstl, dazu Krensauce und Rahmspinat.

STROBL | E10

Edelweiß

 59

*im Hotel Wolfgangseehof, Parkweg 1, 5350 Strobl, Tel.: 06137/661 70, Fax: 661 77,
info@wolfg-seehof.co.at, www.tiscover.at/wolfgangseehof*
Küchenzeiten: Mo.–Sa. 18–21.45, So. 11–13.45, 18–21.45. **Inhaber/in:** Maria und Ralf Kutzer. **Küchenchef:** Bernhard Reiter. **Sommelier:** Bruno Bianchi. **CC:** Amex, Diners, MC/EC, Visa. **Sitzplätze:** 30. **Terrasse:** 60. **Durchschnittspreis bei 3 Gängen:** € 30,–. **Übernachtungsmöglichkeit.**

Auch wenn ein Großteil der Menschheit den Wolfgangsee ausschließlich mit dem Weißen Rössl verbindet, hat der See auch ganz andere Seiten. Etwa die in Strobl, wo sich der Feinschmecker auch gleich über ein feines Gourmetrestaurant freuen darf. Untergebracht im Luxushotel Wolfgangseehof und benannt nach der raren Alpinpflanze Edelweiß mögen sich gleich Schwellenängste auftürmen, die aber definitiv unangebracht sind. Das kleine Stüberl ist ein reizvolles Platzerl, an dem man fast gar nichts vom Hotelbetrieb mitbekommt und auch als Laufkundschaft königlich behandelt wird. Serviert wird eine sehr regional ausgerichtete gehobene

Küche, die erfreulich viel Saisonalität einfließen lässt. Mit viel Gespür für Geschmackskombinationen entsteht so ein zeitgemäßes und gelungenes Kulinarium. Der Weinkeller ist eher dünn besiedelt, aber wer sucht, der findet auch hier seinen passenden Wein. **Aus der Karte:** Poëliertes Seezungenfilet mit Tomaten-Rosmarin-Risotto; Rindsfilet-Steak mit Kürbisgemüse und Gnocchi.

WERFEN | F9   **ÖBB**

Obauer

Markt 46, 5450 Werfen, Tel.: 06468/52 12, Fax: Dw. 12,
ok@obauer.com, www.obauer.com
Küchenzeiten: 12–14, 19–21.30. **Betriebsferien:** 25. 10.–23. 11. 2004. **Inhaber:** Karl und Rudolf Obauer. **Küchenchef:** Rudolf Obauer. **Sommelier:** Gerald Lindlbauer. **CC:** Amex. **Sitzplätze:** 65. **Garten:** 55. **Durchschnittspreis bei 3 Gängen:** € 68,–. **Übernachtungsmöglichkeit.**
Besser geht's nicht mehr. Was hier Tag für Tag auf die kulinarischen Beine gestellt wird, ist fast unglaublich. In jedem Detail dieser an bemerkenswerten Details alles andere als armen Küche herrscht ein äußerst hoher Qualitätslevel. Quer durch das Gastronomieuniversum geht die Reise, die sich von überall das Beste aneignet und am Ende dann doch immer Obauer pur ist. Phantasie: grenzenlos. Kreativität: unbegrenzt. Geschmack: hinreißend. Präsentation: wunderbar. Die Brüder Obauer leben wie kaum andere Menschen ihren Beruf, sind Kochverrückte im besten Sinn des Wortes. Faszinierend vor allem die hier stattfindende kritische intellektuelle Auseinandersetzung mit dem Thema. Die tolle Weinauswahl, die sowohl in Breite als auch Tiefe großartig bestückt ist, wird hin und wieder durch kleine Servicefehler beeinträchtigt. Zimmer und Restaurant wurden wieder einem gestalterischen Facelifting unterzogen. Wir sind sicher, dass wir auch in den nächsten Jahren noch viel Erfreuliches und Neues aus Werfen berichten können. **Aus der Karte:** Avocado-Spargel-Salat mit gedämpftem Wolfsbarsch; Werfener Lamm mit Mangold und Polentazwiebel.

Zur Stiege

Markt 10, 5450 Werfen, Tel.: 06468/52 56, Fax: Dw. 4,
restaurant.zur.stiege@aon.at, www.restaurant-zur-stiege.at
Küchenzeiten: 11–13.30, 18–21.30 (11. 10. bis Mitte Mai). **Inhaber/in:** Helga und Herbert Ranstl. **Küchenchef:** Herbert Ranstl. **Sommelier:** Alfred Gipfler. **CC:** MC/EC, Visa. **Sitzplätze:** 60. **Garten:** 30. **Durchschnittspreis bei 3 Gängen:** € 38,–. **Übernachtungsmöglichkeit.**
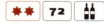
In diesem Lokal hat sich, was das Interieur betrifft, seit vielen Jahren nichts geändert. Etwas überdekoriert wirkt die Einrichtung, fast erdrückend, die

Reinhard Gerer: Feine Küche für zwei
Preis: € 19,90

Sohyi Kim: Kim kocht
Preis: € 24,90

Fabio Giacobello & Christoph Brunnhuber:
fabios – das kochbuch
Preis: € 30,–

Christian Domschitz & Toni Mörwald:
DAS BESSER KOCHEN KOCHBUCH
Preis: € 25,–

Erhältlich im Buchhandel
oder unter der Tel.-Nr.: +43/1/740 77-839,
oder per E-Mail: bestellen@alacarte.at

www.alacarte.at

Salzburg

vielen Kunstblumen und Bilder sind auch Geschmacksache. Die Bedienung ist bemüht und freundlich. Neu ist, dass Herbert Ranstl im Sommer nun den Betrieb schließt und nach Velden in die Villa Bulfon übersiedelt. Bei unserem Testbesuch war man offenbar mit dem Kopf schon mehr am Wörthersee. Das eine Süppchen zu milchig, das andere zu wässrig. Eine dezente Neuorientierung würde der „Stiege" sicher gut tun. Und dass der sympathische Herbert Ranstl ein Meister seiner Zunft ist und dies wohl ohnehin in Angriff nimmt, steht ja fast außer Frage. Beachtlich ist die Bandbreite der Weinkarte und der Destillatspalette. Mit einer Crema wie in Italien dann der illy caffè. **Aus der Karte:** Kaninchenrücken im Frühlingsrollenteig auf lauwarmem Tomatenconfit und Vogelsalat; Seeteufel und Bachkrebse am Nudelnest mit grünem Spargel; Milchlammrücken mit mediterranem Gemüse und Parmesan-Polenta; Grand Marnier-Parfait im Schokoladenspitz und Gewürz-Rhabarber.

ZELL AM SEE | G8 ÖBB

Erlhof

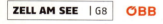

Erlhofweg 11, 5700 Zell am See, Tel.: 06542/566 37, Fax: Dw. 63, www.erlhof.at
Küchenzeiten: Do.–Di. 12–14, 18–22. **Inhaber:** Familie Brüggler. **Küchenchef:** Josef Brüggler. **Sommelier:** Harald Galsterer. **CC:** Amex, Diners, MC/EC, Visa. **Sitzplätze:** 50. **Terrasse:** 50. **Durchschnittspreis bei 3 Gängen:** € 34,–.
Übernachtungsmöglichkeit.

Das ehemalige Gut am Erlbach, früher auch Sommerfrische der berühmten Familie Trapp, präsentiert sich heute als gediegenes Landhotel in unmittelbarer Seenähe. Von der prächtigen Gartenterrasse kann man den Ausblick auf den See und die großartige Bergwelt genießen. Josef Brüggler hat sich mittlerweile gut eingearbeitet. Einfach hinreißend, wie aus einfachen Gerichten wie dem Kalbsrahmbeuschel große Gaumenerlebnisse werden und wie, quasi aus dem Handgelenk, frisch angelieferte Rheinanken in ein atemberaubend delikates dreigängiges Menü verwandelt werden. Eine tolle, stimmig kreative Küche, die vom Amuse bis zum Dessert höchste Ansprüche erfüllt. Auf demselben Niveau präsentiert sich das bemerkenswerte Angebot an feinen Weinen, die großteils aus Österreich kommen. Insbesondere auf dem Rotweinsektor gibt's eine umfassende Palette ausländischer Kreszenzen. **Aus der Karte:** Hummer im Salatnest mit Tomaten-Basilikum-Vinaigrette; Bärlauchsuppe mit Lachs und Kaviar; Filet vom Pinzgauer Jungrind mit rosa Pfeffer und Rotweinsauce, Speckbohnen und Kartoffelgratin; Schokoladenknödel auf Himbeermark.

---

*Gratis zu jedem A LA CARTE-Restaurantführer 2005:
Der neue A LA CARTE-Hotelguide mit den
besten 4- und 5-Sterne-Hotels in Österreich.*

Salzburg

Mayer's

 NEU

im Schloss Prielau, Hofmannsthalstraße 12, 5700 Zell am See, Tel.: 06542/72 91 1-0, Fax: Dw. 11, info@schloss-prielau.at, www.schloss-prielau.at
Küchenzeiten: Mi.–Mo. 12–14, 19–22. **Betriebsferien:** November 2004. **Inhaber/ Küchenchef:** Andreas Mayer. **Sommelier:** Reinhard Walcher. **CC:** Amex, Diners, MC/EC, Visa. **Sitzplätze:** 36. **Garten:** 20.
Übernachtungsmöglichkeit.

Im Mai 2004 wurde Schloss Prielau nach dem Abgang von Jörg Wörther von einem deutschen Pächterpaar neu übernommen. Einige Hotelzimmer wurden sehr geschmackvoll ausgebaut und modernisiert. Kulinarisch fährt man nun zwei unterschiedliche Schienen. Mittags bietet die Schlossküche einfachere Gerichte und Imbisse sowie nachmittags Kaffee und Kuchen. Absolut prachtvoll ist etwa die Terrasse zum Schlossgarten hin. Das Gourmet-Restaurant nennt sich nach dem neuen Chefkoch „Mayer's" und setzt auf aufwändigere Küche. Die Karte bietet vier verschiedene Menüs, ein vegetarisches, ein klassisches, ein Tagesmenü sowie einen Crossover-Speisenreigen. Die Gerichte sind durchgehend sehr mutig gewürzt, für manche Gaumen anfangs vielleicht noch gewöhnungsbedürftig. Die junge Serviermannschaft agiert äußerst bemüht und freundlich. Der Weinkeller kann mit berühmten Namen aus den bekanntesten Weinländern aufwarten, auch interessante deutsche Weine werden angeboten. Selbstverständlich spielt sich auch destillatmäßig einiges ab. **Aus der Karte:** Mousse von Meerrettich mit Flusskrebsen, Räucherlachs und Wachtelei; Variation vom Lamm mit Artischocken-Tomaten-Gemüse und Rosmarin-Kartoffeln.

Salzburgerstube

im Hotel Salzburgerhof, Auerspergstraße 11, 5700 Zell am See, Tel.: 06542/765-0, Fax: Dw. 66, 5sterne@salzburgerhof.at, www.salzburgerhof.at
Küchenzeiten: 11.30–13.30, 18.30–21.30. **Betriebsferien:** 1. 11.–10. 12. 2004, 9.–29. 4. 2005. **Inhaber:** Familie Holleis. **Küchenchef:** Michael Helfrich. **Sommelier:** Günther Rettenbacher. **CC:** Amex, Diners, MC/EC, Visa. **Sitzplätze:** 200. **Garten:** 120. **Durchschnittspreis bei 3 Gängen:** € 45,–.
Übernachtungsmöglichkeit.

Das einzige 5-Sterne-Hotel in Zell am See kann nicht nur mit einem mehrfach preisgekrönten Wellness-Schlössl (immer auf dem neuesten Stand) aufwarten, sondern auch mit einer äußerst ambitionierten Küche. Michael Helfrich hat sich international in den besten Häusern umgesehen und setzt hier nun seine eigenen Ideen schmackhaft um. Kreative Gerichte, leicht und delikat, aufwändig und doch nicht verzettelt, sondern sehr harmonisch in den Kompositionen auf dem Teller, und zwar optisch wie geschmacklich. Das Ambiente ist gepflegt, die Bedienung sehr freundlich und aufmerksam, die Weinkarte entspricht dem gehobenen Niveau des Hauses und liest sich wie ein Who's who der internationalen Weinszene. Erfreulich ist das Angebot an kleinen Flaschen und attraktiven, glasweise ausgeschenkten Weinen. Sehr gepflegt ist auch die Schnapskultur. **Aus der Karte:** Avocado-Papaya-Salat mit Limonen-Vinaigrette und Scampi; Wallerfilet vom Grill mit Mangoldgemüse und Auberginentatar.

Zum Hirschen

Dreifaltigkeitsstraße 1, 5700 Zell am See, Tel.: 06542/774-0, Fax: 471 66, hotel@zum-hirschen.at, www.zum-hirschen.at B⊙G
Küchenzeiten: 11.30–22.30. **Betriebsferien:** 10. 10.–1. 12. 2004, 29. 3.–10. 5. 2005. **Inhaber:** Ernst Pacalt. **Küchenchef:** Johann Schlener. **Sommelière:** Renate Pacalt. **CC:** MC/EC, Visa. **Sitzplätze:** 160. **Terrasse:** 50. **Durchschnittspreis bei 3 Gängen:** € 34,–.
Übernachtungsmöglichkeit.

Dieses Hotel-Restaurant im Zentrum von Zell am See wird von der Betreiberfamilie Pacalt recht familiär geführt. Die freundlichen Wirtsleute, das sympathische Ambiente sowie die gediegene und gepflegte Atmosphäre machen den „Hirschen" zu einer gut frequentierten Adresse, die von Einheimischen und Touristen gleichermaßen geschätzt wird. Das Speiseangebot gibt sich betont österreichisch und saisonal. Ein jeweiliges Jahreszeiten-Menü und ein typisch österreichisches Menü ergänzen die Karte. Unter dem Strich eine seit Jahren konstant solide und verlässliche Küche, die sich mit großen Schritten Richtung zweiter Stern bewegt. Lobenswert ist der frisch gepresste Karotten-Apfel-Saft, ziemlich breit gefächert die internationale Weinauswahl, die leider nicht besonders kompetent präsentiert wird. **Aus der Karte:** Gänseleberterrine mit Apfelmus; Gegrilltes Schwertfischsteak mit schwarzem Pfeffer auf italienischem Gemüse mit Rosmarinkartoffeln.

Die Besten
in Tirol

Martin Sieberer

95 **PAZNAUNER STUBE**
Ischgl

Gertraud Sigwart

84 **SIGWART'S TIROLER WEINSTUBEN**
Brixlegg

Josef Mühlmann

81 **GANNERHOF**
Innervillgraten

Maria Kraxner

81 **LANERSBACHER HOF**
Tux

Gottfried Prantl

81 **ÖTZTALER STUBE**
Sölden

Simon Taxacher jun.

81 **ROSENGARTEN**
Kirchberg

Tirol

ACHENKIRCH | F6

Posthotel Achenkirch

6215 Achenkirch 382, Tel.: 05246/62 05, Fax: Dw. 468, www.posthotel.at
Küchenzeiten: 12–13, 18–20. **Inhaber/in:** Karin und Karl Reiter. **Küchenchefs:** Otto Kawalar, Herbert König. **Sommeliers:** Gustl Karrer, Jürgen Schober. **CC:** MC/EC, Visa. **Sitzplätze:** 25. **Durchschnittspreis bei 3 Gängen:** € 32,–.
Übernachtungsmöglichkeit.

Im nördlichen, seefernen Stadtteil von Achenkirch gelegener ehemaliger Gasthof, der sich längst zum Resort & Spa gemausert hat. Neben dem riesigen Wellnessbereich und einem Lipizzanergestüt punktet das Posthotel seit Jänner 2004 auch mit einem 9-Loch-Golfplatz. Für die Küche dieses Komplexes sind Otto Kawalar und Herbert König verantwortlich, die für die noble Klientel entsprechend edel aufkochen wollen. Und sie tun das mehrheitlich mit Erfolg. Im Großen und Ganzen kann man sich aber über eine tadellos gekochte, einfallsreiche Küche freuen, die sich in erster Linie einmal an heimischen Rohstoffen, etwa aus dem Karwendelgebiet, orientiert. Die Weinkarte gibt sich ziemlich international, fast die ganze Welt ist vertreten. Schwerpunkt ist aber Österreich, wobei fast jeder Wein auch glasweise verkostbar ist. Vorbildlich und fast einmalig. **Aus der Karte:** Feine Erdäpfelsuppe; Fasanenschnitzel auf Kohlgemüse und Schmelzerdäpfeln; Mohnparfait mit Winterfruchtsalat.

ANRAS | I8

Pfleger

Dorf 15, 9912 Anras, Tel.: 04846/62 44, Fax: Dw. 20, www.hotel-pfleger.at
Küchenzeiten: Do.–Di. 11.30–14, 18–21. **Inhaber:** Rudolf Mascher. **Küchenchef:** Franz Kraxner. **CC:** Diners, MC/EC, Visa. **Sitzplätze:** 60. **Durchschnittspreis bei 3 Gängen:** € 33,–. **Übernachtungsmöglichkeit.**

Die Pustertaler Höhenstraße ist eine Entdeckungsfahrt wert, ebenso wie das an ihr gelegene Hotel Pfleger mit seinem Restaurant. Gepflegt die Atmosphäre, eifrig bemüht der Service, zweigleisig die Küche. Zum einen werden da deftige Speisen à la Schlipfkrapfen serviert, zum anderen hat Küchenchef Franz Kraxner aber noch weit mehr zu bieten. Kulinarische Einflüsse aus aller Welt finden Eingang in seine Kreationen, die sich aber doch immer ein gewisses Maß an regionaler Eigenständigkeit erhalten. Feines Küchenhandwerk ergibt unterm Strich Gerichte mit Niveau, die hier selten einer gewissen Opulenz entbehren. Eine kleine feine Weinauswahl rundet das Geschehen ab. **Aus der Karte:** Knuspriges Stubenküken auf Zitronengrasspieß mit Erdnüssen, gebratenen Minipaprika und wildem Reis; Lauwarmer Schokoflan an Mandelschaum mit Himbeeren.

Tirol

AXAMS | G5

Bürgerstuben

Georg-Bucher-Straße 7, 6094 Axams, Tel.: 05234/683 57, Fax: 677 02, steph.mueller@aon.at
Küchenzeiten: Di.–So. 18–24. **Inhaber:** Stephan Müller. **Küchenchef:** Kurt Picha.
Sommelier: Hansi Ritzl. **CC:** Amex, Diners, MC/EC, Visa.
Sitzplätze: 50.

Geduckt an der Hauptstraße im Zentrum des olympiaerprobten Schiorts ist die „Männerwirtschaft" der „Bürgerstuben" mit den verwinkelten, mit Dekor überladenen Zimmern seit Jahren eine fixe Adresse für einen erfreulichen Abend. Wenn an den Wochenenden „volles Haus" angesagt ist, warnt der Gastgeber die letzten der ankommenden Gäste vor längeren Wartezeiten. Zu Recht. Das Lokal ist speziell bei Einheimischen beliebt, die auch den mit zahlreichen Spezialitäten aus Österreich, Frankreich und Italien aufwartenden Weinkeller schätzen. Die Qualität der regionalen Gerichte ist seit vielen Jahren unverändert hoch. Speziell an der „Fischsuppe spezial" führt kein Weg vorbei. **Aus der Karte:** Wachtelbrüstchen an sommerlichen Salaten mit Pfifferlingen; Steinbeißerfilet auf Gartenkräutersauce und gemischtem Reis; Kalbsrückenfilet, dazu Spargel mit Sauce béarnaise und Kartoffeln.

BRIXLEGG | F6 **ÖBB**

Sigwart's Tiroler Weinstuben

Marktstraße 40, 6230 Brixlegg, Tel.: 05337/633 90, Fax: Dw. 15, www.tiroler-weinstuben.at
Küchenzeiten: Mi.–So. 11.30–22.30. **Betriebsferien:** 27. 7.–2. 8. 2005. **Inhaber:** Anton Sigwart. **Küchenchefin:** Gertraud Sigwart. **Sommelier:** Anton Sigwart jun. **CC:** Amex, MC/EC. **Sitzplätze:** 80. **Garten:** 30.
Durchschnittspreis bei 3 Gängen: € 42,–.

Der vor mehr als 200 Jahren an der Kreuzung der Inntaler Landesstraße mit dem Alpbachtal errichtete prächtige Einkehrgasthof lockt mit einem schattigen Gastgarten und drei gemütlichen Tiroler Stuben, in denen schon Hugo Wolf saß und seinen „Corregidor" komponierte. Kompositionen ganz anderer Art kommen aus der Küche von Gertraud Sigwart, die den Boden der Tiroler Hausmannskost schon lange gegen ein internationales Parkett getauscht hat, auf dem sie mit außergewöhnlichen Zutaten außergewöhnliche Gerichte kreiert, die allesamt höchsten kulinarischen Ansprüchen genügen. Eine tolle Weinpalette, gute Bierkultur, edle Champagner und nicht zuletzt feine Brände ergänzen das Kulinarium dieses Hauses allerbestens. **Aus der Karte:** Zarter Hirschkalbsrücken mit Kürbis umwickelt, Burgunder-Rotweinsauce, Sprossenkohl und Kastanienkroketten; Rotweinzwetschken mit Walnussmousse und Rotweinsabayon.

Tirol

EBBS | F7

Unterwirt

Wildbichlerstraße 38, 6341 Ebbs, Tel.: 05373/422 88, Fax: 422 53, ebbs@gourmethotel-unterwirt.at, www.gourmethotel-unterwirt.at B♻G
Küchenzeiten: Mi. 17.30–22, Do.–Mo. 11–14, 17.30–22. **Betriebsferien:** 15. 11.–10. 12. 2004, 7.–21. 4. 2005. **Inhaber/in:** Anni und Edmund Steindl. **Sommelier:** Franz Pail. **CC:** MC/EC, Visa. **Sitzplätze:** 40. **Garten:** 35. **Durchschnittspreis bei 3 Gängen:** € 36,–. **Übernachtungsmöglichkeit.**

Der „Unterwirt" mit seinen reizvoll gestalteten Stuben und dem gepflegten Garten ist seit langem ein Fixpunkt der Gastronomieszene der „Unteren Schranne". Schon seit 1490 wird in diesem Haus Gastlichkeit gepflegt, die sich auch heute von ihrer schönsten und herzlichsten Seite präsentiert. Die Küche operiert im weitläufigen Bereich von Tiroler Wirtshausküche und kreativer Erweiterung derselben, serviert also gleichermaßen ein in Butterschmalz gebackenes Kalbsschnitzel wie auch Jakobsmuscheln und Zillertaler Berglamm. Alles kommt gepflegt auf den Teller, ohne jemals den Gaumen zu überfordern. **Aus der Karte:** Gebratene Garnelen auf Trüffelsauce mit Gemüserisotto; Kraftsuppe von Tomaten mit Grießnockerln; Taubenbrüstchen und Kaninchenspieß auf zweierlei Spargel mit heurigen Kartoffeln.

ELLMAU | F7

Kaiserhof

Harmstätt 8, 6352 Ellmau, Tel.: 05358/20 22, Fax: Dw. 600, www.kaiserhof-ellmau.at
Küchenzeiten: Mi.–Sa. 18–21.30. **Betriebsferien:** Anfang November bis Mitte Dezember 2004, Anfang April bis Mitte Mai 2005. **Inhaber:** Familie Lampert. **Küchenchef:** Günter Lampert. **Sommelier:** Karl Rotheneder. **CC:** MC/EC, Visa. **Sitzplätze:** 70. **Garten:** 20. **Übernachtungsmöglichkeit.**

Allein die Lage des Hauses ist einen Besuch wert. Man darf sich von der engen, kurvenreichen Bergstraße nicht abschrecken lassen und winters eventuell den Shuttleservice in Betracht ziehen: Der Panoramablick lohnt es! In den Bann gezogen wird man dann aber vor allem von der Eleganz des Hauses und der stilvollen Opulenz der Gaststuben. Der Blick in die Ferne wird auch in der Küche unternommen: Kombinationen von Meer und Land, von Heimat und weiter Welt prägen den Stil. Günter Lampert liebt die Geschmacksintensität und scheut vor eigenwilligen Kreationen nicht zurück. Seine Gattin betreut mit aufrichtiger Herzlichkeit die Gäste und wird dabei von Maître Karl Rotheneder unterstützt, der mit Souveränität und Kenntnis die Schätze des Weinkellers zu präsentieren versteht.
Aus der Karte: Wachtelbrüstchen mit Keule; Variation vom Berglamm auf karamellisiertem Weißkraut; Ananas-Nougat-Komposition.

Tirol

HÄSELGEHR IM LECHTAL | G3

Lechtaler Bauernstube

im Hotel Luxnachmühle, Luxnach 4, 6651 Häselgehr/Lechtal, Tel.: 05634/61 00, Fax: Dw. 7
Küchenzeiten: 12–14, 18.30–21.30. **Übernachtungsmöglichkeit.**
Die aus dem 12. Jahrhundert stammende Luxnachmühle war im Mittelalter ein Benediktinerkloster, heute ist sie ein luxuriöses Ferienrefugium mitten in einem Naturschutzgebiet. Die wunderbare Bergkulisse und gleich vier Wasserfälle in unmittelbarer Nähe sind ein Wohlfühlambiente, in dem die feinen Kreationen des neuen Küchenchefs Manfred Huber wunderbar munden. Wer länger bleibt, kann in traumhaften Laura Ashley-Zimmern vom Naturbadeteich, vom Künstlerpfad und anderen Häselgehrer Goodies träumen.

HOCHFÜGEN | G6

Alexander

im Hotel Lamark, 6263 Hochfügen 5, Tel.: 05280/225, Fax: 227,
lamark-hochfuegen@tirol.com, www.restaurant-alexander.at B*Ǝ*G
Küchenzeiten: Mi.–So. 18.30–21.30. **Betriebsferien:** Mitte Oktober bis Anfang Dezember 2004, Mai und Juni 2005. **Inhaber/in:** Gretl und Lutz Fankhauser. **Küchenchef:** Alexander Fankhauser. **Sommelier:** Christian Lämmerhofer. **CC:** MC/EC, Visa.
Sitzplätze: 40. **Durchschnittspreis bei 3 Gängen:** € 51,–.
Übernachtungsmöglichkeit.

Hoch hinauf muss man in die Berge und dann noch weit hinein ins Tal – aber dann empfängt einen die gastfreundliche und intim-elegante Atmosphäre des „Alexander" im Hotel Lamark. Hier treffen sich traditioneller Luxus und Zillertaler Deftigkeit zu einem optisch atemberaubenden und geschmacklich intensiven Stelldichein; die Menüs bieten einen wohl durchdachten Querschnitt durch das Können des noch jungen Alexander Fankhauser. Detailverliebt und mit viel Sinn fürs Dekor präsentieren sich die Gerichte. Die passende Weinbegleitung kann aus

Tirol

einer schön gestalteten und vor allem wohlig kalkulierten Weinkarte gewählt werden. **Aus der Karte:** Topinambursuppe mit Steingarnelen; Zweierlei vom Stubenküken auf Selleriepüree; Sorbetvariation.

IMST | G4   **ÖBB**

Schloss Sprengenstein

✱ 63 🍷

im Hotel Post, Eduard-Wallnöfer-Platz 3, 6460 Imst, Tel.: 05412/665 55, Fax: 665 19-55, romantikhotel.post@netway.at, www.romantikhotels.com/Imst
Küchenzeiten: 11.30–14, 18–21. **Betriebsferien:** November 2004, 1.–18. 12. 2004.
Inhaber: Familie Raggl-Pfeifer. **Küchenchef:** Andreas Söhngen. **Sommelier:** Thomas Raggl. **CC:** Diners, MC/EC, Visa. **Sitzplätze:** 180.
Terrasse: 80. **Übernachtungsmöglichkeit.**

Schloss Sprengenstein ist ein eindrucksvolles Gebäude, in dessen ehrwürdigen Räumlichkeiten mit Jugendstiltäfelungen in der Schlossstube und stilvollen Adaptierungen in Salon und Saal sich großzügig das Restaurant ausbreitet. Für die Sommertage empfiehlt es sich, auf der wunderschönen, blumenumrankten Veranda zu reservieren. Die Küche setzt im Gegensatz zum feudalen Ambiente auf Bewährtes aus der bürgerlichen Küche, wobei Wild und Fisch vorherrschen. Auch die Weinkarte bleibt auf sicherem Terrain und offeriert ein ausreichendes Angebot bekannter Winzer. **Aus der Karte:** Kräuter-Rahm-Suppe mit Brotwürfeln; Tournedos vom Hirschkalb mit Specklinsen, Brokkoli-Röschen und Kroketten.

INNERVILLGRATEN | I7

Gannerhof

✱✱✱ 81 🍷🍷 🍸

9932 Innervillgraten 93, Tel.: 04843/52 40, Fax: 55 06, www.gannerhof.at
Küchenzeiten: Mi.–So. 12–14, 18.30–21. **Inhaber/Sommelier:** Alois Mühlmann.
Küchenchef: Josef Mühlmann. **CC:** Diners, MC/EC, Visa.
Sitzplätze: 40. **Garten:** 30. **Übernachtungsmöglichkeit.**

In der Küche der absoluten Idylle des „Gannerhofs" ist seit gut einem Jahr Sohn Josef Mühlmann verantwortlich. Er führt das bei der Mutter erlernte Handwerk kongenial weiter und garniert es auch reichlich mit kreativen Akzenten. Zu welch reizvollen Kombinationen regionale Rohstoffe aller Art und höchster Güte herausfordern, ist die pure Freud. Glückliche Schweine und glückliche Lämmer sind die Hauptdarsteller dieser einzigartigen Regionalküche. Die Weinkarte erfreut wie immer mit Entdeckenswertem und Hochkarätigem zu erfreulichen Preisen. Die bislang nur selten gesichtete Köchin a. D. Monika Mühlmann umsorgt jetzt die Gäste auf charmante Art. **Aus der Karte:** Lammbratl mit Gemüse, Erdäpfelroulade und Ingwer; Birnenknödel auf Preiselbeerschaum.

Tirol

 | G5

Alfred Miller's Schöneck

✻✻✻ | **76** | ▯

*Weihburggasse 6, 6020 Innsbruck, Tel.: 0512/27 27 28, Fax: 27 27 29,
info@wirtshaus-schoeneck.com, www.wirtshaus-schoeneck.com*
Küchenzeiten: Do.–Mo. 18.30–22. **Betriebsferien:** letzte Woche im Jänner, erste Woche im Februar, letzte Woche im August, erste Woche im September 2005. **Inhaber/Küchenchef:** Alfred Miller. **Sommelier:** Hans Stebegg. **CC:** Amex, Diners, MC/EC, Visa. **Sitzplätze:** 65. **Garten:** 55. **Durchschnittspreis bei 3 Gängen:** € 46,–.

Das über 100 Jahre alte romantische Einkehrgasthaus wurde von Alfred Miller, der schon vor Jahren das legendäre „Gourmet" betrieben hatte, mit viel Fingerspitzengefühl saniert. Die alte Substanz wurde weitgehend erhalten und auch der Blick auf Innsbruck und das umliegende Gebirgsambiente ist unverändert prachtvoll. In der Küche sorgt der Meister im Rahmen eines kleinen und eines großen Menüs für kulinarischen Hochgenuss, dessen Geschmacksbogen sich von regionalen bis hin zu mediterranen Rezepturen spannt. Perfekt umgesetzt verwandeln sich die nicht weniger perfekten Rohstoffe in kulinarische Kleinode. Das Weinangebot ist nicht übertrieben groß, dafür allerfeinst. **Aus der Karte:** Mit Thymian gebratenes Perlhuhnbrüstchen, Erdäpfel-Trüffel-Püree, Spargelgemüse; Kokosschaum im Hippentürmchen mit marinierten Himbeeren und Mangosorbet.

Altpradl

✻ | **61** | ▯

Pradlerstraße 8, 6020 Innsbruck, Tel./Fax: 0512/34 16 34
Küchenzeiten: Mo., Mi.–Sa. 18–22, So. 11.30–14, 18–22. **Inhaber/Küchenchef:** Manfred Jabinger. **Sommelière:** Maren Jabinger. **CC:** MC/EC, Visa. **Sitzplätze** 80. **Garten:** 50. **Durchschnittspreis bei 3 Gängen:** € 35,–.

Sozusagen mit „Mann und Maus" ist die Belegschaft des „Goldenen Brünnl" auf die andere Innseite ins Hotel Altpradl gewechselt. Die neue Adresse liegt zwar nicht in der Innenstadt, aber doch sehr zentral und ist auch mit reichlich Parkplätzen ausgestattet. Die Räumlichkeiten wurden mit Umsicht renoviert und stellen eine ideale Bühne für Küchenchef Manfred Jabinger dar. Als Problem erweist sich hingegen das vergleichsweise weit größere Platzangebot, dem vorläufig weder Küche noch Service logistisch gewachsen sind. Man versucht zwar an vergangene Erfolge anzuschließen und bietet in der Konzeption große Küche, die sich aber auf dem Teller derzeit noch nicht so optimal herausstellt. Schade, aber nach einer Phase des Umgewöhnens wird's für die Jabingers hoffentlich auch hier wieder rundlaufen. **Aus der Karte:** Saiblingtatar auf Avocadomus, an Blattsalaten; Rosa gebratener Lammrücken mit Olivenkruste, Reibekuchen und Ratatouille; Topfen-Marillenmus gefüllt in Mandelcroûtes mit Pistazieneis.

Tirol

Burkia

Fürstenweg 172, 6020 Innsbruck, Tel.: 0512/28 43 64, info@burkia.at, www.burkia.at
Küchenzeiten: 12–14.15, 18–22.15. **Betriebsferien:** erste zwei Wochen im August 2005. **Inhaber:** Christian und Jürgen Burkia. **Küchenchef:** Jürgen Burkia. **Sommelier:** Christian Burkia. **CC:** Amex, Diners, MC/EC, Visa. **Sitzplätze:**
75. **Garten:** 75. **Durchschnittspreis bei 3 Gängen:** € 24,–.
Fast schon am Flughafen hat sich das „Burkia" als Wirtshaus ohne Wirtshausflair als Fixpunkt der trendigen Innsbrucker Esskultur etabliert: Das großzügige, elegante und moderne Design, der eigenwillige Blick in Tennis- und andere Sporthallen und die neu gestaltete Terrasse lassen die Innsbrucker in Scharen hierher strömen. Ein wichtiger Anziehungspunkt ist auch die Kochkunst Jürgen Burkias, der mit sorgfältiger Produktwahl und liebevoller Zubereitung Klassiker der heimischen Küche perfekt in das schicke Umfeld einpasst. Bruder Christian Burkia wacht über den Weinkeller, der zwar noch nicht viel, dafür umso zielsicherer Ausgewähltes zu bieten hat. **Aus der Karte:** Rumpsteak mit hausgemachter Kräuterbutter und Beilage nach Wahl; Hausgemachte Schokomousse.

Café im Hof

im Palais Trapp, Maria-Theresien-Straße 38, 6020 Innsbruck, Tel./Fax: 0512/56 20 84
Küchenzeiten: Mo.–Fr. 11–22, Sa. 11–17 (an Fei. geschlossen).
„Gemütliches Café mit reichlicher Speisenauswahl in Imbissgröße. In-Treff der Innsbrucker, die unter der Woche gut und leicht essen wollen. Bequem sitzt es sich auch im Innenhof. Angenehme Getränkeauswahl und ebenso angenehmer Service. Zu den Stoßzeiten empfiehlt sich eine Reservierung."

Empfohlen von Herbert Schoeller, Feinschmecker

Cammerlander

Innrain 2, 6020 Innsbruck, Tel.: 0512/58 63 98, Fax: 58 01 54 10, www.cammerlander.at
Küchenzeiten: 11–0.30. **Inhaber:** Gastronom GesmbH und Co. KG. **Küchenchef:** Herbert Kindl. **Sommelier:** Bernd Mail. **CC:** Amex, Diners, MC/EC, Visa. **Sitzplätze:** 250. **Garten:** 200. **Durchschnittspreis**
bei 3 Gängen: € 23,–.
Das komplett renovierte Traditionshaus an der Innbrücke beherbergt ganz Untraditionelles. Mit dem „Cammerlander" sind hier Fusion-Cuisine, DJs und das Flair von Urlaubsreisen eingezogen. Cammerfood-Chef Herbert Kindl kocht sich ambitioniert durch ein weitläufiges Programm, in dem Pasta, Flammkuchen, Kushi, Maredo-Rind, Pizza, Ramen und Apfelstrudel in friedlicher Koexistenz nebeneinander stehen. Beim Weinangebot ist sicher noch einiges aufholbar, sensationell sind jedenfalls die Auswahlmöglichkeiten bei den alkoholfreien Getränken. Ab 21 Uhr komponieren DJs den speziellen Cammer-

sound. **Aus der Karte:** Hirschpfeffer mit Serviettenknödeln, sautierten Pilzen und Preiselbeeren; Matcha-Grüntee-Mousse mit frischer Mango.

Dengg

Riesengasse 13, 6020 Innsbruck, Tel.: 0512/58 29 67, Fax: 93 60 88, dengg.co.at
Küchenzeiten: Mo.–Sa. 8–23.30 (an Fei. geschlossen). **Inhaberin:** Helga Dengg.
Küchenchef: Reinhold Brunhumer. **Sommelière:** Sonja Müller. **Sitzplätze:** 103.
Garten: 24. **Durchschnittspreis bei 3 Gängen:** € 33,–. **Übernachtungsmöglichkeit.**
Mitten in der Altstadt und doch keine Touristenfalle. Das ist selten hier. Beim „Dengg" funktioniert's. Das Haus ist bemerkenswert gestylt, erhielt vor zwei Jahren sogar einen Architekturpreis und bietet dank der Schlichtheit ein genussfreudiges Ambiente. Kulinarisch hat man sich der grenzenlosen Vielfalt verschrieben, wobei die Fusion teilweise zum wahren Kunterbunt mutiert. Erfreulich sind diverse originelle, rare regionale Spezialitäten und vom kanadischen Holzhackersteak bis zum „Mohn im Hemd" kann man sich über eine moderne und engagierte Küche freuen, die besonders auf Resonanz von Seiten eines jungen Publikums bauen kann. Weinkeller gibt's keinen, dafür ein paar sehr feine Weine, die durch die Bank auch glasweise ausgeschenkt werden. **Aus der Karte:** Rehfilet auf Ananas-Papaya-Salat; Felchenfilet in Birnen-Balsamessig und junges Gemüse.

Europastüberl

im Hotel Europa, Brixner Straße 6, 6020 Innsbruck, Tel.: 0512/59 31, Fax: 58 78 00, hotel@europatyrol.com, www.europatyrol.com
Küchenzeiten: 11.30–14, 18.30–22. **Inhaber:** Otto Plattner. **Küchenchef:** Roland Geisberger. **Sommelier:** Gerhard Kohler. **CC:** Amex, Diners, MC/EC, Visa. **Sitzplätze:** 120. **Durchschnittspreis bei 3 Gängen:** € 40,–.
Übernachtungsmöglichkeit.

Eine gediegene Gaststube aus Zirbenholz reiht sich an die nächste, alle strömen Behaglichkeit aus, an das 5-Sterne-Hotel erinnert nur das internationale Publikum. Wenig überraschend ist, dass das heimische Kulinarium weitgehend zurückgedrängt wurde und einer Palette international akzentuierter Gerichte Platz gemacht hat. Austern, Kaviar, Crevetten, Seeteufel und Co. sind die Hauptdarsteller, Schlutzkrapfen und Tiroler Gröstl schmecken aber nach wie vor. Was selbstverständlich auch für die exotischeren Kreationen gilt. Absolutes Highlight des Lokals sind aber die Professionalität und Kompetenz des Servierpersonals, was sich nicht zuletzt in dessen geringer Fluktuation ausdrückt. Dem 5-Sterne-Rahmen entspricht auch das Weinangebot, das in Sachen Österreich wie auch international einige Stückerln spielt. **Aus der Karte:** Saltimbocca vom Hirschrücken mit Marsalasauce, Ingwer-Rahm-Kraut und Walnussgnocchi; Ingwer-Schoko-Parfait im Baumkuchen mit Karamellblättern.

Tirol

Fisch Peer

Josef-Wilberger-Straße 19, 6020 Innsbruck, Tel.: 0512/20 02 33, Fax: 26 27 61, fisch-peer@24on.cc, www.fisch-peer.at
Küchenzeiten: Mo.–Sa. 11–14.30, Fr. 19–22. **Inhaber:** Josef Peer. **Küchenchef:** Thierry Aragona. **Sitzplätze:** 25. **Garten:** 30.
Dass man mitten im Industriegebiet von Innsbruck in einer Art Hafenkneipe einkehren kann, verdanken die Tiroler Feinschmecker dem Fischhändler Josef Peer, der hier im „Fruchthof" ein Dorado des maritimen Genusses eröffnet hat. Rotbrasse, Wolfsbarsch, Thunfisch und Co. landen hier „fresh as fresh can" in der Pfanne. Das vorzügliche Gemüse und die frischen Kräuter kommen natürlich auch vom Großmarkt. Alles wird einfach und gut, manchmal ein wenig frankophil – der Küchenchef Thierry Aragona kommt immerhin aus Frankreich – zubereitet und schmeckt in dem unkomplizierten Bistro-Ambiente vorzüglich. Dazu gibt's ein paar gute und günstige Weine. **Aus der Karte:** Carpaccio vom Lachs mit frischen Kräutern; Viktoriabarschfilet gebraten; Steakschopf vom Grill.

Goldener Adler

Herzog-Friedrich-Straße 6, 6020 Innsbruck, Tel.: 0512/57 11 11, Fax: 58 44 09
Küchenzeiten: Mo.–Fr. 11.30–14.30, 18–22.30, Sa., So. 11.30–22.30. **Übernachtungsmöglichkeit.**
Auch unter neuer Führung ist die besondere Qualität des Hauses erhalten geblieben: Historie atmet aus den feinfühlig renovierten Gemäuern, in denen Johann Wolfgang von Goethe dichtend auf einem großflächigen Gemälde verewigt ist und Andreas Hofer einst am Eingang die „Inschprucker" zum Widerstand aufrief. Während sich das Erdgeschoß mondän präsentiert, sind die Stuben im ersten Stock historisch gemütlich gestaltet. Fazit: bemühte Küche in einem wunderbaren Ambiente.

Koreth

Hauptplatz 1, 6020 Innsbruck-Mühlau, Tel.: 0512/26 34 59, Fax: 27 55 89
Küchenzeiten: Mo., Di., Do.–Sa. 11–14.30, 18–22, So. 11–22. **Übernachtungsmöglichkeit.**
Mühlau ist zwar längst in die Landeshauptstadt eingemeindet, hat sich aber doch einen gewissen dörflichen Charakter bewahrt. Das Wirtshaus mit seinem malerischen Gastgarten und den heimeligen Stuben thront schon seit einem halben Jahrtausend auf dem einstigen Hauptplatz des Dorfes und bietet seit der Übernahme durch Karl-Heinz Strobl wieder gehobene Wirtshauskultur mit veredelter Hausmannskost und entsprechend guten Weinen.

---

www.alacarte.at – Die besten Weine

Tirol

Kunstpause

Museumstraße 15, 6020 Innsbruck, Tel.: 0512/57 20 20, www.kunstpause.at
Küchenzeiten: 11–15, 18–22. **Inhaber:** C. Niederwieser KEG. **Küchenchef:** Christian Rescher. **CC:** Amex, Diners, Visa.
Sitzplätze: 48. **Garten:** 100.

Kunst macht Appetit. Und so bietet das Ferdinandeum seit einiger Zeit eine entsprechende Labungsstelle mit dem schönen Namen „Kunstpause". Letztere schmiegt sich in ein großzügiges Eck, hell und klar, schlicht und modern, anregend design, bloß die allabendlichen Lichtspiele an der Decke finden manche ein wenig enervierend. Mittags überwiegt der schnelle Tisch von Nudel bis Wok. Am Abend präsentieren sich die Gerichte als elaborierte Stillleben. Fernost, Mediterranes, Valrhona-Schokolade und Rieslingbeuscherl sind die Eckdaten einer sich ständig im Wandel befindlichen Speisenkarte, die selbst bei Stammgästen Neugier und Spannung erzeugt. Lobenswert ist die eigenwillige Getränkekarte, die vom Spezialwasser bis zum Tibettee, vom soliden Hauswein bis zur exzellenten Bouteille ein weites Spektrum abdeckt. **Aus der Karte:** Mille feuille vom Brie mit Filo-Teig, getrocknete Tomaten und Portweinessenz; Kurz gebratene Röllchen vom Milchkalb mit Marchfeldspargel und Lauchpüree.

LAVAZZA

Lichtblick

im Rathaus, Maria-Theresien-Straße 18, 6020 Innsbruck, Tel.: 0512/56 65 50, office@restaurant-lichtblick.at, www.restaurant-lichtblick.at
Küchenzeiten: Mo.–Sa. 12–14, 18.30–22. **Inhaber:** Walter Lukas. **Küchenchef:** Andreas Zeindlinger. **CC:** Amex, Diners, MC/EC, Visa. **Sitzplätze:** 48.
Terrasse: 38. **Durchschnittspreis bei 3 Gängen:** € 41,–.

Lokal im siebten Stock des City-Rathaus-Komplexes. Nicht ganz unwitzig bezeichnet sich Andreas Zeindlinger als „kad" (kitchen art director), er arbeitet auch so, kreiert also einfallsreiche, perfekt umgesetzte Gerichte, die stets mit einem kleinen Ausfallschritt überraschen. Und obwohl sich der kad seiner Tiroler Wurzeln bewusst ist, lässt er spielerisch Einflüsse aus aller Welt locker und luftig einfließen. Verarbeitet werden ausschließlich erstklassige, oft auch saisonale Rohstoffe. Die Weinkarte bietet einen kleinen und guten Österreich-Querschnitt sowie einige gut ausgewählte Flaschen aus Frankreich, Italien und Übersee. Vieles davon wird auch glasweise angeboten. Im September 2004 wird übrigens eine zusätzliche Weinbar eröffnet. Alles in allem wieder ein Meilenstein auf dem Weg zur „Weltstadt", als die sich Innsbruck heute schon selbstironisch bezeichnet. **Aus der Karte:** Glacierte Brust & gefüllte Keule von der Wachtel auf Schwarzwurzelragout; Schaumsuppe von der Topinambur mit gebackenen Kräuterravioli; Gratiniertes Karree vom Lamm mit Kartoffelkroketten, Ratatouille, Trüffelölnage und Lavendeljus; Apfelstrudel mit Vanillesabayon und Sorbet vom grünen Apfel.

LAVAZZA

Tirol

Sailer

Adamgasse 8, 6020 Innsbruck, Tel.: 0512/53 63, Fax: Dw. 7
Küchenzeiten: 11–14.15, 17.45–22.15. **Übernachtungsmöglichkeit.**

Die Innsbrucker lieben ihren „Sailer". Während die meisten Lokalitäten gehobener Qualität in der Landeshauptstadt ihr Hauptaugenmerk auf internationale Hotelgäste legen, gibt's beim „Sailer" in Bahnhofsnähe Tiroler Kost der deftigeren Art. Der hundert Jahre alte Gasthof mit seinem beliebten Kastaniengarten erlebt stets im Sommer seine Hochblüte: Kostbarer Schatten und preiswerte Tagesteller sind traditionell Publikumsmagneten.

Schwarzer Adler

*Kaiserjägerstraße 2, 6020 Innsbruck, Tel.: 0512/58 71 09, Fax: 56 16 97,
info@deradler.com, www.deradler.com*
Küchenzeiten: Mo.–Sa. 11.30–14, 18–22.30 (an Fei. geschlossen). **Inhaber/in:** Sonja und Harald Ultsch. **Küchenchef:** Günter Heumader. **Sommelière:** Bettina Seymour. **CC:** Amex, Diners, MC/EC, Visa. **Sitzplätze:** 50. **Garten:** 20.
Übernachtungsmöglichkeit.

Das Hotelrestaurant wird von Innsbruckern und Touristen gerne frequentiert. Das auf mehrere kleine Stuben verteilte Restaurant spiegelt den teilweise etwas blumigen Stil der Chefin wider. Gastronomisch befand man sich dieses Jahr mit neuem Küchenchef wieder auf dem Weg in Richtung gediegener Regionalküche, Avancen in Richtung Haute Cuisine sind im Großen und Ganzen ad acta. Vieles konnte überzeugen, einige Fehler schmälerten aber den guten Gesamteindruck. Kein Gewinn ist auch die Weinberatung, was selbstverständlich nichts an der Qualität des feinen Weinsortiments ändert. **Aus der Karte:** Sulz vom grünen und weißen Spargel; Filetspitzen „Stroganow" mit hausgemachte Rösti.

Solo Pasta/Solo Vino

Universitätsstraße 15b, 6020 Innsbruck, Tel.: 0512/58 72 06, Fax: Dw. 44
Küchenzeiten: Di.–Sa. 11–23.30 (an Fei. geschlossen).

Das schlicht und geradlinig gestylte Lokal von Domenico Lancelotti bietet non solo Pasta, auch wenn die hausgemachten Nudelspezialitäten des Patrons natürlich das Herzstück des Angebots sind. Seit neuestem wird das vorwiegend junge Publikum auch mit frischen Fischen verwöhnt. Unter dem Motto „Solo Vino" wurde nebenan eine Weinbar mit einer schönen Auswahl feiner Kreszenzen eröffnet. Wer übrigens glücklicher Besitzer eines Studentenausweises ist, kann bis 17.30 Uhr unterschiedlichste Pasta zum Diskontpreis von Euro 5,50 genießen.

---

www.alacarte.at – Die besten Destillate

Tirol

Thai-li-ba

Adolf-Pichler-Platz 3, 6020 Innsbruck, Tel.: 0512/56 78 88, Fax: Dw. 5, www.thai-li-ba.at
Küchenzeiten: Mo.–Sa. 11.30–14, 18–23. **Inhaberin:** Jianli Andergassen. **Küchenchef:** Yumin Xia. **CC:** Amex, Diners, MC/EC, Visa.
Sitzplätze: 140. **Garten:** 100.

Das „Thai-li-ba" hat sich längst als einer der beliebtesten Treffpunkte inmitten der Stadt etabliert, egal zu welcher Tageszeit. Mittags kommt man auf einen schnellen Imbiss, abends diniert man im großzügigen rot getönten Ambiente – very stylish und aufregend. Die Küche sorgt mit reizvoll angerichteten Speisen für immer neue Geschmackkicks – eine recht authentische Asienküche, die auch für alpine Gaumen eine Freude ist. **Aus der Karte:** Ma Ti Yu Pian (Zartes Rotbarschfilet mit verschiedenerlei Gemüse, Wasserkastanien und Knoblauch, im Wok gebraten).

Villa Blanka

Weiherburggasse 8, 6020 Innsbruck, Tel.: 0512/27 60 70, Fax: 29 24 13 70
Küchenzeiten: Di.–So. 11.30–14, 18.30–22.

Nach einigen Jahren des Umbaus ist die „Villa Blanka" als öffentliches „Schulrestaurant" wieder auferstanden. Die Küche bietet eine ausgesprochen umfangreiche, international angelegte Karte. Und es ist schön zu sehen, dass den Schülerinnen und Schülern offensichtlich auch Gusto auf Kreativität bis hin zu Experimentellem gemacht wird. Sehr positiv ist die tägliche „Themenkarte". Natürlich gilt: Ein Schul(ungs)restaurant bleibt ein solches und da kann schon einmal was misslingen oder zu Bruch gehen. Dafür funktioniert die Weinberatung ausgesprochen gut.

ISCHGL | H2

Paznauner Stube

im Hotel Trofana Royal, 6561 Ischgl 334, Tel.: 05444/600, Fax: Dw. 90, www.trofana.at
Küchenzeiten: 12–14, 19–24. **Betriebsferien:** Oktober, November 2004, Mai, Juni 2005.
Inhaber: Johann von der Thannen. **Küchenchef:** Martin Sieberer. **Sommelier:** Thomas Auinger. **CC:** Amex, Diners, MC/EC, Visa. **Sitzplätze:** 30. **Durchschnittspreis bei 3 Gängen:** € 47,–. **Übernachtungsmöglichkeit.**

Draußen steppt noch der Bär und bringt das Mosaikglas der Fenster zum Vibrieren. Doch der Sound von der „Trofana Alm" war die einzige Störung des Abends und spätestens um 20 Uhr wird dem alpinen Dröhnen ohnehin der Garaus gemacht. Ab dann dominiert das Gourmeterlebnis pur. Schon der Gruß der Küche umfasst zwei Gänge. Was folgt, ist ein perfektes Zusammenspiel von Geschmacksharmonien und Aromenspielen, das bis zur finalen Praline keine Sekunde nachlässt. Hier werden keine abgehobenen Experimente durchgeführt, keine Kunstwerke auf den Tellern drapiert, sondern subtile und feinsinnige

Gaumenfreuden serviert. Der Weinkeller ist prall mit dem Allerbesten aus aller Welt gefüllt und auch glasweise gibt's immer eine tolle Palette von Weinen, die bestens mit den Kreationen der Küche harmonieren. **Aus der Karte:** Roh marinierter Thunfisch auf Spargelsalat; In Orangenbutter geschmorter Steinbutt mit Selleriepüree; Taubenbrust auf Artischockengröstl mit geschmortem Haxerl.

JOCHBERG | G7 ÖBB

Bärenbichl

Bärenbichelweg 35, 6373 Jochberg, Tel./Fax: 05355/53 47, www.baerenbichl.at
Küchenzeiten: Mi.–Mo. 11.30–14, 17.30–21. **Betriebsferien:** vier Wochen ab Ostern 2005. **Inhaber/Sommelier:** Anton Aufschnaiter sen. **Küchenchef:** Anton Aufschnaiter jun. **Sitzplätze:** 35. **Garten:** 30. **Durchschnittspreis bei 3 Gängen:** € 25,–.
Anton Aufschnaiter sen. ist ein Bilderbuchwirt, der noch dazu auch als Brenner von feinen Schnapseln reüssiert. Der Junior hingegen ist für die vorzügliche Tiroler Hausmannskost des „Bärenbichl" verantwortlich. Gefüllte Krapferln, Kaspressknödel, Nocken, Schlutzkrapferln, Blutwurstgröstl, Kasspatzlpfandl und andere delikate Deftigkeiten warten auf hungrige Feinschmecker. Wer's ein wenig leichter bevorzugt, kann sich an die Gebirgsforellen halten, die gebraten oder blau serviert werden. Und nachher muss noch ein Platzerl sein – sei's jetzt für die legendären Himbeer- und Moosbeernocken oder für ein Stück Tiroler Bergkas. Feine Hausgebrannte, Biere von der Privatbrauerei Huber St. Johann und einige Weine aus Österreich, Südtirol und Italien sind die flüssigen Highlights dieses reizvollen Wirtshauses. **Aus der Karte:** Haussulz mit Rotweindressing, Kernöl und Hausbrot; In Olivenöl gebratenes Beiried, dazu Bratkartoffeln und Blattsalate; Heidelbeerschmarrn.

KIRCHBERG | F7 ÖBB

Rosengarten

*im Hotel Taxacherhof, Aschauerstraße 46, 6365 Kirchberg in Tirol,
Tel.: 05357/25 27, Fax: 42 01, www.geniesserrestaurant.at* B☙G
Küchenzeiten: Do.–Di. 18.30–21.45 (Mai bis Oktober So. geschlossen). **Betriebsferien:** Mitte Oktober bis Anfang Dezember 2004, Mitte April bis Mitte Mai 2005. **Inhaber/Küchenchef:** Simon Taxacher jun. **Sommelière:** Christiane Taxacher. **CC:** MC/EC, Visa. **Sitzplätze:** 30. **Durchschnittspreis bei 3 Gängen:** € 54,–.
Übernachtungsmöglichkeit.
Die landschaftlichen Kleinodien der Kitzbüheler Alpen wären schon Inspiration genug, aber der junge Chef de Cuisine lässt nichts anbrennen und daher nicht nur seine eigenen Erfahrungen in der österreichischen Spitzengastronomie ein-

fließen, sondern sucht in den großen Küchen der Welt neue Herausforderungen. So erwarten den Besucher des „Rosengarten" nicht nur ausgeklügelte heimisch geprägte Kreationen, sondern auch eine geballte Ladung internationaler Luxuskulinarik. Simon Taxacher zeitigt eine formidable Küche im Spannungsfeld zwischen Gänsestopfleber und Etouffé-Täubchen. Klassisch, kaum vom zeitgeistigen Fernsehfieber tangiert, präzise, optisch perfekt – comme il faut. Sehr attraktiv auch die Weinpalette samt zugehöriger Beratung. Beste Bouteillen aus Österreich, Frankreich und Italien stehen zur Disposition. Tolle regionale Brände runden das Bild ab. **Aus der Karte:** Parfait vom Rehrücken mit Apfel-Sellerie-Salat; Seeteufel und Octopus mit Kapernbeeren; „Suprême vom Perlhuhn" mit Périgord-Trüffel-Risotto; Calvadosparfait mit karamellisierten Haselnüssen.

LAVAZZA

KITZBÜHEL | F7 **ÖBB**

Gigglingstube

Aurach/Gigglingweg 17, 6370 Kitzbühel, Tel.: 05356/648 88, Fax: 732 05
Küchenzeiten: Di.–So. 18–22.30. **Betriebsferien:** Mitte November bis Mitte Dezember 2004, Mitte April bis Ende Juni 2005. **Inhaber/in:** Herta und Andreas Wahrstätter sen. **Küchenchef:** Andreas Wahrstätter jun. **Sommelier:** Andreas Wahrstätter sen. **Sitzplätze:** 30. **Terrasse:** 15. **Übernachtungsmöglichkeit.**

Kitzbühel einmal ganz anders. Kein Starauftrieb, kein Laufsteg der Eitelkeiten, sondern einfach pure Gastlichkeit. Von jeher sind die Wahrstätters wegen ihrer kulinarischen Leistungen im Mittelpunkt gestanden und nicht wegen irgendeines Promifaktors. Und das ist für Feinschmecker natürlich der reine Genuss. Andreas Wahrstätter jun. kocht exorbitant fein, ist stets für Überraschungen gut, raffiniert und phantasievoll offenbart sich da eine Küche, für die Qualität die einzige Kategorie ist. Tolle Kombinationen, perfekte, nicht selten auch luxuriöse Rohstoffe und großes Handwerk prägen das Kulinarium des jungen Küchenchefs. Wahrstätter sen. hat eine tolle Palette österreichischer Spitzenweine zusammengetragen, die er mit viel Herzblut anpreist.

Der Gourmet-Führer im Handy.

Schlemmen unterwegs: Mit t-info Top-Restaurants finden. Einfach das Handy in die Hand nehmen und www.t-info.at klicken. Bei uns gibt es den aktuellen „A la Carte" für unterwegs - Sie lassen Sich lokalisieren und t-info sagt Ihnen, wo das nächste Top-Restaurant in Ihrer Nähe ist.

Das funktioniert auch mit Hotels, Geldautomaten, Internetcafés und und und...

Was suchen Sie heute?

t info
...einfach gut finden!
www.t-info.at

Tirol

Neuwirt

im Hotel Schwarzer Adler, Florianigasse 15, 6370 Kitzbühel, Tel.: 05356/69 11, Fax: 739 39
Küchenzeiten: 18–22. **Übernachtungsmöglichkeit.**
Alles neu beim „Neuwirt" – nachdem Stefan Holzer die Küchenagenden übernommen hat, präsentiert sich die einst brave Küche als Hochburg der Feinschmeckerei. Der Küchenchef balanciert bravourös zwischen österreichischer Tradition und leichtfüßiger Mediterranität und vereint die unterschiedlichsten Aromen und Geschmäcker zu einem beeindruckenden und harmonischen Ganzen. Der Sevice unter der Leitung von Maître Wolfgang funktioniert ebenfalls perfekt, bloß das Weinangebot, das neben einigen heimischen Weinen auch Gaja und Bordeaux aufbietet, hinkt noch ein wenig hinterher.

Rasmushof

Ried-Ecking 15, 6370 Kitzbühel, Tel.: 05356/65 25 20, Fax: Dw. 49, www.rasmushof.at
Küchenzeiten: 12–21; Anfang Dezember bis Ostern 12–22. **Betriebsferien:** 17. 10.– 4. 12. 2004. **Inhaber:** Klaus Reisch. **Küchenchef:** Wilhelm Hoffmann. **CC:** Amex, Diners, MC/EC, Visa. **Sitzplätze:** 100. **Garten:** 120. **Übernachtungsmöglichkeit.**
So hervorragend die Lage des Hauses am Fuße der Streif, so prominent durchwachsen ist die Gästeschar. In den großen und hellen Stuben des „Rasmushof" kann man sich nicht nur über ein bemerkenswertes Sammelsurium reizvoller Antiquitäten freuen, sondern sich auch an einem feinen regional geprägten und gar nicht unkreativen Speisenangebot delektieren. Mit dem neuen Küchenchef Wilhelm Hoffmann hat das Haus einen merklichen Qualitätsinput bekommen, auch wenn das Servierte nicht immer ganz mit der Ambition mithalten kann. Die Weinkarte offeriert ein vielfältiges Angebot. **Aus der Karte:** Klare Tomatensuppe mit Topfen-Bärlauch-Nockerln; Gekochtes Hieferscherzel mit Krenhollandaise gratiniert, Wurzelgemüse und Kartoffeln.

Schwedenkapelle

Klausenbach 67, 6370 Kitzbühel, Tel.: 05356/658 70, Fax: Dw. 4
Küchenzeiten: Juni bis Anfang September Di.–Do. 18–22, Fr.–So. 11–14, 18–22; Dezember bis Ostern Di.–So. 18–22. **Inhaber:** Hugo Steiner. **Küchenchefin:** Irmgard Sitzwohl. **Sommelier:** Michael Keuschnigg. **CC:** Amex, Diners, MC/EC, Visa. **Sitzplätze:** 65. **Garten:** 45. **Durchschnittspreis bei 3 Gängen:** € 39,–.
Auf dem Weg von Kitzbühel nach Kirchberg liegt linkerhand, abgeschieden vom Rummel der Wintersportorte, gleich am Klausenbach dieses gediegene Bauern-

haus. Die elegant rustikalen Stuben haben zwar eine leicht unterkühlte Atmosphäre, die aber vom jungendhaften Charme des Maître mehr als wettgemacht wird. Die raffinierte Küche von Irmgard Sitzwohl ist aber die Hauptattraktion der „Schwedenkapelle". Und es ist wohltuend für Auge und Gaumen, was da in der Küche gezaubert wird. Präzise und phantasievolle Kombinationen aus Alpenland, Meer und Fernweh erzeugen Spannung und bleiben doch immer harmonisch und eigen. **Aus der Karte:** Spargelsalat mit glacierter Wachtel; Gebackenes Osterkitz mit Erdäpfel-Pilz-Salat und Bärlauch.

Tennerhof

Griesenauweg 26, 6370 Kitzbühel, Tel.: 05356/631 81, Fax: Dw. 70, www.tennerhof.com
Küchenzeiten: Mi.–Mo. 12–14, 19–21.30. **Betriebsferien:** Oktober, November 2004, April 2005. **Inhaber:** Pasquali GmbH. & Co. KG. **Küchenchef:** Thomas Dreher. **Sommelier:** Hans Kronberger. **CC:** Amex, Diners, MC/EC, Visa. **Sitzplätze:** 50. **Terrasse:** 40. **Durchschnittspreis bei 3 Gängen:** € 49,–.
Übernachtungsmöglichkeit.

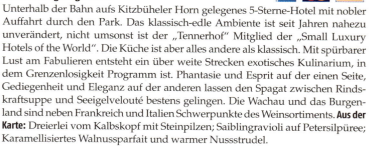

Unterhalb der Bahn aufs Kitzbüheler Horn gelegenes 5-Sterne-Hotel mit nobler Auffahrt durch den Park. Das klassisch-edle Ambiente ist seit Jahren nahezu unverändert, nicht umsonst ist der „Tennerhof" Mitglied der „Small Luxury Hotels of the World". Die Küche ist aber alles andere als klassisch. Mit spürbarer Lust am Fabulieren entsteht ein über weite Strecken exotisches Kulinarium, in dem Grenzenlosigkeit Programm ist. Phantasie und Esprit auf der einen Seite, Gediegenheit und Eleganz auf der anderen lassen den Spagat zwischen Rindskraftsuppe und Seeigelvelouté bestens gelingen. Die Wachau und das Burgenland sind neben Frankreich und Italien Schwerpunkte des Weinsortiments. **Aus der Karte:** Dreierlei vom Kalbskopf mit Steinpilzen; Saiblingravioli auf Petersilpüree; Karamellisiertes Walnussparfait und warmer Nussstrudel.

Zum Rehkitz

Am Rehbühel 30, 6370 Kitzbühel, Tel.: 05356/661 22, Fax: Dw. 4, www.rehkitz.at
Küchenzeiten: 11.30–14.30, 17.30–22 (Oktober, März bis Juni, September Mi., Do. geschlossen). **Betriebsferien:** November 2004, eine Woche im April, 6. 6.–3. 7. 2005. **Inhaberin:** Brigitte Reiter. **Küchenchef:** Jürgen Nentwich. **Sitzplätze:** 60. **Garten:** 80. **Durchschnittspreis bei 3 Gängen:** € 33,–.
Das stimmige, aus dem 16. Jahrhundert stammende Bauernhaus liegt zwei Serpentinen oberhalb von Kitzbühel auf dem Weg zur Bichlalm. Mit gelebter Rustikalität entsteht das Flair eines echten Tiroler Wirtshauses. Küchenchef Jürgen Nentwich versteht sich bestens auf die Zubereitung traditioneller Gerichte, unternimmt aber auch gerne kleinere Abstecher in fernere Sushi- und Wok-Küchen. Alles gelingt in der Regel sehr ordentlich, wobei die genuine Tiroler

Tirol

Küche à la Schlutzkrapfen und Blutwurststrudel im Allgemeinen doch vorzuziehen ist. Der Weinkeller ist gar nicht schlecht gefüllt, die ein wenig rustikale Beratung bemüht sich jedoch, diese Tatsache bestmöglich zu verschleiern. **Aus der Karte:** Tiroler Rostbraten mit Röstkartoffeln; Topfenknöderln auf Beerenragout.

Zur Tenne

 57

Vorderstadt 8–10, 6370 Kitzbühel, Tel.: 05356/644 44-0, Fax: Dw. 888, info@hotelzurtenne.com, www.hotelzurtenne.com
Küchenzeiten: 11–13.30, 18–21.45. **Inhaber:** Volkhardt KG. **Küchenchefin:** Andrea Pürstinger. **Sommelier:** Markus Hecher. **CC:** Amex, Diners, MC/EC, Visa. **Sitzplätze:** 104. **Terrasse:** 48. **Durchschnittspreis bei 3 Gängen:** € 38,–. **Übernachtungsmöglichkeit.**

Im ersten Haus am Platz sitzt man wahlweise nobel rustikal in der Jagastube und der Kaminstube oder man genießt im Wintergarten den Ausblick auf das rege Treiben in der Altstadt. Die neue Küchenchefin Andrea Pürstinger hat einen sanften Schwenk in Richtung österreichische Kost vollzogen, auch wenn sich die Karte der „Tenne" unverändert sehr international geprägt präsentiert. Carpaccio, Thaigarnelen und Tiroler Vollmilchkalb harmonieren hier bestens mit Backhend und Tafelspitz. Auf der Weinkarte finden sich Flaschen von Austria bis Australia. **Aus der Karte:** Elsässer Seesaibling auf Frühlingswirsing mit Kartoffelrösti und Rieslingsauce; Gebackener Vanilleeiskrapfen auf Erdbeer-Rhabarber-Ragout.

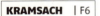 | F6

Berglsteiner See

 58

Breitenbach 41, 6233 Kramsach, Tel.: 05337/663 44, Fax: 657 40, www.berglsteinersee.com
Küchenzeiten: Mi.–So. 11.30–14.30. **Betriebsferien:** November 2004, Februar 2005. **Inhaber:** Familie Kreidl. **Küchenchef:** Sylvain Mathias. **CC:** MC/EC, Visa. **Sitzplätze:** 60. **Terrasse:** 50. **Durchschnittspreis bei 3 Gängen:** € 24,–.

Der Berglsteiner See ist einer der romantischsten und verwunschensten wirkenden Plätze Tirols. Dementsprechend reizvoll ist das Wirtshaus mit seiner direkt über den See gebauten Terrasse, von der man See, grüne Landschaft und schroffen Fels appetitanregend auf sich wirken lassen kann. Neo-Küchenchef Sylvain Mathias serviert eine kleine, aber sehr anregende Speisenauswahl, die gekonnt saisonale, regionale und kreative Elemente verbindet. Einige der verwendeten Rohstoffe kommen aus nächster Nähe, etwa aus dem See oder von Biobauern. Bier und Wein stehen in ausreichender Auswahl zur Verfügung. **Aus der Karte:** Gänseleberterrine im Pistazienmantel, dazu Rohkostsalat; Sellerieschaumsuppe mit Karottenstroh; Maroni-Eisparfait mit Preiselbeersauce.

Tirol

LANS | G5

Wilder Mann

★★ 67 🍾 🍷

Römerstraße 12, 6072 Lans, Tel.: 0512/37 96 96, Fax: 37 91 39,
info@wildermann-lans.at, www.wildermann-lans.at B⊕G
Küchenzeiten: 11–14.30, 17.30–22. **Inhaber:** Familie Schatz. **Küchenchef:** Anton Kern. **Sommelière:** Regina Jenewein. **CC:** Amex, Diners, MC/EC, Visa. **Sitzplätze:** 150. **Garten:** 90. **Durchschnittspreis bei 3 Gängen:** € 32,–. **Übernachtungsmöglichkeit.**

Seit 1600 schwingt der wilde Mann drohend seine Keule, was aber nicht darüber hinwegtäuscht, dass es sich hier um ein Wirtshaus wie aus dem Bilderbüchl handelt. Gepflegt, gemütlich, heimelig sind die vielen Stüberln, in denen zwar eine Heerschar von Gästen Platz findet, eine Reservierung aber doch mehr als angebracht ist. Nicht zuletzt natürlich dank der wunderbaren Hausmannskost-Küche von Anton Kern, der auch bei höchster Gästefrequenz sein Niveau spielend hält. Wer's weniger mit Bratl, Schlutzkrapfen und Stockfischgröstl hält, freut sich sicher über die delikaten Forellen aus dem hauseigenen Kalter. Falls man nach der Hauptspeise noch über etwas Spielraum im Magen verfügt, locken köstliche Nachspeisen. Und danach gibt's feine Hausschnapsln. **Aus der Karte:** Kalbsrahmbeuschel mit gebackenem Semmelknödel; Geeistes Moccasoufflé mit Sauerkirschen.

LIENZ | H8

Tristachersee

★★ 69 🍾 🍷

Tristachersee 1, 9900 Lienz, Tel.: 04852/676 66, Fax: 676 99, www.parkhotel-tristachersee.at
Küchenzeiten: 12–14, 18.30–21.30. **Inhaber:** Josef Kreuzer. **Küchenchef:** Peter Oberzaucher. **Sommelier:** Peter Knöblreiter. **CC:** Diners, MC/EC, Visa. **Sitzplätze:** 100. **Terrasse:** 70. **Durchschnittspreis bei 3 Gängen:** € 36,–. **Übernachtungsmöglichkeit.**

„Das kleine Paradies" nennt der omnipräsente Patron Josef Kreuzer sein frisch umgebautes Haus. Es gibt nur wenige Plätze wie diesen, wo man im direkt am Wasser liegenden Wintergarten niveauvoll zwischen gut gelaunten Feriengästen schmausen kann. Die Küche hält dem Motto ebenfalls stand: Tolle Vorspeisen, herrlich die Saucen, und vor allem gefällt die bemerkenswerte Qualität des verwendeten Materials. Und man versteht sich auf die Zubereitung von Fischen – aus dem See direkt vor der Tür oder auch von weiter her. Allerlei Mediterranes, ein bisserl was aus dem Fernen Osten, Klassisches aus Österreich. Dazu offeriert die Weinkarte ein breites Spektrum ordentlicher Bouteillen. **Aus der Karte:** Scheiben vom heimischen Hirschkalbsrücken auf Nelkenglace mit Birnenknödel und Keniabohnen; Sorbet vom grünen Apfel im Mostschaumsüppchen.

Tirol

Zum Weinhändler

im Hotel Traube, Hauptplatz 14, 9900 Lienz, Tel.: 04852/644 44, Fax: 641 84
Küchenzeiten: 11–14, 18–22 (Dezember bis April Mo. geschlossen). **Übernachtungsmöglichkeit.**
Das Restaurant ist in den Oberstock übersiedelt und auf fünf Tische zusammengeschrumpft. Der junge Koch Andreas Wurm – der in gediegenen Häusern ein wenig geschnuppert hat – hat eine kleine, je nach Saison wechselnde Karte zusammengestellt und überzeugt dabei mit viel versprechenden Kreationen. Jedenfalls ein gelungener Auftakt.

MATREI IN OSTTIROL | H8   **ÖBB**

Rauter

9971 Matrei in Osttirol, Tel.: 04875/66 11, Fax: 66 13,
info@hotel-rauter.at, www.hotel-rauter.at   B&G
Küchenzeiten: 12–14, 18–21.30 (Jänner bis April Mo.–Fr. nur abends). **Inhaber:** Hermann Obwexer. **Küchenchef:** Reinhold Idl. **Sommelier:** Helmut Pargger. **CC:** Amex, Diners, MC/EC, Visa. **Sitzplätze:** 60. **Durchschnittspreis bei 3 Gängen:** € 35,–. **Übernachtungsmöglichkeit.**

Das modern und großzügig gestaltete Traditionshotel ist ein heißer Tipp bei Sport- und Bergfexen. Das gediegene Restaurant des Hauses hat aber auch seine Meriten und zählt sicher zu den beständigsten kulinarischen Adressen Osttirols. Küchenchef Reinhold Idl versteht sich logischerweise aufgrund des eigenen Fischgewässers nicht nur auf die Zubereitung von Fischen, sondern hat auch tolle heimische und mediterrane Rezepturen parat. Unterm Strich eine herzhafte, saisonale und sehr eigenständige Küche. Der Weinkeller ist bestens bestückt. **Aus der Karte:** Forellencreme mit Bärlauchnockerln; Lammrücken und Bärlauchpolenta; Saibling mit Bärlauchtascherln und Paprikacreme.

Saluti

Griesstraße, 9971 Matrei in Osttirol, Tel.: 04875/67 26
Küchenzeiten: Mo., Mi.–Fr. 17.30–22.30, Sa., So. 12–14, 17.30–22.30. **Inhaber/Küchenchef:** Ernst Moser. **Sommelier/ière:** Elisabeth Mattersberger, Ernst Moser. **Sitzplätze:** 45. **Terrasse:** 30. **Durchschnittspreis bei 3 Gängen:** € 28,–.
Das „Saluti" ist anders. Schon die Location samt den bemerkenswerten Bildern des Patrons ist wunderbar schräg, der Ausblick auf die hin- und herhetzenden Tennisspieler angenehm erheiternd. Aber das wäre alles nicht genug, wenn nicht auch die Küche des Patrons das gewisse Etwas hätte, das sich am besten im Verlauf eines Überraschungsmenüs offenbart. Durch die Bank eine engagierte, weltoffene, kraftvoll gewürzte und interessant kombinierte Küche. **Aus der Karte:**

Tirol

Lammsalat mit Belugalinsen, blauen Kartoffeln und Frühlingskräutern; Entrecôte mit Spargel, Trüffelpolenta und Rotweinbutter.

Strumerhof

Hinteregg 1, 9971 Matrei in Osttirol, Tel./Fax: 04875/63 10, www.strumerhof.at
Küchenzeiten: 11–21 (Oktober 2004, 26. 12. 2004–6. 1. 2005, Ostern, 1. 5.–30. 9. 2005 geöffnet). **Inhaber:** Sebastian Holzer. **Küchenchefin:** Anna Holzer. **Sommelier/ière:** Magdalena Holzer, Christoph Bstieler. **Sitzplätze:** 50. **Garten:** 20. **Durchschnittspreis bei 3 Gängen:** € 18,–.
Über die Proßegger Klamm oder das Zedlacher Paradies erreicht man dieses Idyll mit Kräutergärtlein, Kuhgebimmel und Blumenwiesen. Vieles davon findet sich in der Küche wieder, es wird gstandene Osttiroler Kost mit Bratln, Spatzen, Knödln, Nockerln und anderen Deftigkeiten geboten, die hier in luftiger Höhe vieles von ihrer Beschwerlichkeit verlieren. Und wer noch ein bisschen Nachhilfe braucht, kann sich an die feinen Bauernschnäpse halten. Zum Kaffee wird hier standesgemäß natürlich frische Kuhmilch gereicht. **Aus der Karte:** A kloane Kaskoscht; Gamsragout mit Joghurt-Serviettenknödel und Sprossenkohl.

Zum Griena

Dorfhaus 768, 6290 Mayrhofen, Tel.: 05285/627 78, Fax: 67 67 67
Küchenzeiten: 11–22 (Mitte Juni bis Mitte November Mo. geschlossen).
Der „Griena" ist ein ehemaliges Bauernhaus, das vor gar nicht so langer Zeit in ein Wirtshaus umgewidmet wurde. Heute ist es einer der Leitbetriebe des Zillertals, in dem die Wirtsfamilie Thaler Tradition lebt. Die Gäste freuen sich über den Geruch des geschmolzenen Graukas, die unverfälschte Tiroler Küche und genießen Kaasspazlang, Schlichtanudeln, Zergl und Schlutzkrapfen.

Habhof

Brochweg 1, 6100 Mösern bei Seefeld, Tel.: 05212/47 11, Fax: Dw. 5, hotel@habhof.at, www.habhof.at
B⊛G
Küchenzeiten: Fr.–Mi. 11.30–14, 18–21 (Dezember bis April auch Do. geöffnet).
Betriebsferien: 25. 10.–3. 12. 2004, 4. 4. bis Anfang Mai 2005. **Inhaber:** Karl Hans Decristoforo-Sauter. **Küchenchef:** Hans Peter Braunhofer. **CC:** Diners, MC/EC, Visa. **Sitzplätze:** 100. **Terrasse:** 110. **Durchschnittspreis bei 3 Gängen:** € 31,–. Übernachtungsmöglichkeit.

Tirol

Im Sommer wandert man den Weg zur Möserner „Friedensglocke" oder zum See, im Winter wird auf der Loipe gelaufen. Deshalb wird der „Habhof" häufig auch zum mittäglichen Urlauberziel. Die traditionell detailverliebte Küche entwickelte jüngst einen ausgeprägteren Hang zu exotischen Geschmackskombinationen, über die man am Stammtisch trefflich die Meinungen austauschen kann. Grundsätzlich gilt aber, dass Erpelbrust wie Butterfisch geschmacklich gelungen und sehr hübsch drapiert auf dem Teller landen. **Aus der Karte:** Scampispieß auf asiatischem Glasnudelsalat; Erpelbrust auf Schlehenrotkraut und Kartoffelbiskuit-Pilz-Roulade.

NATTERS | G5   **ÖBB**

Nattererboden

Nattererboden 1, 6161 Natters, Tel.: 0512/54 62 00, Fax: Dw. 4, www.nattererboden.at
Küchenzeiten: 9–24. **Inhaber/Küchenchef:** Gottfried Albert. **Sommelier/ière:** Martina und Oswald Albert. **CC:** MC/EC, Visa. **Sitzplätze:** 175. **Garten:** 300. **Durchschnittspreis bei 3 Gängen:** € 28,–. **Übernachtungsmöglichkeit.**
Das am Waldrand gelegene, jahrhundertealte Wirtshaus ist ganz einfach über die asphaltierte, durch einen Wald führende Straße erreichbar. Luftlinie sind es keine drei Kilometer bis Innsbruck. Während sich die Kinder im Streichelzoo oder auf dem Spielplatz die Zeit vertreiben, können Erwachsene in der schönen, mit viel Holz und einem Kamin gemütlich ausgestatteten Stube eine kulinarische Entdeckungsreise durch das Kulinarium antreten. Mit viel Understatement beschreitet man hier zwei grundverschiedene Wege. Zum einen bemüht man sich – etwa im Rahmen eines Diner Amical – um eine gehobene, internationale Küche. Zum anderen kommt auch die Pflege einer eigenständigen Tiroler Küche nicht zu kurz. **Aus der Karte:** Gebratene Wachtel auf Frühlingssalat; Mini-Bouillabaisse; Sabayon mit Beeren und Früchten.

NIEDERNDORF | F7   **ÖBB**

Tiroler Hof

Au 209, 6342 Niederndorf, Tel.: 05373/612 13, Fax: Dw. 4, www.tiroler-hof.at
Küchenzeiten: Mi.–So. 12–14, 18–21. **Betriebsferien:** je zwei Wochen im Februar und Juni 2005. **Inhaber/Sommelier:** Otto Bayer. **Küchenchef:** Bojan Brbre. **Sitzplätze:** 50. **Garten:** 20. **Durchschnittspreis bei 3 Gängen:** € 39,–. **Übernachtungsmöglichkeit.**
Die neue, helle Innenraumgestaltung des in seinem Selbstverständnis keineswegs rustikalen „Tiroler Hofs" lässt nun auch die klare, konsequent der französischen und österreichischen Klassik verhaftete Küchenlinie sicht- und spürbarer zur Geltung kommen. Otto Bayer, Mitglied der „Jeunes Restaurateurs d'Europe", stellt Produkttreue vor Kreativexperimente; die überschaubare Karte seines

Küchenchefs Bojan Brbre bietet demzufolge Hausklassiker und zwei saisonal akzentuierte Menüs, wobei sich heimische und internationale Nuancen die Waage halten. Eine Küche, die sich vor allem durch anmutige Leichtigkeit auszeichnet. **Aus der Karte:** Gegrilltes Steinbuttfilet auf grünen Hopfentrieben und Püree; Filetspitzen mit grünem Pfeffer, serviert mit Spätzle.

OBSTEIG | G4

Holzleiten

 55

Holzleiten 84, 6416 Obsteig, Tel.: 05264/82 44, Fax: 837 88 B@G
Küchenzeiten: Mo.–Mi. 18–21, Do.–So. 11.30–14, 17.30–21. **Betriebsferien:** 7. 11.–13. 12. 2004, April 2005. **Inhaber:** Familie Wilhelm. **Küchenchef:** Kurt Regensburger. **Sitzplätze:** 130. **Garten:** 15. **Durchschnittspreis bei 3 Gängen:** € 27,–. **Übernachtungsmöglichkeit.**
Am Holzleitensattel direkt an der Straße gelegenes 4-Sterne-Hotel. Die Gasträume haben unterschiedliches Flair, Feinschmecker bevorzugen im Allgemeinen den Wintergarten. Serviert wird eine manchmal originell aufgemotzte gehobene Hotelküche, in der Klassiker ebenso anzutreffen sind wie auch Vitalspeisen und ein paar Ausflüge in internationale Gefilde. Ein Großteil der verarbeiteten Produkte kommt von heimischen Landwirtschaftsbetrieben. Deftig, aber köstlich etwa die Hausmacher Sülze vom Santlbauer. Das Weinangebot präsentiert sich dürftig, bloß das Angebot an offenen Rotweinen macht Spaß. **Aus der Karte:** Entenbrüsterl, rosa gebraten, auf Portweinsauce mit Erdäpfelrösti und Apfelrotkraut; Nougat-Nuss-Knödel auf Vanilleschaum.

RAMSAU IM ZILLERTAL | G6

Kramerwirt

6283 Ramsau im Zillertal 35, Tel.: 05282/45 15, Fax: 05282/45 15
Küchenzeiten: Di.–So. 11.30–14, 17–21.30. **Inhaber/Küchenchef:** Ernst Rauter. **Sitzplätze:** 60. **Terrasse:** 40.
Lange Zeit schien es, als ob Ernst Rauter in die „Burgtaverne" in Hall in Tirol übersiedeln würde, schließlich ist er doch hier im Zillertal geblieben. Uns soll es recht sein, steht der „Kramerwirt" doch für eine erfrischende Küchenlinie, die sich einerseits durch zutiefst regionale Aspekte, andererseits aber auch durch eine sympathische Weltoffenheit auszeichnet. Und da Ernst Rauter seine kulinarische Vision mit Phantasie und einer guten Portion Eigenständigkeit würzt, können sich die sonst kulinarisch nicht gerade verwöhnten Zillertal-Reisenden über eine gelungene und vielfältige Küche freuen. Die Weinauswahl ist klein, aber durchaus ausreichend. Und wie es sich für ein Tiroler Gasthaus gehört, gibt's auch eine erkleckliche Anzahl feiner Destillate.

Tirol

RATTENBERG | F6 ÖBB

Kanzler Biener

Südtiroler Straße 48, 6240 Rattenberg, Tel.: 05337/650 50, Fax: Dw. 4, www.rattenberg.at
Küchenzeiten: Di.–Sa. 18–21.30. **Betriebsferien:** letzte Woche im Oktober, erste Woche im November 2004, drei Wochen im Februar 2005. **Inhaber/Küchenchef/Sommelier:** Hannes Schöbel. **CC:** MC/EC, Visa. **Sitzplätze:** 35. **Terrasse:** 60. **Durchschnittspreis bei 3 Gängen:** € 22,–.

Das pittoreske kleinste Städtchen Österreichs verfügt mit dem traditionsreichen Haus über eine ansprechende kulinarische Adresse. In überraschend modernem Ambiente unter schwerem Gewölbe verwöhnt Küchenchef Hannes Schöbel mit sehr eigenständigen Variationen der österreichischen Küche. Allein schon Kreationen wie das Haifisch- bzw. Speckknödelcarpaccio sind jede Anreisemühe wert. Da jedes Gericht sehr sorgfältig und frisch zubereitet wird, braucht es nicht selten ein wenig Geduld, die sich aber in jedem Fall lohnt. Mittags ist das Angebot übrigens deutlich eingeschränkt. Sehr ansprechend ist die Auswahl an feinen Weinen, vor allem auch in konsumfreundlichen halben Flaschen, und jene an lokalen Edelbränden. **Aus der Karte:** Schlutzkrapfen mit gebratenen Pfifferlingen und Parmesan; Topfen-Nougat-Knödel mit Früchten garniert.

LAVAZZA

REITH BEI KITZBÜHEL | F7 ÖBB

Tischlerwirt

Hallerndorf 15, 6370 Reith bei Kitzbühel, Tel.: 05356/654 16, Fax: Dw. 4, tischlerwirt@a1.net
Küchenzeiten: Mo., Mi. 18–22, Do.–So. 12–14, 18–22. **Inhaber/Küchenchef:** Reinhard Brandner. **Sommelière:** Gerlinde Risslegger. **CC:** Diners, MC/EC, Visa. **Sitzplätze:** 60. **Terrasse:** 30. **Durchschnittspreis bei 3 Gängen:** € 41,–.

Der große Zuspruch, den der „Tischlerwirt" von Stammgästen aus der näheren und ferneren Umgebung erfährt, spricht für die Kontinuität und Qualität des Gebotenen. Das beginnt beim heimeligen, großzügigen Ambiente, sonnenhell bei Tag und kaminfeuerlauschig des Abends, und endet beim aufmerksamen, von großer Herzlichkeit getragenen Service. Dazwischen liegt ein wohlschmeckender Mix aus moderner österreichischer Küche, der auch stets reizvoll arrangiert wird. Die Weinkarte ist umfassend und wohl kalkuliert, was die Auswahl noch freudvoller gestaltet. Auch die Digestif-Palette ist bemerkenswert. **Aus der Karte:** Spargelsalat mit gebratenen Garnelen; Steinbuttfilet auf mediterranem Gemüserisotto; Rosa Lammkarree an Zwiebelconfit; Erdbeer-Topfen-Knöderl mit Sorbet.

Tirol

RINN | G5

Geisler

Judenstein 23, 6074 Rinn, Tel.: 05223/781 68, Fax: Dw. 220
Küchenzeiten: 11.30–14, 18–21.30. **Übernachtungsmöglichkeit.**
Rinn ist ein besonders beliebter Ausflugsort mit einem berühmten Kirchlein und allerlei Wanderwegen, und so spielt auch der „Geisler" seit Jahrzehnten seine Rolle als Ausflugslokal und Lokalität für feierliche Anlässe. In den vergangenen Jahren zeigte man sich bemüht, besonderes Augenmerk auf eine etwas anspruchsvollere Küche zu legen. In der Zirbenstube oder auf der sonnigen Terrasse gibt's dann eine vorwiegend mediterran inspirierte Küche zu verkosten.

SCHWAZ | G6   **ÖBB**

Eremitage

Innsbrucker Straße 14, 6130 Schwaz, Tel.: 05242/652 51, Fax: 626 69
Küchenzeiten: Mo., Mi.–Fr. 11–13.30, 19–22.30, Sa., So. 19–22.30.
Das Ambiente entspricht dem eines Veranstaltungslokales. Zahlreiche Fotos von verschiedenen Events an den Wänden zeugen von der Kulturbeflissenheit der Betreiber. Geboten werden Jazz, Kabarett, diverse Kleinkunst und eine kleine Speisenkarte mit recht feiner Kost.

Empfohlen von Andreas Vitasek, Kabarettist und Schauspieler

SCHWENDAU | G6

Alpenblick

Johann-Sponring-Straße 91, 6283 Schwendau, Tel.: 05282/36 27, Fax: 35 47,
info@hotel-alpenblick.at, www.hotel-alpenblick.at
Küchenzeiten: 11.30–13.30, 18–21.30. **Betriebsferien:** 10. 10.–10. 12. 2004. **Inhaber/in:** Ramona und Erich Eder. **Küchenchef:** Richard Egger. **Sommelier:** Erich Eder. **CC:** Amex, Diners, MC/EC, Visa. **Sitzplätze:** 30. **Terrasse:** 35. **Durchschnittspreis bei 3 Gängen:** € 27,–. **Übernachtungsmöglichkeit.**
Das zentral gelegene Haus ist im Tiroler Stil eingerichtet und sehr gemütlich. Seit Mai dieses Jahres ist Richard Egger in der Küche tätig und setzt die bewährte Linie des Hauses fort, präsentiert also in der Regel mehrgängige Menüs zu verschiedenen Themen. Sei es jetzt ein önologisches Diner mit besonderer Weinbegleitung, ein maritimes Menü oder eine exotische, südafrikanische Speisenfolge. Weitgehend löst die Küche die gegebenen kulinarischen Versprechen ein. Insbesondere österreichische Standards geraten durch die Bank erstklassig. Feines Weinangebot mit einem Schwerpunkt auf österreichischer Ware. **Aus der Karte:** Karpfen mit Rieslingkraut, im Strudelteig gebacken, auf Kartoffelsamtsauce; Mangosorbet mit Basilikum.

Tirol

Sieghard

Johann-Sponring-Straße 83, 6283 Schwendau, Tel.: 05282/33 09, Fax: 37 32, urlaub@hotel-sieghard.com, www.hotel-sieghard.com
Küchenzeiten: Di.–So. 17.30–22. **Betriebsferien:** Mitte Oktober bis Anfang Dezember 2004, 17. 4.–4. 5. 2005. **Inhaber/Küchenchef:** Sieghard Eder. **Sommelier:** Christian Eder. **Sitzplätze:** 40. **Terrasse:** 12. **Durchschnittspreis bei 3 Gängen:** € 36,–. **Übernachtungsmöglichkeit.**
Das Zillertal ist eine Krafttankstelle für Naturliebhaber, Paraglider, Mountainbiker und Bergfexe. Letzteres ist auch Patron Sieghard Eder, der seine Gäste gerne zu den schönsten Ausblicken des Zillertals begleitet. In der Küche serviert er seine ganz eigene Version einer heimisch-internationalen Kost. Tirolerisches wird da ohne Berührungsängste mit Mediterranem und Fernöstlichem vermischt. Hohes Niveau, gute Produktqualität und harmonische Kombinationen prägen das Küchengeschehen, das uns dieses Jahr ein wenig heimatverbundener als gewohnt erschien. Österreichische und einige ausländische Weine finden sich auf der fair kalkulierten Weinkarte, die auch mit einigen feinen, glasweise ausgeschenkten Weinen punkten kann. Eine feine Schnapskultur ist hierorts Ehrensache. **Aus der Karte:** Roh marinierter Rehrücken mit Steinpilzen und Parmesan; Spinatknödel mit Tomaten-Basilikum-Butter und Parmesan; Filetspitzen in Cognac-Pfeffer-Sauce mit Spätzle und Blattsalat.

SCHWOICH | F7

Casserole

Sonnendorf 1, 6330 Schwoich, Tel.: 05372/581 85, Fax: 05333/54 60, www.casserole.at
Küchenzeiten: Mo., Mi.–Fr. 17–21.30, Sa., So., Fei. 11–14, 18–21.30. **Betriebsferien:** zwei Wochen Mitte März 2005. **Inhaberin/Küchenchefin:** Barbara Koller. **Sommelière:** Christine Koller. **Sitzplätze:** 40. **Terrasse:** 50. **Durchschnittspreis bei 3 Gängen:** € 33,–.
Ein wenig überspitzt könnte man die „Casserole" als Bilderbuchtenniskantine bezeichnen und Tennisspieler werden wohl in ganz Österreich keine vergleichbar noble Labungsstelle finden. Rustikal-elegant sitzt man drinnen in den Stüberln, während man draußen den Sportskanonen auf den Schläger blickt oder den Blick Richtung Wilder Kaiser wandern lässt. Und so edel das Ambiente, so edel (und international) ist auch die Küche, die sich vom Amuse-Gueule bis zu den Desserts keine Blöße gibt. Interessant komponierte Vorspeisen, feine auf den Punkt gegarte Fische, gelungene Fleischspeisen und durchaus leckere Süßspeisen sind der Standard. Verarbeitet werden heimische Produkte ebenso wie Exoten à la Papageienfisch. Dazu wird natürlich eine interessant zusammengestellte Weinauswahl offeriert. **Aus der Karte:** Forellenmousse im Speckmantel; Tafelspitz in Bierteig auf mariniertem Gemüse; Gefülltes Stubenküken, dazu Frühlingsgemüse und Püree; Parfaitvariation mit frischen Früchten.

Tirol

SEEFELD | G5   ÖBB

Ritter Oswald Stube

im Hotel Klosterbräu, Klosterstraße 30, 6100 Seefeld, Tel.: 05212/26 21, Fax: 38 85, info@klosterbraeu.com, www.klosterbraeu.com

Küchenzeiten: 19–22. **Inhaberin:** Cristina Seyrling. **Küchenchef:** Horst Schauer. **Sommelier:** Reinhold Erharter. **CC:** Amex, Diners, MC/EC, Visa. **Sitzplätze:** 70. **Garten:** 90. **Durchschnittspreis bei 3 Gängen:** € 48,–.
Übernachtungsmöglichkeit.

Im Herz des pulsierenden nordischen Wintersportzentrums ist die „Ritter Oswald Stube" der Ruhepol. Wobei in eher schwach besetzten Zeiten die Gäste gerne auch in den Hotelspeisesaal gebeten werden. Lassen Sie sich darauf nicht ein! Die Stube ist zwar für eine Stube sehr groß, aber wesentlich gemütlicher. Die Speisenkarte gibt sich puristisch, nur wenige Gerichte pro Abteilung, aber alles stets vom Feinsten. Nur beste Produkte kommen in der Ritterküche zum Einsatz. Man orientiert sich an internationalen Standards, die auch sehr gediegen umgesetzt werden. Ein Schuss Raffinesse würde der Küchenlinie aber keineswegs schaden. Die Weinkarte entspricht durchaus den Erwartungen an ein Luxushotel, wobei sich in der Beratung die beachtlichen Preise nicht widerspiegeln. Aber immerhin schmückt den Ritter ein schön dekorierter Tirolerhut. **Aus der Karte:** Gebratener Petersfisch auf Safranfenchel und Wildreis; Kalbsfilet mit Trüffelsauce auf Topinamburgemüse.

SÖLDEN | H4

Ötztaler Stube

im Hotel Central, Hof 418, 6450 Sölden, Tel.: 05254/22 60-0, Fax: Dw. 511, info@central-soelden.at, www.central-soelden.at

Küchenzeiten: 19.30–21.30. **Betriebsferien:** Anfang Mai bis Mitte Juli 2005. **Inhaber:** Skiliftges. Sölden/Hochsölden GmbH. **Küchenchef:** Gottfried Prantl. **Sommelier:** Martin Sperdin. **CC:** Amex, Diners, MC/EC, Visa. **Sitzplätze:** 40. **Terrasse:** 30. **Durchschnittspreis bei 3 Gängen:** € 46,–.
Übernachtungsmöglichkeit.

Die „Ötztaler Stube" ist seit Jahren ein kulinarischer Fixpunkt im winterlichen Tirol. Das Haus bietet seinen Gästen jeden erdenklichen Komfort, das Ambiente ist gediegen und edel, der Service erfolgt unprätentiös, bemüht und herzlich, aber auch sehr flott. In der Küche wurde in den vergangenen Jahren immer schon gute Kost gekocht, in den beiden letzten Jahren gelang aber eine beachtenswerte Steigerung von gut und solide auf absolut hervorragend. Das Angebot umfasst neben einigen klassischen Gerichten eine erkleckliche Anzahl an sehr modern und zeitgemäß inspirierten Köstlichkeiten, wobei regionale Aspekte stets erkennbar sind.

Tirol

Eine wunderbar harmonische Gesamtleistung, und zwar vom Amuse-Gueule bis zur Praline. Die Getränkekarte lässt wahrlich keinen Wunsch erfüllt, sämtliche Weinbauregionen sind erstklassig vertreten. Der Digestifwagen ist bestens bestückt. **Aus der Karte:** Marinierter Schwertfisch und Ingwerlachs mit Kaviarcanapé; Kalbsmedaillon mit Gänseleber und hausgemachten Ravioli Dal-Plin.

SÖLL | F7

Schindlhaus

★★★ 76 🍷

Dorf 134, 6306 Söll, Tel.: 05333/51 61-36, Fax: Dw. 38, restaurant.schindlhaus@aon.at, www.schindlhaus.com   B@G

Küchenzeiten: Di.–So. 11.30–14, 18–22 (Sommer Di. geschlossen). **Inhaber/Küchenchef:** Christian Winkler. **Sommelier:** Aldo Sohm. **CC:** Diners, MC/EC, Visa. **Sitzplätze:** 65. **Terrasse:** 25. **Durchschnittspreis bei 3 Gängen:** € 48,–. **Übernachtungsmöglichkeit.**

Nach dem Umbau hat das „Schindlhaus" jegliche Rustikalität hinter sich gelassen und bietet auch optisch das, was Christian Winkler mit seiner Küchenlinie schon lange vorgibt: Weltläufigkeit. In hellem, elegantem Ambiente wird die zunehmend klare, zu Ausflügen in alle Welt tendierende Handschrift des Küchenchefs noch deutlicher les- und schmeckbar. Drei Menüs mit unterschiedlichen Schwerpunkten lassen eine Fülle an bemerkenswerten Geschmackserlebnissen zu. Meisterlich erscheint uns vor allem der Umgang mit Fleisch. Am Ausbau der Weinkarte wird gearbeitet, aber Sommelier Aldo Sohm gelingt es auch jetzt schon mit Verve und großem Wissen ideale Kombinationen mit Christian Winklers Küchenuniversum umzusetzen. **Aus der Karte:** Hummer-Cremesuppe mit Mango; Hirschkalbsrücken mit Gewürzen, Selleriepalatschinken und zweierlei Apfelmus.

ST. ANTON AM ARLBERG | G2   ÖBB

ben.venuto

★ 58 NEU

Hannes-Schneider-Weg 1, 6580 St. Anton am Arlberg, Tel.: 05446/302 03, Fax: Dw. 2, info@benvenuto.at, www.hospiz.com

Küchenzeiten: 18–23. **Betriebsferien:** Oktober bis Anfang Dezember 2004, Mitte April bis September 2005. **Inhaber:** Florian Werner. **Küchenchef:** Michael Ladner. **Sommelier:** Bernhard Niggler. **CC:** Amex, MC/EC, Visa. **Sitzplätze:** 60. **Durchschnittspreis bei 3 Gängen:** € 45,–.

Das im Well.com Center untergebrachte „ben.venuto" zeichnet sich durch moderne, schnörkellose Architektur aus. Großzügige Fenster gewähren einen Blick in die Küche ebenso wie in die herrliche Bergwelt von St. Anton. „Die Berge trainieren die Einsamkeit" lesen wir und so können Sologenießer in angenehmer Abgeschiedenheit der Küch-o-Thek Platz nehmen, kommunikativere Naturen werden wohl die Lounge oder die Bar vorziehen. In der Küche werkt Michael Ladner, der Erfahrungen im Arlberg Hospiz Hotel und an noblen Locations in Zürs, Lech und Pörtschach gesammelt hat und hier seine Vorstellung von gehobener italienischer Küche verwirklicht, die nicht selten mit einem feinen asiatischen Touch versehen wird. Im Keller lagern in Entsprechung zur Küche hauptsächlich Weine aus Italien, aber niemand muss auf die noblen Bordeaux verzichten. **Aus der Karte:** Scampischwänze in Orangenbutter mit Zupfkarotten; Überbackener Lammrücken auf breiten Bohnen mit Tomatenbutter und Erdäpfel-Oliven-Laibchen.

Brunnenstube

im Hotel Brunnenhof, St.-Jakober-Dorfstraße 53, 6580 St. Anton am Arlberg, Tel.: 05446/22 93, Fax: Dw. 5, brunnenhof@arlberg.com, www.arlberg.com/brunnenhof
Küchenzeiten: Mi.–Mo. 19–23. **Betriebsferien:** Oktober bis Dezember 2004, Mai bis September 2005. **Inhaber/in:** Karin und Pepi Wolfram. **Küchenchef:** Mathias Rotter. **Sommelier:** Pepi Wolfram. **CC:** MC/EC, Visa. **Sitzplätze:** 30. **Durchschnittspreis bei 3 Gängen:** € 47,–. **Übernachtungsmöglichkeit.**
Ziehen Sie den Kopf ein beim Eintritt durch die niedrige Stubentür. Versuchen Sie nicht, so vom Wirt bedient zu werden, wie man es von devoten Kellnern gewohnt ist. Man ist hier in den Tiroler Bergen, man spürt den Stolz der Menschen, und nach einer Weile erkennt man auch den warmen Charme hinter der knorrigen Fassade. Die Wirtsleute nehmen sich sehr viel Zeit für die Betreuung der Gäste. Wenn Ihnen am Ende noch eine spezielle Vogelbeere etc. offeriert wird, schließt sich der Tiroler Reigen. Dass sich die Küche hier von Jahr zu Jahr trotz oftmaligem Küchenchefwechsel festigt und an Subtilität und Charakter gewinnt, ist schön zu sehen. Die Kreationen lehnen sich an die französische Küche an, zeigen Eigenständigkeit und wirken insgesamt sehr stimmig. Lassen Sie sich dazu vom Chef etwas aus der sehr guten und umfangreichen Weinkarte empfehlen. **Aus der Karte:** Stubenküken, auf der Karkasse gebraten, mit Rote Rüben-Risotto und Frühlingsgemüse; Crème brûlée mit Erdbeerragout.

Galzig Verwallstube

Arlberger Bergbahnen AG, 6580 St. Anton am Arlberg, Tel.: 05446/23 52-501, Fax: Dw. 502, fahrner.m@arlbergerbergbahnen.com
Küchenzeiten: 11–15.30. **Betriebsferien:** Oktober bis 25. 11. 2004, ab 3. 5. bis September 2005. **Inhaber:** Manfred Fahrner. **Küchenchef:** Karl Strohmaier. **Sommelier:** Martin Blauensteiner. **CC:** Amex, Diners, MC/EC, Visa. **Sitzplätze:** 120. **Terrasse:** 45. **Durchschnittspreis bei 3 Gängen:** € 47,–.
Wer auf der kleinen Sonnenterrasse Platz nehmen will, sollte sich rechtzeitig anmelden. Den noch besseren Ausblick in die famose Tiroler Bergwelt genießt

Tirol

man allerdings in der „Verwallstube" von den kreisrund angeordneten Panoramafenstern aus. Doch erst einmal muss, wer hier essen will, mit der Galzig-Bahn bis zur Mittelstation fahren, dann unerschrocken durch den SB-Bereich schreiten, um schließlich dort anzukommen, wo es täglich frische Bouillabaisse und Gänseleber gibt. Das Niveau ist hier in jeder Hinsicht hoch – und das seit Jahren. Dem Sportsgeist widerspricht es zwar, sich Speis und Trank allzu sehr hinzugeben, dafür gibt es für Menschen mit Muße und verwöhntem Gaumen kaum schönere Plätze, um ihrer Leidenschaft nachzugehen. Vergessen Sie aber nicht die Sonnencreme! **Aus der Karte:** Kalbstafelspitz-Consommé mit Morchelfrittaten; Steak vom Naturrind unter der Morchelkruste mit Spargelcrêpe und Kartoffelkrapfen.

Raffl Stube

im Hotel St. Antoner Hof , 6580 St. Anton am Arlberg 450, Tel.: 05446/29 10, Fax: 35 51, hotel@antonerhof.at, st.antonerhof.at
Küchenzeiten: 11–23. **Inhaber:** Günther Raffl. **Küchenchef:** Karl-Albert Källinger. **Sommelière:** Kathrin Kolb. **CC:** Amex, Diners, MC/EC, Visa. **Sitzplätze:** 150. **Durchschnittspreis bei 3 Gängen:** € 40,–.
Übernachtungsmöglichkeit.

Stilvolle Eleganz und unaufdringlicher Luxus prägen dieses sympathische 5-Sterne-Haus, das schon in zweiter Generation von der Familie Raffl geführt wird. Die verkehrsmäßig nicht gerade begünstigte Lage des Hauses wird mit viel Charme und liebenswerter Gastlichkeit spielend wettgemacht. Chefkoch Karl-Albert Källinger setzt auf kulinarische Weltoffenheit und zelebriert eine ziemlich international anmutende Küche, die sehr gekonnt hergestellt wird. Augenfälliges Glanzstück des Angebots ist das „Amuse-Gueule-Menü", das einen enormen Geschmackshorizont und ein gerüttelt Maß an Phantasie offenbart. Der Vorrat an großartigen Weinen harmoniert ganz wunderbar mit dem Speisenprogramm. **Aus der Karte:** Taubenbrüstchen, dazu Jungkohl im Blätterteig mit Trüffeln; Rehrücken, dazu Kastanienspätzle und weiße Balsamicobirnen.

ST. CHRISTOPH | G2

Hospiz–Alm

6580 St. Christoph 18, Tel.: 05446/36 25, Fax: Dw. 808,
info@arlberghospiz.at, www.arlberghospiz.at   B@G
Küchenzeiten: 18–21.30 (Dezember 2004 bis April 2005). **Inhaber:** Familie Werner. **Küchenchef:** Stefan Petutschnig. **Sommelier/ière:** Sieglinde Niedermaier, Karl-Heinz Pale. **CC:** Amex, Diners, MC/EC, Visa. **Sitzplätze:** 150.
Terrasse: 500. **Durchschnittspreis bei 3 Gängen:** € 54,–.

Tirol

Wo tagsüber auf der Terrasse, direkt am Schlusshang des Schibergs, die Post abgeht, werden abends die Schischuhe gegen Lackschuhe getauscht. Die Verwandlung von der Schihütte in ein Gourmetrestaurant ist vollzogen. Der neue Küchenchef Stefan Petutschnig führt das bewährte Küchenprogramm der „Hospiz-Alm" unter dem Motto „Bauernente meets Scampi" weiter, wobei offenbar gerade die internationalen Fusionsgerichte die Küche zu Höchstleistungen anspornen. Die offerierte Qualität passt, während sich das Preisniveau eher in schwindelnden Arlberghöhen befindet. Angesichts des phänomenal gefüllten Kellers erstaunt die Beschränkung auf zwei offen ausgeschenkte Weine, aber die „Hospiz"-Klientel präferiert ohnehin die ganze Bouteille. **Aus der Karte:** Carpaccio von der Roten Rübe mit Basilikumnockerln; Pochierter Rollmops vom Saibling auf Krustentierpüree; Rindsfilet mit Kürbis-Schalotten-Confit; Mohnmoussetörtchen.

Skiclub Arlberg Stube

im Arlberg Hospiz Hotel, 6580 St. Christoph 1, Tel.: 05446/26 11, Fax: 37 73, info@arlberghospiz.at, www.arlberghospiz.at
Küchenzeiten: 18.30–21.45 (Dezember 2004 bis Ende April 2005). **Betriebsferien:** Oktober, November 2004, Mai bis September 2005. **Inhaber:** Familie Werner-Pfefferkorn. **Küchenchef:** Klaus Lettner. **Sommeliers:** Helmut Jörg, Christian Zögernitz. **CC:** Amex, Diners, MC/EC, Visa.
Sitzplätze: 20. **Übernachtungsmöglichkeit.**
Das „Hospiz" ist ein Hort für jeden Reisenden oder Schi fahrenden Feinschmecker. Wer die Ehrfurcht vor dieser gastronomischen Institution einmal abgelegt hat, wird rasch feststellen, dass man sich hier wohl fühlen kann und dass man in der Stube des Skiclub Arlberg nicht nur eine sehr angenehme, vergleichsweise intime Atmosphäre findet, sondern auch ausnehmend freundlich betreut wird. Dass die Einrichtung gediegen, sprich gewichtig ist und cooles Design und Fusion-Cuisine hier Fremdworte sind, ist ebenso klar wie dass sich Küchenchef Klaus Lettner an der großen Küche Frankreichs orientiert, sprich Gänseleber, Krebse etc. serviert. Mag man das Interieur tendenziell für verstaubt halten, die Küche ist es sicher nicht, und sie scheint sich im Vergleich zum Vorjahr gesteigert zu haben. Die Weinkarte ist fraglos hervorragend und auch die Schnapsauswahl gibt sich keine Blöße. **Aus der Karte:** Variation von der Gänseleber mit ofenfrischer Rosmarinbrioche; Schaumsuppe von der Brunnenkresse mit Spargelbällchen; Arlberger Lammkarree, in frischen Kräutern gewälzt, mit Trüffel-Rahm-Gnocchi.

Gratis zu jedem A LA CARTE-Restaurantführer 2005:
Der neue A LA CARTE-Hotelguide mit den
besten 4- und 5-Sterne-Hotels in Österreich.

Tirol

ST. JAKOB IM DEFEREGGEN | H7

Jakobistub'n

im Hotel Jesacherhof, Außerrotte 37, 9963 St. Jakob im Defereggen, Tel.: 04873/53 33, Fax: Dw. 88, jesacherhof@netway.at, www.jesacherhof.at

Küchenzeiten: 12–14, 18.30–21. **Betriebsferien:** 15. 10.–20. 12. 2004, 10. 4.–20. 6. 2005. **Inhaber:** Christian Jesacher. **Küchenchef:** Gerald Huber. **Sommelier:** Josef Dam. **CC:** Diners, MC/EC, Visa. **Sitzplätze:** 40. **Garten:** 40. **Durchschnittspreis bei 3 Gängen:** € 29,–. **Übernachtungsmöglichkeit.**

Das Defereggental ist ein Paradies für Wanderer und erholungsbedürftige Stadtmenschen, die hier in diesem weitläufigen Bergdorf so richtig lustvoll relaxen können. Nicht ganz so freudvoll sind die barnahen Plätze, die dem Nicht-Hotelgast im Restaurant zugewiesen werden, was aber wiederum durch die solide und nicht selten spannend aufkochende Küche wettgemacht wird. Der neue Küchenchef Gerald Huber führt die Küchenlinie des Hauses in bewährter Tradition weiter und serviert der bunten Gästeschar heimische Klassiker neben exotisch nuancierten internationalen Kreationen. Ein wenig Regionalität und Saisonalität fließen harmonisch in die Gerichtepalette ein, die stets auch durch eine reizvolle Präsentation hervorsticht. Die Weinkarte ist sehr liebevoll gestaltet und bietet in erster Linie Österreichisches. **Aus der Karte:** Osttiroler Schlipfkrapfen mit brauner Butter und Parmesan; Filetsteak, im Bergheu gegart, mit Barolojus, Rösti und Gemüsebouquet; Variation von der Kokosnuss.

Kröll

Unterrotte 13, 9963 St. Jakob im Defereggen, Tel.: 04873/51 34, Fax: Dw. 4, wolfgang.hatele@utanet.at

Küchenzeiten: Mi.–Mo. 11.30–14, 17.30–21.30. **Inhaber:** Wolfgang Hafele. **Küchenchef:** Josef Oberwalder. **Sommelier:** Joachim Ladstätter. **CC:** MC/EC, Visa. **Sitzplätze:** 60. **Garten:** 30. **Durchschnittspreis bei 3 Gängen:** € 29,–. **Übernachtungsmöglichkeit.**

Die Speisenkarte vom Gasthof „Kröll" bietet eine erstaunliche Mischung aus salopper Touristenkost und einer verfeinerten kreativen Küche, wobei Letztere durchaus gehobenen Ansprüchen gerecht wird. Man speist in hellen Räumlichkeiten ohne jegliche beschwerliche Rustikalität und genießt, was Küchenchef Josef Oberwalder so aus hochwertigen heimischen Rohstoffen zaubert und liebevoll arrangiert. Vom Schlipfkrapferl bis zum Bachsaibling ein ungetrübter Gaumenschmaus. **Aus der Karte:** Carpaccio vom Hirschkalbsrücken mit Bärlauchpüree und schwarzen Walnüssen; Filet vom Bachsaibling mit Safranfenchel und Limonennudeln; Filetspitzen vom Rehbock in Morchelsauce mit Schupfnudeln; Blaumohn-Parfait auf lauwarmen Zimtkirschen.

Tirol

STRASSEN | I8

Strasserwirt

⭐ | 58

9920 Strassen 6, Tel.: 04846/63 54, Fax: Dw. 55,
hotel@strasserwirt.com, www.hotel.strasserwirt B❋G

Küchenzeiten: 12–14.15, 18.30–21.30. **Inhaberin:** Elisabeth Bürgler. **Küchenchef:** Werner Gander. **CC:** Diners, MC/EC. **Sitzplätze:** 70. **Terrasse:** 40. **Durchschnittspreis bei 3 Gängen:** € 29,–. **Übernachtungsmöglichkeit.**

Wo vor Jahrhunderten schon eingekehrt wurde, wird dem Reisenden oder dem Wellness-Urlauber in sorgsam gepflegtem, ländlich-fürstlich anmutendem Ambiente vorgeführt, wie gediegen und schmackhaft Tiroler Kost heute interpretiert werden kann: Die Produkte stammen – angefangen von Butter und Brot bis hin zum Fleisch – vornehmlich aus bäuerlicher Produktion der nächsten Umgebung. Daraus werden unprätentiöse Gerichte von sättigendem Format bereitet, die förmlich den Geschmack des Landes in sich tragen. Die Betreuung erfolgt herzlich, die Weinkarte ist liebevoll zusammengestellt und auch das Angebot an heimischen Schnäpsen erfreut. **Aus der Karte:** Schwarze Bohnensulz mit Garnelen und Rucolasalat; Gekochter Kalbstafelspitz auf Wurzelgemüse und Gratinkartoffeln.

STUMM IM ZILLERTAL | G6

Linde

⭐⭐ | 63

Dorf 2, 6272 Stumm im Zillertal, Tel.: 05283/22 77, Fax: Dw. 50,
info@landgasthof-linde.at, www.landgasthof-linde.at B❋G

Küchenzeiten: Mi.–So. 12–13.30, 18–22. **Betriebsferien:** 22. 11.–15. 12. 2004, 13. 6.–15. 7. 2005. **Inhaber/Küchenchef:** Hannes Ebster. **CC:** MC/EC. **Sitzplätze:** 55. **Garten:** 60. **Durchschnittspreis bei 3 Gängen:** € 29,–. **Übernachtungsmöglichkeit.**

Kaum ein Nachteil, wo nicht auch ein Vorteil wäre: Die ein wenig abseits liegende „Linde" ist nie dem touristischen Ansturm von der Hauptstraße ausgesetzt gewesen, hat sich dafür Qualität und Tradition erhalten. Und das seit vielen Jahren mit großem und wachsendem Erfolg. Patron Hannes Ebster pflegt die alten Zillertaler Gerichte auf sehr feine Art. Verfeinert und von beschwerlichem Ballast befreit präsentiert sich jede Speise, comme il faut, vertraut und original. Gutes Ausgangsmaterial und viel Sorgfalt bei der Zubereitung erfreuen. Die Weinkarte übertrifft jene eines normalen Wirtshauses durchwegs. Auch das flexible und gut gewählte Angebot an glasweise ausgeschenkten Weinen überzeugt. Bier und Schnaps kommen aus der Umgebung und sind gar nicht von schlechten Eltern. **Aus der Karte:** Seesaibling auf Balsamicolinsen und Knoblauchpüree; Das Beste vom Berglamm auf Ratatouillegemüse und Rahmpolenta.

Tirol

TUX | G6

Lanersbacher Hof

Lanersbach 388, 6293 Tux, Tel.: 05287/872 56, Fax: 874 53, www.lanersbacherhof.at
Küchenzeiten: Di., Mi., Fr.–So. 18.30–21. **Betriebsferien:** 1.–15. 10. 2004, Mitte April bis Mitte Juni 2005. **Inhaber:** Familie Kraxner. **Küchenchefin:** Maria Kraxner. **Sommelier:** Ewald Kraxner. **CC:** MC/EC. **Sitzplätze:** 40. **Terrasse:** 40. **Durchschnittspreis bei 3 Gängen:** € 32,–. **Übernachtungsmöglichkeit.**

Der „Lanersbacher Hof" verfügt über ein eigenes Gourmetrestaurant, das mit gemütlicher ländlicher Atmosphäre und einem offenen Kamin genussvolle Stimmung erzeugt. Die hauptsächlichen Bemühungen der Küche gelten selbstverständlich den Hausgästen, Feinschmecker von auswärts können mittags aus einer kleinen Karte wählen, während abends mehrgängige Menüs mit zahlreichen Wahlmöglichkeiten angeboten werden. Die Küche ist klassisch-traditionell, weist asiatische Einsprengsel auf, verwendet beste Produkte auch aus der Region und zeichnet sich durch eine sehr gelungene Präsentation aus. Insgesamt sicher die beste Küche im touristisch hoch erschlossenen Raum Mayrhofen-Tuxertal. Die Weinkarte zählt zu den besten Tirols, insbesondere was das Angebot österreichischer Weine betrifft, die zum Teil auch in älteren Jahrgängen vorrätig sind. Gleiches gilt für Frankreich (Jahrgänge ab 1975) und Spanien (ab 1962). Bemerkenswert ist auch die faire Kalkulation der Altweine. **Aus der Karte:** Rehmus und Rehfilet mit Salatsellerie; Zanderfilet auf Ronengemüse mit Krenschaum; Filet vom Tiroler Bergrind mit Rotweinsauce, Erdäpfel-Lauch-Törtchen und grüner Spargel.

UDERNS | G6   ÖBB

Der Metzgerwirt

Finsing 16, 6271 Uderns, Tel.: 05288/625 59, Fax: Dw. 4, dermetzgerwirt.at
Küchenzeiten: Mi.–So. 12–14, 18–21.30. **Inhaber:** Johannes Hell. **Küchenchefs:** Johannes Hell, Alois Neuschmid. **Sommelière:** Alexandra Kröll. **CC:** MC/EC, Visa. **Sitzplätze:** 55. **Garten:** 60. **Durchschnittspreis bei 3 Gängen:** € 34,–.

Das Restaurant besteht aus mehreren Stuben, die alle geschmackvoll revitalisiert und dekoriert sind. Chefkoch Johannes Hell, der jahrelang bei Hans Haas im Münchner „Tantris" sein Handwerk trainiert hat, setzt gemäß dem Hausmotto „einfach gut" auf eine schnörkellose, geradlinige, der Tradition verpflichtete Küche mit kreativem Einschlag und in leichter Zubereitung. Die Produkte sind von einwandfreier Qualität, der Geschmack stets harmonisch und die Optik auf dem Teller ansprechend. Neben dem „Lamark" in Hochfügen serviert der „Metzgerwirt" nunmehr die beste Küche im Vorderen Zillertal. Die Weinkarte ist klein,

Tirol

aber fein. Weine von Spitzenwinzern und Aufsteigern aus Österreich, Italien, Frankreich und Übersee werden angeboten. Auch die Palette an Digestifs ist international – Destillate vom Zillertal bis nach Venezuela stehen zur Verkostung bereit. **Aus der Karte:** Scheiben vom rosa gebratenen Stierrücken mit Frühkartoffeln; Lauwarmer Schottischer Wildlachs mit Spinat und Schnittlauchfond; Rosa gebratenes Milchkalbskotelett mit Bohnen und Balsamicoschalotten; Gratinierte Zitronencreme mit Rhabarber und Joghurtsorbet. **LAVAZZA**

VOLDERS | G5 ÖBB

Rossstall-Taverne

Bundesstraße 5, 6111 Volders, Tel./Fax: 05224/552 60
Küchenzeiten: Mo.–Sa. 11.30–13.30, 18–22.30. **Inhaber/Küchenchef:** Gerhard Kogleck.
Sommelière: Christine Ronacher. **CC:** MC/EC, Visa. **Sitzplätze:** 45.
Garten: 20. **Durchschnittspreis bei 3 Gängen:** € 33,–.

Unauffällig im Souterrain am Kreisverkehr gelegen, nimmt das Gewölbe des alten Rossstalls immer mehr Tavernencharakter an. Vielleicht liegt es auch an den Wirtsleuten, die ihre Gäste gerne an ihrem Leben teilhaben lassen. Diesen Familientouch kennen und lieben die Leute, was sich auch in einer für ein Gourmetlokal reichen Kinderpräsenz ausdrückt. Die Leichtigkeit des Seins findet nicht zuletzt in der Küche seinen Niederschlag. Auch wenn man sich wieder mehr den heimischen Rezepturen zuwendet, keines der Gerichte geht in Öl oder Obers unter. Jede Speise wird bis ins letzte Detail mit viel Liebe zubereitet und entbehrt auch nicht einer gewissen Raffinesse. Die Auswahl an offenen Bouteillen reicht nicht mehr ganz an die früheren Jahre heran. Andererseits hört man schon so Sätze wie: „Wenn Sie einen kräftigeren Roten dazu wollen, mache ich Ihnen gerne einen auf." **Aus der Karte:** Geräuchertes Forellenfilet mit Wildspargel und Reiberdatschi; Saiblingfilets in Schnittlauch-Weißwein-Sauce mit Butterkartofferln und Blattsalat; Rosa Rindsrücken an Rotweinbutter mit Frühlingsgemüse und Bratkartofferln.

VOMPERBERG | G6 ÖBB

Weberhof

6134 Vomperberg, Tel.: 05242/62 13 11-51, Fax: Dw. 31
Küchenzeiten: Mi.–So. 11.30–14, 18–22. **Übernachtungsmöglichkeit.**

Der über der Nebelgrenze liegende Alpengasthof ist ein Dorado für Wandersleut und Naturfreunde – unweit des Gasthauses liegt nicht nur der Alpenpark Karwendel, sondern auch der Ahornboden, wo 500 Jahre alte Ahornbäume ein Naturspektakel sondergleichen bieten. Für die notwendige Stärkung sorgt Küchenchef Marco Dauner, der aus biologischen und regionalen Rohstoffen landestypische, aber auch international anmutende Gerichte zaubert.

Tirol

WATTENS | G6   ÖBB

Schwan

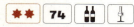

Swarovskistraße 2, 6112 Wattens, Tel.: 05224/521 21, Fax: 551 75
Küchenzeiten: Mo.–Fr. 12–14, 18.30–21.30 (an Fei. geschlossen). **Inhaber/Küchenchef:** Günter Eberl. **Sommelière:** Angelika Eberl. **CC:** MC/EC. **Sitzplätze:** 60.
Garten: 60. **Durchschnittspreis bei 3 Gängen:** € 35,–.

Zu ebener Erde und im 1. Stock: Reizende Stübchen in unterschiedlichem Styling oben und Wirtshausgemütlichkeit unten im zu groß geratenen Knusperhaus – so könnte man die Idylle des „Schwans" zu Wattens beschreiben. Günter Eberl versteht sich auf einen fröhlich-kreativen Umgang mit allem, was heimische Wälder und Gewässer (aber nicht nur diese) hergeben. Seine Karte macht durch einen gewissen Tiroler Sprachmanierismus aufmerksam: Zum Fleisch kommt die Soss, die Mousse bleibt ein schlichtes Nockerl und der süße Abschluss ist eine Gebrannte Krem! Einfach deftig, einfach köstlich und einfach unwiderstehlich. Eine schöne Weinkarte und allerhand Schnapsiges runden das Angebot ab. **Aus der Karte:** Scheiben vom Rindsfilet mit grünem und weißem Spargel; Schottischer Wildlachs auf Marchfelder Spargel mit Risotto; Gefülltes Wachtelbrätlein auf Spargel mit kräftiger Rotweinsauce; Topfencreme-Palatschinken auf Rhabarber-Erdbeer-Kompott.

LAVAZZA

Die Besten
in Vorarlberg

Christian Gölles
94 **POST**
Lech am Arlberg

Franz Riedler
91 **A LA CARTE**
Lech am Arlberg

Rudolf Grabner
87 **EDEL-WEISS**
Schruns

Gerald Grieser
87 **WALSERSTUBE**
Lech am Arlberg

Heino Huber
86 **DEURING SCHLÖSSLE**
Bregenz

Vorarlberg

AU | G2

Krone

★★★ **73**

Jaghausen 4, 6883 Au, Tel.: 05515/22 01-0, Fax: Dw. 201, www.krone-au.at
Küchenzeiten: Di.–Sa. 19–21.30, So., Fei. 11.30–14. **Betriebsferien:** 16. 10.–19. 12. 2004, 2. 4.–15. 5. 2005. **Inhaber:** Walter Lingg. **Küchenchef:** Walter Simma. **CC:** Amex, Diners, MC/EC, Visa. **Sitzplätze:** 30. **Durchschnittspreis bei 3 Gängen:** € 35,–. **Übernachtungsmöglichkeit.**

Die „Krone" ist ein wunderschöner Holzbau am Fuße der Kanisfluh und nur unweit vom Ortszentrum entfernt. Küchenchef Walter Simma frönt immer noch seinem spannenden Crossover zwischen verschiedenen Teilen Asiens und dem Bregenzerwald. Die Fusion zwischen milder Exotik und gestandener Regionalität gelingt ihm jedenfalls hervorragend. Die Abstimmung der Einzelgeschmäcker aufeinander wirkt geradezu graziös. Alles in allem eine ganz spezielle Küche, die sich insgesamt recht fein und mit sehr persönlichem Stil in das vielfältige Küchenspektrum der Region Bregenzerwald einfügt. **Aus der Karte:** Pochiertes Steinbuttfilet in orientalischer Würze, dazu gestreifte Krebstascherln; Gefülltes Kaninchenrückenfilet auf provenzalischem Gemüse und Sellerietascherln.

BEZAU | F2

Gourmetstube

★★ **63**

im Gasthof Gams, Platz 44, 6870 Bezau, Tel.: 05514/22 20, Fax: Dw. 24, www.hotel-gams.at
Küchenzeiten: Mi.–So. 18.30–21.30. **Betriebsferien:** März 2005. **Inhaber/in:** Ellen Nenning, Andreas Mennel. **Küchenchef:** David Haase. **Sommelier:** Reinhard Bischof. **CC:** MC/EC, Visa. **Sitzplätze:** 20. **Übernachtungsmöglichkeit.**

Die Gams wurde im Jahr des Westfälischen Friedens 1648 erbaut. Die stürmischen Zeiten, die sie erlebt hat, sind ihr jedenfalls kaum anzusehen. Richtig breit thront sie in der Bezauer Ortsmitte. Über eine klassische Freitreppe betritt man den Restaurant-Trakt und kann gleich zwischen mehreren einladenden Stuben wählen. Eines der Gastzimmer mit insgesamt etwa 20 Plätzen ist als „Gourmetstube" ausgewiesen, was sich auch an einer speziellen Speisenkarte zeigt. Die Speisenkarte umfasst nur wenige Positionen, die aber schon beim Lesen Vorfreude auslösen. Der neue Küchenchef fährt eine klare regionale Linie mit ein paar internationalen Einsprengseln. Das fünfgängige Menü mit dem schönen Namen „Verführung" erweist sich dabei als eine Tour d'horizon durch die Genüsse des Bregenzerwaldes und des Ferneren Ostens. Das Weinlager im uralten Gewölbekeller kann nicht nur besichtigt werden, man kann auch alles für daheim erstehen. **Aus der Karte:** Lammkarree in Rosmarinjus auf gebratenen Artischocken mit Kartoffelsoufflé; Zweifarbige geeiste Schokoladenmousse mit karamellisierter Birne.

Vorarlberg

Post

Brugg 35, 6870 Bezau, Tel.: 05514/22 07, Fax: Dw. 22, www.hotelpostbezau.com
Küchenzeiten: Di.–Sa. 11.30–13.45, 18.30–21, So. 11.30–13.45. **Betriebsferien:** 5.–19. 12. 2004. **Inhaberin:** Susanne Kaufmann. **Küchenchef:** Wolfgang Mätzler. **CC:** Amex, Diners, MC/EC, Visa. **Sitzplätze:** 60. **Durchschnittspreis bei 3 Gängen:** € 32,–. **Übernachtungsmöglichkeit.**

Das größte Haus im Ort. Dementsprechend großzügig angelegt sind die Räumlichkeiten des Restaurants. Schließlich ist das Hotel dank seines vielfältigen Angebots das ganze Jahr über sehr gut gebucht. Im Restaurant selber ermöglicht die Gestaltung der Räume und die Anordnung der Tische eine gewisse Intimität. Küchenchef Wolfgang Mätzler, der schon mehr als zehn Jahre im Haus ist, zeigt keinerlei Ermüdungserscheinungen – ganz im Gegenteil. Das Speisenangebot verweist mit Stolz auf die Region Bregenzerwald (mit regional verwurzelten Speisen und weitestgehend regional produzierten und eingekauften Lebensmitteln), bindet dies aber gekonnt in einen weltläufigen Rahmen ein. Auf solch solidem und sicherem Boden wird immer wieder Neues ausprobiert, ohne die Gäste zu überfordern. Besonders reizvoll ist auch das Sortiment an regionalen Käsespezialitäten von Bierkäse über Bergkäse bis zum Backensteiner aus Sibratsgfäll. Die Weinkarte bietet ein opulentes und doch überschaubares Angebot. Dass in Vorarlberg mittlerweile die Schnapskultur blüht, lässt sich in der „Post" unschwer feststellen. **Aus der Karte:** Kaninchen-Saltimbocca mit Frühlingskräutersalat; Bärlauchschaumsuppe mit Ziegenkäse-Panna cotta; Nüsschen vom Milchlamm, in Aromen gebraten, mit Rosmarinpolenta, dazu Artischocken und Bohnen.

BRAZ | G1/2

Rössle

Arlbergstraße 67, 6751 Braz, Tel.: 05552/281 05-0, Fax: Dw. 6
Küchenzeiten: Di.–So. 11.30–14, 17.30–21. **Übernachtungsmöglichkeit.**

Das unweit von der Brazer Kirche thronende „Rössle" mit seiner jahrhundertealten Montafoner Stube liegt am Eingang zum Klostertal, das dank seines landschaftlichen Reichtums ein Dorado für Wanderer ist. Küchenchef Valentin Bargehr gilt seit Jahr und Tag als Garant für ehrliche und gstandene Regionalküche.

Traube

Klostertaler Straße 12, 6751 Braz, Tel.: 05552/281 03, Fax: Dw. 40, www.traubebraz.at
Küchenzeiten: 11.30–14, 18–21.30. **Betriebsferien:** November 2004. **Inhaber:** Familie Lorünser. **Küchenchef:** Herwig Pacher. **CC:** Diners, MC/EC, Visa. **Sitzplätze:** 160. **Garten:** 60. **Durchschnittspreis bei 3 Gängen:** € 35,–. **Übernachtungsmöglichkeit.**

Vorarlberg

Alpengasthof mit prächtiger Montafoner Stube und einem insgesamt durchaus heimeligen Ambiente. Basis für die feine Küche bilden die erstklassigen regionalen Qualitätsprodukte, wobei die Lieferanten auf der Speisenkarte angeführt werden. Der Küchenstil ist eher traditionell-regional, aber stimmig. Die Kreationen sind handwerklich perfekt umgesetzt und sympathisch unprätentiös. Vom Walserstolz bis zum Wälderkäsle kann man sich auch über feine regionale Käse freuen. Die Weinkarte verblüfft mit Weinen aus dem eigenen Weingut „Paradiesgartl" im Weinviertel, für einen Vorarlberger Betrieb eine Rarität. Der umfangreiche Österreich-Teil der Weinkarte ist nach Weinsorten gegliedert, ausländische Weine werden aus allen wichtigen Anbaugebieten Europas und aus Übersee angeboten. **Aus der Karte:** Gebratene Flugentenbrust mit Chianti-Birne an Roquefortsauce, dazu Herzoginkartoffeln und Romanescoröschen.

BREGENZ | F1   ÖBB

Corona-Espressobar

Inselstraße 8, 6900 Bregenz, Tel.: 05574/456 90
Küchenzeiten: Mo.–Sa. 11.30–14, So. ab 13.30.
„Bester Espresso der Stadt. Spezielle, gut gepflegte Zigarrenauswahl. Super Cocktails abseits von Caipirinha + Co."

Empfohlen von Heino Huber, Deuring Schlössle

Deuring Schlössle

Ehre-Guta-Platz 4, 6900 Bregenz, Tel.: 05574/478 00, Fax: Dw. 80,
deuring@schloessle.vol.at, deuring-schloessle.com   B👄G
Küchenzeiten: Mo. 18.30–22, Di.–So. 12–14, 18.30–22 (zur Festspielzeit 17.30–24).
Inhaber/Küchenchef: Heino Huber. **Sommelière:** Bernadette Huber. **CC:** Amex, Diners, MC/EC, Visa. **Sitzplätze:** 80. **Garten:** 40. **Durchschnittspreis bei 3 Gängen:** € 54,–. **Übernachtungsmöglichkeit.**

In der Bregenzer Oberstadt gelegen, ist das in einem schönen Park stehende Haus seit vielen Jahren the state of art der Bregenzer Gastlichkeit. Luxuriöse Ausstattung und die charmante Betreuung durch Hausherrin Bernadette Huber tun ihr Übriges zum allgemeinen Wohlgefühl der gehobenen Klientel. Klassische internationale Küche mit einigen wenigen regionalen Einsprengseln findet sich da auf der Karte, also die ganze Palette von Kalbswiener über Gänseleber und Lammrücken bis Rindsfilet. Die Umsetzung erfolgt auf einer Skala zwischen grandios und durchschnittlich. Die Weinkarte ist sensationell mit französischen und italienischen Weinen bestückt. **Aus der Karte:** Kaninchenvariation mit kleinem Morchelsülzchen; Kalbsfilet-Scheiben vom heimischen Biobauern auf feinen Nudeln mit Morchelrahmsauce, Frühlingsgemüse-Aromen; Rosenblütenparfait mit Rhabarber
und Erdbeerconsommé.

Vorarlberg

Germania

*Am Steinenbach 9, 6900 Bregenz, Tel.: 05574/427 66, Fax: Dw. 4,
office@hotel-germania.at, www.hotel-germania.at*
Küchenzeiten: Mo.–Sa. 18–22.30 (Festspielzeit auch So. geöffnet). **Inhaber:** Hans Fesenmayr. **Küchenchef:** Reinhard Meusburger. **Sommelier:** Kalkan Kilic. **CC:** MC/EC, Visa. **Sitzplätze:** 80. **Terrasse:** 70.
Übernachtungsmöglichkeit.

Ein wenig abseits vom Ortszentrum, nicht allzuweit vom See, liegt das Hotel „Germania" mit seinem gleichnamigen Restaurant. Etwas kühl und sehr sachlich eingerichtet ist das Restaurant, jeglicher Kitsch fehlt, die moderne Kunst an den Wänden ist nicht aufdringlich und wirkt durchaus ansehnlich. Die Betreuung erfolgt unkompliziert, freundlich, herzlich und sehr bemüht. Die Küche bietet eine Auswahl an zeitgemäß interpretierten Klassikern, auch Regionales ist zu finden, ansonsten einiges an Fusion Cuisine. Die Gerichte sind teilweise durchaus aufwändig konstruiert, die Zusammenstellung manchmal ein wenig – na sagen wir – ungewöhnlich. Die Weinkarte ist nicht allzu groß, den passenden Wein findet man allemal. **Aus der Karte:** Räucherlachs mit Reibeküchle und kleinem Salatbouquet; Bodensee-Zanderfilet mit Mandeln gebraten, mit Blattspinat und Petersilkartoffeln; Medaillons vom Rindsfilet an Pfeffer-Rahm-Sauce, mit frischem SoloFino Spargel und hausgemachten Nudeln.

Neubeck

*Anton-Schneider-Straße 5, 6900 Bregenz, Tel.: 05574/436 09, Fax: 437 10,
restaurant@neubeck.at, www.neubeck.at*
Küchenzeiten: Di.–Sa. 18–22. **Inhaber/in:** Nina und Werner Sotriffer. **Küchenchefin:** Nina Sotriffer. **Sommelier:** Werner Sotriffer. **CC:** Diners, MC/EC, Visa.
Sitzplätze: 50. **Garten:** 24. **Durchschnittspreis bei 3 Gängen:** € 41,–.

Das im Zentrum von Bregenz liegende „Neubeck" ist eines der interessantesten Restaurants in Vorarlberg. Wer Urlaub von der typischen Ländlekost nehmen will, ist hier an seinem Zielort angekommen. Nina Sotriffers „Taste across the world" ist eine spannende Gaumenreise, die vom Orient über den Mittelmeerraum bis in den Fernen Osten führt. Sushi, Mezze, Vitello tonnato und Thai Curry stehen wie selbstverständlich nebeneinander, was keineswegs ein Kuddelmuddel ergibt, sondern ein spannendes Kulinarium ohne geographische und geschmackliche Begrenzungen. Das absolute Highlight der Sotriffer-Küche ist Fisch im Allgemeinen und Besonderen. Die Auswahl ist verführerisch, die Speisen sind harmonisch und raffiniert zubereitet. Die Getränkekarte bietet feine Reisebegleiter en masse. **Aus der Karte:** Ziegenfrischkäse im Zucchinipäckchen mit Tomaten-Rucola-Salat; Pikante Kokossuppe mit Hummer; Gefüllte Wachtel an Balsamicosauce mit getrüffeltem Kartoffelpüree und Schwarzwurzelgemüse; Grießflammeri mit Himbeersauce und süßen Grießschnitten.

Vorarlberg

Stumpf's Bistro

Quellenstraße 17, 6900 Bregenz, Tel./Fax: 05574/464 06
Küchenzeiten: Mo.–Sa. 11.30–13.30, 18–22.30.

Seit Karsten Stumpf – der unter anderem im „Deuring Schlössle" gelernt hat – die einstige Straßenkneipe gepachtet hat, gibt es dort im schlichten Ambiente Linsenconsommé mit Hummer, Kokos-Zitronengras-Suppe mit Jakobsmuscheln, Bison-Entrecôte an Schwammerlsauce mit grünem Spargel und Thai-Glasnudelsalat mit halbem gegrillten Hummer. Olga Stumpf ist Ukrainerin und daher gibt's auf der Speisenkarte auch mal kyrillische Lettern und ausgezeichneten Borschtsch. Und wer will, kann auch gleich ein ganzes russisches Abendmenü bestellen. Der momentane Stand der Dinge? Ausgesprochen gut und ein wenig bizarr.

Vinarium Austria

Belruptstraße 46, 6900 Bregenz, Tel.: 05574/421 00, Fax: Dw. 10,
office@vinariumaustria.at, vinariumaustria.at
Küchenzeiten: Di.–So. 11.30–14, 18–22 (Juli, August Mo. geöffnet). **Betriebsferien:** 31. 1.–14. 2. 2005. **Inhaber:** Franz Kainz, Erwin Klinglhuber, Gerald Mayer. **Küchenchef:** Martin Wehle. **Sommelière:** Elisabeth Seifert. **CC:** Diners, MC/EC, Visa. **Sitzplätze:** 80. **Garten:** 200. **Durchschnittspreis bei 3 Gängen:** € 21,–.

Das „erste Genussdepot Österreichs" hat viel zu bieten: Etwa einen Feinkostladen, in dem neben Wachauer Marillenmarmelade und Co. die gesamte Palette der Bregenzerwälder Käsestraße angeboten wird. Oder eine Vinothek, in der weit über 100 Spitzenweine aus Niederösterreich, dem Burgenland und der Steiermark angeboten werden, die man in der angeschlossenen Weinbar im Parterre auch gleich verkosten kann. Kulinarisches Herzstück des Hauses ist aber das modern designte Restaurant im ersten Stock, das sommers noch durch einen großen Gastgarten mit altem Baumbestand erweitert wird. Küchenchef Martin Wehle pflegt eine gehobene traditionelle Küche aus Österreich, in der Lumpensalat, Kässpätzle und Blunzngröstl den wohlschmeckenden Ton angeben. Das Getränkeangebot jenseits vom Wein ist ebenfalls sehr anregend: Neben wohl gezapftem Fohrenburger, edlen Destillaten von Büchele aus Hard und illy-Kaffee überzeugt insbesondere das tolle Apfelsaft-Sortiment. **Aus der Karte:** Roh mariniertes Rindsfilet mit Kräuterfülle und Parmesanspänen; Rehragout aus Waldviertler Jagd mit gerösteten Eierschwammerln, gebräuntem Serviettenknödel und Apfelrotkraut.

Zum Goldenen Hirschen

Kirchstraße 8, 6900 Bregenz, Tel./Fax: 05574/428 15
Küchenzeiten: Mi.–Mo. 10–23.30.

Der schöne, im Jahr 1861 gebaute Gasthof zählt zu den beliebtesten Adressen der Bregenzer Innenstadt. Kein Wunder, genießt doch das hier servierte deftige Kulinarium Kultstatus. Küchenchef Herbert Drobez ist nicht nur ein Meister in Sachen Knödel und Spätzle, auch sein zünftiger Fleischfundus ist ein Renner.

Vorarlberg

DORNBIRN | F1

Caruso

im Hotel Verwalter, Schloßgasse 1, 6850 Dornbirn, Tel.: 05572/233 79, Fax: Dw. 6, office@hotel-verwalter.at, www.hotel-verwalter.at
Küchenzeiten: Mo.–Sa. 11.30–13.45, 18–22.45. **Inhaber:** Enrico Caruso, Ingmar Alge. **Küchenchef:** Enrico Caruso. **Sommelier:** Toma Nikaij. **CC:** Diners, MC/EC, Visa. **Sitzplätze:** 70. **Terrasse:** 40. **Übernachtungsmöglichkeit.**

Vor etwas mehr als einem Jahr ist Caruso II im Hotel „Verwalter", einem alten, zentral gelegenen Rheintalhaus, eingezogen und hat im ersten Stock ein sehr stimmig und gemütlich eingerichtetes Ristorante eröffnet. Die nette Terrazza bietet neben mediterranem Flair auch einen reizvollen Rheintalblick. Schon am Eingang machen die auf Eis gelegten Fische in der Vitrine Appetit und auch der Blick in die offene Küche verheißt nur Gutes. Und man wird in keiner Weise enttäuscht. Der Küchenchef kocht unprätentiös und geradlinig und serviert seinen Gästen eine klassische italienische Küche. Die Antipasti, erfrischende Salate, die hausgemachten Teigwaren und nicht zuletzt auch die Variationen zu Fisch und Fleisch schmecken allesamt einfach fein. Die Weinkarte bietet in erster Linie edle Kreszenzen aus Sizilien. Übrigens: Pizza gibt's auch, auf einer kleinen Extra-Karte.

Faerber's

Färbergasse 15, 6850 Dornbirn, Tel.: 05572/39 84 00, Fax: 39 81 39, www.restaurant-faerbers.at
Küchenzeiten: Mo.–Sa. 17.30–22. **Inhaber/in:** Nadja Künzle, Nikolaus Lorenzin. **Küchenchef:** Peter Reis. **Sommelier:** Nikolaus Lorenzin. **CC:** MC/EC, Visa. **Sitzplätze:** 100. **Garten:** 80. **Durchschnittspreis bei 3 Gängen:** € 35,–.

Das nicht weit von der Innenstadt gelegene Areal der vor Jahren geschlossenen Textilwerke Rhomberg ist heute ein lebendiges Zentrum der Kultur und des Genießens. Küchenchef Peter Reis hat seine Küche gegenüber dem Vorjahr kaum verändert und holt sich Anleihen aus aller Welt, die er mit regionalen Akzenten spickt. Essig-Essenzen, fernöstliche Aromen, exotische Geschmäcker und nicht zuletzt natürlich Käsespezialitäten aus dem Ländle werden mit ziemlichem Geschick und recht harmonisch miteinander verbunden. Insgesamt hat die Karte des „Lokals in Dornbirn" jedoch etwas an Attraktivität eingebüßt. So manches, was vor einem Jahr noch stimmig war, wirkt heute etwas unrund. Die Weinkarte braucht sich nicht zu verstecken: Solche Opulenz findet sich in Vorarlberg eher selten. Etwa gleich gewichtet stehen Österreich und Italien nebeneinander, das glasweise Angebot hingegen bedarf dringend einer Erweiterung. **Aus der Karte:** Doradenfilet gebraten auf Fenchel-Paprika-Rahmgemüse und Thymiankartoffeln; Fernöstlich mariniertes Kalbsfiletplätzchen auf Tandoori-Lauchgemüse mit Krebsschwänzen und Zitronengras-Duftreis.

Vorarlberg

M moosbrugger & mairitsch

✱ | 62 | 🍷🍷 | NEU

Lustenauer Straße 64, 6850 Dornbirn, Tel.: 05572/21 03 96, Fax: Dw. 19,
info@m-dornbirn.at, www.m-dornbirn.at
Küchenzeiten: Mo.–Sa. 12–14, 18.30–22. **Inhaber:** Florian Mairitsch, Stefan Moosbrugger. **Küchenchef:** Florian Mairitsch. **Sommelier/ière:** Sabine Schwarzenbacher, Stefan Moosbrugger. **CC:** Diners, MC/EC, Visa. **Sitzplätze:** 65.
Garten: 50. **Durchschnittspreis bei 3 Gängen:** € 39,–.

Mhhh – mediterrane Küche, Mersburger Wein, Marillenschnaps – alles zu haben im „M". Das Konzept des jungen Teams im jungen Lokal wirkt noch etwas brüchig, zumindest was die Speisenkarte angeht. Man gibt sich italophil, letztlich wirkt manches aber eher belanglos. Das ist zumindest der Eindruck, den wir kurz nach Eröffnung des „M" mitbekamen. Mittlerweile kann sich die Sache ja schon ganz anders darstellen. Professionell und sehr freundlich dagegen der Service, ebenso gelungen die Weinkarte. Das Haus selbst ist nicht ganz leicht zu finden, obwohl groß und auffällig an der Lustenauer Straße platziert. **Aus der Karte:** Scheibe von der Entenleber mit Pfirsich und Brioche; Gebratener Wolfsbarsch auf Artischocken, Tomaten und Rosmarin; Rehschlögel mit Preiselbeeren, Birnencrêpe und weißer Pfeffersauce; Himbeertörtchen auf Joghurt-Limetten-Creme.

Rose

✱ | 57

Hatlerstraße 31, 6850 Dornbirn, Tel.: 05572/224 61, Fax: Dw. 44, www.rose.co.at
Küchenzeiten: Mo.–Sa. 11.30–14, 17.30–22, So. 11.30–16. **Betriebsferien:** 24. 12. 2004–6. 1. 2005. **Inhaber/Küchenchef:** Josef Spiegel. **Sommelier:** Raffaele Zacchariello. **CC:** MC/EC, Visa. **Sitzplätze:** 150. **Garten:** 45. **Durchschnittspreis bei 3 Gängen:** € 28,–. **Übernachtungsmöglichkeit.**

Obwohl man es ihr nicht mehr ansieht, gehört die „Rose" zu Dornbirns Traditionshäusern und befindet sich schon weit über 100 Jahre im Besitz der Familie Spiegel. Josef Spiegel, der derzeitige Patron, ist Wirt und Koch zugleich und pflegt eine eigenwillige Küchenlinie, die gleichermaßen spannend Eigenständiges wie auch altbekannt Banales inkludiert. „Ich will das normale Gasthaus pflegen, aber auch zeigen, was ich kann", meint dementsprechend der Küchenchef, der den Feinschmecker ebenso einkochen will wie die Alltagsgäste. Spiegel verfolgt mehr noch als früher einen leichten und schnörkellosen Stil und verzichtet zugunsten der Geschmacksintensität und Harmonie auf jeglichen unnötigen Deko-Ballast. Eine wunderbare Ergänzung ist der Sommelier Raffaele Zacchariello, der die Weinkarte neu zusammengestellt hat: Neben einem ordentlichen Überblick über Österreichs Winzerszene freuen vor allem die Weine aus dem Piemont und der Toskana bzw. auch aus weniger bekannten italienischen Weinbauregionen wie Apulien. **Aus der Karte:** Lauwarm marinierte Kalbshaxe mit Steinpilz-Vinaigrette; Lachssteak in Kartoffelkruste auf Blattspinat; Schweinsmedaillons mit Pfifferlingen an Rahmsauce mit Spätzle.

Vorarlberg

Rotes Haus

 **NEU**

Marktplatz 13, 6850 Dornbirn, Tel.: 05572/315 55, Fax: 316 25, www.vol.at/roteshaus
Küchenzeiten: Di.–Sa. 11–13.45, 18–21.45. **Betriebsferien:** 24. 12. 2004–5. 1. 2005.
Inhaberin/Sommelière: Alexandra Maurer. **Küchenchef:** Bernd Fabian. **CC:** Amex,
Diners, MC/EC, Visa. **Sitzplätze:** 100. **Garten:** 70.
Durchschnittspreis bei 3 Gängen: € 42,–.

Das romantische Rheintalhaus stammt aus dem Jahr 1639 und fehlt dank seiner wunderbar erhaltenen Bausubstanz in keinem Reiseführer. Die Atmosphäre ist besonders heimelig, die Governmenträume sind klein und niedrig, haben kleine Fenster und sind mit antiken Gegenständen dekoriert. Mit dem neuen Küchenchef Bernd Fabian, zuletzt im „Trofana Royal" in Ischgl tätig, hat das „Rote Haus" den besten Koch geangelt, den dieser Betrieb je hatte. Seine Küche ist geradlinig, gleichzeitig phantasievoll, geschmacksorientiert und harmonisch. Der nicht unbekannten mediterran-fernöstlich-regionalen Geschmackswelt ringt er nicht selten mit kreativen Ideen neue Facetten ab. Die Weinkarte ist gefällig und übersichtlich gestaltet. Die Weißweine beschränken sich auf Österreich, während die Rotweine aus Österreich, Italien, Frankreich und Übersee stammen. Feine regionale und internationale Digestifs runden das Programm ab. **Aus der Karte:** Gebratene Gambas auf zweierlei Tomatenmousse in Safrangelee; Rehlende, im Strudelteig gebacken, auf Kartoffelpüree und Brokkoli.

Schwende Stüble

im Gesundheitszentrum Rickatschwende, Bödelestraße, 6850 Dornbirn, Tel.: 05572/253 50, Fax: Dw. 70, office@rickatschwende.com, www.rickatschwende.com
Küchenzeiten: Di.–Sa. 12–14, 18–21.30, So. 12–14. **Betriebsferien:** 6.–31. 12. 2004.
Inhaber: Heinz Hämmerle. **Küchenchef:** Bernd Moosmann. **Sommelier:** Markus Mathis. **CC:** MC/EC, Visa. **Sitzplätze:** 45. **Terrasse:** 40. **Durchschnittspreis bei 3 Gängen:** € 39,–. **Übernachtungsmöglichkeit.**

Der etwas oberhalb von Dornbirn liegende ehemalige Gasthof beherbergt mit dem „Schwende Stüble" auch ein veritables Feinschmeckerparadies. Bei passender Witterung kann man auf der Terrasse Platz nehmen. Doch auch aus dem eher sehr modern gehaltenen Speisesaal bietet sich ein einzigartiger Blick auf die beinahe unberührte Landschaft. Ein wenig befremdet hat es uns, dass Gäste in Badekleidung aus dem angrenzenden Kurbad durch den Speisesaal wandelten. Die Speisekarte offeriert regionale Rohstoffe wie Wild aus dem Bregenzerwald, Felchen aus dem nahen Bodensee in absoluter Topqualität und in tadelloser Frische. Die servierten Gerichte sind voller Charme und Poesie, harmonisch, leicht und duftig, frische Kräuter kommen reichlich zum Einsatz. Eine konstant gute Küche. **Aus der Karte:** Im Ganzen gebratenes Stubenküken an Balsamico-Chili-Jus auf Peperonata-Gemüse und Basmati-Koriander-Reis; Erdbeervariation à la „Don Camillo" mit Waldmeistersorbet.

Vorarlberg

Sinohaus

Marktstraße 21/23, 6850 Dornbirn, Tel./Fax: 05572/203 90
Küchenzeiten: 11.30–14, 18–22. **Inhaber/Küchenchef/Sommelier:**
Jin Loh. **CC:** MC/EC, Visa. **Sitzplätze:** 60. **Terrasse:** 25.

Der Name verweist auf ein Haus mit chinesischer Tradition und Küche. Das ist insofern „irreführend", als südostasiatische Küche im weitesten Sinne angeboten wird und die wahre Attraktion des Hauses eine unerhört umfangreiche Auswahl speziell österreichischer und französischer Weine ist. Überhaupt ist hier vieles anders als beim sprichwörtlichen Chinesen ums Eck – helles Ambiente und schön gedeckte Tische statt goldener Löwen und billiger Blechgabeln. Entsprechend ausgewählt sind auch Zutaten und Zubereitung. „Glutamat", so versichert uns die nette Kellnerin, „wird bei uns nie verwendet." Der Aufwand an Geschirr und Rechauds bringt sogar die ausreichend großen Tische in Bedrängnis. Solche Vielfalt und Differenzierung würde man sich schließlich auch beim Geschmack der Speisen erwarten, was vorläufig nur bedingt der Fall ist. Trotzdem ist das „Chef's Special" mit bemerkenswerter Weinbegleitung ein heißer Ankosttipp. **Aus der Karte:** Asam Laksa Suppe (Leicht pikante Kokos-Curry-Suppe mit Gemüse und Reisnudeln); Ananas Bowl (Früchte mit Eis, serviert in einer Ananaskrone).

EICHENBERG | F1

Schönblick

Dorf 6, 6911 Eichenberg, Tel.: 05574/459 65, Fax: Dw. 7,
hotel.schoenblick@schoenblick.at, www.schoenblick.at B☻G
Küchenzeiten: Di. 18–21.45, Mi.–So. 11.30–13.45, 18–21.45. **Betriebsferien:** 10. 11.–15. 12. 2004, 7. 1.–15. 2. 2005. **Inhaber/in:** Monika und Karlheinz Hehle. **Küchenchefs:** Karlheinz Hehle, Michael Pawlitschko. **Sommeliers:** Manfred Stemer, Viktor Dusevic. **CC:** MC/EC, Visa. **Sitzplätze:** 95. **Terrasse:** 90. **Durchschnittspreis bei 3 Gängen:** € 36,–. **Übernachtungsmöglichkeit.**

Wie eine Trutzburg bewacht das „Schönblick" den Eingang zum kleinen Bergort Eichenberg am Pfänderhang. Beim Griff zur Speisenkarte beginnt aber die gute Stimmung Form anzunehmen. Da findet man Kreationen, die nicht nur pfiffig klingen, sondern auch mächtig Gusto machen und die so gegebenen Versprechen auch einlösen. Herzhaft, regional und doch phantasievoll wird hier gekocht. „A Brennsuppa fascht wia fruahar" – eine Wonne, hier zu speisen. Und dazu passt natürlich, dass man alle heimischen (Bio)Lieferanten adrett auflistet. Die Weine kommen aus der Bodenseeregion, aus Österreich und dem önologisch eher unbekannten Italien (Apulien, Molise). Die tolle Destillatauswahl aus der Region krönt die tolle Performance. **Aus der Karte:** Medaillons vom Kalbsfilet mit Frischkäse-Bärlauch-Pesto überschmolzen, dazu Dinkelspätzle und buntes Schmorgemüse; Crème brûlée und Erdbeer-Amaretto-Parfait in Nuss-Nougat-Sauce.

Vorarlberg

FELDKIRCH | G1 **ÖBB**

Größenwahn

Gymnasiumgasse 4, 6800 Feldkirch, Tel.: 0650/720 47 33, Fax: Dw. 2
Küchenzeiten: Di.–So. 9–22.
„Bei Ralf ist jeder Tag eine Überraschung, Chaos de Luxe, aber verlässlich in Qualität und Tempo. Essen, trinken, abhängen und aufgeigen."
Empfohlen von Marga Swoboda, Kronen Zeitung

GARGELLEN IM MONTAFON | H2

Heimspitze

6787 Gargellen im Montafon 53, Tel.: 05557/63 19, Fax: Dw. 20, www.heimspitze.com
Küchenzeiten: Di.–So. 18.30–21. **Betriebsferien:** Anfang Oktober bis Mitte Dezember 2004, Mitte April bis Ende Juni 2005. **Inhaber:** Familie Thöny. **Küchenchef:** Michael Stricker. **Sommelière:** Alexandra Rudigier. **CC:** MC/EC, Visa. **Sitzplätze:** 40. **Garten:** 60. **Durchschnittspreis bei 3 Gängen:** € 38,–.
Übernachtungsmöglichkeit.

Serviert wird in einer urgemütlichen Montafoner Stube. Dass man hier herzlich willkommen ist, merkt man aber auch daran, dass man mit einer Tischkarte in Herzform namentlich begrüßt wird. Das über Jahrzehnte hohe Qualitätsniveau der Küche wird auch unter dem neuen Chefkoch Michael Stricker fortgeführt, wenn nicht gar gesteigert. Die Grundtendenz der Küchenlinie ist traditionell, kreative Elemente werden über die Beilagen harmonisch eingebracht. Eine Besonderheit des Hauses ist das selbst gebackene Brot, das mit drei Aufstrichen warm serviert und dem „Tischherrrn" zum Aufschneiden übergeben wird. Vom Amuse-Gueule (Sandwich vom Ländlekalb) bis zu den Petits Fours ein Genuss. Die Weinkarte ist umfangreich – Österreich und das Ausland sind gleichermaßen mit edlen Weinen vertreten. **Aus der Karte:** Steak vom Ländleschwein auf Stöcklkraut und Dijon-Senf-Nüdele; Crème au caramel mit Weichselkompott.

Vorarlberg

GASCHURN | H2

Fässle

 69

im Sporthotel Silvretta Nova, 6793 Gaschurn 11b, Tel.: 05558/88 88, Fax: 82 67, sporthotel@silvrettanova.at, www.sporthotelsilvrettanova.at
Küchenzeiten: 12–13.30, 19–21. **Inhaber:** Silvretta Nova AG. **Küchenchef:** Torsten Kappei. **CC:** Diners, MC/EC, Visa. **Sitzplätze:** 40. **Terrasse:** 60. **Durchschnittspreis bei 3 Gängen:** € 31,–. **Übernachtungsmöglichkeit.**

Rein durchs Fässle direkt ins Vergnügen. Schmiedeeiserne Reben, venezianische Glaslampen, eine Geweihlampe und vieles mehr an dekorativen Erstaunlichkeiten schaffen eine besondere, gemütliche Atmosphäre. Torsten Kappei ist sicher einer der besten Köche im Hochmontafon. Regionales überwiegt, aber Torsten Kappei wäre kein kreativer Koch, würde er nicht kulinarische Akzente aus aller Welt gefühlvoll einbauen. Außergewöhnliche Harmonie der Aromen, perfekte Garpunkte, erbauliche Präsentation und die Verwendung hauptsächlich regionaler Produkte bester Qualität sind die Eckdaten dieser sympathischen Küche. Die Weinkarte ist qualitativ wie quantitativ hervorragend bestückt. Feines aus Österreich wird durch nicht weniger Feines aus aller Welt ergänzt. **Aus der Karte:** Glacierte Entenbrust mit Pistazien-Apfel-Sauce, Rotkraut und Schupfnudeln; Schokolade-Portwein-Mousse mit Kernobst-Kompott.

HITTISAU | F2

Das Schiff

 77

Heideggen 311, 6952 Hittisau, Tel.: 05513/62 20, Fax: Dw. 19, www.schiff-hittisau.com
Küchenzeiten: Di.–Sa. 11.30–14, 17.30–21.30, So. 11.30–14. **Inhaberin/Küchenchefin:** Erna Metzler. **Sommelier:** Ignaz Pieler. **CC:** MC/EC, Visa.
Sitzplätze: 60. **Terrasse:** 30. **Übernachtungsmöglichkeit.**

Eines der schönsten und besterhaltenen Gasthäuser des Bregenzerwaldes. Dem erwartungsfrohen Gast umfängt eine urtümliche Bregenzerwälder Wohnzimmeratmosphäre, die ihn bestens auf die zu erwartenden Genüsse einstimmt. Küchenchefin Erna Metzler, eine Autodidaktin reinsten Wassers, verblüfft immer wieder von Neuem mit ihren einfallsreichen Kreationen. Bis vor kurzem noch hat sie sich einer Küche verschworen, in der praktisch ausschließlich Produkte der Region verarbeitet wurden. Neuerdings werden auch internationale Nuancen elegant übernommen. Unverändert ist ihre Treue zu den Bauern der Umgebung, von denen sie den überwiegenden Teil ihrer Rohstoffe bezieht. Die Weinkarte hat sich in ein bemerkenswertes Kompendium mit Österreich-Schwerpunkt verwandelt. **Aus der Karte:** Gebratenes Zanderfilet mit Polenta und Bergkäse; Rücken von Lamm und Kalb, dazu Kartoffeltarte; Topfentörtchen mit Fruchtsauce.

Vorarlberg

Krone

Am Platz 185, 6952 Hittisau, Tel.: 05513/62 01, Fax: Dw. 16, www.krone-hittisau.at
Küchenzeiten: Fr.–Di. 11.30–14, 18–21. **Betriebsferien:** 2. 11.–11. 12. 2004, 4.–22. 4. 2005. **Inhaber:** Familie Natter. **Küchenchefin:** Wilma Natter. **CC:** Amex, Diners, MC/EC, Visa. **Sitzplätze:** 80. **Terrasse:** 24. **Durchschnittspreis bei 3 Gängen:** € 28,–. **Übernachtungsmöglichkeit.**

Hittisau ist allein wegen der Pfarrkirche einen Besuch wert – nicht nur, dass man hier ganze dreizehn Apostel verewigt hat, im Deckengemälde „Zug der Verdammten" kann man auch Premierminister Winston Churchill erkennen. Gleich gegenüber der Pfarrkirche lockt die „Krone" mit ihrer schönen holzgetäfelten Wälder-Stube mit Herrgottswinkel zu ganz weltlichen Genüssen, auf deren Zubereitung sich Wilma Natter vortrefflich versteht. Eine mehr oder weniger unverfälschte Ländleküche wird da zur Gaumenfreude der Gäste aufgetischt. Und nicht zuletzt, weil man sich in erster Linie auf regionale Lieferanten verlässt, entsteht eine rundum stimmige und erstklassige Traditionsküche. Die Weinkarte bietet neben einigen Flaschen aus Italien, Spanien und Übersee in erster Linie Feines aus heimischem Weinbau. **Aus der Karte:** Maishendlbrust, mit Rosmarin gebraten, auf Risotto mit Zuckerschoten; Grießknödele in Butterbrösel auf Erdbeersauce.

KRUMBACH | F2

's Schulhus

Glatzegg 58, 6942 Krumbach, Tel.: 05513/83 89, Fax: 87 15, www.schulhus.com
Küchenzeiten: Mi.–So. 11.30–14, 18–21.30. **Inhaber/in:** Gabi und Herbert Strahammer. **Küchenchefin:** Gabi Strahammer. **Sommelier:** Herbert Strahammer. **Sitzplätze:** 50. **Terrasse:** 30. **Durchschnittspreis bei 3 Gängen:** € 33,–.

Das ehemalige Schulhaus wurde vor zehn Jahren von Gabi und Herbert Strahammer seiner neuen und gleichermaßen gastlichen wie köstlichen Bestimmung übergeben und da gratulieren wir natürlich ganz herzlich zum Jubiläum. Das Innere wurde mit viel Geschmack elegant eingerichtet, ohne aber auf das gemütliche und heimelige Flair zu vergessen. Man speist im ehemaligen Turnsaal und genießt nicht nur den schönen Ausblick in Richtung Langenegg, sondern in erster Linie die köstlichen Kreationen der ehemaligen Koch-Olympiasiegerin Gabi Strahammer. Regionale Kost wird von ihr mit Phantasie und Esprit mit einem sanften südländischen Hauch verfeinert und wunderschön angerichtet. Besonderes Augenmerk wird auch auf das Weinangebot gelegt. Patron und Sommelier Herbert Strahammer kann auf eine reizvolle Sammlung sehr guter österreichischer Weine zurückgreifen. Auch rare Sorten wie Sämling oder Roter Veltliner kommen dabei zum Zug. Für den hochprozentigen Part sorgen primär Vorarlberger Brenner. **Aus der Karte:** Perlhuhnbrüstchen mit frischen Pfifferlingen und gebratenen Knödelscheiben; Walnussparfait mit Karamellsauce.

Vorarlberg

LAUTERACH | F1 ÖBB

Guth

★★★ 82

Wälderstraße 10, 6923 Lauterach, Tel.: 05574/724 70, Fax: Dw. 6, www.restaurantguth.at
Küchenzeiten: Mo.–Fr. 11.30–14, 18–23 (Festspielzeit, Dezember auch Sa. 18–23).
Betriebsferien: 23. 8.–12. 9. 2004, 1.–9. 1. 2005. **Inhaber/Küchenchef:** Thomas Scheucher.
Sommelières: Daniela Müller, Renate Hoffmann. **CC:** MC/EC, Visa.
Sitzplätze: 80. **Garten:** 40. **Durchschnittspreis bei 3 Gängen:** € 40,–.

„Hisst die Gaumensegel, lichtet die Anker und lasst die Gedanken treiben, bis der Horizont in Weinrot versinkt ..." Nun gut, so einem Motto kann man ja nicht widerstehen, schon gar nicht an einer dermaßen hinreißenden Örtlichkeit wie dem „Guth". Das vor etwas mehr als einem Jahr ausnehmend geschmackvoll und benutzerfreundlich umgebaute Haus mit seinen gemütlichen himbeerfarbenen Fauteuils und dem schönen Ausblick in den parkähnlichen Garten ist ein Hort der besonderen Genüsse. Thomas Scheucher, der im „Tantris" und im Vaduzer „Real" seine ersten Erfahrungen mit großer Kochkunst machen durfte, ist längst selbst ein Meister seines Fachs. Eine im weitesten Sinne regionale Küche, die aber auch kulinarische Fremdgänge keineswegs scheut, so lange sie dem guten Geschmack dienlich sind, wird hier zelebriert. Höchstes Niveau seit Jahren, sowohl in Sachen Handwerk wie auch in Sachen Produktwahl. **Aus der Karte:** Variation vom Tafelspitz mit steirischem Kernöl; Landhuhnbrustfilet mit Ofentomaten und Kohlrabigemüse aus eigenem Garten, Rosmarinkartoffeln.

LECH AM ARLBERG | G2

A la carte

★★★★ 91

im Hotel Arlberg, Tannberg 187, 6764 Lech am Arlberg, Tel.: 05583/21 34-0, Fax: Dw. 25, hotel-arlberg@lech.at, www.arlberghotel.at   BG
Küchenzeiten: Mi.–Mo. 12–14, 19–21.30. **Betriebsferien:** Oktober bis Anfang Dezember 2004, Mitte April bis September 2005. **Inhaber:** Hannes Schneider.
Küchenchef: Franz Riedler. **Sommelier:** Edwin Heider. **CC:** MC/EC, Visa. **Sitzplätze:** 40. **Garten:** 50. **Übernachtungsmöglichkeit.**

Kontinuität, Beständigkeit und Verlässlichkeit sind Begriffe, die dieses elegante Haus im mondänen Arlbergdorado Lech beschreiben. Küchenchef Franz Riedler ist kein Himmelsstürmer und schon gar keine Sternschnuppe. Die vier Sterne seiner Küche stehen felsenfest und wurden mit einer über Jahre konstant großartigen Küchenperformance erarbeitet. Abgesehen von einigen wenigen regionalen Einsprengseln – etwa Egli und Zander aus dem Bodensee – verfolgt man eine klassisch-internationale Linie mit zum Teil luxuriösen Rohstoffen. Perfekte Konsistenz, kreative Kombinationen, großes Küchenhandwerk und viel Geschmack bei der Präsentation stehen hier an der Tagesordnung. Die sehr schön illustrierte, weltweit nach Regionen gegliederte Weinkarte listet eine bemerkenswerte Palette erstklassiger Weine. Die erstklassige Destillatauswahl kann in einem solchen Haus vorausgesetzt werden. Der beste und aussichtsreichste Platz des Restaurants ist übrigens die Terrasse. **Aus der Karte:** Terrine von der Gänsestopfleber; Seeteufelspitzen im orientalischen Gemüsesud; Mastochsenfilet mit weißer Schalottensauce, frischem Marktgemüse und Erdäpfelroulade; Orangen-Joghurt-Mousse mit Blutorangensauce.

Brunnenhof

Strass 146, 6764 Lech am Arlberg, Tel.: 05583/23 49, Fax: Dw. 59, info@brunnenhof.com, www.brunnenhof.com
Küchenzeiten: Di.–Sa. 18.45–21.30. **Betriebsferien:** April bis September 2005. **Inhaberin:** Angelika Thaler. **Küchenchef:** Bernhard Hochkogler. **Sommelier:** Gerald Gruber. **CC:** Amex, Diners, MC/EC, Visa. **Sitzplätze:** 40. **Durchschnittspreis bei 3 Gängen:** € 55,–. **Übernachtungsmöglichkeit.**

In Distanz eines kleinen Verdauungsspazierganges vom Lecher Zentrum entfernt, liegt der „Brunnenhof" gerade so, dass man Appetit hat, wenn man ankommt, und sich das Gegessene wohlig gesetzt hat, wenn man wieder zurück im Zentrum ist. Diesen Weg beschreiten offenbar viele Gourmets, denn der „Brunnenhof" gehört zu den beliebtesten Lokalen in Lech. Die Atmosphäre ist auch anziehend: ein überschaubares Restaurant mit Nischen und Ecken, nett arrangiert und dezent beleuchtet. Die Betreuung erfolgt sehr aufmerksam und persönlich. Während wir aber von der Weinbegleitung durchaus angetan waren, tun wir uns schwer mit der immer wieder schwankenden Küchenleistung im „Brunnenhof". Nicht zuletzt aufgrund der häufigen Küchenchefwechsel findet sie seit längerer Zeit schon nicht jenen Tritt, den sie immer wieder verspricht. Daran ändert die nette Umgebung ebensowenig wie die aufwändigen Zutaten. Wir hoffen auf Konsolidierung. **Aus der Karte:** Tafelspitzsuppe mit Spinatteigtaschen und Gemüse; Kalbsfilet im Kräutercrêpe auf kleinem Gemüseallerlei; Lauwarmer Schokoladenauflauf mit Rhabarber und Buttermilch.

LAVAZZA

Vorarlberg

Burg-Hotel

 **82**

Oberlech 266, 6764 Lech am Arlberg, Tel.: 05583/22 91-0, Fax: Dw. 120, www.burghotel.at
Küchenzeiten: 11.30–21.30. **Betriebsferien:** Oktober, November 2004, Mai, Juni 2005. **Inhaber:** Familie Lucian. **Küchenchef:** Thorsten Kissau. **Sommelier:** Hermann Lankmaier. **CC:** Amex, Diners, MC/EC, Visa. **Sitzplätze:** 50. **Terrasse:** 100. **Durchschnittspreis bei 3 Gängen:** € 50,–.
Übernachtungsmöglichkeit.

In traumhafter Lage mit prächtigem Bergpanorama ist das „Burg-Hotel" sommers wie winters einer der Top Spots von Oberlech. Tagsüber lockt die Sonnenterrasse, nachts die Eisbar, Feinspitze hingegen zieht's in die „Lechtaler Stube", in der der neue Küchenchef Thorsten Kissau groß aufkocht. Spielend schließt er an das Niveau seines Vorgängers an und serviert eine internationale Haute Cuisine, die mit kreativen Elementen und harmonischen Kombinationen eine sehr persönliche Note verpasst bekommt. Verarbeitet werden ausschließlich beste Produkte von Gänseleber über diverse Edelkrustentiere, Stör und Wildlachs bis hin zur Passionsfrucht. Die unter der „Oberhoheit" von Gerhard Lucian zusammengestellte Weinkarte bietet ein Who's who des Weinbaus. Auch alte Jahrgänge sind lagernd. Die Digestif-Karte ist umfangreich und hochwertig. **Aus der Karte:** Muscheleintopf mit sautierten Flusskrebsen und Estragonöl; Das Beste von der Bresser Poularde mit gebratenen Parmesangnocchi
und Estragon-Barolo-Jus. **LAVAZZA**

Fux

 **71**

Omesberg 587, 6764 Lech am Arlberg, Tel.: 05583/29 92, Fax: Dw. 8,
fux@fux-mi.net, www.fux-mi.net
Küchenzeiten: 18–22. **Betriebsferien:** Oktober 2004. **Inhaber/in:** Martina und Peter Strolz. **Küchenchef:** Peter Brandner. **Sommelier:** Peter Laurent Strolz. **CC:** MC/EC, Visa. **Sitzplätze:** 80. **Durchschnittspreis
bei 3 Gängen:** € 39,–.

Hat sich das „Fux" bisher auf der Suche nach sich selbst von durchaus verschiedenen Seiten gezeigt, so konnte man jedenfalls mit gewisser Sicherheit davon ausgehen, dass eine übertrieben finessenreiche Küche nicht zum „Fux"-Repertoire gehört. Das scheint sich nun geändert zu haben, was umso erfreulicher ist, als das „Fux" doch eine relativ singuläre Alternative zur sonstigen Lecher Gastronomie ist. Bei unserem letzten Besuch waren wir jedenfalls überrascht von der netten Art des Anrichtens, von knackigem Wokgemüse, von nicht immer den gleichen Standardsaucen etc. Tolle Weinauswahl, die vom Hausherrn entsprechend engagiert vertreten wird. Nach wie vor großartig das modern designte Ambiente, das für Lech einen ganz wichtigen kosmopolitischen Farbtupfen darstellt. **Aus der Karte:** Hühnerfilet in Hoisin-Duft, gefüllt mit Shiitake-Kokos auf Yamsrisotto und Thaispargel; Carpaccio von der Ananas auf Minzzucker mit Mandarinsorbet.

Vorarlberg

Johannisstübli

★ | 64 | 🍷🍷 | 🍷

im Hotel Goldener Berg, Oberlech 117, 6764 Lech am Arlberg, Tel.: 05583/22 05,
Fax: 25 05 13, info@goldenerberg.at, www.goldenerberg.at
Küchenzeiten: 12–14.30, 19–21.30. **Inhaber:** Familie Pfefferkorn. **Küchenchef:** Herbert Stetter. **Sommelier:** Erwin Schurtl. **CC:** MC/EC, Visa. **Sitzplätze:** 46.
Durchschnittspreis bei 3 Gängen: € 48,–. **Übernachtungsmöglichkeit.**

Schifreaks sind hier am Ziel ihrer Träume angekommen, aber auch sommerliche Wellnessurlauber finden im Goldenen Berg Ruhe und Entspannung. Feinschmecker hingegen können sich seit dieser Saison über ein Gourmeteck auf der Sonnenterrasse freuen. Wenn das Wetter nicht ganz so freundlich ist, kann man in der schönen Walser-Stube Platz nehmen. Die Küchenlinie ist auch unter dem neuen Chefkoch Herbert Stetter international ausgerichtet. Der unbedingte Anspruch auf Kreativität und Noblesse führt zwar meistens zu sehr ansprechenden Ergebnissen, manchmal befinden sich Anspruch und Können aber nicht unbedingt in einem harmonischen Gleichgewicht. Die Weinkarte ist hervorragend mit österreichischen und internationalen Weinen bestückt. Besonders herausragend ist das Angebot an Jubiläumsweinen, Raritäten bis zurück ins Jahr 1949 werden da aufgelistet. **Aus der Karte:** Crispy-Crunchy-Ravioli vom Kalbskopf und Hummer; Rosa gebratener Hirschrücken, im Heu gegart, auf glacierten Kohlsprossen und gesalzenem Walnussschmarrn.

Kronen-Stube

★★★ | 78 | 🍷 | 🍷

6764 Lech am Arlberg 13, Tel.: 05583/25 51, Fax: Dw. 81,
email@romantikhotelkrone-lech.at, www.romantikhotelkrone-lech.at   B☺G
Küchenzeiten: 12–14, 19–21.30. **Betriebsferien:** Oktober, November 2004, Mai, Juni, ab Mitte September 2005. **Inhaber:** Paul Pfefferkorn. **Küchenchef:** Reinhold Thalhammer. **Sommeliers/ière:** Gerlinde Thalhammer, Wilhelm Hirsch, Andreas Traxler. **CC:** MC/EC, Visa. **Sitzplätze:** 65. **Garten:** 20. **Durchschnittspreis bei 3 Gängen:** € 45,–. **Übernachtungsmöglichkeit.**

Die „Krone" hat sich zu einer der besten Arlberger Adressen gemausert, wenn es um Topküche geht. Das Niveau hat sich im Vergleich zum Vorjahr noch gesteigert, die Konzeption der Gerichte ist noch besser in sich geschlossen, optimale Garpunkte sind kein Thema mehr. Die Auswahl ist auch nicht so stereotyp auf Exquisites getrimmt wie vielfach anderswo. Der gute Service zählt zu den sehr positiven Eigenschaften der „Krone". Man wird ausgesprochen freundlich bedient, das Einstellen läuft wie am Schnürchen, dem Gast wird jeder Sonderwunsch erfüllt. Sei noch, wie stets, darauf hingewiesen, dass das Haus mit Willi Hirsch über einen der engagiertesten Sommeliers verfügt. Der Gast hat die Wahl, in der gemütlichen Stube zu sitzen, im Nichtraucherzimmer oder im Saal. **Aus der Karte:** Bärlauch-Tomaten-Törtchen mit Frischkäse, Gedämpftes Rotbarben-Mango-Röllchen auf Limetten-Tagliolini und Kokosschaum.

Vorarlberg

Murmeli

Oberlech 297, 6764 Lech am Arlberg, Tel.: 05583/24 67, Fax: Dw. 4,
hotel-murmeli@aon.at, www.members.at/hotel-murmeli
Küchenzeiten: 12–14.30. **Betriebsferien:** Anfang Mai bis Ende November 2005.
Inhaber: Hotel Murmeli Betriebs GesmbH. **Küchenchef:** Wolfgang Strauss. **Sommelière:** Annemarie Strauss. **CC:** MC/EC, Visa. **Sitzplätze:** 40.
Terrasse: 40. **Übernachtungsmöglichkeit.**

Im sonnigen autofreien Oberlech liegt ein wenig abseits das Hotel „Murmeli", mit sehr wenigen alpinen Versatzstücken dekoriert, modern und sachlich gestaltet. Der Speisesaal bietet von allen Plätzen einen wunderschönen Ausblick auf den Rüfikopf und aufs restliche Bergpanorama. Die Betreuung der Gäste erfolgt durch die Chefin des Hauses, sie empfängt, berät und betreut die Gäste, findet für jeden passende Worte, serviert Speisen und Getränke, ein wahrlich volles Programm. Mittags bietet die Karte dem hungrigen Schifahrer eine kleine, aber feine Auswahl von eher in Richtung Hausmannskost orientierten Gerichten, abends wird es dann aufwändiger und kreativer. Eine sichere Hand bei der Garung und der gelungenen harmonischen Abstimmung der einzelnen Gerichte zeigt, dass hier mit Verstand und großer Handwerkskunst sehr ordentlich und solide gekocht wird. Auf überflüssiges Beiwerk wird ebenso verzichtet wie auf kreative Experimente. **Aus der Karte:** Bärlauchrostbraten mit mitgebratenen Kartoffeln; Murmelis Schmankerlparfait mit karamellisierten Nüssen und Kernen auf Rhabarberragout.

Post

Dorf 11, 6764 Lech am Arlberg, Tel.: 05583/22 06-0, Fax: Dw. 23, www.postlech.com
Küchenzeiten: 12–14, 19–21. **Betriebsferien:** 1. 10.–2. 12. 2004, Ende April bis Ende Juni 2005. **Inhaber:** Familie Moosbrugger. **Küchenchef:** Christian Gölles. **Sommelier:** Gernot Ramsebner. **CC:** Amex, MC/EC, Visa. **Sitzplätze:** 45. **Terrasse:** 110. **Durchschnittspreis bei 3 Gängen:** € 61,–.
Übernachtungsmöglichkeit.

Alles bleibt gleich. Die alte Nichtraucherstube – die Raucher dürfen derweil das frischere Holz der jüngeren Stube patinieren – ist seit Jahren unverändert, auf dem Kachelofen schaut das kleine, ausgestopfte Bambi in die Luft wie eh und je, die Kellnerinnen umschwirren mit behender Beflissenheit die Gäste, ohne dass diese viel davon merken. Diese Form der Kunst beherrscht man in der „Post", das muss man ihr lassen. Und dem Herrn Gölles in der Küche muss man es ebenfalls lassen, dass er weiß, was er tut und dass das zum größten Vergnügen der Feinschmecker am Arlberg geschieht, mehr noch als in den anderen wetteifernden Häusern. Exemplarisch wollen wir auf zwei Gerichte verweisen, die wir in ihrer Art für bezeichnend halten und die uns hervorragend schmeckten: Warm geräuchertes Rotbarbenfilet mit Rahmerdäpfeln und Rucolafond; Ochsenschwanzravioli mit schwarzer Trüffel und Petersilwurzel. Dass man hier glasweise die gesamte,

Vorarlberg

immer toller werdende Palette von Schloss Gobelsburg offen ausschenkt, ist ein weiteres Atout der „Post". Wir danken vielmals für die Performance. **Aus der Karte:** Stubenkükenkotelett, im Frühlingsrollenteig gebacken, auf Erdäpfel-Kresse-Püree; Rhabarbercreme mit Camparisorbet.

Rote Wand

Zug 5, 6764 Lech am Arlberg, Tel.: 05583/34 35 -0, Fax: Dw. 40, gasthof@rotewand.com, www.rotewand.com B𝒬G
Küchenzeiten: 12–14, 18–22. **Betriebsferien:** Oktober, November 2004, Mitte April bis September 2005. **Inhaber:** Josef Walch jun. **Küchenchef:** Peter Dengg. **CC:** MC/EC, Visa. **Sitzplätze:** 80. **Terrasse:** 30. **Durchschnittspreis bei 3 Gängen:** € 45,–. **Übernachtungsmöglichkeit.**

Manche Menschen essen hier, weil sie hier ihren Urlaub verbringen, andere, weil sie's vermutlich seit vielen Jahren gewohnt sind und das Haus wirklich einen guten Ruf hat. Andere essen gerne Fondue oder finden die Schlittenfahrt mit Pferden von Lech hierher romantisch. Nach einigen Jahren, in denen die „Rote Wand" etwas schwächelte, bemüht man sich jetzt wieder sehr um den Gast. Die Kellner sind sehr aufmerksam. Bei der Küche schwankt das Leistungsniveau leider nach wie vor. Und so kann man neben einem hervorragenden Steinbutt etwa Mohnknöderln serviert bekommen, die als Gericht nicht sehr stimmig sind und kümmerlich in sich zusammengefallen waren. **Aus der Karte:** Wolfsbarschfilet auf Artischocken mit Rucolasauce und Olivenrisotto; Gamsrücken auf Rhabarber und Pfeffer mit Topfenspätzle und Wirsing.

Walserstube

im Hotel Almhof Schneider, Tannberg 59, 6764 Lech am Arlberg, Tel.: 05583/35 00, Fax: Dw. 33, www.almhof.at
Küchenzeiten: 10–24. **Betriebsferien:** Oktober bis Anfang Dezember 2004, Ende April bis September 2005. **Inhaberin:** Hannelore Schneider. **Küchenchef:** Gerald Grieser. **Sommelier:** Markus Leiner. **CC:** Amex, Diners, MC/EC, Visa. **Terrasse:** 80. **Übernachtungsmöglichkeit.**

Das Hotel Almhof Schneider ist seit Jahren ein absolutes Top-Haus in Lech. Es liegt ein klein wenig abseits von der Hauptstraße am Hang in ruhiger Lage. Das Ambiente ist sehr einladend, gediegen, leicht rustikal, sehr gepflegt und liebevoll dekoriert. Die Küche des Restaurants zeigt sich seit langem von ihrer besten Seite, ja, es hat sogar eine langsame, aber stetige Verbesserung gegeben. Die Speisekarte präsentiert sich sehr ausgewogen und bietet einen wunderbaren Querschnitt durch das Repertoire der zeitgenössischen modernen Küche. Kreative Ideen werden gut eingebunden und nie als Selbstzweck in den Vordergrund gestellt. Neben internationalen Gerichten ist auch ein starker regionaler Einfluss

Vorarlberg

spürbar, wobei man es erstklassig versteht, die Eigengeschmäcker der einzelnen Komponenten zu erhalten und solcherart harmonische Meisterwerke zu komponieren. Die verwendeten Rohstoffe sind notabene von allerbester Qualität. Die Weinkarte ist sehr umfangreich, es wird kaum ein önologischer Wunsch unerfüllt bleiben. Die Besten der Besten geben sich hier ein Stelldichein.

Zur Kanne

im Hotel Montana, Oberlech 279, 6764 Lech am Arlberg, Tel.: 05583/24 60, Fax: Dw. 38, montanaoberlech@aon.at, www.montanaoberlech.com
Küchenzeiten: 11.–23. **Betriebsferien:** Oktober, November 2004, Mai bis September 2005. **Inhaber:** Familie Ortlieb. **Küchenchef:** Markus Primessnig. **Sommelier:** Michael Komenda. **CC:** MC/EC, Visa. **Sitzplätze:** 40. **Terrasse:** 200. **Durchschnittspreis bei 3 Gängen:** € 46,–. **Übernachtungsmöglichkeit.**

Das autofreie Oberlech gilt als Sonnenterrasse des Arlbergs, dementsprechend heiß begehrt sind die Plätze auf der Terrasse des Hotel Montana, von der man auch einen traumhaften Ausblick auf das Bergpanorama genießen kann. Traumhaft Schi fahren kann man hier natürlich auch. Im Sinne des aus dem Elsass stammenden Patrons Guy Ortlieb ist die Küchenlinie einerseits regional und andererseits international mit Schwerpunkt Elsass und Frankreich, wie man unschwer an Gerichten wie Strasbourger Gänseleberterrine oder Crêpes Suzette erkennen kann. Aber auch andere Luxusklassiker von der Seezunge über Hummer bis zum flambierten Pfeffersteak werden vom neuen Koch Markus Primessnig traditionell klassisch zubereitet, was wohl den meisten hier anwesenden Gaumen durchaus zupass kommt. Die Weinkarte ist bestens mit österreichischen und diversen internationalen Spitzenweinen bestückt, das Highlight bilden aber Weine aus dem Elsass, Burgund und Bordeaux. **Aus der Karte:** Gedämpftes Steinbuttfilet auf Kartoffel-Fenchel-Sockel, grüne Erbsensauce und Zupfkarotten; Gustostücke vom Salzwiesenlamm auf Bohnen und Linsen, Lavendelglace und knusprige Polenta.

Mangold

Pfänderstraße 3, 6911 Lochau, Tel.: 05574/424 31, Fax: Dw. 9, www.restaurant-mangold.at
Küchenzeiten: Di.–So. 12–14, 18–22. **Betriebsferien:** drei Wochen Ende Jänner bis Mitte Februar 2005. **Inhaber:** Michael Mangold. **Küchenchef:** Michael Schwarzenbacher. **Sommelières:** Maria Mangold, Andrea Schwarzenbacher. **CC:** MC/EC, Visa. **Sitzplätze:** 100. **Garten:** 40. **Durchschnittspreis bei 3 Gängen:** € 38,–.

Ein gepflegtes, einladendes Anwesen neben der Lochauer Kirche mit großem Parkplatz, auf dem sich schwere Karossen tummeln. Das „Mangold" ist ein

Vorarlberg

Klassiker der gehobenen Vorarlberger Gastronomie, und das seit Jahren. Viele Stammgäste aus dem Ländle und der nahe gelegenen deutschen Bodenseeregion zeugen davon. Die Palette der Gaststuben reicht von rustikalen Wälder-Stuben bis zum modernen hellen Wintergarten und dem gemütlichen Sommergarten. Seit Jahren hält das „Mangold" seine hohe Qualität und steht für genussvolles, nicht überzogenes, verlässlich gutes Essen. Die Küche ist regional orientiert, immer wieder überraschen dabei neue Nuancen und die feine Abstimmung bei ganz alltäglichen Speisen. Besonders interessant ist auch die Käsekarte im Filzmantel, mittels derer man sich seine persönliche Käsemischung zusammenstellen kann, ergänzt von Feigensenf, Nussbrot und anderen Gaumenkitzlern. Die Getränkekarte hält das Niveau der Speisenkarte.
Aus der Karte: Terrine vom Bregenzerwälder Kalb mit Entenleber und Spinatsalat; Gebratene Garnelen mit Bärlauch und eingewecktem Gemüse; Allgäuer Rindsfilet mit weißem Spargel und Safran-Orangen-Risotto; Sauerrahmschmarrn mit marmoriertem Erdbeersorbet.

RÖTHIS | G1   ÖBB

Torggel

Torkelweg 1, 6832 Röthis, Tel.: 05522/440 52, Fax: Dw. 4,
info@torggel.at, www.torggel.at
Küchenzeiten: Mo., Mi.–Sa. 12–13.45, 18–22.30, So., Fei. 12–22.30. **Inhaberin:** Gertraud Keckeis. **Küchenchef:** Christian Brunbauer. **Sommelier/ière:** Bianca Mangaud, Alexander Keckeis. **CC:** Amex, Diners, MC/EC, Visa. **Sitzplätze:** 100. **Garten:** 100. **Durchschnittspreis bei 3 Gängen:** € 36,–.
Übernachtungsmöglichkeit.

Gepflegtes wunderbares traditionelles Haus, das von einem ruhigen schattigen Garten umgeben ist. Drinnen erwarten den Gast liebevoll gestaltete Stuben. Der Empfang und auch die Betreuung entsprechen dem Stil des Hauses, sehr ordentlich, alemannisch korrekt und sehr bemüht, dem Gast einen schönen Abend zu bereiten. Wenn's Wetter passt, lässt sich der Abend auch unter den großen Kastanienbäumen verbringen. Die Speisenkarte ist an sich nicht allzu groß, doch sehr ausgewogen, es werden wirklich alle möglichen Kundenwünsche abgedeckt, von vegetarisch (da wird nicht das übliche Alibiangebot gemacht) über Fisch aus der Region, Wild etc. bis hin zu asiatischen Inspirationen ist alles zu finden, klein aber fein und gut überlegt. Die verwendeten Rohstoffe sind erstklassig, zahlreiche regionale Produkte kommen zum Einsatz. Bei der Zubereitung schlägt wieder die alemannische Gründlichkeit durch, sehr detailverliebt und stimmig bis ins Kleinste. Die Weinkarte gleicht einem Lehrbuch, sehr gut nach Sorten und Regionen gegliedert und sowohl in der Breite als auch in der Tiefe gut sortiert. **Aus der Karte:** Hummerschaumsuppe mit Pernodobers; Maishendlbrust mit Frühlingskräutern gefüllt auf Spargelrisotto und Morchelschaum; Champagner-Eis-Parfait mit glasierter Ananas.

Vorarlberg

SCHRUNS | G2

Edel-Weiß

im Löwen-Hotel, Silvrettastraße 8, 6780 Schruns, Tel.: 05556/71 41,
Fax: 735 53, info@loewen-hotel.com, www.loewen-hotel.com   B⊕G
Küchenzeiten: Mi.–So. 18–24. **Betriebsferien:** Mitte November bis Mitte Dezember 2004, Mitte April bis Mitte Mai 2005. **Inhaber:** Liebherr Austria Holding. **Küchenchef:** Rudolf Grabner. **Sommelier:** Stephan Fuchs. **CC:** Amex, Diners, MC/EC, Visa. **Sitzplätze:** 20. **Terrasse:** 30. **Durchschnittspreis bei 3 Gängen:** € 61,–. **Übernachtungsmöglichkeit.**

Das edel-weiße Restaurant zeichnet sich durch eine besonders angenehme und gemütliche Atmosphäre aus. Rudolf Grabner, der im Vorjahr die Kochagenden übernommen hat, scheint sich mittlerweile im „Edel-Weiß" etabliert zu haben und läuft kontinuierlich zu immer besserer Form auf. Seine Küchenlinie ist österreichisch-international ausgerichtet, wobei nur die allerbesten Produkte Verwendung finden. Grabners Kompositionen sind von außergewöhnlicher Harmonie und Kreativität, auch die optische Performance überzeugt. Die hohen Erwartungen der Gäste werden schon am Anfang durch eine Zweierserie von je drei Amuse-Gueules erfüllt. Das hohe Niveau, das damit vorgegeben ist, bleibt bis ins letzte Detail und bis zu der abschließenden Pyramide von Petits Fours mehr als erhalten – eine absolute Glanzleistung. Sommelier Stephan Fuchs kann auf eine schön zusammengestellte Weinkarte zurückgreifen. **Aus der Karte:** Knusprig gebratenes Zanderfilet auf Frühlingszwiebeln; Lammrücken in der Kräuterkruste auf sautiertem Frühlingsgemüse; Gebackene Holunderblüte mit Sorbet.

Montafoner Stube

im Löwen-Hotel, Silvrettastraße 8, 6780 Schruns, Tel.: 05556/71 41   B⊕G
Küchenzeiten: 11.30–14, 18–22. **Betriebsferien:** Mitte November bis Mitte Dezember 2004, Mitte April bis Mitte Mai 2005. **Inhaber:** Liebherr Austria Holding. **Küchenchef:** Rudolf Grabner. **Sommelier:** Stephan Fuchs. **CC:** Amex, Diners, MC/EC, Visa. **Sitzplätze:** 30. **Terrasse:** 30. **Durchschnittspreis bei 3 Gängen:** € 38,–. **Übernachtungsmöglichkeit.**

Der bürgerliche Zwilling des „Edel-Weiß" wird aus der gleichen Küche gespeist wie das noble Alter Ego, weswegen ein kulinarisches Niveau auf höchster Stufe auch hier gewährleistet ist. Serviert werden regionale bzw. klassisch-österreichische Gerichte, die sich aber alle dank des Grabner-Touches in köstlich mundende Kleinode verwandeln. Das Hauptaugenmerk gilt hier weniger dem kreativen Experiment als der Konzentration auf die erstklassigen Rohstoffe. **Aus der Karte:** Perlhuhnterrine mit Mangoconfit und Blattsalaten; Bodensee-Felchenfilet auf Basilikumrisotto mit frittierten Roten Rüben.

Vorarlberg

SCHWARZENBERG | F1

Adler

 76

Hof 15, 6867 Schwarzenberg, Tel.: 05512/29 66, Fax: Dw. 6, adler.schwarzenberg@aon.at
Küchenzeiten: Mi.–Sa. 11.30–13.45, 18–21.45, So. 11.30–20. **Betriebsferien:** Jänner 2005. **Inhaber:** Engelbert Kaufmann. **Küchenchef:** Gerd Haumerer. **Sommelière:** Helga Walch. **CC:** Diners, MC/EC, Visa. **Sitzplätze:** 80.
Garten: 60. **Durchschnittspreis bei 3 Gängen:** € 34,–.

Das „Restaurant mit zeitgemäß leichter Küche", so die Eigendefinition, ist ein Traditionshaus wie aus dem Bilderbuch. Seit hunderten Jahren steht das alte Wirtshaus am Dorfplatz und vermittelt seinen Gästen Gemütlichkeit pur. Engelbert Kaufmann war bis vor einem Jahr für die Küchenagenden verantwortlich, wobei er im Lauf der Jahre im Bregenzerwald einen Kultstatus erreicht hat. Nun hat Gerd Haumerer den Chefkochlöffel übernommen und führt das bewährte Kulinarium des Hausherrn weiter. Delikate regionale Kost gibt's da, nicht zuletzt pflegt man aber auch eine gehobene klassisch österreichische Küche mit Tafelspitz und Co. Und weil alles so gut schmeckt, kommen wir auch immer wieder gerne her. **Aus der Karte:** Glacierte Entenbrust mit Morchelsauce, sautiertem Chinakohl und Kartoffelknödele; Holunderblütenparfait auf Mangomark.

Alte Mühle

 62

Dorn 138, 6867 Schwarzenberg, Tel.: 05512/37 80, Fax: 261 13, marietta.wild@alte-muehle.cc, www.alte-muehle.cc
Küchenzeiten: Di. 17.30–21.30, Mi.–So. 11.30–13.45, 17.30–21.30. **Inhaberin/Sommelière:** Marietta Wild. **Küchenchefin:** Heide Ludwigs. **Sitzplätze:** 35. **Garten:** 40. **Übernachtungsmöglichkeit.**

Eine kleine, von einem behäbigen Kachelofen dominierte Gaststube in einem alten Mühlenhaus lockt in der kalten Jahreszeit, laue Nächte verbringt man im romantischen Garten. Hier ist alles stimmig, und das gilt wohlgemerkt auch für die Küche, in der natürlich einmal alles verarbeitet wird, was Wald, Wiese und Gewässer der Region zu bieten haben. Regionale Klassiker wie das Mostbröckle vom Hirsch schmecken denn auch allerfeinst. Aber auch der Blick in ferne Küchen wird gewagt, was im Allgemeinen ebenfalls zu feinen Ergebnissen führt. Alles schmeckt wie bei Mama und Oma, einfach delikat und beglückend. Hier kocht eine exzellente Köchin, die weiß, was ihren Gästen schmeckt. Die Weinkarte bietet nicht viel, aber was draufsteht, ist in Ordnung. Die Weine stammen zum überwiegenden Teil aus Österreich. **Aus der Karte:** Mousse von der geräucherten Bachforelle im Tomatengelee mit Forellenkaviar; Felchenfilet mit SoloFino Spargel und Petersilkartoffeln; Rosa gebratenes Schweinefilet mit Kräutern, Saisongemüse und Kartoffelgratin; Erdbeer-Joghurt-Törtchen mit Rhabarberkompott.

Vorarlberg

Hirschen

 77

Hof 14, 6867 Schwarzenberg, Tel.: 05512/29 44-0, Fax: Dw. 20, www.hirschenschwarzenberg.at
Küchenzeiten: Oktober bis Mai Fr.–Di. 12–14, 18–21, Do. 18–21, Juni bis September 12–14, 18–21.30. **Betriebsferien:** 27. 10.–2. 11. 2004. **Inhaber/Sommelier:** Franz Fetz. **Küchenchef:** Jochen Pölz. **CC:** Amex, Diners, MC/EC, Visa. **Sitzplätze:** 66. **Garten:** 60. **Durchschnittspreis bei 3 Gängen:** € 43,–.
Übernachtungsmöglichkeit.

Das Örtchen Schwarzenberg im Bregenzerwald hat einen denkmalgeschützten Dorfkern, und eines der schönsten Häuser in eben diesem ist der „Hirschen". Und das entpuppt sich als wahres Schatzkästchen: Holzstuben mit wunderbaren Kachelöfen, originale Fenster und Parkettböden, Bilder, antike Uhren. Wer sich nicht satt sehen kann, kann in einem der reizvollen Zimmer übernachten. Bemerkenswert ist auch, dass sich die Küchenleistung stetig verbessert. Noch feiner, noch raffinierter und noch inspirierter kocht sich Jochen Pölz durch ein spannendes Programm regional und international akzentuierter Rezepturen, die stets innovativ, nie aber affektiert daherkommen. Weinliebhaber können sich über eine kompetent zusammengestellte Karte freuen, auf der Österreich den Ton angibt. **Aus der Karte:** Variation vom Kitz und Milchlammkeule mit Kartoffelgratin, weißem Spargel und Estragonglace; Joghurttörtchen mit marinierten Erdbeeren und Mandelknusperteig.

ST. GALLENKIRCH | H2

Montafoner Stube

im Hotel Adler, Silvrettastraße 277, 6791 St. Gallenkirch, Tel.: 05557/620 60, Fax: 620 66, hotel@deradler.at, www.deradler.at
Küchenzeiten: Mi.–Mo. 12–14, 18.30–22. **Inhaber:** Alexander Boden. **Küchenchef:** André Omlor. **Sommelier/lière:** Julia Lindemann, Paul Irsigler. **CC:** MC/EC, Visa. **Sitzplätze:** 25. **Garten:** 24. **Durchschnittspreis bei 3 Gängen:** € 35,–.
Übernachtungsmöglichkeit.

Wie schon der Name erwarten lässt, befindet sich das Restaurant in einer Montafoner Stube, noch dazu der ältesten im Tal, aus dem Jahr 1806 stammend. Dass hier Käsknöpfli ganz formidabel schmecken, ist logisch, trotzdem sind in der Küche von André Omlor Traditionsgerichte dieser Art nur von marginaler Bedeutung. Weit bedeutsamer sind da mediterrane Speisen, die mit kreativen Elementen elegant aufgepeppt werden. Und da die Kombinationen durchaus harmonisch ausfallen und auch der Handwerksfaktor überzeugend ist, ergibt das in der Regel durchaus feine Kreationen, die auch optisch Freude machen. Der wohl gefüllte Weinkeller zeugt von Ambition, die geschickte Mischung von etablierten und unbekannten Winzern hingegen von Kompetenz. Liebhaber alter Jahrgänge werden in der Bordeaux-Abtei-

Vorarlberg

lung fündig. Die Destillate kommen zum einen aus Österreich, zum anderen überzeugt auch das Grappa- und Whiskyangebot. **Aus der Karte:** Mille feuille von mild geräuchertem Lachs und Weißkohl mit Kaviar; Seeteufel im Speckmantel auf Safransauce mit frittierten Selleriestreifen; Rosa gebratenes Kalbsfilet auf Thunfischcarpaccio mit Spargelravioli; Geeistes Sherrysüppchen mit Ananas-Papaya-Salat.

SULZ | G1   **ÖBB**

Altes Gericht

Taverneweg 1, 6832 Sulz, Tel.: 05522/431 11, Fax: Dw. 6, www.altesgericht.at
Küchenzeiten: Do.–Di. 11.30–13.30, 17.30–22. **Betriebsferien:** 10.–28. 1., 11. 7.–11. 8. 2005. **Inhaber/Küchenchef:** Helmut Benner. **Sommelières:** Silvia Benner, Helga Peter. **CC:** Amex, MC/EC, Visa.
Sitzplätze: 90. **Garten:** 40.

Beachtlich, was aus dem ehemaligen Gerichtsgebäude, das lange bedeutungslos inmitten von Wiesen und Gärten vor sich hinvegetierte, letztlich wurde, nämlich ein Hort der perfekten Gastlichkeit mit einer einzigartigen Atmosphäre. Die logische Fortsetzung dieses Wohlfühlambientes wäre eine verfeinerte Regionalküche. Doch ganz so findet das im Hause Benner nicht statt. Selbstverständlich kommen auch bewährte Ländle-Produkte zum Einsatz, das Hauptaugenmerk des Küchenchefs liegt aber auf einer zeitgemäßen und kreativen Interpretation einer internationalen Küchenstilistik. Dank seines beachtlichen handwerklichen Könnens und einem gerüttelt Maß an Phantasie gelingt die Übung. Das Ergebnis auf dem Teller sind folglich gelungene Kombinationen und stimmige Gerichte, die einen reizvollen Kontrast zum rustikalen Ambiente darstellen. Mit viel Sorgfalt wurde eine beachtliche Weinkarte zusammengestellt, die kaum Wünsche offen lässt. Sehr fein auch das Sortiment edler Brände. **Aus der Karte:** Carpaccio von der geräucherten Entenbrust; Steinbuttfilet vom Grill auf sautiertem Fenchelgemüse und Orangen-Basilikum-Butter, dazu Spinatgnocchi; Orangensoufflé mit Maracujasabayon.

Frühstück bei Tiffany?

Schlemmen unterwegs: Mit t-info Top-Restaurants finden. Einfach das Handy in die Hand nehmen und www.t-info.at klicken. Bei uns gibt es den aktuellen „A la Carte" für unterwegs - Sie lassen sich lokalisieren und t-info sagt Ihnen, wo das nächste Top-Restaurant in Ihrer Nähe ist.

Das funktioniert auch mit Hotels, Geldautomaten, Internetcafés und und und...

Was suchen Sie heute?

info
...einfach gut finden!
www.t-info.at

Vorarlberg

TSCHAGGUNS | G2

Montafoner Stube

im Hotel Montafoner Hof, Kreuzgasse 9, 6774 Tschagguns, Tel.: 05556/71 00, Fax: Dw. 6, info@montafonerhof.com, www.montafonerhof.com
Küchenzeiten: Mo., Di., Fr.–So. 11.30–14, 18.30–21 (an Fei. geöffnet). **Betriebsferien:** 24. 10.–17. 12. 2004, 17. 4.–14. 5. 2005. **Inhaber:** Familie Tschohl. **Küchenchef:** Gerald Leininger. **CC:** MC/EC, Visa. **Sitzplätze:** 35. **Terrasse:** 30. **Übernachtungsmöglichkeit.**
Das Restaurant im Hotel Montafoner Hof ist neuzeitlich-regional eingerichtet. Schon der Empfang erfolgt sehr freundlich, wie überhaupt die Bedienung sehr aufmerksam und unaufdringlich agiert. Das Speisenprogramm präsentiert sich durchaus international, wobei recht viele regionale Produkte verwendet werden. Die Zubereitung erfolgt routiniert mit Sinn für Kreativität. Aus der Küche kommen während des Menüs bemerkenswerte Zusatzleistungen, besonders die exzellenten hausgemachten Pralinen zum Kaffee verdienen Erwähnung. Fazit: Ein wunderbares Wohlfühlrestaurant! **Aus der Karte:** Carpaccio vom Reh mit Bachkressemousse; Gratinierter Lammrücken auf gebratenem Zitronenthymiangemüse, Paprikapolenta, Pesto; Heimischer Rhabarber und seine Variationen.

ZÜRS AM ARLBERG | G2

Hirlanda

Hauptstraße 80, 6763 Zürs am Arlberg, Tel.: 05583/22 62, Fax: 32 69, hotel@hirlanda.at, www.hirlanda.at
Küchenzeiten: 11.30–21.30. **Inhaber:** Oswald Wille. **Küchenchefs:** Sten Fischer, Markus Gradl. **CC:** MC/EC, Visa. **Sitzplätze:** 80. **Terrasse:** 40. **Durchschnittspreis bei 3 Gängen:** € 46,–. **Übernachtungsmöglichkeit.**

Respekt! Es gibt nicht viele Häuser, die ihrer Linie so lange treu bleiben wie das „Hirlanda". Erzeugte das bisher regelmäßig eine gewisse Abwehrhaltung in uns, so konnte das „Hirlanda" unserer Zuneigung heuer gewiss sein. Der Unterschied? Wir glauben, dass die Küche sich deutlich mehr bemüht hat, dass man das alte Repertoire einfach mit mehr Sorgfalt pflegt. Auffallend auch, dass die Servicemannschaft bei unserem letzten Besuch so professionell und freundlich wie schon lange nicht mehr war und dass das in die Jahre gekommene Interieur eben genau dadurch wieder an Spannung gewinnt und weder abgegriffen noch verstaubt wirkt. Die Schilehrer haben das lange vor uns erkannt – sie fühlen sich an der Bar wohl wie immer. **Aus der Karte:** Gebratenes Zanderfilet auf Safranfenchel und Selleriepüree; Gefüllte Wachtel mit Jakobsmuscheln auf Bananenmousseline; Cannelloni von der Schokoladenmousse mit marinierten Beeren.

Die Besten
in Kärnten

Karl Rutschka
Alfred Süssenbacher

84 **DER BLEIBERGERHOF**
Bad Bleiberg

Arnold Pucher

84 **STÜBERL**
Hermagor

Stephan Vadnjal

83 **DOLCE VITA**
Klagenfurt

Sissy Sonnleitner

83 **KELLERWAND**
Kötschach-Mauthen

Thomas Guggenberger

82 **KARNERHOF-GÖTZLSTUBE**
Egg am Faaker See

Peter und Gebhard
Schachermayer

81 **ST. PETER**
Faak am See

Kärnten

ALTHOFEN | H12   ØBB

Bachler

Silberegger Straße 1, 9330 Althofen, Tel.: 04262/38 35, Fax: Dw. 4, restaurant@bachler.co.at, www.bachler.co.at

B**Q**G

Küchenzeiten: Mo.–Sa. 11.30–14, 18–22, So. 11.30–16. **Betriebsferien:** Karwoche und letzte zwei Wochen im August 2005. **Inhaber/in:** Ingrid und Gottfried Bachler. **Küchenchef:** Gottfried Bachler. **Sommelière:** Ingrid Bachler. **CC:** Amex, Diners, MC/EC, Visa. **Sitzplätze:** 60. **Garten:** 50.
Durchschnittspreis bei 3 Gängen: € 31,–.

Lorbeeren, auf denen man sich gemütlich ausruhen könnte, gäbe es mehr als genug. Aber es wäre nicht Gottfried Bachler, wenn nicht eine stete Weiterentwicklung zum kulinarischen Alltag gehören würde. So hat der Käsesommelier des Jahres sein ohnehin schon famoses Käsesortiment weiter vergrößert. Und wie es sich für den Kärntner Stützpunkt der Österreichischen Weinakademie gehört, ist auch das Angebot an edlen Weinen für Restaurant und Vinothek gehörig angewachsen. In der Küche gilt unverändert, dass in erster Linie das verarbeitet wird, was Region und Saison zu bieten haben. Und so kann der Gast aus einem reichhaltigen Angebot wählen, das mit viel Understatement serviert wird. **Aus der Karte:** Filets vom Zander, ganz natur, mit Petersilerdäpfeln; Filet mignon vom Nockalmrind mit Pilzen und Schwammerlsauce, Erdäpfelstrudel.

BAD BLEIBERG | I10

Der Bleibergerhof

Drei Lärchen 150, 9530 Bad Bleiberg, Tel.: 04244/22 05, Fax: Dw. 70, www.bleibergerhof.at
Küchenzeiten: Do.–Sa. 12–13.30, 18–20.30, So. 12–13.30. **Inhaber/in:** Regina und Alfred Süssenbacher. **Küchenchefs:** Karl Rutschka, Alfred Süssenbacher. **Sommelier:** Karl Brandstätter. **CC:** MC/EC, Visa. **Sitzplätze:** 30. **Garten:** 30.
Durchschnittspreis bei 3 Gängen: € 43,–. **Übernachtungsmöglichkeit.**

„Der Bleibergerhof" ist eine der ersten Adressen für Wellness: Regenerationskuren, Trennkost, Klimastollen und vieles andere steht den Gästen zur Verfügung. Dass auch (rechtzeitig angemeldete) Feinschmecker voll auf ihre Rechnung kommen, ist den beiden Küchenchefs zu verdanken, die nicht nur mit Engagement für die Gesundheit, sondern mit Lust und Können für den Gaumen kochen. So eröffnet sich hier ein Reigen des Wohlgeschmacks, der regionale Kost ebenso umfasst wie kreative und phantasievolle Interpretationen der großen internationalen Küche. Ein Highlight des Hauses ist der „keltische Gästegarten", in dem Hunderte unterschiedliche Bäume zu bewundern sind. **Aus der Karte:** Lammrücken in der Körndlkruste, rosa gebraten; Vanille-Topfen-Flaum mit Beeren im Süßweinschaum.

Kärnten

BAD KLEINKIRCHHEIM | I11

Dråge

✽ 62 🍾

Rottenstein 16, 9546 Bad Kleinkirchheim, Tel.: 04240/277, Fax: 204 08, gasthof.drage@aon.at
Küchenzeiten: Di. 17.30–21, Mi.–So. 11.30–14, 17.30–21. **Betriebsferien:** drei Wochen im Juni 2005. **Inhaber/Küchenchef:** Heinz Gell. **CC:** Amex, Diners, MC/EC, Visa.
Sitzplätze: 65. **Garten:** 35. **Durchschnittspreis bei 3 Gängen:** € 27,–. **Übernachtungsmöglichkeit.**

Der „Dråge" ist ein Kärntner Bergbauernhof wie aus dem Bilderbuch und deswegen schmeckt insbesondere regionale Kost wie die Kas- und Spinatnudeln von der Penker Lisl oder eine Rahmsuppe aus Wiesenchampignons so famos. Der in der Gastronomie weit herumgekommene Patron Heinz Gell kann aber freilich noch weit mehr und veredelt seine Kreationen auch mal mit einem asiatischen Touch. Verarbeitet werden, so weit möglich, heimische Produkte, die gekonnt in vorwiegend leichte Gerichte verwandelt werden. Die Weinauswahl ist nicht übertrieben groß, das vorwiegend österreichische Sortiment bietet jedoch für jeden Geschmack die passende Flasche. **Aus der Karte:** Geschmortes Kalbswangerl auf Frühlingssalat mit Spargelvinaigrette; Saiblingstreifen auf Bärlauchnudeln; Schweinsfischerl mit Gorgonzolahaube, gefülltem Gemüse und Erdäpfelpuffer mit schwarzem Sesam; Mousse vom weißen Pfirsich mit Basilikum und Fruchtsaucen.

Loystubn

im Hotel Pulverer, Thermenstraße 4, 9546 Bad Kleinkirchheim,
Tel.: 04240/744, Fax: 793, hotel@pulverer.at, www.pulverer.at   B⊖G
Küchenzeiten: 12–14, 18–22. **Inhaber:** Familie Pulverer. **Küchenchef:** Thomas Wegscheider. **Sommelier:** Andreas Dinter. **CC:** MC/EC, Visa. **Sitzplätze:** 60. **Terrasse:** 40. **Durchschnittspreis bei 3 Gängen:** € 31,–.
Übernachtungsmöglichkeit.

Das von der Familie Pulverer sehr liebenswürdig geführte Haus zieht in erster Linie Gäste, die sich in der Thermenwelt regenerieren wollen, magisch an. Aber auch das eindrucksvolle Ambiente der Nockberge hat insbesondere für Wandersleut seinen Reiz. Urlauber, die mehr des Essens wegen kommen, werden von Thomas Wegscheider mit einem international anmutenden Kulinarium verwöhnt. Da Klassiker aus der österreichischen Küche nicht fehlen, sind in der „Loystubn" auch weniger abenteuerlustige Genießer in ihrem Element. Weinfreunde können aus einer schönen Palette von österreichischen und italienischen Weinen wählen. **Aus der Karte:** Tatar vom Rindsfilet mit Rucolasalat und Wachtelspiegelei; Rahmsuppe von Flusskrebserln; Zartes Filetsteak vom Jungrind mit Kräuterrisotto, jungem Gemüse und Rotweinglace; Joghurtsoufflé mit Mangoconfit und Pistazieneis-Parfait.

Kärnten

BAD ST. LEONHARD | H13 | ÖBB

Trippolt's Zum Bären

★★★ | 80 | 🍷

Hauptplatz 7, 9462 Bad St. Leonhard, Tel./Fax: 04350/22 57
Küchenzeiten: Di.–Sa. 12–14, 18–21.30. **Inhaber:** Josef Trippolt. **Küchenchefs:** Josef Trippolt sen. und jun. **Sommelière:** Maria Trippolt. **Sitzplätze:** 30. **Durchschnittspreis bei 3 Gängen:** € 45,–.

Alle Jahre wieder freuen wir uns über das kulinarisch so ergiebige Menüduell von Senior und Junior Trippolt, die sich solcherart zu immer neuen Höchstleistungen anspornen. Ob aber selbst ein erprobter „Bären"-Gast den spezifischen Stil des einen oder anderen Trippolt erkennen würde, wagen wir dank der enormen Homogenität des Speisenspektrums der beiden Köche zu bezweifeln. Egal, Hauptsache es schmeckt, und das tut es seit Jahren ganz formidabel. Das Thema, über das die beiden Trippolts improvisieren, ist im Großen und Ganzen eine kreativ verfeinerte und mediterran geprägte Regionalküche ohne Fehl und Tadel. Bärig fein ist auch das Weinsortiment, das es durchaus mit der Küche hält: Die Steiermark und Italien geben den önologischen Ton an. **Aus der Karte:** Bäriges Pastagangerl; Lammkarree-Bratl im Rosmarinsaft auf jungem Spinat mit Erdäpfelpüree.

LAVAZZA

BODENSDORF | I11 | ÖBB

Urbani-Wirt 🏃 *Tipp* | NEU

Bundesstraße 50, 9551 Bodensdorf, Tel.: 04243/456 27, Fax: Dw. 35
Küchenzeiten: Mi.–So. 12–14, 18–21.15 (Fei., Mitte Mai bis Mitte September auch Di. geöffnet). **Übernachtungsmöglichkeit.**

Das direkt am Ossiacher See gelegene Restaurant ist eine beliebte Adresse für all jene, die eine unaufgeregte und solid gekochte Küche mit regionalen und mediterranen Akzenten schätzen. Ein heißer Tipp sind stets die saisonalen Schwerpunkte. Traditionell herzerwärmend ist der Service durch die Familie Nindler. Weinmäßig orientiert sich der „Urbani-Wirt" an Österreich und in bescheidenem Ausmaß auch an Italien und Spanien.

DELLACH IM GAILTAL | I9 | ÖBB

Grünwald 🏃 *VipTipp* | NEU

St. Daniel 17, 9635 Dellach im Gailtal, Tel.: 04718/677, Fax: Dw. 4
Küchenzeiten: Mi.–Mo. 12–14, 18–21. **Übernachtungsmöglichkeit.**

Das profunde Urteil der Tippgeberin: engagierte und bodenständige Küche mit charmantem Service.

Empfohlen von Sissy Sonnleitner, Landhaus Kellerwand

Kärnten

DIEX | I13

Gutshof Gotschmar  *Tipp*

Diex 17, 9103 Diex, Tel.: 04231/81 13, Fax: Dw. 20
Küchenzeiten: 9–21 (Oktober, November, Jänner bis April Mo. geschlossen). **Übernachtungsmöglichkeit.**
Der alteingesessene Diexer „Gutshof" liegt in unmittelbarer Nachbarschaft zur Wehrkirche an den Südabhängen der Saualpe auf etwas über 1.000 Metern Seehöhe. Dank der feinen regionalen Küche, die vom Patron Gernot Nusser gepflegt wird, ist er auch für Feinschmecker ein lohnendes Ausflugsziel.

FAAKER SEE | I11   **ÖBB**

Karnerhof–Götzlstube

★ ★ ★   **82**

Karnerhofweg 10, 9580 Egg am Faaker See, Tel.: 04254/21 88, Fax: 36 50, www.karnerhof.com
Küchenzeiten: Di., Mi. 18–21, Do.–So. 11.45–13.45, 18–21. **Betriebsferien:** Anfang Oktober 2004 bis Anfang Mai 2005. **Inhaber:** Familie Melcher. **Küchenchef:** Thomas Guggenberger. **Sommelier:** Reinhard Winter. **CC:** Amex, Diners, MC/EC, Visa. **Sitzplätze:** 40. **Terrasse:** 35. **Durchschnittspreis bei 3 Gängen:** € 39,–. **Übernachtungsmöglichkeit.**
Der in wunderschöner Lage am Ufer des Faaker Sees gelegene Karnerhof der Familie Melcher bietet nicht nur dem Erholungssuchenden gute Aussichten, auch Feinspitze kehren hier ein und lassen sich seit Jahren vom Küchenchef mit regional und mediterran akzentuierten Köstlichkeiten verwöhnen. In der kühlen Jahreszeit nimmt man in der gemütlichen „Götzlstube" Platz, sommers lockt die prachtvolle Terrasse mit Panoramablick. Serviert wird eine einfallsreiche und stimmige Küche, die mit reizvollen Neuinterpretationen altbekannter Klassiker ebenso bezaubert wie mit gelungenen Eigenkreationen. Auf der Weinkarte fällt sofort die Vielzahl französischer Weine auf, aber auch Österreich und der Rest der Welt sind mit tollen Flaschen vertreten. **Aus der Karte:** Artischockenterrine im Tafelspitzgelee auf Kohlrabisalat; Wolfsbarschfilet glaciert, auf Morchel-Sesam-Fond und Zucchini.

St. Peter

★ ★ ★   **81**

im Hotel Dietrichsteinerhof, Dietrichsteiner Straße 24–26, 9583 Faak am See, Tel.: 04254/225 40, Fax: Dw. 9, office@dietrichsteinerhof.at, www.dietrichsteinerhof.at
Küchenzeiten: 11.30–14, 17.30–22. **Inhaber:** Familie Schachermayer. **Küchenchefs:** Peter und Gebhard Schachermayer. **Sommelière:** Gottfriede Schachermayer. **CC:** Diners, MC/EC, Visa. **Sitzplätze:** 50. **Terrasse:** 25. **Durchschnittspreis bei 3 Gängen:** € 49,–. **Übernachtungsmöglichkeit.**

Kärnten

Auch wenn der Dietrichsteinerhof ein nobles 4-Sterne-Hotel ist, hat sich das hauseigene Restaurant ein idyllisches Flair bewahrt. Hier kann man sich ganz wunderbar vom Trubel der Welt abschotten und sich den äußerst kosmopolitisch gestylten Genüssen der „St. Peter"-Küche hingeben. Mit sehr viel Können verarbeiten Senior und Junior Schachermayer heimische, aber auch weit gereiste Produkte und schaffen ein spannendes und weltoffenes Kulinarium, in dem der Branzino ebenso daheim ist wie der Stör aus dem Faaker See. Phantasievoll kombiniert, handwerklich tadellos und optisch appetitanregend präsentiert sich da eine Küche der Extraklasse. So exklusiv wie das Haus und die Küche ist auch das Weinangebot mit unzähligen namhaften Winzern aus dem In- und Ausland.
Aus der Karte: Risotto vom Branzino mit Thymian; Gefüllte Kaninchenkeule auf Balsamico-Rüben an Erbsenpüree; Himbeeren in der Marzipankruste.

Tschebull

Egger Seeuferstraße 26, 9580 Egg am Faaker See, Tel.: 04254/21 91, Fax: Dw. 37
Küchenzeiten: 12–14.30, 18–22 (Oktober bis Mai: Di., Mi. geschlossen). **Übernachtungsmöglichkeit.**
„Putzig, liebenswert und urgemütlich! Willi Tschemernjak ist der geborene, gewichtige Wirt! Zartestes Kärntner Almochsenfleisch mit Beilagen aus der Region, teils deftig, teils zart und fulminant."
Empfohlen von Brigitte Neumeister, Schauspielerin

FELD AM SEE | I11

Vinum – Das Weinrestaurant

im Hotel Lindenhof, Dorfstraße 8, 9544 Feld am See, Tel.: 04246/22 74, Fax: Dw. 50, vinum@landhotel-lindenhof.at, www.das-vinum.at
Küchenzeiten: Di.–So. 11.30–14, 18–21.30. **Betriebsferien:** 10. 10.–25. 12. 2004, 6. 3.–1. 5. 2005. **Inhaber/Sommelier:** Hannes Nindler. **Küchenchef:** Robert Schreiner. **CC:** Amex, Diners, MC/EC, Visa. **Sitzplätze:** 50. **Terrasse:** 25. **Durchschnittspreis bei 3 Gängen:** € 29,–. **Übernachtungsmöglichkeit.**
Der Lindenhof ist insbesondere für Wasserratten ein Dorado. Das hoteleigene Seebad und der romantische Brennsee bieten alles, was einem zu Sommer am Wasser so einfällt. Abenteuerlustige Naturen können sich im Mölltal im Wasserfallklettern versuchen, während sich genusssüchtige Gäste vom Küchenchef mit Speisen aus Kärnten und dem Mittelmeerraum verwöhnen lassen. Eine sympathisch leichte Küche, die nach Möglichkeit heimische Produkte verarbeitet und versiert zubereitet. Reizvoll ist auch das Käseangebot, für das unter anderen die Lavanttaler Hofkäserei Rutrecht verantwortlich zeichnet. Patron Hannes Nindler hat eine schöne Weinkarte zusammengestellt, auf der Österreich und Italien dominieren.
Aus der Karte: Koteletts vom Maibockrücken in Waldpilz-Kräuter-Rahm-Sauce mit Kartoffelkrapferln und Rosenkohl; Vanillemousse-Nockerln mit Früchtemark.

Kärnten

FERLACH | J12   ÖBB

Antonitsch Glainach

Glainach 12, 9170 Ferlach, Tel.: 04227/22 26, Fax: 42 36
Küchenzeiten: Di.–Sa. 11.30–14, 18–21, So., Fei. 10–21.
Als Mitglied des Rosentaler Reigens, einer Wirtevereinigung, bietet dieser Alt-Kärntner Gasthof mit dreisprachiger Speisenkarte natürlich das ganze Spektrum der Kärntner Küche. In der 400 Jahre alten Stube mit Tram-Decke munden Hadnsterz, Kletzenwickel und Kasnudeln dann auch ganz wunderbar. Im begehbaren Weinkeller lagern Spitzenweine aus Slowenien, Italien und Österreich.

FRIESACH | H12   ÖBB

Metnitztaler Hof

Hauptplatz 11, 9360 Friesach, Tel.: 04268/25 10-0, Fax: Dw. 54,
metnitztalerhof@burgenstadt.at, www.metnitztalerhof.at   B☯G
Küchenzeiten: 11–14, 18–21.30 (Jänner bis März Fr. geschlossen). **Betriebsferien:** drei Wochen im November 2004. **Inhaber:** Josef Bucher. **Küchenchefin:** Helga Bucher. **CC:** Amex, Diners, MC/EC, Visa. **Sitzplätze:** 200. **Garten:** 70. **Durchschnittspreis bei 3 Gängen:** € 28,–.
Übernachtungsmöglichkeit.

Der vorbildlich renovierte „Metnitztaler Hof" thront mitten in der besuchenswerten Altstadt von Friesach und wird schon seit Generationen von der ambitionierten Wirtsfamilie Bucher gleichermaßen innovativ wie traditionell betrieben, weswegen sich Einheimische wie ebenso daheim fühlen wie weiter angereiste Gäste. Von der Terrasse hat man einen wunderbaren Blick auf den mittelalterlichen Stadtplatz. Helga Bucher kocht betont regional und pflegt das Kärntner Kulinarium auf klassische Weise. Drautaler Mozzarella, Kärntner Nudeln, Drauzander und Gurktaler Schmalzmus sind einige Highlights dieser deftigen, aber doch sehr feinen Küche. Die Weinkarte ist ausreichend bestückt und entspricht den Anforderungen,

Kärnten

die man an ein Haus dieser Kategorie stellt. **Aus der Karte:** Gebackener Schafkäse im Speckmantel auf marinierten Blattsalaten; Knoblauchsuppe mit gerösteten Weißbrotwürfeln; Das Beste vom Rindsfilet, gegrillt, in Cognac-Pfeffer-Rahm-Sauce, dazu Mandelreis und frisches Gartengemüse; Kürbiskern-Halbgefrorenes mit frischen Früchten.

GNESAU | I11

Seebacher

 | **59**

Gurk 23, 9563 Gnesau, Tel.: 04278/257, Fax: Dw. 4, office@seebacher.at, www.seebacher.at   B❂G

Küchenzeiten: Do.–Di. 11.30–22. **Inhaber/Küchenchef:** Friedrich Thomas Seebacher. **Sommelière:** Gertraud Seebacher. **CC:** Amex, Diners, MC/EC, Visa. **Sitzplätze:** 50. **Garten:** 20. **Durchschnittspreis bei 3 Gängen:** € 26,–. **Übernachtungsmöglichkeit.**

Der alteingesessene Gasthof erfreut sich quer durch die Genießerschichten großer Beliebtheit. Nicht zuletzt aufgrund des vielfältigen Rahmenprogramms vom Bergwandern bis zum Rafting auf der Gurk. Wofür auch immer man sich entscheidet, ein gesegneter Appetit ist garantiert, und dank der Qualitäten des Küchenchefs ist das auch gut so. Traditionell kärntnerisch wird da gekocht, aber genauso zeitgemäß und mediterran. Verarbeitet werden vorwiegend regionale Rohstoffe, alles wird ausgezeichnet und naturbelassen zubereitet, die optische Gestaltung versteht zu überzeugen. Die Weinkarte listet namhafte Winzer vorwiegend aus Österreich. **Aus der Karte:** Gefüllte Champignonköpfe (mit Schafkäse und Blattspinat) an Blattsalaten; Nocklandsaibling mit einem mediterranen Gröstl; Duett von Kalbs- und Rindsfilet mit überbackenem Spargel und kleinen Beilagen; Zimtparfait mit heißen Himbeeren.

GUTTARING | H12

Brunnwirt

Unterer Markt 2, 9334 Guttaring, Tel.: 04262/81 25, Fax: Dw. 21
Küchenzeiten: Do.–Di. 11.30–14, 18–21.30. **Übernachtungsmöglichkeit.**
Die Familie Kassl bewirtet schon seit Generationen ihre Gäste. Zum einen mit Produkten aus der eigenen Fleischhauerei, zum anderen mit zeitgemäßen Kreationen mit erfrischenden mediterranen und asiatischen Nuancen. Die Weinkultur des Hauses ist bemerkenswert und lässt kaum Wünsche offen. An Sonn- und Feiertagen ist eine Reservierung empfehlenswert.

---

www.alacarte.at – Die besten Restaurants

Kärnten

Beim Bachmann

★ 60 ☺

Obervellach 33, 9620 Hermagor, Tel.: 04282/20 69, Fax: Dw. 20,
info@bachmann.co.at, www.bachmann.co.at

B**Q**G

Küchenzeiten: Di.–So. 11.30–14, 17–22; Nebensaison Di.–Fr. 16–22, Sa., So., Fei. ganztägig. **Betriebsferien:** 15. 11.–3. 12. 2004, 11.–28. 4. 2005. **Inhaber:** Peter Bachmann. **Küchenchef:** Micha Monostori. **Sommelier:** Marko Goldberger. **CC:** Amex, Diners, MC/EC, Visa. **Sitzplätze:** 60. **Garten:** 40. **Durchschnittspreis bei 3 Gängen:** € 24,–. **Übernachtungsmöglichkeit.**

Dass der Patron der Cousin der Schriftstellerin Ingeborg Bachmann ist, mag nur für Literaturfreaks von Bedeutung sein, Feinspitze werden aber ihre Ohren gehörig spitzen, wenn sie hören, dass Peter Bachmann seit mehr als zehn Jahren Biolachs von Clare Island räuchert. Wie das schmeckt, kann man selbstverständlich vor Ort erkosten – etwa in der einzigartigen Kombination von Räucherlachs mit Erdäpfelbrand von Valentin Latschen oder gleich in Form eines Lachs-Menüs. Den passenden Lachswein steuert übrigens das Weingut Wohlmuth bei, wobei das Etikett von Manfred Bockelmann, dem Bruder von Udo Jürgens, gestaltet wurde. Wer keinen Lachs mag, muss auch nicht darben und kann sich über feine Salate, Kärntner Klassiker und in der Saison über jede Menge Spargelgerichte freuen. Neben einigen feinen Weinen aus Österreich und Italien wird Schleppe-Bier in zwei Variationen angeboten. **Aus der Karte:** Spargelcremesuppe mit Kressecroûtons; Kleines Pfefferlendchen mit Spargelrisotto.

Stüberl

im Hotel Wulfenia, Sonnenalpe Nassfeld 7, 9620 Hermagor, Tel.: 04285/81 11,
Fax: 81 24, info@wulfenia.at, www.wulfenia.at

Küchenzeiten: Mi.–So. ab 19. **Betriebsferien:** Oktober, November 2004. **Inhaber/ Küchenchef:** Arnold Pucher. **Sommelier:** Klaus Dolleschall.
CC: MC/EC, Visa. **Sitzplätze:** 25. **Übernachtungsmöglichkeit.**

Aufs Nassfeld kommt, wer gerne Schi fährt oder einen ungewöhnlichen Grenzübertritt nach Italien plant. Für alle anderen bedeutet der Besuch zumindest eine kurvige Bergfahrt. Zum Schigebiet Nassfeld gehört auch das Hotel Wulfenia, und so bieder dieses und sein „Stüberl" im ersten Moment wirken, so individuell kocht dort Arnold Pucher. Das kulinarische Abenteuer wird schon vor dem eigentlichen Essen evident – die beiden wählbaren Menüs orientieren sich an sechs italienischen Olivenölen, die auf dem Tisch zur Verkostung bereitstehen. Wobei das ganze Menü, das hier auf der Sonnenalpe serviert wird, einer großen Verkostung gleicht. Schon die Amuse-Gueules bestehen aus vielerlei Kostproben. Diese Vielfalt zieht sich konsequent durch die weitere Speisenfolge. Puristisches

Kärnten

trifft auf Verwegenes, Gewöhnliches auf Gewöhnungsbedürftiges. Nicht immer siegt die Harmonie, und am Ende, nach einem aufwändigen Kostparcours, bleibt vermutlich so mancher Gast ein wenig ratlos ob der Vielfalt an geschmacklichen Eindrücken. Die Weinkarte ist umfangreich und bietet die Qual der Wahl. **Aus der Karte:** Rotbarbe, in der Folie gegart, mit Paradeispüree und Viola-Erdäpfelchips; Pasticcio vom Filet des Kärntner Biokalbs und Artischockenboden, Fenchelpüree und Sauce vom Vogerlsalat.

KEUTSCHACH | I12

Höhenwirt

Höhe 4 (Pyramidenkogel), 9074 Keutschach, Tel.: 04273/23 28, Fax: Dw. 66
Küchenzeiten: 1. 10. 2004–30. 4. 2005: Do.–So. 11.30–21; 1. 5.–30. 9. 2005: 11.30–21.30. **Übernachtungsmöglichkeit.**

An der Südseite des Pyramidenkogels gelegen, bietet dieser idyllische, alte Kärntner Gasthof ein besonderes Ambiente. Und auch die Aussicht auf Karawanken und Rosental, die sich von der Terrasse eröffnet, ist unvergleichlich. Die neuen Küchenchefs Wolfgang Lampichler und Siegfried Rückhofer verarbeiten primär Produkte aus der eigenen Landwirtschaft und Fische aus dem hauseigenen Revier im Wörthersee. Und weil sie das mit viel Gespür tun, ist das Haus ein entsprechend beliebtes Ausflugsziel.

KLAGENFURT | I12 ÖBB

151

Höhenweg 151, 9020 Klagenfurt, Tel.: 0463/28 16 53, Fax: Dw. 4, www.151er.at
Küchenzeiten: Mo.–Sa. 11.30–14, 18–24 (Juli, August So. geöffnet). **Inhaber:** Michael Bauer, Heinz Piber. **Küchenchef:** Gerd Steiner. **Sommelier:** Michael Bauer. **CC:** Diners, MC/EC, Visa. **Sitzplätze:** 100. **Garten:** 110.
Durchschnittspreis bei 3 Gängen: € 32,–.

Das malerisch am Stadtrand von Klagenfurt inmitten einer Grünoase gelegene Bistro ist speziell abends ein beliebter Treffpunkt für alle, die den interessanten Speisenmix des neuen Küchenchefs Gerd Steiner schätzen. Leicht und geradlinig kommen da sehr eigenständig akzentuierte Kreationen auf den Tisch, die gleichermaßen der klassischen österreichischen Küche wie auch der Mittelmeerküche zuzuordnen sind. Einfallsreiche Kombinationen, pfiffige Ideen und beste Ausgangsprodukte sind die Markenzeichen des „151". Ein Name übrigens, hinter dem sich nichts als die Hausnummer verbirgt. Das Sortiment an österreichischen und internationalen Weinen ist bestens, und auch das glasweise Angebot überzeugt ebenso wie die Beratung. **Aus der Karte:** Filet vom Angeldorsch im Kartoffelmantel mit geschmolzenen Tomaten; Rosa gebratene Entenbrust mit Rotkraut, Maisblini und Hagebuttensauce.

Kärnten

Arkadenhof

im Palais Hotel Landhaushof, Landhaushof 3, 9020 Klagenfurt, Tel.: 0463/59 09 59, Fax: Dw. 09, office@landhaushof.at, www.landhaushof.at
Küchenzeiten: 12–14, 18–22. **Inhaber:** Familie Rainer. **Küchenchef:** Jürgen Kruptschak.
Sommelier: Karl Rednak. **CC:** Amex, Diners, MC/EC, Visa. **Sitzplätze:** 40. **Terrasse:** 40.
Durchschnittspreis bei 3 Gängen: € 35,–.
Übernachtungsmöglichkeit.

Das Palais Hotel Landhaus, mitten in der angeblich ältesten Fußgängerzone Österreichs gelegen, ist ein vorbildlich renoviertes architektonisches Kleinod. Das Restaurant des Hauses ist im stimmungsvollen Arkaden-Innenhof untergebracht, einzigartige Atmosphäre inklusive. Der erst im Mai 2004 angetretene neue Küchenchef serviert eine mediterran geprägte klassische Küche, die mit guten Grundprodukten und einfallsreichen Kombinationen punktet. Inwieweit Jürgen Kruptschak die Küche des „Arkadenhof" eigenständig prägen kann, wird die Zukunft zeigen. Im Weinkeller dieses luxuriösen Hauses lagert eine schöne Auswahl an heimischen sowie italienischen und französischen Kreszenzen. **Aus der Karte:** Schafkäsemozzarella mit Bärlauchpesto und römischen Artischocken; Gebratene Wachtelbrust auf mediterranem Gemüse; Rindsfilet in Cognac-Pfeffer-Rahm mit Erdäpfelgratin und Gemüse; Himbeerparfait auf Fruchtsaucen.

Arte cielo

Kurandt Platz 1, 9020 Klagenfurt, Tel.: 0463/20 49 99, Fax: Dw. 34, alexander.popprath@danesh.at, www.artecielo.at
Küchenzeiten: Di.–Sa. 18–23. **Betriebsferien:** August 2005. **Inhaber:** Kurosh Danesh.
Küchenchef: Alexander Popprath. **CC:** MC/EC, Visa. **Sitzplätze:** 50.
Garten: 25. **Durchschnittspreis bei 3 Gängen:** € 40,–.

Modern gestaltetes Restaurant mit stimmungsvoller Atmosphäre und einer sehr freundlich und kompetent agierenden Servicebrigade. Die Küche, die sich letztes Jahr noch in der Pflege von Exotismen à la Baramundi geübt hat, präsentiert sich dieses Jahr etwas österreichischer. Regionales steht neben interessanten Improvisationen über die mediterrane Küche. Und da Küchenchef Alexander Popprath in beiden Welten durchaus heimisch ist, kann man sich als Gast über ein durchaus stimmiges Speisenspektrum freuen, das durch die Bank auch sehr ansprechend präsentiert wird. Die ins Restaurant integrierte Sushibar bietet Feines zum Thema Rohfisch. Weine in erstklassiger Qualität werden in einer enormen geographischen Bandbreite offeriert. **Aus der Karte:** Weißwein-Steinpilz-Risotto mit frischem Parmesan; Gebratene Scampischwänze mit Knoblauchbutter, Blattsalaten und getoastetem Baguette; Perlhuhnbrüstchen auf Erbsenschoten mit Rotweinschalotten und Gnocchi; Eierlikörparfait mit Bourbon-Vanille und Nougatmus.

Kärnten

Da Luigi

 65

Khevenhüllerstraße 2, 9020 Klagenfurt, Tel./Fax: 0463/51 66 51
Küchenzeiten: September bis Mai Mo. 18–22, Di.–Sa. 11.30–14, 18–22, Juni bis August Mo.–Fr. 11.30–14, 18–22, Sa. 11.30–14 (an Fei. geschlossen). **Betriebsferien:** 24. 12. 2004–10. 1. 2005. **Inhaber/Sommelier:** Luigi Bacinello. **Küchenchefin:** Gaby Bacinello. **CC:** Diners, MC/EC, Visa. **Sitzplätze:** 30.
Durchschnittspreis bei 3 Gängen: € 31,–.

Ein kleines Stück Italien mitten in Klagenfurt. Padrone Luigi Bacinello umsorgt seine Gäste, von denen schon viele Stammkunden geworden sind, mit liebenswertem Charme und Wissen um die Kreationen seiner Frau, die wohl eine der besten italienischen Küchen des Landes pflegt. Taschenkrebse, Meeresschnecken, Canestrelli-Muscheln, Drachenköpfe und vieles mehr verwandeln sich unter ihrer Ägide in köstliche kulinarische Kleinodien. Nichts wird verfälscht, alle Konzentration gilt der natürlichen Zubereitung. Verfeinert wird bloß mit frischen Kräutern und bestem Olivenöl. Fisch und Meeresfrüchte bilden zwar das Herzstück der Küche, aber auch Pasta, Fleisch und Süßes gelingen Gaby Bacinello ganz vorzüglich. Die Weißweine stammen vorwiegend aus dem Friaul und der Südsteiermark, die Rotweine aus der Toskana und dem Piemont. **Aus der Karte:** Meeresspinne – Taschenkrebs; Filetto al pepe verde mit Pommes allumettes und Blattsalat.

Der siebente Himmel

Osterwitz-Gasse 12, 9020 Klagenfurt, Tel./Fax: 0463/553 39
Küchenzeiten: Mo.–Fr. 11.30–14, 17.30–23 (an Fei. geschlossen).
Die gleichbleibend gute Qualität der Küche macht dieses Lokal auch nach dem Küchenchefwechsel zu einem gern frequentierten Fixpunkt der Klagenfurter Lokalszene. Nach dem Motto „klein, aber fein" wird hier eine exzellente Küche zu vernünftigen Preisen angeboten. Dominiert wird die Karte nach wie vor von italienisch anmutenden Gerichten.

Dolce Vita

Heuplatz 2, 9020 Klagenfurt, Tel.: 0463/554 99, Fax: Dw. 4, restaurant.dolcevita@aon.at
Küchenzeiten: Mo.–Fr. 11.30–14, 18–22.30 (an Fei. geschlossen); Juli, August, Dezember auch Sa. abends geöffnet. **Inhaber/Küchenchef:** Stephan Vadnjal. **Sommelière:** Margret-Rose Pfaller. **CC:** Amex, Diners, MC/EC, Visa. **Sitzplätze:** 30. **Garten:** 28.

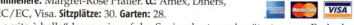

„La vita è bella" lesen wir auf der Speisenkarte und spätestens am Ende des Speisereigens von Stephan Vadnjal wird selbst der mürrischste Gast dem nur zustimmen können. Das im Zentrum von Klagenfurt gelegene Bistro erfreut sich seit Jahren eines regen Zuspruchs und wird für Businesstermine ebenso gern genützt wie für ein kulinarisches Tete-a-Tete. Wie schon der Name ver-

Kärnten

muten lässt, kocht der Patron ausschließlich mediterran, und er tut dies nicht nur mit großem Können und viel Fingerspitzengefühl, sondern es gelingt ihm auch, stets subtil eigenständige und phantasievolle Nuancen einfließen zu lassen. Das und die Verarbeitung von ausschließlich erstklassigen Rohstoffen, etwa von mehrheitlich wild gefangenen Fischen, ergibt unterm Strich ein gastronomisches Highlight der Sonderklasse. Weinmäßig bietet der Patron ein feines Sortiment mit Weinen aus Österreich, Italien, Spanien, Frankreich und Übersee. **Aus der Karte:** Antipasti di mare „Dolce Vita"; Fisch-Muschel-Süppchen mit Zitronengras und Chili; Filet vom Milchkalb im Natursafterl mit gedünstetem Spargel.

Maria Loretto

Lorettoweg 54, 9020 Klagenfurt, Tel./Fax: 0463/244 65
Küchenzeiten: 11–23.
Das „Maria Loretto", auf der gleichnamigen malerischen Halbinsel in der Westbucht des Wörthersees gelegen, verwöhnt seine Gäste mit einer klassisch-mediterranen Küche, in der die Fische aus See und Meer die Hauptdarsteller sind. Einen Abend bei Sonnenuntergang auf der Balustrade zu verbringen, ist ein unvergleichliches Erlebnis mit wunderschönem Weitblick. Die internationale Weinauswahl ist ausgezeichnet, die Bedienung zuvorkommend und freundlich.

Oscar

St. Veiter Ring 43, 9020 Klagenfurt, Tel.: 0463/50 01 77, Fax: 50 75 17,
gastronomie.haas@aon.at, www.restaurant-oscar.at
Küchenzeiten: Mo.–Sa. 12–14, 18–23 (an Fei. geschlossen). **Inhaber:** Peter Haas.
Küchenchef: Gerald Lohner. **Sommelier:** Samuel Pal. **CC:** Amex, Diners, MC/EC, Visa. **Sitzplätze:** 100. **Garten:** 45. **Durchschnittspreis bei 3 Gängen:** € 35,–.

Das von Wilhelm Holzbauer designte Lokal ist nicht nur architektonisch ein Highlight der Klagenfurter Innenstadt. Der von Gerald Lohner gepflegte Küchenstil, in dem zu gleichen Teilen Österreich, Mittelmeer und Fernost den Ton angeben, wird von einem bunt gemischten Publikum mehr als geschätzt. Und auch der flott und zuvorkommend agierende Service trägt einiges zum allgemeinen Wohlgefühl bei. Besonders empfehlenswert ist das unter dem Namen „Serata" offerierte dreigängige Abendmenü, das auch nicht ganz so hungrigen Genießern einen reizvollen Überblick über das Küchenschaffen des „Oscar" ermöglicht. Fans der Wok-Küche werden unter dem Motto „Oscar goes Asia" verwöhnt. Der Weinkeller bietet Feines aus Österreich (Südsteiermark, Wachau, Burgenland) und Italien (Friaul, Toskana, Piemont). **Aus der Karte:** Calamaririsotto mit Rosmarin; Überbackene Spargellasagnette mit Thunfisch und Butterfisch; Hirschnüsschen im Speckmantel und Barbarie-Entenbrust in Honigsauce; Banane in Kokos-Karamell-Sauce.

Kärnten

Savoir Vivre

Theaterplatz 1, 9020 Klagenfurt, Tel.: 0699/12 05 18 46, bistro.savoir-vivre@utanet.at
Küchenzeiten: Di.–Sa. 18–23.30 (an Fei. geschlossen). **Inhaber:** Wolfgang Karl Meschnig. **Küchenchef:** Johannes Printschler. **CC:** Amex, Diners, MC/EC, Visa. **Sitzplätze:** 30. **Durchschnittspreis bei 3 Gängen:** € 27,–.

Das reizvolle, gleich gegenüber vom Stadttheater im Zentrum von Klagenfurt gelegene Bistro ist eine beliebte Adresse für Fans der feinen Küchenkunst. Klein, intim und gemütlich. Die französisch-italienisch akzentuierte Küchenlinie hat sich mit dem neuen Koch nur unwesentlich verändert. Die Karte ist nicht sehr umfangreich, aber sehr saisonal und nach Marktangebot ausgerichtet. Alles wird feinst zubereitet, auf harmonische Kombinationen wird ebenso geachtet wie auf kreative Verfeinerungen. Und auch den Beilagen wird entsprechende Aufmerksamkeit zuteil. Das Weinangebot beschränkt sich vorwiegend auf französische Rotweine und steirische Weißweine. Fast alles wird auch glasweise ausgeschenkt. **Aus der Karte:** Flambierte Hühnerleber auf Salat; Loup de mer; Kaninchenkeule in Dijon Senf-Sauce; Cassis-Parfait.

KLEIN ST. PAUL | H12

Zum Dorfschmied

Marktstraße 16, 9373 Klein St. Paul, Tel.: 04264/22 80, Fax: Dw. 4, zumdorfschmied@aon.at
Küchenzeiten: Di.–Sa. 11.30–14, 18–21, So., Fei. 11.30–14. **Inhaber/Sommelier:** Josef Müller jun. **Küchenchefin:** Gerti Müller. **CC:** MC/EC, Visa.
Sitzplätze: 100. **Terrasse:** 30. **Übernachtungsmöglichkeit.**

Der im Göschitztal gelegene Traditionsgasthof „Zum Dorfschmied" ist einer der führenden Betriebe der norischen Region und erfreut sich sowohl bei Einheimischen als auch Touristen allergrößter Beliebtheit. Der köstliche Grund dafür ist die Kochkunst der Gerti Müller. Ihr Ausgangspunkt ist die traditionelle regionale Hausmannskost, deren Bogen sich von den delikaten Nudeltaschen bis zum Eisreindling mit Grantnschleck spannt. Darüber hinaus dominiert aber eine geschickt verfeinerte und den regionalen Bedürfnissen angepasste mediterrane Küche. Verarbeitet werden vorwiegend die sehr guten Produkte aus der Region und der Saison. Die Weinkarte ist sehr umfangreich und bietet für jeden Geschmack und für jede Brieftasche das Richtige, wobei das Gros der Weine aus Österreich stammt. Einen Schnaps aus der hauseigenen Brennerei sollte man unbedingt verkosten. **Aus der Karte:** Spargel-Lachs-Terrine mit Blattsalaten; Branzino vom Rost mit schwarzen Oliven und Tomaten gebraten, dazu Petersilerdäpfel; Lammkeule, im Ofen gebraten, mit Speckbohnen und Käsekartoffeln.

Kärnten

KÖTSCHACH–MAUTHEN | I9 ÖBB

Gailtalerhof

9640 Kötschach-Mauthen 245, Tel.: 04715/318, Fax: Dw. 5
Küchenzeiten: 19–20.30. **Übernachtungsmöglichkeit.**
„Für alle Italienreisende ein Muss-Stopp vor der Grenze für ein letztes gutes Glas österreichischen Weines. Gastfreundschaft wird hier groß geschrieben!"
Empfohlen von Michael Thurner, Österreichische Weinmarketing-Boss

Kellerwand

Mauthen 24, 9640 Kötschach-Mauthen, Tel.: 04715/269, Fax: Dw. 16,
sonnl@utanet.at, www.sissy-sonnleitner.at
Küchenzeiten: Mi.–So. 12–14, 18.30–21.30. **Betriebsferien:** 28. 11.–21. 12. 2004, 4.–28. 4. 2005. **Inhaberin/Küchenchefin:** Sissy Sonnleitner. **Sommeliers:** Kurt Sonnleitner, Jürgen Katschnig. **CC:** Amex, Diners, MC/EC, Visa. **Sitzplätze:** 60. **Garten:** 10. **Durchschnittspreis bei 3 Gängen:** € 38,–.
Übernachtungsmöglichkeit.

Die „Alpen-Adria-Küche" – andernorts tausendfach kopiert und schon ein wenig in die Jahre gekommen – präsentiert sich dank der überbordenden Phantasie ihrer Erfinderin Sissy Sonnleitner auch nach mehr als einem Vierteljahrhundert als frisch, zeitgemäß und ewig jung. An sich ist die Übung einfach: Man nehme das Beste aus der Kärntner und der friulanischen Küche und forme daraus eine eigenständige Küchenlinie. Das ist der Patronin unvergleichlich fein gelungen und in Gourmetkreisen fast schon legendär. Die vor hundert Jahren an einem ausnehmend reizvollen Platz im oberen Gailtal errichtete „Kellerwand" bildet dann auch das perfekte Ambiente, um diese raffinierte und kreative Küche zu genießen. Patron Kurt Sonnleitner kreiert perfekte Weinbegleitungen. Wer's mehr mit ganzen Flaschen hält, kann aus einer tollen Palette zwischen Friaul, Österreich und Bordeaux wählen. **Aus der Karte:** Fisch-Gemüse-Suppe; Geschmortes Schweinswangerl mit Krenkruste, Linsensauce und Erdäpfeln.

Frischer geht´s nicht!

Schlemmen unterwegs: Mit t-info Top-Restaurants finden. Einfach das Handy in die Hand nehmen und www.t-info.at klicken. Bei uns gibt es den aktuellen „A la Carte" für unterwegs - Sie lassen Sich lokalisieren und t-info sagt Ihnen, wo das nächste Top-Restaurant in Ihrer Nähe ist.

Das funktioniert auch mit Hotels, Geldautomaten, Internetcafés und und und...

Was suchen Sie heute?

info
...einfach gut finden!
www.t-info.at

Kärnten

KRUMPENDORF | I12   ÖBB

St. Petersburg

★ **59** 🍷

Hauptstraße 142, 9201 Krumpendorf, Tel.: 04229/39 70, Fax: Dw. 4, www.st.petersburg.at
Küchenzeiten: Di.–Sa. 19–23.30. **Inhaber:** Alexandr Omatov. **Küchenchef:** Klaus Stiegelbauer. **Sommelier:** Roman Pfleger. **CC:** Amex, Diners, MC/EC, Visa.
Sitzplätze: 60. **Durchschnittspreis bei 3 Gängen:** € 40,–.

Nichts Neues westlich der Wolga: Auch der neue Küchenchef Klaus Stiegelbauer serviert neben Kaviar vom Stör, Scherg und Lachs, der traditionell mit Krimsekt, Wodka und Champagner „befeuchtet" wird, ein Sammelsurium russisch benannter Gerichte, die sich bei näherer Betrachtung nicht selten als gar nicht so fremdartig herausstellen. Nichts Neues also, sieht man einmal davon ab, dass die einstmals grandiose Inszenierung ein wenig ins mittelmäßige Fahrwasser geraten ist. Quasi als Draufgabe serviert das „St. Petersburg" Varieté-Aufführungen – wir kamen in den Genuss des Ballettensembles Tallinn. Das Herzstück des Getränkeangebots bilden Wodka und diverse Schaumweine. **Aus der Karte:** Losos „Zarewitsch" (Hausgebeizter Lachs mit Blini, Ketakaviar, Zarewitschsauce und Salatbouquet); Bœuf „Stroganow" (Rindsfiletspitzen mit Pilzgnocchi und Gemüsemelange).

LIEBENFELS | I12   ÖBB

Kunsthandwerk

★ **60** ☺

Radelshof 1, 9556 Liebenfels, Tel./Fax: 04215/28 94, www.wogehnmahin.at
Küchenzeiten: Di.–Sa. 17–22, So., Fei. 11–22. **Betriebsferien:** jeweils erste Woche im Februar und September 2005. **Inhaber/in:** Angelika und Johannes Magnet. **Küchenchef:** Johannes Magnet. **CC:** MC/EC. **Sitzplätze:** 50. **Garten:** 50. **Durchschnittspreis bei 3 Gängen:** € 22,–.

Diese kulinarische Oase auf der Strecke zwischen St. Veit und Feldkirchen hat sich mittlerweile zu einem Treffpunkt für Feinschmecker entwickelt. Das einladende Ambiente, ansprechendes Interieur, eine nette Bedienung und die gute, außergewöhnliche Küche von Patron Johannes Magnet ergeben ein in sich stimmiges Konzept. Zeitgemäße Küche wird da geboten, die in erster Linie einmal regional verwurzelt ist. Jenseits von Kärntner Nudeln und Co. offeriert man aber auch ein international inspiriertes Speisenprogramm. Solides Küchenhandwerk, tadellose Produkte und eine bis ins letzte Detail durchdachte Komposition der Gerichte ergibt unterm Strich eine lobenswerte Performance. Die Weinkarte ist fast ausschließlich mit sehr guten österreichischen Weinen bestückt. **Aus der Karte:** Rindskraftsuppe mit Schlickkrapferl; Zwiebelrostbraten mit Röstzwiebeln, Speckbohnen und Braterdäpfeln; Fruchtparfait mit frischen Früchten der Saison.

Kärnten

LÖLLING | H12/13

Neugebauer

Graben 6, 9335 Lölling, Tel.: 04263/407, Fax: Dw. 4,
neugebauer@loelling.at   B**Q**G

Küchenzeiten: Di.–So. 11–21 (Juli, August kein Ru.). **Inhaber:** Walter Neugebauer. **Küchenchefin:** Franziska Neugebauer. **CC:** Amex, Diners, MC/EC, Visa. **Sitzplätze:** 140. **Garten:** 35. **Durchschnittspreis bei 3 Gängen:** € 23,–. **Übernachtungsmöglichkeit.**

Hundert Jahre alter Landgasthof inmitten idyllischer Landschaft, in dem gemütliche Stuben samt Kachelofen zum genussvollen Verweilen einladen. Als legendär gelten die Brat- oder Backhühner, die hier seit vielen Jahren in gewohnt erstklassiger Qualität serviert werden. Aber Franziska Neugebauer versteht sich auch auf eine ambitioniertere Küche, die mit eigenständigen und mediterran geprägten Kreationen bezaubert. Wie jedes Jahr wollen wir auf das im Weinkeller untergebrachte Schmiede- und Schlossereimuseum hinweisen, das neben dem schönen Weinsortiment aber natürlich nur zweitrangig ist. **Aus der Karte:** Geeistes Rindscarpaccio auf Steinpilzvinaigrette und frischem Parmesan; Gelbe und rote Paprikaschaumsuppe mit frittiertem Paprika; Gefülltes Truthahnröllchen auf Schwammerlsauce mit Kartoffeldukaten und gemischtem Salat; Mit Amarettoschaum überbackene Früchte.

MARIA SAAL | I12

Kollerwirt

Tanzenberg 3, 9063 Maria Saal, Tel./Fax: 04223/24 55

Küchenzeiten: Mo., Di., Do., Fr. 17–22, Sa., So., Fei. 12–22 (1. 10. 2004–30. 4. 2005 auch Di. Ru.). **Inhaberin/Küchenchefin:** Monika Kaiser. **Sommelier:** Manfred Kaiser. **CC:** Amex, Diners, MC/EC, Visa.
Sitzplätze: 60. **Garten:** 80.

Allein der Ausblick, den man vom Tanzenberg aus genießen kann, würde eine Anreise mehr als rechtfertigen. Und so genießen viele Klagenfurter und St. Veiter die malerische Lage über Maria Saal und delektieren sich dabei an der köstlichen Küche von Monika Kaiser, die Kärntner Klassiker mit einem subtilen mediterranen Touch veredelt. Die Küche ist ohne Fehl und Tadel und sowohl von den Einheimischen als auch Touristen äußerst beliebt. Als lebendige Speisenkarte fungiert Patron Manfred Kaiser, der sich auch als veritabler Weinfachmann erweist. Die Weinkarte bietet einen schönen Querschnitt durch Österreich, wobei vieles glasweise angeboten wird. Die Auswahl an Schnäpsen aus eigener Produktion ist ebenfalls erwähnenswert.

Kärnten

MARIA WÖRTH | I12

Eschenhof

9082 Maria Wörth 186, Tel.: 04273/22 58
Küchenzeiten: 10–22.
Open-Air-Sommer-Spot der Wiener Heurigen-Dynastie Zimmermann, die hier Fisch, Steak und Wok-Gerichte anbietet. Die Adresse ist sowohl per Boot als auch mit dem Auto erreichbar.

Linde

Lindenplatz 3, 9082 Maria Wörth, Tel.: 04273/22 78, Fax: 25 01
Küchenzeiten: 12–14.30, 18.30–22. **Übernachtungsmöglichkeit.**
Ein Abend auf der Seeterrasse dieses Hotel-Restaurants ist unvergesslich. Wobei nicht nur der fulminante Ausblick auf den Wörthersee punktet, sondern auch die hier gepflegte Küche, die den traditionell carinthischen Weg einschlägt und Kärntnerisches mit italienischen Beigaben würzt. Die schöne Weinkarte ist ebenfalls dazu geeignet, den Abend positiv zu beeinflussen.

MOOSBURG | I12

Schloß Moosburg

Schloß 1, 9062 Moosburg, Tel.: 04272/832 06, Fax: Dw. 23,
hotel@schloss-moosburg.at, www.schloss-moosburg.at
Küchenzeiten: September bis Juni Di.–So. 18.30–22.30; Juli, August 18.30–22.30. **Betriebsferien:** November 2004, Jänner bis März 2005. **Inhaber/in:** Sandra Pfeffer, Thomas Gneist. **Küchenchef:** Mario Kattnig. **Sommelière:** Sandra Pfeffer. **CC:** Amex, Diners, MC/EC, Visa. **Sitzplätze:** 35. **Garten:** 35. **Durchschnittspreis bei 3 Gängen:** € 37,–. **Übernachtungsmöglichkeit.**
Das beinahe wie eine Trutzburg wirkende, aus dem Spätmittelalter stammende Schloss ist ein ehrwürdiger Rahmen und eine wunderschöne Kulisse etwa für ein stimmungsvolles Candle-Light-Dinner. Für den entsprechenden kulinarischen Part sorgt Küchenchef Mario Kattnig, der eine klassische internationale Küche mit einem starken italienischen Einschlag pflegt. Die Präsentation der Gerichte gerät reizvoll, die Kombinationen wirken harmonisch und auch die Produktauswahl passt. Sportive Naturen, die gerne Golfschläger und Tennisracket schwingen, finden hier ebenfalls ein Dorado vor. Weinmäßig orientiert man sich an Österreich und Italien, wobei beide Länder mit renommierten Winzern und hochklassigen Weinen vertreten sind. **Aus der Karte:** Komposition vom Thunfisch auf Ingwer-Karotten und Wasabi; Seezungenfilet gedämpft mit Basilikum und Spargel aus Tavagnacco (Friaul); Lasagne vom Tafelspitz mit Krenerdäpfeln auf Blattspinat und Apfelkren; Topfenknödel auf Weichselschaum.

Kärnten

OSSIACH | I11 **ÖBB**

Forellenstation Mader

Alt Ossiach 2, 9570 Ossiach, Tel.: 0676/671 67 30, Fax: 04276/481 03
Küchenzeiten: Mai, Juni, September Mi.–So. 12–22; Juli, August Mo., Di. 17–22, Mi.–So. 12–22.
Die variantenreiche Zubereitung der aus dem angrenzenden Teich stammenden Forelle ist kaum zu überbieten. Ein beschauliches Plätzchen, an dem Genuss ganz groß geschrieben wird. Vor einem Besuch sollte man sich jedoch unbedingt vergewissern, ob die „Forellenstation" auch tatsächlich geöffnet ist.

Stiftsschmiede

Haus 4, 9570 Ossiach, Tel.: 04243/455 54, Fax: 455 53
Küchenzeiten: September bis April Mi.–So., Mai bis August Mo.–Sa. 17–24.
Die am Südufer des Ossiachersees gelegene urige „Stiftsschmiede" bietet einen einmaligen und sehenswerten Rahmen. Sommers auf der Terrasse wähnt man sich im Paradies. Die Küche ist auf die Zubereitung von Rheinanke, Saibling, Huchen und Co. spezialisiert. Die Fische wandern direkt vom Kalter auf die heiße Steinplatte oder in den holzbefeuerten Backofen und landen danach knusprig gebraten oder gebacken auf dem Teller.

PÖRTSCHACH | I11 **ÖBB**

La Terrasse

im Hotel Schloss Seefels, Töschling 1, 9210 Pörtschach, Tel.: 04272/23 77, Fax: 37 04, office@seefels.at, www.seefels.com
Küchenzeiten: 19–22.30. **Betriebsferien:** November bis 22. 12. 2004. **Inhaber:** Hotel Schloss Seefels Besitz- und Management GmbH. **Küchenchef:** Hermann Andritsch.
Sommelier: Johannes Doujak. **CC:** Amex, Diners, MC/EC, Visa. **Sitzplätze:** 40. **Terrasse:** 50. **Übernachtungsmöglichkeit.**
Emanuel Hermann ist der Erbauer des pittoresken Schlosses Seefels und damit in die Geschichte eingegangen. Gegegenwärtig sind Luxus, Gloria und Prominenz angesagt, was den Küchenchef auch spür- und schmeckbar zu kulinarischen Glanzleistungen inspiriert. Gern gesehene Hauptdarsteller des Küchenprogramms sind wie zu erwarten Hummer, Gänseleber, Bresse-Taube und Co., die handwerklich top in interessante und erstaunlich aufwändige Kreationen verwandelt werden. Neben der gewaltigen Palette erstklassiger Destillate gefällt auch die Weinauswahl, die Teures und Erschwingliches aus aller Welt offeriert.
Aus der Karte: Flambierte Jakobsmuscheln mit Thunfischtatar und Kaviarnockerln; Knuspriger Loup de mer mit Artischocken und Tomaten; Dreierlei vom Topfen mit Rhabarber und Erdbeeren.

Kärnten

Leon

im Hotel Schloss Leonstain, Leonstainer Straße 1, 9210 Pörtschach, Tel.: 04272/28 16, Fax: 28 23, restaurant@das-leon.at, www.das-leon.at
Küchenzeiten: 19–22.30. **Betriebsferien:** Oktober 2004 bis April 2005. **Inhaber:** Christoph Neuscheller. **Küchenchef:** Matthias Stalzer. **Sommelier:** Patrick Kofler. **CC:** Diners, MC/EC, Visa. **Sitzplätze:** 40. **Garten:** 40. **Durchschnittspreis bei 3 Gängen:** € 34,–. **Übernachtungsmöglichkeit.**

„Der erste Tag war so schön, dass ich den zweiten durchaus bleiben wollte, der zweite so schön, dass ich fürs erste weiter bleibe." Mit diesen Worten beschrieb Johannes Brahms Schloss Leonstain, in dem er nicht nur verweilte, sondern u. a. seine zweite Symphonie komponierte. Ambiente und Landschaft sind ja tatsächlich eine Inspiration, die natürlich auch Küchenchef Matthias Stalzer zu Höchstleistungen motiviert. Kulinarisch schlägt sich das in einer weltoffenen Küchenlinie nieder, in der Heimisches harmonisch mit Einflüssen aus aller Welt verbunden wird. Als ebenso vielfältig stellt sich auch die Weinkarte heraus, die aus allen bedeutenden Weinbaugebieten Feines in petto hat. **Aus der Karte:** Gebratene Jakobsmuscheln auf grünem Gazpacho mit Thymianschaum; Steinbutt auf Artischockenragout mit Estragon und schwarzen Nudeln; Knusprige Entenbrust in Ingwersauce, dazu Wokgemüse und Basmatireis; Birnensavarin mit Schwarzbeersauce.

Palmenrestaurant

im Parkhotel, Elisabethstraße 22, 9210 Pörtschach, Tel.: 04272/26 21-0, Fax: Dw. 731, office@parkhotel-poertschach.at, www.parkhotel-poertschach.at
Küchenzeiten: Di.–So. 18.30–22.30. **Betriebsferien:** Oktober 2004 bis Mitte Mai 2005. **Inhaber:** Parkhotel GmbH Pörtschach Nfg. KG. **Küchenchef:** Karl Strohmeier. **Sommelier:** Klaus Dolleschall. **Sitzplätze:** 60. **Terrasse:** 70. **Durchschnittspreis bei 3 Gängen:** € 34,–. **Übernachtungsmöglichkeit.**
Direkt am Wörthersee auf einer kleinen Halbinsel gelegenes Hotel, das selbstverständlich über ein entsprechend gediegenes Restaurant und eine schöne Terrasse mit traumhaftem Blick über den See verfügt. Für ein reizvolles Après ist hier natürlich auch gesorgt. Die Karte des „Palmenrestaurants" ist eher klein, dafür hat alles Hand und Fuß. Die Ausrichtung der Speisen dürfte nicht überraschen: Auch hier hat man sich auf den für die Region obligaten carinthisch-mediterran-fernöstlichen Speisenmix eingeschworen. Trotzdem schien uns dieses Jahr die Individualität auf Kosten einer etwas beliebigen Hotelküche ein wenig ins Hintertreffen geraten zu sein. Die Weinkarte ist ansprechend und bietet eine gelungene Mischung aus österreichischen und internationalen Spitzenweinen.
Aus der Karte: Spargelgemüse mit knusprigem Schafkäse; Gebratene Jakobsmuscheln im Speckmantel auf Babyblattspinat; Gerolltes Paillard vom Beiried mit grünem Spargel und Erdäpfelblinis; Baileysparfait mit Pfeffererdbeeren.

Kärnten

Rainer's

★★ | 67 | 🍷 | 🥂 | NEU

Monte-Carlo-Platz 1, 9210 Pörtschach, Tel.: 04272/30 46, Fax: 30 72, rainer's-bar@aon.at
Küchenzeiten: 19–1. **Betriebsferien:** 1. 10. 2004–15. 5. 2005. **Inhaber/in:** Irene und Rainer Husar. **Küchenchef:** Alois Scharner. **Sommelier:** Othmar Burkardt. **CC:** Amex, Diners, MC/EC, Visa. **Sitzplätze:** 80.
Terrasse: 60.

Das im Zentrum von Pörtschach, direkt an der Durchzugsstraße gelegene „Rainer's" ist ein Fixpunkt des sommerlichen Geschehens am Wörthersee, nicht zuletzt natürlich dank der beliebten Bar, an der die Society die Nacht zum Tag macht. Bei so viel lässigem Chic vergisst man manchmal, dass das Haus auch kulinarisch durchaus Überzeugendes zu bieten hat. Alois Scharner, der dem in Saisonbetrieben üblichen alljährlich stattfindenden Kochwechselspiel die Stirn bietet, ist ein Meister seines Fachs und serviert seinen Gästen ein klassisches internationales Programm, das zeitgeistige Elemente einbezieht. Das Backhenderl wird also harmonisch von Wok und Vitello tonnato flankiert. Insgesamt eine interessante Speisenpalette, die ausgezeichnet umgesetzt wird. Österreichs Paradewinzer steuern das Gros der Weinauswahl bei, abgerundet wird das Ganze mit einem kleinen internationalen Sortiment. Selbstverständlich überzeugt auch die Auswahl feiner Destillate. **Aus der Karte:** Vitello tonnato mit Kapern und Limettenfilets; Loup de mer al forno mit Junglauch, Mangold und heurigen Rosmarinkartoffeln.

RADENTHEIN | I10

Metzgerwirt

★ | 65 | 🍷🍷 | 🥂

Hauptstraße 22, 9545 Radenthein, Tel.: 04246/20 52, Fax: 39 76,
stadler.emanuel@metzgerwirt.co.at, www.metzgerwirt.co.at   B⊙G
Küchenzeiten: 11–22. **Inhaber:** Emanuel Stadler. **Küchenchef:** Helmut Gasser. **Sommelière:** Angelika Stadler. **CC:** Amex, Diners, MC/EC, Visa. **Sitzplätze:** 80.
Garten: 30. **Durchschnittspreis bei 3 Gängen:** € 29,–.
Übernachtungsmöglichkeit.

Solide geführter Gasthof samt Fleischerei in ländlicher Umgebung, in dem seit Frühjahr 2004 nicht mehr der Patron am Herd steht, sondern mit Helmut Gasser ein neuer Koch engagiert wurde. Die Küchenlinie hat sich damit aber nicht merklich verändert: Nach wie vor stehen traditionelle heimische und saisonal geprägte Gerichte im Mittelpunkt, wobei insbesondere Nockalm Beef und Fische aus dem Millstättersee Freude machen. Maria Gasser, die Gattin des Küchenchefs, ist für die feinen Desserts zuständig. Unterm Strich eine traditionelle und trotzdem zeitgemäß leichte Küche. Ein besonderes Atout des Hauses ist die toll sortierte Weinkarte, die nicht weniger ansprechend von der Patronin präsentiert wird. **Aus der Karte:** Hirschkalbsrücken mit Spargel auf Champignonrisotto und Thymianjus; Mohnknödel mit Zimtbutter und Mohnbrösel.

Kärnten

REIFNITZ BEI MARIA WÖRTH | I12

Aenea

Wörthersee Süduferstraße 86, 9081 Reifnitz, Tel.: 04273/262 20-60,
Fax: Dw. 20, aenea@aenea.at, www.aenea.at
Küchenzeiten: Mi.–So. 11.30–13.30, 19–22.30 (Juni bis September Mo., Di. geöffnet).
Inhaber: LM-Hotelbetriebs-Ges.m.b.H. **Küchenchef:** Georg Kittner. **Sommelier:**
Stefan Wepruk. **CC:** Amex, Diners, MC/EC, Visa. **Sitzplätze:** 80. **Terrasse:** 80.
Durchschnittspreis bei 3 Gängen: € 39,–.
Übernachtungsmöglichkeit.

Das prachtvolle Designerhotel mit von Rodolfo Dordoni gestalteten Suiten und einem Panoramapool im vierten Obergeschoß ist sicher einer der Hot Spots der Wörthersee-Hautevolee. Georg Kittner, der sich im „Leon" drei Sterne erkocht hat, hat natürlich auch hier im „Aenea" die kulinarischen Erwartungen ziemlich hochgeschraubt. Aber was letztes Jahr in der Eröffnungssaison relativ spannend begonnen hat, präsentiert sich heuer ziemlich konsolidiert. Was geblieben ist, ist eine traditionelle Küche mit Anleihen aus dem Mittelmeerraum, Frankreich und Asien. Manche Speisen sind gerade einmal einen Stern wert, andere auch mit drei zu bewerten. Wir werten dieses Jahr noch verhalten, empfehlen das Haus aber in jedem Fall. Die Weinkarte ist sehr umfangreich. Eine große Auswahl an exzellenten Weinen aus Österreich und Italien steht zur Verfügung. Weniger gelungen erfolgt die Beratung. **Aus der Karte:** Gebackener Ziegenkäse auf Frühlingssalaten mit Spargel und frischen Kräutern; Consommé vom Kalb mit Butternockerln und Frittaten; Filet und Schlepp vom Kalb mit Grießstrudel und jungem Gemüse; Sorbet von der Himbeere.

Lakeside

Süduferstraße 104c, 9081 Reifnitz, Tel.: 0664/233 33 43
Küchenzeiten: Juni bis September 12.30–22.30.
Das direkt an der Marina in Reifnitz gelegene „Lakeside" wurde vom Besitzer Gerd Nussbaumer ganz im Stil einer Strandbar eingerichtet und bietet ein sommerliches, ansprechendes Ambiente direkt am See. Das südliche Flair lockt ein buntes Publikum an, das sich von Stefan Petutschnig mediterran einkochen lässt. Das Weinangebot ist auf das Rundherum abgestimmt, was heißt, dass in erster Linie junge frische Weißweine serviert werden.

Gratis zu jedem A LA CARTE-Restaurantführer 2005:
Der neue A LA CARTE-Hotelguide
mit den besten 5- und
4-Sterne-Hotels in Österreich.

Kärnten

SPITTAL AN DER DRAU | I10 ÖBB

Da Piero

Am Lurnbichl 71, 9800 Spittal an der Drau, Tel.: 04762/365 55, Fax: Dw. 2, elakeuschnig@networld.at
Küchenzeiten: Mo.–Sa. 18–23. **Inhaber/in:** Manuela Keuschnig, Piero Francalanci.
Küchenchef: Piero Francalanci. **Sommelière:** Manuela Keuschnig. **CC:** Amex, Diners, MC/EC, Visa. **Sitzplätze:** 50.
Terrasse: 40.

Das im Kärntner Oberland gelegene Ristorante von Piero Francalanci ist in dieser Region unverändert die Nummer eins in Sachen Italoküche. Viele Einheimische, aber auch Urlaubsgäste lassen sich hier liebend gerne ein Stück Italianità servieren. Wie gewohnt bilden diverse Fische und Krustentiere das wohlschmeckende Herzstück des Angebots. Von Sarde in saor über Spaghetti alla polpa di granchio bis zum Branzino al sale mundet auch alles sehr gut. Aufregende Experimente bleiben aus, was ja nicht unbedingt ein Fehler sein muss. Die verwendeten Produkte sind mehr als in Ordnung. Die Weinkarte ist vielseitig, neben österreichischen Provenienzen ist natürlich Italien – und da besonders die Toskana – stark vertreten. **Aus der Karte:** Risotto al limone con gamberi di fiume (Cremiges Zitronenrisotto mit Flusskrebsen); Branzino al sale (Seebarsch in der Salzkruste, Beilage nach Wahl); Profiteroles mit weißer Schokolade.

Kleinsasserhof

Kleinsass 3, 9800 Spittal an der Drau, Tel.: 04762/22 92, Fax: 22 43, walli.josef@kleinsasserhof.at, www.kleinsasserhof.at
Küchenzeiten: Do.–So. 12–14, 18.30–22.30 (Juli, August durchgehend geöffnet).
Inhaber/in: Waltraud und Josef Gasser. **Küchenchef:** Josef Gasser. **Sommelière:** Angela Ingo. **CC:** Diners, MC/EC, Visa. **Sitzplätze:** 50. **Garten:** 8. **Durchschnittspreis bei 3 Gängen:** € 25,–. **Übernachtungsmöglichkeit.**

Ein höchst attraktiver Gasthof mit sehr originellen Wirtsleuten, die vom Ambiente bis zum Internetauftritt (unbedingt anschaun!) das Außergewöhnliche präferieren. Ein Konzept, das Einheimischen gleichermaßen wie Gästen von auswärts behagt. Unverwechselbar und bis ins letzte Detail reizvoll ist auch die Küche des „Kleinsasserhofs", in der bevorzugt Produkte aus der eigenen Landwirtschaft verarbeitet werden. Die Umsetzung erfolgt traditionell und solide und so schmecken dann Kärntner Nudeln, Bauernschweinsbratl und Co. schlicht köstlich. Die österreichorientierte Weinkarte ist fachkundig zusammengestellt und bietet für jeden Geschmack das Passende. Das Bier ist gut gepflegt, der Schnaps gut sortiert. **Aus der Karte:** Gebratene Bachforelle mit Petersilerdäpfeln und Salatteller; Gespickte Lammkeule im Wurzelsaftl mit Rosmarinpolenta.

Kärnten

ST. GEORGEN AM LÄNGSEE | I12   ÖBB

Liegl

★★ | 69 | 🍷 | 🥂

*St. Peter bei Taggenbrunn, 9313 St. Georgen am Längsee, Tel.: 04213/21 24-0,
Fax: Dw. 4, office@gasthof-liegl.at, www.gasthof-liegl.at*   B☯G
Küchenzeiten: Do.–Mo. 12–14, 18–21 (Mai bis September täglich geöffnet). **Inhaber:** Gerhard Liegl. **Küchenchefin:** Alberta Liegl. **CC:** Amex, Diners, MC/EC, Visa. **Sitzplätze:** 60. **Garten:** 15.
Übernachtungsmöglichkeit.

Der in unmittelbarer Nähe zum Längsee gelegene, gemütliche Gasthof ist traditionell ein Hort der unverfälschten Kärntner Küche, die weitere Anreisen jederzeit rechtfertigt. Alberta Liegl kocht sich nicht nur mit Bravour durch die ganze regionale Rezeptlandschaft, sondern reichert diese auch mit gelungenen und phantasievollen Ideen an. Neben Spargel und Gansl serviert sie ein legendäres Backhenderl und eine Vielzahl anderer Köstlichkeiten. Im Weinkeller lagern einige der besten Weine des Landes, aber auch internationale Weine von Format sind ausreichend verfügbar. **Aus der Karte:** Rindsuppe mit Lungenstrudel; Ausgelöstes Milchmasthendl mit Rosmarinsaft, Gemüse und Erdäpfeln.

ST. STEFAN IM LAVANTTAL | I13   ÖBB

Alter Schacht

★★ | 71 | 🍷🍷 | 🥂 | 🙂

*Hauptstraße 24, 9431 St. Stefan im Lavanttal, Tel.: 04352/31 21,
Fax: Dw. 11, alter.schacht@aon.at*   B☯G
Küchenzeiten: Di.–Sa. 11.30–14, 18–22, So. 11.30–14. **Betriebsferien:** zweite und dritte Woche im Jänner 2005. **Inhaber/in:** Evelin und Walter Martinz. **Küchenchef:** Sigi Brudermann. **Sommelier:** Walter Martinz. **CC:** Amex, Diners, MC/EC, Visa. **Sitzplätze:** 120. **Garten:** 30. **Durchschnittspreis bei 3 Gängen:** € 25,–.
Übernachtungsmöglichkeit.

Gasthof ohne zeitgeistige Schnörkel, der von der Familie Martinz mit viel Passion und Liebe geführt wird. Gleich beim Eingangsportal erinnern einige Grubenhunte an frühere Zeiten, die sich auf der Karte nur noch in Form eines „Grubenreindls" wiederfinden. Typische Kärntner Gerichte und Klassiker der österreichischen Küche werden hier mit einem leichten mediterranen Touch veredelt. Die großteils von heimischen Landwirtschaftsbetrieben bzw. direkt aus dem Lavanttal stammenden Rohstoffe erfahren von Sigi Brudermann die allerbeste Behandlung. Als Highlight gelten die weit und breit besten Kärntner Kasnudeln. Sehr gediegen ist auch die Weinauswahl mit Feinem aus Italien und Österreich. **Aus der Karte:** Klare Fischsuppe; Perlhuhnsuprême auf Tomatenragout mit Brokkolipüree; Mandelkrokant-Parfait in weißer Moccasauce.

Kärnten

 **ÖBB**

La Torre

Grabenstraße 39, 9300 St. Veit an der Glan, Tel./Fax: 04212/392 50, latorre.at
Küchenzeiten: Di.–Sa. 11.30–14, 18–22 (an Fei. geschlossen). **Inhaber/in:** Rosemarie und Ammar Trabelsi. **Küchenchefin:** Rosemarie Trabelsi. **Sommelier:** Ammar Trabelsi. **CC:** Amex, Diners, MC/EC, Visa. **Sitzplätze:** 30. **Terrasse:** 30. **Durchschnittspreis bei 3 Gängen:** € 36,–.

Das kleine Stück Sizilien in St. Veit an der Glan bezaubert uns Jahr für Jahr. Vom Saluto della cucina bis zur Variazione di dolci serviert Rosemarie Trabelsi authentisch italienische Köstlichkeiten. Die Karte präsentiert sich als vier- bis sechsgängiges Degustationsmenü, das man ab zwei Personen wählen kann. Einsame Genießer können natürlich à la carte wählen. Wie auch immer man sich entscheidet, subtile Geschmackserlebnisse sind garantiert. Frau Trabelsi hält eingelegte Fisch- und Gemüsespezialitäten und hausgemachte Nudeln zum Mitnehmen bereit. Mehr oder weniger alle Weinbauregionen Italiens sind mit guten Weinen vertreten, falls man mehr in Richtung Österreich oder Frankreich tendiert, gibt es auch einiges. **Aus der Karte:** Calamaretti mariniert mit Orangen; Hirschkarree mit Rotkraut und Rollgerstlrisotto; Dattelparfait mit Dattelsauce.

Pukelsheim

Erlgasse 11, 9300 St. Veit an der Glan, Tel./Fax: 04212/24 73
Küchenzeiten: Di.–Sa. 12–14, 18–21.30. **Inhaber/Sommelier:** Karl Pukelsheim. **Küchenchefin:** Elisabeth Pukelsheim. **CC:** Amex, Diners, MC/EC, Visa. **Sitzplätze:** 40. **Garten:** 40.

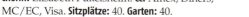

Das „Pukelsheim" ist zwar längst kein Geheimtipp mehr, aber durchaus ein heißer Tipp für alle, die genuin kärntnerisch essen wollen. Vor allem bei den Nudelgerichten zeigt Elisabeth Pukelsheim, wie schwere Tradition und leichte Moderne schmackhaft unter eine Kochmütze gebracht werden können. Die Spargelnudeltaschen mit Butter und Parmesan sind eine sommerlich-zeitgemäße Antwort auf die winterlich deftigen Kasnudeln und auch gleich ein kulinarischer Hinweis auf das nahe Friaul. Sehr gelungen ist die mit Schafkäse, Bärlauch und Blattspinat gefüllte Variante. Dazu gibt's noch Ochsen von Kärntner Almen, Schafkäse von einem regionalen Produzenten, Saibling aus dem Gurktal und ein paar Exoten, die allesamt handwerklich perfekt und mit viel Esprit zubereitet werden. Eine regionale Küche zum Niederknien. Und auch wenn's nicht gar so deftig war, sollte man keinesfalls auf einen der herrlichen regionalen Schnäpse von Patron Karl Pukelsheim verzichten. Der Weinkeller bietet in erster Linie gute Flaschen aus Österreich und Italien. **Aus der Karte:** Kärntner Ochsenfilet mit Rotweinsauce, Frühlingszwiebeln und Erdäpfel-Reingalan; Joghurt-Beerenmus-Törtchen.

Kärnten

TAINACH | I12

Sicher

 **69**

Mühlenweg 2, 9121 Tainach, Tel.: 04239/26 38, Fax: Dw. 2, www.sicherrestaurant.at
Küchenzeiten: Di.–Sa. 11.30–14, 18–21.30 (an Fei. geöffnet). **Betriebsferien:** erste Woche im Oktober 2004. **Inhaber:** Alfons Sicher. **Küchenchef:** Michael Sicher. **Sommelier:** Wolfgang Sicher. **Sitzplätze:** 60. **Garten:** 30. **Durchschnittspreis bei 3 Gängen:** € 32,–.
Die Familie Sicher hat hier ein Refugium der feinen Fischküche geschaffen. Insbesondere Bachsaibling und Regenbogenforelle, die beide ausschließlich aus eigener Zucht stammen, werden in einer enormen, aber durchwegs gelungenen Vielfalt an Zubereitungen serviert. Vom Kaviar bis zum Lebergröstl einfach ein Genuss – puristisch, aber subtil. Sollte jemand keinen Fisch mögen, gibt's immer die eine oder andere fischfreie Alternative. Bei rechtzeitiger Vorbestellung kann man übrigens Saiblingkaviar für daheim erstehen. Die Weinkarte ist umfangreich und kann speziell mit trockenen Weißweinen punkten. Bei der Auswahl des passenden Weins ist Wolfgang Sicher eine professionelle Hilfe. **Aus der Karte:** Carpaccio von Kärntner Flusskrebsen mit Buttermilch-Saiblingkaviar-Parfait; Linsen-Kurkuma-Cremesuppe mit Saiblingkaviar; Pochiertes Filet vom Kärntner Bioschwein, dazu Safranbohnen und Erdäpfelkuchen; Bananen-Kakao-Soufflé mit Kokosparfait.

TREFFEN | I11

Zum Peter

Töbringerstraße 75, 9521 Treffen, Tel./Fax: 04248/22 70
Küchenzeiten: Di.–So. 18–22.30.
Primär bekannt ist dieses Lokal für seine perfekte Zubereitung von Steaks jeglicher Art. Dank der erstklassigen Fleischqualität und der gekonnten Zubereitung sind Fleischtiger hier im siebten Himmel. Die Weinkarte offeriert logischerweise vorwiegend Rotwein.

VELDEN | I11   ÖBB

Aqua

Seekorso 3, 9220 Velden, Tel./Fax: 04274/517 71
Küchenzeiten: 11.30–13.30, 18–23.
Das an der Uferstraße im Zentrum von Velden gelegene „Aqua" bietet in neuzeitlich gestyltem Ambiente eine entsprechend moderne Küche, die sich primär auf mediterran geprägte Gerichte konzentriert. Die angeschlossene Eisdiele offeriert das vielleicht beste Speiseeis am See.

Kärnten

Hubertushof

 59

*Europaplatz 1, 9220 Velden, Tel.: 04274/26 76-0, Fax: 26 57 60,
hotel@hubertus-hof.info, www.hubertus-hof.info*
Küchenzeiten: Mai, Juni, September 12–14, 18.30–21.30; Juli, August 12–14, 18.30–22.
Betriebsferien: 17. 10. 2004–1. 5. 2005. **Inhaber:** Robert Kenney. **Küchenchef:** Michael Triebel. **Sommelier:** Raimund Stani. **CC:** Amex, Diners, MC/EC, Visa. **Sitzplätze:** 80.
Terrasse: 100. **Durchschnittspreis bei 3 Gängen:** € 32,–.
Übernachtungsmöglichkeit.

Alteingesessenes, besonders bei Golfern beliebtes Haus, dessen gesundheitsfördernde und kulinarische Einrichtungen bis vor kurzem ausschließlich den Hotelgästen offen standen. Seit einiger Zeit hat man einen A la Carte-Betrieb eingerichtet, wodurch sich auch für Nicht-Hotelgäste interessante Einblicke eröffnen. Sommers etwa kann man auf der schönen Terrasse Platz nehmen und so ganz nebenbei das abendliche bunte Treiben von Velden an sich vorbeiflanieren lassen. Neoküchenchef Michael Triebel hat an der von seinem Vorgänger gepflegten Küchenlinie nichts Merkliches verändert und serviert einen recht gelungenen Mix an traditionell österreichischen und italienischen Gerichten. Alles wird leicht zubereitet, optisch hervorragend präsentiert. Abgesehen von ein paar ganz wenigen internationalen Weinen offeriert die Weinkarte einen schönen österreichischen Querschnitt. **Aus der Karte:** Kross gebratenes Zanderfilet auf mediterranem Gemüse und Duftreis; Rosa gebratener Milchlammrücken in Thymian-Portwein-Glace mit Mangoldgemüse und Pariser Kartoffeln.

Landhaus Kutsche

 63

Göriacher Straße 2, 9220 Velden, Tel.: 04274/29 46, Fax: Dw. 68, www.landhaus-kutsche.at
Küchenzeiten: Mo., Di., Do., Fr. 17–22.30, Sa., So., Fei. 11–14, 17–22.30 (Juli, August kein Ru.). **Betriebsferien:** 6. 1. bis Anfang März 2005. **Inhaber/Küchenchef:** Mangnus Schrader. **Sommelière:** Bettina Schrader. **CC:** Amex, Diners, MC/EC, Visa. **Sitzplätze:** 80. **Terrasse:** 20. **Durchschnittspreis bei 3 Gängen:** € 28,–.

Das etwas oberhalb von Velden gelegene Landhaus verwöhnt seine Gäste mit einem traumhaften Ausblick auf den See und das Karawankenpanorama. Winters kann man sich in den gemütlichen Stuben am offenen Kamin wärmen. Patron Mangnus Schrader steht seit Jahren für einen interessanten Speisenmix, der geschickt zwischen Kärntner Wirtshauskuchl, klassischer internationaler Küche, Fernost und Mittelmeer pendelt und nicht zuletzt mit einigen phantasievollen und pfiffigen Eigenkreationen aufwarten kann. Eine umfangreiche Weinkarte mit den Schwerpunkten Österreich und Italien rundet das erfreuliche Bild ab. **Aus der Karte:** Getrüffelte Erdäpfelrahmsuppe mit Pilzgröstl; Hühnerbrust, im Ganzen gebraten, auf süß-saurem Wokgemüse mit frischen Sprossen und Basmatireis.

Kärnten

Monkey Circus

Bahnhofstraße 1, 9220 Velden, Tel./Fax: 04274/527 27, www.monkeycircus.at
Küchenzeiten: 18–24. **Betriebsferien:** November 2004 bis April 2005. **Inhaber:** Peter Herritsch. **Küchenchef:** Markus Eder. **Sommelier:** Goran Hamus. **CC:** Amex, Diners, MC/EC, Visa. **Sitzplätze:** 80. **Durchschnittspreis bei 3 Gängen:** € 33,–.

Das am Beginn der Veldener Flaniermeile gelegene Restaurant ist speziell durch die angeschlossene American Showbar ein besonderer Anziehungspunkt für Besucher. Durch das Engagement junger und kreativer Köche bemüht sich Patron Peter Herritsch, kulinarisch etwas Besonderes zu bieten, was ihm mit Markus Eder zweifelsfrei gelungen ist. Die gemäß Eigendefinition euroasiatische Fusionsküche des Küchenchefs surft und turft dann auch ganz frech durch allerlei Geschmackswelten und pickt sich da und dort Ideen heraus, die unterm Strich durchaus ein harmonisches Ganzes ergeben. Insgesamt eine willkommene Abwechslung zum üblichen Angebot rund um den Wörthersee. Die Weinauswahl gibt sich ebenfalls weltoffen – man wird kaum ein bedeutendes Weinbaugebiet finden, das hier nicht mit der einen oder anderen guten Flasche vertreten ist. Den Cocktail genießt man dann an der Bar. **Aus der Karte:** Octopus-Carpaccio mit leichtem Wasabirahm; T-Bone Steak mit Potatoe Wedges, Maiskolben und verschiedenen Dip-Saucen; Bittermandel-Parfait mit karamellisierten Früchten.

Ovedasso

im Casino Velden, Am Corso 17, 9220 Velden, Tel.: 04274/29 48-333, Fax: 29 73, office@ovedasso.at, www.ovedasso.at
Küchenzeiten: 18.30–22.30. **Inhaber:** Wolfgang Bulfon. **Küchenchef:** Marcel J. Vanic. **CC:** Amex, Diners, MC/EC, Visa. **Sitzplätze:** 60. **Terrasse:** 40. **Durchschnittspreis bei 3 Gängen:** € 46,–.

Das stilvolle Restaurant im Casino Velden hat kaum etwas von seinem Glanz verloren, der stimmigste Platz ist aber trotzdem die Terrasse, von der man einen traumhaften Blick auf die Veldener Bucht genießen kann. Die Überraschungsmenüs kombiniert mit Casinoeintritt sind preislich in Ordnung und ein feiner Auftakt zu einem stilvollen Casinoabend. In seinem dritten Jahr am Wörthersee präsentiert sich Küchenchef Marcel J. Vanic in schwankender Form, die wohl durch die Größe des Hauses zu erklären ist. Unverändert setzt er auf eine traditionelle, klassische Küche, die mit recht gelungenen überraschenden Kombinationen aufgelockert wird. Alles wird handwerklich top umgesetzt, verarbeitet werden ausschließlich erstklassige Rohstoffe. Die Weinkarte ist sehr umfangreich und bietet ein ausgezeichnetes Angebot an österreichischen und internationalen Weinen vor allem aus Italien und Frankreich. **Aus der Karte:** Mille feuille vom Kalbstafelspitz und Spargel; Kaninchenrücken mit Bachkresse und Spargelnudeln; Caipirinha-Mousse mit Erdbeeren.

Kärnten

Pavillon

Seecorso 8, 9220 Velden, Tel./Fax: 04274/511 09
Küchenzeiten: 11–22 (November bis März: Mo., Di. geschlossen).
Einer der Hot Spots am Seecorso. Das mediterran-regionale Speiseangebot ist durchaus ansprechend und die Speisenkarte verrät dem Gast die Philosophie: „Jung, anders und frisch mit regionalen und internationalen Einflüssen, dem Produkt entsprechend und mit Leidenschaft/Passione zubereitet."

Tschernitz

Süduferstraße 112, 9220 Velden, Tel.: 04274/30 00, Fax: 231 88, g.faderl@aon.at
Küchenzeiten: 11.30–14.30, 17.30–23 (Oktober, April bis Juni, September Di. Ru.).
Inhaber: Günter Faderl. **Küchenchef:** Dietmar Molzbichler. **CC:** Amex, Diners, MC/EC, Visa. **Sitzplätze:** 60. **Garten:** 50.
Durchschnittspreis bei 3 Gängen: € 32,–.
Nachdem Günter Faderl das Traditionshaus aus dem Dornröschenschlaf geweckt hat, geben sich hier die Reichen und Schönen, Sommerfrischler und nicht zuletzt Genießer wieder ein fröhliches Stelldichein. Küchenchef Dietmar Molzbichler gehört gewissermaßen schon zum Inventar des Hauses und dementsprechend gediegen und routiniert fällt seine Interpretation der hierorts typischen mediterran inspirierten Kärntner Küche aus. Gerichte wie Gänsestopfleber oder Tournedos Rossini zielen auf den wohl situierten Teil der Klientel ab. Im Weinkeller lagert ein gutes Sortiment aus aller Welt. **Aus der Karte:** Sülzchen vom Kalbstafelspitz; Tuna-Steak auf Kokos-Chili-Sauce und Basmatireis; Tranchen vom Lammrücken mit Ratatouille und Bratkartoffeln sowie Rosmarinjus; Himbeerparfait.

Zur Stiege

in der Villa Bulfon, Seepromenade 1, 9220 Velden, Tel.: 04274/26 14, Fax: 263 313, restaurant.zur.stiege@aon.at, www.restaurant-zur-stiege.at
Küchenzeiten: 18.30–21.30 (Mai bis September). **Inhaber/Küchenchef:** Herbert Ranstl.
Sommelier: Alfred Gipfler. **CC:** Amex, Diners, MC/EC, Visa.
Sitzplätze: 60. **Garten:** 60. **Übernachtungsmöglichkeit.**
Die Anlage der Villa Bulfon ist fürwahr herrschaftlich, man denke allein an den drei Hektar großen Park direkt am Wörthersee. Das Haus bietet zudem 35 Zimmer und Suiten, zählt zur Gruppe der Schlosshotels und wartet seit vergangenem Sommer mit einem erfahrenen Koch auf: Herbert Ranstl, bekannt aus seiner „Stiege" im Salzburger Werfen, entwirft und kocht hier während der Sommermonate täglich zwei feine Menüs. Er tut das mit der für ihn bekannten Akribie, und getreu seinen klassischen französischen Vorbildern verschafft er den Zutaten einen würdigen Rahmen in Form von „Mänteln" aus Rucola etc. sowie Farcen und Soufflés. Einen ebensolchen Rahmen bietet naturgemäß auch

Kärnten

die Villa Bulfon, deren Inneneinrichtung einen neuen Anstrich bekam und sich reizvoll präsentiert. Gleichermaßen beherrscht der aufmerksame Oberkellner den kompetenten, jedoch niemals steifen Umgang mit dem Gast, berät aus der Weinkarte, die durchaus angemessen bestückt ist und hält zu guter Letzt einige gute Destillate bereit. Sollten Sie die Absicht haben, bei schönem Wetter im Bulfon zu dinieren, bestellen Sie unbedingt einen Tisch im Garten – dieser ist traumhaft. **Aus der Karte:** Mousse vom Fenchel mit norwegischen Garnelen; Wildlachs aus Schottland im Frühlingsrollenteig auf einem Püree von Zuckererbsen; Rücken vom Milchkalb mit sautierten Eierschwammerln, grünem Spargel und feinen Nudeln.

 ÖBB

Die Post

★ | 59

Hauptplatz 26, 9500 Villach, Tel.: 04242/261 01, Fax: Dw. 420,
info@romantik-hotel.com, www.romantik-hotel.com
Küchenzeiten: Di.–Sa. 11.45–14.30, 18.30–22.30. **Inhaber:** Franz und Peter Kreibich.
Küchenchef: Erwin Kraßnitzer. **Sommelier:** Markus Schaumberger. **CC:** Amex, Diners, MC/EC, Visa. **Sitzplätze:** 90. **Garten:** 30. **Durchschnittspreis bei 3 Gängen:** € 33,–. **Übernachtungsmöglichkeit.**
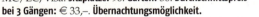

Das Restaurant im renommierten Romantikhotel Post am Hauptplatz von Villach ist eine sichere Adresse für ein gelungenes Essen mit Freunden oder Geschäftspartnern. Klassisch, traditionell und doch immer wieder innovativ überzeugt die Küche mit dem neuen Chef Erwin Kraßnitzer, der sich auf die Zubereitung regionaler Gerichte ebenso versteht wie auf mediterran akzentuierte Kreationen. Erstklassige Produkte, interessante Kombinationen und perfekte Zubereitung garantieren ein positives Gesamtergebnis. Die Weinkarte ist nicht aufregend, aber durchaus solide mit edlen Weinen aus Österreich und dem Ausland bestückt. Ein Highlight ist das eigens von der Villacher Brauerei für die „Post" kreierte Post Bräu. **Aus der Karte:** Carpaccio vom Naturrind mit Regiano und kleinem Salat; Spargelcremesuppe mit Frischkäse-Mandel-Nockerln; Medaillons vom Schweinefilet mit Pilzen, Gemüseallerlei und Nudeln; Crème brûlée mit Steinpilzeis und Waldbeeren.

Gasser

Vassacher Straße 63, 9500 Villach, Tel.: 04242/245 09
Küchenzeiten: Mi.–Mo. 11–21.
Dieser Gasthof an der Nordumfahrung von Villach bietet seinen Gästen vorwiegend hausgemachte Kärntner Spezialitäten, die sich insbesondere bei der einheimischen Bevölkerung großer Beliebtheit erfreuen. Viele der verwendeten Rohstoffe kommen aus der eigenen Landwirtschaft. Auch eine zünftige Jause darf an einem solchen Platz nicht fehlen.

Kärnten

Genottehöhe

Genottehöhestraße 40, 9504 Villach, Tel.: 04242/379 18, Fax: Dw. 3
Küchenzeiten: Mi.–Mo. 11.30–22.30. **Übernachtungsmöglichkeit.**
Die sehr ambitioniert geführte „Genottehöhe" bietet nicht nur eine schöne Aussicht auf Villach und ist Heimat eines alljährlich stattfindenden Jazzfestivals, auch die gepflegte Hausmannskost wird zu Recht gelobt. Von der Brettljause über diverse Kärntner Nudeln bis hin zum Glundner Käse schmeckt einfach alles delikat.

Kaufmann & Kaufmann

Dietrichsteingasse 5, 9500 Villach, Tel.: 04242/258 71, Fax: Dw. 4,
kaufmann@kauf-mann.at, kauf-mann.at
Küchenzeiten: Di.–Sa. 11.30–13.45, 18–23 (an Fei. geschlossen). **Betriebsferien:** 28. 8.–12. 9. 2005. **Inhaberin/Küchenchefin:** Brigitte Kaufmann. **Sommelier:** Christian Kaufmann. **CC:** Visa. **Sitzplätze:** 80. **Garten:** 60.
Durchschnittspreis bei 3 Gängen: € 32,–.

Die gemütliche Osteria der Kaufmanns ist nicht ganz leicht zu finden, hat man aber einmal sein Platzerl erobert, steht dem Genuss nichts im Weg. Insbesondere natürlich sommers, wenn im romantischen Innenhofgarten serviert wird. Brigitte Kaufmann hat eine eigenständige Küchenlinie entwickelt, die sich mit viel Geschick kärntnerischer und norditalienischer Rezepturen bedient, diese aber kreativ verfeinert und den Jahreszeiten anpasst. Die traditionellen Nudeln werden übrigens von der Oma gefertigt, was fraglos ein Gütesiegel ohnegleichen ist. Die Topform früherer Jahre haben wir aber dieses Mal vermisst. Für den Weinvorrat zeichnet Patron Christian Kaufmann verantwortlich. Im Rahmen eines Gesprächs mit dem Chef offenbart sich so manche Überraschung in Form einer gut gereiften Weinrarität. **Aus der Karte:** Spargelmus mit hausgeräuchertem Rohschinken; Störfilet auf Bärlauchrahm, Bandnudeln; Kalbstafelspitz mit Wurzelgemüse, Schnittlauchsauce und Erdäpfelrösti; Mohnstrudel auf Vanillerahm.

Urbani-Weinstuben

Meerbothstraße 22, 9500 Villach, Tel.: 04242/281 05, Fax: Dw. 4,
urbani.restaurant@i-one.at, www.restaurant-urbani.at
Küchenzeiten: Mo.–Fr. 11.30–14.30, 17.30–22.15. **Betriebsferien:** zweite und dritte Woche im Jänner, zweite Woche im Juli 2005. **Inhaber/Küchenchef:** Michael Kaspar. **Sommelières:** Patricia Kaspar, Nina Egartner. **CC:** Amex, Diners, MC/EC, Visa. **Sitzplätze:** 35. **Garten:** 25. **Durchschnittspreis bei 3 Gängen:** € 31,–.

Nettes und angenehmes Lokal, das von den Wirtsleuten mit viel Animo geführt wird. In der Küche werkt Patron Michael Kaspar, der sich ganz her-

Kärnten

vorragend auf die hierzulande so beliebte Fusion von Kärntner und italienischer Küche versteht. Und da alles mit Liebe und Können zubereitet wird, ergeben Branzino und Nockalmrind ein harmonierendes Ganzes. Dieses Jahr scheint uns aber, dass die Routine die Phantasie ein wenig in den Hintergrund gedrängt hat. Gar nicht schlecht ist das Weinangebot, das durch die Bank fair kalkuliert ist und schöne Weine aus aller Welt offeriert. **Aus der Karte:** Thunfischcarpaccio mariniert, mit Baguette; Branzino gebraten, am Tisch filetiert; Filetsteak vom Nockalmrind mit Kräuterbutter, Beilage; Lasagne von weißer und schwarzer Schokolade.

WARMBAD VILLACH | I11   **ÖBB**

Das kleine Restaurant

im Hotel Warmbaderhof, Kadischenallee 22–24, 9504 Warmbad Villach,
Tel.: 04242/30 01-0, Fax: Dw. 80, warmbaderhof@warmbad.at, www.warmbad.at
Küchenzeiten: 12–14, 18.30–21.30. **Inhaberin:** Susanna Mayerhofer. **Küchenchefs:** Johann Jantschnig, Herbert Orasch. **Sommelier:** Adolf Marak. **CC:** Amex, Diners, MC/EC, Visa. **Sitzplätze:** 24. **Durchschnittspreis bei 3 Gängen:** € 40,–. **Übernachtungsmöglichkeit.**

Sprichwörtlich klein, aber fein ist das Restaurant im Hotel Warmbaderhof des südlichsten Thermenresorts von Österreich. Die Küchenlinie ist traditionell klassisch österreichisch ausgerichtet, zeitgemäß aber mit mediterranen und asiatischen Akzenten aufgefrischt. Man kocht leicht und ohne viel Künstelei, bedient sich ausschließlich bester Rohstoffe. Mit dem Abgang von Sommelier Gottfried Rath hat das Haus zwar ein wenig an Flair verloren, was aber nichts an dem niveauvollen Weinangebot des Hauses ändert. Österreich, Italien und Frankreich sind jeweils mit einer Vielzahl an feinen Weinen vertreten. **Aus der Karte:** Bärlauchmousse an Salat von Spargel und Riesengarnelen; Seeteufelmedaillons am Zitronengrasspieß auf Tomatencoulis und Sepianudeln; Gebratene Maishendlbrust auf Spargelrisotto und Frühlingsmorcheln; Schokoladenmousse auf Früchtegarnitur.

Wirt in Judendorf   *VipTipp*

Judendorfer Straße 24, 9504 Warmbad Villach, Tel.: 04242/565 25, Fax: Dw. 7
Küchenzeiten: Di.–So. 11.30–22 (Februar bis Ostern auch So. geschlossen).
„Moderne Hausmannskost, gepaart mit Kärntner Spezialitäten in angenehmer Atmosphäre, trägt zu einem gelungenen, gemütlichen Abend bei. Dazu zählt auch die freundliche Bedienung sowie die sensationelle Weinkarte, die man dort einfach nicht vermutet. Neben österreichischen (besonders steirischen) Weinen ist natürlich Italien (besonders Friaul) bestens vertreten und all das zu kulanten Preisen."

Empfohlen von Brigitte Neumeister, Schauspielerin

Kärnten

WEISSENSEE | 19/10 **ÖBB**

Alpenhof

Naggl-Panoramaweg 1, 9762 Weißensee, Tel.: 04713/21 07-0, Fax: Dw. 15,
info@alpenhof-weissensee.at, www.alpenhof-weissensee.at   B@G
Küchenzeiten: 12–14, 18.30–20.30. **Betriebsferien:** 2. 11.–17. 12. 2004; 13.–20. 3. 2005.
Inhaber: Hans Zöhrer. **Küchenchef:** Tobias Bottlender. **Sommelier:** Mark Haas.
CC: Amex, Diners, MC/EC, Visa. **Sitzplätze:** 120. **Garten:** 16. **Durchschnittspreis
bei 3 Gängen:** € 24,–. **Übernachtungsmöglichkeit.**

Der Alpenhof ist ein Stück Paradies inmitten von Wiesen, Wäldern und Almen.
Sommers sitzt man auf der schönen Terrasse und genießt den traumhaften
Ausblick auf die Ostbucht des Weißensees, winters locken die gemütlichen
Stuben. Gäste, die sich entschließen, Trennkost und Reduktionskost zu vergessen, werden mit feinen Schlemmereien verwöhnt, die sich mal regional, mal
weltoffen und mal vital, jedoch immer geschmacklich rund präsentieren. Viele
der Rohstoffe kommen von regionalen Biobauern oder von der Kräuteralm im
Himmelreich, die Fische manchmal aus dem zu Füßen liegenden See. Rundum
ein stimmiges Programm, das auch ohne Aussicht und Ambiente überzeugen
könnte. Die hauptsächlich aus Österreich stammenden Weine sind fair kalkuliert, was eine nähere Auseinandersetzung mit der Materie nahe legt. Spätestens beim wunderbaren Frühstück am nächsten Morgen wird man dankbar
sein, dass man geblieben ist. **Aus der Karte:** Winterliche Blattsalate mit Hirschschinkenstreifen an Balsamico-Vinaigrette; Pochiertes Viktoriabarschfilet an
Weißweinschaumsauce mit Gemüsestroh; Kalbsbraten an Calvadossauce mit
grünen Tagliatelle und gefüllter Tomate; Stracciatellamousse mit Safranbirne.

Ronacherfels Waterfront

Neusach 40, 9762 Weißensee, Tel.: 04713/21 72, Fax: Dw. 24
Küchenzeiten: Di.–So. 12–14.45, 18–21. **Übernachtungsmöglichkeit.**
„Am vielleicht schönsten Platz des höchstgelegenen Badesees mit Blick auf die
Dolomiten. Auf der Seeterrasse und der in den See hinausragenden Sonnenveranda kann man köstlich speisen. Fangfrische Fische, wie eine knusprig
gebratene Rheinanke, werden durch Fleischgerichte vom Almochsen bestens
ergänzt. Gutes Weinangebot und Glaskultur."

Empfohlen von Robert La Roche, Designer

Ein Fest für Auge, Nase und Gaumen

Der „SALON Österreichischer Wein" ist vollständig. Ende Juni fand in den Redoutensälen der Wiener Hofburg die mit Spannung erwartete Vorstellung der frisch gekürten Salonwinzer statt. Junge, aufstrebende Qualitätsproduzenten präsentierten dabei gemeinsam mit den renommierten Größen des Weinbaus die Vielfalt und Güte der österreichischen Weinkultur. Nach der Erstpräsentation startete die von vielen mit Spannung erwartete SALON-Tournee durch die Bundesländer.

Konzept SALON Österreichischer Wein 2004

Salon-Sieger

Dies sind die elf endgültigen Sieger der großen Finalverkostung der Salon-Jury.

Salon-Auserwählte

Die Salon-Auserwählten sind die elf von den Redaktionen der Fachmagazine und Wein-Guides, internationalen und österreichischen unabhängigen Fachjournalisten und Sommeliers meistnominierten Weine.

Das SALON-Buch 2004

Das neue Buch „Österrreichs SALON-Weine 2004" ist zum Preis von € 5,– in allen heimischen Trafiken sowie beim Österreichischen Agrarverlag (buch@agrarverlag.at) erhältlich. In kompakter Form bietet der Guide eine Fülle an Informationen über die Weinbaugebiete und ihre SALON-Weingüter und eignet sich hervorragend als Degustationskatalog und Wein-Ratgeber.

Weitere Informationen unter:

info@weinausoesterreich.at
www.weinausoesterreich.at

Österreichs beste
Weine

Die besten Weingüter

Österreichs Weine werden immer besser. Das können wir mit Fug und Recht behaupten, selbst wenn 2003 für die Weißweine durch die große Hitze nicht ganz unproblematisch war. Die Anzahl der verkosteten Weine ist wieder angestiegen: 1385 waren es heuer. Das allgemeine Niveau stieg ebenfalls deutlich, sodass wir heuer nicht nur schon bei 88 Punkten Schluss machen mussten (was aber immer noch 999 aufgeführte Weine bedeutet), sondern Weinbeschreibungen erst ab 92 Punkten abdrucken können. Allerdings sind die Weine von 85 Punkten aufwärts auf unserer Homepage (www.alacarte.at) abrufbar.

Die Stars der heurigen Probe waren die üblichen Verdächtigen: Veltliner, Riesling und Sauvignon. Die Veltliner erinnerten überraschenderweise ein wenig an 1991, die mit ihren wunderbaren Steinobstnoten sich blind mit dem Riesling verwechselbar zeigten. Als Gruppe ebenfalls so gut wie schon lang nicht mehr: die Muskateller.

Bei den Roten gab's ebenfalls wunderschöne Weine im gesamten Spektrum, allerdings mit der Einschränkung, dass viele der eingereichten 2003er – vor allem bei Pinot Noir und St. Laurent – viel zu früh aus dem Fass gekommen waren, wogegen sich die jungen Blaufränkischen überraschend zugänglich und charmant zeigten. Eine sichere Bank sind stets die Edelsüßen, wobei nicht nur der grandiose Jahrgang 2001, sondern auch der Nachfolger 2002 sich von der besten Seite zeigte.

Was uns nicht gefallen hat: zu viele zu weiche Chardonnays, so manche mit unharmonischem Zuckerrest versehen. In geringem Umfang gilt das auch für die Gruppe der Grau- und Weißburgunder: So viel Asienküche (wo der Zuckerrest hinpasst) gibt's nicht.

Wie immer erfolgte die Verkostung blind in Sortengruppen nach steigendem Alkoholgehalt, bei Süßweinen nach steigendem Restzucker. Heuer neu: Die besten 247 Weine wurden einer Finalverkostung unterzogen, bei der Eveline Eselböck („Taubenkobel", Schützen), Hermann Döllerer (Hotelier und Vinothekar, Golling), Alexander Gottardi (St.-Urban-Kellerei, Innsbruck), Hubert Fohringer (Vinothekar, Spitz an der Donau), Karl Seiser (Restaurant im Palais Coburg, Wien) und Autor Michael Prónay die Jury bildeten.

Die Abkürzungen:
BAL Beerenauslese
BB Blauburger
BF Blaufränkisch
BO Bouvier
BP Blauer Portugieser
CF Cabernet Franc
CH Chardonnay
CS Cabernet Sauvignon
FV Frühroter Veltliner
GM Gelber Muskateller
GT Gewürztraminer
GV Grüner Veltliner
ME Merlot
MO Muskat-Ottonel
MT Müller-Thurgau (Rivaner)
NE Neuburger
PB Weißburgunder (Pinot Blanc)
PG Ruländer (Pinot Gris)
PN Blauburgunder (Pinot Noir)
RG Rotgipfler
RI Riesling
RO Roesler
RV Roter Veltliner
SÄ Scheurebe (Sämling 88)
SB Sauvignon Blanc
SL St. Laurent
SY Syrah
TBA Trockenbeerenauslese
TR Traminer
VI Viognier
WR Welschriesling
ZF Zierfandler
ZW Zweigelt

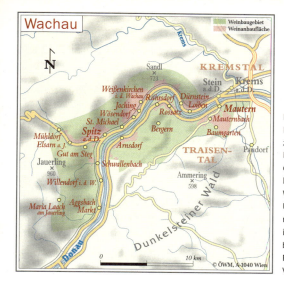

Rebfläche: 1.350 ha. Das enge Donautal zwischen Melk und Krems gilt als eine der schönsten Flusslandschaften der Welt. Auf steilen Urgesteinsterrassen reifen die Reben unter idealen Wachstumsbedingungen. Rebsorten: Grüner Veltliner und Riesling.

Leo Alzinger

3601 Unterloiben 11, Tel.: 02732/779 00,
Fax: Dw. 50, weingut@alzinger.at,
www.alzinger.at

94 2003 Grüner Veltliner Reserve *14 % vol.*

Unauffällige, dann immer präsenter werdende, ganz große, dichte Nase; das Steinobst ist da, ungemein dicht, reifer Apfel im Hintergrund, saftig und fest, mehr Wucht als Finesse, ein Monster von einem Wein, aber dennoch grandios.

94 2003 Riesling Smaragd Steinertal *13,5 % vol.*

Fruchtglanz pur, Rieslingfrucht wie aus dem Bilderbuch, dabei fokussiert und blitzsauber abgegrenzt; prachtvolle Frucht, wunderschöne Dichte, glänzt und tänzelt fast verspielt, großer Wein.

93 2003 Grüner Veltliner Smaragd Loibenberg *13,5 % vol.*

Prachtnase nach Rosenblüten und Steinobst; wunderbar extraktsüß, prachtvolle Frucht, ganz großer Stoff, einer der schönsten des Jahrgangs.

92 2003 Grüner Veltliner Smaragd Steinertal *13,5 % vol.*

Tolle Nase, saftig und dicht, profund und ultraklassisch; Bilderbuchveltlinerfrucht, wunderschön klar und fein, ein Klasseveltliner.

91 2003 Riesling Smaragd Loibenberg *13,5 % vol.*

---

www.alacarte.at – Die besten Weine

Wachau

Dinstlgut Loiben

3601 Unterloiben 51,
Tel.: 02732/855 16, Fax: Dw 25,
office@dinstlgut.at, www.dinstlgut.at
- 91 2002 TBA Riesling Loibenberg *7,5 % vol.*

Sighardt Donabaum

3620 Spitz, Zornberg 4,
Tel.: 02713/22 87,
0676/513 84 05, Fax: Dw. 4,
sighardt@donabaum.com, www.donabaum.com
- 91 2003 Grüner Veltliner Smaragd Atzberg *14 % vol.*
- 91 2003 Grüner Veltliner Smaragd Zornberg *13 % vol.*
- 91 2003 Riesling Smaragd Brandstatt *13,5 % vol.*
- 90 2003 Gewürztraminer Smaragd Bruck *13,5 % vol.*
- 90 2003 Riesling Smaragd Tausendeimerberg *13,5 % vol.*

Freie Weingärtner Wachau

3601 Dürnstein 107,
Tel.: 02711/371, Fax: Dw. 13,
office@fww.at, www.fww.at
- 90 2003 Grüner Veltliner Smaragd Kellerberg *13,5 % vol.*
- 90 2003 Pinot Blanc Smaragd Terrassen *13 % vol.*
- 89 2003 Cuvée Clarissima (RI, GM) *12 % vol.*
- 89 2003 Grüner Veltliner Smaragd Achleiten *13 % vol.*
- 88 2003 Riesling Smaragd Terrassen *13 % vol.*

Stefan Gebetsberger

3620 Spitz, Hauptstraße 34,
Tel.: 02713/20 96, Fax: Dw. 14,
wein@weingut-gebetsberger.at,
www.weingut-gebetsberger.at
- 91 2003 Riesling Smaragd 1000-Eimer-Berg *13,5 % vol.*
- 90 2003 Grüner Veltliner Smaragd Steinporz *13,5 % vol.*
- 89 2003 Grüner Veltliner Federspiel Steinporz *12,5 % vol.*
- 89 2003 Riesling Federspiel 1000-Eimer-Berg *12,5 % vol.*

F. J. Gritsch, Mauritiushof

3620 Spitz, Kirchenplatz 13,
Tel.: 02713/24 50, 0676/356 40 88, Fax: 24 50,
weingut@mauritiushof.at, www.mauritiushof.at
- 91 2003 Grüner Veltliner Smaragd Singerriedel *14 % vol.*
- 90 2003 Riesling Federspiel 1000-Eimer-Berg *12,5 % vol.*
- 90 2003 Riesling Smaragd 1000-Eimer-Berg *13,5 % vol.*
- 89 2003 Grüner Veltliner Federspiel Singerriedel *12,5 % vol.*
- 89 2003 Weißburgunder Smaragd Pluris *14 % vol.*

Wachau

Maria Hick
3621 Oberarnsdorf 58, Tel.: 02714/82 14, Fax: Dw. 4,
weingut@hick.at, www.hick.at
- **90 2003 Grüner Veltliner Federspiel Rupertiwein** *12,5 % vol.*
- **90 2003 Riesling Optimus Mitterberg** *13 % vol.*
- **89 2003 Grüner Veltliner Smaragd Steigelstal** *13,5 % vol.*

Franz Hirtzberger
3620 Spitz, Kremser Straße 8, Tel.: 02713/22 09, Fax: Dw. 20
- **96 2003 Riesling Smaragd Singerriedel** *13,5 % vol.*
  Wow – die schiere Brillanz des Riesling entströmt dem Glas; herrlicher Fruchtkorb, cremig-seidige Textur, lupenreine Definition, sagenhafte Länge, großer Wein im Weltmaßstab.
- **94 2003 Grüner Veltliner Smaragd Honivogl** *14 % vol.*
  Feingliedrige, ungemein attraktive Frucht; herrliche Präsenz, wunderschöne Dichte, prachtvoller Tiefgang, glockenklarer Glanz, feinnervige Säurestruktur, erstklassig und groß.
- **94 2003 Riesling Smaragd Hochrain** *13,5 % vol.*
  Die Nase merklich verhaltener als der Singerriedel, geht mit Luft aber wunderschön auf; am Gaumen zeigt er in unglaublicher Weise auf: herrliche Frucht, bezwingende Größe, mineralische Tabaknoten, brillant.
- **91 2003 Grüner Veltliner Smaragd Axpoint** *13,5 % vol.*
- **90 2003 Weißburgunder Smaragd Steinporz** *13,5 % vol.*

Josef Max Högl
3620 Spitz, Vießling 31, Tel.: 02713/84 58, Fax: Dw. 4,
weingut.hoegl@weinserver.at, www.weingut-hoegl.at
- **92 2003 Grüner Veltliner Steinertal** *14,5 % vol.*
  Frisch, saftig, Hauch von Orangen; ganz besonders fein, extraktsüß, vielschichtig, komplex, dicht, lang, prachtvoll.
- **91 2003 Grüner Veltliner Stammliegenschaft Schön** *14 % vol.*
- **91 2003 Riesling Smaragd Bruck** *13 % vol.*
- **90 2003 Riesling Smaragd Vision** *13,5 % vol.*
- **89 2003 Grüner Veltliner Smaragd Schön** *13,5 % vol.*

SEMINAR-ZENTRUM

Genussbesuch:
Lernen beim Wein
Seminare und Riedenfahrten

3601 Dürnstein 107, Tel.: +43 (0) 2711 371, Fax: +43 (0) 2711 371-13, E-Mail: office@fww.at Internet: www.fww.at

Wachau

Alois Höllmüller

3610 Joching in der Wachau, Weinbergstraße 46,
Tel.: 02715/23 80, 0664/433 74 92, Fax: 23 80,
office@weingut-hoellmueller.at, www.gruener-veltliner.at
- 91 2003 **Riesling Smaragd Pichlpoint** *13 % vol.*
- 90 2003 **Grüner Veltliner Federspiel Pichlpoint** *12,5 % vol.*
- 90 2003 **Grüner Veltliner Smaragd Pichlpoint** *14 % vol.*
- 89 2003 **Grüner Veltliner Federspiel Stein am Rain** *12,5 % vol.*
- 89 2003 **Riesling Federspiel Jochinger Anger** *12,5 % vol.*

Karl Holzapfel

3610 Joching 36, Tel.: 02715/23 10, Fax: Dw. 9,
weingut@holzapfel.at, www.holzapfel.at
- 91 2003 **Grüner Veltliner Federspiel Achleiten** *12,5 % vol.*
- 90 2003 **Grüner Veltliner Federspiel Zehenthof** *12,5 % vol.*
- 90 2003 **Riesling Smaragd Vorderseiber** *13 % vol.*
- 89 2003 **Grüner Veltliner Smaragd Achleiten** *13,5 % vol.*
- 88 2003 **Riesling Federspiel Zehenthof** *12 % vol.*

Friedrich Hutter, Silberbichlerhof

3512 Mautern, St. Pöltner Straße 385,
Tel.: 02732/830 04, Fax: Dw. 4,
hutter-wachau@aon.at, www.hutter-wachau.at
- 90 2003 **Grüner Veltliner Smaragd Selektion** *13,5 % vol.*
- 89 2003 **Grüner Veltliner Federspiel Alte Point** *12,5 % vol.*

Weingut Jäger

3610 Weißenkirchen in der Wachau 1,
Tel.: 02715/25 35, Fax: Dw. 4, weingut.jaeger@utanet.at
- 91 2003 **Grüner Veltliner Federspiel Klaus** *12,5 % vol.*
- 89 2003 **Grüner Veltliner Smaragd Klaus** *13,5 % vol.*
- 89 2003 **Riesling Smaragd Achleiten** *13 % vol.*
- 88 2003 **Riesling Federspiel Steinriegl** *12,5 % vol.*

Josef Jamek

3610 Joching 45, Tel.: 02715/22 35, Fax: Dw. 22,
restaurant@jamekweingut.at, www.jamekweingut.at
- 91 2003 **Riesling Smaragd Klaus** *13,5 % vol.*
- 91 2003 **Weißburgunder Smaragd Hochrain** *13,5 % vol.*
- 89 2003 **Grüner Veltliner Smaragd Achleiten** *13,5 % vol.*

> *Sie suchen ein Weingut, wissen aber nicht, in welcher Weinbauregion es liegt? Im Registerteil am Ende dieses Buches finden Sie ein alphabetisches Gesamtregister aller aufgenommenen Winzer.*

Wachau

Emmerich Knoll

3601 Unterloiben 10,
Tel.: 02732/793 55, Fax: Dw. 5,
weingut@knoll.at

- **92 2003 Grüner Veltliner Smaragd Kreutles** *13 % vol.*
  Erstaunlich tiefe, mineralische Nase, Steinobst und Pfefferwürze; seidige Textur, unendlich viel Biss, wunderschöne Länge, überraschenderweise bereits herrlich antrinkbar.
- **91 2003 Grüner Veltliner Smaragd Loibenberg** *13,5 % vol.*
- **90 2003 Riesling Smaragd Schütt** *13,5 % vol.*
- **89 2003 Riesling Smaragd Loibenberg** *13 % vol.*

Karl Lagler

3620 Spitz, Rote-Tor-Gasse 10,
Tel.: 02713/25 16, Fax: Dw. 4,
info@weingut-lagler.at, www.weingut-lagler.at

- **91 2003 Grüner Veltliner Smaragd Vorderseiber** *13,4 % vol.*
- **89 2003 Grüner Veltliner Smaragd Steinborz** *13,5 % vol.*

Ilse Mazza

3610 Weißenkirchen in der Wachau 124,
Tel.: 02715/23 00, Fax: Dw. 73,
ilse@mazza.at, www.mazza.at

- **89 2003 Grüner Veltliner Smaragd Weitenberg** *13,5 % vol.*
  Verhalten; hübsche Frucht, freundlich, wenig Tiefe, aber sauber.

Franz Mittelbach, Tegernseerhof

3601 Unterloiben 12, Tel.: 02732/853 62,
Fax: Dw. 20, office@tegernseerhof.at,
www.tegernseerhof.at

- **91 2003 Grüner Veltliner Bergdistel** *13,5 % vol.*
- **91 2003 Grüner Veltliner Loibenberg** *12,5 % vol.*
- **91 2003 Riesling Kellerberg** *13,5 % vol.*
- **90 2003 Grüner Veltliner Höhereck** *14 % vol.*
- **88 2003 Riesling Steinertal** *13 % vol.*

F. X. Pichler

3601 Oberloiben 27,
Tel.: 02732/853 75, Fax: Dw. 11,
winery@fx-pichler.at

- **96 2003 Riesling Smaragd Kellerberg** *14 % vol.*
  Die Frucht explodiert im Glas mit einmaliger Brillanz; am Gaumen krallt sich das flüssige Urgestein richtiggehend fest, weich in der Textur und dennoch punktgenau fokussiert: ganz, ganz großer Wein.

Wachau

95 2003 Grüner Veltliner Smaragd Kellerberg *14 % vol.*
Zuerst „nur" wunderschön in der Frucht, dann aber eine Fruchtexplosion; glasklare, herrlich feine Frucht, singt, klingt und strahlt, vielschichtig, elegant, absolut prachtvoll, grandioser Wein.

93 2003 Grüner Veltliner Smaragd Loibner Berg *14 % vol.*
Tiefe, dichte, geschmeidige Nase, unendlich tief; herrlich strahlende Frucht, floral und doch profund, ungemein tief, strahlt und singt, großer Wein.

91 2003 Riesling Smaragd Steinertal *13,5 % vol.*

90 2003 Riesling Smaragd Loibner Berg *13,5 % vol.*

Maria & Franz Pichler SALON ÖSTERREICHISCHER WEIN

3610 Wösendorf 68, Tel.: 02715/23 07-0, Fax: Dw. 15,
weingut.pichler@aon.at

91 2003 Grüner Veltliner Smaragd Kollmitz *14 % vol.*
91 2003 Riesling Smaragd Pfaffenalm *13 % vol.*
90 2003 Riesling Smaragd Harzenleiten *13 % vol.*
88 2003 Weißburgunder Smaragd Gaisberg *13 % vol.*

Rudi Pichler

3610 Wösendorf 38, Tel.: 02715/22 67, Fax: Dw. 4,
weingut@rudipichler.at

94 2003 Grüner Veltliner Smaragd Hochrain *14 % vol.*
Tiefe, feste, mineralische Dichte; prachtvolle Frucht, dezenter Glanz, mehr Mineralität als brillante Strahlkraft, unauffällig grandios.

94 2003 Riesling Smaragd Achleiten *13 % vol.*
Prachtvolle Tiefe, feinste Fruchtwürze; wunderschöner Fruchtglanz, viel Schmalz, dabei aber immer klar abgegrenzt, ausgezeichnet, perfekt vinifiziert.

91 2003 Riesling Smaragd Steinriegl *13 % vol.*
90 2003 Grüner Veltliner Smaragd Kollmütz *13,5 % vol.*
90 2003 Riesling Smaragd Kirchweg *13 % vol.*

Weingut Prager

3610 Weißenkirchen in der Wachau, Wachaustraße 48, Tel.: 02715/22 48, Fax: 25 32,
prager@weissenkirchen.at, www.weingutprager.at

94 2003 Grüner Veltliner Smaragd Achleiten *13 % vol.*
Wunderbar feine, steinobstige Mineralik; dichte, saftige, strahlende Frucht, singt und klingt, vielschichtig und dabei herrlich transparent, ganz ausgezeichnet.

94 2003 Riesling Smaragd Achleiten *13,3 % vol.*
Verhaltener als die Klaus; dafür am Gaumen wunderschön aufgehend, idealtypische Frucht, ein Prachtwein aus einem Guss, lang und wirklich fein.

92 2003 Riesling Smaragd Wachstum Bodenstein *13,5 % vol.*
Wunderbar mineralische Nase, rauchig, mit deutlichem Grapefruiteinschlag; feste, herrlich feine Frucht, wunderschöner Fruchtglanz, feiner Biss, aus einem Stück gemeißelt, großer Wein.

Wachau

91 2003 Riesling Smaragd Klaus *13,3 % vol.*
90 2003 Grüner Veltliner Smaragd Zwerithaler *13 % vol.*

Johann Schmelz

3610 Joching 14,
Tel.: 02715/24 35, Fax: Dw. 4,
info@schmelzweine.at, www.schmelzweine.at

92 2003 Riesling Smaragd Steinriegl *13,3 % vol.*
Feiner, tiefer Fruchtglanz voller Komplexität; archetypische Rieslingfrucht, wunderbar zizeliert, ausgezeichnet und endlos lang.
91 2003 Grüner Veltliner Smaragd Höhereck *14,3 % vol.*
90 2003 Grüner Veltliner Smaragd Selektion Pichl Point *14 % vol.*
89 2003 Grüner Veltliner XL Limited Edition *13,3 % vol.*
89 2003 Riesling Smaragd Dürnsteiner Freiheit *13,6 % vol.*

Johann Schwarz

3601 Dürnstein 55,
Tel.: 02711/280, 0664/338 46 58, Fax: Dw. 12,
js@weingut-schwarz.at, www.weingut-schwarz.at

91 2003 Grüner Veltliner Smaragd Loibner Sätzen *13,5 % vol.*
91 2003 Riesling Kabinett Dürnsteiner Schütt *13 % vol.*
90 2003 Riesling Smaragd Dürnsteiner Schreiberberg *13 % vol.*
88 2003 Riesling Federspiel Dürnsteiner Schreiberberg *12 % vol.*

Karl Stierschneider, Kartäuserhof

3610 Weißenkirchen in der Wachau, Kremser Straße 6,
Tel.: 02715/23 74, Fax: Dw. 4,
k.stierschneider@aon.at, www.stierschneider.at
90 2003 Grüner Veltliner Federspiel Hausweingarten *12,5 % vol.*
90 2003 Grüner Veltliner Smaragd Achleiten *13,5 % vol.*
90 2003 Riesling Smaragd Achleiten *12,5 % vol.*
89 2003 Riesling Federspiel Steinriegl *12 % vol.*
88 2002 Riesling Smaragd Achleiten *12,5 % vol.*

Das DPD Weinlogistik-Paket

- Für 1*, 3*, 6 und 12 Flaschen
- 24 - 48 Stunden Belieferung
- Nachnahme möglich!

Tel. 0810 810 - 110
www.dpd.at

*Format 1 und 3 auch für Sektflaschen!

Das schnelle Paket

Wachau

Paul Stierschneider, Urbanushof

3601 Oberloiben 17,
Tel.: 02732/727 50, Fax: Dw. 28,
urbanushof@EUnet.at

- 91 2003 **Gelber Muskateller Smaragd Steinertal** *13,5 % vol.*
- 91 2003 **Grüner Veltliner Smaragd Alte Reben** *14 % vol.*
- 91 2003 **Grüner Veltliner Smaragd Loibenberg** *14 % vol.*
- 90 2003 **Riesling Smaragd Loibenberg** *13,5 % vol.*
- 90 2003 **Riesling Smaragd Rothenberg** *13,5 % vol.*

Richard Stierschneider

3601 Oberloiben 23, Tel.: 02734/23 10, Fax: Dw. 9,
deiblhof@private-weingueter.at, www.private-weingueter.at

- 90 2003 **Grüner Veltliner Smaragd** *13 % vol.*
- 90 2003 **Riesling Federspiel** *12,6 % vol.*
- 90 2003 **Riesling Smaragd** *13 % vol.*
- 89 2003 **Grüner Veltliner Federspiel** *12,4 % vol.*

Rebfläche: 3.858 ha. Das Kamptal ist von Lehm- und Lössböden dominiert; auch Urgestein hat seine Spuren hinterlassen. Hier entstehen fein-fruchtig-aromatische und gleichzeitig kraftvoll-füllige Weißweine, auch Rotwein gewinnt an Bedeutung. Rebsorten: Grüner Veltliner, Rieslinge und Burgunder-Sorten.

Josef Aichinger

3562 Schönberg am Kamp, Hauptstraße 15,
Tel.: 02733/82 37, 84 11, 0676/553 41 80,
Fax: 764 58, www.wein-aichinger.at
- 91 2003 **Grüner Veltliner Alte Rebe** *14,5 % vol.*
- 91 2003 **Weißburgunder Oberalbing** *14,5 % vol.*
- 90 2003 **Riesling Rosenberg** *13 % vol.*
- 90 2003 **Sauvignon Blanc Renner** *14,5 % vol.*

Kurt Angerer

3552 Lengenfeld bei Krems, Schickenberggasse 4,
Tel.: 0676/365 57 87, Fax: 02719/84 24,
kurt.angerer@aon.at, www.kurt-angerer.at
- 91 2003 **Grüner Veltliner Loam** *14 % vol.*
- 90 2003 **Grüner Veltliner Eichenstaude** *14,5 % vol.*
- 90 2003 **Grüner Veltliner Spies** *14,5 % vol.*

Günther Brandl

3561 Zöbing am Kamp, Lauserkellergasse 1,
Tel.: 02734/26 35-0, Fax: Dw. 4,
office@weingut-brandl.at, www.weingut-brandl.at
- 91 2003 **Grüner Veltliner Novemberlese** *14,5 % vol.*
- 91 2003 **Riesling Novemberlese** *14,1 % vol.*
- 90 2003 **Grüner Veltliner Drei Weingärten Exclusiv** *13,4 % vol.*
- 89 2003 **Riesling Heiligenstein** *12,8 % vol.*
- 89 2003 **Riesling Kogelberg Exclusiv** *13,4 % vol.*

Kamptal

Willi Bründlmayer SALON ÖSTERREICHISCHER WEIN

3550 Langenlois, Zwettler Straße 23,
Tel.: 02734/21 72, Fax: 37 48,
weingut@bruendlmayer.at, www.bruendlmayer.at

- **94 2003 Riesling Zöbinger Heiligenstein Alte Reben** *14,5 % vol.*
  Marille pur, erinnert an ausgezeichnetes Marillendestillat; saftig, extrakt- und restsüß (4,8 g), der Zucker aber nie störend, geschmeidig und lang, wunderschöne Balance, ein Gigant für die Zukunft.
- **93 2003 Grüner Veltliner Käferberg** *14 % vol.*
  Feine, dichte, fast brillante Frucht; wunderbare Extrakt- und Restsüße (4,3 g), ein Feuerwerk von Aromen, brillant und herrlich fein.
- **93 2002 TBA Muskateller** *10 % vol.*
  Abolut lupenreine Muskatnase; kernig-herzhafte Frucht, phantastische Säure, die sogar für 207 g an der Obergrenze liegt, im Moment noch nicht ganz harmonisch, aber mit gewaltigem Potenzial versehen.
- **92 2003 Riesling Zöbinger Heiligenstein Lyra** *14,5 % vol.*
  Weiche, sehr exotische Nase; lebendig und frisch, knackig und fest, hübsches CO_2, bei aller Wucht auch trinkfreundlich und animierend.
- **91 2003 Grüner Veltliner Lamm** *14,5 % vol.*

Alfred Deim

3562 Schönberg am Kamp,
Mollandserstraße 14 und Gartenzeile 7,
Tel.: 02733/82 36, 84 00, Fax: 82 36,
weinbau@deim.info, www.deim.info

- **89 2003 Grüner Veltliner Alte Reben Kamptal** *13 % vol.*
- **89 2003 Grüner Veltliner Wachau** *12,5 % vol.*
  Verhalten, dezenter Biskuitton; saftig und fest, dicht, kompakt und fein.

Peter Dolle

3491 Straß im Straßertal, Herrengasse 2,
Tel.: 02735/23 26, Fax: 28 57,
weingut@dolle.at, www.dolle.at

- **91 2003 Grüner Veltliner Heiligenstein** *13 % vol.*
- **91 2003 Riesling Gaisberg** *13 % vol.*
- **90 2003 Grüner Veltliner Gaisberg** *13 % vol.*
- **90 2003 Riesling Reserve** *14 % vol.*

Ludwig Ehn

3550 Langenlois, Bahnstraße 3, Tel.: 02734/22 36, 0664/100 94 80, Fax: Dw. 4,
weingut.ehn@ehnwein.at, www.ehnwein.at

- **93 2003 Grüner Veltliner Spiegel Titan** *14,5 % vol.*
  Alkoholisch-ätherische Nase, dicht und doch transparent, dahinter mächtige Frucht; wunderschöne, herrlich dichte Frucht, toller Wein, herrlich dicht, prachtvoll.

Kamptal

- 90 2003 Grüner Veltliner Obere Panzaun *13,5 % vol.*
- 90 2003 Riesling Zöbinger Heiligenstein *13 % vol.*
- 90 2003 Riesling Zöbinger Heiligenstein Reserve *14 % vol.*
- 89 2003 Grüner Veltliner Harein *13 % vol.*

Birgit Eichinger

*3491 Straß im Straßertal, Langenloiser Straße 365,
Tel.: 02735/56 48, Fax: Dw. 8,
office@weingut-eichinger.at, www.weingut-eichinger.at*

- 91 2002 **Chardonnay Stangl** *13,5 % vol.*
- 91 2003 **Grüner Veltliner Gaisberg** *14,5 % vol.*
- 91 2003 **Grüner Veltliner Wechselberg** *13 % vol.*
- 91 2003 **Riesling Heiligenstein** *13,5 % vol.*
- 90 2003 **Roter Veltliner Wechselberg** *13 % vol.*

Schloß Gobelsburg

*3550 Langenlois, Schloßstraße 16, Tel.: 02734/24 22, Fax: Dw. 20,
schloss@gobelsburg.at, www.gobelsburg.at*

- 93 2003 **Grüner Veltliner Kammerner Lamm** *14 % vol.*
  Herrlich mineralische Würze, so dicht wie kaum ein zweiter; exotischer Früchtecocktail, wunderbar geschmeidig, brillante Frucht, saftig und dicht, unerhörte Länge, toll.
- 92 2003 **Grüner Veltliner Kammerner Grub** *13,5 % vol.*
  Feine, tiefe Frucht; geht am Gaumen auf, die extraktsüße Frucht erinnert an Orangengelee, viel Power, saftig, im Abgang Alkohol spürbar, dennoch groß.
- 92 2003 **Riesling Alte Reben** *13,5 % vol.*
  Ganz und gar eigenwillige Nase, kaum Rieslingfrucht, dafür enorme Substanz und Mineralität, reines Terroir; prachtvoll aufgehend, unglaubliche Substanz und Dichte, ein Prachtwein.
- 92 2003 **Riesling Zöbinger Heiligenstein** *13 % vol.*
  Feine süße Steinobstfrucht mit einem frischen Honigton; weiche Fülle, kontrollierte Kraft, ein Kandidat für Jahrzehnte.
- 91 2003 **Grüner Veltliner Tradition** *13 % vol.*

Das DPD Weinlogistik-Paket

- Für 1*, 3*, 6 und 12 Flaschen
- 24 - 48 Stunden Belieferung
- Nachnahme möglich!

Tel. 0810 810 - 110
www.dpd.at
*Format 1 und 3 auch für Sektflaschen!

Das schnelle Paket

Kamptal

Michaela & Erich Haas, Weingut Allram

3491 Straß im Straßertal, Herrengasse 3,
Tel.: 02735/22 32, 0664/121 59 83, Fax: Dw. 3,
weingut@allram.at, www.allram.at

- 90 **2002 Grauburgunder Hasel** *13,5 % vol.*
- 90 **2003 Riesling Reserve Gaisberg** *14 % vol.*
- 90 **2003 Riesling Zöbinger Heiligenstein** *14 % vol.*
- 88 **2002 St. Laurent Reserve** *13 % vol.*

Oskar Hager

3562 Schönberg am Kamp, Mollands 20,
Tel.: 02733/82 78, Fax: Dw. 4,
info@weingut-hager.at, www.weingut-hager.at

- 90 **2003 Grüner Veltliner Novemberlese** *13 % vol.*
- 90 **2003 Sauvignon Blanc** *13 % vol.*
- 89 **2003 Grüner Veltliner Klassik** *12,5 % vol.*
- 89 **2003 Riesling Seeberg** *12,5 % vol.*

Ludwig Hiedler

3550 Langenlois, Am Rosenhügel 13, Tel.: 02734/24 68, Fax: Dw. 5,
office@hiedler.at, www.hiedler.at

- 92 **2003 Weißburgunder Maximum** *14 % vol.*

    Ein Hauch von Seife; am Gaumen explodiert die klassische, dichte, wunderschöne Frucht, herrliche Fülle, idealtypischer, modellhafter Weißburgunder aus dem großen Holzfass.

- 91 **2003 Grüner Veltliner Maximum** *14,5 % vol.*
- 91 **2003 Grüner Veltliner Thal Novemberlese** *13,5 % vol.*
- 90 **2003 Riesling Gaisberg** *12,5 % vol.*
- 90 **2003 Riesling Heiligenstein** *13 % vol.*

Johannes Hirsch

3493 Kammern, Hauptstraße 76,
Tel.: 02735/24 60, Fax: 360 89,
info@weingut-hirsch.at, www.weingut-hirsch.at

- 92 **2003 Grüner Veltliner Lamm** *13,5 % vol.*

    Wunderbare, feine, tiefgründige Frucht; betörende Extraktsüße, mollig-cremige Frucht, saftig und komplett, richtiggehend brillant.

- 92 **2003 Riesling Heiligenstein** *13 % vol.*

    Klare, weiche, cremige und doch tiefe Frucht; saftiger Tiefgang, der Wein explodiert förmlich am Gaumen, hier passt die Süße wunderbar, brillanter Wein, der Expressivität mit Eleganz vollendet vereint.

- 90 **2003 Riesling Gaisberg** *13 % vol.*
- 89 **2003 Grüner Veltliner Heiligenstein** *12,5 % vol.*
- 89 **2003 Riesling Zöbing** *12 % vol.*

Kamptal

Jurtschitsch, Sonnhof

3550 Langenlois, Rudolfstraße 39, Tel.: 02734/21 16, Fax: Dw. 11, office@jurtschitsch.com, www.jurtschitsch.com
- **91 2003 Grüner Veltliner Schenkenbichl** *13,5 % vol.*
- **90 2003 Grüner Veltliner Spiegel Reserve** *14,5 % vol.*
- **90 2002 Riesling Zöbinger Heiligenstein Reserve** *13,5 % vol.*
- **89 2002 Chardonnay Reserve** *14 % vol.*
- **89 2002 Zweigelt Tanzer** *13 % vol.*

Kirchmayr

3351 Weistrach 123, Tel.: 07477/421 73-0, Fax: Dw. 4, kirchmayr@wein-erlebnis.at, www.wein-erlebnis.at
- **91 2003 Straßer Grüner Veltliner Fass 2** *14,5 % vol.*
- **90 2003 Riesling Prinz Kremser Kögl** *13 % vol.*
- **90 2003 Straßer Grüner Veltliner Fass 5** *13 % vol.*

Thomas Leithner

3550 Langenlois, Walterstraße 46, Tel.: 02734/25 52, Fax: Dw. 4, kontakt@thomas-leithner.at, www.thomas-leithner.at
- **91 2003 Grüner Veltliner Privat** *14,5 % vol.*
- **91 2003 Grüner Veltliner Steinhaus** *14 % vol.*
- **90 2003 Riesling Privat** *13,5 % vol.*
- **88 2002 Zweigelt Privat** *13,5 % vol.*

Fred Loimer

3550 Langenlois, Vögerlweg 23, Tel.: 02734/22 39, Fax: Dw. 4, weingut@loimer.at, www.loimer.at
- **91 2002 Gumpold Chardonnay** *13,5 % vol.*
- **90 2003 Grüner Veltliner Spiegel** *13 % vol.*
- **90 2003 Riesling Steinmassl** *12,5 % vol.*
- **88 2003 Grüner Veltliner Käferberg** *13,5 % vol.*
- **88 2003 Riesling Loiserberg** *12,5 % vol.*
- **88 2003 Riesling Seeberg** *13 % vol.*

Maglock-Nagel

3491 Straß im Straßertal, Talstraße 116, Tel.: 02735/26 48, Dw. 4, maglock-nagel@aon.at
- **91 2003 Grüner Veltliner Gaisberg** *13,8 % vol.*
- **91 2003 Riesling Gaisberg halbtrocken** *13,1 % vol.*
- **91 2003 Riesling Wechselberg** *12,8 % vol.*
- **89 2003 Grüner Veltliner Hasel** *12,5 % vol.*

Kennen Sie ein interessantes Weingut, das Ihnen hier abgeht?
Schreiben Sie uns – wir gehen jedem Vorschlag gerne nach.

Kamptal

Rudolf Rabl

3550 Langenlois, Weraingraben 10,
Tel.: 02734/23 03, Fax: Dw. 10,
office@weingut-rabl.com, www.weingut-rabl.com
- 91 2003 **BAL Traminer** *14,5 % vol.*
- 91 2003 **Grüner Veltliner Spiegel** *12,8 % vol.*
- 89 2003 **Grüner Veltliner Vinum Optimum** *13,5 % vol.*
- 88 2003 **Riesling Steinhaus** *12,8 % vol.*

Gerald Schneider, Cobaneshof

3550 Langenlois, Weinstraße 37,
Tel.: 02734/25 64, 0664/234 45 93, Fax: Dw. 4,
info@cobaneshof.at, www.cobaneshof.at
- 89 2003 **Grüner Veltliner Steinsätz** *13 % vol.*
- 88 2003 **Riesling Straßer Wechselberg** *13 % vol.*

Karl Steininger

3550 Langenlois, Walterstraße 2, Tel.: 02734/23 72, Fax: Dw. 11,
office@weingut-steininger.at, weingut-steininger.at
- 90 2003 **Grüner Veltliner Grand Grü** *14,6 % vol.*
- 89 2003 **Grüner Veltliner Steven Holl** *13 % vol.*
- 89 2003 **Weißburgunder Novemberlese** *13,5 % vol.*

Johann Topf

3491 Straß im Straßertal, Placherkellergasse 420,
Tel.: 02735/24 91, Fax: Dw. 91,
office@weingut-topf.at, www.weingut-topf.at
- 90 2003 **Grüner Veltliner Wechselberg** *13 % vol.*
- 90 2003 **Riesling Wechselberg Spiegel** *14 % vol.*
- 90 2003 **Sauvignon Blanc Hasel** *14 % vol.*

Reinhard Waldschütz

3491 Straß im Straßertal, Elsarn 3,
Tel.: 02735/794 57, 0664/101 66 20, Fax: Dw. 4,
kontakt@weingut-waldschuetz.at, www.weingut-waldschuetz.at
- 89 2003 **Weißburgunder Fünfeckiger Stein** *13,5 % vol.*
- 89 2003 **Weißburgunder Prestige** *14 % vol.*

Heinrich Weixelbaum

3491 Straß im Straßertal, Weinbergweg 196, Tel.: 02735/22 69,
Fax: Dw. 16, weixelbaum@vinoweix.at, www.vinoweix.at
- 91 2003 **Grüner Veltliner Selection Alte Reben** *13,5 % vol.*
- 91 2003 **Grüner Veltliner Selection Wechselberg** *13,5 % vol.*
- 90 2003 **Riesling Wahre Werte Gaisberg** *13 % vol.*
- 90 2003 **Sauvignon Blanc Wahre Werte Sandgrube** *14,5 % vol.*
- 88 2003 **Weißburgunder Wahre Werte Gaisberg** *14 % vol.*

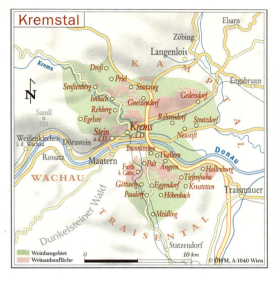

Rebfläche: 2.214 ha. Hier findet man die klassischen Böden: Urgestein im westlichen Teil, Löss und Lehm im Osten und Süden. Hier gedeihen vor allem bukettreiche und fruchtbetonte, elegante Weißweine. Rebsorten: prächtige Grüne Veltliner, markante Rieslinge, kernige Weißburgunder und Zweigelts mit Saft und Kraft.

Wolfgang Aigner

3500 Krems an der Donau, Weinzierl 53, Tel.: 02732/845 58, Dw. 14,
info@aigner-wein.at, www.aigner-wein.at
- **91** 2003 **Grüner Veltliner Sandgrube Privatfüllung** *13,5 % vol.*
- **90** 2003 **Gelber Muskateller** *12 % vol.*
- **88** 2003 **Riesling Weinzierlberg** *13 % vol.*

Weingut Berger

3494 Gedersdorf, Wiener Straße 3,
Tel.: 02735/82 34, Fax: Dw. 4,
office@weingut-berger.com, www.weingut-berger.com
- **91** 2003 **Grüner Veltliner Gebling** *13,5 % vol.*
- **89** 2003 **Chardonnay Altmandl** *13,5 % vol.*
- **88** 2003 **Riesling Steingraben** *13,5 % vol.*

Walter Buchegger

3494 Gedersdorf, Weinbergstraße 9, Tel.: 02735/89 69, 0664/442 15 34, Fax: 89 69,
weingut@buchegger.at, www.buchegger.at
- **92** 2003 **Grüner Veltliner Reserve Leopold** *14,5 % vol.*
  Gewaltige Nase, Hauch Holz? Wenn ja, dann sehr diskret; wunderschöne Orangen-Clementinen-Frucht, herrliche Komplexität, mineralisch bis zum Gehtnichtmehr.
- **90** 2003 **Grüner Veltliner Pfarrweingarten** *13,5 % vol.*
- **90** 2003 **Riesling Tiefental** *13 % vol.*
- **89** 2003 **Riesling Moosburgerin** *14 % vol.*
- **88** 2003 **Grüner Veltliner Gebling** *13 % vol.*

Kremstal

Karl Ditz, Lehenhof

3500 Krems an der Donau, Weinzierl 17, Tel.: 02732/833 90, Fax: Dw. 4, lehenhof.ditz@magnet.at, www.lehenhof-ditz.at
- **89 2003 Grüner Veltliner Selektion Viniator I** 13,5 % vol.

Meinhard Forstreiter

3506 Krems-Hollenburg, Hollenburger Kirchengasse 7, Tel.: 02739/22 96, 0664/212 93 77, Fax: Dw. 4, forstreiter.wein@utanet.at, www.forstreiter.at
- **91 2003 Grüner Veltliner Tabor** 14 % vol.
- **89 2003 Grüner Veltliner** 13 % vol.
- **89 2003 Grüner Veltliner Schiefer** 13,5 % vol.

Anton Hagen

3503 Krems-Rehberg, Seilerweg 45, Tel.: 02732/781 60, Fax: Dw. 4, weingut.hagen@gmx.at
- **91 2003 Grüner Veltliner Thurnerberg** 12 % vol.
- **90 2003 Grüner Veltliner Rehberger Weingärten** 13 % vol.
- **90 2003 Weißburgunder** 15 % vol.
- **89 2003 Grüner Veltliner Alte Reben** 14,5 % vol.
- **89 2003 Riesling Pfaffenberg** 13 % vol.

Gerald Malat

3511 Furth bei Göttweig, Lindengasse 27, Tel.: 02732/829 34, Fax: Dw. 13, weingut@malat.at, www.malat.at
- **91 2003 Grüner Veltliner Das Beste** 14 % vol.
- **91 2003 Riesling Silberbühel** 13,5 % vol.
- **90 2002 Pinot Noir** 13,5 % vol.
- **89 2002 Cabernet Sauvignon** 14 % vol.

Margit & Josef Mantler, Mantlerhof

3494 Gedersdorf, Hauptstraße 50, Tel.: 02735/82 48, Fax: Dw. 33, mantlerhof@aon.at, http://members.aon.at/mantlerhof/
- **92 2003 Grüner Veltliner Löss-Terrassen** 13 % vol.
  Tiefe Nase, Ananas, leises Pfefferl, ruhig strömend; vollmundig und dicht, extraktsüß, wunderschöne Balance, saftig und animierend.
- **90 2003 Grüner Veltliner Spiegel** 13,5 % vol.
- **89 2003 Roter Veltliner Selection** 12,5 % vol.
- **88 2003 Riesling Wieland** 13 % vol.

Anton Mayr, Vorspannhof

3552 Droß, Herrengasse 48, Tel.: 02719/23 42, Fax: Dw. 4, vorspannhof-mayr@aon.at, www.vorspannhof-mayr.at
- **91 2003 Grüner Veltliner Loiser Weg** 14 % vol.
- **91 2003 Riesling Marthal** 13,5 % vol.

Kremstal

90 2003 **Grüner Veltliner Gebling** 13,5 % vol.
89 2003 **Riesling Kremsleithen** 13 % vol.
88 2003 **Grüner Veltliner Kirchengärten** 13 % vol.

Hermann Moser

3495 Rohrendorf bei Krems, Bahnstraße 36,
Tel.: 02732/838 41, 0676/432 20 24, Fax: Dw. 41,
www.moser-hermann.at
88 2003 **Grüner Veltliner Gebling Reserve** 13 % vol.
88 2003 **Riesling Kellerterrassen** 13,5 % vol.

Lenz Moser

3495 Rohrendorf bei Krems, Lenz-Moser-Straße 1,
Tel.: 02732/855 41, Fax: 859 00, www.lenzmoser.at
90 2003 **Riesling Prestige Wachau** 12,5 % vol.
90 2003 **Weinviertel DAC** 12,5 % vol.
89 2003 **Grüner Veltliner Prestige** 12,5 % vol.
88 2002 **Blauer Zweigelt Prestige Burgenland** 13 % vol.

Sepp Moser

3495 Rohrendorf bei Krems, Untere Wiener Straße 1,
Tel.: 02732/705 31, Fax: Dw. 10, office@sepp-moser.at, www.sepp-moser.at
92 2003 **Sauvignon Blanc Schnabel** 14,5 % vol.
 Verhalten, kommt mit der Luft, konzentriert und mineralisch, aber mit wenig Sortentypus; wunderbar extraktsüß, feine, dichte Frucht, wunderschöne Struktur, ganz ausgezeichnet.

91 2002 **Blauburgunder Gebling** 13 % vol.
91 2003 **Grüner Veltliner Breiter Rain** 14 % vol.
91 2003 **Riesling Gebling** 13,5 % vol.
90 2003 **Grüner Veltliner Gebling** 12,5 % vol.

Christine & Martin Nigl

3541 Senftenberg, Priel 7, Tel.: 02719/26 09, Fax: Dw. 4, www.weingutnigl.at
94 2003 **Riesling Privat** 14 % vol.
 Pikante Steinobstfrucht, schon in der Nase knackig und fest; prachtvolle Frucht, strahlt und singt, der Restzucker (5 g) wunderschön eingebunden, absolut brillanter Wein.
93 2003 **Riesling Kremsleiten** 13,5 % vol.
 Wow! Prachtvoll klare, tiefgründige, lupenreine Rieslingfrucht; geht am Gaumen wunderschön auf, cremige Textur, prachtvoller Biss, gewaltige Länge, wunderschön.
93 2003 **Sauvignon Blanc** 13,5 % vol.
 Absolut urtypische, prachtvolle Sortennase, wie aus dem Bilderbuch; saftig glänzende Frucht, extrovertiert, ein Modell.
92 2003 **Grüner Veltliner Privat** 14 % vol.
 Füllige Dichte; Vollgas-Frucht, üppig, vollbusig und opulent, fast schon ein wenig übertrieben, bei aller Wucht fehlt's ein wenig am Biss.
91 2003 **Grüner Veltliner Alte Reben** 13,5 % vol.

Kremstal

Franz Proidl

3541 Senftenberg, Oberer Markt 5,
Tel.: 02719/24 58, Fax: Dw. 4,
weingut.franz.proidl@gmx.at

- **92 2003 Eiswein Riesling** *9 % vol.*
  Sehr jugendliche, frische Steinobstnase; blitzsaubere Frucht, hohe Süße (300 g), von der forschen Säure allerdings vollständig im Zaum gehalten, absolut hochklassiger Eiswein am Beginn einer langen Karriere.
- **91 2003 Grüner Veltliner Ehrenfels** *14,5 % vol.*
- **90 2003 Riesling Ehrenfels** *14 % vol.*
- **90 2003 Riesling Pfennigberg** *14 % vol.*
- **88 2003 Grüner Veltliner Pellingen** *14 % vol.*

Josef Rosenberger

3495 Rohrendorf bei Krems, Leisergasse 29,
Tel.: 02732/838 43, 0676/604 45 29, 0676/912 91 46, Fax: Dw. 4,
josef@rosenbergerwein.at, www.rosenbergerwein.at

- **91 2003 Grüner Veltliner Kellerweingarten** *13 % vol.*
- **91 2003 Riesling Exklusiv** *12,8 % vol.*
- **91 2003 Weißburgunder** *13,5 % vol.*
- **90 2003 Grüner Veltliner Gebling halbtrocken** *14 % vol.*
- **90 2003 Grüner Veltliner Nachtfalter** *12,4 % vol.*

Erich & Bertold Salomon, Undhof

3504 Krems-Stein, Undstraße 10, Tel.: 02732/832 26, Fax: Dw. 78,
salomon@undhof.at, www.undhof.at

- **92 2003 Grüner Veltliner Von Stein Reserve** *13,7 % vol.*
  Tolle Nase, floral, voller Finesse, Blüten und süßer Frucht; herrlich extraktsüß, wunderbar fein, wahrscheinlich ein klitzekleiner Holzeinsatz, gnadenlos fein.
- **90 2003 Grüner Veltliner Lindberg Reserve** *13,6 % vol.*
- **90 2003 Riesling Kögl Reserve lieblich** *13,7 % vol.*
- **89 2003 Riesling Pfaffenberg** *13,4 % vol.*

Josef Schmid

3552 Stratzing, Obere Hauptstraße 38,
Tel.: 02719/82 88, Fax: Dw. 18,
weingut@j-schmid.at, www.j-schmid.at

- **92 2003 Grüner Veltliner Reserve** *14 % vol.*
  Totale Honigmelone! Geschmeidige, feine, dichte Melonenfrucht, toll und präsent, schöner Biss, saftig und fein.
- **91 2003 Grüner Veltliner Kremser Alte Reben Priorissa** *13,5 % vol.*
- **91 2003 Riesling Stratzinger Sunogln Priorissa** *13,5 % vol.*
- **90 2003 Neuburger Stratzinger Sunogln Priorissa** *13 % vol.*
- **90 2003 Riesling Kremser Weinzierlberg Priorissa** *13 % vol.*

Kremstal

Weingut Stadt Krems

*3500 Krems an der Donau, Stadtgraben 11, Tel.: 02732/801-441 od. 440, Fax: Dw. 442,
weingut@krems.gv.at, www.weingutstadtkrems.at*
- 91 2003 **Riesling Reserve lieblich** *13,5 % vol.*
- 90 2003 **Riesling Grillenparz** *13,5 % vol.*
- 89 2003 **Grüner Veltliner Weinzierlberg** *13 % vol.*
- 88 2003 **Grüner Veltliner Reserve** *15 % vol.*

Weingut Thiery-Weber

*3495 Rohrendorf bei Krems, Melker Straße 1,
Tel.: 02732/844 67, Fax: 877 21,
thiery-weber@aon.at, www.thiery-weber.at*
- 91 2003 **Grüner Veltliner Optimum** *13 % vol.*
- 91 2003 **Grüner Veltliner Vinum** *12 % vol.*
- 90 2003 **Sauvignon Blanc Optimum** *13 % vol.*
- 88 2003 **Gelber Muskateller Optimum** *13 % vol.*

Franz Türk

*3552 Stratzing, Kirchengasse 16,
Tel.: 02719/28 46-0, 0664/500 92 92, Fax: Dw. 4,
info@weinguttuerk.at; www.weinguttuerk.at*
- 88 2003 **Erlesenes vom Grünen Veltliner** *13,5 % vol.*
- 88 2003 **Grüner Veltliner Vom Urgestein** *12,5 % vol.*

Weingut Dr. Unger

*3511 Furth bei Göttweig, Kirchengasse 14,
Tel.: 02732/858 95, 0664/242 10 26, Fax: 768 01,
weingut@DrUnger.at, www.DrUnger.at*
- 91 2003 **Grüner Veltliner Reserve Gottschelle** *13,5 % vol.*
- 90 2003 **Pinot Gris Reserve Innaußen** *14,5 % vol.*
- 89 2003 **Riesling Reserve Silberbügel Wachau** *13 % vol.*

Ewald Walzer

*3500 Krems an der Donau, Gneixendorfer Hauptstraße 16, Tel./Fax: 02732/871 48,
ewald.walzer@aon.at, www.winzerhof-walzer.at*
- 91 2003 **Grüner Veltliner Kremser Haide** *13,7 % vol.*
- 91 2003 **Grüner Veltliner Martins Wein** *14 % vol.*
- 91 2003 **Riesling Kremser Gebling** *13,7 % vol.*
- 89 2003 **Riesling Kobl** *13,2 % vol.*
- 88 2003 **Grüner Veltliner Kremser Gebling** *14,3 % vol.*

---

*Sie suchen ein Weingut, wissen aber nicht, in welcher
Weinbauregion es liegt? Im Registerteil am Ende dieses Buches finden
Sie ein alphabetisches Gesamtregister aller aufgenommenen Winzer.*

Kremstal

Winzer Krems

3500 Krems an der Donau, Sandgrube 13,
Tel.: 02732/855 11, Fax: Dw. 6,
office@winzerkrems.at,
www.winzerkrems.at

- 89 2003 Grüner Veltliner Goldberg Kellermeister Privat Kabinett *12,5 % vol.*
- 89 2003 Grüner Veltliner Wachtberg Hauerinnung *13,5 % vol.*
- 88 2003 St. Laurent Kellermeister Privat *13,3 % vol.*

Alois Zimmermann

3494 Theiß, Obere Hauptstraße 20,
Tel.: 02735/82 09, Fax: Dw. 4,
a.zimmermann@aon.at,
www.weingut-zimmermann.at

- 88 2003 Grüner Veltliner Kremser Gebling *12,5 % vol.*

Traisental

Ludwig Neumayer

3130 Inzersdorf ob der Traisen 22, Tel./Fax: 02782/829 85,
neumayer@weinvomstein.at, www.weinvomstein.at

- 91 2003 Sauvignon Blanc Der Wein vom Stein *14,3 % vol.*
- 90 2003 Grüner Veltliner Der Wein vom Stein *13,7 % vol.*
- 88 2003 Riesling Rothenbart *12,8 % vol.*
- 88 2003 Weißburgunder Der Wein vom Stein *13,7 % vol.*

GEWINNEN SIE MIT DEM NEUEN TREND IN DER WERBEPLANUNG.

Wirtschaftsmedien allgemein
Publikums- und B2B-Titeln

GEWINN — 27 Prozent — **1** — PROJEKTION 128.000

TREND — 26 Prozent — **2** — PROJEKTION 123.000

a3 ECO — 16 Prozent — **3** — PROJEKTION 73.000

#	Titel	Erscheinung	LpN in %	Projektion in 1000
4.	Top Gewinn	monatlich	14	66
5.	Format	wöchentlich	14	65
6.	Die Wirtschaft	monatlich	13	60
7.	IM Industriemagazin	monatlich	11	51
8.	Wirtschaftsblatt	täglich	11	50
9.	Report PLUS	monatlich	5	26
10.	Business People	monatlich	5	23
11.	New Business	monatlich	3	14

B-ZIELGRUPPENMEDIEN

- 3ECO — 16%
- Die Wirtschaft — 13%
- Industriemagazin — 11%
- Report PLUS — 5%

LAE
Leseranalyse Entscheidungsträger

a3 Wirtschaftsverlag GesmbH
2372 Gießhübl
Hagenauertalstr. 40
Tel. 02236/425 28-0
www.a3verlag.com

a3 BAU a3 BOOM!
a3 GAST a3 VOLT

Rebfläche: 2.755 ha. Das Donauland erstreckt sich entlang der Donau östlich von Krems bis nach Klosterneuburg. Auf lössreichen und kalkhaltigen Böden wächst eine beeindruckende Vielfalt von Weinen heran. Rebsorten: Grüner Veltliner, Frühroter und Roter Veltliner, eigenständige Rotweine und Eisweinraritäten.

Josef Bauer

3471 Großriedenthal, Hauptstraße 68,
Tel./Fax: 02279/72 04, info@familiebauer.at,
www.familiebauer.at
88 2003 Bassgeige *13 % vol.*

Josef Ehmoser

3701 Tiefenthal 9, Tel./Fax: 02955/704 42,
office@weingut-ehmoser.at,
www.weingut-ehmoser.at
- **93 2003 Grüner Veltliner Aurum** *14,5 % vol.*
  Dichte, rauchige Würze; saftiger Biss, viel Schmalz, ein Hauch Holz ist spürbar; komplex, dicht, füllig und nussig, prachtvoll und wirklich fein.
- **90 2003 Riesling Vom gelben Löss** *12,5 % vol.*
- **89 2003 Grüner Veltliner Hohenberg** *13,5 % vol.*
- **88 2002 Ignis (ZW, CS, ME)** *13 % vol.*

Harald Ernst

3701 Großwiesendorf 34, Tel.: 02955/703 25,
0664/177 13 38, Fax: 703 25,
weingut.ernst@aon.at,
www.weingut-ernst.at
- **90 2003 Grüner Veltliner Kabinett** *12,7 % vol.*
- **90 2003 Riesling** *12,7 % vol.*
- **90 2003 Riesling Hohenberg** *12,8 % vol.*
- **90 2003 Weißburgunder Auslese lieblich** *13,5 % vol.*
- **88 2003 Grüner Veltliner Classic** *12,9 % vol.*

Donauland

Karl Fritsch, Weinberghof

3470 Kirchberg am Wagram, Oberstockstall 24,
Tel.: 02279/50 37, Fax: Dw. 19,
info@fritsch.cc, www.fritsch.cc
- 91 2002 **Blauer Burgunder „P"** *13,5 % vol.*
- 90 2002 **Foggathal No. 11 (ZW, CS, ME)** *13 % vol.*
- 90 2003 **Grüner Veltliner Schlossberg** *14,5 % vol.*
- 90 2003 **Riesling Reserve** *14 % vol.*
- 89 2002 **Chardonnay „P"** *14,5 % vol.*

Josef Fritz

3701 Zaussenberg, Ortsstraße 3, Tel.: 02278/25 15,
Fax: Dw. 4, office@weingut-fritz.at,
www.weingut-fritz.at
- 91 2003 **Roter Traminer Barrique** *14 % vol.*
- 90 2003 **Grüner Veltliner Schafberg** *13 % vol.*
- 88 2003 **Grüner Veltliner Wagramterrassen** *13 % vol.*
- 88 2003 **Riesling Schafberg** *13 % vol.*

Helga & Roman Gerhold

3482 Gösing am Wagram, Untere Zeile 17, Tel.: 02738/22 41,
Fax: Dw. 4, info@gerhold.cc, www.gerhold.cc
- 89 2003 **Pinot Blanc Mittersteig** *13 % vol.*
- 88 2003 **Riesling Fumberg** *13 % vol.*

Gertrude & Franz Grill `SALON ÖSTERREICHISCHER WEIN`

3481 Fels am Wagram, Untere Marktstraße 19,
Tel.: 02738/22 39, Fax: Dw. 4, gudrun.grill@aon.at,
www.weinhofgrill.at
- 90 2003 **Grüner Veltliner Scheiben** *12,5 % vol.*
- 90 2003 **Grüner Veltliner Selektion** *13 % vol.*
- 89 2003 **Weißburgunder** *13,5 % vol.*

Horst Kolkmann

3481 Fels am Wagram, Flugplatzstraße 12,
Tel.: 02738/24 36, Fax: Dw. 4,
weingut.kolkmann@aon.at, www.kolkmann.at
- 88 2003 **Weißburgunder** *13 % vol.*

Franz Leth

3481 Fels am Wagram, Kirchengasse 6, Tel.: 02738/22 40,
Fax: Dw. 17, office@weingut-leth.at, www.weingut-leth.at
- 92 2002 **Gigama (ZW)** *13,5 % vol.*
   Cassislaub, Lakritze, Kirschen und Wiener Zuckerl;
   zwetschkige Dunkelfrucht, viel Schmalz, Rumtopf, rund
   und balanciert, ganz ausgezeichnet.

Donauland

91 2003 **Weißburgunder Scheiben** 14 % vol.
90 2003 **Grüner Veltliner Brunnthal** 13,5 % vol.
89 2003 **Grüner Veltliner Scheiben** 14 % vol.
89 2003 **Roter Veltliner Scheiben** 13,5 % vol.

Bernhard Ott SALON ÖSTERREICHISCHER WEIN

3483 Feuersbrunn, Neufang 36, Tel.: 02738/22 57, Fax: Dw. 22,
bernhard@ott.at, www.ott.at
91 2003 **Grüner Veltliner Der Ott** 14 % vol.
91 2003 **Grüner Veltliner Fass 4** 13 % vol.
91 2003 **Grüner Veltliner Reserve** 14 % vol.
91 2003 **Sauvignon Blanc Auslese lieblich** 14 % vol.
90 2003 **Grüner Veltliner Rosenberg** 12,5 % vol.

Fritz Salomon, Gut Oberstockstall

3470 Kirchberg am Wagram, Oberstockstall 1, Tel.: 02279/23 35, Fax: Dw. 6,
wein@gutoberstockstall.at, www.fritzsalomon.at
90 2003 **Chardonnay Kirchenberg** 14 % vol.
90 2003 **Grüner Veltliner Maulbeerpark** 13,5 % vol.
89 2003 **Weißburgunder** 14 % vol.

Karl Schuster

3471 Großriedenthal, Hauptstraße 61,
Tel./Fax: 02279/72 03, weingut.schuster@telering.at
91 2003 **Roter Veltliner Altweingarten** 12,7 % vol.
90 2003 **Grüner Veltliner Alte Reben** 13 % vol.
89 2003 **Riesling Diebstein** 13,2 % vol.

Toni Söllner

3482 Gösing am Wagram, Hauptstraße 34,
Tel.: 02738/32 01, Fax: Dw. 20,
kontakt@weingut-soellner.at, www.weingut-soellner.at
90 2003 **Grüner Veltliner Fumberg** 13 % vol.
90 2003 **Roter Veltliner Reserve** 13,5 % vol.
88 2003 **Grüner Veltliner Kabinett Hengstberg** 12,5 % vol.

Stift Klosterneuburg

3400 Klosterneuburg, Rathausplatz 24,
Tel.: 02243/411-522, Fax: 411-550,
weingut@stift-klosterneuburg.at,
www.stift-klosterneuburg.at
93 2000 **St. Laurent Reserve Domäne** 14 % vol.
Wunderbar dichte, tiefe, süße Nase, geschmeidig und profund, Selchspeck und Kokos; feine, dichte, wunderbar fokussierte Frucht, dabei auch mineralisch, unendlich dicht und tief, ewig lang, brillant.

91 2002 **St. Laurent Barrique Domäne** *14 % vol.*
90 2002 **Eiswein Welschriesling Domäne** *10,5 % vol.*
90 2003 **Grüner Veltliner Classic** *12 % vol.*

Weingut Wimmer-Czerny

3481 Fels am Wagram, Obere Marktstraße 37,
Tel.: 02738/22 48, Fax: Dw. 4,
weingut@wimmer-czerny.at,
www.wimmer-czerny.at

91 2003 **Grüner Veltliner Fumberg** *12,5 % vol.*
91 2003 **Grüner Veltliner Weelfel** *13,8 % vol.*
90 2002 **Grüner Veltliner Reserve Felser Berg** *13,5 % vol.*
88 2003 **Weißburgunder Scheiben Alte Reben** *13 % vol.*

Rudolf Zimmermann

3400 Klosterneuburg, Agnesstraße 46b, Tel.: 02243/322 57, Fax: 217 17,
m.zimmermann@nextra.at

88 2002 **Cuvée Alina (CS, ME; Wien)** *13 % vol.*

Rebfläche: 1.012 ha. Das Weinbaugebiet liegt um die Orte Göttlesbrunn, Höflein und Prellenkirchen. Der Weinbau ist durch den Klimaeinfluss des Neusiedler Sees und der Donau äußerst begünstigt; Lehm, Sand, Schotter und Lössböden. Rebsorten: herzhafte Weiß- und explosive Rotweine von internationalem Format.

Hannes Artner

2465 Höflein bei Bruck an der Leitha,
Dorfstraße 93, Tel.: 02162/631 42, Fax: 662 55,
weingut@artner.co.at, www.artner.co.at

- 92 2002 **Amarok (ZW, SY, ME, CS)** *13,5 % vol.*
  Feine, dichte Dunkelfrucht, geschmeidig und röstig; saftige Dichte, wunderschöner Biss, saftig, samtig, extraktsüß, mit passendem Tannin, Zukunft.
- 90 2003 **Cuvée Barrique (ZW, CS)** *13 % vol.*
- 90 2003 **Zweigelt Rubin Carnuntum** *13,5 % vol.*
- 89 2003 **Blaufränkisch Select** *13,3 % vol.*
- 89 2002 **Syrah** *13,8 % vol.*

Johann Böheim **SALON** ÖSTERREICHISCHER WEIN

2464 Arbesthal, Hauptstraße 38 & 40, Tel./Fax: 02162/88 59,
www.austrian-wines.com/carnuntum/boheim

- 91 2002 **Blaufränkisch Reserve** *13,5 % vol.*
- 91 2003 **Grüner Veltliner Reserve** *13,5 % vol.*
- 91 2002 **Stuhlwerker (ZW, ME, SY, CS)** *14 % vol.*

Hans & Philipp Grassl

2464 Göttlesbrunn, Am Graben 4 & 6, Tel./Fax: 02162/84 83,
weingut.grassl@netway.at, www.weingut-grassl.com

- 91 2002 **Bärnreiser (ZW, ME, CS)** *13,5 % vol.*
- 89 2003 **Rubin Carnuntum (ZW, BF, CS)** *13,5 % vol.*
- 89 2002 **St. Laurent Reserve** *13 % vol.*

Carnuntum

Gerhard Markowitsch

2464 Göttlesbrunn, Pfarrgasse 6, Tel.: 02162/82 22,
0676/306 30 75, Fax: Dw. 11,
weingut@markowitsch.at, www.markowitsch.at

93 2002 Rosenberg (ZW, ME, CS) *13,7 % vol.*
Rum-Kokos-Vanille-Milchschokolade, zum Schmeicheln schön; wunderschön geschmeidige Frucht, konzentriert, saftig und fest, tolle Sache, wiederum einer der allerbesten.

92 2002 Chardonnay Reserve *14,3 % vol.*
Vanille und Brotkrume; saftige, weiche, opulente Frucht, geschmeidige Textur, cremig und extraktsüß, herrliche Balance, tolle Länge, superb.

92 2003 Grüner Veltliner Alte Reben *13,7 % vol.*
Tief, dicht, fast explosiv vor lauter Fruchtfülle; wunderschöne, saftige Frucht, dicht und präsent, ein Paradeveltliner aus einer weniger bekannten Gegend.

92 2002 Pinot Noir Reserve *13,9 % vol.*
Konzentriert und rauchig, viel Holz, dahinter aber klassische Pinotfrucht; herrliche Dichte, wunderbar saftig, ein Pinot zum Eingraben, wunderbar fein und betörend.

90 2003 Traminer *14 % vol.*

Lukas Markowitsch, Weingut Marko

2464 Göttlesbrunn, Am Graben 20,
Tel.: 02162/82 26, Fax: Dw. 99,
info@weingut-marko.com, www.weingut-marko.com

91 2002 Cuvée Lukas (ZW, CS, ME) *14,5 % vol.*
90 2002 Rubin Carnuntum (ZW) *13,5 % vol.*
90 2002 Zweigelt Haidacker *14,5 % vol.*

Meinrad Markowitsch

2464 Göttlesbrunn, Am Graben 18,
Tel./Fax: 02162/89 25,
meinrad@markowitsch.com, www.markowitsch.com

89 2002 Cuvée Purple X-treme (CS, ME, ZW) *13,5 % vol.*

Franz Oppelmayer

2464 Göttlesbrunn, Kirchenstraße 9,
Tel.: 02162/82 37, Fax: 81 80,
weingut@oppelmayer.at, www.oppelmayer.at

88 2002 Matador (ZW, ME, CS) *13,5 % vol.*
88 2003 Sauvignon Blanc *12,7 % vol.*

---

*Sie suchen ein Weingut, wissen aber nicht,
in welcher Weinbauregion es liegt?
Im Registerteil am Ende dieses Buches finden
Sie ein alphabetisches Gesamtregister aller aufgenommenen Winzer.*

Carnuntum

Edith & Hans Pitnauer

2464 Göttlesbrunn, Weinbergstraße 6,
Tel.: 02162/82 49, Fax: Dw 17,
weingut@pitnauer.com, www.pitnauer.com
- **91 2002 Quo Vadis (ME)** *14,5 % vol.*
- **90 2003 Bienenfresser Bärnreiser (ZW)** *13,5 % vol.*
- **90 2002 Pegasos (SY)** *14,5 % vol.*

Weingut Taferner

2464 Göttlesbrunn, Pfarrgasse 2, Tel.: 02162/84 65, Fax: Dw. 4,
weingut@tafi.at, www.tafi.at
- **91 2002 Excalibur (ZW, CS, ME)** *14,5 % vol.*
- **91 2002 Tribun (CS)** *14,5 % vol.*
- **90 2003 Rubin Carnuntum rot** *13,6 % vol.*
- **88 2003 Chardonnay** *13,2 % vol.*
- **88 2003 St. Laurent** *13,1 % vol.*

Rebfläche: 16.263 ha. Das größte und nördlichste Anbaugebiet Österreichs könnte man als Veltlinerland bezeichnen; etwa 50% der Weingärten nimmt diese typisch österreichische Sorte ein. Es dominieren Löss- und Schwarzerdeböden. Rebsorten: fruchtige, pfeffrige Veltliner, aber auch Rieslinge sowie Weißburgunder und Chardonnays.

Hans Bauer

2053 Jetzelsdorf 49, Tel.: 02944/23 04, Fax: 02944/264 94, office@bauerwein.at, www.bauerwein.at
- 91 2003 **Weinviertel DAC Klassik** *12,5 % vol.*
- 90 2003 **Sauvignon Blanc Hofweingarten** *14 % vol.*

Johann Diem

2223 Hohenruppersdorf, Obere Hauptstraße 28,
Tel.: 02574/82 92, Fax: 89 04,
info@wein-diem.at, www.wein-diem.at
- 91 2003 **Riesling halbtrocken** *12,5 % vol.*
- 89 2002 **Steinberg (ZW, BB, PN)** *13,5 % vol.*

Johann Falk

2213 Bockfließ, Engersdorfer Straße 19, Tel.: 02288/22 71, Fax: 65 59,
office@weingut-falk.at, www.weingut-falk.at
- 89 2003 **Sauvignon Blanc** *14 % vol.*
- 89 2003 **Welschriesling** *13 % vol.*

Stephan Friedberger

2102 Bisamberg, Hauptstraße 17, Tel./Fax: 02262/624 46,
friedberger@friedberger.at, www.friedberger.at
- 91 2003 **Weinviertel DAC Hochfeld** *12,5 % vol.*
- 89 2003 **Sauvignon Rosenberg** *12,5 % vol.*
- 88 2001 **Gallus (ZW, CS)** *13 % vol.*

Weinviertel

Ewald Gruber

3743 Röschitz, Winzerstraße 46, Tel.: 02984/27 65, Fax: Dw. 15,
ewald.gruber@gruberwein.at, www.gruberwein.at
- **90 2003 Grüner Veltliner Classic** *12,5 % vol.*
- **89 2003 Grüner Veltliner Urkristall Selection** *14 % vol.*
- **89 2003 Sauvignon Blanc Selection** *13 % vol.*
- **88 2003 Weinviertel DAC** *12 % vol.*

Graf Hardegg

2062 Seefeld-Großkadolz, Tel.: 02943/22 03,
Fax: Dw. 0, office@hardegg.at, www.grafhardegg.at
- **91 2003 Eiswein Riesling** *11 % vol.*
- **91 2003 „V" süß (Viognier)** *11 % vol.*
- **90 2003 Riesling süß** *10 % vol.*
- **90 2002 „V" (Viognier)** *13,9 % vol.*

Ludwig Hofbauer

2074 Unterretzbach, Hauptstraße 1,
Tel.: 02942/25 05, 35 47, 0664/424 50 52,
Fax: 207 08, office@weingut-hofbauer.at,
www.weingut-hofbauer.at
- **91 2003 Pinot Blanc In Feldern** *13,5 % vol.*
- **89 2003 Riesling** *13,6 % vol.*
- **88 2003 Neuburger Halblehen** *14,2 % vol.*

Johannes Kölbl, Respiz-Hof

3743 Röschitz, Winzerstraße 5, Tel.: 02984/27 79,
Fax: Dw. 4, johannes.koelbl@utanet.at,
www.respiz-hof.at
- **89 2003 Weinviertel DAC Himmelreich** *13 % vol.*
- **88 2003 Riesling vom Urgestein Selektion** *13 % vol.*

Gerhard J. Lobner

2261 Mannersdorf an der March, Hauptstraße 62,
Tel.: 02283/23 91, 0664/463 50 85, Fax: 23 91, gerhard@lobnerwine.com,
www.weingut-lobner.at
- **90 2003 Weinviertel DAC** *12,7 % vol.*
- **90 2003 Weißburgunder Perfection lieblich** *12,5 % vol.*

Malteser Ritterorden

2024 Mailberg, Schafflerhof 199, Vertrieb: Lenz Moser AG,
3495 Rohrendorf, Lenz-Moser-Straße 1, Tel.: 02732/855 41,
Fax: 859 00, office@lenzmoser.at, www.lenzmoser.at
- **90 2002 Kommende Mailberg (CS, ME)** *14 % vol.*
- **90 2003 Weinviertel DAC Hundschupfen** *12,5 % vol.*
- **89 2003 Weinviertel DAC** *12,5 % vol.*

Weinviertel

Michael Martin, Martinshof

2183 Neusiedl an der Zaya, Hauptstraße 28,
Tel.: 02533/897 77, Fax: Dw. 4,
weingut@martinshof.at, www.martinshof.at
- 89 2002 **Pinot Noir@Galgenberg** 13,5 % vol.
- 89 2003 **Veltliner Friends (GV)** 12,5 % vol.
- 89 2003 **Zweigelt** 13 % vol.
- 88 2003 **Weinviertel DAC** 12 % vol.

Leopold Maurer

3743 Röschitz, Winzerstraße 19, Tel.: 02984/29 40,
0676/358 38 07, Fax: 29 40,
maurerleo@surfeu.at
- 90 2003 **Weinviertel DAC Reipersberg** 13 % vol.
- 89 2003 **Grüner Veltliner Urkristall** 13 % vol.
- 88 2003 **Riesling Haidweingärten** 14 % vol.

Roland Minkowitsch

2261 Mannersdorf an der March, Kirchengasse 64,
Tel./Fax: 02283/25 83,
weingut@roland-minkowitsch.at,
www.roland-minkowitsch.at
- 91 2003 **Riesling „de vite" Kabinett** 12,5 % vol.
- 90 2003 **Riesling „de vite" Premium** 13,5 % vol.
- 89 2003 **Welschriesling Rochusberg** 12,5 % vol.
- 88 2003 **Chardonnay Premium** 13,5 % vol.
- 88 2003 **Gewürztraminer Auslese lieblich** 14 % vol.

Oberschil-Rieger

2102 Hagenbrunn, Stammersdorfer Straße 21,
Tel.: 02262/67 27 82, 0664/492 83 41,
Fax: 67 29 49,
weingut@oberschil-rieger.at,
www.oberschil-rieger.at
- 88 2003 **Zweigelt** 13 % vol.

R. & A. Pfaffl

2100 Stetten, Schulgasse 21,
Tel.: 02262/67 34 23, Fax: Dw. 21,
wein@pfaffl.at,
www.pfaffl.at
- 91 2003 **Chardonnay Exklusiv** 14,5 % vol.
- 91 2002 **Grüner Veltliner Goldjoch** 13,5 % vol.
- 90 2003 **Grüner Veltliner Hundsleiten/Sandthal** 13,5 % vol.
- 89 2001 **Excellent rot** 14 % vol.
- 89 2003 **Riesling Terrassen Sonnleiten** 13,5 % vol.

Weinviertel

Franz Prechtl SALON ÖSTERREICHISCHER WEIN

2051 Zellerndorf 12, Tel.: 02945/22 97, Fax: Dw. 40,
weingut@prechtl.at, www.prechtl.at
- 90 2003 **Weinviertel DAC Classic** 12 % vol.
- 89 2003 **Weinviertel DAC Alte Reben** 13 % vol.
- 89 2003 **Weinviertel DAC Längen** 13,5 % vol.
- 88 2003 **Riesling Wartberg** 12 % vol.

Fritz Rieder, Weinrieder SALON ÖSTERREICHISCHER WEIN

2170 Kleinhadersdorf, Untere Ortsstraße 44,
Tel.: 02552/22 41, Fax: 37 08,
weinrieder@netway.at,
www.weinrieder.at
- 90 2003 **Grüner Veltliner Alte Reben** 14 % vol.
- 90 2003 **Weißburgunder Birthal** 14 % vol.
- 89 2003 **Chardonnay Bockgärten** 14 % vol.
- 89 2003 **Weinviertel DAC Schneiderberg** 13,5 % vol.

Schlossweingut Bockfliess

2100 Korneuburg, Schulgasse 21,
Tel.: 02262/67 34 23, Fax: Dw. 21,
wine@schlossweingutbockfliess.at,
www.schlossweingutbockfliess.at
- 90 2003 **Pinot Blanc** 13 % vol.

Anita & Rudolf Schwarzböck

2102 Hagenbrunn, Hauptstraße 58,
Tel.: 02262/67 27 40, Fax: 67 22 57,
weingut@schwarzboeck.at,
www.schwarzboeck.at
- 90 2003 **Riesling Aichleiten** 13,5 % vol.
- 90 2003 **Weinviertel DAC Sätzen – Fürstenberg** 13 % vol.
- 89 2002 **Zweigelt Reserve** 13,5 % vol.
- 88 2003 **Grüner Veltliner Kirchberg** 13,5 % vol.

Hans Setzer

3472 Hohenwarth 28, Tel.: 02957/228, Fax: Dw. 8,
setzer@gmx.at, www.weingut-setzer.at
- 91 2003 **Grüner Veltliner „8000"** 14 % vol.
- 90 2003 **Roter Veltliner Kreimelberg** 13,5 % vol.
- 89 2003 **Weinviertel DAC 1. Lage** 14 % vol.
- 88 2003 **Sauvignon Blanc** 13 % vol.

www.alacarte.at – Die besten Weine

Weinviertel

Monika & Helmut Taubenschuss

2170 Poysdorf, Körnergasse 2,
Tel.: 02552/25 89, Fax: Dw. 4,
weingut@taubenschuss.at, www.taubenschuss.at
- **91 2003 Weinviertel DAC „MX" Alte Reben** *13,5 % vol.*
- **90 2003 Weißburgunder Selection** *13,5 % vol.*
- **89 2003 Weinviertel DAC Tenn** *13 % vol.*
- **88 2003 Sauvignon Blanc** *13,5 % vol.*

Werner Zull

2073 Schrattenthal 9, Tel.: 02946/82 17, Fax: Dw. 4,
office@winezull.at, www.winezull.at
- **90 2003 Grüner Veltliner Äussere Bergen** *14 % vol.*
- **90 2003 Zweigelt Schrattenthal** *13,5 % vol.*
- **89 2003 Weinviertel DAC** *13,5 % vol.*
- **88 2002 Schrattenthal 9 (CS, ZW, ME)** *13,5 % vol.*

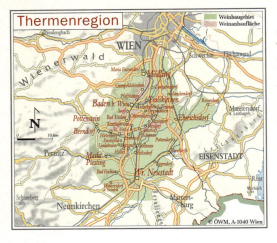

Rebfläche: 2.519 ha. Wie schon der Name sagt, führt eine vulkanische Bruchlinie durch das Gebiet. Mildes Klima und schwere, steinige Kalkböden kennzeichnen die „Südbahn", wo kraftvolle Weiß- und dichte Rotweine wachsen.
Rebsorten: Zierfandler und Rotgipfler, aber auch St. Laurent und Blauburgunder.

Karl Alphart

2514 Traiskirchen, Wiener Straße 46,
Tel.: 02252/523 28, Fax: Dw. 4,
weingut@alphart.com, www.alphart.com
- 91 2002 **TBA Rotgipfler** *11,5 % vol.*
- 90 2002 **Chardonnay Reserve** *14 % vol.*
- 90 2003 **Rotgipfler Rodauner** *13 % vol.*
- 90 2002 **Rotgipfler Rodauner Top Selektion** *14,5 % vol.*

Leopold Auer

2523 Tattendorf, Pottendorfer Straße 14,
Tel.: 02253/812 51, Fax: Dw. 4,
auer.leopold@aon.at,
www.tattendorf.at/auer
- 91 2002 **Pinot Noir Reserve** *13,5 % vol.*
- 90 2002 **Cabernet Sauvignon Merlot Reserve** *13,5 % vol.*
- 90 2002 **St. Laurent Reserve** *13,5 % vol.*
- 88 2003 **Chardonnay** *14 % vol.*
- 88 2002 **Cuvée Noir rot** *13 % vol.*

Maria & Leopold Aumann

2512 Tribuswinkel, Oberwaltersdorfer Straße 105,
Tel.: 02252/805 02, 0664/404 44 16, Fax: 805 02,
weingut@aumann.at, www.aumann.at
- 91 2002 **Harterberg (CS, ME, ZW)** *13,5 % vol.*
- 90 2002 **Flamming (RG)** *13,5 % vol.*
- 90 2003 **St. Laurent** *13,5 % vol.*
- 89 2001 **Merlot** *14 % vol.*
- 88 2002 **Chardonnay Reserve** *14 % vol.*

Thermenregion

Othmar Biegler

2352 Gumpoldskirchen, Wiener Straße 16–18,
Tel.: 02252/621 96, Fax: Dw. 4,
weingut.biegler@kabsi.at,
www.weingut-biegler.at

- **90 2003 Rotgipfler Brindlbach** 13 % vol.
- **90 2003 Rotgipfler Reserve** 14 % vol.
- **90 2003 Zierfandler** 13 % vol.

Christian Fischer

2500 Sooß, Hauptstraße 33, Tel.: 02252/871 30,
Fax: 826 66, christian@weingut-fischer.at,
www.weingut-fischer.at

- **92 2002 Merlot** 14 % vol.
  Dicht, üppig, füllig, tiefe Dunkelfrucht; saftige Dichte, feine Rauchnoten, knackig und fest, kompakt und noch sehr jugendlich, aber mit mehr als genug Substanz für eine glorreiche Zukunft.
- **91 2002 Gradenthal-Cuvée (ZW, CS, ME)** 13,5 % vol.
- **91 2002 Pinot Noir** 14 % vol.
- **89 2002 St. Laurent Classic** 12 % vol.

Johanna & Johannes Gebeshuber, Weingut Spaetrot

2352 Gumpoldskirchen, Jubiläumsstraße 43,
Tel.: 02252/611 64, 0664/310 16 88, Fax: 621 29,
gebeshuber@spaetrot.com, www.spaetrot.com

- **90 2002 Rotgipfler Grande selection** 13,5 % vol.
- **90 2003 Weißburgunder** 12,5 % vol.
- **89 2000 Spätrot Rotgipfler** 14 % vol.
- **88 2002 Spätrot Rotgipfler** 13 % vol.
- **88 2003 Zierfandler Modler** 13,5 % vol.

Herbert Hasenöhrl

2352 Gumpoldskirchen, Wiener Straße 24, Tel.: 02252/624 57,
0650/624 57 04, Fax: 611 54, weinbau@hasenoehrl.com,
www.hasenoehrl.com

- **89 2003 Riesling Classic** 13 % vol.

Gustav Krug

2352 Gumpoldskirchen, Kirchenplatz 1, Tel.: 02252/622 47,
Fax: Dw. 4, office@krug.at, www.krug.at

- **93 2002 Grand Select (PG)** 13,5 % vol.
  Wunderbar dicht, feines Holz; idealtypischer Wein, perfekte Balance, wunderschön trinkbar, Balance auf höchstem Niveau, ganz ausgezeichnet.

Thermenregion

91 2002 **Die Versuchung (ZW, CS)** *14 % vol.*
90 2003 **Chardonnay Selection** *13,5 % vol.*
90 2001 **Privat (CS)** *14 % vol.*
90 2002 **Zierfandler Sonnberg** *13,5 % vol.*

Josef Piriwe

2514 Traiskirchen, Wiener Straße 34, Tel.: 02252/559 88,
Fax: 508 33-4, weingut@piriwe.at, www.piriwe.at
91 2002 **TBA Neuburger** *10,5 % vol.*
91 2002 **TBA Rotgipfler** *11 % vol.*
89 2003 **Weißburgunder** *13 % vol.*
88 2003 **Chardonnay Esprit** *13,5 % vol.*

Veronika & Johann Reinisch, Johanneshof

2523 Tattendorf, Im Weingarten 1, Tel.: 02253/814 23,
Fax: 819 24, office@j-r.at, www.j-r.at
91 2002 **Chardonnay Lores** *14 % vol.*
91 2001 **Pinot Noir Grande Réserve** *13,5 % vol.*
90 1999 **Eiswein (CH, NE)** *12 % vol.*
90 2001 **St. Laurent Grande Cuvée** *13 % vol.*
90 2001 **St. Laurent Grande Réserve** *13,5 % vol.*

Andreas Schafler, Schaflerhof

2514 Traiskirchen, Wiener Straße 9–11,
Tel.: 02252/52 37 80, Fax: 52 37 88,
wein@schaflerhof.at, www.schaflerhof.at
90 2003 **Chardonnay Privat** *13 % vol.*
90 2003 **Neuburger Privat** *13 % vol.*
88 2003 **Rotgipfler Privat Großer Wein** *14,5 % vol.*

Gottfried K. Schellmann

2352 Gumpoldskirchen, Wiener Straße 41,
Tel./Fax: 02252/622 18,
gottfried.schellmann@kabsi.at, www.thermenwinzer.at
91 2003 **Spätrot Rotgipfler** *12,5 % vol.*
90 2002 **Rotgipfler Reserve** *13 % vol.*
89 2003 **Riesling** *12 % vol.*
88 2001 **Chardonnay Brindlbach** *14 % vol.*
88 2003 **Muskateller halbtrocken** *12,5 % vol.*

R. Schlumberger

1190 Wien, Heiligenstädter Straße 35–41,
Tel.: 01/368 68 92-614, Fax: Dw. 34,
josef.fleischhacker@schlumberger.at,
www.schlumberger.at
88 2002 **Schlumberger Privatkeller (CS, ME, CF)** *13 % vol.*

Thermenregion

Johann Stadlmann

2514 Traiskirchen, Wiener Straße 41,
Tel.: 02252/523 43, Fax: 563 32,
kontakt@stadlmann-wein.at,
www.stadlmann-wein.at

- 92 2003 **Rotgipfler** 13,5 % vol.
  Mandarinenschalen auf dem Ofen, verführerisch und tief; tiefe, klare, weit atmende Frucht, wunderschön strukturiert, saftig, der Zuckerrest fein eingebunden, ausgesprochen elegant.
- 90 2002 **Edition 307 (ZF, RG, PB)** 13,5 % vol.
- 90 2003 **Zierfandler Igeln halbtrocken** 13 % vol.
- 90 2003 **Zierfandler Mandel Höh** 13,5 % vol.
- 88 2002 **Weißer Burgunder Höfen** 13 % vol.

Straitz & Straitz

2352 Gumpoldskirchen, Kirchengasse 4,
Tel.: 0664/497 49 83,
Fax: 02236/450 48,
weinbau@straitz.com,
www.straitz.com

- 88 2002 **Cabernet Sauvignon** 14 % vol.

Richard & Hannes Thiel, Kremsmünsterhof

2352 Gumpoldskirchen, Badener Straße 11,
Tel./Fax: 02252/623 72,
weinbau.thiel@utanet.at,
www.weingut-thiel.et.lv

- 91 2002 **Zierfandler-Rotgipfler Grand Select halbtrocken** 13,5 % vol.

Harald Zierer SALON ÖSTERREICHISCHER WEIN

2352 Gumpoldskirchen, Badener Straße 36,
Tel.: 02252/621 69, 0664/311 37 39,
Fax: 60 71 65,
zierer@weingut-zierer.at,
www.weingut-zierer.at

- 91 2001 **Zierfandler Grande Reserve** 13,5 % vol.
- 90 2001 **Rotgipfler Grande Reserve** 13,5 % vol.
- 89 2003 **Riesling Satzing** 12,8 % vol.
- 88 2002 **BAL Chardonnay** 12 % vol.

Wien

Rainer Christ
1210 Wien, Amtsstraße 12–14, Tel./Fax: 01/292 51 52, weingut.christ@aon.at,
www.weingut-christ.at
89 2002 Mephisto (ZW, CS) *14 % vol.*
88 2002 Shiraz *14 % vol.*

Matthias Hengl-Haselbrunner
1190 Wien, Iglaseegasse 10, Tel.: 01/320 33 30,
Fax: 01/320 86 96, office@hengl-haselbrunner.at,
www.hengl-haselbrunner.at
88 2003 Riesling Nußberg Purgstall *14 % vol.*

Franz Mayer, Mayer am Pfarrplatz
1190 Wien, Pfarrplatz 2, Tel.: 01/370 33 61, Fax: 370 47 14,
mayer@pfarrplatz.at, www.mayer.pfarrplatz.at
89 2002 Riesling Premium 2 Ried Unger *13,5 % vol.*
88 2003 Wiener Gemischter Satz *12,5 % vol.*

Hans Schmid
1190 Wien, Armbrustergasse 31, Tel.: 01/370 76 01, Fax: Dw. 30,
hans.schmid@inode.at
92 2003 Rotes Haus Nussberg Reserve (GV, WR) *14 % vol.*
Terroir! Melone, Konzentration pur, der Nussberg schlägt voll durch, animalisch und dicht, konzentriert und endlos lang.
91 2003 Traminer Rotes Haus Nussberg *14 % vol.*

Josef Schmidt
1210 Wien, Stammersdorfer Straße 105, Tel.: 01/292 66 88, 0663/921 66 86,
Fax: 292 55 99, haus.schmidt@rh-at.com, www.haus-schmidt.rh-at.com
91 2003 Gewürztraminer Auslese lieblich *14 % vol.*
90 2002 BAL Sauvignon Blanc lieblich *15 % vol.*
90 2003 Grüner Veltliner Auslese süß *12,5 % vol.*

Fritz Wieninger
1210 Wien, Stammersdorfer Straße 80, Tel.: 01/290 10 12,
Fax: Dw. 3, weingut@wieninger.at,
www.wieninger.at
93 2003 Riesling Nußberg *14,5 % vol.*
Ungemein mineralisch, Terroir pur, ein Konzentrat; phantastische Dichte, wie immer weniger die Frucht als Terroir und Struktur betonend, enormes Schmalz, großer Wein, den man blind erkennt.
91 2001 Chardonnay Tribute *13,5 % vol.*
91 2001 Danubis Grand Select (CS, ME, ZW) *13,5 % vol.*
91 2003 Grüner Veltliner Herrenholz Reserve *14 % vol.*
90 2003 Nußberg Alte Reben *13,5 % vol.*

Wien

Weinbau Zahel

*1230 Wien, Maurer Hauptplatz 9, Tel.: 01/889 13 18,
Fax: Dw. 10, winery@zahel.at, www.zahel.at*
- **90 2001 Antares Grande Reserve Rot** *13,5 % vol.*
- **90 2003 Gemischter Satz Nussberg halbtrocken** *14,5 % vol.*
- **90 2003 Riesling Nussberg** *13 % vol.*

Rebfläche: 8.332 ha. Das Gebiet verdankt dem ausgeprägten pannonischen Klima Weiß- und Rotweine von hervorragender Qualität. Die kräftige Herbstsonne und die Botrytis ermöglichen hohe Prädikatsweine. Rebsorten: Weißburgunder, Chardonnay und Neuburger mit enormem Schmelz, Rotweincuvées auf Basis des dichtfruchtigen Zweigelt mit enormer Kraft.

Paul Achs

7122 Gols, Neubaugasse 13, Tel.: 02173/23 67, Fax: 34 78, office@paul-achs.at, www.paul-achs.at

- 93 **2002 Pannobile rot** *13 % vol.*
  Lakritzpastillen, Wiener Zuckerl Johannisbeeren; weiche, geschmeidige, extraktsüße Frucht, wunderbar klar und fein, saftig und dicht, ganz ausgezeichnet.
- 91 **2003 Sauvignon Blanc** *14 % vol.*
- 90 **2002 Zweigelt Langer Acker** *13 % vol.*
- 88 **2002 Pinot Noir** *13 % vol.*

Achs-Tremmel, Terra Galos

7122 Gols, Obere Hauptstraße 103, Tel.: 02173/31 07, Fax: 226 44, achs@netway.at, www.terragalos.at

- 91 **2001 Best Sweet Oaked (WR)** *10 % vol.*
- 91 **2002 Cabernet Sauvignon – Merlot – Zweigelt** *13 % vol.*
- 90 **2002 Janos Bacsi (CH, PB, NB)** *13 % vol.*
- 89 **2001 Best Red Oaked (ZW, SL)** *13,5 % vol.*
- 89 **2002 Traminer Barrique** *14 % vol.*

Sie suchen ein Weingut, wissen aber nicht, in welcher Weinbauregion es liegt? Im Registerteil am Ende dieses Buches finden Sie ein alphabetisches Gesamtregister aller aufgenommenen Winzer.

Neusiedlersee

Gerhard Allacher, Vinum Pannonia

7122 Gols, Neubaugasse 5, Tel.: 02173/33 80, Fax: Dw. 4,
allacher@vinum-pannonia.at, www.vinum-pannonia.at
- 91 2001 **Zweigelt Imperium** *14,3 % vol.*
- 90 2002 **Chardonnay Selektion** *14,2 % vol.*
- 90 2001 **Zweigelt Altenberg** *13,8 % vol.*
- 88 2003 **Welschriesling** *12,4 % vol.*

Matthias Beck

7122 Gols, Untere Hauptstraße 108, Tel.: 02173/27 55, Fax: Dw. 4,
weingut.beck@aon.at, www.weingut-beck.at
- 93 2002 **Judith (BF, SL, CS)** *13,5 % vol.*
  Prachtvolle, dichte Dunkelfrucht, fein verwoben und elegant; wunderschön balancierte Frucht, gerade die Mitte zwischen Zugänglichkeit und Härte haltend, herrliche Balance, prachtvolle Zukunft, lang und wirklich fein.
- 92 2002 **Pannobile (ZW, BF)** *13,5 % vol.*
  Feine Röstaromen, dichte Dunkelfrucht, Schoko und Nougat, sehr modern; saftige Dichte, viel Schliff, guter Stoff, saftig und tief, ganz ausgezeichnet.
- 90 2002 **Pannobile (CH, PB, NE)** *13,5 % vol.*
- 89 2002 **Blauburgunder** *13,5 % vol.*
- 89 2002 **St. Laurent** *12,5 % vol.*

Thomas Fleischhacker, Jagdhof

7142 Illmitz, Obere Hauptstraße 31, Tel.: 02175/23 39,
Fax: Dw. 16, jagdhof.wein@aon.at
- 88 2001 **BAL Sämling 88 Premium Barrique** *12,5 % vol.*
- 88 2002 **Cabernet Sauvignon** *13 % vol.*

Hildegard & Hans Gangl

7142 Illmitz, Apetloner Straße 9, Tel./Fax: 02175/31 31,
weingut.h-gangl.@aon.at, www.h-gangl.at
- 89 2002 **Mitterweg (ZW, CS, ME)** *13,5 % vol.*

Robert Goldenits

7162 Tadten, Untere Hauptstraße 8,
Tel.: 02176/22 94, 0699/12 36 75 00,
Fax: 22 94, robert.goldenits@aon.at,
www.goldenits.at
- 92 2002 **Blaufränkisch** *13,5 % vol.*
  Dunkle Beeren und Vanille; rauchig und dicht, saftige Brombeeren, sauber fokussiert, klar und fein, ausgezeichnet.
- 92 2002 **Mephisto (CS, SY)** *13 % vol.*
  Dunkelfruchtiges Dörrobst; saftige Dichte, feine Maulbeerfrucht, wunderschöne Balance, prachtvoll, ausgezeichnet.

91 2002 **Tetuna (BF, ZW, CS)** *13 % vol.*
Wunderschöne, gut holzunterstützte Dunkelfrucht; feine Vanille, viel Kraft, saftiger Biss, ein „Schmeichelriese" mit enormem Tiefgang, Zukunft.
91 2002 **Pinot Noir** *13,3 % vol.*

Gsellmann & Gsellmann

7122 Gols, Obere Hauptstraße 38 & 28,
Tel.: 02173/22 14, 34 31, Fax: 34 31, 22 14-14,
gsellmann@gsellmann.at,
www.gsellmann.at
91 2002 **Blauburgunder** *13 % vol.*
91 2001 **TBA (PB, SÄ)** *12,5 % vol.*
90 2002 **Ungerberg (BF, ME, ZW)** *13 % vol.*
89 2002 **Pannobile (ZW, BF, ME)** *13 % vol.*

Michael Guttmann

7121 Weiden am See, Markt 43,
Tel.: 02167/73 29,
Fax: 708 66,
office@weingut-guttmann.at,
www.weingut-guttmann.at
91 2002 **Ausbruch Cuvée In Prima Collectura** *13,5 % vol.*

Hafner Weine

7123 Mönchhof, Halbturner Straße 17,
Tel.: 02173/802 63, Fax: 806 89,
hafner@trockenbeerenauslese.at,
www.wein-shop.at
89 2000 **Kaschmir (SL, ZW)** *13 % vol.*

Martin Haider

7142 Illmitz, Seegasse 16,
Tel.: 02175/23 58,
Fax: Dw. 4,
winery-haider@aon.at
90 2001 **TBA Riesling** *9 % vol.*
89 2001 **TBA Nektaressenz Pinot Blanc** *7,5 % vol.*

Vinzenz Haider, Rosenhof

7142 Illmitz, Florianigasse 1,
Tel.: 02175/22 32, Fax: Dw. 4,
illmitz@rosenhof.cc,
www.rosenhof.cc
91 2001 **TBA Chardonnay** *11 % vol.*
88 2002 **Blaufränkisch** *13,5 % vol.*
88 2001 **TBA Welschriesling** *11 % vol.*

Neusiedlersee

Schloßkellerei Halbturn, Imperial

7131 Halbturn, im Schloß, Tel.: 02172/201 62, Fax: Dw. 14, wein@schlosshalbturn.at, www.schlosshalbturn.com

93 2002 TBA Grand Vin 9 % vol.
Noch etwas verhalten, dahinter Nougat/Holz; Vanille und Banane, fein balancierte Edelsüße (270 g), ausgesprochen hochklassig, herrliches Holz, saftig, grandios.

92 2002 Grüner Veltliner 14 % vol.
Vollgas-Holz, wie ein Rumtopf; herrliche Frucht, besser als viele Barrique-Chardonnays (gegen die er im Finale angetreten ist), großer Stoff, der nichts mit Veltliner, aber alles mit tollem Wein zu tun hat.

92 2002 Pinot Noir 14 % vol.
Wunderbar ruhige, aber auch tiefe und besonders feingliedrige Pinotfrucht; viel Finesse, geschmeidig und rund, ohne dass es an Fokus fehlte, perfektes Spiel, elegant und fein verwoben, ausgezeichnet.

91 2002 Imperial Rot (CS, BF, ME, CF) 13,5 % vol.

90 2002 St. Laurent 13,5 % vol.

Heike & Gernot Heinrich

7122 Gols, Baumgarten 60, Tel.: 02173/31 76, Fax: Dw. 4, weingut@heinrich.at, www.pannobile.at, www.heinrich.at

94 2002 Gabarinza (ZW, BF, ME, SL) 14 % vol.
Langsam aufgehende Dunkelfruchtnase, nicht so offen wie manch andere, braucht Luft, um die Süße zu entwickeln, wird dann aber im Laufschritt immer tiefer; perfekte Frucht, wunderschön definiert, ganz zarte Schokonoten, wunderbare Süße, toller Wein, wenn auch nicht ganz so überlegen wie bisher, das Tannin ist deutlicher zu spüren als in der Vergangenheit.

94 2002 Pinot Noir 14 % vol.
Wunderschön rauchig und tief, dabei ätherisch und keineswegs totschlägerisch; herrliche Extraktsüße, seidige Textur, Milchschokolade und erztypische Pinotfrucht, wunderschön, absoluter Topwein.

93 2002 Pannobile (ZW, BF) 13,5 % vol.
Feine, weiche, köstliche Frucht; wunderbare Fruchtsüße, feine Dunkelfrucht, gutes Tannin, passende Frucht, saftig und attraktiv, ganz ausgezeichnet.

91 2003 St. Laurent 13 % vol.

Franz Heiss

7142 Illmitz, Untere Hauptstraße 12, Tel.: 02175/33 32, 0676/525 47 00, Fax: 33 32

91 2002 TBA Sauvignon blanc Akazienbarrique 13 % vol.

88 2002 Eiswein Traminer 12 % vol.

88 2001 TBA Riesling 12,5 % vol.

Neusiedlersee

Leo Hillinger

7093 Jois, Untere Hauptstraße 35,
Tel.: 02160/83 17, Fax: 81 29,
leo@hillinger.net, www.hillinger.net
89 2002 HILL 2 weiß *13,5 % vol.*

Karl Kadlec, Riedenhof

7142 Illmitz, Untere Hauptstraße 34, Tel.: 0664/103 13 06,
Fax: 02254/747 56, kadlec@lyss.at, www.riedenhof-kadlec.at
91 2002 LYSS rouge Cuvée (ZW, SL, CS) *13,5 % vol.*
91 1999 TBA Scheurebe *12,2 % vol.*
90 2001 Rouge (BF, ZW, SL) *12,5 % vol.*
88 1995 TBA Scheurebe *10 % vol.*

Alois Kracher, Weinlaubenhof

7142 Illmitz, Apetloner Straße 37, Tel.: 02175/33 77, Fax: Dw. 4,
office@kracher.at, www.kracher.at

97 2001 TBA № 8 Welschriesling *8,5 % vol.*
Feingliedrig, dabei auch saftig und balanciert; klassische Biskuitnoten, wunderbar feine Süße (284 g), die trotz allem ausgesprochen balanciert wirkt, viel Finesse und Eleganz, völlig selbstverständlich ganz und gar grandios.

94 2001 TBA № 6 Grande Cuvée *10 % vol.*
Feines, betörendes Karamell; cremig, füllig, weich, feinste Marzipan- und Nougatnoten, wunderschöne Dichte, herrliche Balance, die Süße (227 g) feinst eingebunden, ausgezeichnet.

93 2001 TBA № 2 Muskat-Ottonel *9,5 % vol.*
Dezente, feine Muskatnase; weiche, dichte, freundliche Frucht, sauberer, freundlicher Biss, die Süße (211 g) ist schön eingebunden, klar und transparent, wunderschön.

92 2001 TBA № 4 Scheurebe *11 % vol.*
Pikante, saftige, klare Frucht, perfekt herausgearbeitet; prachtvoller Fruchtbiss, wunderschön klar, fast sauvignonesk in der Pikanz, die prachtvolle Säure hält die Süße (203 g) locker im Zaum, wunderbare Balance.

90 2001 TBA № 1 Traminer *11 % vol.*

Helmut Lang

7142 Illmitz, Quergasse 5, Tel./Fax: 02175/29 23,
helmut.lang@A1.net
91 2002 BAL Sämling *11,5 % vol.*
89 2003 Zweigelt *13,5 % vol.*
88 2001 TBA Pinot Blanc *8 % vol.*

www.alacarte.at – Die besten Destillate

Neusiedlersee

Melitta & Matthias Leitner

7122 Gols, Quellengasse 33, Tel.: 02173/25 93,
0664/411 98 29, 0664/326 53 64, Fax: 215 47,
weingut@leitner-gols.at, www.leitner-gols.at

- 91 **2001 TBA Riesling** *12 % vol.*
- 90 **2002 Blauburgunder** *13,5 % vol.*
- 90 **2002 Syrah** *13 % vol.*
- 90 **2002 Ungerberg (BF)** *13 % vol.*

Elisabeth & Franz Lentsch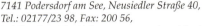

7141 Podersdorf am See, Neusiedler Straße 40,
Tel.: 02177/23 98, Fax: 200 56,
info@weingut-lentsch.com, www.weingut-lentsch.com

- 91 **2002 Remanenz (ZW, BF, SL)** *13,4 % vol.*
- 90 **2002 Blauer Zweigelt Selection Barrique** *13,2 % vol.*
- 90 **2003 Rohrjoch (PB, PG, CH)** *13,4 % vol.*
- 89 **2003 Traminer** *13,8 % vol.*

Josef Lentsch, Zur Dankbarkeit

7141 Podersdorf am See, Hauptstraße 39,
Tel.: 02177/22 23, Fax: Dw. 4, j.lentsch@magnet.at,
www.dankbarkeit.at

- 92 **2002 Pinot Gris** *14,5 % vol.*

    Vollgas-Holz, zum Eingraben schön; wunderbar feine, geschmeidige Nougatfrucht, betörende Dichte, ganz und gar klassisch-schön.

- 91 **2002 Pinot Noir** *13,5 % vol.*
- 91 **2001 TBA (PB, CH, PG)** *13 % vol.*

Michlits-Stadlmann

7161 St. Andrä am Zicksee, Hauptstraße 12,
Tel.: 02176/23 84, 0664/253 64 98, Fax: Dw. 4,
office@weingut-stadlmann.com,
www.weingut-stadlmann.com

- 91 **2002 Syrah Barrique** *14,4 % vol.*
- 90 **2003 Cuvée Bianco** *12,5 % vol.*
- 90 **1998 TBA Traminer Barrique** *12,8 % vol.*
- 89 **2003 Welschriesling Messwein** *12,7 % vol.*

Sepp Moser

7143 Apetlon, Wallerner Straße 59, Tel.: 02732/705 31,
Fax: Dw. 10, office@sepp-moser.at, www.sepp-moser.at

- 90 **2002 BAL Weißburgunder** *12 % vol.*
- 90 **2002 Zweigelt Hedwighof Grosse Reserve** *13 % vol.*
- 89 **2002 Banfalu rot (ZW, ME, CS, CF)** *13 % vol.*
- 88 **2002 Blauer Zweigelt Reserve** *13 % vol.*

Neusiedlersee

Johann Münzenrieder

7143 Apetlon, Wallerner Straße 27,
Tel.: 02175/22 59, Fax: Dw. 6,
info@muenzenrieder.at,
www.muenzenrieder.at
88 2002 Zweigelt Illmitzer Weg *13,5 % vol.*

Peter & Christoph Münzenrieder, PMC

7143 Apetlon, Triftgasse 21, Tel.: 02175/22 81,
0699/13 31 15 82, 0699/13 31 15 83, Fax: 260 13,
weingut-pmc@aon.at, www.weingut-pmc.at
89 2002 Pinot Noir vom Dorn *12,5 % vol.*

Gerhard Nekowitsch

7142 Illmitz, Urbanusgasse 2, Tel.: 02175/20 39, Fax: Dw. 4,
nekowitsch.weine@aon.at, www.nekowitsch.at

92 2002 TBA Sämling 88 *9,5 % vol.*
Wunderbar klar und transparent, die Sämlingsnase ist nur sehr zart angedeutet; sehr, sehr feingliedrig, elegante, klare Balance, feine Süße (267 g), hochklassig und ganz ausgezeichnet.
91 2002 Schilfwein Tradition weiß *10 % vol.*
90 2002 Rubino (ZW, BF) *13 % vol.*

Anita & Hans Nittnaus

7122 Gols, Untere Hauptstraße 49, Tel.: 02173/22 48, Fax: Dw. 20,
office@nittnaus@.at, www.nittnaus.at
93 2002 Comondor (ME, ZW, CS, BF) *13,1 % vol.*
Völlig verschlossen; wunderbar feiner Fruchtbiss, aber von Tanninen umklammert, die Frucht ist da, braucht aber ewig zu ihrer Befreiung (mehrere Stunden Dekantieren sind unumgänglich), dann steht der Wein wie ein Bock, groß und fein.
90 2002 Pannobile rot (ZW, BF) *12,8 % vol.*
90 2002 Pannobile weiß (CH, PB) *14 % vol.*
89 2002 Pinot Noir Kurzberg *13 % vol.*

Christine & Hans Nittnaus

7122 Gols, Untere Hauptstraße 105, Tel.: 02173/21 86,
0664/141 04 55, Fax: 21 86, h.c.nittnaus@aon.at,
www.nittnaus.net
91 2002 Nit'ana (ZW, BF, SL, SY) *13 % vol.*
91 2001 TBA Pinorama (CH, PB) *11 % vol.*
91 2002 Vigor Rubeus (ZW, ME, CS) *13 % vol.*
89 2002 Zweigelt Luckenwald *13 % vol.*

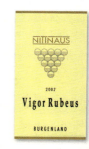

Neusiedlersee

Willi Opitz

*7142 Illmitz, St.-Bartholomäus-Gasse 18, Tel.: 02175/20 84, Fax: Dw. 6,
winery@willi-opitz.at, www.willi-opitz.at*

94 2002 Schilfwein „Schilfmandl" (MO) 9 % vol.

Prachtvolle Nase, „Muscat at its best", unglaubliche Frucht, lupenrein und klar, keine Botrytis, die feine Süße (238 g) ist durch Säure schön balanciert, hat alles, was ein großer Edelsüßwein braucht.

91 2000 Schilfwein Opitz One (ZW) 11,5 % vol.
90 2001 TBA Goldackerl (WR, SÄ) 10 % vol.

Martin Pasler

*7093 Jois, Obere Hauptstraße 44,
Tel.: 02160/83 74, 711 43,
Fax: 711 49*

90 2002 „R" rot 13,5 % vol.
88 2002 „Z" rot 13,5 % vol.

Peck & Umathum, Zantho

*7163 Andau, Dammweg 1A, Tel.: 02176/270 77,
Fax: 270 78, office@zantho.com,
www.zantho.com*

89 2002 Zantho Reserve (ZW, BF, SL, PN) 13 % vol.
88 2002 Zantho St. Laurent 12,7 % vol.

Gerhard Pittnauer

*7122 Gols, Untere Hauptstraße 71, Tel./Fax: 02173/200 88,
pittnauer@utanet.at, www.pannobile.at*

91 2002 Pannobile rot 14 % vol.
90 2002 Pinot Noir Reserve 13,5 % vol.
90 2002 St. Laurent Alte Reben 13 % vol.
89 2003 Blaufränkisch 13 % vol.
88 2003 Zweigelt 13,5 % vol.

Josef & René Pöckl

*7123 Mönchhof, Zwergäcker 1, Tel.: 02173/802 58, Fax: Dw. 44,
info@poeckl.com, www.poeckl.com*

92 2001 Admiral rot 13 % vol.

Tiefe, feste, profunde Dunkelfrucht; wunderbar reifes, tiefgründiges Fruchtelement, viel Schmalz, dabei straff, körniges Tannin, wenig Charme.

92 2001 Rêve de Jeunesse rot 13,5 % vol.

Klare, saftige, wunderschön abgegrenzte Kirsch-Maulbeer-Noten; blitzsaubere, klare Frucht, wunderschön würzig, herzhafter Biss, knackige Tannine, tolles Potenzial und Länge, ganz ausgezeichnet.

91 2001 Pinot Noir 13 % vol.
90 2001 Rosso e Nero rot 13 % vol.

Neusiedlersee

Helmut Preisinger

7122 Gols, Neubaugasse 19, Tel.: 02173/23 62, Fax: Dw. 40,
office@weingut-preisinger.at, www.weingut-preisinger.at
- 91 2002 **Mithras (CS, SY, ME)** *14 % vol.*
- 90 2002 **Katharina (SL)** *13 % vol.*
- 90 2002 **S.EX (PG)** *15 % vol.*
- 90 2002 **Traminer** *15 % vol.*
- 88 2002 **Pinot Noir** *14 % vol.*

Birgit & Helmuth Renner

7122 Gols, Obere Hauptstraße 97, Tel.: 02173/22 59,
Fax: Dw. 4, wein@rennerhelmuth.at,
www.rennerhelmuth.at
- 90 2002 **Pannobile rot (ZW, BF, SY)** *13,5 % vol.*
- 89 2002 **Altenberg (BF, ME, ZW)** *13,5 % vol.*
- 89 2002 **Pannobile weiß (CH, PB)** *13,5 % vol.*

Salzl, Seewinkelhof

7142 Illmitz, Obere Hauptstraße 16,
Tel.: 02175/23 40, Fax: Dw. 4,
salzl@salzl.at, www.salzl.at
- 91 2002 **Pannoterra (CS, SY, ZW)** *13,3 % vol.*
- 90 2002 **Grande Cuvée (ZW, CS)** *13,6 % vol.*
- 90 2002 **Syrah** *13,2 % vol.*
- 88 2002 **Cabernet Sauvignon** *13,2 % vol.*

Erich Scheiblhofer   **SALON** ÖSTERREICHISCHER WEIN

7163 Andau, Halbturner Straße 1a, Tel.: 02176/26 10, 0664/103 13 37, Fax: Dw. 44,
wein@andau.com, www.scheiblhofer.at, www.andau.com
- 92 2002 **Legends (CS, ME)** *13,5 % vol.*
   Süße Dichte; dezente Cassisnoten, feine Frucht, viel Schmalz,
   saftig, zugänglich, viel Schmalz und Fülle, sehr attraktiv.
- 92 2002 **Merlot** *14 % vol.*
   Feine, tiefe, klare Röstaromen; weiche Textur, Kaffee, Schoko,
   Cassis und Zwetschken, knackig und fest, elegant, süffig und
   trinkanimierend, hintendrein eine witzige Bananennote.
- 91 2002 **Shiraz** *14,5 % vol.*
- 90 2003 **Prädium Zweigelt** *14 % vol.*
- 89 2002 **Cabernet Sauvignon** *14 % vol.*

Sie suchen ein Weingut, wissen aber nicht,
in welcher Weinbauregion es liegt?
Im Registerteil am Ende dieses Buches finden
Sie ein alphabetisches Gesamtregister aller aufgenommenen Winzer.

Neusiedlersee

Johann Schwarz

7163 Andau, Hauptgasse 21, Tel.: 02176/32 31,
Fax: 34 19, n.rabe@kracher.at

92 2001 Schwarz – Rot *14 % vol.*
Saftiger Fruchtbiss, auch mineralisch, süß und exotisch, fast kalifornisch angehaucht; dezente Fülle, Eukalyptus, kühle Noten, saftige Kirschfrucht, schöne Extraktsüße hintendrein, ganz ausgezeichnet.

89 2001 Schwarz – Weiß *13,5 % vol.*

Ernst Steindorfer

7143 Apetlon, Illmitzer Straße 25, Tel.: 02175/22 41, Fax: Dw. 4,
nationalparkvinothek@aon.at, www.weingut-steindorfer.at

95 2001 TBA Scheurebe *9 % vol.*
Prachtvoll-pikante Sortennase mit Mandarinenflair; wunderschöne Frucht, grandiose Dichte, lupenreine Fülle, ungemein reintönig, selbst bei diesem Restzucker (320 g), grandios.

93 1999 TBA Muskat Ottonel *11 % vol.*
Wunderschöne, feine Sortenfrucht; herrliche Muskatnoten auch am Gaumen, sehr süß (191 g) wirkend, hintendrein kommt die passende Säure, sehr, sehr fein.

92 2000 TBA Scheurebe *10 % vol.*
Wunderbar feine, tiefe, klare Sortennase der noblen Richtung; fein und sehr süß wirkend (220 g), dezente Zitrus-Honig-Noten, wunderbar balanciert.

90 1995 Schilfwein Grand Select *12,5 % vol.*

89 2002 TBA Scheurebe *10 % vol.*

Julius Steiner

7141 Podersdorf am See, Seezeile 2, Tel.: 02177/27 43,
Fax: Dw. 4, info@julius.steiner.at, www.julius-steiner.at

94 2002 TBA Welschriesling *12 % vol.*
Fein und tief, viel Finesse; wunderschöner Biss, herrliche Botrytis, nicht zu hohe Süße (155 g), absolut hochklassig, wunderschön und fein.

90 2002 Chardonnay Rohrwolf *14 % vol.*

88 2003 Sauvignon Blanc *12 % vol.*

88 2003 Weißburgunder *13,4 % vol.*

Axel Stiegelmar, Juris

7122 Gols, Marktgasse 12–18, Tel.: 02173/27 48,
Fax: 33 23, office@juris.at, www.juris.at

93 2002 Ina'mera Reserve rot *13 % vol.*
Feine, dichte, mineralische Dunkelfruchtnase, tief, ganz sauber und klar; saftige, präsente, gut fokussierte Frucht, gute eingebundene Extraktsüße, zartes Tannin, ausgezeichnet, sogar süffig.

91 2002 Blaufränkisch Reserve *13 % vol.*

89 2002 **Cabernet Sauvignon Reserve** *13 % vol.*
89 2002 **St. Laurent Reserve** *13,5 % vol.*
88 2002 **Chardonnay Reserve** *14 % vol.*

Lisa & Hans Tschida, Angerhof

7142 Illmitz, Angergasse 5, Tel./Fax: 02175/31 50,
weingut@angerhof-tschida.at, www.angerhof-tschida.at

94 2002 **TBA Sämling** *10 % vol.*
Saftiger, feiner, fester Biss, wunderschöne Kräuterwürze, tolle Balance, feinste Muskatfrucht, feine Süße (250 g), ewig lang, ganz ausgezeichnet.

92 2001 **TBA Chardonnay Lüss** *12,5 % vol.*
Süße Zesten; herrliche Frucht, geschmeidig, cremig, wunderschöne Balance, gut passende Edelsüße (164 g), ganz ausgezeichnet.

92 2002 **Zweigelt Grand Select** *13,5 % vol.*
Feine Vanille und Wiener Zuckerl Johannisbeer; saftige Dichte, feine Struktur, viel Schmalz, saftig und fein.

90 2001 **Schilfwein Traminer** *11 % vol.*
89 2002 **TBA Welschriesling** *9 % vol.*

Stefan Tschida, Stölzerhof

7142 Illmitz, Schrändlgasse 16, Tel./Fax: 02175/27 00, wein@stoelzerhof.net,
www.stoelzerhof.net

93 2001 **TBA Ambrosia** *10 % vol.*
Feine Muskat-Zitrus-Nase; feine Frucht, wunderschöner Biss, cremige Textur, feine Süßebalance (215 g), saftig und wirklich fein.

90 2002 **TBA Ambrosia** *9 % vol.*
90 2002 **TBA Weißburgunder Sauvignon** *13 % vol.*
88 1998 **TBA Weißburgunder Sauvignon** *12,5 % vol.*

Josef Umathum

7132 Frauenkirchen, St.-Andräer-Straße 7,
Tel.: 02172/24 40, Fax: Dw. 4, office@umathum.at,
www.umathum.at

91 2002 **Pinot Noir Unter den Terrassen zu Jois** *14 % vol.*
90 2002 **Haideboden (ZW, BF, CS)** *12,9 % vol.*
88 2003 **Welschriesling Messwein** *11 % vol.*

Heinz Velich

7143 Apetlon, Seeufergasse 12, Tel.: 02175/31 87,
Fax: Dw. 4, weingut@velich.at, www.velich.at

92 2002 **Chardonnay Tiglat** *14 % vol.*
Voll, füllig, aber mit wunderbarer Frucht versehen, macht enormen Druck am Gaumen, die Frucht steht wie ein Einser, wunderschöner Chardonnay.

Neusiedlersee

92 2001 TBA O.T. *12 % vol.*
Feine, dichte, profunde Botrytisnase mit festem Vanilleeinschlag; feiner, dichter, herzhafter Biss, wunderbare Balance, saftige Süße (218 g), brillant, ausgezeichnet.
91 2001 BAL Seewinkel *13,5 % vol.*
90 2002 O.T. weiß *13 % vol.*
89 2002 Chardonnay Darscho *13,5 % vol.*

Harald Wenzl, Wenzl-Kast

7122 Gols, Kellergasse 14, Tel.: 02173/34 19,
Fax: Dw. 4, wenzl-kast@wellcom.at,
www.weingut-wenzl-kast.at
89 2003 Summertime (MO, WR) *12,5 % vol.*
89 2003 Weißburgunder halbtrocken *13 % vol.*

Alfred Ziniel

7161 St. Andrä am Zicksee, Hauptstraße 47,
Tel.: 02176/21 16, Fax: Dw. 4,
office@ziniel.at, www.ziniel.at
90 2003 Zicksee Cuvée rot (CS, ME, ZW) *13,5 % vol.*
88 2003 Cabernet Sauvignon *13,5 % vol.*
88 2003 Sauvignon Blanc *12,5 % vol.*

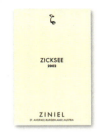

Rebfläche: 5.349 ha. Löss, Sand, Lehm und Schwarzerde dominieren die Böden dieses Weinbaugebietes und bieten dadurch große Sortenvielfalt. Die größte Tradition als Weinort hat die Freistadt Rust, berühmt durch ihre Prädikatsweine.
Weine: finessenreiche Weißweine, konzentrierte Rotweine von Tiefe und Terroir und der weltberühmte Ruster Ausbruch.

Josef Bayer, Erbhof

7082 Donnerskirchen, Hauptstraße 50, Tel.: 02683/85 50, Fax: Dw. 5, weingut@bayer-erbhof.at, www.bayer-erbhof.at

92 2003 Muskat Ottonel Spätlese süß *10 % vol.*
Prachtvolle, dichte Muskatnase; herrliche Sortenfrucht, feine Süße (59 g) und passendes CO_2, frisch und saftig, ganz ausgezeichnet.

92 2003 Phönix weiß (CH, SB) *13,5 % vol.*
Ausnehmend fein und tief, die beiden Sorten ergänzen einander einmal perfekt, Apfel, Kiwi und Stachelbeeren; viel Fett, viel Schmalz, aber nicht zuviel, der Sauvignon gibt einen guten Kick.

Birgit Braunstein

7083 Purbach am Neusiedler See, Hauptgasse 18, Tel.: 02683/55 13, 59 13, Fax: Dw. 22, birgit@braunstein.at, www.braunstein.at

91 2002 Oxhoft rot (CS, BF, ZW) *13,5 % vol.*
90 2003 Chardonnay Oxhoft *13 % vol.*
90 2002 Pinot Noir *13,5 % vol.*
89 2002 Blaufränkisch Kirchtal *13,5 % vol.*
88 2002 St. Laurent Goldberg *13 % vol.*

Sie suchen ein Weingut, wissen aber nicht, in welcher Weinbauregion es liegt? Im Registerteil am Ende dieses Buches finden Sie ein alphabetisches Gesamtregister aller aufgenommenen Winzer.

Neusiedlersee-Hügelland

Domaine Pöttelsdorf

7023 Pöttelsdorf, Kellerweg 15, Tel.: 02626/52 00,
Fax: Dw. 33, domaine@poettelsdorf.at,
www.poettelsdorf.at

- **91 2002 Vanessa (BF, ZW, CS)** *13,5 % vol.*
- **90 2002 Attaché (BF, CS)** *13,5 % vol.*
- **88 2003 Zweigelt Classic** *12,5 % vol.*

Feiler-Artinger

7071 Rust, Hauptstraße 3, Tel.: 02685/237, Fax: Dw. 22,
office@feiler-artinger.at, www.feiler-artinger.at

- **96 2002 Ausbruch Essenz** *8 % vol.*
  Nougat und feinste Botrytis; trotz sehr hohem Zuckerrest (315 g) wunderbar balancierende Säure, ein Klassiker mit Esprit und Länge und erstaunlich viel Eleganz.
- **93 2002 Ausbruch Muskat Ottonel** *12 % vol.*
  Prachtvolle Kombination von Muskat und Vanille; auch am Gaumen dieselbe Zweierkombination, feinste Edelsüße (206 g), absolut hochklassig, ein Furioso.
- **93 2002 Solitaire (BF, CF, ZW)** *13,5 % vol.*
  Salzige Röstaromen; etwas verschlossene, noch unzugängliche Frucht, viel Stoff, gut gebaut, viel Potenzial, geht mit Luft nur langsam auf, braucht viel Zeit, hat aber alles, was ein großer Wein braucht.
- **92 2002 „1008" (CS, ME)** *13,5 % vol.*
  Feine, saftige, klare Cassisfrucht; viel Schmalz, schöne Finesse, gute Struktur, feiner Fokus, Klassiker nach jedem Maßstab.
- **91 2002 Gustav (PG, CH, NE)** *14 % vol.*

Gerhard Fiedler, Grenzhof

7072 Mörbisch am See, Weinzeile 2, Tel.: 02685/82 76, Fax: Dw. 4,
weingut@grenzhof-fiedler.at, www.grenzhof-fiedler.at

- **90 2002 Cabernet Sauvignon** *13,5 % vol.*
- **90 2002 Mörbisch Rot** *13,5 % vol.*
- **90 2002 Mörbisch Weiß** *13,5 % vol.*
- **90 2003 Muskat Ottonel** *11 % vol.*
- **90 2002 Rote Trilogie** *13,5 % vol.*

Weingut Giefing

7071 Rust, Hauptstraße 13,
Tel.: 02685/379, 0664/937 49 40, Fax: 607 48,
giefing@wein-rust.at, giefing@weisswein.cc,
www.wein-rust.at, www.weisswein.cc

- **91 2001 Große Reserve Blaufränkisch** *13,5 % vol.*
- **90 2002 Guter Roter (BF)** *13 % vol.*
- **89 2001 Cardinal Cuvée** *13,5 % vol.*
- **88 2002 Zweigelt** *13 % vol.*

Neusiedlersee-Hügelland

Walter Hahnenkamp

7000 Eisenstadt/St. Georgen, Hauptstraße 53,
Tel.: 02682/667 00, 649 59,
Fax: 667 00,
weine@weingut-hahnenkamp.at,
www.weingut-hahnenkamp.at

- **91 2002 Pinot Noir Lehmgrube** 13,7 % vol.
- **90 2002 Syrah Hochberg** 13,5 % vol.
- **88 2003 Zweigelt Hochberg** 13,6 % vol.

Hammer Wein Rust

7071 Rust, Hauptstraße 9,
Tel./Fax: 02685/231,
info@hammerwein.at,
www.hammerwein.at

- **91 2002 Ausbruch Essenz Pinot Cuvée** 10 % vol.
- **91 2001 Ausbruch Excellent (WR, SB, GM)** 10 % vol.
- **88 2003 Blaufränkisch Selection** 13,5 % vol.
- **88 2003 Gelber Muskateller** 11,5 % vol.

Toni Hartl

2440 Reisenberg, Florianigasse 7, Tel.: 02234/806 36-5,
Fax: Dw. 4, wine@toni-hartl.at, www.toni-hartl.at

- **93 2002 La Creation (PN Barrique)** 13,2 % vol.
  Feine, dichte, tiefe Pinotnase, mit Holz fein verwoben; saftiger Fruchtbiss, wunderbare Zestennote, saftig, dicht und wirklich fein, ganz ausgezeichnet.
- **90 2002 Inkognito (CS, ZW, CF, ME, BF Barrique)** 13,5 % vol.
- **90 2002 Le Magnifique (CH Barrique)** 13,5 % vol.
- **90 2002 Tout Feu Tout Flamme (BF Barrique)** 13,6 % vol.

Rudolf Kaiser

7000 Eisenstadt-Kleinhöflein, Hauptstraße 70,
Tel.: 02682/671 00, Fax: 676 30,
weingut-kaiser@utanet.at,
www.weingut-kaiser.at

- **89 2000 Blaufränkisch Barrique** 13,5 % vol.
- **88 2003 Blaufränkisch Perfektion** 13,5 % vol.
- **88 2002 Tenno (CS, BF, ZW)** 13,5 % vol.

Klosterkeller Siegendorf

7011 Siegendorf, Rathausplatz 12, Vertrieb: Lenz Moser AG,
3495 Rohrendorf, Lenz Moser-Straße 1,
Tel.: 02732/855 41, Fax: 859 00,
office@lenzmoser.at, www.lenzmoser.at

- **90 2002 Siegendorf Rot (CS, BF)** 13 % vol.

Neusiedlersee-Hügelland

Anton Kollwentz, Römerhof

7051 Großhöflein, Hauptstraße 120, Tel.: 02682/651 58,
Fax: Dw. 13, kollwentz@kollwentz.at, www.kollwentz.at

- 93 **2002 Cabernet Sauvignon** *13,5 % vol.*
  Veilchen und Kirschen; weiche, saftige, mollige Frucht, wunderschöne Balance, harmonisch und beinahe sortenuntypisch jugendattraktiv.
- 93 **2002 Chardonnay Tatschler** *14 % vol.*
  Wunderbare Dichte, herrlicher Schmelz, dezente Orangen-Biskuit-Noten; vollmundig, trotz der Dichte ausgesprochen elegant, sehr fein.
- 93 **2002 Steinzeiler (BF, CS, ZW)** *13,5 % vol.*
  Herrliche Karamellen, dazu dichte Dunkelfrucht; saftige, betörend schöne Fruchtnoten und feine Vanille, extraktsüß und klar, wahrscheinlich der beste Steinzeiler bisher, ganz ausgezeichnet.
- 93 **2002 TBA Scheurebe** *9 % vol.*
  Bissige, fast aggressive Sämlingsnase; trotz hoher Süße (255 g) herrlicher Fruchtbiss, saftig und fein, ätherisch, wunderbarer Glanz, elegant und transparent, fein verwoben, ausgezeichnet.

Josef Leberl

7051 Großhöflein, Hauptstraße 91, Tel.: 02682/678 00,
Fax: Dw. 14, weingut@leberl.at, www.leberl.at

- 90 **2000 Blaufränkisch Reisbühel** *13,7 % vol.*
- 90 **2002 Peccatum (BF, CS, ZW)** *13,7 % vol.*
- 90 **2003 Sauvignon Blanc** *12,8 % vol.*
- 90 **2002 Zweigelt Alte Reben** *13,4 % vol.*
- 89 **2002 Blaufränkisch Reisbühel** *13,5 % vol.*

Andreas Liegenfeld

7082 Donnerskirchen, Johannesstraße 25, Tel.: 02683/83 07, Fax: Dw. 4,
weingut@liegenfeld.at, www.liegenfeld.at

- 91 **2003 Riesling Premium** *12,5 % vol.*
- 89 **2003 Grüner Veltliner Premium** *13 % vol.*
- 89 **2003 Pinot Blanc Premium** *12,5 % vol.*
- 88 **2003 Grüner Veltliner Classic** *11,5 % vol.*
- 88 **2003 Sauvignon Blanc Premium** *12,5 % vol.*

Mad, Haus Marienberg SALON

7063 Oggau, Antoniagasse 1,
Tel.: 02685/72 07, Fax: Dw. 4,
office@wein-burgenland.at,
www.wein-burgenland.at

- 90 **2002 Furioso (BF, ME)** *13 % vol.*
- 89 **2002 Blaufränkisch Marienthal** *13,5 % vol.*
- 89 **2002 Pinot Noir** *13 % vol.*

Neusiedlersee-Hügelland

Konrad Mariel

7041 Wulkaprodersdorf, Untere Hauptstraße 51, Tel.: 02687/629 95, Fax: Dw. 4, office@mariel.at, www.mariel.at
- 90 2002 **Domovino (BF)** 14 % vol.
- 90 2003 **Gelber Muskateller** 12 % vol.
- 89 2003 **Sauvignon Blanc** 13 % vol.
- 88 2002 **Blaufränkisch Steingraben** 13,5 % vol.
- 88 2002 **Condre (CS, ME)** 13,5 % vol.

Mariell, Wein und Schnaps

7051 Großhöflein, Hauptstraße 74, Tel./Fax: 02682/615 22
- 90 2002 **Blauburgunder Reserve** 13,5 % vol.
- 90 2002 **Blaufränkisch Point** 13,5 % vol.
- 90 2002 **Wetzlasberg (CS, ZW, BF)** 13,5 % vol.
- 89 2003 **Zweigelt** 13,5 % vol.
- 88 2002 **Chardonnay Gloria** 14 % vol.

Hans Moser

7000 Eisenstadt, St.-Georgener-Hauptstraße 13, Tel.: 02682/666 07, Fax: Dw. 14, weingut@hans-moser.at, www.hans-moser.at
- 90 2002 **V.T.S. (CS, CF, ME, BF, ZW)** 13,5 % vol.
- 89 2002 **Blaufränkisch exclusiv** 13,5 % vol.
- 89 2002 **Cabernet-Merlot** 13,5 % vol.
- 88 2002 **Scheibenberg (CH, PB)** 14 % vol.

Hans Neumayer

7082 Donnerskirchen, Johannesstraße 32, Tel.: 02683/85 34, 0664/81 83 95, Fax: Dw. 4, hans.neumayer@aon.at, www.members.aon.at/hans.neumayer
- 88 2003 **Grüner Veltliner** 11,5 % vol.
- 88 2003 **Sauvignon Blanc** 12 % vol.

Engelbert Prieler

7081 Schützen am Gebirge, Hauptstraße 181, Tel.: 02684/22 29, Fax: Dw. 4, weingut@prieler.aon.at, www.prieler.at
- 93 2002 **Schützner Stein (BF, ME)** 13,5 % vol.
  Verhaltene Dunkelfrucht; dann aber mit PEZ-Wildkirschnoten wunderschön aufgehend, herrlicher Säurebiss, hochelegante Frucht, wunderschöne Balance, dicht und präsent, dabei ausgesprochen süffig, animierend, ausgezeichnet.
- 90 2003 **Chardonnay Sinner** 13,5 % vol.
- 90 2003 **Pinot Blanc Seeberg** 13,5 % vol.

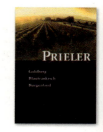

www.alacarte.at – Die besten Weine

Neusiedlersee-Hügelland

Peter Schandl

7071 Rust, Haydngasse 3, Tel.: 02685/265,
Fax: Dw. 4, info@schandlwein.com,
www.schandlwein.com

- 90 2002 **Pinot Noir** *13,5 % vol.*
- 90 2002 **Ruster Ausbruch** *13 % vol.*
- 89 2003 **Pinot Gris** *13,5 % vol.*

Franz Schindler

7072 Mörbisch am See, Neustiftgasse 6,
Tel./Fax: 02685/83 26, info@weingut-schindler.at,
www.weingut-schindler.at

- 92 2001 **Cuvée d'Or (BF, CS, ME)** *13,5 % vol.*
  Feine, reiche, dichte, tiefe Nase, Hauch von Erdnüssen; wunderschön extraktsüße Frucht, reichlicher Tiefgang ohne Kraftlackelallüren, wunderschön fein und fest.
- 88 2002 **Blaufränkisch Selection** *12,5 % vol.*
- 88 2003 **Zweigelt Selection** *12,5 % vol.*

Harald Schindler

7072 Mörbisch am See, Kinogasse 9, Tel.: 02685/83 89, Fax: 609 33,
wein@winzerhof-schindler.at, www.winzerhof-schindler.at
- 89 2003 **Sauvignon Blanc** *12,5 % vol.*

Günther Schönberger

7072 Mörbisch am See, Setzgasse 9, Tel.: 03119/28 42, 02685/82 66, 0664/337 23 46,
Fax: Dw. 2, ente@weingut-schoenberger.com, www.weingut-schoenberger.com

- 93 2001 **TBA Schönberger Süß (WR)** *10 % vol.*
  Prachtvolle Dichte, wunderschöne Vanille- und Marzipannoten, balancierte Süße (200 g), geschmeidig und wunderschön, groß.
- 92 2002 **Herbstcuvée Rot (BF, ME, ZW)** *13,5 % vol.*
  Klassische Nase, die Brombeeren des Blaufränkers kommen geradlinig durch; wunderbare Brombeernoten, herrlich dicht und kompakt, klar fokusiert, knackiges, aber passendes Tannin, ganz ausgezeichnet.
- 91 2002 **Sauvignon Blanc** *13 % vol.*
- 91 2002 **Schönberger Weiß (CH)** *14 % vol.*
- 90 2002 **Schönberger Rot (BF)** *13,5 % vol.*

Heidi Schröck

7071 Rust, Rathausplatz 8, Tel.: 02685/229,
Fax: Dw. 4, heidi@heidi-schroeck.com,
www.heidi-schroeck.com

- 91 2002 **Ruster Ausbruch** *11,5 % vol.*
- 90 2003 **Muscat** *13,5 % vol.*
- 90 2001 **Ruster Ausbruch** *11,5 % vol.*
- 89 2003 **Weißburgunder** *13,5 % vol.*

Neusiedlersee-Hügelland

Reinhold & Thomas Schwarz, Kloster am Spitz

7083 Purbach am Neusiedler See, Waldsiedlung 2,
Tel.: 02683/55 19, 0676/680 90 83, Fax: Dw. 20,
weingut@klosteramspitz.at, www.klosteramspitz.at

- 93 **2002 Pinot Noir Reserve** *13,6 % vol.*
  Fein, dicht, tief, Heidelbeer-, Erdbeer- und Schwarzkirschfrucht; saftige, wunderschöne Dichte, herrlicher Tiefgang, knackig und fein, prachtvoller Biss, ausgezeichnet.
- 92 **2002 Antonius (CS, BF, ME, SY)** *13,5 % vol.*
  Dezente Rotfrucht mit feinem Holz; geschmeidige Dichte, wunderschöne Substanz, geschmeidiger Schliff, saftig, dicht, wunderschön und fein.
- 91 **2002 Chardonnay Muschelkalk** *13,5 % vol.*
- 90 **2002 Syrano (SY)** *13,5 % vol.*
- 89 **2003 Pinot Noir** *13,5 % vol.*

Leopold Sommer

7082 Donnerskirchen, Johannesstraße 26,
Tel.: 02683/85 04, Fax: Dw. 4,
info@weingut-sommer.at,
www.weingut-sommer.at

- 91 **2003 Grüner Veltliner Privat** *13,5 % vol.*
- 90 **2002 Cuvée Noire (BF, ZW)** *13,5 % vol.*
- 90 **2003 Gewürztraminer Spätlese süß** *11,5 % vol.*

Erwin Tinhof

7000 Eisenstadt, Gartengasse 3,
Tel.: 02682/626 48, Fax: 682 32,
wein@tinhof.at,
www.tinhof.at

- 90 **2002 Gloriette (BF)** *13 % vol.*
- 89 **2002 Feuersteig (BF, ZW, SL)** *13 % vol.*

Harald Tremmel

7071 Rust, Weinberggasse 19,
Tel./Fax: 02685/368,
weinbau.tremmel@gmx.at,
www.weinbau-tremmel.com

- 90 **2003 Burgenland Weiß** *12,5 % vol.*
- 89 **2002 Blaufränkisch Bandkreftn** *13,5 % vol.*
- 89 **2002 Grauburgunder** *14 % vol.*

---

www.alacarte.at – Die besten Restaurants

Neusiedlersee-Hügelland

Ernst Triebaumer

7071 Rust, Raiffeisenstraße 9,
Tel.: 02685/528, 67 95, Fax: 607 38,
ernst.triebaumer@gmx.at,
www.triebaumer.com

- 96 2002 **Blaufränkisch Mariental** *13,5 % vol.*
  Brombeer-Kirsch-Likör, unglaublich dicht und tief; herrlich dicht und saftig, konzentriert und kraftvoll, dabei enorme Süße, geschmeidig und zivilisiert, absolut prachtvoll und brillant, vielleicht noch ein Hauch besser als der gigantische 2000er.
- 91 2002 **Ausbruch (CH, WB, WR)** *12 % vol.*
- 91 1999 **Ausbruch Essenz Sauvignon Blanc** *7,5 % vol.*
- 90 2002 **Cabernet Sauvignon – Merlot** *13,7 % vol.*

Günter Triebaumer

7071 Rust, Neue Gasse 18,
Tel.: 02685/61 35, 0676/472 82 88,
Fax: 02173/200 81,
guenter@triebaumer.at,
www.triebaumer.at

- 90 2002 **Ausbruch (CH, TR)** *12 % vol.*
- 88 2002 **Blaufränkisch Reserve** *13,5 % vol.*

Robert Wenzel

7071 Rust, Hauptstraße 29, Tel.: 02685/287, Fax: Dw. 4,
weinbau.wenzel@utanet.at

- 96 2001 **Ausbruch Satz** *10,5 % vol.*
  Phantastische Tiefe; wunderschöne Dichte, herrliche Frucht, die pikante Säure balanciert die feine Süße (225 g), herzhafter Biss, phantastischer Ausbruch, wirkliche Weltklasse.
- 91 2001 **Blaufränkisch Bandkräften** *13 % vol.*
- 91 2002 **Chardonnay** *13,5 % vol.*

Michael Wind

7062 St. Margarethen, Kohlgraben 49, Tel./Fax: 02680/31 26,
michael.wind@gmx.at, www.weingut-wind.com

- 90 2002 **Achat (CS, ZW, BF)** *13 % vol.*
- 90 2002 **BAL Sämling** *14 % vol.*

Rebfläche: 1.912 ha. In dieser reizvollen hügeligen Landschaft wächst auf schweren Lehmböden eine Vielzahl der großen Rotweine. Es dominiert die typisch österreichische Rotweinsorte Blaufränkisch. Rebsorten: vor allem Blaufränkisch, aber auch Zweigelt, Cabernet und Merlot.

Arachon T.FX.T

7312 Horitschon, Günser Straße 54 oder
7423 Pinkafeld, Weinhoferplatz 5–7, Tel.: 02610/423 21
oder 03357/423 67, Fax: 02610/423 21-4 oder
03357/421 57, fjg@arachon.com, www.arachon.com

- **92 2002 Arachon T.FX.T Evolution** *13,5 % vol.*
  Hübsche Dunkelfrucht mit Rumtopf; saftige, feine, geschliffene Frucht, wunderbarer Fruchtbiss, saftig, feines, wenn auch forderndes Tannin, tolle Substanz, viel Potenzial, ganz ausgezeichnet.
- **90 2002 a'Kira T.FX.T (BF)** *13 % vol.*

Heribert Bayer, In Signo Leonis

7311 Neckenmarkt, Wirtschaftspark 5, Tel.: 02610/426 44,
0664/325 62 06, Fax: Dw. 4, bayer@weinfreund.at,
www.weinfreund.at

- **93 2002 Albatros (RG, PG)** *14 % vol.*
  Seidige, kraftvolle Tiefe, perfekter Holzeinsatz, Vanille dicht verwoben; herrlicher Schmelz, attraktive Erdnusshäutchennote, ganz großer Stoff, stupend.
- **92 2002 In Signo Leonis (BF, CS, ZW)** *13,5 % vol.*
  Feine Würze, weißer Pfeffer, dazu balancierte Dunkelfrucht; feine Brombeernote, viel Spiel, blitzsauber und fein, knackig, vielschichtig und wirklich schön.

Mittelburgenland

92 2002 In Signo Sagittarii (BF) *13,5 % vol.*
Feine, dichte, Marzipan-Brombeer-Frucht; idealtypische Blaufränkerfrucht, herrlich in Holzaromen eingebettet, saftig und fest, geschliffen, präzise und fokussiert, sehr fein.

92 2002 In Signo Tauri (PN) *14 % vol.*
Feine Marzipanfrucht mit dezenter Milchschokonote; viel Saft, feines Spiel, kräftiges Tannin, aber die Frucht hält's aus, wunderschönes Potenzial, saftig und sehr fein.

88 2003 Sails White (RG) *13,5 % vol.*

Weingut Gager

7301 Deutschkreutz, Karrnergasse 8, Tel.: 02613/803 85,
Fax: Dw. 5, info@weingut-gager.at, www.weingut-gager.at

92 2002 Quattro (CS, BF, ZW, ME) *14 % vol.*
Dezente Cassisnoten; saftiger Fruchtbiss, feine Cassis- und Schokotöne, wunderbar sanft und ausgeglichen, feine Balance der Komponenten, sehr saftig und fest.

91 2002 Cabernet Franc *14 % vol.*

91 2002 Cablot (CS, CF, ME) *14 % vol.*

90 2002 Syrah *14 % vol.*

Albert Gesellmann

7301 Deutschkreutz, Langegasse 65, Tel.: 02613/803 60, Fax: Dw. 15,
gesellmann@utanet.at, www.gesellmann.at

95 2000 Eiswein Sämling *11 % vol.*
Die absolute Prachtnase, explodiert förmlich vor exotisch-feiner Frucht; wunderschöner Fruchtkorb, geschmeidige Süße (181 g), absolut prachtvoll, grandios, ein würdiger Nachfolger der Eisweine aus diesem Haus.

94 2000 „G" rot *14 % vol.*
Absolut prachtvolle, tiefe, brillante Nase, zum Einschmeicheln schön und dennoch perfekt fokussiert, würzige Dunkelfrucht und feinste Schokonoten; prachtvolle Präsenz, wunderbarer Fruchtbiss, perfekter Fokus, brillant, absolut superb.

93 2002 Bela Rex rot *14 % vol.*
Saftige, dichte, profunde Nase, ein Hauch von Bergamotte; geschmeidige, saftig-animierende Frucht, viel Schmalz, sauber und knackig, viel Zukunft.

93 2002 Chardonnay Steinriegel *13,5 % vol.*
Kräftiges Gelb; sehr tief und profund, Orangenzesten und ein zarter Nougatanflug; wunderschöner Biss, viel Saft und Kraft, viel Substanz, lang und wunderschön.

93 2002 Opus Eximium No 15 rot *14 % vol.*
Klare, feine Dunkelfrucht, feine Brombeeren, tief und fest; herzhafter Fruchtbiss, viel Substanz, dabei elegant und extraktsüß, feine Röstaromen, perfekte Integration der Elemente, stilsicher, ein Kabinettstück des Hauses.

---

www.alacarte.at – Die besten Restaurants

Mittelburgenland

Familie Heinrich

7301 Deutschkreutz, Karrnergasse 59, Tel.: 02613/896 15,
Fax: Dw. 4, office@weingut-heinrich.at,
www.weingut-heinrich.at

- 93 **2002 Cabernet Sauvignon** 14 % vol.
  Brombeergelee pur; feine, butterweiche Cassisfrucht, geschmeidige Schokonoten, seidig-attraktive Textur, extraktsüß, herzhaft und wunderschön.
- 93 **2002 Goldberg Reserve (BF)** 14 % vol.
  Weiche, zugängliche, attraktive Blaufränkischfrucht; feiner, dichter, tiefer Kern, dazu feine, extraktsüße Schokonoten, wunderbar geschmeidig, dicht, groß.
- 93 **2002 terra o. rot** 13,5 % vol.
  Wunderbar feine, süße Dunkelfrucht voller röstiger Finesse; dezente Beeren, feine Milchschokolade, die sich bis in den Abgang durchzieht, hochelegant, feinst geschliffen, ein Schmuckstück.
- 92 **2002 Syrah** 13,6 % vol.
  Brillante Nase, mineralisch und dunkelfruchtsüß, tief und komplex; feine, typische, extraktsüß verpackte selchige Fruchtkomponenten, unheimlich dicht, prachtvoll.
- 90 **2002 Pinot Noir Weißes Kreuz** 13 % vol.

Anton Iby, Rotweingut   **SALON** ÖSTERREICHISCHER WEIN

7312 Horitschon, Kirchengasse 4a,
Tel.: 02610/422 92, 0664/357 86 05,
Fax: Dw. 90, weingut@iby.at, www.iby.at

- 92 **2002 Blaufränkisch Chevalier** 14 % vol.
  Dichte, tiefe Dunkelfrucht, ungemein kompakt; knackig, fest, schliffige Frucht, feine Textur, ganz ausgezeichnet.
- 90 **2002 Blaufränkisch Hochäcker** 13,5 % vol.

Hans Igler

7301 Deutschkreutz, Langegasse 49,
Tel.: 02613/803 65, Fax: Dw. 7,
info@weingut-igler.at,
www.weingut-igler.at

- 91 **2002 Ab Ericio rot** 13,7 % vol.
- 90 **2002 Blaufränkisch Biiri** 13,5 % vol.
- 90 **2002 Cabernet Sauvignon** 13,4 % vol.
- 90 **2002 Pinot Noir Fabian** 13,6 % vol.
- 90 **2002 Vulcano** 13,6 % vol.

---

*Kennen Sie ein interessantes Weingut, das Ihnen hier abgeht?
Schreiben Sie uns – wir gehen jedem Vorschlag gerne nach.*

Mittelburgenland

Josef Igler

7301 Deutschkreutz, Hauptstraße 59–61,
Tel.: 02613/802 13, Fax: Dw. 14,
migler@surfeu.at

- 91 **2002 Maximus (CS, ME, BF)** 13,5 % vol.
- 90 **2002 Exclusiv (BF, SL, ZW)** 13,5 % vol.

Paul Kerschbaum

7312 Horitschon, Hauptstraße 37, Tel.: 02610/423 92,
Fax: Dw. 40, weingut@kerschbaum.at,
www.kerschbaum.at

- 94 **2000 Cuvée Kerschbaum rot** 13,5 % vol.
  Wunderbar klare, tiefe, seidig angehauchte Dunkelfrucht; kernig-dichte, saftige Dunkelfrucht, enormes Potenzial, saftig, kraftvoll, wunderschön.
- 94 **2002 Impresario rot** 13,5 % vol.
  Tintig mit wunderschönen Dunkelfrucht-Röstaromen; saftige, feine Frucht, wunderbare Fruchtkomponenten, sehr präsent, dabei elegant, geschliffenes Tannin, geschmeidige Textur, sehr saftig und wirklich fein gewoben.
- 91 **2002 Blaufränkisch Hochäcker** 13,5 % vol.
- 88 **2002 Blaufränkisch Dürrau** 13,5 % vol.
- 88 **2003 Zweigelt** 13,5 % vol.

Irmgard & Walter Kirnbauer, K+K

7301 Deutschkreutz, Rotweinweg,
Tel.: 02613/897 22, Fax: Dw. 12,
kirnbauer@phantom.at, www.phantom.at

- 94 **2002 Das Phantom (BF, ME, CS, ZW)** 13,5 % vol.
  Feiner Rumtopf, wunderschön röstige Frucht; elegant und fein, wunderschön verwobene Frucht, saftiger Biss, dabei viel Finesse, herrliche Balance, ganz ausgezeichnet.
- 94 **2002 Merlot** 14 % vol.
  Attraktiv-röstige Kaffeetöne, deutliches Toasting spürbar; wunderbar feine Dunkelfrucht, die sich von vorne bis hinten durchzieht, feine Milchschokolade, klar, saftig und fokussiert, enormes Potenzial.
- 93 **2002 Blaufränkisch Goldberg** 14 % vol.
  Dunkelfrucht mit feinen Röstaromen; saftiger Fruchtbiss, wunderschöner Biss, viel Stoff, prachtvoll aufgehend, ein Eklat von Wohlgeschmack, brillant, ausgezeichnet.
- 91 **2002 Girmer (ZW)** 13,5 % vol.
- 90 **2002 Blaufränkisch Classic** 13,5 % vol.

Mittelburgenland

Familie Pfneisl, United Vineyards

7301 Deutschkreutz, Karrnergasse 64, Tel.: 02613/80 27 01, 0664/344 06 95,
Fax: 80 27 04, shirazbrothers@wine-pentagon.com,
www.wine-pentagon.com
- **91 2002 Merlot** *14 % vol.*
- **91 2002 Shiraz** *14 % vol.*
- **89 2002 Hexenberg (SY, ME)** *13,5 % vol.*
- **88 2003 Blaufränkisch** *12,5 % vol.*
- **88 2002 Cabernet Sauvignon** *14 % vol.*

Maria & Josef Reumann

7301 Deutschkreutz, Neubaugasse 39,
Tel.: 02613/804 21, Fax: Dw. 4,
info@weingut-reumann.at,
www.weingut-reumann.at
- **89 2002 Merlot Goldberg** *14 % vol.*
- **89 2002 Phoenix rot** *13,5 % vol.*
- **88 2002 Blaufränkisch Selection** *13,5 % vol.*
- **88 2002 Vinum sine Nomine rot** *14 % vol.*

Monika Strehn

7301 Deutschkreutz, Mittelgasse 9,
Tel.: 02613/802 11, 0664/153 31 98,
Fax: 802 11,
office@strehn.at, www.strehn.at
- **91 2002 Pandur rot** *14 % vol.*
- **90 2002 Cabernet Franc** *14 % vol.*

Helene Tesch

7311 Neckenmarkt, Herrengasse 26, Tel./Fax: 02610/436 10,
helene.tesch@utanet.at, www.tesch-wein.at
- **93 2002 Blaufränkisch Selection** *14 % vol.*
  Wunderbar feine, klare Brombeernase; feine, elegante Frucht, zarte
  Schokonoten, seidige Textur und wunderbar fein.
- **93 2002 Titan (CS, SY)** *13,5 % vol.*
  Tiefe, feine, dichte Dunkelfrucht; saftige, elegante Cassis- und Oliven-
  frucht, dezenter Schokohauch, viel Finesse bei feiner Konzentration, Tannin perfekt
  eingebunden, streng, aber elegant.

Helmut Weber SALON ÖSTERREICHISCHER WEIN

7361 Lutzmannsburg, Neustiftgasse 15, Tel./Fax:
02615/870 10, weingut-fam-weber@gmx.at,
www.weingut-fam-weber.at
- **91 2002 Merlot** *13,5 % vol.*
- **91 2002 Shiraz** *13,5 % vol.*
- **90 2002 Villa Nomine Lusman rot** *13,7 % vol.*

Mittelburgenland

Stefan Wellanschitz, Donatus

7311 Neckenmarkt, Lange Zeile 28, Tel.: 02610/423 02,
0664/253 68 20, Fax: Dw. 4, info@wellanschitz.at,
www.wellanschitz.at

- **92 2002 Blaufränkisch Well** *13,5 % vol.*
  Rauchige Dunkelfrucht-Schokonoten, Rum-Kokos; saftiger, wunderschöner Biss, hochfeiner Brombeer-Schoko-Geschmack, wunderbar klar und fein, präzise, modern, lang und fleischig.
- **90 2002 Blaufränkisch Altes Weingebirge** *13,5 % vol.*
- **90 2002 Fraternitas (BF, CS)** *13,5 % vol.*

Franz Weninger

7312 Horitschon, Florianigasse 11,
Tel.: 02610/421 65, Fax: Dw. 50,
weingut@weninger.com,
www.weninger.com

- **92 2002 Veratina rot** *13,5 % vol.*
  Klassische Nase, saftig und dicht; kernig und herzhaft, knackige, feste Frucht, viel Kraft, geschliffene Eleganz, noch sehr jung, aber mit gewaltigen Anlagen für die Zukunft.
- **91 2002 Blaufränkisch Reserve** *13,5 % vol.*
- **89 2002 Blaufränkisch Hochäcker** *13 % vol.*
- **89 2002 Merlot** *14 % vol.*

Juliana Wieder

7311 Neckenmarkt, Lange Zeile 76, Tel.: 02610/424 38, Fax: Dw. 20,
weingut-jwieder@winzer.at, www.weingut-juliana-wieder.at

- **89 2002 Blaufränkisch Bodigraben** *13,5 % vol.*
- **89 2002 Cabernet Sauvignon** *14 % vol.*
- **89 2002 Morandus rot** *14 % vol.*
- **89 2002 Sempre rot** *14 % vol.*
- **88 2002 Blaufränkisch Hochberg** *13 % vol.*

Das DPD Weinlogistik-Paket

- Für 1*, 3*, 6 und 12 Flaschen
- 24 - 48 Stunden Belieferung
- Nachnahme möglich!

Tel. 0810 810 - 110
www.dpd.at

*Format 1 und 3 auch für Sektflaschen!

Das schnelle Paket

Rebfläche: 437 ha. Das kleinste Weinanbaugebiet Österreichs ist wegen seiner Abgeschiedenheit und Ursprünglichkeit besonders reizvoll. Auf sandigen, tonigen Lehmböden gedeihen Weiß- und Rotweine eigenständigen Charakters. Rebsorten: uralte Blaufränkisch-Weingärten.

Faulhammer-Körper, Schützenhof

7474 Deutsch Schützen, Weinberg 159,
Tel.: 03365/22 03, Fax: Dw. 85,
schuetzenhof@utanet.at,
www.schuetzenhof.cc

- 91 **2002 Senior (BF)** *13,5 % vol.*
- 88 **2002 Blaufränkisch Weinberg** *13,5 % vol.*
- 88 **2003 Zweigelt Ratschen** *13 % vol.*

Manfred Kopfensteiner

7474 Deutsch Schützen 38, Tel.: 03365/22 36, Dw. 5,
weingut@kopfensteiner.at, www.kopfensteiner.at

- 91 **2002 Border (BF, CS, ME)** *13,5 % vol.*
- 89 **2002 Blaufränkisch Bründlgfangen** *13 % vol.*
- 88 **2002 Blaufränkisch Weinberg** *13,5 % vol.*

Tibor & Illa Szemes

7423 Pinkafeld, Weinhoferplatz 7, Tel.: 03357/423 67, Fax: 421 57,
tibor.szemes-wein@aon.at, www.szemes.at

- 92 **2002 Blaufränkisch Imperial C.S.** *13,5 % vol.*
  Feines Holz mit schöner Dunkelfrucht; saubere, dichte, klare Frucht, verspielte Schokonoten, stoffig, dicht und fein, kompakt und rassig, blitzsauber und attraktiv.
- 91 **2001 Blaufränkisch Imperial C.S.** *13,5 % vol.*
- 90 **2002 Blaufränkisch Tradition** *13 % vol.*

Südburgenland

Wachter-Wiesler

7474 Deutsch Schützen 26, Tel.: 03365/22 45 und Keller 24 02, Fax: 22 45, weine@wachter-wiesler.at, www.wachter-wiesler.at

- 91 **2002 Blaufränkisch Pfarrweingarten** 13,5 % vol.
- 90 **2002 Cabernet Sauvignon** 14 % vol.
- 90 **2002 Julia (BF, CS, ME)** 13,5 % vol.
- 89 **2003 Zweigelt** 13,5 % vol.

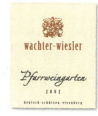

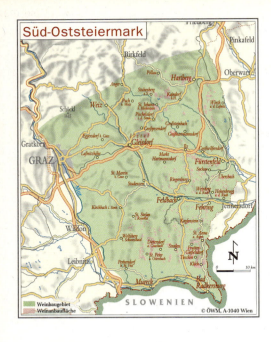

Rebfläche: 1.230 ha. Dieses Gebiet liegt in der Übergangszone vom trockenen pannonischen zum feuchten Mittelmeerklima. Auf vulkanischen Verwitterungs- und schweren Lehmböden gedeihen vorwiegend fruchtbetonte Weißweine. Rebsorten: Sauvignon Blanc, Morillon, Grauburgunder, Traminer sowie gelegentlich feine Rotweine.

Anna & Albert Neumeister

8345 Straden 42, Tel.: 03473/83 08, Fax: Dw. 4, office@neumeister.cc, www.neumeister.cc

92 **2003 Sauvignon Blanc Klausen** 14 % vol.
Noch recht verhaltene Nase (offenkundig vom Füllschock); aber am Gaumen geht der Wein auf wie ein Buchtelteig, wunderbar klarer Fruchtausdruck, ein Gentleman von einem Sauvignon, hintergründig fein.

92 **2002 TBA Saziani (WR)** 11 % vol.
Fein und rauchig, Hauch Trockenfrüchte, klar und sauber fokussiert; feingliedrig, sauberes Holz, wunderschöne Textur, feine Süße (210 g), geschmeidig, ziseliert, hochklassig und fein.

91 **2002 Cuvée de Merin (ZW, ME, CS)** 14 % vol.
91 **2002 Morillon Moarfeitl** 14 % vol.
91 **2003 Roter Traminer Steintal** 14 % vol.

Manfred Platzer

8355 Tieschen, Pichla 25, Tel.: 03475/23 31, Fax: Dw. 4, platzer@weinhof-platzer.at, www.weinhof-platzer.at

90 **2003 Gewürztraminer Auslese süß** 11,5 % vol.
89 **2003 Chardonnay Selection halbtrocken** 13,5 % vol.
89 **2003 Welschriesling Aunberg** 12 % vol.
88 **2003 Blauer Zweigelt** 13 % vol.

Süd-Oststeiermark

Ploder-Rosenberg

8093 St. Peter am Ottersbach, Rosenberg 86,
Tel.: 03477/32 34, Fax: Dw. 4,
office@ploder-rosenberg.at,
www.ploder-rosenberg.at

- 91 2002 **Eruption (ZW)** *13,5 % vol.*
- 91 2002 **Pinot Blanc Rosenberg** *13 % vol.*
- 90 2003 **Gewürztraminer Linea** *14 % vol.*
- 90 2003 **Sauvignon Blanc** *13 % vol.*
- 89 2003 **Morillon** *13 % vol.*

Margot & Georg Winkler-Hermaden

8353 Kapfenstein, Schloß Kapfenstein 105,
Tel.: 03157/23 22, Fax: Dw. 4, weingut@winkler-hermaden.at,
www.winkler-hermaden.at

- 92 2002 **Grauburgunder Reserve** *14 % vol.*
  Dichte Holznase, feiner Nougat, feine Rauchigkeit; wunderschöne Dichte, klar fokussiert, herrliche Extraktsüße, ein Prachtwein.
- 91 2002 **Olivin (ZW)** *13,5 % vol.*
- 91 2002 **TBA Kirchleiten** *8,6 % vol.*
- 88 2003 **Morillon Rosenleiten** *14 % vol.*

Das DPD Weinlogistik-Paket

- Für 1*, 3*, 6 und 12 Flaschen
- 24-48 Stunden Belieferung
- Nachnahme möglich!

Tel. 0810 810-110
www.dpd.at

*Format 1 und 3 auch für Sektflaschen!

Das schnelle Paket

Rebfläche: 1.902 ha. Die reizvolle Hügellandschaft liegt im Einflussbereich des südeuropäischen Klimas. Die hier wachsenden Weine sind für ihre Fruchtigkeit und Frische berühmt.
Rebsorten: fruchtige, rassige Welschrieslinge, Muskateller, Sauvignon Blancs und Chardonnays.

Adam-Lieleg

8463 Leutschach, Kranach 78, Tel./Fax: 03454/ 61 15, weingut@adam-lieleg.com, www.adam-lieleg.com
- 90 **2002 Cuvée Burgunder-Sauvignon** *13,5 % vol.*
- 90 **2003 Muskateller Grand Classic** *12 % vol.*
- 90 **2003 Welschriesling Classic** *11,5 % vol.*
- 88 **2003 Muskateller Classic** *11,5 % vol.*
- 88 **2003 Sauvignon Blanc Grand Classic** *13,5 % vol.*

Dr. Aubell, Rebenhof, E. & W. Polz

8471 Spielfeld, Grassnitzberg 54 A, Tel.: 03453/23 01, Fax: Dw. 6, weingut@polz.co.at, www.polz.co.at
- 90 **2003 Sauvignon Blanc Witscheiner Herrenberg** *13 % vol.*
- 90 **2003 Silt (CH)** *14 % vol.*
- 89 **2000 Roter Herrenberg** *13 % vol.*
- 88 **2003 Sauvignon Blanc** *12,5 % vol.*

Dreisiebner Stammhaus

8461 Ehrenhausen, Sulztal 35, Tel.: 03453/25 90, Fax: Dw. 22, stammhaus@dreisiebner.com, www.dreisiebner.com
- 90 **2003 Chardonnay Hochsulz Reserve** *13,5 % vol.*
- 90 **2003 Muskateller Hochsulz** *13 % vol.*
- 90 **2003 Sauvignon Blanc Hochsulz** *14,5 % vol.*
- 90 **2002 Sauvignon Blanc Hochsulz Reserve** *14 % vol.*

Südsteiermark

E. & M. Elsnegg

8462 Gamlitz, Eckberg 26,
Tel.: 03453/48 12, Fax: Dw. 4,
weingut.elsnegg@aon.at,
www.elsnegg.at

- 90 2003 **Welschriesling Steilhang** *12 % vol.*
- 89 2003 **Grauburgunder Eckberg** *13 % vol.*
- 88 2003 **Muskateller** *11,5 % vol.*

Ulrike & Alois Gross

8461 Ehrenhausen, Ratsch an der Weinstraße 26,
Tel.: 03453/25 27, Fax: 27 28, weingut@gross.at,
www.gross.at

- 92 2002 **Morillon Nussberg** *14 % vol.*
  Dichte rauchig-mineralische Noten; fein eingebundenes Holz, ruhige Geschmeidigkeit, saftig und dennoch elegant, strahlt hintergründig.
- 92 2003 **Muskateller Nussberg** *13 % vol.*
  Zarte, transparente Nase; saftige, feine, ruhige Frucht, geschmeidig und geschliffen, lang und elegant, gar nicht unbedingt typisch, aber in seiner Art toll.
- 92 2002 **Sauvignon Nussberg** *14 % vol.*
  Vanille, Maracuja, dahinter Grapefruit, ziemlich exotisch; feste, dichte Struktur, bei aller Generosität fast straff, gleichzeitig enorme Tiefe zeigend, braucht noch Zeit bis zur vollen Blüte.
- 92 2003 **Weißburgunder Kittenberg** *13 % vol.*
  Wunderbar feine, herrlich ausgewogene Dichte, ganz zarter Nougathauch, wunderschöne Balance, elegant und ausgewogen.
- 90 2002 **Gewürztraminer Gamitzberg** *14 % vol.*

Hannes Harkamp

8505 St. Nikolai im Sausal, Flamberg 46, Tel.: 03185/22 80,
Fax: Dw. 4, weingutharkamp@aon.at,
www.harkamp.at

- 91 2002 **Grauburgunder Oberburgstall** *13 % vol.*
- 90 2003 **Sauvignon Blanc Klassik** *13 % vol.*
- 90 2003 **Sauvignon Blanc Oberburgstall** *14,5 % vol.*

Christian Kugel

8471 Spielfeld, Graßnitzberg 42, Tel.: 03453/25 92,
Fax: 23 32, weinhof.kugel@utanet.at,
www.weinhof-kugel.at

- 88 2003 **Grauburgunder Exklusiv halbtrocken** *13,5 % vol.*

Beachten Sie bitte den Registerteil am Ende dieses Buches!

Südsteiermark

Lackner-Tinnacher
8462 Gamlitz, Steinbach 12, Tel.: 03453/21 42, Fax: 48 41,
weingut@tinnacher.at, www.tinnacher.at
- 91 2003 Morillon Steinbach *13,5 % vol.*
- 91 2002 TBA Grauburgunder *11 % vol.*
- 90 2003 Grauburgunder Steinbach *14,5 % vol.*
- 90 2003 Sauvignon Blanc Welles *13,5 % vol.*
- 90 2003 Weißburgunder Steinbach *13,5 % vol.*

Harald Lieleg, Kollerhof
8463 Leutschach, Eichberg-Trautenburg 39,
Tel.: 03454/439, Fax: Dw. 12,
weinbau@kollerhof.com,
www.kollerhof.com
- 90 2003 Gelber Muskateller Reiteregg *12 % vol.*

W. u. W. Maitz
8461 Ehrenhausen,
Ratsch an der Weinstraße 45,
Tel.: 03453/21 53, Fax: Dw. 7,
weingut@maitz.co.at,
www.maitz.co.at
- 88 2003 Traminer Schusterberg *13,5 % vol.*

Domäne Müller, Gut am Ottenberg
8522 Groß St. Florian, Grazer Straße 71,
Tel.: 03464/21 55,
Fax: 21 16 25,
office@mueller-wein.at,
www.domaene-mueller.at
- 88 2003 Der Morillon *13,5 % vol.*
- 88 2003 Der Weißburgunder *13 % vol.*

Erich & Walter Polz
8471 Spielfeld, Grassnitzberg 54A,
Tel.: 03453/23 01, Fax: Dw. 6,
weingut@polz.co.at,
www.polz.co.at
- 92 2003 Sauvignon Blanc Hochgrassnitzberg *14 % vol.*
  Blitzsauber, fein, delikat, wunderbar klar, nicht vorlaut; delikate, feine Frucht, grad nur ein leiser Vanillehauch, perfekter Fruchtausdruck, wunderschön expressiv, groß.
- 90 2003 Sauvignon Blanc Therese *13 % vol.*
- 90 2003 Traminer Grassnitzberg *13 % vol.*
- 89 2002 Morillon Obegg *13,5 % vol.*
- 88 2003 Gelber Muskateller Grassnitzberg *13 % vol.*

Südsteiermark

Erwin Sabathi

8463 Leutschach, Pössnitz 48, Tel.: 03454/265,
Fax: Dw. 6, weingut@sabathi.com,
www.sabathi.com

- 91 2002 **Sauvignon Blanc Merveilleux** *14 % vol.*
- 90 2003 **Grauburgunder Jägerberg** *13,5 % vol.*
- 90 2003 **Sauvignon Blanc Pössnitzberg** *14 % vol.*
- 89 2003 **Sauvignon Blanc Poharnig** *13 % vol.*
- 88 2002 **Morillon Merveilleux** *13,5 % vol.*

Wilhelm Sattler, Sattlerhof

8462 Gamlitz, Sernau 2, Tel.: 03453/25 56, Fax: 57 32,
weingut@sattlerhof.at, www.sattlerhof.at

- 94 2003 **Sauvignon Blanc Kranachberg** *14 % vol.*
  Pikante Nase, Zitrus und Tiefgang; saftige Melonenfrucht, cremige Textur, enorme Dichte, wunderschöne Balance, besser als je zuvor.
- 90 2002 **Morillon Pfarrweingarten** *13,5 % vol.*
- 90 2003 **Sauvignon Blanc Sernauberg** *13,5 % vol.*
- 89 2003 **Sauvignon Blanc** *13 % vol.*

G. & J. Scheucher

8423 St. Veit am Vogau, Labuttendorf 20, Tel.: 03184/40 80,
Fax: Dw. 12, scheucher.wein@netway.at

- 90 2003 **Gelber Muskateller** *11,8 % vol.*
- 90 2003 **Grauburgunder** *13,9 % vol.*
- 89 2002 **Otter Plus (ZW)** *13,3 % vol.*
- 89 2003 **Sauvignon Blanc** *12,4 % vol.*

Landesweingut Silberberg

8430 Leibnitz, Kogelberg 16, Tel.: 03452/823 39-45, Fax: Dw. 17,
lfssilberberg@stmk.gv.at, www.silberberg.at

- 91 2003 **Sauvignon Blanc Steinbruch** *14 % vol.*
- 91 2002 **Zweigelt Reserve** *13,5 % vol.*
- 90 2003 **Sauvignon Blanc Schlossberg** *14 % vol.*

Evelyn & Walter Skoff   SALON ÖSTERREICHISCHER WEIN

8462 Gamlitz, Eckberg 16, Tel.: 03453/42 43, Fax: Dw. 17,
weingut@skoff.com, www.skoff.com

- 94 2003 **Sauvignon Blanc Hochsulz** *14,5 % vol.*
  Füllige Melonenfrucht; wunderbar feiner Fruchtglanz, saftig und ganz klar, der Alkohol ist nicht spürbar, herrliche Frucht, brillant.
- 90 2003 **Muskateller** *12,5 % vol.*
- 90 2003 **Sauvignon Blanc Classique** *13 % vol.*
- 90 2003 **Sauvignon Blanc Edition** *13,5 % vol.*
- 88 2003 **Chardonnay** *14,5 % vol.*

Südsteiermark

Strablegg-Leitner, Panoramaweinhof
8454 Arnfels, Eichberg-Trautenburg 54, Tel./Fax: 03455/429
- 90 2003 **Sauvignon Blanc Sovereign** *15,3 % vol.*
- 90 2003 **Weißburgunder Klevner** *13,4 % vol.*
- 88 2003 **Gelber Muskateller Kaiseregg** *12,1 % vol.*

Manfred Tement
8461 Berghausen, Zieregg 13, Tel.: 03453/41 01, Fax: Dw. 30, weingut@tement.at, www.tement.at
- 95 2003 **Sauvignon Blanc Zieregg** *14 % vol.*

  Etwas verhalten, geht mit der Luft süß und dicht auf; wunderschöne, dichte Substanz, perfekt eingesetztes Holz, geschmeidig und voller Finesse, herrliches Ebenmaß, prachtvolle Struktur in der Holunder-Vanille-Aromatik, ganz großer Wein.
- 94 2002 **Morillon Zieregg** *14 % vol.*

  Tief und dicht, Biskuit, saftig und fein, feine Vanilleschoten, wunderschön ziseliert, perfekter Holzeinsatz, brillant vinifiziert, mineralisch, ganz ausgezeichnet.
- 92 2003 **Sauvignon Blanc Sernau** *13,5 % vol.*

  Pikant, fast ein Hauch von Stinkerl, das aber verfliegt, dahinter lupenreine Frucht; prachtvolle, wunderschöne Frucht, herrliche Balance, vielschichtig, groß.
- 90 2002 **Morillon Sulz** *13,5 % vol.*
- 89 2003 **Roter Traminer** *14 % vol.*

Josef Trabos
8462 Gamlitz, Kranachberg 30, Tel.: 03454/430, Fax: 68 30, trabos@aon.at, www.trabos.at
- 89 2003 **Sauvignon Blanc Kranachberg** *13,5 % vol.*
- 88 2003 **Weißburgunder Klassik** *12,5 % vol.*

Eduard & Stefan Tscheppe
8463 Leutschach, Pössnitz 168, Tel.: 03454/205, Fax: Dw. 77, weingut@tscheppe.com, www.tscheppe.com
- 90 2003 **Sauvignon Blanc Czamillonberg** *14 % vol.*
- 89 2003 **Sauvignon Blanc Classic** *12,5 % vol.*

Erwin Tschermonegg
8463 Glanz an der Weinstraße 50, Tel.: 03454/326, Fax: Dw. 50, weingut@tschermonegg.at, www.tschermonegg.at
- 90 2003 **Sauvignon Blanc Classique** *12,5 % vol.*
- 88 2003 **Gelber Muskateller** *11,5 % vol.*

www.alacarte.at – Die besten Weine

Südsteiermark

Gerhard Wohlmuth

*8441 Kitzeck, Fresing 24, Tel.: 03456/23 03, Fax: 21 21,
wein@wohlmuth.at, www.wohlmuth.at*

- 91 **2003 Sauvignon Blanc Steinriegel** *13,5 % vol.*
- 90 **2003 Sauvignon Blanc Summus** *13 % vol.*
- 89 **2003 Panther Classic (SB, GM, PG, CH, RI)** *11 % vol.*
- 89 **2003 Riesling Summus Altenberg** *12,5 % vol.*
- 88 **2003 Semillon Summus Altenberg** *13 % vol.*

Rebfläche: 531 ha. Entlang der Schilcherweinstraße von Ligist bis Eibiswald wachsen auf Gneis und Schieferurgestein die besten Qualitäten der lokalen Spezialität.
Rebsorten: Der Schilcher ist hier absoluter King. Der extrem herbe Rosé aus der Rebsorte Blauer Wildbacher hat eine lange Tradition.

Domäne Müller, ehem. Prinz Liechtenstein'sches Weingut

8522 Groß St. Florian, Grazer Straße 71, Tel.: 03464/21 55, Fax: 21 16 25, office@mueller-wein.at, www.domaene-mueller.at
- **90 2003 Der Schilcher „Seelenfreund"** *12 % vol.*
- **88 2003 Der Pinot Gris** *13,6 % vol.*

Eduard Oswald vlg. Trapl

8511 St. Stefan ob Stainz, Lestein 40, Tel./Fax: 03463/810 82, oswald@traplschilcher.at, www.trapl-schilcher.at
- **90 2003 Schilcher Exklusiv Kabinett** *12,4 % vol.*
- **88 2003 Schilcher Classic** *12 % vol.*

Christian Reiterer

8551 Wies, Lamberg 11, Tel.: 03465/39 50, Fax: Dw. 6, info@weingut-reiterer.com, www.weingut-reiterer.com
- **91 2003 Sauvignon Blanc Kranachberg** *14,5 % vol.*
- **90 2003 Schilcher Sekt** *12 % vol.*
- **89 2003 Schilcher Engelweingarten** *13 % vol.*
- **88 2003 Schilcher Lamberg** *12,5 % vol.*

Vinotheken, Importeure & Großhändler | Österreich

WIEN

barbaro

Barbaro Import & Export GmbH
1010 Wien, Börseplatz 3
Tel.: 01/532 15 18, Fax: Dw. 20
World@barbaro.at, www.barbaro.at
Die Barbaro GmbH importiert primär Spitzenweine aus ganz Italien, selektioniert direkt von Luigi Barbaro für seine Kunden und Weinkenner in ganz Österreich. Weitere Produkte wie Olivenöl, Grappa und andere Feinkostprodukte aus Italien sind auf Bestellung erhältlich. Für telefonische Beratung und Bestellung: Rudolf Endlicher, Mo.–Fr. 9–17 Uhr.

Brioni Spirituosen & Wein
1010 Wien, Schwarzenbergstraße 8
Tel.: 01/512 27 42, Fax: 513 69 35
www.brioni.at ÖZ: Mo.–Fr. 9–18.30 Uhr.

Burgenland Vinothek Glöckl GmbH
1030 Wien, Baumannstraße 3
Tel.: 01/718 25 73, Fax: 718 71 74
www.burgenland-vinothek.at
ÖZ: Di.–Fr. 13–19, Sa. 10–17 Uhr.

DEL FABRO

Del Fabro GmbH
Getränkeimport und Großhandel
1050 Wien, Johannagasse 34
Tel.: 01/544 21 53, Fax: 545 78 86
weinservice@delfabro.at, www.delfabro.at
ÖZ: Mo.–Fr. 7.30–12, 13–16.30 Uhr.
Kontakt: allg.: Franz del Fabro, Wein: Josef M. Schuster. Del Fabro sieht sich als Partner für die Gastronomie – mit einem Getränkevollsortiment an Weinen, Spirituosen, Mineralwässern und Bieren. Unser Weinangebot umfasst vor allem Weine aus Österreich, Italien und der Neuen Welt. Unsere ausgebildeten Weinfachleute beraten Sie gerne.

Diageo Austria GmbH
1010 Wien, Neutorgasse 12/10
Tel.: 01/533 63 00, Fax: 535 97 50

Dr. Adrian Czapek
1030 Wien, Weißgerberlände 26/14
Tel./Fax: 01/971 91 90

Ernecker – Weinraritäten
1228 Wien, Postfach 15
Tel.: 01/774 67 91, Fax: 774 67 92
www.rarewine.at

Eulennest Vinothek & Weinbar
1010 Wien, Himmelpfortgasse 13
Tel.: 01/513 53 11, Fax: Dw. 14
www.eulennest.at
ÖZ: Mo.–Sa. 14–24 Uhr.
Kontakt: Florian Deutsch.
Weine & Spezialitäten einkaufen bis 24 Uhr.

Gawein Bruckner Weinhandel
Tel.: 0664/435 48 70, Fax: 01/374 71 19
www.gawein.at
Gawein Bruckner Weinhandel versteht sich als Spezialist für Wein & Spirituosen aus Portugal und Frankreich.

Getränke Müller Vertriebs GmbH
1010 Wien, Gonzagagasse 8/2
Tel.: 01/710 21 41, 969 03 97
Fax: 715 83 97, 969 03 97
office@getraenke-mueller.at
www.getraenke-mueller.at Umfangreiches Spirituosen-Sortiment, Import und Vertrieb von Cachaca Ypioca, Ron Matusalem, Ron Zacapa, Wenneker Liköre etc.

Good Grape Wine & Food Trading GmbH
1170 Vienna, Schaukalgasse 1
Tel.: 01/470 56 56, Fax: 0664/923 91 81

Österreich | Vinotheken, Importeure & Großhändler

Grohs Weinhandels Betriebsges.m.b.H.
1010 Wien, Rathausstraße 19/ II /D54
Tel.: 01/479 71 75, Fax: 47 86 24 79

Jeroboam
1040 Wien, Schleifmühlgasse 1
Tel.: 01/585 67 73, Fax: 581 46 36
office@jeroboam.at
www.jeroboam.at
ÖZ: Di., Sa. 10–15, Mi.–Fr. 15–20 Uhr.
Kontakt: Christian Weininger. Die Nr. 1
bei Champagner; täglich Verkostung.

K+K Weinhandel
1150 Wien, Selzergasse 17
Tel.: 0650/220 22 66

KASTNER Abholmarkt und Gastrodienst GmbH
1210 Wien, Baldassgasse 3
Tel.: 01/250 48-403, Fax: Dw. 448
alles.wein@kastner.at, www.alleswein.at
Alle großen Winzer aus Österreich und
der ganzen Welt! Alles aus einer Hand!

Kattus & Racke VertriebsgmbH
1190 Wien, Billrothstraße 51
Tel.: 01/368 43 50-0, Fax: 369 24 77

La Terrasse WeinShop, Weinbar
1180 Wien, Gersthofer Straße 30
Tel.: 01/479 80 80, Fax: 01/479 77 11
antoine.georges@gmx.at

La Trouvaille Antiquariat & Vinothek
1080 Wien, Blindengasse 2
Tel.: 01/408 38 49

Lamercantile Scardovi GmbH
1030 Wien, Baumgasse 70
Tel.: 01/796 43 08-29, Fax: Dw. 30
pspittau@lamercantile.com
www.lamercantile.com
Kontakt: Mag. Patricia Christina Spittau.
Vertrieb spanischer und italienischer
Weine.

Latimpex
1140 Wien, Einwanggasse 17/2/2
Tel.: 0699/10 12 81 43, Fax: 01/894 53 84
www.latimpex.com
Chilenische Weine: Viña Undurraga,
Viña Hugo Casanova; Pisco: Ovalle.

Antonio Leuzzi Vienna, Export – Import
1140 Wien, Pfadenhauergasse 2/12
Tel./Fax/AB: 01/985 11 41
www.docleuzzi.com
Wir liefern direkt ins Haus! Das Beste
aus Italien: Wein/Olivenöl.

Ligne D'or
1100 Wien, Laxenburger Straße 39/26
Tel.: 0699/11 09 19 44, Fax: 01/606 65 67

Maxxium Austria GmbH
1190 Wien, Heiligenstädter Straße 43
Tel.: 01/368 42 02-972, Fax: Dw. 974
Vertrieb: Top Spirit VertriebsgesellschaftmbH

Mendoza – Vienna
Weinimport Wolfgang Tonninger
1140 Wien, Penzinger Straße 30/8
Tel.: 0676/84 91 11 24, Fax: 01/525 31 20
wt@supervisor.com, www.mendoza.at
Terroir-Weine aus Argentinien.

Natur4u KEG E. Boskova
1030 Wien, Weißgerberlände 54/5
Tel./Fax: 01/943 20 54
www.natur4u.at Weine, Sekt und Schnäpse
aus Makedonien.

Opocensky & Opocensky OEG
1040 Wien, Favoritenstraße 25
Tel.: 01/505 08 52, Fax: 503 63 11

P. M. Mounier Vertriebsges.m.b.H.
1190 Wien, Heiligenstädter Straße 43
Tel.: 01/368 68 92-305, Fax: Dw. 34
Kontakt: Peter Permann. Zum Weinsortiment zählen große Namen wie Louis
Roederer, Baron Ph. de Rothschild, J.-P.
Moueix, Joseph Drouhin, Marco Felluga,
Elio Grasso, Tommasi, Marchesi de Frescobaldi, Luce della Vite, Robert Mondavi,
Fetzer, Penfolds, Lindemans, Wynns,
Cvne, Chivite, Emilio Lustau, Aveleda,
Distell, Caliterra, Santa Caroline, Catena
Zapata etc.

Vinotheken, Importeure & Großhändler | Österreich

Productos Argentinos
1220 Wien, Baranygasse 18/3
Tel.: 0650/774 11 86, Fax: 01/774 11 86

Perkal's Weinart
1030 Wien, Markhofgasse 19
Tel.: 01/403 03 28, Fax: 406 89 10
perkal@weinart.net, www.weinart.net

Pernod-Ricard Austria GmbH
1210 Wien, Brünner Straße 73 B
Tel.: 01/290 28 18, Fax: Dw. 18
office@pernod-ricard-austria.com

Potstill – Austria's Finest Whisky Store
1080 Wien, Strozzigasse 37
Tel.: 0699/10 05 31 42, Fax: 01/480 38 53-15
www.potstill.org 750 verschiedene Malts.

Preisleistungswein.com
1070 Wien, Mariahilfer Straße 112
Tel.: 0664/441 56 11, Fax: 01/990 43 64

Pro Vino Lang & Partner KEG
1040 Wien, Große Neugasse 6
Tel./Fax: 01/581 50 40
Österreich, Italien, Frankreich, Portugal, Spanien, Zypern, Übersee; Weine zuverlässiger Winzer zu fairen Preisen.

Riccardo Piccini
1060 Wien, Linke Wienzeile 4
Tel.: 01/587 52 54, Fax: 587 20 26

Sankt Urban, Weinhandlung am Hof
1010 Wien, Am Hof 11
Tel.: 01/532 28 35, Fax: 532 28 36-14
Mo.–Fr. 9–19 Uhr, Sa. 10–13 Uhr.

Schlumberger Wein- und Sektkellerei AG
1190 Wien, Heiligenstädter Straße 43
Tel.: 01/368 60 38-0 Vertrieb: Top Spirit VertriebsgesellschaftmbH.

Schulz & Partner Weinhandel
1230 Wien, Canavesegasse 4
Tel.: 0699/17 77 70 00, Fax: 01/869 22 22-11

Stefan Pagacs Weinhandel
Wiens erstes Weinkontor
1010 Wien, Stallburggasse 2
Tel.: 0699/967 01 98, Tel./Fax: 01/967 01 98
office@pagacs.biz, www.pagacs.biz
ÖZ: Di.–Sa. 10–17 Uhr.

Stock Austria GmbH
1190 Wien, Heiligenstädter Straße 43
Tel.: 01/367 21 21

Suedwein, Charaktervolle Weine aus Südafrika
1010 Wien, Tiefer Graben 7
Tel.: 01/908 12 00, Fax: 908 12 01

SYMPOSION – Wein & mehr
1040 Wien, Rechte Wienzeile 3
Tel.: 0664/781 30 45, Fax: 01/587 26 41-19
Griechenland isst und trinkt … Küche und Keller abseits von Retsina & Samos.
Club+Infos: *www.hellasfeinkost.at*

Tintorosso Vinothek & Weinbar
1010 Wien, Dr.-Karl-Lueger-Platz 4b
(Durchgang zur Bäckerstraße)
Tel./Fax: 01/513 04 80, www.tintorosso.at
ÖZ: Mo.–Fr. 16–24 Uhr.
Kontakt: Dagmar Gross. Ausgewählte Weine aus Italien, Spanien und Österreich zum Genießen in angenehmer Atmosphäre und zum Mitnehmen!
Im Winter auch am Samstag geöffnet.

Top Spirit VertriebsgesellschaftmbH
1190 Wien, Heiligenstädter Straße 43
Tel.: 01/368 60 38, Fax: Dw. 34

Vergeiner Ausgesuchte Weine
1110 Wien, Tel.: 0664/154 79 51
weine@vergeinerweine.at

VINOE – Die Niederösterreich Vinothek
1080 Wien, Piaristengasse 35
Tel.: 01/402 09 61, Fax: 402 48 89
vinoe@aon.at, www.vinoe.at

Österreich | Vinotheken, Importeure & Großhändler

Vinophilia & Cetera
1180 Wien, Währinger Straße 145
Tel.: 01/470 01 11, Fax: Dw. 15
www.vinophilia.at
Kontakt: Susanne Achatz; Accessoires rund um Wein & Zigarre. Weine aus aller Welt, Jahrgangsweine, Weinraritäten, Feinkost-Spezialitäten, Seminare, Vermietung von Weinlager-Kellerabteilen und Veranstaltungsräumen.

Vinothek La Cave
1050 Wien, Bacherplatz 12
Tel.: 01/544 73 83, Fax: 545 70 57

Vinothek St. Pierre / Peter Kaindl Handels KEG.
1190 Wien, Cobenzlgasse 4
Tel./Fax: 01/328 62 35, 0676/393 51 35

Vinothek St. Stephan
KVMG Weinhandel GmbH
1010 Wien, Stephansplatz 6
Tel.: 01/512 68 58, Fax: Dw. 20
Info@ststephan.at, www.ststephan.at
Kontakt: Ludwig Köstler.

Vinothek Unger u. Klein
1010 Wien, Gölsdorfgasse 2/Ecke Rudolfsplatz
Tel./Fax: 01/532 13 23

Vinothek Zawadil – Mag. Leopold Zawadil
1020 Wien, Freudenau 255
Tel.: 01/726 66 28, Fax: 726 66 29

vins&vous
1060 Wien, Liniengasse 2A/1
Tel./Fax: 01/596 49 38, 0650/762 48 71
roch@vinsetvous.at, www.vinsetvous.at
Kontakt : DI Mag. Rochus Anthamatten, Erste Mobile Vinothek Wiens, Firmen und Privatverkostungen/Import/Gastronomie.

Wein & CO
1220 Wien, Maculangasse 6
Tel.: 01/250 55-0, Fax: Dw. 242

WeinBörse
1060 Wien, Windmühlgasse 20/55B
(im Raimundhof), Tel./Fax: 01/967 79 22

Weinpunkt Adi Heinrich
1090 Wien, Frankhplatz 4
Tel.: 01/403 89 32, Fax: 403 31 37
www.weinpunkt.at

Weinhandel Mag. Manfred Sedlak
1010 Wien, Rockhgasse 4/38
Tel.: 0699/17 66 30 68, Fax: 01/532 12 77
KP: Mag. M. Sedlak, www.sedlak-weine.com
office@sedlak-weine.com Wir bieten Ihnen Spitzenqualitäten in unterschiedlichen Preissegmenten. Eigenimporte sowie ein reichhaltiges Angebot heimischer Produkte. Prompte Direktbelieferung für Gastronomie und Endkunden. KK: Visa, DC, MC/EC.

Wine Company GmbH
1190 Wien, Heiligenstädter Straße 50–52
Tel.: 0810/00 88 79, Fax: 00 88 76

wineSelect GmbH & Co KG
1090 Wien, Müllnergasse 9–11/3
Tel.: 01/406 04 45, Fax: 406 04 55
www.englitsch.com

NIEDERÖSTERREICH

A & S SADLEDER KEG.
2201 Gerasdorf, Hugo-Mischek-Str. 4
Tel.: 02246/276 09, Fax: 276 12

Axel O. Merwald Import & Handel
2424 Zurndorf, Römerstraße 8
Tel.: 02147/221 11, Fax: 221 12
office@merwald.net, www.merwald.net

Badener Hauervinothek
2500 Baden, Brusattiplatz 1
Tel.: 02252/456 40, Fax: 20 66 64

C+C Pfeiffer GmbH
2345 Brunn/Geb., Johann-Steinböck-Str. 13
Tel.: 02236/39 05-3006, Fax: Dw. 3000
www.cc.pfeiffer.at
Kontakt: Markus Plaimer.

Vinotheken, Importeure & Großhändler | Österreich

Der Weinfinder
2620 Neunkirchen, Hauptplatzpassage 12
Tel.: 0650/505 19 75, Fax: 02635/646 39
Der Weinkeller
3150 Wilhelmsburg, Anzengruberstr. 28
Tel.: 0676/510 45 56, Fax: 02746/28 07
www.weinkeller-online.at

Die Vinothek der Wachau
IWB Hubert Fohringer GmbH
3620 Spitz, Donaulände 1a
Tel.: 02713/20 29, Fax: Dw. 20
iwb@fohringer.at
www.iwb.fohringer.at
Dinstlgut Loiben
3601 Unterloiben 51
Tel.: 02732/855 16, Fax: Dw. 25
office@dinstlgut.at
www.dinstlgut.at
Vinothek im Felsenkeller: April–Dez.
täglich von 10–18 Uhr. Kellerführungen.
**Gebietsvinothek der Region Wagram
„Alter Winzerkeller"**
3470 Kirchberg am Wagram, Roßplatz 1
Tel.: 0664/595 86 07, Fax: 02279/50 21 19
www.alterwinzerkeller.at
Verkauf und Verkostung tägl. 15–18.30
Uhr, Anfang März–Mitte Dezember.

Getränkehaus Krause
2201 Gerasdorf/Wien, Wagramer Straße 259
Tel.: 01/734 69 69, Fax: Dw. 99
office@krause-getraenke.at
www.krause-getraenke.at
ÖZ: Mo.–Fr. 8–18, Sa. 8–12 Uhr.

AllesWein KASTNER

KASTNER Abholmarkt und Gastrodienst GmbH
3300 Amstetten, Industriestraße 2
Tel.: 07472/238 81, Fax: Dw. 19
KASTNER Abholmarkt und Gastrodienst GmbH
3500 Krems, Weinzierl 98
Tel.: 02732/832 52-0, Fax: Dw. 83
KASTNER GroßhandelsgesmbH
3910 Zwettl, Kremser Straße 35
Tel.: 02822/90 01-452, Fax: Dw. 451
alles.wein@kastner.at
www.alleswein.at
Alle großen Winzer aus Österreich und
der ganzen Welt! Alles aus einer Hand!
L. Derksen & CO GmbH
2100 Leobendorf (bei Korneuburg),
Senefeldstraße 4, Tel.: 02262/681 42-0
Fax: Dw. 33
info@derksen.at
Landgasthof Hoadkeller & Vinothek Weinviertel
2203 Putzing, Hoadweg 31
Tel.: 02245/35 21, Fax: Dw. 4

La Taverna – Cespon Ges.m.b.H.
2542 Kottingbrunn, Eichengasse 16
Tel.: 02252/763 79, Fax: 773 92
www.lataverna.at, info@lataverna.at
Verkauf an Gastro, Privat, Großhandel!

LOISIUM Weinvisionen Langenlois

LOISIUM Kellerwelt Betriebs GmbH & Co KG
3550 Langenlois, Loisiumallee 1
Tel.: 02734/322 40
www.loisium.at
So haben Sie Wein noch nie erlebt!
Niederösterreich Vinothek.

Österreich | Vinotheken, Importeure & Großhändler

OnlineWein.at
3464 Hausleiten, Goldgeben 73
Tel.: 0664/355 04 89, Fax: 02265/260 96
Besuchen Sie die WEINSITE FÜR GENIESSER! *http://onlinewein.at*
Kontakt: verkauf@onlinewein.at
Christian Schiesser.
Retzer „Weinschlössl"
2070 Retz, Wallstraße 13
Tel./Fax: 02942/32 24
Romeo Lazzarotto
Auslieferungslager Österreich
2384 Breitenfurt, Rechter Graben 17
Tel./Fax: 02239/43 32
www.romeo.it, lazzarotto@tplus.at
Saftladen Wilhelmsburg
3150 Wilhelmsburg, Betriebsgebiet Nord
Tel.: 02746/50 05, Fax: Dw. 55
Kontakt: Edi Lasser 0664/233 37 77. Spirituosen, Weine, Sekt und Bierspezialitäten.

Ursin Haus Vinothek & Tourismusservice GmbH
3550 Langenlois, Kamptalstraße 3
Tel.: 02734/20 00-0, Fax: Dw. 15
info@ursinhaus.at, www.ursinhaus.at
Kamptaler Spitzenweine zu Ab-Hof-Preisen.
Vinho do Porto Hinger & Kölbl OEG
3372 Blindenmarkt, Ennsbach 6,
Tel.: 0676/908 72 02, Fax: 07475/500 74 24 07
Vino Austria
2345 Brunn am Gebirge, Industriestraße B13
Tel.: 02236/37 74 10, Fax: 37 74 70
Vinothek „Alte Schmiede"
Wein/Erlebnis/Information
3562 Schönberg am Kamp, Hauptstraße 36
Tel.: 02733/764 76, Fax: 764 77
www.schoenberg.gv.at
ÖZ: Mo.–Fr. 11–18, Sa., So. 10–18 Uhr.

Vinothek Althof Vinarium
2070 Retz, Althofgasse 14
Tel.: 02942/37 11-0, Fax: Dw. 55

FREIE WEINGÄRTNER WACHAU

Vinothek Kellerschlössel
3601 Dürnstein 107, Tel.: 02711/371
Fax: Dw. 13, office@fww.at
ÖZ: ab April bis Oktober Mo.–Sa. 9–18 Uhr, November bis März Mo.–Do. 8–17, Fr. 8–14 Uhr, So. und Fei. auf Anfrage. Informationen zu Veranstaltungen und neuen Verkaufs- und Präsentationsräumen unter *www.fww.at*
Vinothek Stift Klosterneuburg
3400 Klosterneuburg, Rathausplatz 24
Tel.: 02243/411-548, Fax: Dw. 550
www.stift-klosterneuburg.at
ÖZ: Mo.–Fr. 9–18, Sa. 9–17 Uhr.
Neben unseren Classic- und Domäne-Weinen finden Sie ausgesuchte Raritäten an Altweinen, die wichtigsten Weinaccessoires sowie Köstlichkeiten wie naturtrübe Apfelsäfte und Aceto Balsamico Pecoraro. Kellerführungen, Weinverkostungen, Weinseminare.
Vinothek „Wein & Wachau"
3390 Melk, Kirchengasse 5
Tel.: 02752/549 87, Fax: Dw. 20
Vintage Weinhandel GmbH und Co KG
3500 Krems an der Donau
Dr. Josef Mellergasse 2
Tel.: 0699/14 14 14 41, Fax: 02732/772 42-4
www.classic-wine.com, vin.at@aon.at
Internationale Weinraritäten
An- und Verkauf.
Wein.Depot Noitz
3511 Palt, Römer Straße 169
Tel.: 02732/856 56, Fax: Dw. 4
wein.handlung@aon.at
www.wein-handlung.at
Wein.Handlung Noitz Im Und
3504 Krems, Undstraße 6
Tel.: 02732/707 04, Fax: 856 56-4

Vinotheken, Importeure & Großhändler | Österreich

Weinkellerei Lenz Moser
3495 Rohrendorf, Lenz-Moser-Straße 1
Tel.: 02732/855 41-59, Fax: 859 00
club@lenzmoser.at Kontakt: Gabi
Osterhaus. Unter www.lenzmoser.at
finden Sie ein umfangreiches Wein-,
Sekt- und Spirituosensortiment.

Weinmarkt Poysdorf
2170 Poysdorf, Weinmarktplatz 1
Tel.: 02552/203 71, Fax: 208 77
weinmarkt@poysdorf.at
http://tourismus.poysdorf.at
ÖZ: ganzjährig Mo.–Do. 8–17, Fr. 8–18,
Sa., So., Fei. 10–12, 13–18 Uhr. Mai bis
Oktober täglich bis 20 Uhr. Die Euregio
Vinothek bietet ausgezeichnete und vielfach prämierte Weine aus Poysdorf und
dem angrenzenden Südmähren zur Verkostung und zum Verkauf. Kommentierte
Weinprobe nach Voranmeldung.

winepoint.at
3441 Baumgarten, Werthfeldstraße 34
Tel.: 0650/751 99 78, Fax: 02274/702 41
Die Vinothek im Raum Tulln mit
österreichischen und internationalen
Spitzenweinen.

BURGENLAND

Burgenland Vinothek Glöckl GmbH
7301 Deutschkreutz, Hauptstraße 42
Tel.: 02613/802 00, Fax: Dw. 4
www.burgenland-vinothek.at
ÖZ: Mo.–So. 10–19 Uhr.

**Die Vinothek – Das Weinerlebnis
im Blaufränkischland**
7361 Lutzmannsburg
Thermen Gelände 4
Tel.: 02615/812 22, Fax: Dw. 6

Fine Wine Trade GmbH
7142 Illmitz, Apetloner Straße 37
Tel.: 02175/33 77, Fax: Dw. 4

Gebietsvinothek Deutschkreutz
7301 Deutschkreutz, Hauptstraße 55
Tel.: 02613/897 68, Fax: Dw. 4
ÖZ: Mo.–Do. 11–19, Fr.–So. 10–19 Uhr.
Die besten Rotweine aus dem Blaufränkischland.

Gebietsvinothek Südburgenland
7540 Moschendorf, im Weinmuseum
Moschendorf, Tel.: 03324/63 18 oder
03322/422 88-127, Fax: 03322/422 88-35

KASTNER Abholmarkt und Gastrodienst GmbH
7000 Eisenstadt, Industriestraße 12
Tel.: 02682/626 61-0, Fax: Dw. 29
alles.wein@kastner.at, www.alleswein.at
Alle großen Winzer aus Österreich und
der ganzen Welt! Alles aus einer Hand!

Leisserhof – Wein & fein
7082 Donnerskirchen, Hauptstraße 57
Tel.: 02683/86 36, Fax: Dw. 4
office@leisserhof.at, www.leisserhof.at

Nationalpark Vinothek Steindorfer
7143 Apetlon, Illmitzer Straße 25
Tel.: 02175/22 41, Fax: Dw. 4

Ortsvinothek Breitenbrunn
7091 Breitenbrunn, Kirchengasse 4
Tel.: 02683/28 29

Ortsvinothek Horitschon
7312 Horitschon, Hauptstr. 20
Tel.: 02610/422 92, Fax: Dw. 90

SAILERS Vinothek Burgenland
7132 Frauenkirchen, Kirchenplatz 27
Tel.: 02172/33 18, Fax: 33 92
vinothek@sailers.at, www.sailers.at
Wir präsentieren die besten Weine der
Region Burgenland, Alimentari, edle
Brände und machen Ihren Besuch zu
einem besonderen Erlebnis.

Österreich | Vinotheken, Importeure & Großhändler

Schlossweingut Esterházy
7000 Eisenstadt, Schloss Esterházy
Tel.: 02682/633 48, Fax: Dw. 16
Vinothek und Weinmuseum Burgenland
Tel.: 02682/633 45, täglich 10–18 Uhr.
Winterzeit: Mo.–Fr. 10–18 Uhr.

Taubenkobel Greißlerei & Weinhandlung
7081 Schützen am Gebirge, Hauptstraße 27
Tel.: 02684/22 97 20, Fax: 22 97 18
www.taubenkobel.at
Kontakt: Eveline und Barbara Eselböck.
Verkostung gegen Voranmeldung.

Vinothek Domaine Pöttelsdorf
7023 Pöttelsdorf, Kellerweg 15
Tel.: 02626/52 00, Fax: Dw. 33

Vinothek Schloss Halbturn Wein & Antikes
7131 Halbturn, Im Schloss, Tel.: 02172/86 85
Kontakt: Astrid Zinniel.

Vinothek Weinwerk Burgenland
7100 Neusiedl am See, Obere Hauptstraße 31
Tel.: 02167/207 05, Fax: Dw. 40
www.weinwerk-burgenland.at Tägl. geöffnet, 350 Top-Weine von 140 Winzern des Burgenlandes.

Weinatelier Vinothek & Wirtshaus
7431 Bad Tatzmannsdorf, Jormannssdorf 20
Tel.: 0664/315 24 13, Fax: 03353/81 99
office@weinatelier.at, www.weinatelier.at
Kontakt: Johannes Ohrnhofer-Zisser.

Weindörfl-Urbanihof
7071 Rust am See, Seezeile 2
Tel.: 02685/68 69, Fax: 02680/21 88-22

GOLS
WEINKULTURHAUS
GEWACHSENE TRADITION

Weinkulturhaus Gols
7122 Gols, Hauptplatz 20
Tel.: 02173/200 39, Fax: Dw. 4
www.weinkulturhaus.at
Auswahl aus über 330 Weinen von 92 Winzern. ÖZ: tägl. 10–19 Uhr.

STEIERMARK

c+c pfeiffer

C+C Pfeiffer GmbH
8055 Seiersberg-Graz
Maria-Pfeiffer-Straße 10
Tel.: 0316/29 72 88-16, Fax: Dw. 6
www.cc.pfeiffer.at
Kontakt: Andreas Rosenberger.

C+C Pfeiffer GmbH
8720 Spielberg, Triester Straße 29
Tel.: 03577/247 50-26, Fax: Dw. 20
www.cc.pfeiffer.at
Kontakt: Silvia Eberdorfer.

Destillerie Franz Bauer
8020 Graz, Prankergasse 29–31
Tel.: 0316/770-0, Fax: Dw. 130

E & M Müller GesmbH
Generalimporteur großer Weine
Champagner und Spirituosen für Österreich
8522 Groß St. Florian, Grazer Straße 71
Tel.: 03464/21 55, Fax: 21 16 25
office@mueller-wein.at
www.mueller-wein.at

Farmer-Rabensteiner vlg. Graf
Schilcherkeller – Bäuerliche Ölpresse
8524 Bad Gams, Furth 8
Tel./Fax: 03463/31 07, 0676/412 46 98
farmer-rabensteiner@kuerbiskernoel.at
www.kuerbiskernoel.at Täglich 8–18 Uhr.

Gesamtsteirische Vinothek
8354 St. Anna/Aigen, Marktstraße 6
Tel./Fax: 03158/28 01

Vinotheken, Importeure & Großhändler | Österreich

Getränke SCARIA Vinothek
8010 Graz, Mandellstraße 22 und Am Eisernen Tor 7, Tel.: 0316/83 88 77, Fax: 82 42 44
Kontakt: Adolf Scaria.

Getränke.Markt Reisenhofer & Vinothek
8160 Weiz, Nöstlstraße 2
Tel.: 03172/32 10-0, Fax: Dw. 16
www.feinsteweine.com

Schilcher- und Kernölstöckl Rassach
8510 Rassach 25
Tel./Fax.: 03463/43 33

Vinothek bei der Oper
8010 Graz, Tummelplatz 1
Tel.: 0316/82 88 34, Fax: 30 41 42

Wein und Flaschendesign Stipschik – Weindepot
8650 Kindberg, Hauptstraße 55
Tel.: 03865/270 80, Fax: 354 04
www.weindepot.at oder www.weinforum.at

Weinhandel – Kohlbacher
8010 Graz, Zinzendorfgasse 6
Tel./Fax: 0316/31 94 31
www.weinhandel-kohlbacher.at
Kontakt: Anton Kohlbacher.

Weinhof Auer GmbH
8074 Raaba, Josef-Krainer-Straße 11
Tel.: 0316/40 11 00, Fax: 40 23 71
office@weinhof-auer.at
ÖZ: Mo.–Fr. 8.30–18, Sa. 8–12 Uhr.

Weinkultur Ernst
8273 Ebersdorf 160
Tel.: 03333/28 24, Fax: 31 31
www.WeinkulturErnst.at
Die beste Adresse für internationale Weine.
www.topweinauktion.at

OBERÖSTERREICH

C+C Pfeiffer GmbH
4050 Traun, Egger-Lienz-Straße 15
Tel.: 07229/605-1461, Fax: Dw. 1335
www.cc.pfeiffer.at
Kontakt: Roland Petroczy.
Über 700 nationale und internationale Weine. Schwerpunkt: österreichische Spitzenweine.

C+C Pfeiffer GmbH
4600 Wels, Wiesenstraße 60
Tel.: 07242/297 20-1930, Fax: Dw. 1909
www.cc.pfeiffer.at
Kontakt: Ronald Freudenthaller.

DIVINO, Weine aus Spanien
4020 Linz, Starembergstraße 52
Tel.: 070/66 11 96, Fax: 66 11 81
www.divino.at Kontakt: Andreas Zellinger.
Größte Auswahl an spanischen Weinen in Österreich. ÖZ: Di.–Fr. 14–18 Uhr.

Feine Weine
4663 Laakirchen, Fadingerstraße 13
Tel.: 07613/50 36

Fredelis – Versand internationaler Spezialitäten
4894 Oberhofen, Rabenschwand 34
Tel.: 06213/86 06, Fax: 72 18
„Edle Destillate & mehr, www.fredelis.com"

Getränkehaus Lux
4861 Schörfling, Mühlgraben 5
Tel.: 07662/23 06, Fax: Dw. 30
otmarlux@wein-handel.at
www.wein-handel.at Kontakt: Mag. Otmar Lux. Österreichische und internationale Weine. Versand und Direktverkauf.

Kuranda KEG
4484 Kronstorf, Lippenstraße 6
Tel.: 07225/81 55, Fax: Dw. 4
kuranda.import@aon.at
www.kuranda.at
Weine aus Portugal, Spanien und Ungarn.

LaMuhr Partydienst & Weinhandel
4810 Gmunden, Linzerstraße 142
Tel.: 07612/791 93, Fax: Dw. 14

Machacek KEG Friends of Wine
4501 Neuhofen an der Krems
Linzer Straße 8
Tel.: 07227/209 40, Fax: 209 41
info@fow.at, www.fow.at
Spezialisiert auf österreichische Weine.

Österreich | Vinotheken, Importeure & Großhändler

Schenki's Vinothek
4020 Linz, Taubenmarktarkade/Eingang Promenade, Tel.: 0732/79 54 44
www.schenkenfelder.at
ÖZ: Mo.–Fr. 9.30–18.30, Sa. 9–16 Uhr.
Inhaber: Weinhof Schenkenfelder. Spitzenweine aus aller Welt mit Schwerpunkt Österreich, Italien, Frankreich, ausgesuchte Grappe und Edelbrände. Wir bieten abwechselnd 15–20 Weine, Schaumweine und Champagner zur glasweisen Degustation.

s'Steh-Achterl – Der Kleine Weinladen
4910 Ried im Innkreis, Kirchengasse 15
Tel.: 0664/104 81 00, Fax: 07743/83 16

Vino Vino
4040 Linz, Reindlstraße 19
Tel.: 0664/230 85 51, Fax: 0732/71 40 33
www.vinovino.at, office@vinovino.at
Kontakt: Willi Katschthaler.
ÖZ: Mo.–Do. 8–12, 14–17, Fr. 8–12 Uhr.
Ausgesuchte Spitzenwinzer: Österreich, Frankreich, Italien.

Vinothek Peperino
4081 Hartkirchen, Rathen 20
Tel.: 07273/69 52-5, Fax: Dw. 9

Vinothek Wagner
4810 Gmunden, Scharnsteinerstraße 1
Tel.: 07612/784 15, Fax: 784 11

Vinothek Wirt am Berg
4600 Wels, Salzburger Straße 227
Tel.: 07242/450 59, Fax: Dw. 9
ÖZ: Di.–Sa. 10–19 Uhr und nach telefonischer Vereinbarung. Eine der bestsortierten Vinotheken des Landes; ca 2500 Artikel rund um Wein, Spirituosen, Accessoires, Alimentari sowie Gläserverleih.

WeinArt Wolf GmbH
4853 Steinbach am Attersee, Forstamt 12
Tel.: 07663/89 02, Fax: Dw. 20
www.weinart.at

Weinhaus Wakolbinger
4040 Lichtenberg/Linz, Am Holzpoldlgut 14
Tel.: 07239/62 28, Fax: Dw. 4

Weinhof Schenkenfelder
4020 Linz, Pollheimer Straße 20
Tel.: 0732/67 07 11, Fax: 67 25 45 81
Ihr Partner in der Gastronomie.
- Über 1000 Weine aus aller Welt
- Sekt und Champagner
- Sämtliche Markenspirituosen

SALZBURG

C+C Pfeiffer GmbH
5071 Wals/Salzburg, Gewerbehofstraße 375
Tel.: 0662/85 30 00-25, Fax: Dw. 24
www.cc.pfeiffer.at
Kontakt: Robert Ellinger.

Döllerer Enoteca & Bàcaro
5440 Golling, Brennhoflehen-Kellau 160
Tel.: 06244/422 00, Fax: 69 12 42

Guggenthaler Getränke GmbH
5071 Wals-Siezenheim, Gourmetstraße 1
Tel.: 0662/669 44, Fax: Dw. 85

Michael Huber's Winestore
5412 Puch bei Salzburg, Mühlbachstraße 641
Tel.: 0664/300 16 61, Fax: 06245/877 97-14
office@winestore.at, www.winestore.at
Champagne J. M. Gobillard & Fils,
Weine, Cognacs.

Sankt Urban, Weinhandlung Salzburg
5020 Salzburg, Schallmooser Hauptstraße 44
Tel.: 0662/64 14 97, Fax: Dw. 14
urban@gottardi.at
www.sankt-urban.at
Mo.–Fr. 9–19 Uhr, Sa. 10–13 Uhr.

Vinotheken, Importeure & Großhändler | Österreich

Slavka Fraueneder
Slowenische Weine & Reisen
5020 Salzburg, Fischer-von-Erlach-Straße 37
Tel.: 0662/62 34 30, Fax: 62 34 34
office@wein-reisen.com
www.wein-reisen.com
Exklusivimport, Handel und Detailverkauf mit Versand für ganz Österreich.
Stangl Wein & Feine Lebensmittel GmbH
5020 Salzburg, Bayerhamerstraße 18
Tel.: 0662/87 40 90-0, Fax: 87 45 99
Vergeiner Ausgesuchte Weine
5081 Salzburg-Anif, Sonystraße 8
Tel.: 06246/758 58, Fax: 754 86
weine@vergeinerweine.at
www.vergeinerweine.at
Vinothek Lackner
5310 Mondsee, Mondseestraße 1
Tel.: 06232/23 59-0, Fax: Dw. 50
www.vinothek-lackner.at
Vinothek Werdecker
5230 Mattighofen, Wasseracker 2a
Tel.: 07742/52 40, Fax: Dw. 46
Weinkistl Georg Fürstauer
5760 Saalfelden, Kirchplatz in der Fuzo
Tel.: 06582/766 29, Fax: 754 33
Wein Wolf Import GmbH und CO Vertriebs KG
5020 Salzburg, Münchener Bundesstraße 107
Tel.: 0662/42 14 64, Fax: Dw. 20
Weinservice Oberreiter
5300 Hallwang, Hallwanger Landesstr. 52
Tel.: 0662/66 46 22, Fax: 66 30 08
www.weinservice.at
Kontakt: Herr Mag. Wolfgang Oberreiter.
www.weinversand.at
5721 Piesendorf 7, Nr. 350
Tel.: 06549/73 28-0, Fax: Dw. 82
www.caledonia.at
www.weinwelt.at

KÄRNTEN

Alpe Adria Weindepot GmbH
9020 Klagenfurt, Laudonstraße 27
Tel.: 0463/42 07 49, Fax: Dw. 15
www.wein-online.at

Prost & Mahlzeit, Vinothek
Feinkostladen Catering
9330 Althofen, Silberegger Straße 1
Tel.: 04262/38 35, Fax: Dw. 4
prost-mahlzeit@bachler.co.at
www.bachler.co.at
ÖZ: täglich 9–24 Uhr. Kontakt: Ingrid Bachler.
Vergeiner Ausgesuchte Weine
9020 Klagenfurt, Peter-Mitterhofer-Gasse 29
Tel.: 0463/413 72, Fax: 479 40
weine@vergeinerweine.at
www.vergeinerweine.at
Vinarium „Best of Burgenland"
9201 Krumpendorf am Wörthersee
Halleggerstraße 1, Tel.: 04229/39 26, Fax: 39 41
Vinothek am Torbogen
9800 Spittal/Drau, Hauptplatz 12
Tel.: 04762/368 09, 0664/462 85 10
Fax: 21 13-4

Yomi's Lustige Flaschenhandlung & Weinbar
9020 Klagenfurt, Karfreitstraße 22
Tel.: 0463/558 27, Fax: Dw. 16

TIROL

Bodega Norton – Weine aus Argentinien
6112 Wattens, Innstraße 1
Tel.: 05224/556 70, Fax: Dw. 2

MORANDELL
FÜHRENDER WEINSPEZIALIST SEIT 1926

6300 Wörgl, Wörgler Boden 13–15
Tel.: 05332/78 55-0, Fax: 719 63
www.morandell.com

Österreich | Vinotheken, Importeure & Großhändler

Sankt Urban Gottardi K.G., Weinhandel & Weinversand
6020 Innsbruck, Heiliggeiststraße 10
Tel.: 0512/58 44 93-0, Fax: 58 71 32-9
urban@gottardi.at
www.sankt-urban.at
ÖZ: Mo.–Fr. 9–19 Uhr, Sa. geschlossen.
Vergeiner Ausgesuchte Weine
9900 Lienz, Am Markt 1
Tel.: 04852/66 80-0, Fax: Dw. 85
weine@vergeinerweine.at
www.vergeinerweine.at
Vinorama Weinversand
6300 Wörgl, Wörgler Boden 13–15
Tel.: 05332/78 55 78, Fax: 78 55 88
vino@vinorama.at, www.vinorama.at
VINOTECA DI PALMA
6322 Kirchbichl, Bruggerstraße 4
Tel.: 0664/211 95 60, Fax: 05332/886 26
www.vinoteca-di-palma.com
ÖZ: Di.–Do. 17–20 Uhr.
Vinothek / Alimentari Edenhauser
6020 Innsbruck, Museumstraße 38
Tel./Fax: 0512/58 94 83
Vinothek Nagele
6150 Steinach/Brenner, Bahnhofstraße 162b
Tel.: 05272/62 57, Fax: Dw. 16
www.vinothek-nagele.at
ÖZ: Mo.–Fr. 8–18.30, Sa. 9–12 Uhr.
Weinkellerei P. Meraner Ges.m.b.H.
6020 Innsbruck, Rennweg 16
Tel.: 0512/58 58 50, Fax: 58 61 24-5
6460 Imst, Industriezone 57
Tel.: 05412/654 92, Fax: Dw. 5
office@meraner.at, www.meraner.at
Weinphilo – ... die Philosophie vom guten Essen und Trinken
9900 Lienz, Messinggasse 11
Tel.: 04852/612 53, Fax: 614 60
www.weinphilo.com

VORARLBERG

Berthold Weine
6830 Rankweil, Lehnenweg 8
Tel.: 0664/340 50 04, Fax: 05522/440 31-4

Buongustaio – Spezialitäten aus Italien
6850 Dornbirn, Marktplatz 14
Tel.: 05572/545 55, Fax: 37 25 43
buongustaio@buongustaio.at
www.buongustaio.at
Kontakt: Werner König. Das Lokal am Marktplatz mit italienischem Flair. Alle Produkte direkt vom Erzeuger (über 70 Lieferanten) und dadurch ausgezeichnetes Preis-Leistungs-Verhältnis. Größte Auswahl Österreichs an süditalienischen Weinen.

Pfanner & Gutmann Vinothek
6923 Lauterach, Alte Landstraße 10
Tel.: 05574/67 20-170, Fax: Dw. 20
www.pfanner.com
Vinarium Austria – Winzervinothek Verein Wein-Bauer-Laden Österreich
6900 Bregenz, Belruptstraße 46
Tel.: 05574/421 00, Fax: Dw. 10
office@vinariumaustria.at
www.vinariumaustria.at
ÖZ: Mo.–Fr. 11–19, Sa. 10–17 Uhr.
Vinothek Bruvino
6850 Dornbirn, Bahnhofstraße 8
Tel.: 05572/212 69, Fax: 287 04
Vinussi
6850 Dornbirn, Bleiche Straße 26
Tel./Fax: 05572/257 90
www.vinussi.at
Importeur für: Dal Forno, Galardi, Salvioni etc.
Vom Fass
6850 Dornbirn, Riedgasse 1
Tel.: 05572/228 97, Fax: 39 42 38
Weinhandlung & Vinothek Johannes Thurnher's Nflg. GmbH
6850 Dornbirn, Bockackerstraße 13
Tel.: 05572/261 51-0, Fax: Dw. 10
jth@thurnher-wein.com
www.thurnher-wein.com

Österreichs beste
Destillate

Destillate

Eine klare Sache war die heurige Destillat-Verkostung nicht in jeder Hinsicht. Der Jahrgang 2003 war bezüglich mancher Fruchtsorten offenbar nicht unproblematisch. Die heiße Witterung brachte etwa Quitten mit deutlich mehr Gerbstoffen hervor. So zumindest stellte es sich für die Verkoster dar, die mit den heurigen Quittenbränden so ihre Probleme hatten – während gerade diese Früchte für gewöhnlich sehr zugängliche Destillate ergeben.

Alles in allem aber ist das Gesamtbild der vorliegenden Wertung sehr erfreulich. Unter den „Diamanten" finden sich sämtliche wichtige Fruchtsorten – selbst eine tolle Quitte, die erstmals die Palette von Alois Gölles ergänzt. Allein der Pfirsich hat es im besten Fall nur auf 76 Punkte gebracht, was wiederum unserem Vorbehalt gegenüber der Eignung dieser Frucht für Destillate entspricht. Bei den Top-Brennern gab es erwartungsgemäß wenig Überraschungen. Eine Ausnahme dürfen wir jedoch konstatieren: Robert Oberhofer aus Mils in Tirol hat erstmals teilgenommen und gleich zwei Diamant-Auszeichnungen erhalten!

Haben wir im Vorjahr noch den nicht immer geglückten Einsatz von Fassreifung bemängelt, stellen wir heuer fest, dass unter den eingereichten Proben deutlich mehr ausgewogene Produkte dieses Typs zu finden sind. Und die ebenfalls erwähnte Differenzierung mancher Brenner bei der Einstellung der Alkoholgrade hat sich trendmäßig bestätigt – selbst Josef Hochmair, bisher eher für leichte Destillate bekannt, hat sich sehr erfolgreich in den höheren Bereich gewagt.

Abgerundet wird die heurige Palette an „Diamanten" durch Sorten wie Bramburius (Kartoffel), Bio-Karotte oder Ingwer. Alle drei sind weit mehr als nur ein Gag, sondern entsprechen dem, was sich unser spiritsmedia-Verkosterteam unter einem fruchttypischen, ausgewogenen Destillat vorstellt. Die Juroren waren heuer wieder: Jörg Brez (Weinbauberater, Gols), Dagmar Groß (Weinbar „Tinto Rosso", Wien), Peter Hämmerle (Journalist und Leiter der Verkostung, Wien), Thomas Wachter (Weingut Wachter-Wiesler, Deutsch Schützen) – Hannes Zuber sorgte für den guten Ablauf und garantierte, dass die Proben anonym verkostet und in drei ganz unterschiedlichen Glastypen serviert wurden. Bedanken möchten wir uns auch ganz herzlich bei der Familie Harkamp, in deren wunderbarem Gasthaus in St. Nikolai im Sausal (Steiermark) wir heuer bereits zum siebten Mal die Destillatverkostung durchführten – knusprige Backhendln und der schöne Ausblick haben uns nach manch schwerer Verkostungsrunde wieder versöhnt.

In diesem Sinne wie immer: spirits!
www.alacarte.at, www.spiritsmedia.at

Unser Bewertungsschema:			82–87	Punkte:	sehr gut
95–100	Punkte:	Nirwana	75–81	Punkte:	gutes Mittelfeld
88–94	Punkte:	ausgezeichnet	70–74	Punkte:	sauber

Destillate

Rupert Adam
8462 Gamlitz, Kranach 13, Tel.: 03453/24 85
88 Muskateller Trester 2003 *38 % vol., € 18,–/0,5 l*

 Über den charakteristischen Tresteraromen schwebt eine süßlich-muskatige Note; noch aromatischer am Gaumen, mit lebendiger Struktur und Würze.

80 Sauvignon Trester 2003 *38,5 % vol., € 18,–/0,5 l*
Typische Tresternoten in der Nase, mit floralen und süßlichen Anklängen; zeigt sich anfangs am Gaumen süßlich und im Abgang mit jugendlicher Schärfe.

Johann Aichhorn
4866 Unterach, Hugo-Wolf-Weg 3, Tel.: 07665/87 16
84 Birnenbrand 2003 *41 % vol., € 10,–/0,35 l*
Die reifen, süßlichen Birnenaromen wirken etwas bedeckt in der Nase; mit schöner Harmonie am Gaumen und zitroniger Pikanz, ohne große Finesse.
83 Marillenbrand 2003 *41 % vol., € 13,–/0,35 l*
Die Marille etwas im Hintergrund, aber reintönig, mit blumigen und zart-würzigen Aromen; wirkt charakteristisch, aber etwas hart am Gaumen.
80 Zwetschke 2003 *41 % vol., € 10,–/0,35 l*
Typische Aromen von Schokolade und Rumtopf, jedoch etwas verschleiert; ganz gut balancierter Körper, ohne viel Finesse.
75 Kirschbrand 2003 *41 % vol., € 15,–/0,35 l*
Wirkt sehr hell in der Aromatik, mit Anklängen von Joghurt, Vanillepudding und Zitrone; Marzipan und Schokolade, aber breit und etwas uncharmant im Abgang.
72 Jonagold 2003 (Apfel) *41 % vol., € 10,–/0,35 l*

Wilfried Amann
6833 Weiler, Im Winkel 1, Tel.: 05523/552 55
74 Muskat-Ottonel 2003 (Traube) *42 % vol., € 16,80/0,5 l*
73 Himbeerbrand 2003 *42 % vol., € 43,20/0,35 l*

Destillerie Franz Bauer
8020 Graz, Prankergasse 29–31, Tel.: 0316/770-122, destillerie@bauerspirits.at, www.bauerspirits.at
83 Bierbrand 2003 *42 % vol.*
Zeigt sich in der Nase typisch getreidig mit frischen, grasigen Anklängen; am Gaumen schlank und klar, erinnert etwas an pikante Birnenaromen.
81 Marillenbrand 2003 *42 % vol.*
Im Duft etwas indifferent, zart-würzig und blumig, mit etwas Süße; wirkt am Gaumen anfangs süßlich-marillig, im Abgang allerdings kratzig.
72 Quittenbrand 2003 *42 % vol.*
71 Vogelbeerbrand 2002 *42 % vol.*

Bitte beachten Sie die Angaben für Jahrgänge der Brände, da sich unsere Bewertungen auf genau diese Proben beziehen.

Destillate

Josef Brüggler sen.
5511 Hüttau 53, Tel.: 06458/72 51
72 Vogelbeer I 2003 *42 % vol., € 55,–/0,5 l*

Willi Bründlmayer
3550 Langenlois, Zwettler Straße 23, Tel.: 02734/217 20,
weingut@bruendlmayer.at, www.bruendlmayer.at

80 Weinbrand 1984 *42 % vol., € 39,–/0,7 l*
Rauchige und tabakige Noten vom Holzfass, dunkler Karamell, warme Weinbrandaromen, harmonisch eingebunden; am Gaumen etwas schlank mit einer Spur Schärfe.

75 Trebernbrand (Cabernet, Merlot, Blauburgunder) 1991 *42 % vol., € 25,–/0,7 l*
Viel Vanille und buttrige Aromen in der Nase, wenig Trestertypizität; süßlich-vanillig am Gaumen, etwas scharf, verhalten im Ausdruck.

Brigitte & Matthias Buchegger
5441 Abtenau, Oberhaslach, Hallseiten 9a, Tel.: 06243/29 55,
buchegger.obst@aon.at

83 Obstler 2003 *42 % vol., € 7,50/0,35 l*
Erinnert an eingekochte Birnen, zeigt typische Obstlerstilistik; ehrlicher, stimmiger Obstler mit viel Frucht und pikanter Schalennote vom Apfel.

Elfriede Deuretzbacher
3511 Furth bei Göttweig, Bahnhofstraße 139, Tel.: 02732/849 87,
adeu@aon.at, www.deuretzbacher.at

85 Topinambur 2004 *42 % vol., € 18,–/0,35 l*
Typische Noten von gekochtem Topinambur und Artischocken, auch nussig-strohige und selchige Noten; dieses eigenständige Aromabild setzt sich am Gaumen fort.

84 Marille 2003 *40 % vol., € 18,–/0,35 l*
Erinnert sehr klar und präsent an frische Marillen und ihre Marmelade, wirkt animierend und subtil; kommt am Gaumen herber, geradlinig und gut strukturiert.

Maria Erber
6364 Brixen im Thale, Dorfstraße 57, Tel.: 05334/81 07,
info@erber-edelbrand.com, www.erber-edelbrand.com

79 Heidelbeere Selection 2000 *40 % vol., € 75,90/0,5 l*
Deutliche Heidelbeernoten, mit grünblättrig-mentholigen, auch medizinalen Noten; am Gaumen sehr würzig-medizinal mit etwas alkoholischer Schärfe.

79 Williams Prestige 2003 *40 % vol., € 30,20/0,5 l*
Etwas verhalten in der Nase, mit zarter Würze, im Hintergrund brotige Aromen; am Gaumen grün-zitronig zu Beginn, im Abgang tendenziell breiter.

78 Weichsel Prestige 2002 *40 % vol., € 30,20/0,5 l*
Verhalten im Duft, wenig Primärfrucht, erinnert an Kirschpralinen, dunkel; am Gaumen wieder wenig frische Definition, spürbarer Steinton, etwas bitter.

Destillate

77 Vogelbeer 2003 45 % vol., € 85,20/0,5 l
Im Duft typisch, mit schokoladigen Noten und zarter, kühler Würze; am Gaumen anfangs kräftig-würzig, lässt aber recht rasch nach und wird etwas anliegend.

fine-destillery, Andreas Sederl

2732 Zweiersdorf, Neue-Welt-Straße 109, Tel.: 02620/23 95, askme@fine-destillery.com, www.fine-destillery.com

86 Old Golden Beer 1996 (Bier) 40,5 % vol., € 22,–/0,35 l
Weiche, malzige Noten, die etwas an Scotch erinnern, aromatisch zentriert; mit identer Fortsetzung am Gaumen, sehr klar und ausgewogen, ohne letzten Druck.

84 Kirsche 2001 40,5 % vol., € 15,50/0,35 l
Geprägt von hellen, süßlichen Aromen, etwas Marzipan und grünem Tee; am Gaumen helle Schokolade, wirkt weich und samtig, zeigt aber kaum Frucht.

84 Vogelbeer 2002 41 % vol., € 43,50/0,35 l
Zarte, kühle Aromen in der Nase, aber sehr zurückhaltend; am Gaumen geradlinig mit deutlicher Fruchtausprägung, mit guter Textur und Länge.

78 Apfel im Holzfass 2001 42 % vol., € 13,–/0,35 l
Verhalten im Duft, dezent apfelig ebenso wie rauchig; am Gaumen überraschend malzig-rauchig, zeigt sich aber etwas scharf und flacht im Abgang ab.

78 Marille 2003 39,5 % vol., € 15,50/0,35 l
Deutliche Aromen von Marillen, von überreifen Früchten, wirkt etwas stechend in der Nase; am Gaumen erst deutliche Frucht, später etwas breit und ohne Finesse.

72 Himbeertrester 2000 40 % vol., € 21,–/0,35 l

Freie Weingärtner Wachau

3601 Dürnstein 107, Tel.: 02711/37 12 17

85 Veltlinerbrand Reserve 79 (Weinbrand) 43,5 % vol., € 23,90/0,5 l
Röstig-tabakige, harmonische Aromen im Duft, Kamille; anfangs süßlich, geht dann über in holz-röstige und gerbstoffige Noten, ruhig, mit gewisser Vielschichtigkeit.

78 Cigar Reserve XA 76 (Weinbrand) 44,5 % vol., € 42,–/0,5 l
Röstig-vanillig, die Holznoten angenehm, aber etwas dominant; am Gaumen Kokosnoten und Aromen von hohem Toasting, schlank und nicht ganz balanciert, Alkohol gut eingebunden.

75 Glögerbrand Reserve 15 Jahre 38,5 % vol., € 30,90/0,5 l
Laute Holznoten, erinnert auch an Whisky (salzig-jodig), Hefenoten im Hintergrund; präsentiert sich am Gaumen auf ähnliche Art, etwas tanninlastig.

Josef Fuxsteiner

3203 Rabenstein, Tradigistgegend 17, Tel.: 02722/74 08

83 Asperl 2003 40,5 % vol., € 28,–/0,35 l
Erinnert im Duft an Kletzenbirne, frische Kräuter, nussig-bräunliche Aromatik; wirkt am Gaumen gut definiert, ist lebendig, mit etwas wenig Druck im Abgang.

73 Schlehdorn 2003 42 % vol., € 28,–/0,35 l

Destillate

Alois Gölles

8333 Riegersburg, Stang 52, Tel.: 03153/75 55,
obst@goelles.at, www.goelles.at

93 Alte Reserve Apfel 1989 *60,5 % vol., € 35,–/0,35 l*

Bernsteinfarben; schöne Aromenvielfalt, mit Anklängen von Dörrfrüchten, Biskuit und Rumpflaumen, Apfelstrudel mit Rosinen; ausgesprochen wuchtig am Gaumen, angesichts des Alkohols aber sehr kompakt, stimmig und präsent auch in der Frucht.

88 Quitte 2003 *43 % vol., € 27,–/0,35 l*

Reife Fruchtaromen im Duft, frische Marmelade, kühlende Noten neben dunkler Würze, mit animierender Tiefe; am Gaumen nicht ganz so elegant, dunkelwürzig, dicht im Abgang, mit öligen Noten.

85 Arachon (Trester) *48 % vol., € 99,–/1,5 l*

Elegante, dezente und schön verwobene Tresternoten mit dunklem Hintergrund; die Aromen wiederholen sich am Gaumen, mit rosinigen Akzenten, der Alkohol deutlich scharf.

79 Alte Reserve Zwetschke 1989 *60,5 % vol., € 45,–/0,35 l*

Deutet schon in der Nase athletischen Alkohol an, karamellig, holzröstig, mit Tabak; ist am Gaumen deutlich zwetschkiger, der Alkohol ist aber sehr dominant und auch nicht ausreichend eingebunden.

79 Alter Apfel 1995 *40 % vol., € 17,50/0,35 l*

Dezente, reife Apfelnoten, mit dunkelröstiger Aromatik, tabakig; am Gaumen eher weich, mit vorsichtigem Auftritt, etwas schlank, deutliche Tannine im Abgang.

79 Roter Traminer 2003 (Trester) *45 % vol., € 27,–/0,35 l*

Deutliche, muskierende, süßliche Aromen im Duft, eher wenig Tresterstilistik; auch am Gaumen tendenziell traubig, nicht sehr differenziert und etwas anliegend im Abgang.

74 Williams 2002 *45 % vol., € 22,50/0,35 l*
72 Alte Zwetschke 1995 *40 % vol., € 22,90/0,35 l*

Grubenfranzl, Herbert Schruf

2662 Schwarzau im Gebirge, Graben 2, Tel.: 02667/234, herbert.schruf@utanet.at

79 Williams 2003 *40 % vol., € 13,50/0,35 l*

Deutliche Williamsaromen im Duft, mit grünen Noten, nicht ganz transparent; frische, grünschalige Akzente auch am Gaumen, ohne viel Tiefe.

Destillate

Guglhof, Anton Vogl

5400 Hallein, Davisstraße 11, Tel.: 06245/806 21,
office@guglhof.at, www.guglhof.at

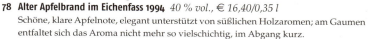

- **83 Mirabellenbrand 1999** *43 % vol., € 22,80/0,35 l*
  Typische Fruchtnoten der Mirabelle: hell, gelblich, floral und süß; zeigt sich am Gaumen ähnlich, typisch und gut strukturiert.
- **82 Apfel-Birnenbrand Reserve 2001** *43 % vol., € 13,30/0,35 l*
  Aromen von Apfelkompott, etwas bedeckt, auch würzige Noten; nektarartige Stilistik am Gaumen, mit pikanter Birnenschale, präsent und abgerundet.
- **78 Alter Apfelbrand im Eichenfass 1994** *40 % vol., € 16,40/0,35 l*
  Schöne, klare Apfelnote, elegant unterstützt von süßlichen Holzaromen; am Gaumen entfaltet sich das Aroma nicht mehr so vielschichtig, im Abgang kurz.
- **78 Schlehenbrand 2000** *43 % vol., € 34,90/0,35 l*
  Wildwürzige und grünlich-unreife Aromatik im Duft, wirkt etwas verschleiert; am Gaumen mit typischer medizinaler Note, im Abgang etwas flach.
- **78 Vogelbeerbrand Reserve 2001** *43 % vol., € 34,30/0,35 l*
  Die an und für sich typischen Aromen der Vogelbeere wirken etwas verschleiert; am Gaumen etwas rustikal und scharf, lässt im Abgang nach.
- **75 Alter Obstbrand aus Apfel und Birne im Eichenfass 1997** *40 % vol., € 12,90/0,35 l*
  Rauchige Noten, das Holz dezent und gut integriert, zeigt deutliche apfelige Töne; wirkt am Gaumen sperriger, mit viel Gerbstoff und Schärfe.
- **75 Alter Zwetschkenbrand im Eichenfass 1995** *40 % vol., € 16,40/0,35 l*
  Typische Holznoten sind angenehm im Hintergrund, die Zwetschkenaromen nicht sehr transparent; am Gaumen fruchttypisch und dicht, letztlich etwas rustikal.
- **74 Zwetschkenbrand Reserve 1999** *43 % vol., € 16,50/0,35 l*
- **73 Williamsbrand 2000** *43 % vol., € 22,20/0,35 l*

Heiligenkreuzer Klosterweingut Freigut Thallern

2352 Gumpoldskirchen, Postfach 20, Tel.: 02236/534 77,
klosterweingut@utanet.at, www.klosterweingut-thallern.at

- **83 Zwetschkenbrand 2002** *40 % vol., € 18,–/0,35 l*
  Die Fruchtaromen sehr hell, erinnert an Schokolade und türkischen Honig, zart; auch am Gaumen ruhig und hell, mit dezentem Fruchtausdruck.
- **79 Himbeerbrand 2002** *40 % vol., € 29,–/0,35 l*
  Verhalten im Fruchtausdruck, hell, mit grünen Akzenten, auch holzig-röstig; am Gaumen warme Frucht, etwas breit im Abgang.
- **78 Erdbeerbrand 2003** *40 % vol., € 18,–/0,35 l*
  Zeigt in der Nase die für Erdbeerbrände typischen verkochten, etwas breiten Noten, erinnert an Bowle; am Gaumen marmeladig, etwas scharf, ohne viel Charme und Länge.
- **76 Kirschenbrand 2002** *40 % vol., € 18,–/0,35 l*
  Dunkelwürzig und verhalten in der Frucht, dezent grünblättrig, mit floralen Noten; dunkelfruchtig mit leichtem Steinton, etwas verwaschen im Abgang.

Destillate

75 Trester Rheinriesling 2002 *40 % vol., € 11,–/0,35 l*
Süßliche, helle Aromatik im Duft, weinig, muskatige Noten, wenig Trestercharakter; am Gaumen typischer, mit deutlicher Schärfe.
74 Quittenbrand 2002 *40 % vol., € 20,50/0,35 l*
72 Gloster Apfelbrand 2003 *40 % vol., € 18,–/0,35 l*
70 Trauben Rheinriesling 1999 *43 % vol., € 11,–/0,35 l*

Siegfried Herzog

5760 Saalfelden, Breitenbergham 5, Tel.: 06582/757 07, www.herzogschnaps.at

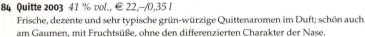

86 Blutorange 2003 *41 % vol., € 22,–/0,35 l*
Subtile zitronig-honige Aromen, Mandarine, süßlich-elegant, „Grand Marnier"; hat Schmelz und schöne Länge, aber etwas wenig Druck.
85 Stiegl Bockbierbrand 2003 *41 % vol., € 18,–/0,35 l*
Nussig-röstig-malzig, dunkle Getreidearomen, Pumpernickel, Cornflakes, Schokolade; auch am Gaumen blitzsauber und füllig, pikant, hefig und analog der Nase.
84 Quitte 2003 *41 % vol., € 22,–/0,35 l*
Frische, dezente und sehr typische grün-würzige Quittenaromen im Duft; schön auch am Gaumen, mit Fruchtsüße, ohne den differenzierten Charakter der Nase.
82 Karotte 2003 *41 % vol., € 50,–/0,35 l*
Reife, nussige Karottenaromen, verhalten, etwas erdig; süßlich-schokoladig am Gaumen, dunkle Würze, ausgewogen, ruhig und anhaltend.
81 Fuji „Kiku" 2003 (Apfel) *41 % vol., € 18,–/0,35 l*
Zarte grüne und frische Apfelnote, Würze, erinnert auch an getreidige Noten; süßlich-charmant, grünlich-pikant, schlichter als in der Nase.
80 Beerentrester 2003 *41 % vol., € 22,–/0,35 l*
Vielschichtige beerige Aromen mit dunklen Tönen ebenso wie hellen Himbeernoten; auch am Gaumen reife, fleischige Himbeeren, allerdings etwas schlank im Körper.
80 Marille 2003 *41 % vol., € 18,–/0,35 l*
Sehr reife, süßliche Marillenaromatik im Duft, mit dezenten grasigen Noten im Hintergrund; ähnlich am Gaumen, mit viel Fruchtsüße und gewissen herben Tönen.
79 Vogelbeere 2003 *41 % vol., € 35,–/0,35 l*
Helle Aromatik, Nougat, zarte Würze, aber auch duftendes Heu und holzige Töne; am Gaumen anhaltend süßlich, mit den identen Aromen der Nase.
78 Johannisbeere 2003 *41 % vol., € 32,–/0,35 l*
Sehr süßliche und etwas eingekochte Aromen von Ribisel, marmeladig; wirkt am Gaumen harmonisch, aber auch undifferenziert, mit wenig fruchttypischem Profil.
75 Birne 2003 *41 % vol., € 14,50/0,35 l*
Florale, grünschalige Aromen, im Fruchtausdruck etwas verwaschen; am Gaumen anfangs birnenfruchtig, mit wenig Tiefe und Länge.
74 Heidelbeere 2003 *41 % vol., € 45,–/0,35 l*
74 Himbeere 2003 *41 % vol., € 45,–/0,35 l*
74 Obstler 2003 *41 % vol., € 10,–/0,35 l*

Destillate

Gusti & Hubert Hirtner

8642 St. Lorenzen, Schmiedgasse 5, Tel.: 03864/39 01, office@hirtner.at, www.hirtner.at

89 Quitte 2003 *41,5 % vol., € 17,50/0,35 l*

> Dezente und delikate Quittenfrucht im Duft, mit süßlich-floraler Note; zeigt sich am Gaumen gut strukturiert, mit süßem Schmelz und lebendiger Pikanz.

78 Muskat-Ottonel 2003 *40 % vol., € 19,50/0,35 l*

> Florale Noten, Rosenduft, Kräuter, traubig-gelbfruchtig, von sehr angenehmer Präsenz; am Gaumen hell und klar, traubig-muskatig, ohne Schmelz und Länge.

Josef Hochmair

4702 Wallern, Mauer 2, Tel.: 07249/487 65

94 Quitte 2003 *47 % vol., € 38,50/0,35 l*

> Verhalten im Duft, mit dunkler Würze und schokoladig-kühlen Aromen; am Gaumen druckvoll und subtil zugleich, mit schöner Länge, der hohe Alkohol sehr gut integriert.

92 Bio-Marille 2003 *48 % vol., € 34,80/0,35 l*

> Zeigt sich im Duft sehr offen, sauber und deutlich marillig, mit zarten grünlichen Noten; erster Eindruck setzt sich am Gaumen fort, mit athletischer Struktur, der Alkohol sehr gut integriert und nur im Ausklang leicht scharf.

90 Kirsche 2000 *47 % vol., € 24,70/0,35 l*

> Im Duft schön verwoben und kompakt, doch zurückhaltend, mit Vanille und kühlen Aromen; zeigt sich auch am Gaumen subtil, mit schokoladigem Schmelz, heller Stilistik und ausgeprägter Länge.

90 Quitte 2000 *43 % vol., € 30,50/0,35 l*

> Im Duft transparent und delikat, mit grünlichen, auch dunkel-würzigen Noten; am Gaumen elegant, mit dunklen Aromen, Schokolade ebenso wie Minze.

90 Traubenkirsche 2002 *41 % vol., € 35,60/0,35 l*

> Vielschichtige, vanillig-minzige Noten, mit Nougat, Marzipan und eleganter Würze, auch Weichsel; detto am Gaumen, sehr attraktiv und elegant, tolle Länge und Tiefe.

90 Vogelbeere 2002 *48 % vol., € 38,50/0,35 l*

> Elegante, kühle Aromatik, mit Schokolade, Marzipan und Minze, sehr animierend; sehr kompakt, ausgewogen und subtil am Gaumen, der hohe Alkohol kaum spürbar.

89 Bio-Karotte 2003 *41 % vol., € 28,20/0,35 l*

> Noten von frisch geriebenen Karotten, helle Aromatik mit Zitrus und ätherischen Ölen; detto am Gaumen, körperreich, komplex, mit Fruchtsüße und exotisch-öliger Andeutung.

89 Elsbeere 2002 *42 % vol., € 143,90/0,35 l*

> Sehr schön und offen im Duft, mit Aromen von Biskuit, Beeren, Marzipan, frischem Heu sowie kühlen Noten; kompakt und konsequent am Gaumen, schöner Mix aus warmen und kühlenden Aromen.

89 Wildkirsche 2002 *41 % vol., € 32,70/0,35 l*

> Changiert elegant zwischen warmem, hellem Nougat und dunkelwürzig-kirschiger Wildfrucht, schwarzer Pfeffer; feiner Druck am Gaumen, mit Balance, Eleganz und Länge.

Destillate

88 Apfel Barrique 2000 *45 % vol., € 29,90/0,35 l*

 Geprägt von einer weichen, vanilligen Note, mit hellem Karamell und schön eingebetteter, apfeliger Note; auch am Gaumen betörend malzig-karamellig.

88 Holunder 2000 *41 % vol., € 30,50/0,35 l*

 Typische, süßliche Holleraromen, grünlich unterlegt (Johannisbeerblätter); am Gaumen füllig, weich, schokoladig, mit Zitronenmelisse, animierend.

88 Single Malt Whisky 1999 *47 % vol., € 36,50/0,35 l*

 Malzig-rauchig im Duft, wie frisch geerntetes Getreide, mit dezenter, kühler Würze; der Alkohol sehr gut eingebunden, die Aromen der Nase wiederholen sich am Gaumen.

88 Spezialbier 2003 *45 % vol., € 25,70/0,35 l*

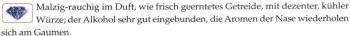 Erinnert an grünen Tee, mit vielschichtigen Aromen von getrockneten Kräutern und Baumrinde, spannend; setzt sich am Gaumen fein fort und mündet in dunkle, malzige Noten.

87 Traubenkirsche 2003 *41 % vol., € 35,60/0,35 l*

Cremig-marzipanig im Duft, dunkel und wildwürzig, mit Lakritze und Tabak; sehr dicht und dunkelwürzig am Gaumen, elegant, ohne finalen Druck.

87 Waldhimbeere 2003 *42 % vol., € 45,80/0,35 l*

Helle, zitronig-süßliche Stilistik, mit grünlich-kühlen Aromen; am Gaumen sehr schön definiert, pikant und lange anhaltend, mit etwas Schärfe.

86 Bio-Mandarine 2002 *41 % vol., € 26,20/0,35 l*

Die Frucht dunkel, reif und weich, warm und angenehm ätherisch; konsequent am Gaumen, mit leichter Schärfe, sehr schön, aber nicht mehr so subtil.

86 Kirsche 2003 *42 % vol., € 26,50/0,35 l*

Deutliche, helle Kirscharomen, mit etwas Marzipan und Schokolade unterlegt; am Gaumen weich und schmeichelnd, auf seine Art elegant.

86 Rote Williams 2001 *43 % vol., € 26,50/0,35 l*

Weicher, süßlicher Duft von reifen Früchten, Birnennektar mit zarter Würze; sehr präsent und typisch am Gaumen, saftig, mit kräftigem Körper, im Finale nicht mehr ganz präzise.

86 Schlehdorn 2000 *42 % vol., € 35,60/0,35 l*

Dezent im Duft, mit hellen Aromen von Nougat und etwas Marzipan, mentholig im Hintergrund; transparent und authentisch am Gaumen, etwas scharf.

86 Vogelbeere 2002 *43 % vol., € 32,50/0,35 l*

Typische Aromen in der Nase, mit Schokolade und Brombeere, Nougat, von feiner Kühle unterlegt; am Gaumen opulent, füllig, süß, wieder schokoladig, mit guter Länge.

86 Waldbrombeere 2001 *41 % vol., € 39,20/0,35 l*

Dezente Aromen von dunklen, fast getrockneten Beeren, dahinter kühle Noten und Waldbodenduft; anhaltende Brombeeraromatik am Gaumen, mit leichter Schärfe.

83 Bio-Williams 2002 *47 % vol., € 34,20/0,35 l*

Verhalten in der Aromatik, zeigt kompakte Fruchtnoten und noble dunkle Würze; die Williamsaromen wirken am Gaumen eingesperrt, der Alkohol ist gut integriert, anfangs aber etwas spitz.

Destillate

83 Zwetschke Barrique 2000 *45 % vol., € 29,90/0,35 l*
Frucht und Karamell in der Nase angedeutet, Schokolade, Nüsse und Biskuit; schön eingesetztes Holz, süßlich-würziger Mix mit leichter Schärfe.

82 Mango 2004 *42 % vol., € 38,–/0,35 l*
Erinnert im ersten Moment an Karotten, Aromen von grüner Mango, mentholig frisch; am Gaumen Assoziation von frischen Erdäpfeln, süßlich, pikant.

81 Bio-Williams 2002 *42 % vol., € 26,50/0,35 l*
Der Birnenduft etwas zurückhaltend und verschleiert, mit zarter, grüner Würze; reife, gelbe Früchte, mit grasigen Akzenten, im Alkohol etwas scharf.

78 Bio-Zwetschke 2003 *42 % vol., € 18,70/0,35 l*
Zarte, typische Fruchtaromen von Schokolade und Zimt; am Gaumen etwas wenig Fruchtausdruck, vom jugendlichen Alkohol noch gehemmt.

77 Bio-Dirndl 2003 *42 % vol., € 35,60/0,35 l*
Typische Dirndlnoten, gekochte Artischocken, schokoladig, charmant und weich; fällt am Gaumen im Fruchtausdruck etwas ab, schöne Pikanz, kurz.

75 Bio-Marille 2003 *42 % vol., € 26,50/0,35 l*
Süßlich-florale Aromen im Duft, die Marille zart angedeutet; wirkt am Gaumen weniger deutlich, bringt herbe Noten und flacht relativ rasch ab.

74 Bio-Kriecherl 2001 *42 % vol., € 25,40/0,35 l*

Karl Holzapfel

3610 Weißenkirchen, Joching 36, Tel.: 02715/23 10,
weingut@holzapfels.at, www.holzapfels.at

89 Schwarze Ribisel 2001 *45 % vol., € 53,20/0,35 l*
Elegante, röstige, dunkelfruchtige Aromatik, die an frisches Getreide und Ribiselmarmelade erinnert; analog am Gaumen, mit typischen pikanten Noten und schöner Länge, Alkohol sehr gut integriert.

88 Quitte 2001 *45 % vol., € 54,40/0,5 l*
Dezente Quittenaromen mit dunkler Würze und birnigen Noten, eingekochte Fruchtnoten, deutet mächtigen Körper an; deutliche, grünliche Pikanz am Gaumen, wirkt prägnant, schmelzig und tief.

86 Marille 2001 *45 % vol., € 37,10/0,5 l*
Zarte, süßliche Anklänge von Nougat, Marille und Minze, ebenso grünen Blättern; am Gaumen süßlich, aber auch von deutlich herber Struktur.

Jakobenhof, August Heel

6491 Imsterberg, Endsfeld 7, Tel.: 05412/641 14

88 Mehlbeere 2003 (Exoten) *43 % vol., € 50,–/0,35 l*
Zarter, verhaltener Mix aus Marzipan und kühlen Noten, mit Weichseljoghurt; erster Eindruck setzt sich am Gaumen fort, wirkt auf seine Art sehr stimmig, mit noch jugendlicher Schärfe.

---

www.alacarte.at – Die besten Destillate

Destillate

Waltraud Jöbstl

8551 Wernersdorf 41, Am Schilcherberg 1, Tel.: 03466/423 79,
info@brennerei-joebstl.at, www.brennerei-joebstl.at

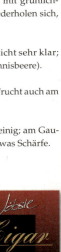

88 Apfel-Trester 2000 *45 % vol., € 40,–/0,5 l*

Sehr elegant verwoben, mit deutlichen Apfelnoten, Zimt (Apfelstrudel); detto am Gaumen, Alkohol und Holz gut eingebunden, die Tannine im Abgang deutlicher spürbar.

88 Birnen-Cuvée fassgelagert 2002 *45 % vol., € 16,40/0,35 l*

Deutliche, vanillige Holznoten, Biskotten, ebenso dunkler Blumenduft und zarte Birnenaromen; wirkt schmelzig-süß, mit deutlich birnigen Anklängen, kräftigem Alkohol und eleganter, tabakiger Würze.

88 McIntosh 2002 (Apfel Holz) *45 % vol., € 16,40/0,35 l*

Wirkt im Duft dick und mollig, allerdings dezent und zartwürzig, erinnert an Apfelmus; Apfel sehr präsent und füllig am Gaumen, unterstützt von rauchig-würziger Note, die leichte Schärfe wirkt nicht störend.

86 Quitte 2000 *45 % vol., € 20,–/0,35 l*

Verhalten, mit Aromen von ledrigen Äpfeln, dunkler Würze, Menthol und Schokolade; ähnlich am Gaumen, mit Schmelz und Tiefe, ohne letzten Druck.

85 Williams 2003 *40 % vol., € 13,80/0,35 l*

Dezente, süßliche und helle, florale Aromen im Duft, erinnert an reife, gelbe Frucht; charmant am Gaumen, mit süßlichem Schmelz, spiegelt die Frucht schön wider.

84 Traubenkirsch 2003 *40 % vol., € 43,–/0,35 l*

Reife, sehr dunkle Aromen von Lakritze, Marzipan und Schokolade, mit grünlich-mentholigem Hintergrund; am Gaumen sehr präsent, die Aromen wiederholen sich, im Abgang etwas medizinal-bitter und adstringierend.

84 Waldhimbeer 2002 *40 % vol., € 43,60/0,35 l*

Warme, süßliche Himbeeraromen, Anklänge von Waldhimbeeren, nicht sehr klar; kühl und dunkelfruchtig, ähnlich wie in der Nase, grün-blättrig (Johannisbeere).

84 Williams 2003 *40 % vol., € 13,80/0,35 l*

Frischer Duft von reifen Williamsbirnen mit grünlichen Akzenten; die Frucht auch am Gaumen schön ausgeprägt, mit Pikanz und Schmelz, ohne Finesse.

83 Tresterbrand vom Schilcher 2002 *45 % vol., € 45,80/0,35 l*

Vanillig-süßlicher Duft, erinnert an Akazienhonig, vom Typus eher weinig; am Gaumen etwas mehr Trestercharakter, mit gewisser, süßlicher Fülle und etwas Schärfe.

83 Zwetschke F 2002 *40 % vol., € 16,40/0,35 l*

Neben zarter zimtiger Würze wirkt der Brand in der Nase deutlich grün (Ringlotte, frisches Heu); am Gaumen präsent, mit saftiger Frucht, im Abgang etwas herb.

82 Waldbeeren-Cuvée 2003 *40 % vol., € 43,60/0,35 l*

Dunkelbeerig, kühl und animierend, gleichzeitig süßliche, warme Beerenaromen und Würze; gelungener Mix aus Beerennoten, gute Länge, nicht ganz fokussiert.

Destillate

81 Weichsel 2003 *40 % vol., € 19,60/0,35 l*
Gelber Apfel, bananig, andererseits dunkle Aromen wie von Wildkirschen; am Gaumen süßlich, schokoladig, mit Pikanz, nicht sehr fruchtig, ohne viel Transparenz.

80 Vogelbeer 2003 *40 % vol., € 43,60/0,35 l*
Angenehme, wildfruchtige Würze im Duft, ein wenig verhalten; grünlich-würzig und schlank, mit etwas vordergründigem Alkohol.

80 Zierfandler Trester 2002 *40 % vol., € 26,50/0,5 l*
Helle, rosinige Tresteraromatik mit Würze, die an Rotweintrester erinnert; am Gaumen wieder mit typisch stängeligen Noten, süßlich, wird im Abgang etwas herb.

79 Hefebrand vom Schilcher 2003 *45 % vol., € 40,–/0,35 l*
„Vanillepudding", weich und schön verwoben, dunkelröstige Noten, mit exotischen Fruchtnoten; wirkt am Gaumen spröder, neben zitroniger Frische etwas tanninlastig.

79 Marille 2002 *40 % vol., € 15,30/0,35 l*
Süßlich-schokoladig, Vanillepudding, zartröstig, das Holz überlagert die Marillenfrucht völlig; wirkt gut strukturiert am Gaumen, etwas unscheinbar, wenig fruchttypisch.

79 Rubinette 2002 (Apfel) *40 % vol., € 13,80/0,35 l*
Erinnert im Duft an würzig-ledrige Äpfel und Kletzen, süßlich, warm, transparent; am Gaumen fruchtsüß, mit gelben Schalenaromen, etwas herb.

75 Birnen-Cuvée F 2002 *40 % vol., € 16,40/0,35 l*
Zeigt die Birne, wirkt angenehm, in der Frucht etwas gehemmt und dropsig; mit gewisser Süße zu Beginn und grünschaligen Akzenten, im Abgang indifferent.

75 Johannisbeer 2002 *40 % vol., € 27,–/0,35 l*
Deutliche Aromen von schwarzer Johannisbeere, mit Akzenten von grünen Blättern; am Gaumen deutlich weniger fruchtig, etwas grün, im Abgang anliegend.

75 Muskat-Ottonel 2002 (Traube) *40 % vol., € 17,–/0,35 l*
„Gelbe Honigzuckerl" im Duft, vanillig, grünwürzig, gut verwoben, aber etwas einseitig; am Gaumen etwas scharf, harzige Noten vom Holz, wenig Schmelz und Frucht.

74 Zwetschke 2002 *40 % vol., € 13,80/0,35 l*
72 Golf-Cuvée 2003 *40 % vol., € 20,–/0,35 l*
72 Zwetschke fassgelagert 2000 *45% vol., € 16,40/0,35 l*
71 Schilcher Tresterbrand 1999 *45% vol., € 45,80/0,5 l*
70 Weinbrand vom Schilcher 2003 *45 % vol., € 40,–/0,5 l*

Kausl, Marillenhof

3622 Mühldorf, Ötz 14 u. 16, Tel.: 02713/82 25,
info@marillenhof.at, www.marillenhof.at

73 Traubencuvée 2003 *41 % vol., € 8,–/0,35 l*
70 Zwetschke Blue free 2003 *41 % vol., € 8,50/0,35 l*

Wein- und Obstbau Kollmann

2465 Höflein 57, Tel.: 02162/634 29,
petra@obstbau-kollmann.at,
www.obstbau-kollmann.at

70 Grappa Merlot 2001 *38,5 % vol., € 17,–/0,5 l*

Destillate

Kurt Lagler

7543 Kukmirn 137, Tel.: 03328/320 03,
info@lagler.cc, www.lagler.cc

- **85 Kukmirner Golden fassgelagert 2003 (Apfel)**
  38 % vol., € 14,–/0,35 l
  Grünliche Noten von frisch geschnittenem jungen Holz, Kräuteraromen, dahinter florale, grüne Apfelnoten; am Gaumen füllig, Holz gut eingebunden, mit Fruchtsüße im Abgang.
- **83 Beckhams Triumph 2003 (Birne)** *38,5 % vol., € 15,50/0,35 l*
  Weiche, reife Birnenaromen, helle Aromatik, dezent im Ausdruck; am Gaumen süßlich, mit gewisser Pikanz, ohne großen Druck.
- **79 Obstbrand Cuvée 2003** *39 % vol., € 19,–/0,35 l*
  Im Duft Himbeermus, frische, grüne Noten, Apfel und Birne im Hintergrund; auch am Gaumen dominiert die Himbeere, im Abgang etwas kurz.
- **78 Zwetschke fassgelagert 2002** *39 % vol., € 15,–/0,35 l*
  Typische Holzaromen im Duft (Vanille, Kokos), süßlich, die Zwetschke schön eingebunden; zu Beginn schmelzig, ist im Abgang etwas tanninlastig.
- **77 Schlehenbrand 2003** *39 % vol., € 34,50/0,35 l*
  Zitrusaromen im Duft, helle Schokolade mit zarter, dunkler Würze; am Gaumen cremig, sauber, mit ansprechender Struktur und wieder sehr heller Stilistik.
- **74 Uhudler Traubenbrand 2003** *39 % vol., € 16,–/0,35 l*

Lehenhof, Karl Ditz

3500 Krems, Weinzierl 17, Tel.: 02732/833 90,
lehenhof.ditz@magnet.at, www.lehenhof-ditz.at

- **73 CAPPA 1999 (Trester)** *39,5 % vol., € 18,20/0,35 l*
- **71 Aschperl 2002** *41,5 % vol., € 28,–/0,35 l*
- **70 Schwarze Ribisl 2000** *40,5 % vol., € 18,50/0,35 l*

Bernhard Leitner

6591 Grins 11, Tel.: 05442/630 21, b.leitner@tirol.at

- **85 Elstar 2003 (Apfel)** *40 % vol., € 15,–/0,35 l*
  Frische, gelbliche Aromen, mit Andeutung von aufgebrochenen Lychees, süßlich-fruchtig; elegante Apfelnoten, süßlicher Schmelz und pikante Fruchtsäure.
- **84 Brombeere 2003** *40 % vol., € 42,–/0,35 l*
  Deutliche, dunkle Brombeeraromen im Duft, mit zarter Kühle, animierend; auch am Gaumen typisch, mit süßlichem Schmelz, ohne anhaltenden Druck.
- **80 Zwetschke Cacak's F. 2003** *40 % vol., € 15,–/0,35 l*
  Leise in der Nase, aber elegant und schokoladig, mit kühlen Noten und feiner Würze; zeigt sich am Gaumen etwas schlichter, mit leichter Schärfe.
- **79 Beerencuvée 2003** *40 % vol., € 35,–/0,35 l*
  Etwas verschleiert im Duft, erinnert an Apfelmus, mit bananigen Noten; beerige Pikanz am Gaumen, dunkle Aromen und Schoko, im Abgang etwas scharf und herb.
- **78 Granny Smith 2003** *40 % vol., € 15,–/0,35 l*
  Duftige, florale Apfelnoten, dezent süßlich, gelbfruchtig und mit zarter Würze unterlegt; am Gaumen deutlich herber und rustikaler, mit schaligen Noten.

Destillate

78 Guyot 2003 (Birne) *40 % vol., € 19,–/0,5 l*

Helle, süßliche Aromen und feine Würze in der Nase, reife Frucht, leicht verschleiert; konsequent am Gaumen, mit dunkler Würze im Abgang.

Franz Lenitz

2102 Flandorf, Hauptstraße 5, Tel.: 02262/759 86
74 Williams 2002 *41 % vol., € 19,–/0,5 l*
72 Apfel 2002 *42 % vol., € 16,–/0,5 l*

Martin Mausser

8151 Hitzendorf, Niederberg 4, Tel.: 0316/57 34 59, www.maussermost.at
84 Quitte 2003 *40 % vol., € 26,–/0,35 l*

Deutliche Quittenaromen mit dunklem Hintergrund (Moschus), feine Würze; klare und deutliche Fruchtausprägung auch am Gaumen, mit grünen Facetten.

83 Mispel 2002 *39 % vol., € 26,–/0,35 l*

Typische, überreife und ledrige Aromen, mit feiner Würze; detto am Gaumen, mit Kletzennoten und gewisser alkoholischer Schärfe, schöne Fülle und Länge.

72 Williams 2003 *40 % vol., € 19,–/0,5 l*

Rosemarie Neumeister

8345 Straden, Wieden 17, Tel.: 03473/82 49, obsthof.neumeister@direkt.at
82 Williams 2001 *41 % vol., € 14,50/0,35 l*

Dezente, reife Birnenaromen, helle Noten und grünschalige, nussige Aromen; wirkt am Gaumen etwas scharf, grünlich-birnig, saftig, herb im Abgang.

79 Elstar Apfelbrand 2001 *40 % vol., € 13,50/0,35 l*

Offen im Duft, mit ledrigen, schokoladigen, würzigen und frischen Aromen; schlankere Frucht am Gaumen, Mix aus pikanter Apfelschale und erfrischender Schärfe.

79 Traminer Trebernbrand 2001 *42 % vol., € 18,50/0,35 l*

Sehr traubig und aromatisch im Duft, mit kühlen Noten wie von Quitte; am Gaumen zitronig-pikant, fruchtig, wieder wenig Trestercharakter, kaum Tiefe.

73 Braeburn 2001 (Apfel) *40 % vol., € 13,50/0,35 l*
71 Traminer Hefebrand 2002 *42 % vol., € 17,–/0,35 l*

Oberbichler, Adolf Berger

9974 Prägraten, Bichl 9a, Tel.: 04877/53 61, oberbichler1@utanet.at
85 Meisterwurz 2003 *43 % vol., € 17,–/0,35 l*

Sehr erdig-gemüsig, Menthol, Orangenschale, eingelegter grüner Pfeffer; sehr erdig, fast „modrig", sehr vielschichtig und fordernd, irgendwie „schräg", aber spannend.

84 Vogelbeer 2003 *42 % vol., € 28,60/0,35 l*

Verhaltene, kühle Aromatik (Tannenwipfel, Mint), nussig-würzig unterlegt; am Gaumen feine, dunkle Wildwürze, tabakig-schokoladig.

75 Enzian 2001 *43 % vol., € 19,80/0,35 l*

Riecht erdig-wurzelig, ebenso kühl und nach Ananasscheiben, verhalten; am Gaumen präsenter, mit gewisser Schärfe und mentholigen Noten, Petersilwurzel.

Destillate

Robert Oberhofer

6068 Mils, Bundesstraße 7, Tel.: 05223/586 00

88 Himbeer 2003 *41 % vol., € 58,–/0,35 l*

 Deutliche, zitronig-frische Himbeernoten, helle Schokolade, dahinter dunkle Würze; wirkt auch am Gaumen sehr lebendig, dicht und lange anhaltend.

88 Limonera 2003 (Birne) *41 % vol., € 29,–/0,35 l*

 Wirkt im Duft anfangs verschleiert, würzig-nussig, mit zitronigen Akzenten; am Gaumen präsent, süßlich-zitronig-pikant, mit deutlichen, grünlich-herben Noten, Druck und gute Länge.

83 Schlehe 2003 *41 % vol., € 37,–/0,35 l*
Helle Aromatik mit zarter Würze im Duft, kühl und ruhig, weiße Schokolade; am Gaumen etwas rustikal und nicht mehr so transparent, lässt im Abgang nach.

82 Marille 2003 *41 % vol., € 29,–/0,35 l*
Zeigt im Duft sehr schöne und klare Marillenaromen (auch Dörrfrüchte), ist allerdings verhalten; anfangs feiner Schmelz, im Abgang etwas herb.

80 Brombeer 2003 *41 % vol., € 51,–/0,35 l*
Tendenziell helle Beerenaromatik im Duft, mit kühlen, blättrigen Noten; am Gaumen zuckerlhaft, etwas unruhig, lässt im Abgang nach.

80 Williams 2003 *41 % vol., € 26,–/0,35 l*
Duft von reifen Birnen, etwas verhalten, mit frischer Würze; wirkt am Gaumen transparent, ohne viel Druck zu machen.

79 Zwetschke 2003 *41 % vol., € 27,50/0,35 l*
Erinnert an Schokolade und Nougat, ebenso an Waldhimbeeren und etwas Marzipan; auch am Gaumen Marzipan, etwas herb und von mittlerer Länge.

75 Johannisbeer 2003 *40 % vol., € 51,–/0,35 l*
Verhalten im Duft, dunkle und marmeladige Fruchtaromen, Noten von grünen Blättern; auch am Gaumen verhalten, mit herb-blättrigen Noten.

72 Vogelbeer 2000 *45 % vol., € 42,–/0,35 l*

70 Holunder 2003 *41 % vol., € 42,–/0,35 l*

Obsthof Pankl

7033 Pöttsching, Hauptstraße 52, Tel.: 02631/21 03

85 Mutsu 1999 (Apfel) *39,5 % vol., € 19,50/0,35 l*
Sehr klar im Duft, erinnert an ledrige Apfelschalen, mit süßlichen und würzigen Noten unterlegt; analog am Gaumen, kompakt und harmonisch.

84 Zwetschke im Holzfass 2002 *40,5 % vol., € 20,30/0,35 l*
Helle Aromen, Vanillepudding, zarte Zimtwürze, die Zwetschke nur verhalten, zarter, gekonnter Holzeinsatz; dezent auch am Gaumen, mit Schmelz und Länge.

78 Kronprinz Rudolf 2000 (Apfel) *39,5 % vol., € 17,20/0,35 l*
Dunkelwürzig-ledrige Aromen von Apfelschalen, dahinter duftiges Apfelmus, „Pistazieneis"; wirkt am Gaumen nicht ganz so transparent, im Abgang etwas flach.

Destillate

78 Winterforellen 2001 (Birne) *39,5 % vol., € 25,10/0,35 l*
Dezente, grünschalige und nussige Birnenaromen, etwas zurückhaltend; zeigt am Gaumen deutlicher die Frucht, doch nicht klar gezeichnet und scharf.

Landgasthof Peilsteinblick, Hans Krenn

3683 Yspertal, Stangles 41, Tel.: 07415/72 58, krenn@wirtshausbrennerei.at, www.wirtshausbrennerei.at

90 Kaiserholzbirn 2003 *42 % vol., € 23,50/0,35 l*

 Helle Birnenaromen, zart-würzig unterlegt, insgesamt zurückhaltend; mit zitronigen Noten am Gaumen, druckvoll, dennoch elegant und harmonisch.

88 Schlehe 2003 *41 % vol., € 38,–/0,35 l*

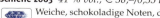 Weiche, schokoladige Noten, dahinter frische exotische Aromen (Maracuja), zartwürzige Anklänge von Zwetschken; verspielt am Gaumen, pfeffrig, marzipanig, etwas herb im Abgang.

80 Aristo Cuvée 2003 (Obstler) *41 % vol., € 26,–/0,35 l*
Wirkt im Duft leicht bedeckt, Himbeere ist erkennbar, grünlich-frisch; am Gaumen differenzierter, mit Apfel- und Birnenaromen, pikant, aber etwas breit und scharf.

80 Rote Williams 2003 *42 % vol., € 25,–/0,35 l*
Zeigt süßliche, helle Williamsaromen, allerdings sehr verhalten; am Gaumen herb-zitronige Struktur, reife Birnennoten, mit leichter Schärfe.

79 Honigbirn 2003 *42 % vol., € 22,–/0,35 l*
Die Birnenaromen sind da, jedoch verschleiert, breiige und getreidige Noten; lebendiger und pikant am Gaumen, etwas scharf und undifferenziert im Abgang.

77 Muskateller 2002 *42 % vol., € 22,–/0,35 l*
Duft von Rosen in der Nase, süßlich, animierend, schwere florale Noten; wird am Gaumen fast eindimensional süß und stechend pikant.

75 Marille 2003 *42 % vol., € 26,–/0,35 l*
Anklänge von Karamell und Marzipan ebenso wie grünliche Akzente, etwas verschleiert; wirkt am Gaumen eindimensional süßlich, kaum typische Frucht, wird rasch flach.

74 Quitte 2003 *42 % vol., € 33,–/0,35 l*

Thomas Perger

2405 Bad Deutsch Altenburg, Sulzgasse 11, Tel.: 02165/668 00

81 Weinbrand im Eichenfass 1998 *40 % vol., € 20,–/0,35 l*
Vanille, süßlich-cremige Aromen, Karamell, geschmeidig, mit typischem Charakter; am Gaumen malzig, mit Noten von Kokos, im Abgang etwas herb.

Pfau, Valentin Latschen

9020 Klagenfurt, Schleppeplatz 1, Tel.: 0463/427 00-66, info@pfau.at, www.pfau.at

89 Bramburius 2003 (Kartoffel) *44 % vol., € 17,–/0,35 l*

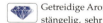 Getreidige Aromen im Duft, grünlich, nussig-stängelig, sehr typische, frische Fruchtnoten; hat am Gaumen Schmelz, Süße und Länge, kräftig im Alkohol, aber nicht scharf.

Destillate

87 Vogelbeere 2003 43 % vol., € 52,–/0,35 l
Kühle Aromen, mit Noten von Nougat und Schokolade, etwas verdeckt; wirkt im Körper fett und gut balanciert, mit Karamell und Würze, hat gute Länge.

85 Weizenbier 2003 43 % vol., € 21,–/0,35 l
Aromen von Mais und frischem Getreide, frisch und animierend, mit grünlichen Akzenten; schöne, an Pumpernickel erinnernde Getreidearomen, etwas Schärfe im Abgang.

84 Obstler 2003 43 % vol., € 17,–/0,35 l
Klare, ehrliche Obstlernote mit den typischen Aromen (Apfel, viel Birne etc.) und beerigen Anklängen; viel Präsenz am Gaumen, alkoholische Schärfe unterstreicht die rustikale Note.

83 Rauchmalz 2002 (Bier) 40 % vol., € 24,–/0,35 l
Rauchig-tabakige Noten, die an Whisky erinnern, mit viel Vanille, der bierige Charakter bleibt im Hintergrund; sehr charmant am Gaumen, aber kurz.

75 Bockbier 2002 43 % vol., € 17,–/0,35 l
Getreidenoten und beinah breiig-teigige Aromen im Duft, auch süßlich-malzig, nicht ganz transparent; am Gaumen etwas ambivalent, aber typisch.

Matthias Pirker, Mariazellerhof

8630 Mariazell, Grazerstraße 10, Tel.: 03882/21 79,
pirker@mariazell.at, www.mariazeller-lebkuchen.at

88 Limoneras 2003 (Birne) 41 % vol., € 27,60/0,35 l
In der Nase zarte und süßliche Anklänge von reifen, gelben Birnen; schöne, pikante Noten am Gaumen, viel Schmelz und Länge, sehr harmonisch.

88 Magna Mater 2003 (Apfel) 41 % vol., € 22,60/0,35 l
Erinnert deutlich an hellen Lebkuchen und Zimtsterne, transparent, süßlich und charmant; am Gaumen schokoladig und apfelig, nussig und pikant.

88 Mispelbrand 2003 41,5 % vol., € 37,70/0,35 l
Sehr sauber und transparent im Duft, mit typischen Anklängen an Äpfel und mit bräunlich-ledriger Aromatik; analog am Gaumen, harmonisch, ohne finalen Druck.

85 Beeren Cuvée 2002 40,5 % vol., € 35,90/0,35 l
Schön verwobener Beerenmix im Duft, mit Akzenten von dunklen Himbeeren; zeigt sich auch am Gaumen vielschichtig beerig, ohne letzte Finesse.

85 Gravensteiner 2003 (Apfel) 41,5 % vol., € 22,60/0,35 l
Süßlich-floral, Wiesenblüten, frischer, zitrus-gelber Apfel; am Gaumen sehr präsent, süßlich, wieder, schöne, etwas grüne Apfeltypizität, gute Länge.

85 Schwarze Johannisbeere II 2003 41 % vol., € 35,90/0,35 l
Vielschichtige, lebendige Aromen von schwarzer Johannisbeere, sehr harmonisch; süßlich-fruchtig, mit blättrigen Akzenten, samtig und anhaltend.

Bitte beachten Sie die Angaben für Jahrgänge der Brände, da sich unsere Bewertungen auf genau diese Proben beziehen.

Destillate

84 Maschanzka fassgelagert 2002 (Apfel Holz) *45 % vol., € 22,60/0,35 l*
Guter Mix aus Holz und Apfel, mit schönen Vanillearomen, wirkt allerdings insgesamt etwas gehemmt; detto am Gaumen, etwas wuchtig im Alkohol.

83 Zwetschke 2001 *42 % vol., € 27,60/0,35 l*
Wirkt in der Nase grünlich-würzig, neigt zu Apfelaromatik mit Schokolade, transparent und sauber; schokoladig-zimtiger Schmelz am Gaumen, etwas scharf.

82 Obstler 2002 *41,5 % vol., € 22,60/0,35 l*
Wirkt tendenziell süßlich-bananig, sauber, auch mit angenehmer Frische; am Gaumen reifer Birnengeschmack mit schaliger Pikanz, lässt im Abgang nach.

81 Bockbierbrand dunkel 1998 *49,7 % vol., € 27,60/0,35 l*
Eher helle Aromen (Pfirsich etc.), wirkt etwas verschleiert; anfangs dunkle, brotige Aromen, wird gegen den Abgang birnig-herbschalig, geprägt vom wuchtigen Alkohol.

81 Elsbeere 2002 *41,5 % vol., € 90,–/0,35 l*
Charmant und weich, mit Nougat und Schokolade, dahinter kühle Aromen, nicht ganz transparent; am Gaumen würziger, mit leichter Schärfe, ohne viel Druck.

80 Traubenbrand Grüner Veltliner 2000 *42,7 % vol., € 27,60/0,35 l*
Röstig-süße Aromen, warmer und fruchtiger Duft, gekochte Noten, etwas Trestercharakter; gut integrierter Alkohol, erinnert an Getreide- und Malznoten.

80 Tresterbrand Gewürztraminer 1999 *45 % vol., € 27,60/0,35 l*
Deutlich traubig-aromatisch, süßlich, wirkt bedeckt im Duft, mit wenig Trestercharakter; am Gaumen mehr Trester, der mächtige Alkohol dominiert.

78 Traubenkirschbrand 2001 *41,5 % vol., € 35,90/0,35 l*
Wildwürzig-schokoladige Aromaausprägung im Duft, medizinal, heuig, etwas verschleiert; ähnlich am Gaumen, geht recht rasch in herbe Noten über.

77 Gute Luise 1997 (Birne) *41,5 % vol., € 27,60/0,35 l*
Präsentiert sich in der Nase sehr verschlossen, kaum typische Birnenaromen erkennbar; am Gaumen deutlich birniger, mit grünschaligen Noten, flacht im Abgang ab.

77 Rote Johannisbeere 2003 *41 % vol., € 35,90/0,35 l*
Die typischen, frischen Ribiselnoten wirken etwas bedeckt, röstig-malzige Noten und Anklänge von staubigem Getreide; etwas eindimensional am Gaumen.

77 Traubenbrand Cabernet Sauvignon 2001 *45 % vol., € 27,60/0,35 l*
Würzige, auch staubig-getreidige Noten in der Nase, duftige Fenchelaromen; auch am Gaumen wenig Traubentypizität, der hohe Alkohol nicht ganz eingebunden.

77 Traubenbrand Ruländer 2000 *43 % vol., € 27,60/0,35 l*
Erinnert im Duft an Bananenmus, helle Aromatik, süßlich, mit lebendig-grünlicher Würze; detto am Gaumen, mit Schmelz, etwas kurz.

76 Getreidebrand vom Roggen 1999 *40 % vol., € 27,60/0,35 l*
Grünliche, fast florale Noten, aber insgesamt sehr zurückhaltend, kaum Getreidearomatik; am Gaumen typischer, süßlich dominiert, ohne viel Präsenz.

76 Pfirsich 2002 *41 % vol., € 27,60/0,35 l*
Süßliche, reife Pfirsichfrucht, mit Anklängen von Heu; Fruchtsüße am Gaumen nur zu Anfang, wird rasch flach, mit leichter Schärfe.

75 Birnenbrand Clapps Liebling 1997 *50 % vol., € 27,60/0,35 l*
Die Frucht vom Alkohol gehemmt, süßliche, ins Bräunliche neigende Aromen; Schärfe am Gaumen, vielschichtige Aromen von Dörrfrüchten und Karamell, im Abgang adstringierend.

Destillate

- **75 Brombeere 2003** *40,5 % vol., € 35,90/0,35 l*
  Verhalten im Duft, mit Noten verkochter Brombeeren, Banane und kühler Frische; wirkt am Gaumen zerfahren, Beerenstilistik kann sich nicht lange halten.
- **75 Weiße Johannisbeere 2002** *41 % vol., € 35,90/0,35 l*
  Angedeutete dunkle Noten, mit Schokolade und Kakao; süßlich am Gaumen, zeigt anfangs gute Balance, mit etwas wenig Frische und Länge.
- **74 Elstar 2001** *41 % vol., € 22,60/0,35 l*
- **74 Getreidebrand vom Weizen 1999** *39,5 % vol., € 27,60/0,35 l*
- **74 Heidelbeere 2002** *41 % vol., € 35,90/0,35 l*
- **74 Rote Williams 2003** *41 % vol., € 27,60/0,35 l*
- **73 Idared 2001 (Apfel)** *42 % vol., € 22,60/0,35 l*
- **73 Sonnenblumenhonigbrand 1997** *41,5 % vol., € 27,60/0,35 l*
- **73 Südtiroler Williams 1998** *42 % vol., € 27,60/0,35 l*
- **73 Traubenbrand Gelber Muskateller 2000** *40 % vol., € 27,60/0,35 l*
- **73 Traubenbrand Zweigelt 2000** *43 % vol., € 27,60/0,35 l*
- **73 Traubentrester Muskat Sizilia 1999** *43 % vol., € 27,60/0,35 l*
- **72 Apfelbrand Elstar fassgelagert 2001** *45 % vol., € 22,60/0,35 l*
- **72 Holunderbrand 2003** *43 % vol., € 35,90/0,35 l*
- **71 Kärntner Mostbirne 2003** *41,5 % vol., € 27,90/0,35 l*
- **71 Traubenbrand Schilcher 2000** *40 % vol., € 27,60/0,35 l*

Obstbrandmanufaktur Reicher

7503 Kleinpetersdorf 55, Tel.: 03362/21 04, office@reicher-obstbrand.at, www.reicher-obstbrand.at

- **75 Apfel holzfassgereift 1993** *43 % vol., € 19,50/0,5 l*
  Im Duft würzig bis medizinal, mit Aromen von ledrigen Äpfeln; zeigt sich am Gaumen süßlicher, mit etwas einseitigem Ausdruck im Abgang.

Hans Reisetbauer

4062 Thening, Axberg 15, Tel.: 07221/636 90, office@reisetbauer.at, www.reisetbauer.at

- **94 Elsbeerbrand 2002** *42 % vol., € 180,–/0,35 l*
  Aromen von Mokka, Nougat und Creme, ergänzt durch zarte Würze und kühle Noten, subtil und tief; am Gaumen ähnlich vielschichtig, schokoladig, mit zartherber Struktur.
- **92 Ingwer 2003** *41,5 % vol., € 57,–/0,35 l*
  Ingwer und Zitronengras, Orangenzesten, Eukalyptus in vielschichtig changierendem Mix; am Gaumen trocken-dunkelaromatisch, von zitronig-exotischen Noten umrahmt, sehr lange anhaltend, wächsern und pikant.
- **89 Himbeerbrand 2003** *41,5 % vol., € 57,–/0,35 l*
  In sich ruhende Stilistik, schöner Geschmacksbogen, helle Schokolade mit belebenden Akzenten; füllig und würzig, mit feiner Pikanz, schöner Druck, ohne laut zu sein.

Destillate

89 Williamsbrand 2002 *41,5 % vol., € 28,–/0,35 l*
> Geprägt von gelblichen Fruchtnoten, weich und zart-würzig unterlegt; mit lebendiger, angenehmer Schärfe, fleischig- fruchtig, mit schaliger Pikanz.

88 Single Malt Whisky 1996 *56 % vol., € 65,–/0,7 l*
> Dunkle Aromen von Malz, Schokomousse und Tabak im Duft, würzig-torfig; am Gaumen ähnlich, mit mächtigem Alkohol, im Hintergrund staubig-getreidig, athletisch, mit langem Nachhall.

88 Vogelbeerbrand 2003 *41,5 % vol., € 54,–/0,35 l*
> In der Nase zeigt sich satte, dunkle Wildwürze, mit Lakritze, dahinter kühle Noten; am Gaumen nicht ganz so opulent, mit tabakig-wildwürzigen Noten, schön anhaltend.

87 Vogelbeere Taubenkobel 2001 *42 % vol.*
Delikate und transparente Kühle im Duft, subtile dunkle Wildwürze, Bitterschokolade; konsequent am Gaumen, mit feinem Fruchtausdruck, ohne große Länge.

85 Karottenbrand 2003 *41,5 % vol., € 28,–/0,35 l*
Dezente Aromen von ganz jungen Karotten, im Duft fast blumig, wenig erdige Anklänge; wieder dezente Karottenaromen, mit etwas Süße und Schärfe, im Abgang leicht erdig.

85 Williamstrester 2003 *41,5 % vol., € 28,–/0,35 l*
Zart-nussige Aromen im Duft mit röstigen Noten und angedeuteter Tresterstilistik; am Gaumen reife, elegante Birne, mit zitronig-schaliger Pikanz und Fruchtsüße.

84 Wildkirschenbrand 2002 *41,5 % vol., € 66,–/0,35 l*
Schokoladig-schmelzige Aromen, Noten von fleischigen Kirschen, dunkel und ruhig, nur dezenter Wildfruchtcharakter; präsentiert sich am Gaumen ähnlich, mit Anklängen von Marzipan.

83 Apfelbrand im Eichenfass 2001 *44 % vol., € 24,–/0,35 l*
Von sehr hellen Aromen geprägt, grünlich-apfelig, mit Kamille; am Gaumen deutlich apfelig, mit pikanten Schalennoten, etwas scharf im Abgang.

83 Johannisbeerbrand 2001 *41,5 % vol., € 48,–/0,35 l*
Dezente, etwas grasige Ribiselnoten, Fruchtsüße angedeutet; am Gaumen ähnlich, mit Pikanz, Süße und gewisser Länge, etwas blättrig-herb im Abgang.

82 Marillenbrand 2003 *42 % vol., € 28,–/0,35 l*
Zarte, reife und süßliche Marillenaromen mit kühlem grünen Hintergrund, blumig und delikat; am Gaumen wieder reife Marillenaromen ebenso wie grünlich-herbe Noten im Abgang.

80 Quittenbrand 2002 *41,5 % vol., € 39,–/0,35 l*
Dezent im Duft, mit typischen Aromen, unterlegt von Frische und dunkler Würze; zeigt am Gaumen typische grasige Akzente, mit Würze und etwas Schärfe im Abgang.

80 Rote Williams Ski-Club-Arlberg 2002 *41,5 % vol., € 28,–/0,35 l*
Reif und weich, die typischen Aromen etwas verhalten, Birnenmus, gelblich-florale Noten im Hintergrund; süßlich, mit schaliger Pikanz und Charme, viel Birne, ohne finalen Druck.

74 Holunderbrand 2002 *41,5 % vol., € 48,–/0,35 l*
73 Kirschenbrand 2001 *41,5 % vol., € 30,–/0,35 l*
73 Trester Admiral 2000 *45 % vol., € 48,–/0,35 l*
73 Zwetschkenbrand 2002 *41 % vol., € 21,–/0,35 l*

Destillate

Josef Rieger

5342 Abersee, Gschwendt 40, Tel.: 06137/70 47

79 Quitte 2003 40 % vol., € 23,–/0,35 l
Riecht sehr süßlich, mit exotischen Akzenten und grasig-würzigem Hintergrund; zunächst sehr süßlich, gefolgt von Pikanz, wenig Transparenz.

76 Birne 2003 40 % vol., € 14,–/0,35 l
Frische Aromen in der Nase, süßlich-birnig, etwas verschleiert; nicht sehr präzise auch am Gaumen, mit leichter Schärfe und ohne große Länge.

75 Obstler 2003 40 % vol., € 12,–/0,35 l
Wirkt bedeckt am Gaumen, süßlich, wenig differenzierte Aromen, erinnert an Banane und Apfel; am Gaumen süßliche Birnenaromen, sauber, aber ohne viel Charakter.

72 Wacholder holzfassgelagert 2001 40 % vol., € 35,–/0,35 l

Melitta & Johann Rührig

2135 Neudorf 35, Tel.: 02523/83 76,
melitta-edelbrand@nanet.at

74 Weingartenpfirsich 1999 39 % vol., € 13,–/0,5 l

Thomas Rupp

2460 Bruckneudorf, Heidehof 1, Tel.: 02162/622 16,
heidehof@netway.at

80 Weichsel 2003 40,5 % vol., € 13,50/0,35 l
Dunkle, schokoladige Aromen, neben frischen, grünlichen Noten; am Gaumen ist der Weichselcharakter ausgeprägter, Pikanz und Steinton.

75 Idared 2003 (Apfel) 40 % vol., € 14,50/0,35 l
Erinnert an frischen Apfeltrester und karamellige Noten, bräunliche Aromatik; üppig, apfelig, mit Druck und herb-schaligen Noten, im Abgang etwas anliegend.

Helmut Scheichl

4612 Scharten 9, Tel.: 07242/550 81

80 Vogelbeere 2002 40 % vol., € 20,–/0,35 l
Mit typischen Vogelbeeraromen, Marzipan etc., sauber und geradlinig; zeigt sich am Gaumen ähnlich, mit leichter alkoholischer Schärfe.

Josef Schmutzer

2722 Winzendorf, Hauptstraße 12, Tel.: 02638/222 37, gasthaus-schmutzer@aon.at, www.gasthaus-schmutzer.at

86 Apfel in der Eiche 2001 45 % vol., € 25,–/0,5 l
Frische Apfelaromen, die von den Holznoten dezent unterstützt werden; konsequent am Gaumen, wirkt jugendlich, gelungener Holzeinsatz, ohne konsequenten Druck, mit leichter Schärfe im Abgang.

A LA CARTE

Das Genießer-Abo!

Das „A la Carte"-Kombi-Abo – ein ganzes Jahr Genuss

um € 28,–

**Die aktuelle Ausgabe
„A LA CARTE 2005" –
ÖSTERREICHS GOURMET-FÜHRER**
(Einzelpreis € 21,–)

1 FLASCHE ROTWEIN:
Die „Zantho Reserve 2002" besticht durch einen konzentrierten Kern und hohe Mineralität. Sein reifer Charakter wird von fein-fruchtigen Kirschnoten geprägt, umhüllt von etwas Kaffee und Schokolade und ergänzt von dezent röstiger Würze.

**Vier Ausgaben des Magazins
„A LA CARTE"** (Einzelpreis € 4,–)

**Vier Ausgaben des
„A LA CARTE-NEWSLETTER"**
(Einzelpreis € 1,80)

ZU BESTELLEN BEI:
D+R Verlag, Leberstraße 122, 1110 Wien
oder per Fax: 01/740 77-888
oder per E-Mail: abo@alacarte.at
Kennwort: Zantho-Abo

Solange der Vorrat reicht, längstens bis 31. 12. 2004. Nach Eingang Ihrer Bestellung erhalten Sie einen Gutschein, mit dem die Bouteille bei einer Wein & Co-Filiale Ihrer Wahl abzuholen ist. Dieses Kombi-Abo gilt nur in Österreich und verlängert sich automatisch um ein Jahr, wenn es nicht sechs Wochen vor Ablauf des Abo-Zeitraumes gekündigt wird. Die Zusendung beginnt mit der auf die Bestellung folgenden Ausgabe.

www.alacarte.at

GENUSS | REISEN | ENTERTAINMENT | SHOPPING | LIFESTYLE

Kommunikation für alle Sinne.

D+R D+R Verlagsges.m.b.H. Nfg. KG, Leberstraße 122, A-1110 Wien,
Tel.: +43/1/740 77-0, Fax: Dw. 888, E-Mail: office@d-r.at, www.dundr.net

Destillate

Weingut und Edelbrände Schnabl

8462 Gamlitz, Sernau 6, Tel.: 03453/30 10, weingut.schnabl@utanet.at

86 Kronprinz Rudolf 2003 (Apfel) *40,5 % vol., € 13,–/0,35 l*

Verhalten im Fruchtausdruck, erinnert an frisches Apfelmus, helle Aromatik, zimtig-würzig; konsequent am Gaumen, gut verwobene Pikanz, Süße und Würze.

78 Apfel im Eichenfass 2000 *41 % vol., € 15,–/0,5 l*

Changiert von apfelig-würzigen Noten zu eingelegten Feigen und Gewürznelken; kann die Harmonie am Gaumen nicht wahren, wirkt nicht ganz ausgewogen.

76 Muskateller Trester 2003 *40 % vol., € 15,–/0,5 l*

Wirkt im Fruchtausdruck verschleiert, süßliche, muskatige Noten im Hintergrund; geprägt von Süße und Würze am Gaumen, ohne viel Finesse.

70 Maschansker 2003 (Apfel) *40 % vol., € 16,–/0,5 l*

Destillerie Schosser

4611 Buchkirchen, Haidinger Straße 20,
Tel.: 07242/280 26, www.schosser.com

94 Apfel im Kastanienfass 1998 *43 % vol., € 29,–/0,5 l*

 Schön verwobene, elegante Noten von Bienenwachs, Vanille und Marzipan; wirkt auch am Gaumen sehr dicht und ist zusätzlich attraktiv dunkelwürzig-schokoladig unterlegt.

90 Rote Williams 2002 *42 % vol., € 26,–/0,35 l*

 Die Aromen von Williams und Würze wirken kompakt, saftig-reif und idealtypisch; konsequent am Gaumen, wirkt kraftvoll und ruhig, mit reifem Schmelz, anhaltend.

88 Brombeere 2003 *43 % vol., € 44,–/0,35 l*

 Reife, süßliche und dunkle Beerenaromatik in der Nase, mit Schokolade unterlegt; am Gaumen konsequent und dicht im Abgang, noch jugendlich scharf.

88 Erdbeere 1999 *40 % vol., € 39,–/0,35 l*

 Die Früchte wirken wie leicht eingekocht, aber mit schöner, typischer Frische; auch am Gaumen sehr typisch, pikant und ausgewogen, wieder wie frische Marmelade.

86 Apfel Akazienfass 2000 *41 % vol., € 29,–/0,5 l*

Vanille- und Holzaromen im Vordergrund, unterlegt von dezenten floralen Apfel- und Kamillenoten; Gleichklang zwischen Nase und Gaumen, elegant, aber scharf im Abgang.

86 Dr. Guyot 2002 (Birne) *42 % vol., € 26,–/0,35 l*

Charmante und süßliche Fruchtnoten, mit frischen hellgrünen Akzenten, floral und animierend; der Alkohol am Gaumen sehr harmonisch eingebunden, wirkt druckvoll und dennoch elegant.

86 Vogelbeere II 2003 *43 % vol., € 37,–/0,35 l*

Viel kühle Aromen („After eight"), schokoladig, eher wenig Marzipan; auch am Gaumen schokoladig, mit feiner Würze (Thymian) und guter Länge.

85 Marille Akazienfass 2001 *45 % vol., € 39,–/0,5 l*

Goldgelbe Farbe; schön verwobene dezente Frucht mit röstigen Holznoten; viel Schmelz am Gaumen, ebenso alkoholische Kraft, die gut eingebunden ist.

Destillate

84 Quitte 2003 *43 % vol., € 33,–/0,35 l*
Etwas Apfelduft in der Nase, grünliche Noten, verhalten, aber sauber; lebendige Akzente am Gaumen, etwas alkoholisch scharf, im Abgang ein wenig nachlassend.

80 Kirsche 1998 *40 % vol., € 26,–/0,35 l*
Helle Aromen, Zitronenschale, zart hefig, typische Frucht kaum wahrnehmbar; am Gaumen süßlich und harmonisch, mit zartem Steinaroma, ohne viel Druck.

80 Wildkirsche 2002 *42 % vol., € 33,–/0,35 l*
Wechselnde Aromen von heller Schokolade und süßlichen Marzipannoten; sanfter Charakter am Gaumen, mittlerer Druck, ohne letzte Konsequenz.

78 Trester Traminer 1997 *40 % vol., € 24,–/0,35 l*
Zeigt sich im Duft relativ zurückgenommen und süßlich; am Gaumen würziger und mit pikanter Struktur, auch etwas Schärfe im Abgang.

78 Williams 2002 *42 % vol., € 26,–/0,35 l*
Die Williamsaromen sehr verhalten, hell im Duft, erinnert an Vanillepudding, mit zarten grasigen Noten; wirkt am Gaumen eindimensional, etwas scharf und kurz.

78 Zwetschke Kastanienfass 1998 *43 % vol., € 32,–/0,5 l*
Röstig-vanillig, Biskuit und Rum, das Holz und die Frucht schön eingebunden, ohne große Finesse; wirkt am Gaumen tabakiger, die Tannine trocknen im Abgang aus.

73 Zwetschke Eichenfass 1998 *44 % vol., € 32,–/0,5 l*

Weinhaus Schumich
7064 Oslip, Bachgasse 1, Tel.: 02684/21 30, weinschumich@netway.at

85 Blaufränkisch 2003 (Traube) *40 % vol., € 20,–/0,5 l*
Süßliche Weinaromatik mit herben Akzenten, erinnert an rote Trauben, schöne Gelägernoten; am Gaumen konsequent und weinig, mit guter Persistenz.

80 Muskatbrand 2003 *40 % vol., € 15,–/0,35 l*
Viel Muskataroma im Duft, wirkt traubig-weinig, süßlich-fruchtig; ähnlich am Gaumen, im Abgang dann etwas flach.

Alfred Schwaiger
3610 Wösendorf, Marktplatz 22, Tel.: 02715/22 22

81 Muskateller Trester 2002 *43 % vol., € 18,90/0,5 l*
Verhalten im Ausdruck, muskatige Aromen, Akazienhonig, grünlich-säuerliche Tendenz; viel Präsenz und leichte Schärfe am Gaumen, aromatisch und würzig.

Rudolf-Maria Schwarzer
9900 Lienz, Mühlgasse 29 a, 04852/733 66, wt.schwarzer@netway.at

84 Bergvogelbeere 2002 *40 % vol., € 26,–/0,35 l*
Wildwürzige Aromen, Marzipan, süßlich und typisch, mit kühler Frucht im Hintergrund; Fruchtausdruck am Gaumen ähnlich, gut balanciert, angenehmer Körper.

78 Waldhimbeere 2003 *40 % vol., € 45,50/0,35 l*
Warme, aber bedeckte Stilistik, die typische Frucht weitgehend verschleiert, mit grünlichen Akzenten; anfangs helle Himbeeraromatik, die nicht anhält, heuig, eher breit im Abgang.

70 Gala Royal 2003 (Apfel) *40 % vol., € 19,70/0,35 l*

Destillate

Johannes Söll

8462 Gamlitz, Steinbach 63 a, Tel.: 03454/66 67,
familie@weingut-soell.at, www.weingutsoell.at

75 Kriecherl 2002 *40 % vol., € 14,–/0,35 l*
Etwas bedeckt im Fruchtausdruck, Aromen von grünen Früchten, süßlich-nussig; detto am Gaumen, etwas eindimensional mit leicht herbem Abgang.

72 Williams 2002 *40 % vol., € 14,50/0,35 l*

Sonnwendhof, Silvia Mayerhofer

3751 Sigmundsherberg, Brugger Straße 1, Tel.: 02983/29 00,
Sonnwendhof@wvnet.at

72 Kirsch 1998 *40 % vol., € 21,–/0,35 l*

Heinz Stainer

7000 Eisenstadt, Dorffmeisterstraße 21, Tel.: 02682/663 17,
steiner@utanet.at, www.stainer.info

85 Felsenbirne 2003 (Wildfrucht) *40 % vol., € 26,50/0,35 l*
Dunkle, schokoladig-weiche Marzipannoten, erinnert an Traubenkirsch; sehr lebendig am Gaumen, süß, mit Pikanz und Schmelz, ohne finalen Druck.

85 Kirschen 2003 *40 % vol., € 13,20/0,35 l*
Typische Aromen von reifen, süßlichen Kirschen und Marzipan, ebenso fein verwobene Wildfruchtnoten; am Gaumen schokoladig unterlegt, wirkt weich und mollig.

77 Himbeere 2003 *40 % vol., € 26,50/0,35 l*
Etwas bedeckt im Duft, wenig Primäraromatik, Punschkrapfen und Marmelade; am Gaumen nicht sehr gut definiert, eher breit, mit wenig Frische.

75 Pfirsich 2003 *40 % vol., € 11,90/0,35 l*
Anklänge von Zitronenkuchen, kandierte Noten, helle Aromatik, Frucht im Hintergrund; sauber am Gaumen, mit etwas wenig Charakter und Struktur.

73 Apfel Belle fleur 2003 *40 % vol., € 13,20/0,35 l*

Steiermärkisches Landesweingut Silberberg

8430 Leibnitz, Kogelberg 16, Tel.: 03452/823 39-0,
lsfsilberberg@stmk.gv.at, www.silberberg.at

85 Traminer Tresterbrand 2003 *40 % vol., € 18,–/0,5 l*
Die typische Tresterstilistik eher im Hintergrund, riecht sehr fruchtig-traubig, aromatisch und weich; am Gaumen herber, mit leichter jugendlicher Schärfe.

85 Zigarrenbrand Trester 2000 *47 % vol., € 25,–/0,5 l*
Rauchige und würzige Noten, Süße und Vanille, die trestertypischen Noten bedeckt; kraftvoll und dunkelwürzig am Gaumen, Alkohol und Holz gut eingebunden.

70 Maschanzker 2002 (Apfel) *40 % vol., € 18,–/0,5 l*

Destillate

Stoaninger Michi's Edelbrand

4264 Grünbach, Lichtenau 1, Tel.: 07942/728 23,
michi@stoaningerhof.at, www.stoaningerhof.at

85 Quitte 2003 *40 % vol., € 20,–/0,35 l*
Dezentes, dunkles, herbwürziges Quittenaroma in der Nase; am Gaumen gewisse Frische (Anis) und grasige Würze, süßlich, ohne letzten Druck.

84 Viasaumbehm Wiski 2000 *43 % vol., € 20,–/0,25 l*
Röstiger Aromenbogen im Duft, mit Malz, Tabak, Getreide, Kamille, Heu; der erste Eindruck wiederholt sich am Gaumen, verbunden mit Süße und guter Struktur.

76 Himbeer 2003 *41 % vol., € 30,–/0,35 l*
Kühle Himbeerfrucht, daneben süßliche, dunkle, fast röstige Noten; viel grüne Akzente am Gaumen, Süße und Pikanz, im Abgang etwas breit.

74 Gravensteiner 2003 (Apfel) *40 % vol., € 15,–/0,35 l*
72 Zwetschken 2003 *40 % vol., € 12,–/0,35 l*
71 Alte Weichsel 2001 *45 % vol., € 25,–/0,35 l*
70 Roggen 2003 *40 % vol., € 8,–/0,35 l*

Markus Summer

6830 Rankweil, Hadeldorfstraße 3, Tel.: 05522/441 18

86 Wildkirsche 2003 *40,5 % vol., € 34,–/0,35 l*
Dichte, tiefe und dunkle Aromen von Marzipan und Lakritze, begleitet von feiner Süße; dunkle Würze am Gaumen, sehr kompakt und lang.

83 Subirer 2003 (Birne) *39,5 % vol., € 28,–/0,35 l*
Zeigt in der Nase fast überreife Birnenaromen, charakteristisch in der Frucht, mit grünschaligen Noten; ehrlich am Gaumen, mit Schmelz und Struktur.

78 Ruhschiebler 2002 (Birne) *40 % vol., € 19,–/0,35 l*
Ist deutlich Birne, mit floralen Noten, aber etwas verschwommen; am Gaumen doch spitz, mit Süße unterlegt und ähnlich wie in der Nase.

76 Erbachhofer Apfelbrand 2001 *39 % vol., € 18,–/0,35 l*
Deutliche Aromen von Apfelschalen, zeigt sich im Fruchtbild nicht sehr offen; am Gaumen süßlich, mit leichter Schärfe, wirkt insgesamt bedeckt.

75 Kirsch 2003 *39,5 % vol., € 21,–/0,35 l*
Die Frucht wirkt etwas verschleiert und kaum fokussiert; ist charakteristischer am Gaumen, allerdings tendenziell breit im Ausdruck.

Franz Tinnauer

8462 Gamlitz, Steinbach 42, Tel.: 03453/36 07,
brennerei@tinnauer.at, www.tinnauer.at

84 Birnenquittenbrand 2003 *43 % vol., € 30,–/0,35 l*
Zeigt in der Nase deutliche grüne Quittenaromen, transparente Stilistik, süßlich und ruhig; am Gaumen wirkt die Frucht nicht mehr ganz differenziert, angenehme herbe Pikanz im Abgang.

Destillate

82 Kriecherl Reserve 2000 49 % vol., € 52,–/0,5 l
Bernsteinfarben; die Frucht ist etwas vom Holz dominiert, mit zwetschkig-schokoladigen Noten; am Gaumen süßer Fruchtschmelz, Tannine und Alkohol sind naturgemäß wuchtig, aber stimmig.

78 Traminer Tresterbrand 2001 44 % vol., € 16,–/0,35 l
Grünlich-kühle Aromatik, mit ausgeprägten süßlich-blumigen Noten von Traminertrauben; am Gaumen gegensätzlich herb, mit stängeligen Akzenten und deutlichem Alkohol.

Weingut Wachter-Wiesler

7474 Deutsch Schützen 26, Tel.: 03365/22 45, weine@wachter-wiesler.at,
www.wachter-wiesler.at

84 Pfarrweingarten 2003 (Trester) 41,2 % vol., € 38,–/0,5 l
Riecht würzig und nach getrockneten Kräutern (Heu), mit trestertypischen Noten, herb-traubig; eigenständige Stilistik: Rotweincharakter, trockener Trester mit Fruchtsüße, erdig und herb im Abgang.

Destillerie Weidenauer

3623 Kottes, Leopolds 6, Tel.: 02873/72 76, info@weidenauer.at, www.weidenauer.at

82 Waldviertler Hafer-Whisky 2001 42 % vol., € 15,–/0,35 l
Aromen von Vanille, Biskuit, Tabak, Eiche und Kamille, erinnert auch an Scotch; am Gaumen gesellen sich Kokosaromen dazu, eine Spur scharf.

81 Apfelbrand im Eichenfass 1995 41 % vol., € 14,–/0,35 l
Deutliche Holznoten, Vanille, sowie „Grüner Apfel"; am Gaumen kommt Kokos dazu, Kernobstaromen eher im Hintergrund, noch etwas unruhig.

77 Kriecherl 2001 41 % vol., € 16,–/0,35 l
Helle, süßliche Aromatik, dahinter kühle Noten und zarte nussige Würze; gewisse Süße und Länge am Gaumen, zeigt aber kaum Frucht.

Weingut Weinfried, Harald Schachl

2540 Bad Vöslau, Bahnstraße 7–9, Tel.: 02252/766 52,
wein@schachl.at, www.schachl.at

76 Traubenbrand Traminer 43 % vol., € 10,20/0,35 l
Dezente Traubenaromen im Duft, mit weinigen Noten, eine Spur verschleiert; am Gaumen gewisse Wärme vom Alkohol, mit Rosinennoten, im Abgang etwas stängelig.

Weingut Winkler-Hermaden

8353 Kapfenstein 105, Tel.: 03157/23 22, weingut@winkler-hermaden.at,
www.winkler-hermaden.at

88 Olivin 2002 (Trester) 48 % vol., € 27,60/0,5 l
Riecht in der Nase anfangs bedeckt, zeigt sich ruhig, aber athletisch und kompakt, mit subtil-würzigem Stil; der hohe Alkohol ist spürbar, aber gut eingebunden, bleibt lange am Gaumen.

84 Alter Apfelbrand 1999 42 % vol., € 18,60/0,5 l
Zart rauchig-malzige Aromen, schön verwoben und kompakt, mit dezenter, floraler Apfelnote im Hintergrund; am Gaumen dunkler und nicht mehr so komplex.

Destillate

Karl Zaiser
3552 Stratzing, Bachgasse 8, Tel.: 02719/24 38

85 Muskat-Ottonel 2003 (Traube) *40,5 % vol., € 13,–/0,35 l*
Traubig-fleischiger Duft mit Muskataromen, elegant, süßlich und zart-würzig; schöne, süße Präsenz am Gaumen, feine Traubennoten mit leichter Schärfe.

81 Marille 2003 *40,5 % vol., € 13,–/0,35 l*
Riecht zwar deutlich nach Marillen, doch eher nach eingelegten Früchten, ähnlich Rumtopf; am Gaumen präziser, mit ein wenig Steinton und leichter Schärfe.

77 Williams 2003 *40,5 % vol., € 13,–/0,35 l*
Zeigt saftige Birnenaromen, aber auch herb-schalige Noten; detto am Gaumen, mit süßlich-herben Anklängen sowie herben Noten im Abgang.

74 Vogelbeere 2003 *40,5 % vol., € 48,–/0,35 l*

Johann Zauser
6900 Bregenz, Kapuzinergasse 4, Tel.: 05574/473 77,
johann.zauser@zauser.at, www.zauser.at

86 Subirer 2003 (Birne) *41 % vol., € 25,–/0,35 l*
Birnenaromen mit zitronigen Akzenten in der Nase, nicht ganz transparent; ehrlich am Gaumen, mit schöner, typischer Pikanz, sehr präsent und geradlinig.

83 Marille 2003 *41 % vol., € 27,–/0,35 l*
Helle Aromen unterlegt von schokoladigen Noten, etwas süßlich-dropsig, erinnert an Marillenjoghurt; deutliche Marillenfrucht am Gaumen, mit leichter Schärfe, lange anhaltend.

82 Kirsch 2000 *41 % vol., € 22,–/0,35 l*
Erinnert an frisch geschnittenes Gras, ebenso an Sauerteig und Sonnenblumenkerne; auch am Gaumen wenig fruchttypisches Aroma, aber gut strukturiert.

80 Wildkirsche 2002 *41 % vol., € 50,–/0,35 l*
Nougat- und Schokoaromen im Duft, mit frisch-fruchtigen Anklängen; lebendige Pikanz am Gaumen, ohne viel aromatische Tiefe.

77 Quitte 2002 *41 % vol., € 36,–/0,35 l*
Etwas apfelig, die typische Frucht etwas überlagert, eher eindimensional; am Gaumen typische wächserne und grasige Akzente, im Abgang kurz.

Martin Zitzler
4654 Bad Wimsbach, Bergham 10, Tel.: 07245/258 80,
zima1@onemail.at

76 Steirische Weinbirne 2003 *44 % vol., € 10,–/0,35 l*
Aromen von gelblichen Birnen, vermittelt wenig Frische und Präsenz; am Gaumen wenig fokussiert und fruchttypisch, von alkoholischer Schärfe gekennzeichnet.

Christian Zöchmeister
7051 Großhöflein, Hauptstraße 107, Tel.: 02682/750 69,
christian@zoechmeister.at, www.zoechmeister.at

78 Roafhoazer 1994 (Weinbrand) *40 % vol., € 19,–/0,35 l*
Viel Vanille und Karamell im Duft, Kamille, üppig und nicht unbedingt weinbrandtypisch; am Gaumen deutliche Süße, mit grünen Holznoten.

Destillate

78 Traubenbrand Chardonnay 2003 *42 % vol., € 15,30/0,35 l*
Traubige Aromen, tendenziell dunkle Noten, würzig, kompakt; wieder süß am Gaumen, auch die Fruchtsäure wiederholt sich, gute Struktur, im Abgang cremig.

74 Glögerbrand 2003 *40,5 % vol., € 10,30/0,35 l*

Obsthof Zotter

7543 Kukmirn 188, Tel.: 03328/320 27,
destillerie@obsthof-zotter.at, www.obsthof-zotter.at

87 Kriecherlbrand 2003 *39 % vol., € 15,–/0,35 l*
Zeigt im Duft saubere, transparente Fruchtnoten, leicht süßlich-würzig, mit hellen Aromen und Anklängen von gebrannten Nüssen, Karamell und Schokolade; elegantes Marzipan am Gaumen, schöner Schmelz, anhaltend, ohne letzten Druck.

85 Zwetschkenbrand 2003 *39 % vol., € 15,–/0,35 l*
Süßliche Noten von reifen Früchten, schokoladig und floral, erinnert ein wenig an Rumtopf; auch am Gaumen ruhig, aber typisch, guter Schmelz, mittlere Länge.

83 Gelber Williams 2003 *39 % vol., € 14,–/0,35 l*
Im Duft deutliche Aromen von reifer Williams, süßlich und dezent würzig; wirkt am Gaumen geradlinig, mit attraktiver, herber Textur im Abgang.

82 Himbeerbrand 2003 *39 % vol., € 35,–/0,35 l*
Dichte, süßlich-pikante Himbeeraromen, blättrig im Hintergrund; am Gaumen fleischig, die Fruchtnoten wirken etwas verkocher, im Abgang eher flach.

79 Rubinette 2003 (Apfel) *39 % vol., € 14,–/0,35 l*
Süßlich-kandierte Noten im Duft, zartwürzig-zitronige Schalenaromen, Apfelmus, quittig; wieder deutlich apfelig, Schärfe und Gerbstoffe nicht ganz eingebunden.

FREIE WEINGÄRTNER WACHAU

Geburtsstätte „weiniger Ideen":
Vinea Wachau, Steinfeder, Federspiel, Smaragde, Terroir, Cuvées, große Markenweine

3601 Dürnstein 107, Tel.: +43 (0) 2711 371, Fax: +43 (0) 2711 371-13, E-Mail: office@fww.at Internet: www.fww.at

Destillate

Die Sortensieger

Apfel	Pirker – Mariazellerhof, Mariazell, Magna Mater 2003	88
Apfel Holz	Destillerie Schosser, Buchkirchen, Apfel im Kastanienfass 1998	94
Beeren	Pirker – Mariazellerhof, Mariazell, Beeren Cuvée 2002	85
Bier	Hochmair, Wallern, Spezialbier 2003	88
Birne	Landgasthof Peilsteinblick, Yspertal, Kaiserholzbirn 2003	90
Brombeere	Destillerie Schosser, Buchkirchen, Brombeere 2003	88
Elsbeere	Reisetbauer, Thening, Elsbeerbrand 2002	94
Erdbeere	Destillerie Schosser, Buchkirchen, Erdbeere 1999	88
Exoten	Reisetbauer, Thening, Ingwer 2003	92
Getreide	Hochmair, Wallern, Single Malt Whisky 1999	88
	Reisetbauer, Thening, Single Malt Whisky 1996	88
Hefebrand	Jöbstl, Wernersdorf, Hefebrand vom Schilcher 2003	79
Heidelbeere	Erber, Brixen im Thale, Heidelbeere Selection 2000	79
Himbeere	Reisetbauer, Thening, Himbeerbrand 2003	89
Holunder	Hochmair, Wallern, Holunder 2000	88
Kirsche	Hochmair, Wallern, Kirsche 2000	90
Kriecherl	Obsthof Zotter, Kukmirn, Kriecherlbrand 2003	87
Marille	Hochmair, Wallern, Bio-Marille 2003	92
Mirabelle	Guglhof, Hallein, Mirabellenbrand 1999	83
Mispel	Pirker – Mariazellerhof, Mariazell, Pfirsich 2002	88
Obstler	Pfau, Klagenfurt, Obstler 2003	84
Pfirsich	Pirker – Mariazellerhof, Mariazell, Pfirsich 2002	76
Quitte	Hochmair, Wallern, Quitte 2003	94
Ribisel	Holzapfel, Joching, Schwarze Ribisel 2001	89
Schlehe	Landgasthof Peilsteinblick, Yspertal, Schlehe 2003	88
Traube	Weinhaus Schumich, Oslip, Blaufränkisch 2003	85
	Zaiser, Stratzing, Muskat-Ottonel 2003	85
Trester	Adam, Gamlitz, Muskateller Trester 2003	88
	Weingut Winkler-Hermaden, Kapfenstein, Olivin 2002	88
Vogelbeere	Hochmair, Wallern, Vogelbeere 2002	90
Weichsel	Jöbstl, Wernersdorf, Weichsel 2003	81
Weinbrand	Freie Weingärtner Wachau, Dürnstein, Veltlinerbrand Reserve 79	85
Wildfrüchte	Hochmair, Wallern, Traubenkirsche 2002	90
Williams	Destillerie Schosser, Buchkirchen, Rote Williams 2002	90
Wurzeln	Hochmair, Wallern, Bio-Karotte 2003	89
Zwetschke	Obsthof Zotter, Kukmirn, Zwetschkenbrand 2003	85

Brenner

Adam, Rupert
Gamlitz 485
Aichhorn, Johann
Unterach 485
Amann, Wilfried
Weiler 485
Destillerie Franz Bauer
Graz......................485
Brüggler, Josef sen.
Hüttau..................486
Weingut Bründlmayer
Langenlois 486
Buchegger,
Brigitte & Matthias
Abtenau...............486
Deuretzbacher, Elfriede
Furth bei Göttweig 486
Erber, Maria
Brixen im Thale..................486
fine-destillery,
Andreas Sederl
Zweiersdorf 487
Freie Weingärtner Wachau
Dürnstein 487
Fuxsteiner, Josef
Rabenstein 487
Gölles, Alois
Riegersburg 488
Grubenfranzl, Herbert Schruf
Schwarzau im Gebirge 488
Guglhof, Anton Vogl
Hallein................................489
Heiligenkreuzer Klosterweingut
Freigut Thallern
Gumpoldskirchen 489
Herzog, Siegfried
Saalfelden 490
Hirtner, Gusti & Hubert
St. Lorenzen 491
Hochmair, Josef
Wallern 491
Holzapfel, Karl
Joching...............................493
Jakobenhof, August Heel
Imsterberg 493
Jöbstl, Waltraud
Wernersdorf.......................494

Kausl, Marillenhof
Mühldorf..............................495
Wein- und Obstbau
Kollmann
Höflein................................495
Lagler, Kurt
Kukmirn 496
Lehenhof, Karl Ditz
Krems 496
Leitner, Bernhard
Grins 496
Lenitz, Franz
Flandorf.............................497
Mausser, Martin
Hitzendorf.........................497
Neumeister, Rosemarie
Straden 497
Oberbichler, Adolf Berger
Prägraten 497
Oberhofer, Robert
Mils 498
Obsthof Pankl
Pöttsching 498
Landgasthof Peilsteinblick,
Hans Krenn
Yspertal 499
Perger, Thomas
Bad Deutsch Altenburg......499
Pfau, Valentin Latschen
Klagenfurt 499
Pirker, Mariazellerhof
Mariazell 500
Obstbrandmanufaktur
Reicher
Kleinpetersdorf 502
Reisetbauer, Hans
Thening 502
Rieger, Josef
Abersee 504
Rührig, Melitta & Johann
Neudorf 504
Rupp, Thomas
Bruckneudorf....................504
Scheichl, Helmut
Scharten 504
Schmutzer, Josef
Winzendorf 504

Weingut und Edelbrände
Schnabl
Gamlitz 505
Destillerie Schosser
Buchkirchen......................505
Weinhaus Schumich
Oslip 506
Schwaiger, Alfred
Wösendorf 506
Schwarzer, Rudolf-Maria
Lienz 506
Söll, Johannes
Gamlitz 507
Sonnwendhof, Silvia Mayerhofer
Sigmundsherberg 507
Stainer, Heinz
Eisenstadt 507
Steiermärkisches Landesweingut
Silberberg
Leibnitz 507
Stoaninger Michi's
Edelbrand
Grünbach...........................508
Summer, Markus
Rankweil 508
Tinnauer, Franz
Gamlitz 508
Weingut Wachter-Wiesler
Deutsch Schützen 509
Destillerie Weidenauer
Kottes 509
Weingut Weinfried,
Harald Schachl
Bad Vöslau 509
Weingut
Winkler-Hermaden
Kapfenstein 509
Zaiser, Karl
Stratzing 510
Zauser, Johann
Bregenz 510
Zitzler, Martin
Bad Wimsbach...................510
Zöchmeister, Christian
Großhöflein 510
Obsthof Zotter
Kukmirn 511

Winzer

Achs, Paul
Gols (B) 434
Achs-Tremmel, Terra Galos
Gols (B) 434
Adam-Lieleg
Leutschach (ST) 464
Aichinger, Josef *Schönberg am Kamp (NÖ)* 403
Aigner, Wolfgang *Krems an der Donau (NÖ)* 409
Allacher, Gerhard, Vinum Pannonia *Gols (B)*............435
Alphart, Karl
Traiskirchen (NÖ) 428
Alzinger, Leo
Unterloiben (NÖ)............395
Angerer, Kurt *Lengenfeld bei Krems (NÖ)* 403
Arachon T.FX.T
Horitschon (B) 454
Artner, Hannes
Höflein bei Bruck an der Leitha (NÖ) 420
Auer, Leopold
Tattendorf (NÖ) 428
Aumann, Maria & Leopold
Tribuswinkel (NÖ)..........428
Bauer, Hans
Jetzelsdorf (NÖ) 423
Bauer, Josef
Großriedenthal (NÖ) 416
Bayer, Heribert, In Signo Leonis
Neckenmarkt (B) 454
Bayer, Josef, Erbhof
Donnerskirchen (B) 446
Beck, Matthias
Gols (B) 435
Berger, E. & M.
Gedersdorf (NÖ) 409
Biegler, Othmar
Gumpoldskirchen (NÖ)....429
Böheim, Johann
Arbesthal (NÖ) 420
Brandl, Günther
Zöbing am Kamp (NÖ)....403
Braunstein, Birgit *Purbach am Neusiedler See (B)* 446
Bründlmayer, Willi
Langenlois (NÖ) 404

Buchegger, Walter
Gedersdorf (NÖ) 409
Christ, Rainer
Wien 432
Deim, Alfred *Schönberg am Kamp (NÖ)* 404
Diem, Johann
Hohenruppersdorf (NÖ)....423
Dinstlgut Loiben
Unterloiben (NÖ)............396
Ditz, Karl, Lehenhof *Krems an der Donau (NÖ)* 410
Dolle, Peter *Straß im Straßertal (NÖ)* 404
Domaine Pöttelsdorf
Pöttelsdorf (B) 447
Domäne Müller, ehem. Prinz Liechtenstein'sches Weingut
Groß St. Florian (ST)......470
Domäne Müller, Gut am Ottenberg
Groß St. Florian (ST)......466
Donabaum, Sighardt
Spitz (NÖ) 396
Dr. Aubell, Rebenhof, Polz
Spielfeld (ST) 464
Dreisiebner
Ehrenhausen (ST) 464
Ehmoser, Josef
Tiefenthal (NÖ) 416
Ehn, Ludwig
Langenlois (NÖ) 404
Eichinger, Birgit *Straß im Straßertal (NÖ)* 405
Elsnegg, E. & M.
Gamlitz (ST) 465
Ernst, Harald
Großwiesendorf (NÖ) 416
Falk, Johann
Bockfließ (NÖ) 423
Faulhammer-Körper, Schützenhof
Deutsch Schützen (B) 460
Feiler-Artinger
Rust (B) 447
Fiedler, Gerhard, Grenzhof
Mörbisch am See (B) 447
Fischer, Christian
Sooß (NÖ) 429

Fleischhacker, Thomas, Jagdhof *Illmitz (B)* 435
Forstreiter, Meinrad
Krems-Hollenburg (NÖ) 410
Freie Weingärtner Wachau
Dürnstein (NÖ)...............396
Friedberger, Stephan
Bisamberg (NÖ)..............423
**Fritsch, Karl, Weinberghof Kirchberg am Wagram (NÖ)* 417
Fritz, Josef
Zaussenberg (NÖ) 417
Gager
Deutschkreutz (B) 455
Gangl, Hildegard & Hans
Illmitz (B)........................435
Gebeshuber, Johanna & Johannes, Spaetrot
Gumpoldskirchen (NÖ)....429
Gebetsberger, Stefan
Spitz (NÖ) 396
Gerhold, Helga & Roman
Gösing am Wagram (NÖ).................417
Gesellmann, Albert
Deutschkreutz (B) 455
Giefing
Rust (B) 447
Gobelsburg, Schloß
Langenlois (NÖ) 405
Goldenits, Robert
Tadten (B).......................435
Grassl, Hans & Philipp
Göttlesbrunn (NÖ) 420
Grill, Gertrude & Franz
Fels am Wagram (NÖ)....417
Gritsch, Franz-Josef, Mauritiushof
Spitz (NÖ) 396
Gross, Ulrike & Alois
Ehrenhausen (ST) 465
Gruber, Ewald
Röschitz (NÖ) 424
Gsellmann & Gsellmann
Gols (B) 436
Guttmann, Michael
Weiden am See (B).........436

Winzer

Haas, Michaela & Erich, Allram
Straß im
Straßertal (NÖ) 406
Hafner Weine
Mönchhof (B) 436
Hagen, Anton
Krems-Rehberg (NÖ) 410
Hager, Oskar
Schönberg am
Kamp (NÖ) 406
Hahnenkamp, Walter
Eisenstadt (B)...................448
Haider, Martin
Illmitz (B).........................436
Haider, Vinzenz, Rosenhof
Illmitz (B).........................436
Halbturn, Imperial
Halbturn (B).....................437
Hammer Wein Rust
Rust (B) 448
Hardegg Seefeld-
Großkadolz (NÖ) 424
Harkamp, Hannes
St. Nikolai
im Sausal (ST) 465
Hartl, Toni
Reisenberg (NÖ) 448
Hasenöhrl, Herbert
Gumpoldskirchen (NÖ)....429
Heinrich
Deutschkreutz (B) 456
Heinrich, Heike & Gernot
Gols (B) 437
Heiss, Franz
Illmitz (B).........................437
Hengl-Haselbrunner
Wien 432
Hick, Maria
Oberarnsdorf (NÖ) 397
Hiedler, Ludwig
Langenlois (NÖ) 406
Hillinger, Leo
Jois (B) 438
Hirsch, Johannes
Kammern (NÖ) 406
Hirtzberger, Franz
Spitz (NÖ) 397
Högl, Josef Max
Spitz (NÖ) 397

Hofbauer, Ludwig
Unterretzbach (NÖ)........424
Höllmüller Joching in der
Wachau (NÖ)...................398
Holzapfel, Karl
Joching (NÖ)....................398
**Hutter, Friedrich,
Silberbichlerhof**
Mautern (NÖ) 398
Iby, Anton, Rotweingut
Horitschon (B) 456
Igler, Hans
Deutschkreutz (B) 456
Igler, Josef
Deutschkreutz (B) 457
Jäger Weißenkirchen
in der Wachau (NÖ) 398
Jamek, Josef
Joching (NÖ) 398
Jurtschitsch, Sonnhof
Langenlois (NÖ) 407
Kadlec, Karl, Riedenhof
Illmitz (B).........................438
Kaiser, Rudolf Eisenstadt-
Kleinhöflein (B) 448
Kerschbaum, Paul
Horitschon (B) 457
Kirchmayr
Weistrach (NÖ) 407
**Kirnbauer, Irmgard & Walter,
K+K** Deutschkreutz (B)....457
Klosterkeller Siegendorf
Siegendorf (B)..................448
Knoll, Emmerich
Unterloiben (NÖ).............399
Kölbl, Johannes, Respiz-Hof
Röschitz (NÖ) 424
Kolkmann, Horst
Fels am Wagram (NÖ) 417
Kollwentz, Anton, Römerhof
Großhöflein (B)................449
Kopfsteiner, Manfred
Deutsch Schützen (B) 460
Kracher, Alois, Weinlaubenhof
Illmitz (B).........................438
Krug, Gustav
Gumpoldskirchen (NÖ)....429
Kugel, Christian
Spielfeld (ST) 465

Lackner-Tinnacher
Gamlitz (ST) 466
Lagler, Karl
Spitz (NÖ) 399
Lang, Helmut
Illmitz (B).........................438
Leberl, Josef
Großhöflein (B)................449
Leithner, Thomas
Langenlois (NÖ) 407
Leitner, Melitta & Matthias
Gols (B) 439
Lentsch, Elisabeth & Franz
Podersdorf am See (B) 439
Lentsch, Josef, Zur Dankbarkeit
Podersdorf am See (B) 439
Leth, Franz
Fels am Wagram (NÖ)....417
Liegenfeld, Andreas
Donnerskirchen (B) 449
Lieleg, Harald, Kollerhof
Leutschach (ST) 466
Lobner, Gerhard Mannersdorf
an der March (NÖ) 424
Loimer, Fred
Langenlois (NÖ) 407
Mad, Haus Marienberg
Oggau (B)........................449
Maglock-Nagel Straß im
Straßertal (NÖ) 407
Maitz, W. u. W.
Ehrenhausen (ST) 466
Malat, Gerald Furth bei
Göttweig (NÖ)................410
Malteser Ritterorden
Mailberg (NÖ) 424
**Mantler, Margit & Josef,
Mantlerhof**
Gedersdorf (NÖ) 410
Mariel, Konrad
Wulkaprodersdorf (B)......450
Mariel, Wein und Schnaps
Großhöflein (B)................450
Markowitsch, Gerhard
Göttlesbrunn (NÖ) 421
Markowitsch, Lukas, Marko
Göttlesbrunn (NÖ) 421
Markowitsch, Meinrad
Göttlesbrunn (NÖ) 421

Winzer

Martin, Michael, Martinshof Neusiedl an der Zaya (NÖ) 425
Maurer, Leopold Röschitz (NÖ) 425
Mayer, Franz Wien 432
Mayr, Anton, Vorspannhof Droß (NÖ) 410
Mazza, Ilse Weißenkirchen in der Wachau (NÖ) 399
Michlits-Stadlmann St. Andrä am Zicksee (B) 439
Minkowitsch, Roland Mannersdorf an der March (NÖ) 425
Mittelbach, Franz, Tegernseerhof Unterloiben (NÖ).............399
Moser, Hans Eisenstadt (B)...................450
Moser, Hermann Rohrendorf bei Krems (NÖ) 411
Moser, Lenz Rohrendorf bei Krems (NÖ) 411
Moser, Sepp Apetlon (B)....439
Moser, Sepp Rohrendorf bei Krems (NÖ) 411
Münzenrieder, Johann Apetlon (B).......................440
Münzenrieder, P. & Ch., PMC Apetlon (B)......................440
Nekowitsch, Gerhard Illmitz (B)........................440
Neumayer, Hans Donnerskirchen (B) 450
Neumayer, Ludwig Inzersdorf ob der Traisen (NÖ)........414
Neumeister, Anna & Albert Straden (ST).....................462
Nigl, Christine & Martin Senftenberg (NÖ) 411
Nittnaus, Anita & Hans Gols (B) 440
Nittnaus, Christine & Hans Gols (B) 440
Oberschil-Rieger Hagenbrunn (NÖ) 425

Opitz, Willi Illmitz (B) 441
Oppelmayer, Franz Göttlesbrunn (NÖ) 421
Oswald vlg. Trapl St. Stefan ob Stainz (ST) 470
Ott, Bernhard Feuersbrunn (NÖ)..........418
Pasler, Martin Jois (B) 441
Peck & Umathum, Zantho Andau (B).........................441
Pfaffl, R. & A. Stetten (NÖ) 425
Pfneisl Deutschkreutz (B) 458
Pichler, F.X. Oberloiben (NÖ) 399
Pichler, Maria & Franz Wösendorf (NÖ)...............400
Pichler, Rudi Wösendorf (NÖ)...............400
Piriwe, Josef Traiskirchen (NÖ) 430
Pitnauer, Edith & Hans Göttlesbrunn (NÖ) 422
Pittnauer, Gerhard Gols (B) 441
Platzer, Manfred Tieschen (ST) 462
Ploder-Rosenberg St. Peter am Ottersbach (ST) 463
Pöckl, Josef & Renè Mönchhof (B) 441
Polz, Erich & Walter Spielfeld (ST) 466
Prager Weißenkirchen in der Wachau (NÖ) 400
Prechtl, Franz Zellerndorf (NÖ) 426
Preisinger, Helmut Gols (B) 442
Prieler, Engelbert Schützen am Gebirge (B) 450
Proidl, Franz Senftenberg (NÖ).............412
Rabl, Rudolf Langenlois (NÖ) 408

Reinisch, Veronika & Johann, Johanneshof Tattendorf (NÖ) 430
Reiterer, Christian Wies (ST) 470
Renner, Birgit & Helmuth Gols (B) 442
Reumann, Maria & Josef Deutschkreutz (B) 458
Rieder, Fritz, Weinrieder Kleinhadersdorf (NÖ) 426
Rosenberger, Josef Rohrendorf bei Krems (NÖ) 412
Sabathi, Erwin Leutschach (ST) 467
Salomon, Erich & Bertold, Undhof Krems-Stein (NÖ) 412
Salomon, Fritz, Gut Oberstockstall Kirchberg am Wagram (NÖ) 418
Salzl, Seewinkelhof Illmitz (B)........................442
Sattler, Wilhelm, Sattlerhof Gamlitz (ST) 467
Schafler, Andreas, Schaflerhof Traiskirchen (NÖ) 430
Schandl, Peter Rust (B) 451
Scheiblhofer, Erich Andau (B).........................442
Schellmann, Gottfried Gumpoldskirchen (NÖ)....430
Scheucher, G. & J. St. Veit am Vogau (ST) 467
Schindler, Franz Mörbisch am See (B) 451
Schindler, Harald Mörbisch am See (B) 451
Schlossweingut Bockfliess Korneuburg (NÖ) 426
Schlumberger, R. Wien 430
Schmelz, Johann Joching (NÖ) 401
Schmid, Hans Wien 432
Schmid, Josef Stratzing (NÖ).................412

Winzer

Schmidt, Josef
Wien 432
Schneider, Gerald, Cobaneshof
Langenlois (NÖ) 408
Schönberger, Günther
Mörbisch am See (B) 451
Schröck, Heidi Rust (B)....451
Schuster, Karl
Großriedenthal (NÖ) 418
Schwarz, Johann
Andau (B).......................443
Schwarz, Johann
Dürnstein (NÖ)..............401
Schwarz, Reinhold & Thomas, Kloster am Spitz Purbach
am Neusiedler See (B) 452
Schwarzböck, Anita & Rudolf
Hagenbrunn (NÖ)..........426
Setzer, Hans
Hohenwarth (NÖ) 426
Silberberg, Landesweingut
Leibnitz (ST) 467
Skoff, Evelyn & Walter
Gamlitz (ST) 467
Söllner, Toni Gösing
am Wagram (NÖ)............418
Sommer, Leopold
Donnerskirchen (B) 452
Stadlmann, Johann
Traiskirchen (NÖ) 431
Stadt Krems Krems
an der Donau (NÖ) 413
Steindorfer, Ernst
Apetlon (B).....................443
Steiner, Julius
Podersdorf am See (B) 443
Steininger, Karl
Langenlois (NÖ) 408
Stiegelmar, Axel, Juris
Gols (B) 443
Stierschneider, Karl, Kartäuserhof
Weißenkirchen in der
Wachau (NÖ).................401
Stierschneider, Paul, Urbanushof
Oberloiben (NÖ) 402
Stierschneider, Richard
Oberloiben (NÖ) 402

Stift Klosterneuburg
Klosterneuburg (NÖ)......418
Strablegg-Leitner, Panoramaweinhof
Arnfels (ST) 468
Straitz & Straitz
Gumpoldskirchen (NÖ)....431
Strehn, Monika
Deutschkreutz (B) 458
Szemes, Tibor & Illa
Pinkafeld (B)...................460
Taferner
Göttlesbrunn (NÖ) 422
Taubenschuss, Monika & Helmut
Poysdorf (NÖ) 427
Tement, Manfred
Berghausen (ST)..............468
Tesch, Helene
Neckenmarkt (B) 458
Thiel, Richard & Hannes, Kremsmünsterhof
Gumpoldskirchen (NÖ)....431
Thiery-Weber Rohrendorf
bei Krems (NÖ) 413
Tinhof, Erwin
Eisenstadt (B)..................452
Topf, Johann Straß im
Straßertal (NÖ) 408
Trabos, Josef
Gamlitz (ST) 468
Tremmel, Harald
Rust (B) 452
Triebaumer, Ernst
Rust (B) 453
Triebaumer, Günter
Rust (B) 453
Tscheppe, Eduard & Stefan
Leutschach (ST) 468
Tschermonegg, Erwin
Glanz (ST) 468
Tschida, Lisa & Hans, Angerhof
Illmitz (B).......................444
Tschida, Stefan, Stölzerhof
Illmitz (B).......................444
Türk, Franz
Stratzing (NÖ)................413
Umathum, Josef
Frauenkirchen (B) 444

Unger, Dr. Furth
bei Göttweig (NÖ) 413
Velich, Heinz
Apetlon (B).....................444
Wachter-Wiesler
Deutsch Schützen (B) 461
Waldschütz, Reinhard Straß
im Straßertal (NÖ) 408
Walzer, Ewald Krems
an der Donau (NÖ) 413
Weber, Helmut
Lutzmannsburg (B) 458
Weixelbaum, Heinrich Straß
im Straßertal (NÖ) 408
Wellanschitz, Stefan, Donatus
Neckenmarkt (B) 459
Weninger, Franz
Horitschon (B) 459
Wenzel, Robert
Rust (B) 453
Wenzl-Kast
Gols (B) 445
Wieder, Juliana
Neckenmarkt (B) 459
Wieninger, Fritz
Wien 432
Wimmer-Czerny
Fels am Wagram (NÖ)....419
Wind, Michael
St. Margarethen (B)........453
Winkler-Hermaden, Margot & Georg
Kapfenstein (ST)..............463
Winzer Krems Krems
an der Donau (NÖ) 414
Wohlmuth, Gerhard
Kitzeck (ST) 469
Zahel
Wien 433
Zierer, Harald
Gumpoldskirchen (NÖ)....431
Zimmermann, Alois
Theiß (NÖ).....................414
Zimmermann, Rudolf
Klosterneuburg (NÖ)......419
Ziniel, Alfred St. Andrä
am Zicksee (B) 445
Zull, Werner
Schrattenthal (NÖ) 427

Essen im Freien

WIEN

Adam's Gasthaus	20	
Aioli	20	
Altes Jägerhaus	20	
Artner	20	
Aux Gazelles	21	
barbaro	22	
Beim Czaak	24	
Beim Novak	24	
Bing	25	
Bodega Marques	25	
Bordeaux	26	
Brandl	26	
Brummbärli	27	
Brunners Vienna	27	
Buddha Club	28	
Cantíno	30	
Cinque Terre	30	
Collio	30	
Do & Co – Haas-Haus	32	
Do & Co in der Albertina	32	
Echo der Citythai	34	
Eckel	34	
Engländer	35	
Enrico Panigl	35	
Fadinger	36	
Fino	37	
Francesco	37	
Fromme Helene	37	
Gaumenspiel	38	
Gelbmann's Gaststube	38	
Giersterbräu	38	
Goldene Zeiten	39	
Green Cottage	39	
Grünspan	42	
Haas & Haas	42	
Hansen	42	
Hebenstreit	43	
Hietzinger Bräu	44	
Hofstöckl	45	
Huth	45	
Il Bio	45	
Il Sestante	46	
Ilija	46	
Immervoll	46	
Indochine 21	47	
Kim kocht	48	
Königsbacher	50	
Kornat	51	
Kramer & Gutiérrez	52	
Kristian's Monastiri	52	
La Pasteria	54	
Le Ciel	54	
Lebenbauer	57	
Liebhart	57	
Liebstöckl & Co.	57	
Livingstone	57	
MAK Café	58	
Manelli	58	
Martinelli	58	
Meierei Holzdorfer	60	
Meixner's Gastwirtschaft	62	
Mörwald im Ambassador	62	
Mraz & Sohn	63	
Neuer	64	
Niky's Kuchlmasterei	64	
Novelli	65	
Novis	65	
Ofenloch	65	
Palais Coburg	66	
Palais Schwarzenberg	67	
Pancho	68	
Pars	68	
Pasta e basta	68	
Piccolo Gourmet	68	
Pistauer	69	
Plachutta	69	
Prinz Ferdinand	69	
Regina Margherita	70	
RieGi	70	
Ruben's Palais	71	
Salut	72	
Salzamt	73	
San Carlo	73	
Schilling	73	
Schnattl	74	
Schönborn	74	
Schrammelbeisl	74	
Schutzhaus am Amesbach	74	
Schwarzer Adler	75	
Schweizerhaus	75	
Sebastiano	75	
Seidl	75	
Sichuan	78	
SKY Restaurant	78	
Stadtwirt	78	
Stasta	79	
Steirereck	80	
Steirerstöckl	80	
Stomach	82	
Tartufo	82	
Tempel	83	
Tenmaya	84	
Theatercafé	84	
Trattoria im Palais Daun-Kinsky	85	
triolaa	86	
Umar	86	
Una	86	
Unkai	87	
Urania	87	
Vestibül	88	
Vietnam	88	
Vikerl's Lokal	88	
Weibel 3	90	
Weibels Wirtshaus	90	
Werner's	91	
Wild	92	
Wolf	92	
wrenkh	92	
X-Celsior	92	
Yellow	93	
Yohm	93	
Zawodsky	94	
Zimmermann	94	
Zimolo	94	
Zu den drei Hacken	95	
Zu ebener Erde und 1. Stock	96	
Zum finsteren Stern	96	
Zum kaiserlichen Thron – Zhang & Deng	96	
Zum Renner	97	
Zum Schwarzen Kameel	97	
Zur Goldenen Kugel	98	
Zur Stadt Krems	98	
Zur Zahnradbahn	98	

Essen im Freien

NIEDERÖSTERREICH
3erlei *Hofstetten-Kammerhof*....................116
Adamstal *Ramsau*...........142
Allhartsbergerhof *Allhartsberg*..................100
Alpenhof Looshaus *Payerbach* 140
Altes Presshaus *Petzenkirchen* 140
Bärenwirt *Petzenkirchen* 141
Bonka – Das Wirtshaus im Wienerwald *Oberkirchbach* 140
Breiteneckers Weingartl *Neulengbach* 139
Breughelhof *Ebreichsdorf*..................108
Buchinger *Harmannsdorf* 114
Buchinger's Gasthaus Zur Alten Schule *Riedenthal bei Wolkersdorf* 144
Bucklige Welt *Bad Schönau* 101
Demutsgraben *Zwettl*....156
Donauhof *Emmersdorf* 109
Donaurestaurant Tuttendörfl *Korneuburg* 122
Donautalblick *Krems* 122
Failler *Drosendorf* 106
Fally *Kirchberg am Wechsel* 118
Färberstub'n *Hadersdorf am Kamp* 114
Fernbedienung Delikatessen *Mödling*.......................138
Floh *Langenlebarn* 126
Florianihof *Wösendorf* 154
Friedrich Schiller *Mödling*.......................138
Galerie *St. Pölten* 147
Gelbes Haus *Wiener Neustadt* 152

Gut Oberstockstall *Kirchberg am Wagram*....118
Gutmann *Zöbing* 155
Hanner *Mayerling* 134
Heinzle *Weißenkirchen*....151
Hexensitz *Hinterbrühl* 115
Hiesinger *Rust* 145
Holzapfels Prandtauerhof *Joching* 117
Hütt *Mitterndorf* 137
Jagdhof *Guntramsdorf*....112
Jamek *Joching* 117
Jeitler *Bromberg*............105
Jell *Krems*.......................122
Kaiser *Waldegg*..............151
Kalteis *Kirchberg an der Pielach* 119
Kirchenwirt *Altenmarkt* 100
Kirchmayr *Weistrach* 151
Kreuzhof *Gutenstein* 114
Kronberghof *Kronberg*....124
Krone *Maria Taferl* 130
Landhaus Bacher *Mautern* 132
LATE *Rastenfeld*..............142
Loibnerhof *Dürnstein*......................106
m.kunst.genuss *Krems-Stein*...................123
Malo *Klosterneuburg* 120
Marienhof *Reichenau an der Rax* 143
Mitter *Stadt Haag* 148
Mörwald Kloster Und *Krems-Stein*...................123
Mörwald – Schloss Grafenegg *Grafenegg*.....................111
Mörwald – Zur Traube *Feuersbrunn* 109
Muhr *Gallbrunn bei Schwechat*................110
Mundwerk *St. Pölten* 148
Neunläuf *Hobersdorf-Wilfersdorf* 115
Nibelungenhof *Traismauer*....................149

Nikolaihof Wachau *Mautern* 132
Oma's Bräustüberl *Maria Enzersdorf* 129
Palt *Furth-Palt*..............110
Perzy *Litschau* 128
Popp *Mauerbach* 131
Postschänke *Sulz im Wienerwald* 148
Primavera *Baden* 102
Puchegger-Wirt *Winzendorf* 153
Rauhenstein *Baden*........102
Reichenauerhof *Reichenau an der Rax* 143
Richard Löwenherz *Dürnstein* 107
s'Gwölb *Ebreichsdorf* 108
Schickh *Klein-Wien* 119
Schimanszky *Berndorf/Ödlitz*.............104
Schloss Dürnstein *Dürnstein* 107
Schlossgasthof Rosenburg *Rosenburg* 144
Schmutzer *Winzendorf*.....................153
Schwarz *Nöhagen*..........139
Schwarzalm *Zwettl*........156
Schwarzwallner *Michelbach* 136
Schwillinsky *Plank am Kamp* 141
Seewirtshaus zum Stoasteirer *Semmering* 145
Sodoma *Tulln* 150
Sommer *Auersthal* 101
Stachl's *Wiener Neustadt* 153
Stadtbrauhof *Amstetten* 100
Stockerwirt *Sulz im Wienerwald* 149
Taverne am Sachsengang *Groß Enzersdorf* 112
Teufl *Purgstall* 142
Tom's Restaurant *Melk*....136

519

Essen im Freien

Tommaso Arbace *Maria Enzersdorf* 129
Tulbingerkogel *Mauerbach* 131
Villa Nova *Baden*............104
Weiler *Laa an der Thaya* 125
Winzer Stüberl *Rührsdorf* 145
Zu den Linden *Gaaden*....110
Zum Blumentritt *St. Aegyd am Neuwalde*.................146
Zum Gießhübler *Maria Laach* 129
Zum Kaiser von Österreich *Krems*.............................124
Zum lustigen Bauern *Zeiselmauer* 155
Zum Roten Wolf *Langenlebarn*..................128
Zum schwarzen Bären *Emmersdorf* 109
Zum Stickelberg *Hollenthon*......................116
Zum Topf *Vitis* 150
Zum Weintor *Bisamberg* 105
Zum weißen Adler *Königstetten* 120
Zur Grube *Alland* 100
Zur Linde *Laaben* 126
Zur Linde *Mistelbach* 137
Zuschmann *Martinsdorf* 130

BURGENLAND
Buschenschank Schandl *Rust* 170
Gerlinde Gibiser *Heiligenkreuz im Lafnitztal* 161
Greißlerei Taubenkobel *Schützen* 172
Heiligenkreuzerkeller *Winden am See* 174
Horvath *Ritzing* 169
im Esterházy *Eisenstadt* 159

Inamera *Rust* 170
Johannes-Zeche *Illmitz* 162
Kloster am Spitz *Purbach am See* 168
Knappenstöckl *Halbturn* 161
L'altro vino *Mönchhof*....164
Landgasthaus am Nyikospark *Neusiedl am See*.............164
Mole West *Neusiedl am See*.............165
Neufelder Hof *Neufeld*....164
Ohr *Eisenstadt* 160
Pannonia *Pamhagen* 165
Pauli's Stuben *Purbach am See* 168
Presshaus *Illmitz* 162
Raffel *Jennersdorf*..........163
Rusterhof *Rust* 171
Spiegel *Bad Tatzmannsdorf* 158
Taubenkobel *Schützen* 172
Traube *Bad Tatzmannsdorf* 158
Treiber *Bad Tatzmannsdorf* 158
Varga *Gols* 160
Vinarium *Donnerskirchen* 159
Weinatelier *Bad Tatzmannsdorf* 159
Zum alten Weinstock *Rudersdorf*......................170
Zum Türkenwirt *Mogersdorf* 163
Zur Bierquelle *Pinkafeld* 166
Zur Blauen Gans *Weiden am See*...............173
Zur Dankbarkeit *Podersdorf am See* 167

STEIERMARK
Almrestaurant Stölzl *St. Wolfgang bei Obdach* 212

Altes Winzerhaus *Gamlitz* 183
Corti *Graz*.......................186
Der Steirerhof *Bad Waltersdorf*...............178
Die Meierei am Grassnitzberg *Spielfeld* 208
Eckstein *Graz* 187
Engelweingarten *Stainz* 212
Erzherzog Johann *Bad Aussee* 176
Eva Lambauer Buschenschank *Gamlitz* 184
Feine Sachen *Bad Blumau* 176
Finkwirt *Riegersburg* 207
Forellengasthaus Kulmer *Birkfeld* 179
Forellenhof Gursch *Knittelfeld* 199
Frohnleitnerhof *Frohnleiten* 183
Gerngroß *St. Stefan ob Stainz* 210
Goldene Krone *Mariazell* 202
Grimmingwurz'n *Bad Mitterndorf* 177
Gussmack *Voitsberg* 220
Haberl's Gastwirtschaft *Ilz* 194
Hofkeller *Graz* 187
Hofstüberl *Seberdorf*....207
Holzer *Neuberg an der Mürz*...................204
Hubinger *Etmißl*...........180
Im Fünften *Graz*............187
Iohan *Graz*.....................188
Jagawirt *St. Stefan ob Stainz* 211
Jaglhof *Gamlitz* 184
Kehlberghof *Graz*..........188
Kirchenwirt Heber *Kitzeck* 198
Königsberghof *Tieschen* 216

Essen im Freien

Kohnhauser – Spitzwirt
Lieboch..........................201
Kotzian *Laßnitzhöhe......199*
Krenn *Pürgg
bei Trautenfels* 205
Landhaus Hammerl
Grambach bei Graz 185
Lurgbauer
St. Sebastian 210
Maler Brands *Stolzalpe*....213
Marktwirt *Pöllau* 204
Max's *Altaussee* 176
Mayers Restaurant
Graz.................................189
Mossers *Preding* 205
Paierl *Bad Waltersdorf*....178
Passhöhe
Hohentauern 193
Post am See *Grundlsee*....192
Pußwald *Hartberg* 193
Rauchhof *Stainz*............213
Römerstein
Loipersdorf.....................201
Sabathihof *Leutschach*....200
Sacher *Graz* 190
Safenhof
Bad Waltersdorf............179
Santa Clara *Graz*............191
Sattlerhof *Gamlitz* 184
Saziani-Stub'n *Straden*....214
Schererwirt *Turnau*........217
Schicker *Kapfenberg* 196
Schiefermayer
Marhof/Stainz 201
Schloss Gabelhofen
Fohnsdorf......................182
Schloß Hartberg
Hartberg.........................193
Schloß Kapfenstein
Kapfenstein 197
Schlosstaverne
Zeltweg 220
Schmankerlstub'n Temmer
Tillmitsch.......................216
Schöne Aussichten
Klöch 199
Spary *Kammern* 196

Steffelbauer
St. Oswald/Kloster 208
Steinberghof
Berghausen 179
Stöcklwirt *Straden* 214
Treglwangerhof
Treglwang 217
Tscheppe an der Weinstraße
Gamlitz 185
Villa Hollerbrand
Leibnitz 200
Weinhof Kappel
Kitzeck 198
Willis Mostschenke
Marhof..........................202
Winzerhaus Kogelberg
Kaindorf an der Sulm....194
Wirtshaus Steirereck
Turnau 217
Zum Bergmann
Turrach 218
Zum Forsthaus
Fischbach 182
Zur Klause *Ratten* 206
Zur Linde *Rein* 206
Zur Traube
St. Veit am Vogau 211

OBERÖSTERREICH
1er Beisl *Nußdorf
am Attersee* 242
Almtalhof
Grünau im Almtal........230
Bauböck *Gurten* 231
Beim Häupl *Seewalchen
am Attersee* 245
Bergdiele *Leonding* 232
Brummeier's Kepler-Stuben
Eferding........................226
Café Zauner *Bad Ischl* 224
Castelvecchio
Grieskirchen 229
Christian's
Attnang-Puchheim 222
Da Giuseppe *Linz* 232
Dannerbauer *Eferding* ..226
die Wirtschaft *Linz*........233

Donautal *Linz*................233
Fischer Sepp *Seewalchen
am Attersee* 246
Forstingers Wirtshaus
Schärding 243
Föttinger *Steinbach
am Attersee* 248
Goiserer Mühle
Bad Goisern 223
Grünes Türl
Bad Schallerbach 225
Herberstein *Linz*............233
Holzingerbauer
Mondsee 237
Holzschlößl *Schärding*....243
Hupfmühle
St. Wolfgang 248
Jedermann's *Mondsee*....238
Jo's *Vorchdorf* 251
K. u. K. Postwirt Weissl
Timelkam 251
Kellerwirt
Schwanenstadt 245
Keplinger Wirt *St. Johann
am Wimberg* 247
Klinger *Gaspoltshofen*....228
La Farandole *Mondsee*....238
Lackner *Mondsee* 238
Langostinos *Schörfling*....243
Litzlberger Keller *Seewalchen
am Attersee* 246
Moser *Neuhofen
an der Krems* 240
Mühltalhof *Neufelden* 240
Oberndorfer *Attersee* 222
Passepartout *Steyr* 249
Rahofer *Kronstorf* 231
Rahofer *Steyr* 249
Rettenbachmühle
Bad Ischl 224
Schloß Mühldorf *Feldkirchen
an der Donau*................227
Schloßhotel Freisitz Roith
Gmunden......................228
Seehof
Mondsee/Loibichl 239
Stefans Stubm *Linz*........234

521

Essen im Freien

Tabor Turm *Steyr* 250
Tafelspitz & Co
Braunau........................225
Tanglberg *Vorchdorf*......252
Verdi *Linz*......................234
Villa Schratt *Bad Ischl*....224
Vogelkäfig *Linz*...............236
Waldesruh
Steyrermühl...................250
Waldschänke
Grieskirchen 230
Weindlhof
Mauthausen 237
Weinwirt
Bachmanning 223
Wengermühle *Schörfling
am Attersee* 244
Wirt am Berg *Wels* 252
Wirt z'Neuhausen *Schörfling
am Attersee* 244
Zum grünen Baum
Ottensheim 242
Zum Kleinen Griechen
Linz 236
Zur blauen Sense
Windischgarsten 254
Zur Kanne *St. Florian* 247
Zur Kohlstatt
Thalheim/Wels..............251

SALZBURG
Aichhorn *Kleinarl*..........266
Arche Noah
Altenmarkt 256
Auerhahn *Salzburg* 273
Bangkok *Salzburg* 274
Bertahof
Bad Hofgastein 257
Blaue Gans *Salzburg* 275
Brandstätter *Salzburg*....275
Brunnwirt
Fuschl am See 262
Café Bazar *Salzburg* 276
Cates *Salzburg*...............276
Culinarium *Salzburg*......277
Die Gersberg Alm
Salzburg 278

Doktorwirt
Salzburg-Aigen 278
Doktorwirt
Salzburg-Aigen 278
Döllerer's Wirtshaus
Golling..........................264
Edelweiß *Strobl* 291
Erlhof *Zell am See* 294
Esszimmer *Salzburg* 279
Fischerstüberl Mattsee
Mattsee 269
Fritzenwallner
Köstendorf....................267
Gasthaus zu Schloß Hellbrunn
Salzburg 279
Gmachl *Elixhausen*........259
Grissini *Salzburg* 280
Grüner Baum
Bad Gastein 257
Gusto *Rauris-Wörth*......271
HECHT! *Goldegg* 262
Hohlwegwirt
Hallein-Taxach 265
Hubertusstube
Filzmoos 260
Ikarus *Salzburg* 280
Imperio *Salzburg* 281
Kellerbauer
Hallein-Bad Vigaun 265
Kirchenwirt *Leogang* ...268
Latschenwirt
Großgmain....................264
Magazin *Salzburg*..........281
Mayer's *Zell am See* 295
Meilinger Taverne
Mittersill 270
Mirabell *Salzburg*..........282
Mitterfeldalm *Mühlbach
am Hochkönig* 270
Mönchsberg *Salzburg*...282
Nagano *Salzburg* 283
Obauer *Werfen* 292
Paris Lodron *Salzburg*....283
Perkeo *Salzburg*............284
Pfefferschiff
Salzburg-Hallwang 284
Pomodoro *Salzburg* 285

Prosecco *Salzburg*..........285
Purzelbaum *Salzburg* 286
Restaurant im Schlössl
Salzburg 286
Riedenburg *Salzburg* 286
Römerhof *Dorfgastein*....258
Salieri *Salzburg* 287
Salzburgerstube
Zell am See 295
Schatzbichl *Saalfelden* 272
Schloß Aigen *Salzburg*....288
Schloss Fuschl
Hof bei Salzburg 266
Schloß Kammer
Maishofen 268
Schlosswirt zu Anif
Anif 256
Schwaitlalm
Salzburg-Elsbethen 288
Sonnhof
St. Veit im Pongau 291
Stadtkrug *Salzburg*........288
Symphonie *Salzburg* 289
Unterbergerwirt
Dorfgastein 259
Weidinger Stub'n *Abersee
am Wolfgangsee*............256
Winkler *Neumarkt
am Wallersee* 271
XO *Saalfelden* 272
Zacherl-Bräu Bauer & Wirt
Bruck 258
Zirbelzimmer und Roter Salon
Salzburg 289
Zum Bierführer
Goldegg 263
Zum Hirschen
Zell am See 296
Zur Plainlinde
Salzburg-Bergheim 290
Zur Stiege *Werfen* 292

TIROL
Alfred Miller's Schöneck
Innsbruck......................303
Alpenblick *Schwendau* 321
Altpradl *Innsbruck* 303

Essen im Freien

Bärenbichl *Jochberg* 310
Berglsteiner See
Kramsach 314
Burkia *Innsbruck* 304
Café im Hof *Innsbruck* 304
Cammerlander
Innsbruck 304
Casserole *Schwoich* 322
Dengg *Innsbruck* 305
Der Metzgerwirt
Uderns 330
Eremitage *Schwaz* 321
Fisch Peer *Innsbruck* 306
Galzig Verwallstube
St. Anton am Arlberg 325
Gannerhof
Innervillgraten 302
Geisler *Rinn* 321
Gigglingstube
Kitzbühel 311
Goldener Adler
Innsbruck 306
Habhof
Mösern bei Seefeld 317
Holzleiten *Obsteig* 319
Hospiz-Alm
St. Christoph 326
Jakobistub'n *St. Jakob*
im Defereggen 328
Kaiserhof *Ellmau* 300
Kanzler Biener
Rattenberg 320
Koreth
Innsbruck-Mühlau 306
Kramerwirt
Ramsau im Zillertal 319
Kröll *St. Jakob*
im Defereggen 328
Kunstpause *Innsbruck* 307
Lanersbacher Hof *Tux* 330
Lechtaler Bauernstube
Häselgehr/Lechtal 301
Lichtblick *Innsbruck* 307
Linde *Stumm*
im Zillertal 329
Natterer Boden *Natters* 318
Neuwirt *Kitzbühel* 312

Ötztaler Stube *Sölden* 323
Rasmushof *Kitzbühel* 312
Ritter Oswald Stube
Seefeld 323
Rossstall-Taverne
Volders 331
Sailer *Innsbruck* 308
Saluti *Matrei*
in Osttirol 316
Schindlhaus *Söll* 324
Schloss Sprengenstein
Imst 302
Schwan *Wattens* 332
Schwarzer Adler
Innsbruck 308
Schwedenkapelle
Kitzbühel 312
Sieghard *Schwendau* 322
Sigwart's Tiroler Weinstuben
Brixlegg 299
Solo Pasta/Solo Vino
Innsbruck 308
Strasserwirt *Strassen* 329
Strumerhof
Matrei in Osttirol 317
Tennerhof *Kitzbühel* 313
Thai-li-ba *Innsbruck* 309
Tiroler Hof
Niederndorf 318
Tischlerwirt
Reith bei Kitzbühel 320
Tristachersee *Lienz* 315
Unterwirt *Ebbs* 300
Villa Blanka *Innsbruck* 309
Weberhof *Vomperberg* 331
Wilder Mann *Lans* 315
Zum Griena *Mayrhofen* 317
Zum Rehkitz *Kitzbühel* 313
Zur Tenne *Kitzbühel* 314

VORARLBERG
A la carte *Lech*
am Arlberg 346
Adler *Schwarzenberg* 355
Alte Mühle
Schwarzenberg 355
Altes Gericht *Sulz* 357

Burg-Hotel *Lech*
am Arlberg 348
Caruso *Dornbirn* 339
Corona-Espressobar
Bregenz 336
Das Schiff *Hittisau* 344
Deuring Schlössle
Bregenz 336
Edel-Weiß *Schruns* 354
Faerber's *Dornbirn* 339
Fässle *Gaschurn* 344
Germania *Bregenz* 337
Größenwahn *Feldkirch* 343
Guth *Lauterach* 346
Heimspitze *Gargellen*
im Montafon 343
Hirlanda
Zürs am Arlberg 358
Hirschen
Schwarzenberg 356
Krone *Hittisau* 345
Kronen-Stube
Lech am Arlberg 349
M moosbrugger & mairitsch
Dornbirn 340
Mangold *Lochau* 352
Montafoner Stube
Schruns 354
Montafoner Stube
St. Gallenkirch 356
Montafoner Stube
Tschagguns 358
Murmeli
Lech am Arlberg 350
Neubeck *Bregenz* 337
Post
Lech am Arlberg 350
Rössle *Braz* 335
Rose *Dornbirn* 340
Rote Wand
Lech am Arlberg 351
Rotes Haus *Dornbirn* 341
's Schulhus *Krumbach* 345
Schönblick *Eichenberg* 342
Schwende Stüble
Dornbirn 341
Sinohaus *Dornbirn* 342

523

Essen im Freien

Stumpf's Bistro
Bregenz *338*
Torggel *Röthis* *353*
Traube *Braz* *335*
Vinarium Austria
Bregenz *338*
Walserstube
Lech am Arlberg *351*
Zum Goldenen Hirschen
Bregenz *338*
Zur Kanne
Lech am Arlberg *352*

KÄRNTEN
151 *Klagenfurt* *368*
Aenea *Reifnitz*
bei Maria Wörth *380*
Alpenhof *Weißensee* *391*
Alter Schacht *St. Stefan*
im Lavanttal *382*
Antonitsch Glainach
Ferlach *365*
Aqua *Velden* *384*
Arkadenhof
Klagenfurt *369*
Arte cielo *Klagenfurt* *369*
Bachler *Althofen*............*360*
Beim Bachmann
Hermagor *367*
Brunnwirt *Guttaring* *366*
Da Piero *Spittal*
an der Drau *381*
Der Bleibergerhof
Bad Bleiberg..................*360*
Der siebente Himmel
Klagenfurt *370*
Die Post *Villach* *388*
Dolce Vita *Klagenfurt* *370*

Dråge
Bad Kleinkirchheim *361*
Forellenstation Mader
Ossiach *377*
Gailtalerhof
Kötschach-Mauthen *373*
Gasser *Villach*................*388*
Genottehöhe *Villach*......*389*
Grünwald
Dellach im Gailtal *362*
Gutshof Gotschmar
Diex *363*
Höhenwirt *Keutschach*....*368*
Hubertushof *Velden* *385*
Karnerhof-Götzlstube
Egg am Faaker See........*363*
Kaufmann & Kaufmann
Villach *389*
Kellerwand
Kötschach-Mauthen *373*
Kleinsasserhof *Spittal*
an der Drau *381*
Kollerwirt *Maria Saal*....*375*
Kunsthandwerk
Liebenfels *374*
La Terrasse
Pörtschach......................*377*
La Torre
St. Veit an der Glan......*383*
Lakeside *Reifnitz* *380*
Landhaus Kutsche
Velden *385*
Leon *Pörtschach* *378*
Liegl *St. Georgen*
am Längsee *382*
Linde *Maria Wörth* *376*
Loystubn
Bad Kleinkirchheim *361*

Maria Loretto
Klagenfurt *371*
Metnitztaler Hof
Friesach *365*
Metzgerwirt
Radenthein *379*
Neugebauer *Lölling* *375*
Oscar *Klagenfurt* *371*
Ovedasso *Velden*............*386*
Palmenrestaurant
Pörtschach *378*
Pavillon *Velden*...............*387*
Pukelsheim
St. Veit an der Glan *383*
Rainer's *Pörtschach* *379*
Ronacherfels Waterfront
Weißensee *391*
Schloß Moosburg
Moosburg *376*
Seebacher *Gnesau* *366*
Sicher *Tainach* *384*
St. Peter *Faak am See* *364*
Stiftsschmiede *Ossiach*....*377*
Tschebull *Egg am*
Faaker See *363*
Tschernitz *Velden* *387*
Urbani-Weinstuben
Villach *389*
Urbani-Wirt
Bodensdorf....................*362*
Vinum – Das Weinrestaurant
Feld am See *364*
Wirt in Judendorf
Warmbad Villach..........*390*
Zum Dorfschmied
Klein St. Paul *372*
Zum Peter *Treffen* *384*
Zur Stiege *Velden* *387*

Essen am Sonntag

WIEN

Aioli	20
Altes Jägerhaus	20
Artner	21
Asia Vienna	21
Aux Gazelles	21
barbaro	22
Benkei	24
Bhung-Bui	25
Bing	25
Birdland	25
Brandl	26
Brummbärli	27
Cantinetta Antinori	28
Cantíno	30
d'Atri	31
Do & Co – Haas-Haus	32
Do & Co in der Albertina	32
Drei Husaren	34
Engländer	35
Enrico Panigl	35
Francesco	37
Frank's	37
Fromme Helene	37
Goldene Zeiten	39
Grotta Azzurra	40
Grünspan	42
Hietzinger Bräu	44
Himmelsstube	44
Huth	45
Il Sestante	46
Ilija	46
Immervoll	46
Imperial	47
Indochine 21	47
Kai's Asian Food	48
Kiosk	50
Korso	51
Kramer & Gutiérrez	52
Kristian's Monastiri	52
La Scala	54
Liebhart	57
Liebstöckl & Co.	57
Livingstone	57
MAK Café	58
Makedonia	58
Manelli	58
Martinelli	58
MediterraNeo	59
Meierei Holzdorfer	60
Meixner's Gastwirtschaft	62
Neuer	64
Oswald & Kalb	66
Palais Schwarzenberg	67
Pancho	68
Pistauer	69
Plachutta	69
Prinz Ferdinand	69
Regina Margherita	70
Rote Bar	71
Saigon	72
Salzamt	73
Schilling	73
Schönborn	74
Schrammelbeisl	74
Schutzhaus am Amesbach	74
Schweizerhaus	75
Selina	76
Shambala	76
Sichuan	78
Stadtwirt	78
Steirerstöckl	80
Stern	82
Stomach	82
Tartufo	82
Tenmaya	84
Theatercafé	84
Una	86
Unkai	87
Urania	87
Vietnam	88
Vikerl's Lokal	88
Weibels Wirtshaus	90
Wein & Co	90
Wild	92
wrenkh	92
X-Celsior	92
Yellow	93
Yohm	93
yume	93
Zawodsky	94
Zimmermann	94
Zum kaiserlichen Thron – Zhang & Deng	96
Zum Niggl	97
Zur Goldenen Kugel	98
Zur Stadt Krems	98
Zur Zahnradbahn	98

NIEDERÖSTERREICH

3erlei *Hofstetten-Kammerhof*	116
Adamstal *Ramsau*	142
Allhartsbergerhof *Allhartsberg*	100
Alpenhof Looshaus *Payerbach*	140
Altes Presshaus *Petzenkirchen*	140
Bärenwirt *Petzenkirchen*	141
Bonka – Das Wirtshaus im Wienerwald *Oberkirchbach*	140
Breiteneckers Weingartl *Neulengbach*	139
Breughelhof *Ebreichsdorf*	108
Buchinger *Harmannsdorf*	114
Buchinger's Gasthaus Zur Alten Schule *Riedenthal bei Wolkersdorf*	144
Bucklige Welt *Bad Schönau*	101
Demutsgraben *Zwettl*	156
Donauhof *Emmersdorf*	109
Donautalblick *Krems*	122
Failler *Drosendorf*	106
Fally *Kirchberg am Wechsel*	118
Färberstub'n *Hadersdorf am Kamp*	114
Floh *Langenlebarn*	126
Florianihof *Wösendorf*	154
Gut Oberstockstall *Kirchberg am Wagram*	118
Gutmann *Zöbing*	155
Hanner *Mayerling*	134
Heinzle *Weißenkirchen*	151
Hexensitz *Hinterbrühl*	115

525

Essen am Sonntag

Hiesinger Rust 145
Holzapfels Prandtauerhof
Joching 117
Hütt Mitterndorf 137
Jeitler Bromberg............105
Jell Krems......................122
Kaiser Waldegg...............151
Kalteis Kirchberg
an der Pielach 119
Kirchenwirt
Altenmarkt 100
Kirchmayr Weistrach 151
Kreuzhof Gutenstein 114
Kronberghof Kronberg....124
Krone Maria Taferl 130
Landhaus Bacher
Mautern 132
LATE Rastenfeld..............142
Loibnerhof
Dürnstein 106
m.kunst.genuss
Krems-Stein.................123
Malo Klosterneuburg 120
Marienhof
Reichenau an der Rax....143
Mitter Stadt Haag 148
Mörwald Kloster Und
Krems-Stein.................123
Mörwald – Schloss Grafenegg
Grafenegg 111
Mörwald – Zur Traube
Feuersbrunn 109
Muhr Gallbrunn
bei Schwechat................110
Neunläuf Hobersdorf-
Wilfersdorf....................115
Nibelungenhof
Traismauer....................149
Oma's Bräustüberl
Maria Enzersdorf 129
Palt Furth-Palt 110
Pauli Walter
Oberkreuzstätten..........140
Perzy Litschau 128
Popp Mauerbach 131
Postschänke
Sulz im Wienerwald 148

Puchegger-Wirt
Winzendorf 153
Rauhenstein Baden........102
Reichenauerhof Reichenau
an der Rax 143
Richard Löwenherz
Dürnstein 107
Schickh Klein-Wien 119
Schimanszky
Berndorf/Ödlitz 104
Schloss Dürnstein
Dürnstein 107
Schlossgasthof Rosenburg
Rosenburg 144
Schmutzer Winzendorf....153
Schwarz Nöhagen...........139
Schwarzalm Zwettl........156
Schwarzwallner
Michelbach 136
Seewirtshaus zum Stoasteirer
Semmering 145
Sommer Auersthal 101
Stadtbrauhof
Amstetten 100
Stockerwirt
Sulz im Wienerwald 149
Taverne am Sachsengang
Groß Enzersdorf 112
Teufl Purgstall 142
Tom's Restaurant Melk....136
Tulbingerkogel
Mauerbach 131
Weiler
Laa an der Thaya 125
Wintergarten
Semmering 146
Winzer Stüberl
Rührsdorf 145
Zu den Linden Gaaden....110
Zum Blumentritt St. Aegyd
am Neuwalde.................146
Zum Gießhübler
Maria Laach..................129
Zum Kaiser von Österreich
Krems...........................124
Zum lustigen Bauern
Zeiselmauer 155

Zum Roten Wolf
Langenlebarn................128
Zum schwarzen Bären
Emmersdorf..................109
Zum Stickelberg
Hollenthon....................116
Zum Topf Vitis 150
Zum Weintor
Bisamberg 105
Zum weißen Adler
Königstetten 120
Zur Grube Alland 100
Zur Linde Laaben 126
Zuschmann
Martinsdorf 130

BURGENLAND
Buschenschank Schandl
Rust 170
Der Reisinger
Pöttsching 167
Ebner's Pinkafeld 166
Gerlinde Gibiser Heiligen-
kreuz im Lafnitztal 161
Greißlerei Taubenkobel
Schützen 172
Heiligenkreuzerkeller
Winden am See 174
Horvath Ritzing 169
im Esterházy
Eisenstadt 159
Inamera Rust 170
Johannes-Zeche
Illmitz 162
Kloster am Spitz
Purbach am See 168
Knappenstöckl
Halbturn 161
L'altro vino
Mönchhof.....................164
Landgasthaus am Nyikospark
Neusiedl am See............164
Mole West
Neusiedl am See............165
Neufelder Hof Neufeld 164
Ohr Eisenstadt 160
Pannonia Pamhagen 165

Essen am Sonntag

Pauli's Stuben
Purbach am See 168
Presshaus *Illmitz* 162
Raffel *Jennersdorf*..........163
Rusterhof *Rust* 171
Spiegel
Bad Tatzmannsdorf 158
Taubenkobel *Schützen*....172
Traube
Bad Tatzmannsdorf 158
Treiber
Bad Tatzmannsdorf 158
Varga *Gols* 160
Vinarium
Donnerskirchen 159
Weinatelier
Bad Tatzmannsdorf 159
Zum alten Weinstock
Rudersdorf......................170
Zum Türkenwirt
Mogersdorf 163
Zur Bierquelle
Pinkafeld 166
Zur Blauen Gans
Weiden am See...............173
Zur Dankbarkeit
Podersdorf am See 167

STEIERMARK
Almrestaurant Stölzl
*St. Wolfgang
bei Obdach*.....................212
Altes Winzerhaus
Gamlitz 183
Casino-Restaurant
Graz...............................186
Der Steirerhof
Bad Waltersdorf............178
Die Meierei am Grassnitzberg
Spielfeld 208
Eckstein *Graz* 187
Erzherzog Johann
Bad Aussee 176
Eva Lambauer Buschenschank
Gamlitz 184
Feine Sachen
Bad Blumau...................176

Finkwirt *Riegersburg* 207
Forellengasthaus Kulmer
Birkfeld 179
Forellenhof Gursch
Knittelfeld 199
Gerngroß
St. Stefan ob Stainz 210
Goldene Krone
Mariazell 202
Grimmingwurz'n
Bad Mitterndorf 177
Gussmack *Voitsberg* 220
Haberl's Gastwirtschaft
Ilz 194
Hirsch'n Wirt *Irdning* 194
Holzer *Neuberg an der
Mürz* 204
Hubinger *Etmißl*............180
Jagawirt *St. Stefan
ob Stainz* 211
Jaglhof *Gamlitz* 184
Kehlberghof *Graz*..........188
Königsberghof
Tieschen 216
Kotzian *Laßnitzhöhe*......199
Krenn
Pürgg bei Trautenfels....205
Landhaus Hammerl
Grambach bei Graz 185
Lurgbauer
St. Sebastian 210
Maler Brands *Stolzalpe*...213
Marktwirt *Pöllau* 204
Mossers *Preding*............205
Paierl *Bad Waltersdorf*....178
Passhöhe
Hohentauern 193
Post am See *Grundlsee*....192
Rauchhof *Stainz*............213
Römerstein
Loipersdorf....................201
Sabathihof *Leutschach*....200
Sacher *Graz* 190
Safenhof
Bad Waltersdorf............179
Saziani-Stub'n *Straden*....214
Schererwirt *Turnau* 217

Schiefermayer
Marhof/Stainz 201
Schloss Gabelhofen
Fohnsdorf......................182
Schloß Kapfenstein
Kapfenstein 197
Schlosstaverne
Zeltweg 220
Schmankerlstub'n Temmer
Tillmitsch......................216
Schöne Aussichten
Klöch 199
Spary *Kammern* 196
Steffelbauer
St. Oswald/Kloster 208
Steinberghof
Berghausen 179
Stöcklwirt *Straden* 214
Treglwangerhof
Treglwang 217
Tscheppe an der Weinstraße
Gamlitz 185
Vinofaktur
Ehrenhausen 180
Weinhof Kappel
Kitzeck..........................198
Willis Mostschenke
Marhof..........................202
Wintergarten *Graz* 191
Winzerhaus Kogelberg
Kaindorf an der Sulm....194
Wirtshaus Steirereck
Turnau...........................217
Zum Bergmann
Turrach 218
Zum Forsthaus
Fischbach 182
Zur Klause *Ratten* 206
Zur Linde *Rein* 206
Zur Traube
St. Veit am Vogau 211

OBERÖSTERREICH
1er Beisl
Nußdorf am Attersee....242
Almtalhof
Grünau im Almtal........230

Essen am Sonntag

Bauböck *Gurten* 231
Beim Häupl *Seewalchen am Attersee* 245
Brummeier's Kepler-Stuben *Eferding* 226
Castelvecchio *Grieskirchen* 229
Christian's *Attnang-Puchheim* 222
Dannerbauer *Eferding* 226
die Wirtschaft *Linz* 233
Donautal *Linz* 233
Fischer Sepp *Seewalchen am Attersee* 246
Forstingers Wirtshaus *Schärding* 243
Föttinger *Steinbach am Attersee* 248
Goiserer Mühle *Bad Goisern* 223
Grünes Türl *Bad Schallerbach* 225
Herberstein *Linz* 233
Hupfmühle *St. Wolfgang* 248
Jedermann's *Mondsee* 238
Jo's *Vorchdorf* 251
K. u. K. Postwirt Weissl *Timelkam* 251
Kellerwirt *Schwanenstadt* 245
Keplinger Wirt *St. Johann am Wimberg* 247
Klinger *Gaspoltshofen* 228
La Farandole *Mondsee* 238
Lackner *Mondsee* 238
Langostinos *Schörfling* 243
Litzlberger Keller *Seewalchen am Attersee* 246
Moser *Neuhofen an der Krems* 240
Mühltalhof *Neufelden* 240
Oberndorfer *Attersee* 222
Passepartout *Steyr* 249
Rettenbachmühle *Bad Ischl* 224

Schloßhotel Freisitz Roith *Gmunden* 228
Seehof *Mondsee/Loibichl* 239
Tabor Turm *Steyr* 250
Tafelspitz & Co *Braunau* 225
Tanglberg *Vorchdorf* 252
Villa Schratt *Bad Ischl* 224
Waldesruh *Steyermühl* 250
Waldschänke *Grieskirchen* 230
Weinwirt *Bachmanning* 223
Wengermühle *Schörfling am Attersee* 244
Wirt z'Neuhausen *Schörfling am Attersee* 244
Zur blauen Sense *Windischgarsten* 254
Zur Kohlstatt *Thalheim/Wels* 251

SALZBURG

Aichhorn *Kleinarl* 266
Arche Noah *Altenmarkt* 256
Auerhahn *Salzburg* 273
Bangkok *Salzburg* 274
Bertahof *Bad Hofgastein* 257
Blaue Gans *Salzburg* 275
Brunnwirt *Fuschl am See* 262
Café Bazar *Salzburg* 276
Die Gersberg Alm *Salzburg* 278
Doktorwirt *Salzburg-Aigen* 278
Edelweiß *Strobl* 291
Erlhof *Zell am See* 294
Fischerstüberl Mattsee *Mattsee* 269
Fritzenwallner *Köstendorf* 267

Gasthaus zu Schloß Hellbrunn *Salzburg* 279
Gmachl *Elixhausen* 259
Goldener Hirsch *Salzburg* 280
Grüner Baum *Bad Gastein* 257
Gusto *Rauris-Wörth* 271
HECHT! *Goldegg* 262
Hohlwegwirt *Hallein-Taxach* 265
Hubertusstube *Filzmoos* 260
Ikarus *Salzburg* 280
Kellerbauer *Hallein-Bad Vigaun* 265
Kirchenwirt *Leogang* 268
Latschenwirt *Großgmain* 264
Mayer's *Zell am See* 295
Meilinger Taverne *Mittersill* 270
Mesnerhaus – Gugg *Mauterndorf* 269
Mirabell *Salzburg* 282
Mitterfeldalm *Mühlbach am Hochkönig* 270
Mönchsberg *Salzburg* 282
Nagano *Salzburg* 283
Obauer *Werfen* 292
Paris Lodron *Salzburg* 283
Pomodoro *Salzburg* 285
Prosecco *Salzburg* 285
Restaurant im Schlössl *Salzburg* 286
Römerhof *Dorfgastein* 258
Salieri *Salzburg* 287
Salzburgerstube *Zell am See* 295
Schatzbichl *Saalfelden* 272
Schloß Aigen *Salzburg* 288
Schloss Fuschl *Hof bei Salzburg* 266
Schloß Kammer *Maishofen* 268
Schlosswirt zu Anif *Anif* 256

Essen am Sonntag

Schwaitlalm
Salzburg-Elsbethen 288
Sonnhof
St. Veit im Pongau 291
Stadtkrug *Salzburg*........288
Timbale *St. Gilgen* 290
Unterbergerwirt
Dorfgastein 259
Weidinger Stub'n *Abersee
am Wolfgangsee*............256
Winkler *Neumarkt
am Wallersee* 271
Zacherl-Bräu Bauer & Wirt
Bruck 258
Zirbelzimmer und Roter Salon
Salzburg 289
Zum Bierführer
Goldegg 263
Zum Hirschen
Zell am See 296
Zur Stiege *Werfen* 292

TIROL
Alexander *Hochfügen* 301
Alfred Miller's Schöneck
Innsbruck......................303
Alpenblick *Schwendau* 321
Altpradl *Innsbruck* 303
Bärenbichl *Jochberg* 310
ben.venuto *St. Anton
am Arlberg*....................324
Berglsteiner See
Kramsach......................314
Brunnenstube *St. Anton
am Arlberg*....................325
Bürgerstuben *Axams* 299
Burkia *Innsbruck* 304
Cammerlander
Innsbruck......................304
Casserole *Schwoich*........322
Der Metzgerwirt
Uderns..........................330
Eremitage *Schwaz* 321
Europastüberl
Innsbruck......................305
Galzig Verwallstube
St. Anton am Arlberg....325

Gannerhof
Innervillgraten 302
Geisler *Rinn* 321
Gigglingstube
Kitzbühel 311
Goldener Adler
Innsbruck......................306
Habhof
Mösern bei Seefeld........317
Holzleiten *Obsteig* 319
Hospiz-Alm
St. Christoph 326
Jakobistub'n *St. Jakob
im Defereggen* 328
Koreth
Innsbruck-Mühlau 306
Kramerwirt
Ramsau im Zillertal 319
Kröll *St. Jakob
im Defereggen* 328
Kunstpause
Innsbruck......................307
Lanersbacher Hof *Tux* 330
Lechtaler Bauernstube
Häselgehr/Lechtal 301
Linde
Stumm im Zillertal 329
Nattererboden *Natters*....318
Neuwirt *Kitzbühel* 312
Ötztaler Stube *Sölden* 323
Paznauner Stube *Ischgl*....309
Pfleger *Anras* 298
Posthotel Achenkirch
Achenkirch....................298
Raffl Stube *St. Anton
am Arlberg*....................326
Rasmushof *Kitzbühel* 312
Rauter
Matrei in Osttirol 316
Ritter Oswald Stube
Seefeld..........................323
Sailer *Innsbruck*............308
Saluti *Matrei
in Osttirol* 316
Schindlhaus *Söll* 324
Schloss Sprengenstein
Imst 302

Schwedenkapelle
Kitzbühel 312
Sieghard *Schwendau* 322
Sigwart's Tiroler Weinstuben
Brixlegg 299
Skiclub Arlberg Stube
St. Christoph 327
Strasserwirt *Strassen* 329
Strumerhof
Matrei in Osttirol 317
Tennerhof *Kitzbühel*......313
Tiroler Hof
Niederndorf 318
Tischlerwirt *Reith
bei Kitzbühel* 320
Tristachersee *Lienz* 315
Unterwirt *Ebbs* 300
Villa Blanka *Innsbruck*....309
Weberhof *Vomperberg* 331
Wilder Mann *Lans* 315
Zum Griena *Mayrhofen*....317
Zum Rehkitz *Kitzbühel* 313
Zum Weinhändler
Lienz 316
Zur Tenne *Kitzbühel* 314

VORARLBERG
A la carte
Lech am Arlberg 346
Adler *Schwarzenberg* 355
Alte Mühle
Schwarzenberg 355
Altes Gericht *Sulz* 357
Burg-Hotel
Lech am Arlberg 348
Corona-Espressobar
Bregenz 336
Das Schiff *Hittisau* 344
Deuring Schlössle
Bregenz 336
Edel-Weiß *Schruns* 354
Fässle *Gaschurn 11b*......344
Fux *Lech am Arlberg* 348
Gourmetstube *Bezau* 334
Größenwahn *Feldkirch*....343
Heimspitze
Gargellen/Montafon 343

Essen am Sonntag

Hirlanda
Zürs am Arlberg 358
Hirschen
Schwarzenberg 356
Johannisstübli
Lech am Arlberg 349
Krone Au 334
Krone Hittisau 345
Kronen-Stube
Lech am Arlberg 349
Mangold Lochau............352
Montafoner Stube
Schruns 354
Montafoner Stube
St. Gallenkirch...............356
Montafoner Stube
Tschagguns 358
Murmeli
Lech am Arlberg 350
Post Bezau 335
Post
Lech am Arlberg 350
Rose Dornbirn 340
Rössle Braz....................335
Rote Wand
Lech am Arlberg 351
's Schulhus Krumbach....345
Schönblick Eichenberg....342
Schwende Stüble
Dornbirn 341
Sinohaus Dornbirn........342
Torggel Röthis 353
Traube Braz 335
Vinarium Austria
Bregenz 338
Walserstube
Lech am Arlberg 351
Zum Goldenen Hirschen
Bregenz 338
Zur Kanne
Lech am Arlberg 352

KÄRNTEN
Aenea Reifnitz
bei Maria Wörth 380
Alpenhof Weißensee 391
Alter Schacht St. Stefan
im Lavanttal 382
Antonitsch Glainach
Ferlach 365
Aqua Velden 384
Arkadenhof Klagenfurt....369
Bachler Althofen 360
Beim Bachmann
Hermagor 367
Brunnwirt Guttaring 366
Das kleine Restaurant
Warmbad Villach 390
Der Bleibergerhof
Bad Bleiberg 360
Dråge
Bad Kleinkirchheim 361
Forellenstation Mader
Ossiach..........................377
Gailtalerhof
Kötschach-Mauthen 373
Gasser Villach 388
Genottehöhe Villach 389
Grünwald Dellach
im Gailtal 362
Gutshof Gotschmar Diex 363
Höhenwirt Keutschach ..368
Hubertushof Velden 385
Karnerhof-Götzlstube
Egg am Faaker See 363
Kellerwand
Kötschach-Mauthen 373
Kleinsasserhof
Spittal an der Drau 381
Kollerwirt Maria Saal 375
Kunsthandwerk
Liebenfels 374
La Terrasse Pörtschach....377

Lakeside Reifnitz............380
Landhaus Kutsche
Velden...........................385
Leon Pörtschach 378
Liegl St. Georgen
am Längsee....................382
Linde Maria Wörth 376
Loystubn
Bad Kleinkirchheim 361
Maria Loretto
Klagenfurt 371
Metnitztaler Hof
Friesach 365
Metzgerwirt
Radenthein 379
Monkey Circus Velden 386
Neugebauer Lölling........375
Ovedasso Velden 386
Palmenrestaurant
Pörtschach 378
Rainer's Pörtschach........379
Ronacherfels Waterfront
Weißensee 391
Schloß Moosburg
Moosburg 376
Seebacher Gnesau 366
St. Peter Faak am See 364
Stiftsschmiede Ossiach....377
Stüberl Hermagor 367
Tschebull
Egg am Faaker See 363
Tschernitz Velden 387
Urbani-Wirt Bodensdorf 362
Vinum – Das Weinrestaurant
Feld am See....................364
Wirt in Judendorf
Warmbad Villach 390
Zum Dorfschmied
Klein St. Paul 372
Zum Peter Treffen 384
Zur Stiege Velden............387

Lokale von A bis Z

151 *Klagenfurt (K)* 368
1er Beisl *Nußdorf am Attersee (OÖ)* 242
3erlei *Hofstetten-Kammerhof (NÖ)* 116
A la carte *Lech (V)* 346
Adam's Gasthaus *Wien* 20
Adamstal *Ramsau (NÖ)* 142
Adler *Schwarzenberg (V)* 355
Aenea *Reifnitz (K)* 380
Aichhorn *Kleinarl (S)* 266
Aioli *Wien* 20
Alexander *Hochfügen (T)* 301
Alfred Miller's Schöneck *Innsbruck (T)* 303
Allhartsbergerhof *Allhartsberg (NÖ)* 100
Almrestaurant Stölzl *St. Wolfgang bei Obdach (ST)* 212
Almtalhof *Grünau im Almtal (OÖ)* 230
Alpenblick *Schwendau (T)* 321
Alpenhof *Weißensee (K)* 391
Alpenhof Looshaus *Payerbach (NÖ)* 140
Alt Salzburg *Salzburg (S)* 273
Alte Mühle *Schwarzenberg (V)* 355
Alter Schacht *St. Stefan im Lavanttal (K)* 382
Altes Gericht *Sulz (V)* 357
Altes Jägerhaus *Wien* 20
Altes Presshaus *Petzenkirchen (NÖ)* 140
Altes Winzerhaus *Gamlitz (ST)* 183
Altpradl *Innsbruck (T)* 303
Antonitsch Glainach *Ferlach (K)* 365

Aqua *Velden (K)* 384
Arche Noah *Altenmarkt (S)* 256
Arkadenhof *Klagenfurt (K)* 369
Arte cielo *Klagenfurt (K)* 369
Artner *Wien* 20
Asia Vienna *Wien* 21
Auerhahn *Salzburg (S)* 273
Aux Gazelles *Wien* 21
Bachler *Althofen (K)* 360
Bangkok *Salzburg (S)* 274
barbaro *Wien* 22
Bärenbichl *Jochberg (T)* 310
Bärenwirt *Petzenkirchen (NÖ)* 141
Bauböck *Gurten (OÖ)* 231
Bauer *Wien* 22
Bei Bruno im Ratsherrnkeller *Salzburg (S)* 274
Beim Bachmann *Hermagor (K)* 367
Beim Czaak *Wien* 24
Beim Häupl *Seewalchen am Attersee (OÖ)* 245
Beim Novak *Wien* 24
ben.venuto *St. Anton am Arlberg (T)* 324
Benkei *Wien* 24
Bergdiele *Leonding (OÖ)* 232
BergIsteiner See *Kramsach (T)* 314
Bertahof *Bad Hofgastein (S)* 257
Bhung-Bui *Wien* 25
Bing *Wien* 25
Birdland *Wien* 25
Blaue Gans *Salzburg (S)* 275
Bodega Española *Wien* 25
Bodega Marques *Wien* 25
Böhle Delikatessen *Wien* 26

Bonka – Das Wirtshaus im Wienerwald *Oberkirchbach (NÖ)* 140
Bordeaux *Wien* 26
Brandl *Wien* 26
Brandstätter *Salzburg (S)* 275
Breiteneckers Weingartl *Neulengbach (NÖ)* 139
Breughelhof *Ebreichsdorf (NÖ)* 108
Bristol *Salzburg (S)* 276
Brummbärli *Wien* 27
Brummeier's Kepler-Stuben *Eferding (OÖ)* 226
Brunnenhof *Lech am Arlberg (V)* 347
Brunnenstöckl *Neunkirchen (NÖ)* 139
Brunnenstube *St. Anton am Arlberg (T)* 325
Brunners Vienna *Wien* 27
Brunnwirt *Fuschl am See (S)* 262
Brunnwirt *Guttaring (K)* 366
Buchinger *Harmannsdorf (NÖ)* 114
Buchinger's Gasthaus Zur Alten Schule *Riedenthal bei Wolkersdorf (NÖ)* 144
Bucklige Welt *Bad Schönau (NÖ)* 101
Buddha Club *Wien* 28
Bürgerstuben *Axams (T)* 299
Burg-Hotel *Lech am Arlberg (V)* 348
Burkia *Innsbruck (T)* 304
Buschenschank Schandl *Rust (B)* 170
Café Bazar *Salzburg (S)* 276
Café im Hof *Innsbruck (T)* 304

Lokale von A bis Z

Café Zauner
Bad Ischl (OÖ) 224
Cammerlander
Innsbruck (T) 304
Cantinetta Antinori
Wien 28
Cantíno *Wien* 30
Caruso *Dornbirn (V)* 339
Casino-Restaurant
Graz (ST) 186
Casserole *Schwoich (T)* 322
Castelvecchio
Grieskirchen (OÖ) 229
Cates *Salzburg (S)* 276
Christian's *Attnang-Puchheim (OÖ)* 222
Cinque Terre *Wien* 30
Collio *Wien* 30
Corona-Espressobar
Bregenz (V)......................336
Corti *Graz (ST)* 186
Culinarium
Salzburg (S) 277
d'Atri *Wien* 31
Da Giuseppe
Linz (OÖ) 232
Da Luigi
Klagenfurt (K) 370
Da Piero
Spittal an der Drau (K)....381
Dannerbauer
Eferding (OÖ) 226
Das kleine Restaurant
Warmbad Villach (K) 390
Das Schiff
Hittisau (V) 344
Demutsgraben
Zwettl (NÖ) 156
Dengg *Innsbruck (T)* 305
Der Bleibergerhof
Bad Bleiberg (K) 360
Der Metzgerwirt
Uderns (T) 330
Der Reisinger
Pöttsching (B)...................167

Der siebente Himmel
Klagenfurt (K) 370
Der Steirerhof
Bad Waltersdorf (ST) 178
Deuring Schlössle
Bregenz (V)......................336
Die Gersberg Alm
Salzburg (S) 278
Die Meierei am Grassnitzberg
Spielfeld (ST) 208
Die Post *Villach (K)* 388
die Wirtschaft
Linz (OÖ) 233
Do & Co – Haas-Haus
Wien 32
Do & Co in der Albertina
Wien 32
Doktorwirt
Salzburg-Aigen (S)..........278
Dolce Vita
Klagenfurt (K) 370
Döllerer *Golling (S)*..........263
Döllerer's Wirtshaus
Golling (S) 264
Donauhof
Emmersdorf (NÖ) 109
Donaurestaurant Tuttendörfl
Korneuburg (NÖ)............122
Donautal
Linz (OÖ) 233
Donautalblick
Krems (NÖ) 122
Dråge *Bad Kleinkirchheim (K)* 361
Drei Husaren *Wien*..............34
**Ebner's Pinkafeld (B)*........166
Echo der Citythai *Wien*......34
Eckel *Wien* 34
Eckstein *Graz (ST)* 187
Edel-Weiß
Schruns (V) 354
Edelweiß *Strobl (S)* 291
El Fontroussi *Wien*..............35
Engelweingarten
Stainz (ST) 212

Engländer *Wien*...................35
Enoteca Bácaro
Kuchl (S)..........................268
Enrico Panigl *Wien*..............35
Eremitage *Schwaz (T)* 321
Erlhof
Zell am See (S) 294
Erzherzog Johann
Bad Aussee (ST) 176
Eschenhof
Maria Wörth (K) 376
Esszimmer
Salzburg (S) 279
Europastüberl
Innsbruck (T) 305
Eva Lambauer Buschenschank
Gamlitz (ST)....................184
fabios *Wien* 36
Fadinger *Wien* 36
Faerber's
Dornbirn (V) 339
Failler
Drosendorf (NÖ) 106
Fally *Kirchberg am Wechsel (NÖ)* 118
Färberstub'n *Hadersdorf am Kamp (NÖ)* 114
Fässle *Gaschurn (V)* 344
Feine Sachen
Bad Blumau (ST) 176
Fernbedienung Delikatessen
Mödling (NÖ) 138
Finkwirt
Riegersburg (ST) 207
Fino *Wien* 37
Fisch Peer
Innsbruck (T) 306
Fischer Sepp *Seewalchen am Attersee (OÖ)* 246
Fischerstüberl Mattsee
Mattsee (S) 269
Floh
Langenlebarn (NÖ) 126
Florianihof
Wösendorf (NÖ)..............154

Lokale von A bis Z

Forellengasthaus Kulmer
Birkfeld (ST) 179
Forellenhof Gursch
Knittelfeld (ST)................199
Forellenstation Mader
Ossiach (K) 377
Forstingers Wirtshaus
Schärding (OÖ) 243
Föttinger *Steinbach*
am Attersee (OÖ)............248
Francesco *Wien* 37
Frank's *Wien* 37
Friedrich Schiller
Mödling (NÖ) 138
Fritzenwallner
Köstendorf (S)..................267
Frohnleitnerhof
Frohnleiten (ST) 183
Fromme Helene *Wien* 37
Fux
Lech am Arlberg (V)........348
Gailtalerhof *Kötschach-*
Mauthen (K).....................373
Galerie
St. Pölten (NÖ) 147
Galzig Verwallstube *St. Anton*
am Arlberg (T) 325
Gannerhof
Innervillgraten (T) 302
Gasser *Villach (K)* 388
Gasthaus zu Schloß Hellbrunn
Salzburg (S) 279
Gaumenspiel *Wien* 38
Geisler *Rinn (T)* 321
Gelbes Haus *Wiener*
Neustadt (NÖ)..................152
Gelbmann's Gaststube
Wien 38
Genotthöhe *Villach (K)*....389
Gerlinde Gibiser *Heiligenkreuz*
im Lafnitztal (B)................161
Germania *Bregenz (V)* 337
Gerngroß *St. Stefan*
ob Stainz (ST)...................210
Giersterbräu *Wien* 38

Gigglingstube
Kitzbühel (T)....................311
Gmachl *Elixhausen (S)* 259
Goiserer Mühle
Bad Goisern (OÖ) 223
Goldene Krone
Mariazell (ST) 202
Goldene Zeiten *Wien* 39
Goldener Adler
Innsbruck (T) 306
Goldener Hirsch
Salzburg (S) 280
Gourmetstube
Bezau (V) 334
Green Cottage *Wien* 39
Greißlerei Taubenkobel
Schützen (B) 172
Grimmingwurz'n
Bad Mitterndorf (ST) 177
Grissini *Salzburg (S)* 280
Größenwahn
Feldkirch (V)....................343
Grotta Azzurra *Wien* 40
Grünauer *Wien* 40
Grüner Baum
Bad Gastein (S)................257
Grünes Türl *Bad*
Schallerbach (OÖ) 225
Grünspan *Wien* 42
Grünwald *Dellach*
im Gailtal (K) 362
Gussmack
Voitsberg (ST)..................220
Gusto
Rauris-Wörth (S) 271
Gut Oberstockstall *Kirchberg*
am Wagram (NÖ)............118
Guth *Lauterach (V)*..........346
Gutmann *Zöbing (NÖ)* 155
Gutshof Gotschmar
Diex (K) 363
Haas Beisl *Wien* 42
Haas & Haas *Wien* 42
Haberl's Gastwirtschaft
Ilz (ST) 194

Habhof
Mösern bei Seefeld (T) 317
Hanner
Mayerling (NÖ)...............134
Hansen *Wien* 42
Hebenstreit *Wien*...............43
HECHT! *Goldegg (S)* 262
Heiligenkreuzerkeller
Winden am See (B)..........174
Heimspitze *Gargellen im*
Montafon (V) 343
Heinzle
Weißenkirchen (NÖ) 151
Herberstein
Linz (OÖ)........................233
Herzog's Wirtshaus
Wien 43
Hexensitz
Hinterbrühl (NÖ)............115
Hiesinger *Rust (NÖ)*........145
Hietzinger Bräu *Wien*..........44
Hightea *Wien*......................44
Himmelsstube *Wien*............44
Hirlanda *Zürs*
am Arlberg (V) 358
Hirsch'n Wirt
Irdning (ST) 194
Hirschen
Schwarzenberg (V)..........356
Hofkeller *Graz (ST)*..........187
Hofstöckl *Wien* 45
Hofstüberl
Sebersdorf (ST)................207
Höhenwirt
Keutschach (K) 368
Hohlwegwirt
Hallein-Taxach (S)...........265
Holzapfels Prandtauerhof
Joching (NÖ) 117
Holzer *Neuberg*
an der Mürz (ST) 204
Holzingerbauer
Mondsee (OÖ) 237
Holzleiten
Obsteig (T).......................319

Lokale von A bis Z

Holzschlößl *Schärding (OÖ)* 243
Horvath *Ritzing (B)* 169
Hospiz-Alm *St. Christoph (T)*.............326
Hubertushof *Velden (K)*........................385
Hubertusstube *Filzmoos (S)* 260
Hubinger *Etmißl (ST)* 180
Hupfmühle *St. Wolfgang (OÖ)*..........248
Huth *Wien*...........................45
Hütt *Mitterndorf (NÖ)*............137
Ikarus *Salzburg (S)* 280
Il Bio *Wien*..........................45
Il Carpaccio *Wien* 46
Il Sestante *Wien*...................46
Ilija *Wien*...........................46
im Esterházy *Eisenstadt (B)* 159
Im Fünften *Graz (ST)* 187
Immervoll *Wien*...................46
Imperial *Wien* 47
Imperio *Salzburg (S)* 281
Inamera *Rust (B)* 170
Indochine 21 *Wien* 47
Iohan *Graz (ST)* 188
Jagawirt *St. Stefan ob Stainz (ST)* 211
Jagdhof *Guntramsdorf (NÖ)* 112
Jaglhof *Gamlitz (ST)*........184
Jakobistub'n *St. Jakob im Defereggen (T)*............328
Jamek *Joching (NÖ)* 117
Jedermann's *Mondsee (OÖ)* 238
Jeitler *Bromberg (NÖ)* 105
Jell *Krems (NÖ)* 122
Jo's *Vorchdorf (OÖ)* 251
Johannes-Zeche *Illmitz (B)* 162

Johannisstübli *Lech am Arlberg (V)*........349
K. u. K. Postwirt Weissl *Timelkam (OÖ)* 251
Kai's Asian Food *Wien* 48
Kaiser *Waldegg (NÖ)* 151
Kaiserhof *Ellmau (T)*........300
Kalteis *Kirchberg an der Pielach (NÖ)*..............119
Kanzler Biener *Rattenberg (T)* 320
Karnerhof-Götzlstube *Egg am Faaker See (K)* 363
Kaufmann & Kaufmann *Villach (K)* 389
Kehlberghof *Graz (ST)*............................188
Kellerbauer *Hallein-Bad Vigaun (S)* 265
Kellerwand *Kötschach-Mauthen (K)*.....................373
Kellerwirt *Schwanenstadt (OÖ)* 245
Keplinger Wirt *St. Johann am Wimberg (OÖ)* 247
Kim kocht *Wien* 48
Kiosk *Wien* 50
Kirchenwirt *Altenmarkt (NÖ)* 100
Kirchenwirt *Leogang (S)*......................268
Kirchenwirt Heber *Kitzeck (ST)* 198
Kirchmayr *Weistrach (NÖ)* 151
Kleinsasserhof *Spittal an der Drau (K)*....381
Klinger *Gaspoltshofen (OÖ)* 228
Kloster am Spitz *Purbach am See (B)* 168
Knappenstöckl *Halbturn (B)*....................161
Kohnhauser – Spitzwirt *Lieboch (ST)* 201

Kollerwirt *Maria Saal (K)* 375
Königsbacher *Wien* 50
Königsberghof *Tieschen (ST)* 216
Konoba Bellini *Wien* 50
Koreth *Innsbruck-Mühlau (T)*........................306
Kornat *Wien* 51
Korso *Wien* 51
Kotzian *Laßnitzhöhe (ST)* 199
Kramer & Gutiérrez *Wien*....52
Kramerwirt *Ramsau im Zillertal (T)* 319
Krenn *Pürgg bei Trautenfels (ST)* 205
Kreuzhof *Gutenstein (NÖ)* 114
Kristian's Monastiri *Wien*....52
Kröll *St. Jakob im Defereggen (T)*............328
Kronberghof *Kronberg (NÖ)* 124
Krone *Au (V)*.....................334
Krone *Hittisau (V)* 345
Krone *Maria Taferl (NÖ)* 130
Kronen-Stube *Lech am Arlberg (V)*........349
Kunsthandwerk *Liebenfels (K)* 374
Kunstpause *Innsbruck (T)* 307
L'altro vino *Mönchhof (B)* 164
L'Ambasciata della Puglia *Wien* 53
La Farandole *Mondsee (OÖ)* 238
La Grappa *Wien* 53
La Pasteria *Wien* 54
La Scala *Wien*.....................54
La Terrasse *Pörtschach (K)* 377

Lokale von A bis Z

La Torre *St. Veit
an der Glan (K)* 383
Lackner
Mondsee (OÖ) 238
Lakeside *Reifnitz (K)* 380
Landgasthaus am Nyikospark
Neusiedl am See (B) 164
Landhaus Bacher
Mautern (NÖ) 132
Landhaus Hammerl *Grambach
bei Graz (ST)* 185
Landhaus Kutsche
Velden (K) 385
Lanersbacher Hof
Tux (T) 330
Langostinos
Schörfling (OÖ) 243
LATE *Rastenfeld (NÖ)* 142
Latschenwirt
Großgmain (S) 264
Le Ciel *Wien* 54
Le Siècle *Wien* 56
Lebenbauer *Wien*................57
Lechtaler Bauernstube
Häselgehr/Lechtal (T) 301
Leon *Pörtschach (K)* 378
Lercher's Panorama
Murau (ST) 202
Lichtblick
Innsbruck (T) 307
Liebhart *Wien* 57
Liebstöckl & Co. *Wien* 57
Liegl *St. Georgen
am Längsee (K)*................382
Linde
Maria Wörth (K) 376
Linde *Stumm
im Zillertal (T)* 329
Litzlberger Keller *Seewalchen
am Attersee (OÖ)* 246
Livingstone *Wien*................57
Loibnerhof
Dürnstein (NÖ) 106
Loystubn
Bad Kleinkirchheim (K)....361

Lurgbauer
St. Sebastian (ST) 210
m.kunst.genuss
Krems-Stein (NÖ) 123
M moosbrugger & mairitsch
Dornbirn (V) 340
Magazin *Salzburg (S)* 281
MAK Café *Wien*....................58
Makedonia *Wien* 58
Maler Brands
Stolzalpe (ST) 213
Malo
Klosterneuburg (NÖ) 120
Manelli *Wien* 58
Mangold *Lochau (V)* 352
Maria Loretto
Klagenfurt (K) 371
Marienhof *Reichenau
an der Rax (NÖ)*..............143
Marktwirt *Pöllau (ST)* 204
Martinelli *Wien* 58
Matovia *Wien* 59
Max's *Altaussee (ST)* 176
Mayer's
Zell am See (S) 295
Mayers Restaurant
Graz (ST) 189
MediterraNeo *Wien* 59
Meierei Holzdorfer *Wien* 60
Meilinger Taverne
Mittersill (S)....................270
Meinl am Graben *Wien* 60
Meixner's Gastwirtschaft
Wien 62
Mesnerhaus – Gugg
Mauterndorf (S) 269
Metnitztaler Hof
Friesach (K) 365
Metzgerwirt
Radenthein (K) 379
Mirabell *Salzburg (S)* 282
Mitter *Stadt Haag (NÖ)*....148
Mitterfeldalm *Mühlbach
am Hochkönig (S)*............270
Mod *Graz (ST)* 189

Mole West *Neusiedl
am See (B)*........................165
Mönchsberg
Salzburg (S) 282
Monkey Circus
Velden (K)........................386
Montafoner Stube
Schruns (V) 354
Montafoner Stube
St. Gallenkirch (V) 356
Montafoner Stube
Tschagguns (V)................358
Mörwald im Ambassador
Wien 62
Mörwald Kloster Und
Krems-Stein (NÖ) 123
Mörwald – Schloss Grafenegg
Grafenegg (NÖ) 111
Mörwald – Zur Traube
Feuersbrunn (NÖ) 109
Moser *Neuhofen
an der Krems (OÖ)*..........240
Mossers *Preding (ST)* 205
Mraz & Sohn *Wien* 63
Mühltalhof
Neufelden (OÖ) 240
Muhr *Gallbrunn
bei Schwechat (NÖ)* 110
Mundwerk
St. Pölten (NÖ) 148
Murmeli
Lech am Arlberg (V)........350
Nagano *Salzburg (S)*........283
Nattererboden
Natters (T) 318
Neubeck *Bregenz (V)*........337
Neuer *Wien* 64
Neufelder Hof
Neufeld (B) 164
Neugebauer
Lölling (K) 375
Neunläuf *Hobersdorf-
Wilfersdorf (NÖ)* 115
Neuwirt
Kitzbühel (T) 312

535

Lokale von A bis Z

Nibelungenhof
Traismauer (NÖ) 149
Nikolaihof Wachau
Mautern (NÖ) 132
Niky's Kuchlmasterei
Wien 64
Novelli *Wien* 65
Novis *Wien* 65
Obauer *Werfen (S)*............292
Oberndorfer
Attersee (OÖ).................222
Ofenloch *Wien* 65
Ohr *Eisenstadt (B)*............160
Oma's Bräustüberl
Maria Enzersdorf (NÖ)....129
Oscar *Klagenfurt (K)* 371
Oswald & Kalb *Wien* 66
Ötztaler Stube
Sölden (T) 323
Ovedasso *Velden (K)* 386
Paierl
Bad Waltersdorf (ST) 178
Palais Coburg *Wien* 66
Palais Schwarzenberg
Wien 67
Palmenrestaurant
Pörtschach (K) 378
Palt *Furth-Palt (NÖ)* 110
Pan e Vin *Salzburg (S)* 283
Pan e Wien *Wien* 67
Pancho *Wien* 68
Pannonia
Pamhagen (B) 165
Paris Lodron
Salzburg (S)....................283
Pars *Wien* 68
Passepartout
Steyr (OÖ) 249
Passhöhe
Hohentauern (ST) 193
Pasta e basta *Wien* 68
Pauli Walter
Oberkreuzstätten (NÖ)....140
Pauli's Stuben
Purbach am See (B) 168

Pavillon *Velden (K)* 387
Paznauner Stube
Ischgl (T) 309
Perkeo *Salzburg (S)* 284
Perzy *Litschau (NÖ)*........128
Pfefferschiff *Salzburg-
Hallwang (S)* 284
Pfleger *Anras (T)* 298
Piccolo Gourmet *Wien* 68
Pistauer *Wien* 69
Plachutta *Wien* 69
Pomodoro
Salzburg (S) 285
Popp
Mauerbach (NÖ) 131
Post *Bezau (V)* 335
Post
Lech am Arlberg (V)........350
Post am See
Grundlsee (ST) 192
Posthotel Achenkirch
Achenkirch (T) 298
Postschänke *Sulz
im Wienerwald (NÖ)* 148
Pötsch *Wien*........................69
Presshaus *Illmitz (B)* 162
Primavera *Baden (NÖ)* 102
Prinz Ferdinand *Wien* 69
Prosecco *Salzburg (S)* 285
Puchegger-Wirt
Winzendorf (NÖ) 153
Pukelsheim *St. Veit
an der Glan (K)*................383
Purzelbaum
Salzburg (S) 286
Pußwald
Hartberg (ST) 193
Raffel *Jennersdorf (B)* 163
Raffl Stube *St. Anton
am Arlberg (T)* 326
Rahofer
Kronstorf (OÖ)................231
Rahofer *Steyr (OÖ)*..........249
Rainer's
Pörtschach (K) 379

Rasmushof
Kitzbühel (T) 312
Rauchhof *Stainz (ST)* 213
Rauhenstein
Baden (NÖ) 102
Rauter *Matrei
in Osttirol (T)*...................316
Regina Margherita
Wien 70
Reichenauerhof *Reichenau
an der Rax (NÖ)*..............143
Restaurant im Schlössl
Salzburg (S) 286
Restaurant im Wiesler
Graz (ST) 190
Rettenbachmühle
Bad Ischl (OÖ) 224
Richard Löwenherz
Dürnstein (NÖ) 107
Riedenburg
Salzburg (S) 286
RieGi *Wien*.........................70
Ritter Oswald Stube
Seefeld (T) 323
Römerhof
Dorfgastein (S) 258
Römerstein
Loipersdorf (ST) 201
Ronacherfels Waterfront
Weißensee (K) 391
Rose *Dornbirn (V)* 340
Rosengarten
Kirchberg in Tirol (T) 310
Rössle *Braz (V)* 335
Rossstall-Taverne
Volders (T) 331
Rote Bar *Wien* 71
Rote Wand
Lech am Arlberg (V)........351
Rotes Haus
Dornbirn (V) 341
Ruben's Palais *Wien* 71
Rusterhof *Rust (B)* 171
's Schulhus
Krumbach (V)..................345

Lokale von A bis Z

s'Gwölb
Ebreichsdorf (NÖ) 108
Sabathihof
Leutschach (ST) 200
Sacher Graz (ST)..............190
Safenhof
Bad Waltersdorf (ST) 179
Saigon Wien 72
Sailer Innsbruck (T) 308
Salieri Salzburg (S) 287
Salut Wien..........................72
Saluti Matrei (T) 316
Salzamt Wien......................73
Salzburgerstube
Zell am See (S) 295
San Carlo Wien 73
Santa Clara Graz (ST) 191
Sattlerhof
Gamlitz (ST)....................184
Savoir Vivre
Klagenfurt (K) 372
Saziani-Stub'n
Straden (ST) 214
Schatzbichl
Saalfelden (S) 272
Schererwirt
Turnau (ST) 217
Schicker
Kapfenberg (ST) 196
Schickh
Klein-Wien (NÖ) 119
Schiefermayer
Marhof/Stainz (ST) 201
Schilling Wien 73
Schimanszky
Berndorf/Ödlitz (NÖ) 104
Schindlhaus Söll (T) 324
Schloß Aigen
Salzburg (S) 288
Schloss Dürnstein
Dürnstein (NÖ) 107
Schloss Fuschl
Hof bei Salzburg (S) 266
Schloss Gabelhofen
Fohnsdorf (ST) 182

Schloß Hartberg
Hartberg (ST) 193
Schloß Kammer
Maishofen (S) 268
Schloß Kapfenstein
Kapfenstein (ST)..............197
Schloß Moosburg
Moosburg (K) 376
Schloß Mühldorf Feldkirchen
an der Donau (OÖ) 227
Schloss Sprengenstein
Imst (T)............................302
Schlossgasthof Rosenburg
Rosenburg (NÖ)..............144
Schloßhotel Freisitz Roith
Gmunden (OÖ) 228
Schlosstaverne
Zeltweg (ST)....................220
Schlosswirt zu Anif
Anif (S).............................256
Schmankerlstub'n Temmer
Tillmitsch (ST) 216
Schmutzer
Winzendorf (NÖ) 153
Schnattl Wien 74
Schönblick
Eichenberg (V) 342
Schönborn Wien 74
Schöne Aussichten
Klöch (ST)........................199
Schrammelbeisl Wien 74
Schutzhaus am Amesbach
Wien 74
Schwaitlalm Salzburg-
Elsbethen (S)....................288
Schwan Wattens (T) 332
Schwarz
Nöhagen (NÖ) 139
Schwarzalm
Zwettl (NÖ) 156
Schwarzer Adler
Innsbruck (T) 308
Schwarzer Adler Wien 75
Schwarzwallner
Michelbach (NÖ) 136

Schwedenkapelle
Kitzbühel (T) 312
Schweizerhaus Wien 75
Schwende Stüble
Dornbirn (V) 341
Schwillinsky
Plank am Kamp (NÖ)......141
Sebastiano Wien 75
Seebacher Gnesau (K) 366
Seehof Mondsee/
Loibichl (OÖ) 239
Seewirtshaus zum Stoasterirer
Semmering (NÖ) 145
Seidl Wien 75
Selina Wien 76
Shambala Wien 76
Shanghai Wien 77
Sicher Tainach (K) 384
Sichuan Wien 78
Sieghard
Schwendau (T) 322
Sigwart's Tiroler Weinstuben
Brixlegg (T) 299
Sinohaus Dornbirn (V) 342
Skiclub Arlberg Stube
St. Christoph (T).............327
SKY Restaurant Wien 78
Sodoma Tulln (NÖ) 150
Solo Pasta/Solo Vino
Innsbruck (T) 308
Sommer
Auersthal (NÖ) 101
Sonnhof St. Veit
im Pongau (S)..................291
Spary Kammern (ST) 196
Spiegel
Bad Tatzmannsdorf (B)....158
St. Peter
Faak am See (K) 364
St. Petersburg
Krumpendorf (K) 374
Stachl's Wiener
Neustadt (NÖ) 153
Stadtbrauhof
Amstetten (NÖ) 100

537

Lokale von A bis Z

Stadtkrug *Salzburg (S)* 288
Stadtwirt *Wien* 78
Stasta *Wien* 79
Stefans Stubm
Linz (OÖ) 234
Steffelbauer *St. Oswald/ Kloster (ST)* 208
Steinberghof
Berghausen (ST) 179
Steirer Stub'n *Wien* 79
Steirereck *Wien* 80
Steirerstöckl *Wien* 80
Stern *Wien* 82
Stiftsschmiede
Ossiach (K) 377
Stockerwirt *Sulz im Wienerwald (NÖ)* 149
Stöcklwirt
Straden (ST) 214
Stomach *Wien* 82
Strasserwirt
Strassen (T) 329
Strumerhof
Matrei in Osttirol (T) 317
Stüberl
Hermagor (K) 367
Stumpf's Bistro
Bregenz (V) 338
Symphonie
Salzburg (S) 289
Tabor Turm *Steyr (OÖ)* 250
Tafelspitz & Co
Braunau (OÖ) 225
Tanglberg
Vorchdorf (OÖ) 252
Tartufo *Wien* 82
Taubenkobel
Schützen (B) 172
Taverne am Sachsengang
Groß Enzersdorf (NÖ) 112
Tee & Sushi *Wien* 83
Tempel *Wien* 83
Tenmaya *Wien* 84
Tennerhof
Kitzbühel (T) 313

Teufl *Purgstall (NÖ)* 142
Thai-li-ba
Innsbruck (T) 309
Theatercafé *Wien* 84
Timbale *St. Gilgen (S)* 290
Tinto Rosso *Wien* 85
Tiroler Hof
Niederndorf (T) 318
Tischlerwirt
Reith bei Kitzbühel (T) 320
Tom's Restaurant
Melk (NÖ) 136
Tommaso Arbace
Maria Enzersdorf (NÖ) 129
Torggel *Röthis (V)* 353
Trattoria im Palais
Daun-Kinsky *Wien* 85
Traube
Bad Tatzmannsdorf (B) 158
Traube Braz *(V)* 335
Treglwangerhof
Treglwang (ST) 217
Treiber
Bad Tatzmannsdorf (B) 158
triolaa *Wien* 86
Trippolt's Zum Bären
Bad St. Leonhard (K) 362
Tristachersee *Lienz (T)* 315
Tschebull
Egg am Faaker See (K) 363
Tscheppe an der Weinstraße
Gamlitz (ST) 185
Tschernitz *Velden (K)* 387
Tulbingerkogel
Mauerbach (NÖ) 131
Umar *Wien* 86
Una *Wien* 86
unger & klein *Wien* 86
Unkai *Wien* 87
Unterbergerwirt
Dorfgastein (S) 259
Unterwirt *Ebbs (T)* 300
Urania *Wien* 87
Urbani-Weinstuben
Villach (K) 389

Urbani-Wirt
Bodensdorf (K) 362
Varga *Gols (B)* 160
Verdi *Linz (OÖ)* 234
Vestibül *Wien* 88
Vietnam *Wien* 88
Vikerl's Lokal *Wien* 88
Villa Blanka
Innsbruck (T) 309
Villa Hollerbrand
Leibnitz (ST) 200
Villa Nova *Baden (NÖ)* 104
Villa Schratt
Bad Ischl (OÖ) 224
Vinarium
Donnerskirchen (B) 159
Vinarium Austria
Bregenz (V) 338
Vincent *Wien* 89
Vinofaktur
Ehrenhausen (ST) 180
Vinum – Das Weinrestaurant
Feld am See (K) 364
Vogelkäfig *Linz (OÖ)* 236
Waldesruh
Steyrermühl (OÖ) 250
Waldschänke
Grieskirchen (OÖ) 230
Walserstube
Lech am Arlberg (V) 351
Weberhof
Vomperberg (T) 331
Weibel 3 *Wien* 90
Weibels Wirtshaus *Wien* 90
Weidinger Stub'n *Abersee am Wolfgangsee (S)* 256
Weiler
Laa an der Thaya (NÖ) 125
Wein & Co *Wien* 90
Weinatelier
Bad Tatzmannsdorf (B) 159
Weindlhof
Mauthausen (OÖ) 237
Weinhof Kappel
Kitzeck (ST) 198

Lokale von A bis Z

Weinwirt
Bachmanning (OÖ) 223
Wengermühle Schörfling
am Attersee (OÖ) 244
Werner's Wien 91
Wild Wien 92
Wilder Mann Lans (T) 315
Willis Mostschenke
Marhof (ST) 202
Winkler Neumarkt
am Wallersee (S) 271
Wintergarten
Graz (ST) 191
Wintergarten
Semmering (NÖ) 146
Winzer Stüberl
Rührsdorf (NÖ) 145
Winzerhaus Kogelberg
Kaindorf (ST) 194
Wirt am Berg Wels (OÖ) 252
Wirt in Judendorf
Warmbad Villach (K) 390
Wirt z'Neuhausen Schörfling
am Attersee (OÖ) 244
Wirtshaus Steirereck
Turnau (ST) 217
Wolf Wien 92
wrenkh Wien......................92
X-Celsior Wien 92
XO Saalfelden (S) 272
Yellow Wien 93
Yohm Wien 93
yume Wien 93
Zacherl-Bräu Bauer & Wirt
Bruck (S)........................258
Zawodsky Wien 94
Zimmermann Wien 94
Zimolo Wien 94
Zirbelzimmer und Roter Salon
Salzburg (S) 289
Zu den 3 Buchteln Wien 94
Zu den drei Hacken
Wien 95
Zu den Linden
Gaaden (NÖ) 110

Zu ebener Erde und 1. Stock
Wien 96
Zum alten Weinstock
Rudersdorf (B) 170
Zum Bergmann
Turrach (ST) 218
Zum Bierführer
Goldegg (S) 263
Zum Blumentritt St. Aegyd
am Neuwalde (NÖ) 146
Zum Dorfschmied
Klein St. Paul (K) 372
Zum finsteren Stern
Wien 96
Zum Forsthaus
Fischbach (ST) 182
Zum Gießhübler
Maria Laach (NÖ) 129
Zum Goldenen Hirschen
Bregenz (V).......................338
Zum Griena
Mayrhofen (T) 317
Zum grünen Baum
Ottensheim (OÖ) 242
Zum Hirschen
Zell am See (S) 296
Zum Kaiser von Österreich
Krems (NÖ) 124
**Zum kaiserlichen Thron –
Zhang & Deng** Wien 96
Zum Kleinen Griechen
Linz (OÖ) 236
Zum lustigen Bauern
Zeiselmauer (NÖ) 155
Zum Niggl Wien 97
Zum Peter Treffen (K) 384
Zum Rehkitz
Kitzbühel (T) 313
Zum Renner Wien 97
Zum Roten Wolf
Langenlebarn (NÖ) 128
Zum schwarzen Bären
Emmersdorf (NÖ) 109
Zum Schwarzen Kameel
Wien 97

Zum Stickelberg
Hollenthon (NÖ) 116
Zum Topf Vitis (NÖ) 150
Zum Türkenwirt
Mogersdorf (B) 163
Zum Weinhändler
Lienz (T) 316
Zum Weintor
Bisamberg (NÖ) 105
Zum weißen Adler
Königstetten (NÖ) 120
Zur Bierquelle
Pinkafeld (B)....................166
Zur Blauen Gans
Weiden am See (B) 173
Zur blauen Sense
Windischgarsten (OÖ)....254
Zur Dankbarkeit
Podersdorf am See (B)......167
Zur Goldenen Kugel
Wien 98
Zur Grube
Alland (NÖ) 100
Zur Kanne
Lech am Arlberg (V)........352
Zur Kanne
St. Florian (OÖ)..............247
Zur Klause Ratten (ST) 206
Zur Kohlstatt
Thalheim/Wels (OÖ) 251
Zur Linde Laaben (NÖ) 126
Zur Linde
Mistelbach (NÖ)..............137
Zur Linde Rein (ST)..........206
Zur Plainlinde Salzburg-
Bergheim (S) 290
Zur Stadt Krems Wien 98
Zur Stiege Velden (K)........387
Zur Stiege Werfen (S)........292
Zur Tenne Kitzbühel (T) 314
Zur Traube
St. Veit am Vogau (ST)....211
Zur Zahnradbahn Wien 98
Zuschmann
Martinsdorf (NÖ) 130